Jost Müller-Bohn

Jesus Christus heißt die Botschaft

Ein Andachtsbuch

johannis

Die Deutsche Bibliothek – CIP-Einheitsaufnahme

Müller-Bohn, Jost:
Jesus Christus heißt die Botschaft : ein Andachtsbuch / Jost Müller-Bohn. –
Lahr : Johannis, 1999
(TELOS-Bücher ; 2205 : TELOS-Präsente)
ISBN 3-501-01303-5

TELOS-Präsente 72 205
Umschlagfoto: M. Mehlig

Gesamtherstellung:
St.-Johannis-Druckerei, 77922 Lahr
Printed in Germany 13674/1999

Zeit und Ewigkeit

»Herr, was ist der Mensch, daß du dich seiner annimmst, und des Menschen Kind, daß du ihn so beachtest? Ist doch der Mensch gleich wie nichts; seine Zeit fährt dahin wie ein Schatten.« (Psalm 144/3-4)

Am Eingang eines evangelischen Mutterhauses stehen die bedeutsamen Worte: »Zeit ist Gnade«! Das Klagelied unserer Tage lautet: »Ich habe keine Zeit!« Wir sind gejagt und gehetzt, wir haben ständig viel zu tun. Deshalb klagen täglich Millionen Menschen: »Ich habe keine Zeit!« Und immer wieder: »Ich habe keine Zeit!« Sind denn die Tage in unserer schnellebigen Zeit kürzer als früher? Wo bleibt die kostbare Zeit? Ist hier ein Zeitfresser am Werk?

Es gehört schon fast zum guten Ton, keine Zeit zu haben. Wer keine Zeit hat, wird eben überall gebraucht. Er ist unerhört bedeutend und nicht zu ersetzen. Dies gilt nicht nur für die großen Manager und Industriekapitäne, auch einfache Menschen scheinen keine Zeit zu haben. Obwohl uns unzählige »Arbeitsmaschinen« zur Verfügung stehen: Waschmaschinen, Wäschetrockner, Geschirrspülmaschinen, Mähdrescher, Autos, Staubsauger, Kaffeemaschinen, Computer und anderes mehr, wir sind immer in Eile. Ja, selbst Rentner scheinen keine Zeit zu haben, auch sie klagen: »Wir haben keine Zeit!«

Da finden wir in der Bibel einen geradezu provozierenden Satz: »Laßt uns also jetzt, wo wir Zeit haben, Gutes tun, besonders allen Menschen gegenüber denen, die mit uns durch den Glauben verbunden sind.« (Galater 6/10)

Es scheint, als wollte der Völkerapostel Paulus schon vor 2000 Jahren den Menschen vor Augen führen: Das zeichnet Jünger Jesu aus vor den anderen Menschen, die keine Christen sind, daß sie Zeit haben.

Jünger Jesu haben Zeit, sie wissen um die Ewigkeit.

Wer von der Ewigkeit nichts wissen will, dessen Heil liegt nur in dieser vergänglichen Zeit, die wie ein Schatten dahinfliegt. Deshalb müssen solche Leute doppelt und dreifach so schnell leben und gewinnen nichts, was ewigen Bestand hätte.

Darum ist dieser Satz »Ich habe keine Zeit!« ungewollt zum Glaubensbekenntnis des modernen Heidentums geworden.

Ein Bekenntnis erschreckender Armut! Gejagt und gehetzt ist

solch ein Mensch zum Spielball unruhiger Mächte geworden. Es muß auch so sein, weil mit Gott alles gewonnen und ohne Gott alles verloren ist. Hier nagt der Zahn der Zeit. Deshalb sei es ganz offen gesagt, keine Zeit für das Reich Gottes zu haben, ist ein Zeichen von Gottlosigkeit. Sag mir, wieviel Zeit du hast und ich sage dir, wie dein Verhältnis zu Gott ist.

Es ist ein schönes Geheimnis: Wer Ewigkeit hat, der hat auch für das Reich Gottes Zeit; denn es steht geschrieben: »So seht nun sorgfältig darauf, wie ihr euer Leben führt, nicht als Unweise, sondern als Weise und kauft die Zeit aus; denn es ist böse Zeit!« (Epheser 5/15-16)

»Da, wo dein Herz ist, da ist auch deine Zeit,« könnte man sagen. Hetze ist oft die Lebensgier des unerlösten Menschen. Gott schuf die Zeit: Tage, Monate und Jahre, – doch: ». . . der Mensch, vom Weibe geboren, lebt kurze Zeit und ist voller Unruhe, geht auf wie eine Blume und fällt ab, flieht wie ein Schatten und bleibt nicht.« (Hiob 14/1)

Deshalb sollten wir uns immer vor Augen halten: »Was vom letzten Tag her wichtig ist, das muß wichtig sein für jeden Tag.« Durch diese Einstellung werden wir automatisch Zeit für das Reich Gottes, für seine Gemeinde und für die Seelenernte bekommen.

2. JANUAR

Wohin geht die Reise?

»Welcher dünkt dich, der unter diesen dreien der Nächste gewesen sei dem, der unter die Räuber gefallen war? Er sprach: Der die Barmherzigkeit an ihm tat. Da sprach Jesus zu ihm: So gehe hin und tue desgleichen!« (Lukas 10/36-37)

Jesus beginnt seine Schilderung mit den Worten: »Es war ein Mensch!« Er zeigt uns, daß der Mensch bei Jesus Christus im Mittelpunkt seiner Erlösungsmission steht.

»Es war ein Mensch; der ging von Jerusalem hinab nach Jericho und fiel unter die Räuber. Sie zogen ihn aus und schlugen ihn und gingen davon und ließen ihn halbtot liegen.« (Lukas 10/30)

Jerusalem und Jericho sind Urstätten der Menschheit. Diese beiden Städte haben eine geistliche Symbolkraft: Jerusalem als der Inbegriff aller Gottesverheißungen, aller großen Heilstaten und der Vollendung seines Heilsplans.

Jericho hingegen das Symbol der Sünde und des ewigen Niedergangs. Zwischen Jerusalem und Jericho spielt sich unser Leben ab. Das neue Jerusalem ist die große Zielstadt aller wahren Gotteskinder. Sie sehnen sich danach, einst in diese paradiesische Stadt zu gelangen (Offenbarung 21/1-5). Es ist die Stadt der endgültigen und vollständigen Erneuerung. »Und der auf dem Thron saß, sprach: Siehe, ich mache alles neu!« (Offenbarung 21/5)

Nur über Golgatha gelangt man zum himmlischen Jerusalem. Es war ein Mensch – wer? Wir, du und ich, befinden uns entweder auf dem Weg hinauf zur Stadt Jerusalem oder hinab zur Stadt Jericho. Einen geistlichen Stillstand oder einen dritten Weg gibt es nicht. Wohin gehst du?

Pilatus sagt über Jesus: »Sehet, welch ein Mensch!«

Das herrliche Wort leuchtet hier auf, der personifizierte Gott aller Zeiten, Jesus Christus. Er begegnet uns auf unserem Lebensweg als der himmlische Samariter, und er allein kann uns wieder in den Paradieseszustand bringen. Jesus Christus kam vom himmlischen Jerusalem in den Sündenpfuhl von Jericho und er fiel unter die Mörder! Wir lesen und hören täglich von Mördern. Ein Mörder will nicht barmherzig sein; er will auch nicht Nächstenliebe üben, sondern jemanden liquidieren, ihn totschlagen. Deshalb offenbart Jesus den Urmörder und -lügner im Menschen, der sich nicht vom Geist Gottes leiten und regieren läßt:

»Ihr habt den Teufel zum Vater, und nach eures Vaters Gelüste wollt ihr tun, der ist ein Mörder von Anfang und steht nicht in der Wahrheit; denn die Wahrheit ist nicht in ihm. Wenn er lügt, so redet er aus seinem Eigenen; denn er ist ein Lügner und der Vater der Lüge.« (Johannes 8/44)

Jesus kennt die Kommandozentrale des Feindes:

»Denn aus dem Herzen kommen böse Gedanken hervor: Mord, Ehebruch, Unzucht, Dieberei, falsch Zeugnis, Lästerung.« (Matthäus 15/19)

Wie sieht unser Herz wirklich aus? – Ist es ein Heiligtum? Ist es das Allerheiligste oder ist es eine Mördergrube?

Jesus Christus ist als himmlischer Samariter zu uns gekommen, um uns Leben in seiner ganzen Fülle, die Herrlichkeit Gottes und befreiendes Wohlergehen zu bringen.

Ist unser Innerstes ein Bethaus oder ein weltlicher Krämerladen? Welche Gedanken beherrschen uns im Verborgenen? Sind wir nicht auch unter die Mörder gefallen? – Bewegen wir uns aufwärts oder abwärts? Lockt uns das neue Jerusalem oder Jericho?

Wem bin ich der Nächste?

»Er aber wollte sich selbst rechtfertigen und sprach zu Jesus: Wer ist denn mein Nächster? Da antwortete Jesus und sprach: Es war ein Mensch, der ging von Jerusalem hinab nach Jericho und fiel unter die Räuber; die zogen ihn aus und schlugen ihn und gingen davon und ließen ihn halbtot liegen.«

(Lukas 10/29-30)

Was geschah dort in der Wüste zwischen Jerusalem und Jericho? Ein Mensch fiel unter die Räuber! Milliarden Menschen sind seit dem ersten Sündenfall unter den Schlägen des Teufels zu Fall gekommen. Es ist Satans begehrenswertes Ziel, jeden Menschen zu Fall zu bringen; wir sollen aus der herrlichen Lebensverbindung mit Gott und Jesus herausgelöst werden.

Vor allen Dingen kommt es dem Feind darauf an, daß die Kraft unseres Widerstandes zerrüttet wird und wir ganz seicht und unauffällig zugrunde gehen. Wir sollen vor allem auch von der uns von Gott geschenkten, freien Willensentscheidung in falscher Weise Gebrauch machen, um in die finstere Gedankenwelt des Verführers gedrängt zu werden. Außerdem will der Satan uns die göttliche Menschenwürde, die uns durch den Geist Gottes geschenkt ist, rauben. Alles Heilige soll in den Schmutz gezogen werden.

»Es war ein Mensch, der fiel . . .« Jesus fiel unter die Mörder – nämlich in die Hände der Sünder, in die radikale Unbarmherzigkeit, aber nicht wegen seiner, sondern wegen unserer Sünde. »Sie zogen ihn aus.« Satans Macht will uns ständig berauben, ausplündern und niederschlagen, Wunden zufügen und uns lebensunfähig machen, um uns dann dem ewigen Tod preiszugeben.

Die Mörder zogen Jesus die Kleider aus, ehe sie ihn kreuzigten. Sie weideten sich an dem entblößten Gottessohn, aber Gott blieb dennoch der Sieger durch die Auferstehung seines Sohnes: »Er hat die Fürstentümer und die Gewaltigen (die unsichtbaren dämonischen Heere) ihrer Macht entkleidet und sie öffentlich zur Schau gestellt und hat einen Triumph aus ihnen gemacht in Christus.« (Kolosser 2/15)

Gott hatte den Menschen ursprünglich mit dem Kleid seiner Herrlichkeit geschmückt; durch die Sünde wurde er nackt. Jesus Christus will uns alle mit dem Kleid des Heils bedecken und

umhüllen, wenn wir uns in seine Obhut begeben. Der gute Hirte schläft nicht; er richtet uns täglich und immer wieder neu auf. Er trägt uns, er führt uns und er verbindet auch alle unsere Wunden. Wem gleichen wir? Dem Hirten oder dem Räuber? Fallen wir nicht auch über unseren Nächsten her? Es brauchen ja nicht immer körperliche Schläge zu sein. Wir können dem andern heimtückisch und hinterlistig mit Worten wehtun und ihn dabei seelisch zugrunde richten. Wir kennen den Ausdruck vom Rufmord! Wieviel Mißgunst, Herablassung, Verdächtigungen, Verunglimpfungen und Mißtrauen säen wir oft. Es fällt uns gar nicht schwer, über den Nächsten herzuziehen.
Jesus sah die Menschen an und es jammerte ihn, weil sie abgehetzt und verwahrlost waren. Wir jammern auch, nämlich über uns und den Nächsten. Es vergeht kaum ein Tag, an dem wir nicht jammern.
Wir können die Tage im Jahr kaum zählen. Streichen wir doch einmal die Tage im Kalender an, wo wir nicht gejammert, sondern in göttlicher Barmherzigkeit die Wunden, die andere geschlagen, bei unserem Bruder verbunden haben.
Jesus ist gekommen, um uns das Herz Gottes zu offenbaren. Er verbindet die Wunden!

4. JANUAR

Sei stille dem Herrn

»Befiehl dem Herrn deine Wege und hoffe auf ihn, er wird's wohl machen und wird deine Gerechtigkeit heraufführen wie das Licht und dein Recht wie den Mittag. Sei stille dem Herrn und warte auf ihn.« (Psalm 37/5-7)

»Sei stille dem Herrn und warte auf ihn.« Wir warten alle auf etwas – das Kind, daß es in die Schule kommt – der Schüler, daß die Schulzeit beendet sei – der jugendliche Mensch auf seine Berufsausbildung – der reife Mensch auf den Ehepartner – die Eheleute auf den Nachwuchs – der Berufstätige auf eine Beförderung.
Kinder Gottes aber warten auf den herrlichsten Tag aller Christen, nämlich auf die Wiederkunft unseres Herrn Jesu Christi.
Es ist viel Lärm in der entfesselten Weltgeschichte. Ich meine, der Lärm ist ein Zeichen des überhandnehmenden Weltgeistes. Wir

alle haben große Mühe, zur wahren göttlichen Stille zu kommen. Wir spüren, der Lärm hat eine zermürbende Kraft, er zerrüttet die Nerven und vergewaltigt die Ohren. Das Ohr kann sich nicht, wie das Auge, gegen die schädlichen Einflüsse schützen.
Der weltbekannte Arzt und Wissenschaftler Prof. Dr. Robert Koch, der Entdecker der Tuberkulosebakterien, hat bereits um die Jahrhundertwende prophezeit: »Es kommt die Zeit, wo wir den Menschen vor dem Lärm mehr schützen müssen als vor der Tuberkulose.«
Hatte dieser Mann eine Vision von der fast unerträglichen Folter des Lärms in unseren Tagen?
Woher kommt der Lärm? Nicht aus den herrlichen Werken der Schöpfung. Die Stimmen der Natur sind voll göttlicher Harmonien: das Brausen des Meeres, das Rauschen des Windes, das Säuseln des Föhns in den Bergen belästigt uns nicht, im Gegenteil, es beruhigt und stärkt unsere Nerven. Selbst der Gesang von Hunderten Vogelstimmen im Frühling behelligt uns nicht, sondern erquickt Herz und Gemüt.
Geh mit offenen Sinnen durch den Wald und staune über die geniale »Weltbewässerungsanlage« des Schöpfers. Manchmal können wir beobachten, wie die Kraft der Sonne von einem Quadratkilometer des Waldes Millionen Liter Feuchtigkeit lautlos zum Himmel emporzieht. Müßten wir Menschen den Regen produzieren und wären wir überhaupt imstande, solche gewaltigen Maschinen herzustellen, die der ganzen Erde Regen verschaffen könnten, wir würden vor Lärm vergehen. Es gäbe ein penetrantes Quietschen, ein Heulen, Stampfen und Knattern, ein Fauchen und Hämmern.
Die Werke der Menschen bringen zumeist unerträglichen Lärm. Doch Gottes Werke bleiben unvergleichlich genial.
Der Lärm ist ein Zeichen unseres Jahrhunderts. Wir leben in einer Zeit der innerlichen Verirrungen, ja, viele Christen sind innerlich bereits so zerrissen, daß sie die Stille schon nicht mehr ertragen können.
Irgendwelche Heulbojen – Kofferradios, Kassettenrecorder, Fernseher müssen Lärm produzieren. Angeblich geistliche Lieder oder gar Rockmusik dudeln so dahin, umschwirren die Ohren wie das Rattern von Motoren.
Wenn wir unsere Ohren vor den Schreckensmeldungen unserer Weltzeit nicht verschließen können, wird unser Gemüt bedrückt und das Herz gefoltert.
Echte, tiefe Stille vor Gott ist der Weg zur wahren Lebenskraft. Wir brauchen sie wie das tägliche Brot.

Ist nun der äußere Lärm allein Schuld am Mangel wahrer Stille vor Gott? Nein – es ist der Lärm in uns, der uns so entsetzlich zusetzt und mürbe macht.

5. JANUAR

Meine Seele ist stille zu Gott

»Meine Seele ist stille zu Gott, der mir hilft; denn er ist mein Fels, meine Hilfe, mein Schutz, daß ich gewiß nicht fallen werde.« (Psalm 62/2-3)

Vom Wesen des Lärms war gestern zu lesen. Weil bei uns innerlich soviel Lärm erzeugt wird, kommen wir nicht zu der dringend nötigen Stille vor Gott. Das innere Wesen ist wirklicher als die sichtbare, äußere Welt. Der wahre Mensch ist der inwendige. Unsere Gedankenwelt gebärdet sich oft wie »ein ungestümes Meer«, was nicht still sein kann und dessen Wellen Schlamm und Unrat auswerfen.« (Jesaja 57/20)
Lauschen wir nur einmal in uns hinein, in das unruhige Stimmengewirr unserer Seele – überwachen wir nur einmal einen ganzen Tag hindurch die kleine Welt unseres Innenlebens, wieviel Stimmen wir da vernehmen.
Wären wir imstande, alle Gedankengänge, die uns täglich bewegen, aufzuschreiben, wir würden wohl jeden Monat den Inhalt für ein ganzes Buch zusammenbringen. Ganze Systeme erdenken wir uns, planen und befragen uns selbst, widerrufen unsere Absicht und stellen neue Ansichten zur Debatte, wollen uns verteidigen oder manches verbergen, versuchen uns zu entschuldigen und andere zu beschuldigen. Die Gedankenimpulse jagen wie Weberschiffchen auf einem Webstuhl unserer »Gedankenfabrik« hin und her.
Laufend entdecken wir neue Systeme und verwerfen die vorherigen. So geht es den lieben, langen Tag, Woche um Woche, Monat um Monat. Das bringt tausendfache Unruhe. Da sind die sündigen Bewegungen unseres Herzens – sie schaffen fürchterliche Belastungen. Ja, der Lockruf der Welt schafft auch bei den Kindern Gottes so manche Unruhe. Denken wir nur an die Gedanken der Eitelkeit und der Ehrsucht.
Weshalb wird dieser von Gott gesegnet? Warum sind die Kinder

des anderen mehr gesegnet als die eigenen? Die geistliche Eifersucht und das kräftige Gemurmel des Eigenwillens machen uns nervös. Wir meinen, aus dem Zeitgeist heraus ein gewisses Recht zu besitzen, unseren Willen in der Gemeinde, im Chor oder im Vorstand durchsetzen zu müssen. Wir wollen nach unserem Gutdünken unsere Pläne, die wir uns erdacht haben, durchbringen und denken, wir seien die von Gott allein Berufenen, nämlich seinen Willen richtig zu interpretieren und auch verwirklichen zu können. Ein nicht zu unterschätzendes Gebiet finden wir bei den Stimmen des Leides. Wie viele Qualen, Sorgen, Leiden und Ängste beherrschen uns da. Wir meinen, die Geplagtesten zu sein. Unser Kummer, unsere Schmerzen, das Martyrium der geheimen Leiden peinigen uns. Wir beladen unseren Nächsten mit unserem Klagegesang und könnten in kurzer Zeit ein eigenes Hiobsbuch zusammenschreiben. Der Mitbruder oder die Mitschwester tragen innerlich auch manchen Kummer und manches Leid, doch sie gehen in das Heiligtum und sagen es Gott, dem Herrn. Wer zu laut sein Leid den Menschen klagt, hat es meistens zu wenig seinem Gott gesagt – denn der hätte schon soviel Kraft gegeben, um den Herzenskummer ertragen zu können.

Wieviel Stimmen der Verzagtheit, der Sorge und Enttäuschung beherrschen unser Innerstes und wir gelangen nicht zu der gewünschten Stille vor Gott.

Ziemlich leichtfertig sagen wir einfach: »Ich muß meine Aggressionen loswerden und meinen Frust hinausschreien.« Wer hat es uns eigentlich gestattet, daß wir solche Gefühle und Begehrlichkeiten in uns aufstauen lassen?

Wie kommen wir zu der gewünschten Stille vor Gott? – Sehr einfach, wenn wir in allen Lebenslagen oder Umständen unseres Daseins beten können: »Vater, nicht mein Wille, sondern dein Wille geschehe!«

Dein brennendes Problem, das dich vielleicht schon monate- oder jahrelang beschäftigt. Leg doch jetzt deine Not, deine scheinbar ausweglose Situation vor dem Herrn nieder. Laß alle Begehrlichkeiten und vermeintlichen Ansprüche für eine gewisse Zeit fallen und bete hingegeben:

»Vater, du kennst meine inneren Beweggründe; aber nicht mein Wille, sondern dein heiliger Wille geschehe!«

Verspürst du nicht gleich, wie sich die Wogen des in dir tosenden Meeres besänftigen und eine herrliche, heilige Stille über dich kommt, obwohl noch gar nichts verändert ist?

Umkehr und Stille

»Denn so spricht der Herr und Gebieter, der Heilige Israels: Nur durch Umkehr und Stille könnt ihr Rettung bekommen. Durch Stillehalten und Vertrauen bekommt ihr den Sieg; aber ihr wollt ja nicht.« (Jesaja 30/15 Bruns)

Durch Stillehalten und Vertrauen bekommen wir den Sieg. – Dieses Wort göttlicher Erleuchtung kommt von seinem Thronhimmel. Das Geheimnis zu erkennen und es auszuleben, dazu bedarf es viel Gnade. Unser unruhiges Gemüt zu beschwichtigen, in heiliger Stille vor dem Herrn, unserem Erlöser, zu bleiben und geduldig die Zeit abzuwarten, gehört zu den schwersten Lektionen, die wir zu lernen haben.

Wenn der Lärm in uns zum Schweigen käme, gäbe es nicht so viele nervenkranke Menschen, aber Hiob erkannte die Not des Menschen sehr gut: »Der Mensch, vom Weibe geboren, lebt kurze Zeit und ist voller Unruhe.« (Hiob 14/1)

Auch wenn wir durch Selbstbeherrschung die Unruhe unseres Herzens unterdrücken können, kommen wir nicht in die göttliche Stille; denn nicht jeder wird still in seiner Not. Es gibt ein leichtfertiges Schweigen, ja ein Schweigen der Verbitterung.

Nicht jede Stille ist göttlich gewirkt; es herrscht ein Schweigen in geistlicher Stumpfheit, die Verbitterung gegeneinander und gegen sich selbst nimmt gefährliche Züge an. Letztendlich versinkt solch ein Mensch in Schwermut. Oft kommt Schwermut nur aus Haß gegen sich selbst. Man wollte seinen eigenen Willen durchbringen, hatte hochgesteckte Ziele und begann sich zu hassen, als man sich nicht durchsetzen konnte.

Denk nur an die schweren Nachtgedanken bei deiner Schlaflosigkeit. Die unbewältigten Sorgen des Tages, die wir seit Wochen mit uns herumtragen und unentwegt voller Unruhe in uns kreisen lassen, verstärken sich in der Nacht um ein Vielfaches. Unruhig wälzen wir uns von einer Seite zur anderen und kommen nicht in den Schlaf. Die psychischen Krankheiten offenbaren oft die Summe der Fehlleistungen vor Gott. Göttliche Stille bringt immer Ewigkeitsfrucht.

Göttliche Stille reift auch nur in der Ergebenheit: »Vater, nicht mein Wille, sondern dein heiliger Wille geschehe. Nicht wie ich will, sondern wie du willst.« Denken wir einmal an das Hauptpro-

blem unseres Lebens; legen wir es jetzt ganz getrost zu den Füßen des ewigen Schöpfers nieder und wir werden verspüren, wie sich eine heilige Stille über dem Sturm unserer Seele ausbreitet, wenn wir beten: »Nicht mein Wille geschehe, sondern dein Wille.«
Aber dieses Gebet schließt auch die Bereitwilligkeit ein, den Herrn für uns wählen zu lassen, weil wir wissen, daß alle unsere Dinge weit besser in seinen als in unseren Händen aufgehoben sind.
Unser Zeitalter ist erfüllt von ständiger Unruhe, nicht nur akustischem Krach. Eine Unmenge von Bildern und Informationen stürmen auf uns ein und lärmen in uns. Zur völligen Stille und zum wahren Frieden kommen wir erst, wenn wir begreifen, daß Jesus Christus am Kreuz von Golgatha die Tür zur Gemeinschaft mit Gott aufgeschlossen hat. Unsere Schuld und Unruhe ist besiegt. Gott lädt uns ein, die Stille bei ihm zu suchen. Dann erst erfahren wir, was es heißt: »Es ist noch eine Ruhe vorhanden für das Volk Gottes. Denn wer zu Gottes Ruhe gekommen ist, der ruht auch von seinen Werken, gleichwie Gott von den seinen.« (Hebräer 4/9-10)
Dieser Glaube allein ist der wahre Glaube, der in Gott vollständig ruht, wenn man beten kann: »Meine Seele senkt sich in Gottes Herz und Hände.«

7. JANUAR

Fürchte dich nicht, du Würmlein

»Denn ich bin der Herr, dein Gott, der deine rechte Hand faßt und zu dir spricht: Fürchte dich nicht, ich helfe dir! Fürchte dich nicht, du Würmlein Jakob!« (Jesaja 41/13-14a)

Ein großer Segen für ein neugeborenes Kind ist eine glaubensstarke, betende Mutter. Solange Odem in mir ist, ja, schon als ich unter dem Herzen meiner Mutter heranwuchs, betete sie für mich. Sie versprach es dem Herrn, wenn ein Junge zur Welt kommen würde, sollte er dem Herrn geweiht, ein Diener Gottes, des Allerhöchsten sein. Nicht Jakob, sondern Jost nannten mich meine Eltern.
Mein Leben begann in dem »wunderschönen Monat Mai, als alle Vögel sangen . . .« Genauer gesagt am 23. Mai 1932 in der damaligen Reichshauptstadt Berlin.
Die Geschichte der Stadt Berlin war lange Zeit von sprichwörtli-

cher Weltoffenheit, Toleranz und Liberalität geprägt. Diese Stadt war das Zentrum der deutschen Politik und auch des kulturellen Lebens. Berlin war aber auch der Machtmittelpunkt der nationalsozialistischen Terrorherrschaft, der inkarnierten Bosheit. Eine leidgeprüfte und später von Gott gebrandmarkte Stadt. In dieser Weltmetropole wurde das kleine Würmlein Jost Müller-Bohn geboren. Mit 4 1/2 Pfund Körpergewicht war ich zum Sterben noch nicht gerufen, zum Leben aber fast zu schwach; ein zappelndes Häufchen Elend in einem viel zu großen Babykorb.

Die Chance meines Überlebens war in den damaligen Jahren wesentlich geringer als in unseren Tagen, wo moderne Brutkästen den allerkleinsten Neugeborenen Körperwärme ersetzen und eine schützende Hülle zur gefährlichen Außenwelt bieten.

Meine Mutter weinte sehr viel in jenen Tagen, wenn sie die rundlichen und wohlgenährten Kinder meines Jahrgangs bei anderen Müttern erblickte und sie mit dem »häßlichen Entlein« und seiner geringen Lebenserwartung verglich. Doch mitunter wachsen solche kleinen Kreaturen wider Erwarten doch heran. Als meine Mutter mich bei einer Untersuchung durch den Fürsorgearzt nur für wenige Augenblicke aus den Augen ließ, um sich besorgt über meinen kläglichen Zustand zu äußern, wäre fast ein Unglück passiert. Wer da meint, daß das kleine Bündel Lebensenergie nicht fähig wäre, von einem 2 Meter langen Tisch herunterzuhopsen, der irrt. Keiner wage den Versuch, ein schreiendes »Würmlein« unbeobachtet auf einer glatten Tischplatte liegen zu lassen. Wäre nicht der Arzt damals blitzschnell hingesprungen, um mich festzuhalten, hätte es die Stunde meines Todes sein können. So wurde ich im letzten Moment aufgefangen.

»Haben Sie gesehen, was für eine Energie in diesem kleinen Zappel steckt?« fragte der Arzt. »Warum weinen Sie immer? Er wird am Leben bleiben. Gerade solche kleinen, unscheinbaren Würmlein entwickeln größere Überlebensenergien, als man denkt.«

Wie gesagt, meine Mutter war eine betende Frau. Ihr galten die großen Verheißungen Gottes:

»Denn ich bin der Herr dein Gott, der deine rechte Hand ergreift und zu dir spricht: Fürchte dich nicht, ich helfe dir! Fürchte dich nicht, du Würmlein Jakob!«

Blick in die weite Welt

»Sehet zu, daß ihr nicht jemand von diesen Kleinen verachtet. Denn ich sage euch: Ihre Engel im Himmel sehen allezeit das Angesicht meines Vaters im Himmel.« (Matthäus 18/10)

Man sagt: »Kinder haben ihre Schutzengel bei sich«. Vielleicht kommt dieser Satz des Volksmundes aus dem eben zitierten Bibelwort.

Wir haben leider nur noch den Blick für unsere sichtbare Welt und werden dadurch unsicher, ängstlich und traurig. Jesus weitet hier unseren Gesichtskreis: »Im Himmel wie auf Erden befinden sich Gottes Engel und gerade die, die für die Kleinen da sind, genießen einen besonderen Zugang zum Thron der Herrlichkeit.«

Eines Tages wollte meine Mutter fortgehen. Nachdem sie mich eindringlich ermahnt hatte, keine Dummheiten zu machen, ging sie zur Tür hinaus. Ich hatte keine bösen Absichten; dennoch verriegelte ich die Tür, um ein waghalsiges Abenteuer zu unternehmen. Ich wollte nämlich gern die anderen Kinder des Hauses sehen, die auf dem Hinterhof spielten. Ich hörte sie lärmen, lachen und kreischen. Aus diesem Grund schob ich einen Hocker an das Fenster und kletterte unter großer Anstrengung auf das sehr schmale Fensterbrett. Es war ein einfaches Fenster im fünften Stockwerk. Der schmale Hof lag tief unter mir im spitzen Winkel. Deshalb drückte ich mein Näschen mit aller Gewalt an die Scheibe, um die lustigen Kinder sehen zu können und im Geiste meiner Phantasie mit ihnen zu sprechen. Meine Mutter ahnte nicht, in welch tödlicher Gefahr sich ihr einziges Kind befand. Ihr wäre wohl vor Schreck der Verstand stehen geblieben. Doch: »Kinder haben ihren Schutzengel bei sich,« denn es erscheint ziemlich unwahrscheinlich, daß ein nur millimeterdünnes Fensterglas dem Druck eines kleinen Knaben standhalten kann.

Glücklicherweise hatte die von mir verriegelte Wohnzimmertür einen Glaseinsatz. Als meine Mutter die verriegelte Tür vorfand und mich rief, konnte ich ihr wohl antworten und ihr sagen, wo ich mich befand, aber ich wäre nicht fähig gewesen, den kurzen Weg vom Fensterbrett auf den Hocker zurückzugehen. Meine Mutter erfaßte die Gefährlichkeit der Situation sehr wohl. Mit sanfter Stimme sprach sie beruhigend auf mich ein: »Bleib bitte ganz ruhig stehen und bewege dich nicht. Ich komme gleich

wieder.« Sie holte schnell den Hausmeister. Dieser schlug die kleine Scheibe der Wohnzimmertür ein und drückte mit einem langen Stock den Riegel der Tür runter. Ich war gerettet! Meine Mutter war felsenfest davon überzeugt, daß die Engel Gottes das leicht zerbrechliche Glas der Scheibe entweder gestützt oder mein Körpergewicht zurückgehalten haben.
Engel sind reale, geheimnisvolle Wesen in der für uns unsichtbaren Welt, um wichtige Dienste für Menschen zu vollbringen, damit sie das Heil ererben können. Satan ist der Mörder von Anfang an, denn wären die Engel Gottes nicht zu unserem Dienst bestellt, hätte Satan uns vielleicht schon in irgendeiner Situation unseres Lebens umgebracht.

9. JANUAR

Kleine Ausflüge

»Siehe, der Hüter Israels schläft und schlummert nicht. Der Herr behütet dich; der Herr ist dein Schatten über deiner rechten Hand.« (Psalm 121/4-5)

Es liegt in der Art der meisten Kinder, daß sie alles erkunden und erforschen wollen. Natürlich sind Kinder, wie auch Erwachsene, in ihren Veranlagungen sehr unterschiedlich. Mein kleiner Unternehmungsgeist war von unaussprechlicher Neugierde geprägt. Es gab kaum einen Winkel, den ich nicht untersucht hätte. Es gab keine Treppe, die ich nicht bestiegen, keinen Tisch, auf den ich nicht geklettert; keinen Hausflur, in den ich nicht hinein gewollt und keine Straße, die ich nicht gern durchwandert hätte.
Die ersten Erkundungsausflüge waren nur wenige Meter vom Haus entfernt und dennoch enorm gefährlich; denn dort gab es Hinterhöfe, Kanäle, sehr belebte Autostraßen, Straßenbahnen, Pferdewagen der bekannten Bierbrauereien und dunkle Hausflure, in denen man sich schnell verirren konnte.
Wir waren wieder einmal unterwegs. Mein Vater mußte mit mir stets an einem Spielwarengeschäft vorbeigehen, weil ich dort die heiß ersehnte, elektrische Eisenbahn zu sehen bekam, die ich leider nie bekommen konnte. Väter sind oft mehr an solchen wirklichkeitsgetreu nachgebildeten Eisenbahnen interessiert als ihre Kinder.

Mein Vater betrachtete die großartige Anlage der kleinen, romantischen Welt im Schaufenster. Er war dabei so fasziniert, daß er gar nicht bemerkte, daß ich schon wieder verschwunden war.
Als er sich nach mir umsah, war es zu spät. Er eilte die Straße auf und ab, rief in viele Hausflure hinein, fragte Passanten. Sein Junge war von der Bildfläche verschwunden. Verzweifelt lief er zurück zum Spielwarengeschäft, fragte dort die Angestellten, doch niemand hatte seinen verlorengegangenen Sohn gesehen. Innerlich erschöpft und aufgeregt eilte er zur Polizei und erstattete Anzeige.
Es wurde eine Großfahndung eingeleitet. Über den Berliner Rundfunksender konnten jetzt Zigtausende die Suchmeldung hören: »Kleiner Junge, drei Jahre alt, dunkle Augen, mit einem kurzen Ponyschnitt in folgender Kleidung . . . ist seinen Eltern in der Werner-Siemens-Straße abhanden gekommen. Alle Mitbürger werden gebeten, auf ein allein gehendes Kind zu achten und es der nächsten Polizeiwache zuzuführen.«
Jugendgruppen mit Fahrrädern, hilfsbereite Nachbarn und andere Mitbürger von Berlin halfen nun, den kleinen Weltenbummler aufzufinden.
Ich war indessen immer meiner Nase nach weitergewandert, bis ich zum Landwehrkanal kam, wo ich »große Schiffe« auf dem Wasser entdeckte. Eine ältere Dame beobachtete mich. Obwohl sie von der Fahndungsmeldung noch nichts gehört hatte, sprach sie mich an, um zu erfahren, wo ich hingehörte. Aber mein lebhaftes »Kinderchinesisch«, konnte sie absolut nicht verstehen. Sie nahm mich an der Hand, zeigte mir vieles, um mich abzulenken, bis sie ein Jugendlicher vom Fahrrad her ansprach. Nun war ich bald wieder in den Händen meines Vaters. Meine Mutter hatte in der Zwischenzeit herzergreifende Gebete zum Himmel gesandt. Meines Erachtens nach hatte Gott meinetwegen eine ganze Abteilung von Engeln für meinen persönlichen Schutz abstellen müssen, damit ich in der berüchtigten Weltstadt Berlin nicht unter die Räder kam.
»Siehe, der Hüter Israels schläft und schlummert nicht. Der Herr behütet Dich; der Herr ist Dein Schatten über Deiner rechten Hand.«

Frühe Badefreuden

»Gott hilf mir! Denn das Wasser geht mir bis an die Kehle. Ich versinke im tiefen Schlamm, wo kein Grund ist; ich bin in tiefe Wasser geraten, und die Flut will mich ersäufen.«

(Psalm 69/2-3)

In einer älteren Lutherübersetzung steht: »Denn das Wasser geht mir bis an die Seele.« Wie oft überwältigt uns seelischer Kummer. Eben schien das Leben noch hell wie die Sonne und plötzlich versinken wir in grausamen Seelenqualen. Die ungeheuren Wassermassen des Ozeans um ein Schiff fürchten wir verständlicherweise weniger als das Wasser, das durch ein Leck in das Innere eines Schiffes eindringt. Äußere Wunden sind eher zu ertragen als die Qualen des Herzens, der Schwermut, Melancholie, Schicksalsverzweiflung und der unbewältigten Sündennot. Wir möchten mit Jona voller Entsetzen schreien: »Wasser umgaben mich bis an meine Seele, die Tiefe umringte mich.«

Gefährlich wird es, wenn wir im tiefen Schlamm versinken. Im Wasser könnte man noch schwimmen; im Schlamm aber ist es vergebliche Mühe, sich abzuquälen. Der Schlamm zieht sein Opfer unwiderstehlich in den Abgrund. In welchen Schlamm sind wir geraten? Geheime Sünden, herzbeklemmende Untugenden, Geiz, Neid, Leidenschaft, Afterreden oder ist es der Schlamm der Unversöhnlichkeit?

Eine kräftige Hand muß uns aus dem schlüpfrigen Grund, aus dem Moor der Sünde herausziehen.

Meine Eltern gingen einmal mit mir in ein Strandbad. Berlin hat eine wunderschöne Umgebung mit vielen Seen und Flüssen. An freien Tagen entfliehen die sonnenhungrigen Städter in die Umgebung, um ihre Lungen wieder mit frischer Luft vollzutanken.

Mein Vater spielte mit mir. Meine Mutter versorgte meinen Bruder, der noch im Kinderwagen seine Turnkünste präsentierte. Irgendwie mußte mein Vater dann fort; wollte er vielleicht eine Erfrischung holen, ich weiß es nicht mehr. So spielte ich allein am Strand. Meine Mutter rief mir noch zu: »Geh nicht in das Wasser!« Da sah ich aber andere Kinder im kühlen Naß herumplanschen; sie warfen einen Gummiring in den See, rannten und holten ihn zurück. Was andere können, wollte ich auch versuchen. Es war ein flaches Ufer und so stapfte ich ins Wasser hinein.

Noch heute sehe ich diesen Mann in einem zebragestreiften Badeanzug Schritt für Schritt in einiger Entfernung ins Wasser hineingehen. Was große Männer tun, wollte ich kleiner, angehender Mann auch versuchen. So schritt ich etwas zaghaft Schritt um Schritt dem Vorbild nach. Bald ging mir das Wasser bis zum Bauchnabel und plötzlich – o Schreck – rutschte ich im schlüpfrigen Untergrund aus und tauchte im Wasser unter.
In diesem Augenblick schrie meine Mutter: »Großer Gott, der Junge! Siegfried!« (So hieß mein Vater.) »Sieh, der Junge geht unter!« Mit rasanten Sprüngen eilte mein Vater ins Wasser und zog mich schnellstens an Land. Ich hatte viel Wasser geschluckt und war für kurze Zeit bewußtlos; aber mein Vater begann sofort mit Wiederbelebungsversuchen. Als ich erwachte, war mir unsagbar übel. Ich erbrach mich laufend. Dieses Erlebnis hat sich mir so tief eingeprägt, daß ich noch genau den Mann mit dem gestreiften Badeanzug vor mir sehe. Gott sei Dank, ich war gerettet!
Wenn wir uns auch in schwerster Bedrängnis befinden, Gottes starke Hand wird uns, nach Seiner Verheißung, aus jeder verzweifelten Lage herausziehen. Er läßt uns nicht im schlammigen Abgrund versinken.

11. JANUAR

Ängstliche Stunden im Keller

»Die da sitzen mußten in Finsternis und Dunkel, gefangen in Zwang und Eisen, weil sie Gottes Geboten ungehorsam waren und den Ratschluß des Höchsten verachteten, so daß er ihr Herz durch Unglück beugte und sie dalagen und ihnen niemand half, die dann zum Herrn riefen in ihrer Not und er half ihnen aus ihren Ängsten und führte sie aus Finsternis und Dunkel und zerriß ihre Bande. Die sollen dem Herrn danken für seine Güte und für seine Wunder, die er an den Menschenkindern tut.« (Psalm 107/10-15)

Wieder einmal verschwand ich aus unserer Wohnung und schlenderte mutterseelenallein durch die reich belebten Straßen von Berlin. Obwohl mir die Mutter streng eingeschärft hatte, nie allein loszugehen.
Bald kam ich in eine ganz fremde Gegend. Es gab so viele

interessante Sachen zu sehen, daß ich gar nicht daran dachte, wieder umzukehren und nach Hause zu gehen. Da bemerkte ich eine eiserne Klappe vor einer Hauseinfahrt. Wißbegierig, wie ich nun einmal war, hob ich unter großer Anstrengung die eiserne Klappe hoch und stieg in ein finsteres Kellerloch. Plötzlich fiel die Klappe dort oben zu und ich befand mich in absoluter Finsternis. Zu Tode erschrocken schrie ich: »Mama, hilf mir! Bitte, hilf mir! Bitte, Mama, hilf mir!«

Niemand hörte mich. Ich verharrte wie lebendig begraben. Dort herrschte eine feuchtmodrige Luft und es roch nach Kohlen. Ich war in den Kohlenkeller einer Bäckerei geraten. Für Stunden blieb ich in völliger Dunkelheit gefangen. Ich konnte vor mich hinweinen wie ich wollte, es half nichts. In der Zwischenzeit bemerkte meine Mutter, daß ich verschwunden war. Sie lief, so schnell sie konnte, zur Polizei und bat dort um Hilfe. Auf dem Polizeirevier war ich nun schon bekannt. Die Polizisten fuhren durch die Straßen, sahen auf alle Spielplätze und gingen durch die Parkanlagen. Wieder wurde veranlaßt, mich durch eine Rundfunkmeldung zu suchen. Die Bevölkerung schaute aus den Fenstern; Straßenpassanten forschten; auch in den Schulen und Kindergärten wurde nachgefragt. Man fand mich nicht. Meine Mutter betete und schrie zum Herrn. Zu derselben Zeit kam der Bäcker in seinen Kohlenkeller und war nicht wenig erstaunt, als er mich verängstigt in einer finsteren Ecke stehen sah.

Denken wir an unser heutiges Textwort: »Die da sitzen in Finsternis und Dunkel . . .«

Kerkerzellen in der Zeit Davids waren dunkle Löcher. Dichte Finsternis umgab die Gefangenen. Eine zum Ersticken ungesunde, modrige Luft herrschte in den Grabkammern. Viele sind in diesen dunklen Folterkammern an gebrochenem Herzen gestorben.

Es ist nicht die äußerliche Finsternis, sondern der Zustand einer Seele, die unter dem Bewußtsein der Sünde schmachtet. Solche Menschen sitzen in seelischen Kerkermauern und brüten in ihrer verzweifelten Lage über die Scheußlichkeit der Sünde nach. Sie fürchten instinktiv das Herannahen des Gerichts und werden dadurch in Angst und Schrecken versetzt. Sie sterben einen geistlichen Tod und werden unentwegt durch ihr Gewissen angeklagt.

»Aber die zum Herrn riefen in ihrer Not . . .«

Dann erst kommt die Befreiung, wenn ein Mensch um Hilfe zu Gott flehen kann. Mancher läßt eine Schuld jahrelang unterschwellig dahinschmoren. Erst im äußersten Gefühl der Ratlosigkeit beginnt ein Sünder zu beten.

Wie glücklich war ich, wieder meiner Mutter in die Arme fallen zu können.

12. JANUAR

Wenn ihr nicht werdet

»Zu derselben Stunde traten die Jünger zu Jesus und fragten: Wer ist doch der Größte im Himmelreich? Jesus rief ein Kind zu sich und stellte es mitten unter sie und sprach: Wahrlich, ich sage euch, wenn ihr nicht umkehrt und werdet wie die Kinder, so werdet ihr nicht ins Himmelreich kommen.«

(Matthäus 18/1-3)

Was mußte wohl der Herr Jesus denken, nachdem sie die Bergpredigt gehört hatten, in der gerade die Anspruchslosigkeit als glückselig bezeichnet wurde. Auf der anderen Seite konnten die Jünger die Lebensweise des Gottessohnes lange genug beobachten. Der Meister hätte also schon etwas mehr von ihnen erwarten können.

Es ist die Art seiner Seelsorge, wie er uns das Himmelreich vor Augen stellt: »Gott liebt die Kinder und spricht zu uns: Ich liebe euch nur in der Art des kindlichen Vertrauens.«

Wir möchten wohl fragen: Was kann man mit Kindern schon ausrichten? Was sollen wir von ihnen lernen? Ich meine: Kinder sind sorglos; sie überlassen sich vertrauensvoll dem Vater; sie glauben und hoffen alles; sie sind in ihrer kindlichen Liebe zum Vater grenzenlos. Beim Vater fühlen sie sich völlig geborgen.

Wir wissen nicht, wie alt das Kind war, das Jesus zum Inhalt seiner Verkündigung in die Mitte der Zuhörer stellte. Vielleicht war es zwei oder drei Jahre alt. In diesem Alter entdecken Kinder von früh bis spät immer wieder Neues. Sie lernen vom Vater mit kindlicher Freude. Meist haben sie keine Kontaktschwierigkeiten. Als das einmalige Wunderkind Wolfgang Amadeus Mozart, erst fünfjährig, vor der Kaiserin Maria Theresia sein erstes Konzert gab, war Ihre Majestät, die Kaiserin , so entzückt darüber, daß sie in die Hände klatschte. Das nahm der kleine Mozart wiederum zum Anlaß, der Kaiserin auf den Schoß zu springen und ihr einen herzhaften Kuß zu geben.

Natürlich war das völlig protokollwidrig, aber Mozart war ein

Kind und der ganze Hofstaat amüsierte sich darüber. Kinder kennen auch kaum Sprachschwierigkeiten.

Im christlichen Hotel in Frankfurt am Main wohnte für Monate eine Familie aus den USA. Es waren Japaner, was auf meine Tochter einen gewaltigen Eindruck machte. Sie wurde die Freundin der kleinen Tochter dieser Familie, obwohl sie kein Wort Englisch verstand und die andere kein Wort Deutsch. So spielten sie wochenlang einträchtig miteinander. Sie verstanden sich einfach traumwandlerisch.

Kinder sind in diesem Alter wohl egozentrisch, aber noch nicht so berechnend, ausnutzend, raffgierig, hinterlistig, brutal und gerissen wie die Erwachsenen. Sie sind alle habgierig, aber noch nicht so beutegierig wie erwachsene Kinder.

Noah hatte drei Söhne: Sem, Ham und Japhet. Meine Kinder scheinen alle von dem mittleren Sohn abzustammen, es waren alle »Hamiten«; alles, was sie sahen, wollten sie »ham«.

Doch die Weisheit, die ich von meinem Vater gehört hatte, benutzte ich, um sie in die richtige Beziehung zu den irdischen Dingen zu bringen, indem ich ihnen erklärte: »Es gibt auf Erden 100 000 schöne Dinge. Man freut sich darüber, daß es so etwas gibt, aber haben muß man doch nicht alles!«

Jesus Christus spricht heute zu uns: »Ich liebe die Kinder und nicht die eitlen, verbitterten, vergrämten, verbildeten, selbstgerechten Erwachsenen. Sie müssen umkehren und wieder wie die Kinder werden, sonst bleiben sie untauglich für das Himmelreich.«

13. JANUAR

Besuch im Zoo

»Gib nicht den Raubtieren hin die Seele deiner Turteltaube.«
(Psalm 74/19, Elberfelder Übersetzung)

Die Turteltaube ist die kleinste Wildtaube in Europa. Ihren Namen verdankt sie dem Gurren des Täubers. Es klingt wie ein hohes »Trurr-tur-tur-tur.« In mitteleuropäischen Städten werden diese Vögel selten beobachtet, weil sie dort den vordrängenden Türkentauben weichen müssen; aber in lichten Misch- und Laubwäldern mit viel Unterholz, auch in Parkanlagen, Feldgehölz und anderen Lebensräumen werden sie von Freunden der Natur entdeckt.

Wegen ihrer sanftmütigen, wehrlosen und hilflosen Art sind sie ein Symbol für das Schwache und Gefährdete. So wie die Turteltauben sind die Kinder Gottes und alle kleinen Kinder: völlig auf Schutz und Hilfe der Größeren und Stärkeren angewiesen. Kinder Gottes sollten harmlose, sanftmütige, wehrlose und durch Christi Gnade unschuldige Wesen sein. Gegen die zahllosen grausamen Feinde will Gott, der Herr, sie in Schutz nehmen. Sie werden in der Heiligen Schrift mit Schafen und Tauben verglichen und Kleine, Unmündige, Arme, Weise und Einfältige genannt.
Christusähnliches Verhalten sollte ihr sichtbares Merkmal sein. Böse Gedanken und Absichten gegen feindliche Mitmenschen sollten mehr und mehr von ihnen weichen. Weil sie aber in Gefahr stehen, Unrecht erleiden zu müssen, stehen sie unter dem besonderen Schutz des Allerhöchsten. Die Seele der Turteltaube wird hier mit dem erbarmungswürdigen Wesen eines kleinen Kindes verglichen. Gott ist dem Geringsten gnädig und schützt das Schwache.
Eines Tages besuchte meine Mutter mit mir den Berliner Zoo, einen der prachtvollsten Tiergärten Europas. Mein besonderes Interesse aber galt den menschenähnlichen Affen. Ganz besonders hatten es mir die Schimpansen angetan. Ihr allzu menschliches Gehabe beim Nachahmen der Besucher zog mich mächtig an.
»Ist das nicht ulkig?« rief ich voll Entzücken. »Mama, ich freue an!«
»Ich freue an« war bei mir die höchste Form der Freude. Wenn ich dies ausrief, wußte meine Mutter, daß ich ganz beglückt war.
Eines Tages, keiner weiß bis heute, wie es geschehen konnte, bin ich in den Affenkäfig der Schimpansen eingedrungen. Wahrscheinlich suchte ich »brüderlichen« Kontakt zu diesen behaarten Wesen. Sogleich sprang ein kräftiger Schimpanse auf mich zu und packte mich mit festem Griff und versuchte, mich auf den höchsten Baum im Käfig hinaufzuzerren. Die Leute schrien vor Entsetzen!

Meine Mutter rief: »Du großer Gott, hilf und bewahre meinen Jungen!« Gerade in diesem Augenblick kam der Wärter, der den Affen Bananen brachte. Schnell konnte er mich aus dem festen Griff des Affen befreien. Ich war wieder einmal durch die Güte und Gnade Gottes, ja, durch den Dienst Seiner Engel, errettet worden.
Vor Gott, dem Schöpfer, war ich in diesem Fall die hilflose Turteltaube; der Wehrlose und Unmündige, der aus der Gefahr eines gefährlichen Tieres gerettet werden mußte. Jesus sagte zu seinen Jüngern: »Fürchte dich nicht, du kleine Herde! Denn es ist

eures Vaters Wohlgefallen, euch das Reich zu geben.« (Lukas 12/32)

14. JANUAR

Schmutzige Kleider

»Danach sah ich, und siehe, eine große Schar, welche niemand zählen konnte, aus allen Nationen und Stämmen und Völkern und Sprachen, vor dem Thron stehend und vor dem Lamm, angetan mit weißen Kleidern und Palmen in ihren Händen; die riefen mit großer Stimme und sprachen: Das Heil ist bei dem, der auf dem Thron sitzt, unserem Gott und dem Lamm.«
(Offenbarung 7/9-10)

Der Ertrag der Erlösung ist sehr groß. Alle haben die Vergebung und völlige Reinigung erhalten. Sie tragen die reinen, weißen Kleider nicht aus eigener Kraft und Anstrengung oder durch selbstverordnete Bußübungen. Diese Kleider können wir schon zu Lebzeiten durch die Hinwendung zu Gott erhalten. Doch diese geheiligten Kleider müssen immer wieder gewaschen und gereinigt werden durch das Blut des Lammes.

Einer meiner Brüder war als Kind ein richtiger Wanderbursche. Wann immer er nur konnte, riß er von zu Hause aus. »Du bist ein richtiger Ausreißer!« sagte Mutter oftmals.

Eines Tages wollte die ganze Familie der Großmutter in Berlin einen Besuch abstatten. Unser Dorf lag direkt am Stadtrand der Reichshauptstadt von Deutschland. Ein alter Bus fuhr täglich bis zur nächsten Stadtbahnstation. Für uns Kinder war das ein riesiges Erlebnis, mit diesem alten Bus bis zum Bahnhof zu fahren, um dann mit der elektrifizierten Stadtbahn zur Großmutter zu reisen.

Unsere Oma besaß eine Bäckerei, wo es für uns immer allerlei Naschereien gab. Um einen guten Eindruck zu machen, hatte meine Mutter meinen 4-jährigen Bruder von Kopf bis Fuß mit einer weißen Wollmütze, einem weißen Pullover, mit weißen Gamaschenhosen und sogar weißen Schuhen sauber angezogen. Das Ankleiden von drei Kindern und das Zusammenpacken einer Reiseausrüstung für diesen »Großstadtausflug« dauerte einige Zeit. Als wir gerade aufbrechen wollten, stellte Mutter fest: Der

»Ausreißer«, so wurde er mittlerweile in der Familie und teilweise auch auf der Straße genannt, war wieder einmal verschwunden und auf eine seiner Entdeckungsreisen gegangen.
Wir suchten in allen Himmelsrichtungen. Jugendliche und einige Nachbarn beteiligten sich an der »Ringfahndung«. Mein Bruder aber war einfach nicht aufzufinden. So fuhr der Autobus ohne uns ab.
Einige Zeit später entdeckte ein Mann meinen Bruder, der bis zum Bauch in einem Jauchegraben stand, um dort die Wasserstandstiefe zu erproben. So brachte man das übel riechende und kräftig »schreiende Etwas« nach Haus. Meine Mutter weinte bitterlich. Sie hatte ihn so sauber angekleidet; alles frisch gewaschen. Und nun stand er vor ihr, stinkend und verschmutzt. So konnte man unmöglich einen Ausflug in die Hauptstadt unternehmen, und was würde erst die Großmutter sagen?
Sind wir schon angetan mit dem Kleid der Gerechtigkeit, dem Kleid des vollen Heils? Wir sollen täglich prüfen, ob dieses Kleid rein und unbefleckt ist. Haben wir durch Sünde dieses Kleid befleckt, so müssen wir es sofort durch das Blut Jesu Christi reinigen lassen.
»Ihr sollt heilig sein, denn ich bin heilig, der Herr, euer Gott«, lesen wir in 3. Mose 19/2 und David singt: »Lobe den Herrn, meine Seele! Herr, mein Gott, du bist herrlich; du bist schön und prächtig geschmückt. Licht ist dein Kleid, das du anhast.« (Psalm 104/1-2)

15. JANUAR

Vaters neue Kleider

»Die Gottseligkeit aber ist ein großer Gewinn für den, der sich genügen läßt. Denn wir haben nichts in die Welt gebracht, darum werden wir auch nichts herausbringen. Wenn wir aber Nahrung und Kleidung haben, so wollen wir uns daran genügen lassen.« (1. Timotheus 6/6-8)

Bescheidenheit und Zufriedenheit sind Boten des Friedens. Sie bringen eine herrliche Frucht. Von frühester Jugend an hatte ich in dieser Beziehung ein feines Vorbild, nämlich meinen Vater. Er besaß keine herausragenden Talente oder Begabungen, aber auffallend waren seine Zufriedenheit und Bescheidenheit. Mein Vater, der eine gute Stellung in einer Staatsverwaltung hatte, trug gern die abgelegten Anzüge seines Zwillingsbruders. »Solch ein Anzug ist doch noch sehr gut zu tragen«, pflegte er voller Überzeugung zu sagen. Eines Tages hatte er einen dieser Anzüge in einem Berliner Kaufhaus zur Reinigung gebracht. Als er nach einer gewissen Zeit den Anzug von der Reinigung abholen wollte, bekannte ihm der Geschäftsführer: »Herr Müller-Bohn, es tut uns sehr leid, aber Ihr Anzug ist verlorengegangen. Alle Nachforschungen waren umsonst. Ich habe aber von der Direktion die Anweisung erhalten, daß Sie sich einen neuen Anzug in unserer Konfektionsabteilung aussuchen dürfen.«

Mein Vater willigte ein, wollte sich aber einen Anzug mittlerer Qualität nehmen. »Nein!« sagte der Geschäftsführer entschieden, »nur erste Ware. Das ist die ausdrückliche Anweisung der Direktion.«

Als mein Vater den Anzug meiner Mutter vorführte, sagte er: »Darf ich denn solch einen Anzug überhaupt annehmen und tragen?« Kurze Zeit darauf kam eine Karte von dem besagten Kaufhaus, er möchte sich doch in der Angelegenheit seines Anzugs in der Reinigungsabteilung melden. Mein Vater war der festen Meinung, der alte Anzug habe sich nun eingefunden und begab sich mit dem neuen Anzug zum Kaufhaus.

Dort hatte ein anderer Geschäftsführer die Aufsicht. »Herr Müller-Bohn, wir müssen Ihnen leider eine traurige Mitteilung machen«, sagte dieser. »Der Anzug, den Sie in die Reinigung gebracht haben, ist verlorengegangen. Sie werden gebeten, sich einen neuen auszusuchen.« Mein Vater erklärte: »Das habe ich schon vor einigen Tagen getan, hier habe ich den Anzug mitgebracht.«

Der Geschäftsführer rief bei der Direktion an. Wütend schrie der Direktor: »Warum passen Sie denn nicht auf und lassen den Mann extra nach Berlin kommen? Dann soll er sich noch einen Anzug aussuchen!«

Diesmal erhielt mein Vater einen Anzug mittlerer Qualität. Meine Mutter lachte: »Ja, so muß es dir gehen, sonst kommst du ja nie zu einem neuen Anzug.« Nach einem halben Jahr fand sich auch noch der verlorengegangene Anzug wieder ein. Der Segen des Herrn macht reich ohne Mühe; offensichtlich ruhte hier schon der Segen des Herrn über seinem genügsamen Lebenswandel.

Wie gesagt, mein Vater wurde auch nicht als Gotteskind geboren, so mußte auch er von seinen Untugenden und Sünden erlöst werden, aber in einem Punkt lebte er schon vor seiner Hinwendung zu Gott vorbildlich:

»Wenn wir aber Nahrung und Kleidung haben, so lasset uns genügen.« (1. Timotheus 6/8)

16. JANUAR

Schwarz auf weiß

»Seid Täter des Worts und begnügt euch nicht mit dem bloßen Hören! Damit betrügt ihr euch selbst. Wer das Wort nur hört und nicht danach tut, der gleicht einem Mann, der sein Gesicht im Spiegel betrachtet, dann aber weggeht und sofort vergißt, wie er aussah.« (Jakobus 1/22-23)

Man sagt: »Auch ein neuer Spiegel glättet alte Runzeln nicht. Ein Spiegel lügt nicht. Er zeigt uns, was keiner unserer Freunde sagt.« Doch sehen wir im Spiegel nur die äußere Form. Der wahre Mensch ist der Inwendige – der größte Teil von dem, was in der inneren Welt geschieht, bleibt hinter unserer Fassade verborgen. Die Innenseite unseres Daseins, also das Wichtigste und Entscheidendste, wird im Spiegel nicht offenbar. Die unglaubliche Fülle unserer Gedanken der unheimlichen, abgrundtiefen Phantasiebilder, die heimlichen Pläne und uferlosen Ausflüge unserer Einbildungskraft sind die wirklichen Hintergründe unseres Handelns. Wer könnte die millionenfachen Traumbilder und unerklärlichen Hirngespinste, die Wunschbilder sündhafter Triebkräfte zählen, die tagtäglich unsere Gedankenfabrik wie am Fließband durcheilen?

Wir tragen eine ganze Welt unerforschter Gebiete in uns und nur Gott kennt die Tiefen unseres Daseins.

Eine tragikomische Begebenheit aus meiner Jugendzeit soll uns zur Illustration dienen:

Mein Bruder, der ein sehr ordnungsliebender und sauberer Junge war, beobachtete die Mutti oft bei der Morgentoilette: »Warum nimmst du immer Gesichtscreme?« wollte er wissen. »Damit die Haut schön und geschmeidig bleibt«, war ihre Antwort.

Natürlich wollte mein Bruder mit seinen vier oder fünf Jahren auch solch schöne Haut wie die Mutti haben. Als er einmal allein im Badezimmer war, nahm er die ihm angeblich bekannte Büchse und rieb sich die vermeintliche »Schönheitscreme« ins Gesicht – er wollte besonders schön aussehen, deshalb sparte er mit der

Creme nicht, sondern trug sie recht dick auf. Leider schaute er dabei nicht in den Spiegel, wegen der Eile, denn die Mutter konnte ja jeden Augenblick kommen. Er schaute nicht einmal auf die Hände.
Als meine Mutter nach Hause kam und die Tür öffnete, bekam sie einen entsetzlichen Schreck – da sah sie die Bescherung: Mein Bruder hatte sich fast die gesamte Creme aus der Dose ins Gesicht geschmiert.
»Aber mein Junge, wie siehst du denn bloß aus? Das ist ja schrecklich!« rief sie.
»Nein, nicht schrecklich«, sagte der kleine Mann ganz tapfer, »jetzt sehe ich genauso schön aus wie du!«
Meine Mutter nahm meinen kleinen Bruder an der Hand und ging mit ihm einfach zum Spiegel und zeigte ihm dort, wie er aussah. Da fing er laut an zu schreien; denn er hatte nicht Gesichtscreme genommen, sondern schwarze Schuhcreme. Als er sich so rabenschwarz im Spiegel sah, brüllte er wie am Spieß. Er faßte nie wieder die Dose mit der »Creme« an.
Würden wir uns mehr im Spiegel des Wortes Gottes betrachten, um zu erforschen, ob das Kleid der Gerechtigkeit auch hell und weiß ist, so würden wir wohl mehr erschrecken, als wohlgefällig mit uns zu sein. Könnten wir unser geistliches Herz sehen, müßten wir wahrscheinlich auch vor Entsetzen schreien, falls es nicht durch das Blut Jesu Christi gewaschen würde.

17. JANUAR

Wie sich ein Vater über Kinder erbarmt

»Mein Sohn, bewahre das Gebot deines Vaters und laß nicht fahren die Weisung deiner Mutter.« (Sprüche 6/20)

Gehorsam durch Schläge einzufordern, sei der Erziehung letztes Mittel, da sonst dem Menschen das Schönste entzogen würde, was in ihm geweckt werden sollte; nämlich die Erkenntnis, sich freiwillig dem Gebot zu unterwerfen, aus Einsicht und Liebe dem Vater gegenüber.
Von meinem Vater habe ich wenig Schläge bekommen, und wenn es einmal sein mußte, bekannte er mir später, daß er dann meist mehr gestraft war, weil ich innerhalb weniger Minuten mit aller

Freundlichkeit und Liebe wieder zu ihm kam, so als wäre nichts geschehen. Manche Väter haben ein tiefes Mitgefühl mit ihren Kindern, besonders wenn sie erkennen, daß sie auch innerlich die Schmerzen empfinden. Wie gern würden sie an ihrer Statt leiden. Unser himmlischer Vater, der große Gott der Liebe, ist voller Erbarmen, Güte und Geduld. »Wie sich ein Vater über seine Kinder erbarmt, so erbarmt sich der Herr über die, die ihn fürchten.« (Psalm 103/13)

Mein Vater war ein gütiger Mann, der mir streng und bestimmt seinen Willen kundtat, aber sehr barmherzig war, wenn er erkannte, daß hinter meinem Vergehen keine böse Absicht stand.

»Du warst nicht ungezogen, aber voller Ideen und unternehmungslustiger Phantasien; dadurch hast du allerlei schlimme Sachen angestellt.« Dabei kam ich dann selber in Gefahr oder zog auch noch andere mit hinein.

Als besonderen Sport liebte ich es, wenn die Mutter zum Einkaufen unterwegs war, mich von unserem Klavier im Klimmzug auf den sehr hohen Bücherschrank zu ziehen. Dabei hätte natürlich das Oberteil des Schrankes vorkippen können. Dies war gefährlich genug.

Aber eines Tages kam ich auf die verrückte Idee, meine drei kleinen Geschwister mit auf den Schrank zu bugsieren. Zunächst schob ich meinen drei Jahre jüngeren Bruder hinauf; dann den zwei Jahre jüngeren und letztlich auch meine kleine Schwester, die gerade erst ein Jahr alt war. Hinauf hatte ich die drei bekommen. Die Schwierigkeit stellte sich, als ich sie wieder herunterbringen sollte. Ich schaffte es einfach nicht. »Bleibt bitte ganz, ganz still da sitzen, bis Mutti nach Hause kommt!« schärfte ich ihnen ein. Ich begab mich ins Kinderzimmer und spielte dort. Nach längerer Zeit kam meine Mutter zurück. Sie stand wie angewurzelt da, als sie auf den hohen Bücherschrank blickte. Wie kleine Kürbisköpfe aneinandergereiht sah sie ihre drei jüngsten Kinder, die wie aus einem Munde schrien: »Mama, hilf uns, wir kommen hier nicht mehr runter!« Meine Mutter schaffte es auch nicht; sie mußte einen Mann aus der Nachbarschaft holen, der die drei, wie verirrte junge Katzen, vom Schrank herunterhob.

Mein Vater, der diese ganze Angelegenheit nicht miterlebt, sondern nur durch den Bericht der Mutter erfahren hatte, schärfte mir strengstens ein: »Jost, du bist wohl nicht ganz gescheit! Ihr könnt doch von dort oben herunterstürzen und euch etwas brechen! Du machst mir das nie wieder! Hast du verstanden? Versprichst du es mir?« – »Ja, Vati, ich werde es bestimmt nicht wieder tun.«

Versuchungen bedrängen uns. Böse Lust setzt uns zu. Irdische

Freuden verleiten uns. Vielfältig sind die Anfechtungen; aber über all unseren Schwächen und Sündhaftigkeiten steht der Wille des himmlischen Vaters, seinem reuigen Kind zu vergeben, wenn es wieder zu ihm kommt und um Gnade bittet; denn durch den Propheten Maleachi läßt er uns verkünden: »Sie sollen, spricht der Herr Zebaoth, an dem Tage, den ich machen will, mein Eigentum sein, und ich will mich ihrer erbarmen wie ein Mann sich seines Sohnes erbarmt, der ihm dient.« (Maleachi 3/17)

18. JANUAR

Dem Tod von der Schippe gehopst

»Der Herr wird ihn bewahren und am Leben erhalten.«
(Psalm 41/3)

Während des Krieges erkrankte mein jüngster Bruder schwer. Wir hatten alle Scharlach bekommen, aber bei meinem Bruder trat eine lebensgefährliche Herzschwäche auf; deshalb mußte er ins Krankenhaus gebracht werden. Als sich sein Zustand verschlimmerte, wurde meine Mutter ins Krankenhaus gebeten. Mein Bruder lag bereits im Sterbezimmer. Seine Haut war schon ganz welk. Er hatte anhaltend hohes Fieber und schrie laut im Fiebertraum. Meine Mutter fragte den Arzt: »Wird mein Junge durchkommen? Bitte, sagen Sie mir die volle Wahrheit.«

»Wenn Gott nicht hilft, dann muß er sterben. Er ist bereits so schwach, daß er kaum noch Medizin zu sich nehmen kann. Leider kann ich Ihnen keine bessere Nachricht geben. Da hilft nur noch beten«, bekannte der Arzt. War das nur so dahingesagt?

Meine Mutter hatte schon tagelang gebetet. Wieder hielt sie Gott das Psalmwort vor: »Rufe mich an in der Not, so will ich dich erretten und du sollst mich preisen.« (Psalm 50/15)

Täglich fuhr meine Mutter ins Krankenhaus; es gab aber keine Besserung.

»Vater, ich flehe zu dir, du ewiger Gott. Du hast uns doch die Verheißung gegeben: Rufe mich an in der Not, so will ich dich erretten und du sollst mich preisen. Ja, Vater im Himmel, ich will dich preisen, solange in mir Odem ist. – Prüfe du, ob ich's ehrlich meine.«

Als meine Mutter am nächsten Tag ins Krankenhaus kam, sagte

die Krankenschwester zu ihr: »Gestern dachten wir schon, er würde sterben; aber plötzlich wurde es etwas besser mit ihm.«
»Wann war das?« wollte meine Mutter wissen. Die Schwester dachte etwas nach, dann sagte sie die Uhrzeit. Meine Mutter merkte, es war genau die Zeit, als sie zu Gott gerufen hatte. Der Allmächtige hatte ihr Gebet erhört.
Als sie am nächsten Tag die Schwester nach dem Zustand meines Bruders fragte, sagte die Schwester: »Er ist noch furchtbar schwach, aber wenn man sich über sein Bett beugt, dann lächelt das kleine Kerlchen immer.« Versonnen schmunzelte meine Mutter: »Wissen Sie, das kommt daher, weil mein ältester Sohn kleine Kinder sehr lieb hat und er mit ihm viel gelacht hat. Deshalb fängt er immer an zu lächeln, wenn sich jemand über sein Bett beugt.«
Mein Bruder wurde wieder gesund und predigt seit über 30 Jahren das Evangelium. Not lehrt beten, schrieb einst ein Weiser des Weltreiches Rom. Man sagt auch: »Nichts übt größere Macht aus, als der Drang der Not«.
»Rufe mich an in der Not«, wünscht Gott der Herr. »Vertraue mir, du kleiner, ohnmächtiger Mensch, der du mühselig und beladen bist, ich will dich erquicken.«
Das ist die Botschaft des großen Schöpfers. Eine herrliche Bitte des Allmächtigen! Gerade darin offenbart sich ja der kindliche Glaube, indem ein Mensch sich in allergrößtem Vertrauen an Gott wendet.
Es ist doch schon unter den Menschen so, daß sie in der Stunde der Gefahr ihre Zuflucht zu denen nehmen, die sie von Herzen lieben. Wieviel mehr dürfen wir uns doch zu dem wenden, der Himmel und Erde geschaffen, der uns in seiner Liebe seinen Sohn Jesus Christus geopfert hat und dem nichts unmöglich ist.
Oft erscheinen uns die Nöte als nicht so schwerwiegend, um uns damit zu seinem Thron zu wagen, doch ist es für den Allmächtigen der schönste Liebesbeweis, wenn wir uns auch in den kleinsten Dingen Ihm anvertrauen. Es sind doch nicht die Worte irgendeines Menschen, die wir gelesen haben, sondern vom Gnadenthron seiner Herrlichkeit bittet uns Gott: »Rufe mich an in der Not, so will ich dich erretten.«

Leibliche Übung

»Denn die leibliche Übung ist wenig nütze; aber die Gottesfurcht ist zu allen Dingen nütze und hat die Verheißung dieses und des zukünftigen Lebens.« (1. Timotheus 4/8)

»Deutsche Jungen sind hart wie Kruppstahl, flink wie die Windhunde und zäh wie Büffelleder«, war das Glaubensbekenntnis der sogenannten »Hitlerjugend«. Deshalb wurde in den Jahren der Hitlerdiktatur die Leibes- und Wehrertüchtigung ganz in den Vordergrund der Ausbildung gestellt.
Wer schwächlich war und den Anforderungen an die neue Jugend nicht gewachsen, galt als Mensch zweiter Klasse und hatte besonders viel zu leiden.
Wir hatten einen Lehrer, der sich im Nazisystem die Sporen verdienen wollte. Er konnte einen Mitschüler von uns nicht leiden und schikanierte diesen körperlich etwas behinderten Jungen mit aller Kunst seiner psychologischen Niedertracht.
In der Winterzeit zum Beispiel hetzte er die ganze Meute auf diesen kranken Jungen. »Los, seift ihn mit Schnee ein!« rief er. Mit einem Indianergeheul stürzte sich die ganze Schülerschar auf den armen, behinderten Jungen. Dabei bekam der Kranke solche Angstzustände, daß er vor Furcht geradezu Veitstänze vollführte.
Als ich dieses furchtbare Unrecht sah, ergrimmte ich und rief meinem Klassenkameraden zu: »Erich, komm, ich helfe dir! – Du machst die Schneebälle und ich schmeiße!«
Erich ging schnell ans Werk. In Windeseile preßte er Schnee zusammen, während ich warf. Natürlich waren wir beide der Meute gegenüber unterlegen, aber bald kamen auch andere auf unsere Seite, die wohl erkannt hatten, daß ein schwacher Mensch unnötig zu leiden hatte. Von Stund an hörten die Drangsalierungen auf. Nur wenn Erich allein durchs Dorf ging, überfielen ihn einige der vom Lehrer aufgehetzten Jungen.
Da beschloß ich, ihn jeden Tag von seiner Wohnung abzuholen. Erichs Mutter war darüber sehr erfreut. Da die Eltern eine Bäckerei hatten, bekam ich oftmals süße Backwaren geschenkt.
Sechs Jahre später war der Krieg mit der bedingungslosen Kapitulation Deutschlands zu Ende gegangen. Die furchtbare Nachkriegszeit hatte großen Hunger über uns gebracht. Obwohl ich in den Jahren, als ich nach Polen und in die Tschechoslowakei

evakuiert worden war, meinen Schulkameraden aus den Augen verloren hatte, bekehrte ich mich in der Wohnung dieser Familie zu Jesus Christus. Nie hätte ich gedacht, daß ich einst in seinem Elternhaus das Wort Gottes hören und den Herrn erleben würde. Es war die vorauseilende Gnade Gottes, denn Gott will, daß allen Menschen geholfen wird.
Kämpfen wir recht? Haben wir den Siegeskranz der vollen Erlösung immer vor Augen? Gott gibt uns heute neuen Mut!

20. JANUAR

Lügen haben kurze Beine

»Gott ist wahrhaftig und alle Menschen Lügner.« (Römer 3/4)

Die Lüge ist die Wurzel aller Sünde, denn jede Art von Sünde ist eine Lügnerin in sich selbst. Die Lüge ist in ihrer Auswirkung so dämonisch, daß sie sich wie ein Wurm in die Seele frißt und den Rest der Wahrheit nimmt, ja zuletzt die Möglichkeit ausschließt, sie zu bekennen. Nichts befleckt die Seele des Menschen so sehr wie die Lüge. Wir können einen Diebstahl eher bekennen als zugeben: »Ich habe dich soeben belogen.«
König David klagte schon zu seiner Zeit: »Ihr Herren, wie lange soll meine Ehre geschändet werden? Wie habt ihr das Eitle so lieb und die Lüge so gern.« (Psalm 4/3)
Meine Mutter sagte manchmal zu mir: »Jost, Lügen haben kurze Beine!«
Das konnte ich überhaupt nicht verstehen. Daß Zwerge und Liliputaner kurze Beine haben, wußte ich. Aber wie können Lügen kurze Beine haben, dachte ich damals.
Bis auf den heutigen Tag bin ich gegen Kleidungsstücke allergisch, die aus Wolle hergestellt sind. Wolle auf meinem nackten Körper ist für mich ein Alptraum.
»Die Wolle kratzt!« schrie ich, wenn mir meine Mutter einen Pullover oder Strümpfe aus Wolle anziehen wollte. Kürzlich sagte ein Hautarzt zu mir: »Sie sind gegen Wolle überempfindlich.« Obwohl er mich zum ersten Mal sah, kam er zu diesem Urteil. Meine Haut kann Wolle einfach nicht vertragen. In der Schule konnte ich dem Unterricht kaum folgen, weil es überall juckte. Ich habe mir manchmal im Winter bei 20 Grad unter Null die

Strümpfe auf dem Weg zur Schule ausgezogen und bin dann barfuß in Schuhen weitergelaufen. Meine Mutter konnte dies nicht verstehen und zog mir immer wieder Wollsachen an. Ich kratzte mich dann so sehr, daß ich große rote Flecken auf der Haut bekam. In meiner großen Not kam ich auf einen seltsamen Gedanken.
Eines Abends sagte ich: »Mutti, der Lehrer hat gesagt, ich soll nicht mehr mit dem schmutzigen Pullover in die Schule kommen.« Natürlich bemerkte meine Mutter sofort diese plumpe Lüge. Doch am nächsten Morgen bekam ich ein weiches Flanellhemd und eine »gemütliche« Kordhose zum Anziehen.
»Siehst du, so mußt du es machen, dann klappt es«, sagte ich mir. Stolz und sehr erleichtert rannte ich zur Schule. Während der ersten Pause rief mich der Lehrer zu sich. Er stand unter einem Baum mit dem Bürgermeister im Gespräch.
»Jost«, sagte er energisch, »morgen kannst du wieder mit dem schmutzigen Pullover in die Schule kommen.« Wie vom Blitz getroffen starrte ich den Lehrer an. Woher wußte er das? Wie konnte eine Lüge so schnell entdeckt werden? Wir hatten kein Telefon. Ob der Lehrer eins hatte, weiß ich nicht. Während des Unterrichts dachte ich immer: Gestern abend hatte ich es ihr gesagt. Ehe meine Mutter den Lehrer getroffen hatte, wußte er von dieser Lüge. Das war für mich einfach unheimlich. Damals konnte mein kleines Kindergehirn noch nicht so schnell erfassen, daß meine Mutter den Bürgermeister getroffen und es ihm erzählt hatte, was ich ihr am Abend vorgelogen.
Der Lehrer sah meine Betroffenheit. Immer, wenn er in der nächsten Schulstunde an meinem Platz vorbeikam, lächelte er mich an und sagte äußerst ironisch: »Also morgen, du weißt ja, kannst du wieder mit dem schmutzigen Pullover in die Schule kommen.« Ach, wie habe ich mich geschämt vor den Klassenkameraden, obwohl sie ja nicht wußten, was vorgefallen war. Eines aber wußte ich jetzt sehr genau: »Lügen haben kurze Beine.«

21. JANUAR

Die Schlange auf meiner Schulter

»Die Gottlosen sind abtrünnig von Mutterschoß an, die Lügner gehen irre von Mutterleib an. Sie sind voller Gift wie eine giftige Schlange, wie eine taube Otter, die ihr Ohr verschließt,

daß sie nicht höre die Stimme des Zauberers, des Beschwörers, der gut beschwören kann.« (Psalm 58/4-6)

Wenn man es recht bedenkt: Wie früh fangen die Menschen zu sündigen an und wie spät halten sie Umkehr, indem sie ihr Unrecht einsehen und zu dem Sündentilger Jesus Christus kommen. Sie sind verlogen, untreu, wortbrüchig und unaufrichtig, deshalb irren sie von Geburt an.

Wer Kleinkinder beobachtet, wird feststellen, wie früh sich die Lüge in ihnen offenbart. Noch ehe sie richtig sprechen können, sind sie der Lüge verfallen. Die Mutter sieht die roten Marmeladenkleckse in den Mundwinkeln und an den Wangen ihres geliebten Kindes. Sie fragt: »Hast du von der Marmelade genascht?« Das Kind schüttelt energisch das Köpfchen und lallt: »Nicht gelascht!«

Jetzt sticht es der Mutter in die Seele, wie eine scharfe Klinge dringt es in ihr Herz: Auch mein Kind ist ein Sünder, ein Lügner von Geburt an!

Die jüngsten Schlangen können schon Gift verspritzen, auch wenn der Biß eines Jungtieres, das erst wenige Tage alt ist, selten gleich tödlich ist, so verursacht es bei dem Gebissenen auf alle Fälle heftige Schmerzen. Die Kinder lügen plump und auffällig. Im späteren Leben werden sie Meister der Täuschung und Knechte der Lüge. Die Unaufrichtigkeit ist eines der auffälligsten Merkmale der von Gott abgefallenen Schöpfung.

Aber Gott der Herr hat dem Tod das Gift genommen, indem er Jesus Christus, seinen heiligen Sohn, zum Opfer gab und uns von der Macht der Sünde befreite.

Als Junge hatte ich in der Volksschule ein erregendes Erlebnis. Damals besuchten hin und wieder Dompteure vom Zirkus die Schulklassen, um die Schüler mit den exotischen Tieren bekannt zu machen.

Ein Schlangenbeschwörer brachte für unsere Klasse eine Riesenschlange mit. Er fragte, wem er diese Schlange einmal um den Hals legen dürfe. Keiner meldete sich. Nach einigen Minuten des Wartens meldete ich mich, zwar mit zitterndem Herzen und mit schlotternden Knien. Der Dompteur versicherte mir, ich brauche keine Angst zu haben, denn er könnte das Tier verzaubern.

Dann legte er mir die schwere Schlange um den Hals auf die Schultern. Aus dem Maul der Schlange zuckte die gespaltene Zunge gefährlich heraus. Fast wollte mir das Herz stehen bleiben bei dieser Gefahr, doch der Dompteur redete beruhigend auf mich ein.

Dann endlich, mir schien es wie eine Ewigkeit, nahm er das schwere Tier wieder von meinen Schultern und erklärte der Klasse mit einem Lächeln: »Keine Angst, der Giftzahn der Schlange wurde schon vor längerer Zeit entfernt, es hat also keine Gefahr bestanden!«
So ist auch für uns Christen die überwältigende und tröstliche Nachricht die, daß Jesus Christus durch seinen Opfertod auf Golgatha ein für allemal das tödliche Gift der Schlange unwirksam gemacht hat, und zwar für die, die sich durch sein heiliges Blut von all ihren Sünden reinwaschen ließen.

22. JANUAR

Und er nahm ein Kind

»Und er setzte sich und rief die Zwölf und sprach zu ihnen: So jemand will der Erste sein, der soll der Letzte sein von allen und aller Diener. Und er nahm ein Kind und stellte es mitten unter sie und herzte es und sprach zu ihnen: Wer ein solches Kind aufnimmt in meinem Namen, der nimmt mich auf; und wer mich aufnimmt, der nimmt nicht mich auf, sondern den, der mich gesandt hat.« (Markus 9/35-37)

Jesus, der Herr und Heiland der Welt, kennt die Gedanken der Jünger und zeigt ihnen, was er denkt und wie er sie gestalten möchte.
Bei dem Herrn der Herrlichkeit ist dies eine beschlossene Sache: Es gibt nur für die einen Platz im Himmelreich, die den Kindersinn haben. Wir verschließen uns das Himmelreich, wenn wir nicht durch den Heiligen Geist einen göttlichen, einfachen Kindersinn bekommen. Gott liebt die Kinder, weil sein Bild in ihnen nicht getrübt ist.
Einmal zeigte ich meiner Enkelin ein nettes Bild von einem kleinen Jungen. Seine blauen Augen blickten staunend in die für ihn noch heile Welt.
Ich fragte sie: »Wer ist das?«
Sie antwortete: »Das bist du, Opa.«
Es war aber das bekannte Kinderfoto von Adolf Hitler. Der Titel eines Buches lautet: »In uns allen wohnt Hitler!«
Es war mir klar, so hoffnungsvoll unbefangen, so unschuldig und

ungetrübt haben alle kleinen Kinder einmal in die Welt geblickt: Stalin – Himmler – Heydrich – Nero – Nebukadnezar und andere Tyrannen in der Weltgeschichte. In kleinen Kindern ist das Ebenbild Gottes noch nicht verdorben; sie sind neu, ohne Fehl und Tadel, solange sie noch nicht reden können.
Jesus liebt die Kinder, weil sie geistlich noch fähig sind, größer zu werden und im Guten zu wachsen. Erwachsene sind durch viele Enttäuschungen, Untugenden und eigene Sünden degeneriert. Die Eindrücke der Sünde haben sich in die Bildschicht ihrer Seelen tief eingeprägt. Deshalb bekennen wir mit heimwehkranken Herzen: »Ach, wie schön sind doch die unschuldsvollen Augen der Kinder.«
Auch Martin Luther predigte: »Der ist ein großer Mensch, der sein Kinderherz nicht verliert. Jedes Kind, das zur Welt kommt, predigt zugleich das Evangelium von der Liebe. Kinder sind trunken vor Freude. Es weiß nicht, daß es lebt, lebt gar sicher und fröhlich dahin, springt und hüpft vor Lebenslust.«
Verstehen wir nun, welch tiefer Inhalt in der Predigt Jesu enthalten ist: »Wenn ihr nicht umkehrt und werdet wie die Kinder, so könnt ihr nicht in das Himmelreich kommen!«
Wir alle müssen umkehren oder besser gesagt, uns zum Herrn aller Herren bekehren, um ein Anrecht auf das Himmelreich zu bekommen.
Deshalb bezeugt Jesus dem ehrlichen Pharisäer Nikodemus: »Wahrlich, wahrlich, ich sage dir: Es sei denn, daß jemand von neuem geboren werde, so kann er das Reich Gottes nicht sehen.« (Johannes 3/3)
Ein heiliges »Muß« zur göttlichen Kindschaft!

23. JANUAR

Er legte die Hände auf sie

»Da wurden Kinder zu ihm gebracht, daß er die Hände auf sie legte und betete. Die Jünger aber fuhren sie an. Aber Jesus sprach: Lasset die Kinder und wehret ihnen nicht, zu mir zu kommen; denn solcher ist das Himmelreich. Und er legte die Hände auf sie und zog davon.« (Matthäus 19/13-15)

Die Jünger sind der festen Meinung, daß Jesus, der Sohn Gottes, für Kinder keine Zeit haben könne. Jesus aber urteilt anders. Er segnet sie und verheißt ihnen sein Himmelreich, nicht weil sie unschuldige Kinder sind, sondern weil sie noch ein unverfälschtes Vertrauen, eine ungetrübte Hoffnung und eine reine Phantasie haben, die im Grunde die schönste Schöpfergabe ist. Für Kinder ist in der Phantasie alles möglich.

Kinder sind mehr geneigt, diesem Gott zu vertrauen, dem wirklich alle Dinge möglich sind. Erwachsene, die nicht wieder zu Kinder werden, können sich nicht mehr aus ihren Sündengewohnheiten lösen. Sie bleiben im Sumpf ihres Daseins stecken. Jesus kann diesen Menschen nicht verzeihen, weil sie meinen, nichts Verzeihungswürdiges getan zu haben. Sie haben sich in ihrer Selbstgerechtigkeit ein System des Selbstlobes und der Selbstbestätigung aufgebaut; deshalb sind sie auch nicht mehr fähig, in gespannter Erwartung über das Geheimnisvolle zu staunen, wie Kinder das eben tun.

Gelassene Heiterkeit im Alter setzt göttlichen Reichtum der Jugend voraus.

Jesus spricht zu uns: »In meinem Himmelreich werden sich nur Menschen wohl fühlen, die den kindlichen Sinn eines neuen Lebens erfahren haben.«

Heute will uns Gott zurufen: »Ist es nicht erstaunlich, daß ich es bin, der aus dem selbstgerechten, verhärteten, vergrämten, vertrauenslosen Menschen wieder ein fröhliches Gotteskind machen kann?«

Kinder kennen kaum Vergangenheit; sie denken wenig an die Zukunft; sie leben glücklich in der Gegenwart, von den Eltern behütet und geleitet.

Ich kann mich sehr gut daran erinnern, wie geborgen ich mich fühlte, wenn ich nach einem Fliegerangriff neben meinem Vater im Bett lag, dann war auch die Angst vergessen, die mich oft beschlichen hat, wenn ich von den Erwachsenen hörte, wie die Feinde mit den Menschen umgingen, um sie zu töten.

»Wenn ihr nicht werdet wie die Kinder.« Gott kennt nichts, was trauriger wäre als erloschene Augen im Antlitz eines Menschen, der einmal lebensfrohe Kinderaugen hatte, dessen erstorbene Augen jetzt nur noch zwei finstere Punkte im Gesicht sind, voller Hoffnungslosigkeit, voller Unglauben, verdunkelt durch die Sünde.

Jesus ruft uns heute zu: Macht die Fenster eurer Seele wieder weit auf, ihr armen, traurigen Menschen, ich will euch wieder die Freude der Kinder geben, nach der ihr euch von ganzem Herzen sehnt! Beeilt euch, denn der Augenblick ist da, euch durch meine Gnade und Reinigung den reinen Kinderblick zu geben.

Beim hellen Ton der Posaune

»Denn das sagen wir euch als ein Wort des Herrn, daß wir, die wir leben und übrigbleiben bis zur Ankunft des Herrn, werden denen nicht zuvorkommen, die entschlafen sind. Denn er selbst, der Herr, wird mit befehlendem Wort, mit der Stimme des Erzengels und der Posaune Gottes herniederkommen vom Himmel, und die Toten in Christus werden auferstehen zuerst. Danach wir, die wir leben und übrig bleiben, werden zugleich mit ihnen hingerückt werden in den Wolken, dem Herrn entgegen in die Luft, und werden so bei dem Herrn sein allezeit. So tröstet euch nun mit diesen Worten untereinander.«

(1. Thessalonicher 4/15-18)

Unser Nachbar, ein kleiner, armer Landwirt, hatte ein prachtvolles Pferd bekommen. Eigentlich war er kein Bauer, sondern ein »Krauter«, wie man in der Gegend von Berlin Menschen nannte, die keine größeren Felder und Stallungen mehr besaßen.

Wir waren darüber sehr erstaunt, denn dieser Krauter hatte nie ein eigenes Pferd besessen. Wenn er seine kleine, dürftige Ernte einbrachte, lieh er sich stets Pferd und Wagen von einem Großbauern.

Wie gesagt, das Pferd war ein außergewöhnlich schönes Tier, sozusagen ein Rassehengst. So schön dieses Pferd auch gestaltet war, hatte es doch einen Fehler: Es zog nur widerwillig den kleinen Kastenwagen, und was noch schlimmer war, es zog weder Pflug noch irgendeine Landmaschine. Der unerfahrene Kleinbauer konnte es ziehen und zerren, es stoßen und peitschen, das Pferd schlug mit den Hinterfüßen aus und wieherte feurig, schlug nach den Seiten aus und konnte die landwirtschaftlichen Geräte nicht vorwärtsbringen.

Eines Tages nun geschah etwas völlig Unerwartetes, womit der Bauer nie im Leben gerechnet hätte. Wieder war dieser mit seinem Prachtpferd auf dem Feld, um den Acker zu eggen, und hatte dabei, wie alle Tage zuvor, seinen großen Ärger. Er fluchte und schlug auf das Pferd ein, aber ohne sichtbaren Erfolg.

Da, plötzlich erscholl in der Ferne ein schrilles, sehr prägnantes Posaunensignal. Der Hengst spitzte die Ohren, hob seinen Kopf und zog mit urwüchsiger Kraft an. Es stürmte mitsamt der Egge im gestreckten Galopp in die Richtung, aus der er das Signal

vernommen hatte. Der Bauer war schon auf den ersten 10 Metern zu Boden gefallen und liegen geblieben. Die Egge riß nach einigen Metern ab und das Pferd war in Kürze verschwunden. Was war geschehen?
Der braune Hengst war einst bei der Kavallerie zum Reitpferd ausgebildet worden. Weil das Tier die militärische Ausbildung erhalten hatte, kannte es nur zu genau das gehörte Signal. Seine Ohren waren monatelang damit trainiert worden: »Alles sammeln«!
Deshalb stürmte es beim Schall der Posaune zu dem vermeintlichen Sammelplatz.
Später wurde mir diese aufregende Begebenheit zum Gleichnis. Alle Gotteskinder sollen beim Hören der Posaune auf der Stelle bereit sein, um in Sekundenschnelle auf dem himmlischen Sammelplatz, nämlich in Herrlichkeitswolken entrückt zu werden; wobei es kaum Wolken sein werden nach der üblichen Beschaffenheit, wie wir sie kennen.
Nur die geschärften Ohren von christusgläubigen Menschen werden den Schall der Posaune hören können und dann augenblicklich verwandelt und entrückt werden zu ihrem König und Erlöser, um dann in seiner ewigen Gemeinschaft in der Herrlichkeit zu sein.
Wir müssen täglich daran denken, im Glauben für eine mögliche Entrückung bei der Erscheinung unseres Herrn bereitzustehen. Für Christen, die sich nicht darauf einstellen und ihre unsichtbaren Kleider des Heils von den möglichen Flecken der Untugenden haben reinigen lassen, wird der Herr dann zum Erschrecken führen, wenn sie es nicht erwarten. Sie werden nicht bereit sein und darum nicht vor dem Zorngericht Gottes bewahrt werden können.

25. JANUAR

Gebete auf dem Heuboden

»Wenn du aber betest, so gehe in dein Kämmerlein und schließ die Tür zu und bete zu deinem Vater, der im Verborgenen ist; und dein Vater, der in das Verborgene sieht, wird dir's vergelten.« (Matthäus 6/6)

Die Tür hinter sich zu verschließen, heißt, sich selbst allen Ablenkungen und weltlichen Eindrücken zu verschließen, um sich völlig freizumachen für die Gegenwart des Herrn.

Gott, der Herr, bewahre uns vor Scheingebeten ohne Herzensandacht. Es gibt Gebete, die zielgerecht zum Thron Gottes dringen. Oft genug werden viele Worte gemacht, ohne daß auch nur eines zu Gott dringt. Wir wollen bemüht sein, immer das Gebet des Geistes zu beten. Unsere Gebete müssen Ziel und Inhalt haben und uns die tiefe Gewißheit geben, daß sie zu Gott durchgedrungen sind, nur dann werden wir auch zu rechter Zeit eine Antwort bekommen. Die Kraft des Glaubens erweist sich auch nach dem Gebet, wenn wir beharrlich auf eine gnädige Antwort warten.

Im Frühjahr 1940 herrschte in Mitteleuropa eine seltsame, fast unheimliche »Waffenstillstandsstimmung«.

Da begann, insgeheim vorbereitet, eine besondere Aktion unter dem Namen »Bewahrung von Kinderleben«, die nichts weiter als eine erweiterte Kinderlandverschickung war.

Zum ersten Mal in der Geschichte des Abendlandes wurde eine große Anzahl von Kindern in ihren entscheidenden Entwicklungsjahren nicht im Elternhaus erzogen, sondern in fremden Familien oder in staatlich gelenkten Lagern. Bis zum Kriegsende waren es über 5 Millionen Kinder, die weit entfernt von ihren Elternhäusern leben mußten.

In langen Schlangen standen wir, mit Namensschildern aus Pappe um den Hals gehängt, auf dem Anhalter Bahnhof und wurden vom Begleitpersonal nach Mittelfranken gebracht.

Die Zeit in Bayern war für mich von mancher Traurigkeit erfüllt. Da ich den mittelfränkischen Dialekt meiner Schulkameraden schlecht verstehen konnte, gab es öfter Spannungen und Anfeindungen, so daß ich mich immer mehr zurückzog und für mich allein blieb.

Nun waren meine »Pflegeeltern« fromme Menschen, die sonntags immer zu den Gottesdiensten in ein Diakonissenhaus gingen. Sie nahmen mich stets mit. Es waren die ersten Gottesdienste, die ich bewußt erlebte. Da ich damals schon 9 Jahre alt war, konnte ich von der Predigt manches begreifen und verstehen.

Die Gleichnisse des Herrn Jesu interessierten mich besonders. Meine bayrischen Schulkameraden verstanden mich nicht, wenn ich in der darauffolgenden Woche die erlebten Gottesdienste nachspielte. Dazu begab ich mich auf einen Heuboden, nahm mir eine Bibel und ein Gesangbuch mit und begann, in meiner kindlichen Art zu predigen, zu singen und zu beten. Die Schüler aber beobachteten mich. Sie stiegen die Holzleiter hoch und begannen, mich mit Spott und Hohn zu überschütten.

Eines Tages kam ich auf eine gute Idee. Nachdem ich zum Heu-

boden hinaufgeklettert war, zog ich einfach die Holzleiter hinter mir hoch.
Jetzt fand ich die nötige Zeit und Muße, mich meinem kindlichen Gottesdienst hinzugeben. Nach Herzenslust konnte ich singen und beten. In meiner Phantasie hatte ich eine ganze Gemeinde um mich versammelt und der »Kirchenchor« sang herrliche Lieder. Für mich wurde dieses Erleben später zu einem wunderbaren Gleichnis. Es war buchstäblich ein »Gehen in das verborgene Kämmerlein«.

26. JANUAR

Meine Zeit wird Ewigkeit

»Ich aber, Herr, hoffe auf dich und spreche: Du bist mein Gott! Meine Zeit steht in deinen Händen.« (Psalm 31/15-16)

Mit nichts wird auf Erden so leichtfertig und frevelhaft umgegangen als mit dem uns vom Himmel verliehenen Schatz, nämlich mit der Zeit.
Viele Menschen geraten durch die Ruhelosigkeit ihrer Herzen in immer größere Hetze, die sie nicht mehr zur Besinnung und inneren Einkehr kommen läßt.
Wenn David feststellt: »Meine Zeit steht in deinen Händen«, so bekennt er zugleich das tiefe Bewußtsein der Nähe Gottes in seinem Leben. Wenn unsere Zeit sich in Gottes Händen befinden würde, bedeutete das nicht nur, daß sie ihm zur Verfügung stünde, sondern daß sie vom höchsten Ratschluß des Schöpfers auch geordnet ist. Gottes Überblick und Wahrheit irrt niemals, und wenn sich unsere Zeit unter seiner Leitung befindet, so ist das ganze Leben eine Gestaltung für die Ewigkeit. Nichts ist dem Zufall überlassen, die Ereignisse werden nicht durch ein undefinierbares Schicksal bewirkt, in dem weder Ordnung noch Zweck zu erkennen sind.
Ja, Gott, der Herr lenkt unsere Zeit zu unserem ewigen Vorteil. Er ebnet die Wege, die unserer Seele guttun, um das höchste Ziel zu erreichen. Der unendlich erhabene Geist Gottes, aus dem alle Dinge entspringen, entwickelt für unser Dasein die Voraussetzung für die Neugestaltung unserer himmlischen Kreatur.
Deshalb können wir auch getrost in den Vorsatz einwilligen:

»Denen, die Gott lieben, dienen alle Dinge zum Besten, denen, die nach seinem Vorsatz berufen sind.« (Römer 8/28)
Wenn meine Zeit in seiner Hand ruht, sollten meine Sorgen auch in ihr eingebettet sein; ich vertraue ihm und fürchte mich darum nicht.
Weshalb quälst du dich wegen mancherlei Dinge, die eigentlich in Gottes Hand ruhen? Wenn er dein Leben in seine Hand genommen hat, brauchst du dich nicht mehr zu fürchten. Du sorgst dich am Morgen, du ängstigst dich am Abend, du bist jetzt traurig und glaubst, daß dein Zustand am kommenden Morgen noch schlimmer sein würde. Hat es einen Sinn, sich innerlich so aufzureiben aus Sorge und Furcht?
Berate dich im Gebet mit Gott und tröste dich in seiner herrlichen Liebe. Eine gewisse Zeit zu beten ist besser, als sich wochenlang zu fürchten und zu zermürben. Wenn wir uns ängstigen, so verherrlichen wir Gott nicht, wir können unserer Nachbarschaft kein gutes Beispiel von der Güte Gottes vor Augen führen.
Es ist immer besser, dem Herrn zu vertrauen, als seine Zuversicht auf Menschenmeinungen zu setzen.
Viele wünschen zu erfahren, was ihnen in Kürze begegnen wird. Sie versuchen die Zukunftsaussichten aus der Tagespresse zu lesen. Doch ihnen ergeht es wie mit der Wettervorhersage, es kommt meistens anders als prophezeit.
Sei doch zufrieden mit den Weissagungen in der Heiligen Schrift, aber folge nicht jedem Ausleger, denn in den letzten Zeiten werden sehr fromme Verführer kommen, die das Evangelium verfälschen.
Welch ein reicher Friede strömt in unser Herz bei dem Gedanken: »Meine Zeit steht in deinen Händen.«

27. JANUAR

Bei Gewitter und Sturm

»Bringet dar dem Herrn die Ehre seines Namens, betet an den Herrn im heiligen Schmuck! Die Stimme des Herrn erschallt über dem Wasser, der Gott der Ehre donnert, der Herr über großen Wassern. Die Stimme des Herrn ergeht mit Macht, die Stimme des Herrn ergeht herrlich.« (Psalm 29/2-4)

»Die Stimme des Herrn erschallt über dem Wasser.« Ich möchte

Gott die Ehre geben, seinem Namen allein gebührt alle Ehre, weil sein Handeln so wunderbar ist.
Unsere Grundausbildung erhalten wir im Wehrertüchtigungslager in Königswusterhausen, südlich von Berlin. Mit unserem Zugführer liegen wir 10- bis 14-jährigen in einer alten Scheune im Quartier. Am Morgen wird Alarm gegeben, Gruppe »Grün« südlich vom Krüppelsee soll Gruppe »Rot«, die einen Segelflughafen besetzt hält, angreifen. Der Feind liegt am anderen Ufer des großen Sees. Mit einem Ruderboot und einem echten Stahlponton wollen wir einen Überraschungsangriff vom See her ausführen. Im hohen Schilf werden unsere Ausrüstungsgegenstände in den beiden Schiffen verstaut.
Da ich vom Zugführer als Melder bestimmt bin, habe ich das Glück, im leichteren Holzboot mitfahren zu können und das Steuer zu führen.
Die zwanzig Jungen im Stahlponton legen als erste ab. Mit ihrem schweren Stahlboot müssen sie sich enorm stark abmühen. Ein Gruppenführer gibt das Kommando zum gleichmäßigen Schlagen.
Schon im Morgengrauen gab es ein starkes Wetterleuchten. Sehr schnell türmten sich drohende Gewitterwolken über dem See auf. Es entwickelte sich ein heftiges Unwetter. Wer schon einmal solch plötzlichen Gewittersturm auf einem See miterlebt hat, weiß, worüber ich berichte.
Furchtbar zuckten die Blitze, es folgten grausige Donnerschläge mit grollendem Krachen. Dann gab es einen entsetzlichen Knall, ein schrecklicher Blitzstrahl fuhr dicht neben dem Stahlponton zischend in das Wasser.
Die Kinder in dem Stahlponton schrien aus Leibeskräften.
Auch ich zitterte und wimmerte vor Furcht und betete im stillen immer wieder: »Lieber Gott, rette uns doch! Hilf uns aus dieser schrecklichen Not!« Beim Grollen der Donner hatte ich den Eindruck, als würde Gott, der Herr, brüllen und schimpfen. Meine kleinen Arme konnten das Steuer kaum noch halten.
»Mehr zum Ufer halten«, schrie der Zugführer, der sich mächtig in die Paddel legte.
Der Stahlponton wurde mehr und mehr in die Mitte des Sees abgetrieben.
»Hilf uns allen!« wimmerte ich laufend. Meine Zähne klapperten vor Furcht und Nässe. Immer wieder hatte ich beim Grollen den Eindruck, daß eine drohende Stimme über die schäumenden Wasserflächen hallte. Letzten Endes wurden wir alle gerettet; das Manöver mußte abgebrochen werden.

Mehr noch als der gewaltige Donner eines Gewitters, der in unserem Ohr dröhnt, oder beim Zucken der Blitze, die unsere Augen blenden, treibt der Heilige Geist die königliche Allmacht und Gewalt des Ewigen zur Anerkennung Gottes in unser Herz. Sein ewiges Wort erschreckt und überführt, aber es begnadigt und tröstet uns auch.
Wenn Gott uns durch seine Drohungen erschreckt hat, so tröstet er uns durch die Verheißungen seines Evangeliums. Wenn wir geängstigt durch die Erkenntnisse unserer Sünden und seines Zornes über dieselben zittern, so werden wir auch durch die Zusicherung seiner unendlichen Gnade und Barmherzigkeit wieder aufgerichtet und getröstet.

28. JANUAR

Was ihr getan habt einem

»Und der König wird antworten und sagen zu ihnen: Wahrlich, ich sage euch: Was ihr getan habt einem unter diesen meinen geringsten Brüdern, das habt ihr mir getan.« (Matthäus 25/40)

Es gibt Eindrücke im Leben, die man nie vergißt. Selbst Erlebnisse aus der Kindheit haben mitunter solche Nachwirkungen, daß sie einen bis ins Alter begleiten. Damals war ich zehn Jahre alt. Die Bilder des Krieges wurden immer eindrucksvoller. Überall konnte man in der damaligen Reichshauptstadt Berlin die Zerstörungen durch feindliche Bomben und Luftminen sehen, Schutthalden von völlig zerstörten Häusern waren nur eine Vorankündigung von dem ungeheuren Ausmaß der Katastrophe, die über Deutschland hereinbrechen sollte.
Es war ein kalter Dezembernachmittag im dritten Kriegsjahr, als ich in eine Straßenbahn stieg und mich in eine Ecke am Fenster setzte.
An einer der Haltestellen stieg eine dunkelblonde Frau in einem grauen Mantel ein. Zu diesem Zeitpunkt war ich der einzige Fahrgast. Plötzlich entdeckte ich an ihrem Mantel einen gelben Stern mit der Aufschrift »Jude«. Zu Tode erschrocken fuhr ich hoch und eilte schnurstracks in das benachbarte Abteil.
In der Schule hatten wir so gräßliche Berichte über Juden gehört, daß ich mich vor dieser Volksgruppe schrecklich fürchtete. Da-

mals mußten wir sogar ein besonderes Buch lesen, in dem abscheuliche Geschichten über Juden standen, die allesamt Mörder, Diebe und brutale Gauner sein sollten. Deshalb hatte mich diese Frau nun ziemlich erschreckt. Als ich zu Hause meinem Vater davon erzählte, sagte er zu mir: »Die Juden sind Menschen wie wir alle. Was da in euren Schulbüchern steht, ist Lüge und Verleumdung. Sag das aber niemandem, was ich dir jetzt gesagt habe, das könnte uns sehr schaden.«

Ein Möbelhändler hatte viele Juden bei sich auf dem Fabrikgelände versteckt, die dort in den Lagerhallen arbeiteten.

Später erfuhr ich von meinem Vater, daß er den Mut hatte, mitten im Krieg bei diesem Fabrikanten Möbel zu kaufen, die jener von diesen Juden erworben hatte. Es waren kostbare Möbel, die er wiederum veräußern mußte, damit er Lebensmittel auf dem Schwarzmarkt kaufen konnte, um seine jüdischen Arbeiter ernähren zu können.

Als mein Vater eine dieser Hallen mit dem Besitzer betrat, verschwanden urplötzlich die dort beschäftigten Menschen in ihren Verstecken. Der mutige Geschäftsmann, der diesen Verfolgten Unterschlupf gewährte, rief: »Ihr könnt ruhig rauskommen, dieser Mann ist in Ordnung!«

Daraufhin kamen sie wieder hervor und starrten den Fremden ungläubig an. Mein Vater bezahlte für die Möbel eine großzügige Summe, denn er wußte ja, wie notwendig der Fabrikant dieses Geld benötigte, um das Überleben der Juden zu ermöglichen.

Mein Vater ist 90 Jahre alt geworden und hat bis ins hohe Alter keine bedrohlichen Krankheiten gehabt. Es war der Segen Gottes, der ihn sichtbar begleitete.

In der Nachfolge Christi kommt es auf den lebendigen Glauben an, der sich in guten Werken als echt erweist. Es gibt einen selbstlosen »Tatglauben«, der den Verfolgten und Bedrückten echte Nächstenliebe erweist.

Schon wieder werden in unserem Land so manche Ausländer verfolgt, geschlagen und ihre Häuser und Unterkünfte angezündet. Wie verhalten wir uns als Jünger Jesu gegenüber diesem Treiben? Selbst die kleinste Liebestat wird unser Herr dereinst im Himmel belohnen.

In der Heimat gibt's ein Wiedersehen

»An den Wassern zu Babel saßen wir und weinten, wenn wir an Zion gedachten. Unsere Harfen hängten wir an die Weiden dort im Lande. Denn die uns gefangen hielten, hießen uns dort singen.« (Psalm 137/1-3)

Man hatte uns in die urwüchsige, romantische Gebirgslandschaft der Westbeskiden in die Nähe der Hohen Tatra gebracht. Die Zeit einer harten, vormilitärischen Ausbildung sollte hier für die 10- bis 16-jährigen ihren Anfang nehmen, bei der selbst den Abgehärtetsten das Lachen verging. Bittere Tränen wurden heimlich zur Nachtzeit in zusammengedrückte Kopfkissen geweint. Aus mancher Ecke konnte man ein unterdrücktes Schluchzen hören.
Wie oft sangen wir dann als Einheit: »In der Heimat, in der Heimat, da gibt's ein Wiederseh'n.«
Wir saßen nicht an den Wassern zu Babel, sondern an den wildschäumenden Gebirgsbächen von Südpolen. Wie froh war ich, wenn ich dem Lagerleben entfliehen konnte, um mich einsam an irgendeinem Gebirgsbach ausweinen zu können. Manchmal ging ich zu den Eisenbahnschienen und fuhr im Geiste auf ihnen der Heimat entgegen. – Ich wußte: Über unzählbare Weichen konnte mich ein Zug bestimmt nach Berlin bringen. Oder ich stieg auf einen Hügel, von dem aus man den mächtigen Gebirgszug der Hohen Tatra sehen konnte. Dort weinte ich oft hemmungslos vor bitterstem Heimweh, dann schaute ich den Wolken nach und meinte, mit ihnen bis nach Berlin fliegen zu können.
Eines Tages erhielt ich dort einen Brief aus Berlin. Meine Mutter, von der ich seltener Briefe erhielt als von meinem Vater, begann diesen Brief mit dem Liedertext:

»Wenn der Heiland, wenn der Heiland als König erscheint,
und die Seinen als Erlöste im Himmel vereint,
o, dann werden sie glänzen, wie die Sterne so rein,
in des Heilandes Krone als Edelgestein!«

Weiter hieß es:

»Und die Kindlein, und die Kindlein zieht er an die Brust,
die ihm kindlich ihre Herzen hier schenkten voll Lust.«

Es wurde mir ganz seltsam ums Herz. Dann begann ich zu weinen. Als ich endlich begriff, daß mein jüngstes Brüderchen, das geboren wurde, als ich mich schon in Polen befand, jetzt an einer

Lungenentzündung gestorben war, ohne daß ich es je gesehen hatte. Ich hatte mich sehr auf meinen Thomas, so hieß das Brüderchen, gefreut, weil ich doch ein ausgesprochener Kindernarr war und es auch heute noch bin. Jetzt steigerte sich mein Heimweh noch mehr. Ich fühlte mich so grenzenlos verlassen, obwohl ich von Tausenden Altersgenossen umgeben war.
»Denn die uns gefangenhielten, hießen uns dort singen und in unserem Heulen fröhlich sein: ›Singet uns ein Lied von Zion!‹«
Ein Brief vom Vater oder der Mutter bewirkte in uns ein unbändiges Heimweh zu dem Ort großer Geborgenheit. Täglich mußten wir schöne Heimatlieder anstimmen, ohne die geringste Aussicht zu haben, wenigstens in absehbarer Zeit in die Heimat zu kommen. Wollte Gott, daß wir solch ein Heimweh zu unserem himmlischen Vater hätten.

30. JANUAR

Rufe mich an in der Not

»Opfere Gott Dank und erfülle dem Höchsten deine Gelübde und rufe mich an in der Not, so will ich dich erretten, und du sollst mich preisen.« (Psalm 50/14-15)

Wir hatten Manöverzeit mitten im scharfen Winter mit meterhohen Schneeverwehungen. Kinder im Alter zwischen 10 und 17 Jahren wurden zu vormilitärischen Übungen herangezogen.
Ich gehörte zu einem Spähtrupp, der nur aus zwei Jungen bestand, meinem Kameraden und mir. Bei unserem Erkundungsgang versanken wir oftmals im tiefen Schnee; einmal sogar bis zur Gürtellinie. Man hatte uns eingeschärft, daß unser Spähtruppunternehmen von größter Wichtigkeit sei.
Unerwartet versperrte uns ein reißender Gebirgsbach den Weg. Von einer Brücke oder einem Steg keine Spur. Das Wasser war nicht gefroren; es kam aus einer warmen Quelle. Trotzdem schwammen verschiedene Eisstücke auf der Oberfläche des Baches.
Was sollten wir tun? Wir mußten unbedingt an das andere Ufer! Soweit wir auch blickten, wir konnten keine Brücke entdecken. Wir verhandelten: An einer günstigen, schmalen Stelle mußten wir versuchen, über den Bach zu springen. Bald fanden wir eine

solche. Mit einem kraftvollen Satz wollte ich hinüberspringen. Mein Freund stand dicht am Ufer. Beim Absprung bemerkte ich die spiegelglatte Eisfläche unter der Schneedecke und kam ins Rutschen. In dieser Schrecksekunde wollte ich mich noch schnell an meinem Kameraden festhalten; doch auch dieser stand nicht fest und so fielen wir beide in den Bach. Wir standen beide bis zu den Schultern im eiskalten Wasser.

Es herrschte eine beachtliche Strömung und wir mußten uns der Eisschollen erwehren, die uns am Kinn oder im Nacken anstießen. Mit beiden Händen kämpften wir gegen die scharfkantigen Eisstücke und versuchten, uns aus dem Fluß ans Ufer zu retten, doch es schien unmöglich. – Der Boden war schlammig, das Ufer glatt vom Eis. Wir rutschten und versanken, stützten uns, zogen uns weiter; blieben aber im Schlamm stecken. Minuten vergingen!

Plötzlich kam der beängstigende Gedanke über mich: Das könnte deine letzte Stunde sein! Eine unsichtbare, fürchterliche Macht griff nach meinem so jungen Leben. Ein gräßlicher Schrei entrang sich meiner Brust: »Mein Gott, so hilf uns doch! Ich will hier nicht sterben!«

Wie von unsichtbaren Händen gezogen, mit vorher nie gekannter Kraft, wurde ich emporgetragen und erreichte das rettende Ufer. Schnell griff ich nach meinem Kameraden und zog ihn aus dem Wasser. Ein Vorgang, der nach allgemeinen Erfahrungen bis heute für mich unerklärlich ist. Ich wußte damals nichts von der unbeschreiblichen Kraft Gottes, der das Unmögliche möglich machen kann. Obwohl ich Gott noch nicht kannte, schrie ich zu ihm und er half mir.

Wir hatten keine Zeit zum Überlegen. Mit triefend nassen Kleidern und Schuhen mußten wir noch etwa 5 Kilometer bei grausiger Kälte zum Standort zurückmarschieren. Wir wurden beide krank. Ich bekam starke Nervenschmerzen, von denen mich Jesus Christus später völlig befreite.

Einige Tage später bekam ich von der Mutter einen Brief:

»Lieber Jost, ich mußte an diesem Tag um eine gewisse Stunde sehr intensiv für dich beten; du warst wohl in großer Gefahr? Schreib mir doch bitte darüber!«

Ich überlegte – wie war es möglich, daß die Mutter davon wußte? Meine Mutter wohnte Hunderte von Kilometern von mir entfernt. Wer konnte ihr von der Gefahr etwas übermittelt haben?

Es war der Geist des Herrn.

Meuterei im Kessel

»Wohl dem, der seine Hoffnung setzt auf den Herrn und sich nicht wendet zu den Hoffärtigen und denen, die mit Lügen umgehen!« (Psalm 40/5)

Es schneite unaufhörlich. Seit 14 Tagen schüttete es aus den Wolken: Myriaden kleiner, leuchtender Eiskristalle. Für uns Großstädter aus Berlin war das ein aufregendes Ereignis, Schneemassen von solchem Ausmaß zu sehen. Meterhoch lag sie, zu beiden Seiten der freigeschaufelten Pfade, die glitzernde Flockenpracht. Es dauerte nicht lange, da waren wir von der Außenwelt abgeschnitten; umgeben von Mauern aus Eis und Schnee. Zuerst hatte man noch versucht, den Naturgewalten zu trotzen. Ganze Einsatzkolonnen schaufelten Lokomotiven und Züge aus dem Schnee. Unsere Rationen wurden dadurch wesentlich knapper. Von »Hungerleiden« konnte zwar noch keine Rede sein, aber die Mahlzeiten waren eben nicht mehr so ausreichend.
Eines Tages saßen wir im Speiseraum beim Frühstück. Nach dem Essen erscholl es: »Lagermannschaft aufstehen!« Dann rief der Unterführer vom Dienst: »Es hat uns allen . . .« und unsere geistreiche Antwort lautete, wie sonst täglich: ». . . geschmeckt!« Doch für diesmal hatten wir uns verabredet: Wir wollten protestieren! Als der diensthabende Unterführer rief: »Es hat uns allen . . .« da antworteten nur wenige: ». . . geschmeckt!« Die andern grölten dazwischen: »Wir haben Hunger!«
Es entstand eine bedrohliche Pause: »Wer hat gemeutert?« schrie der Kommandeur, der aufgesprungen war. »Sofort raustreten!« Nacheinander stellten wir uns raus: 10 – 15 – 20. Ich weiß heute nicht mehr, wie viele es wirklich waren. Die anderen durften den Speisesaal verlassen. Wir wurden einzeln vernommen. Man suchte die Rädelsführer.
In kleinen Gruppen mußten wir in das Dienstzimmer des Zugführers. Dort wurden uns die Verordnungen und sonstige Bestimmungen aus der Lagerordnung vorgelesen.
»Als Erinnerung an euer disziplinloses Verhalten wollen wir etwas Freiübungen machen. Stuhl in die Hand nehmen! Arme ausgestreckt!« kommandierte der Zugführer. »Wir wollen jetzt Kniebeugen üben, und zwar in drei Zeiten!« Er zeigte uns die einzelnen Stellungen vor: »Eins – zwei – drei . . .«

Dann gab er Befehl: »Eins – zwei – drei – zwei – drei . . .«
»So Leute, nun ruht euch ein wenig aus. Der Stuhl bleibt waagerecht gestreckt in der Hand! Habt ihr verstanden?«
Nur wenige Sekunden konnten wir in dieser anstrengenden Stellung mit dem von uns gestreckten Stuhl aushalten, dann sackten wir zusammen. Gleich trafen uns kräftige Schläge mit dem Schulterriemen. Mit letzter Energie versuchten wir, am Ende unserer Kräfte, die Stühle zu halten. Einige begannen zu heulen. Im stillen habe ich mir vorgenommen, nie mehr zu meutern, auch wenn es um die Wahrheit gehen sollte.
So macht auch der Feind Gottes die Menschen gefügig! Der Teufel ist der größte Sklavenhalter. Mit seinen Schicksalsschlägen, mit dem totalen Machtanspruch quält er die Menschen oft Tag und Nacht. Die Angst vor Schlägen, vor Not und Krankheit treibt die Menschen willig in seine Arme; sie müssen ihm gehorsam sein.
Damals kannte ich den Erlöser noch nicht richtig, der allezeit die Wahrheit sagt und der die Wahrheit in Person ist und uns in alle Wahrheit leiten will.

1. FEBRUAR

Die erste Flucht

»Die dann zum Herrn riefen in ihrer Not, und er errettete sie aus ihren Ängsten und führte sie den richtigen Weg, daß sie kamen zur Stadt, in der sie wohnen konnten. Die sollen dem Herrn danken für seine Güte und für seine Wunder, die er an Menschenkindern tut, daß er sättigt die durstige Seele und die Hungrigen füllt mit Gutem.« (Psalm 107/6-9)

In Allerherrgottsfrühe schrillt die Trillerpfeife des Offiziers vom Dienst: »Lagermannschaft zum Befehlsempfang feldmarschmäßig raustreten!«
Im Lager ertönt ein Brüllen, Schreien und Fragen: »Was ist denn los?« – »Weshalb müssen wir denn mitten in der Nacht aufstehen?« – Ein unheimliches Gefühl der Angst beschleicht mich; seit Tagen hören wir die Frontberichte von der Großoffensive, zu der die sowjetischen Armeen angetreten sind. Die deutsche Front bei Tarnopol ist durchbrochen und mit schnellen Panzervorstößen dringen die Russen weit ins Hinterland. Wir sind als Zwölfjährige

schon manches gewöhnt. Doch jetzt verspüren alle: »Das ist bitterster Ernst.«
Der Lagermannschaftsführer meldet dem Standortkommandanten die angetretene Formation. »Kameraden, es ist den sowjetischen Truppen gelungen, auf breiter Front zum Angriff anzutreten. Wir müssen den Standort Rabka verlassen, um den kämpfenden Truppen Raum zu ihrer Abwehrfront zu schaffen. Innerhalb einer Stunde ist alles abmarschbereit!«
Bis zum Bahnhof schleppen wir das schwere Gepäck. – Alles wird auf offene Güterwagen geworfen. Statt fünf Zügen hat man nur einen Zug zusammenstellen können. So werden wir in die Wagen hineingepfercht; wie Ölsardinen zusammengepreßt, nur, daß wir dabei stehen müssen. Man raunt sich zu, daß polnische Bahnbeamte die Brücke gesprengt oder die Gleise ramponiert haben.
Erst am Nachmittag setzt sich der Zug in Bewegung. Oft genug bleiben wir danach auf freier Strecke stehen. Erst in der Nacht können wir die Fahrt fortsetzen.
Weit nach Mitternacht erreichen wir die berühmte Stadt Krakau. Wir haben nur kurzen Aufenthalt. Bald erhalten wir grünes Licht zur Weiterfahrt nach Deutschland. Kreuz und quer durchfahren wir Oberschlesien. Hier scheint noch alles wie in tiefstem Frieden. Man weiß offensichtlich nicht, wohin mit uns. Zu plötzlich mußten wir Polen verlassen. Der Zug fährt durch Oppeln und Breslau, es dauert Tage. Langsam nähern wir uns der Mark Brandenburg: Sorau – Sommerfeld – Guben. Bald werden wir in Berlin sein!
»Hurra! Sie bringen uns in die Heimat! – Frankfurt an der Oder. Na, haben wir es nicht gleich gesagt? Endlich geht's nach Haus!«
Doch dann fährt der Zug wieder nach Süden – Cottbus – Senftenberg – Bautzen – bis nach Prag. Uns allen ist zum Heulen zumute. So nah vor dem gewünschten Ziel und doch wieder aus dem Bereich der Heimat fortgeschafft. Mir war so elend zumute; ich fühlte mich so grenzenlos verlassen.
In unserem Text lasen wir: »Und führte sie den richtigen Weg.« Es gibt so viele falsche Wege, die letzten Endes in den Abgrund führen, aber nur einen Weg, der zurück in die Heimat, ins Paradies führt. Jesus Christus ist der Weg, die Wahrheit und das Leben. Auf diesen einen Weg kann uns nur der himmlische Vater bringen. Wenn der Schöpfer unser Führer ist, dann ist es sicher der rechte Weg. Ohne Jesus Christus sind wir irrende Wanderer im grausigen Panorama einer Wüste.

Endstation: Heimweh

»Der Herr, der Gott des Himmels, der mich von meines Vaters Hause genommen hat und von meiner Heimat . . . der wird seinen Engel vor dir hersenden.« (1. Mose 24/7)

Der kleine Ort »R« in der Tschechoslowakei ist auf der Landkarte mit großem Maßstab nicht zu finden. Hier, in den wunderschönen Wäldern, fanden wir unser neues Lager. Da wir nun schon eine sehr lange Zeit von Vater und Mutter getrennt waren, hatten wir Tag und Nacht Sehnsucht und Heimweh.

Heimweh, du unstillbares Verlangen in feindlicher Fremde! Heimweh – du Sehnsucht zum Ort des Glücks, der Geborgenheit, der Liebe, der Freude und des Friedens. Wir alle haben Heimweh nach dem Ort der Glückseligkeit, dem Paradies; zum Vater der Barmherzigkeit und der Liebe; zu Gott, dem herrlichen Schöpfer Himmels und der Erde.

»Unsere Seele ist unruhig, bis sie ruht, o Gott, in dir«, schrieb einst vor mehr als 1000 Jahren der Kirchenvater Augustinus. Das glückliche Ahnen ist in uns geblieben. Ein unbändiges Sehnen zum Paradies, zur Heimat des ewigen Friedens.

Eines Tages werde ich gerufen: »Müller-Bohn! Müller-Bohn zum Lagermannschaftsführer!« Wie ein dressierter Schäferhund jage ich die Treppe hinunter zur Schreibstube. »Melde mich gehorsamst zur Stelle!«

Vor mir stand der Lagermannschaftsführer mit einem vielsagenden Lächeln: »Ja, mein Lieber, ich habe eine erfreuliche Mitteilung für dich. Du bekommst 5 Tage Heimaturlaub!«

»Zu Befehl, 5 Tage Heimaturlaub!« rief ich. Wie aus der Pistole geschossen kam diese Antwort. Vor Erregung verspürte ich einen Herzstich. Ich hätte vor Freude weinen können, aber das hatte man uns längst abgewöhnt.

»Der Heimaturlaub ist aber nur in einem nicht luftgefährdeten Gebiet gestattet. Das ist ein Befehl! Verständige sofort deine Eltern. Die Urlaubspapiere liegen fertig in der Schreibstube.«

Als nicht luftgefährdetes Gebiet galt eine Gegend, die außerhalb der Reichweite von Feindfliegern lag; d.h. wohin die alliierten Bomber noch nicht gelangen konnten.

Als ich mich im Gang befand, meinte ich zu schweben. Seit Jahren war mir nun endlich der ersehnte Heimaturlaub gewährt. Sofort

telegraphierte ich nach Berlin. Alle meine Angehörigen und Verwandten waren »Urberliner« und mit »Spreewasser getauft«, wie man bei uns zu sagen pflegte. Wir hatten keine Verwandten, die außerhalb von Berlin in einer nicht gefährdeten Gegend Deutschlands wohnten. Berlin aber war das höchstgefährdete Gebiet mit den meisten Luftangriffen.
Meine Mutter hatte schnell eine Anschrift ausfindig gemacht. In einem Ort namens Buchendorf, der in Schlesien lag, wollten wir uns treffen. Das von mir erbetene Fahrgeld kam nicht mehr rechtzeitig an. Ich hatte mir aber einen Notgroschen erspart. In Eile packte ich meine Sachen und wurde zum Bahnhof gebracht.
Zunächst fuhr ich nach Prag. Ich sah die »goldene Stadt« an der Moldau. Dort hatte ich keine Zeit, mir irgendwelche Sehenswürdigkeiten anzusehen. Mich beseelte nur der eine Wunsch, schnellstens mit meiner Mutter zusammenzutreffen. Ein unbändiges Heimweh hatte mich erfaßt.
Wenn die meisten Menschen ein solches Heimweh nach dem lebendigen Gott, dem Erlöser aus den Banden der Sünden, hätten, so würden die Gotteshäuser und öffentlichen Hallen nicht ausreichen, um sie alle aufzunehmen! Die Inschrift auf einem Grabstein des Friedhofs auf der Nordseeinsel Sylt lautet:
»Es ist das Kreuz von Golgatha. Heimat für Heimatlose.«

3. FEBRUAR

Verirrt im Feindesland

»Der Herr ist gut und gerecht; darum weist er Sündern den Weg. Er leitet die Elenden recht und lehrt die Elenden seinen Weg.« (Psalm 25/8-9)

Für Menschen, die sich in einer elenden Verfassung befinden, sind dies herrliche Verheißungen. Die Verzagten, die durch Leiden geschmeidig und sanftmütig gemacht wurden, stehen bei Gott in hoher Gunst. Er will sie seinen Weg leiten.
In Prag ging ich zur Bahnhofsauskunft. Dort sagte man mir: »Buchendorf kennen wir nicht.« Als Zwölfjähriger, relativ kleiner Junge, überlegte ich kurz: »Ja, richtig!« Im Erdkundeunterricht hatten wir es doch gelernt, daß Breslau die Hauptstadt von Schlesien sei. Gleich löste ich eine Fahrkarte nach dort.

Auf dem Bahnsteig hatte ich noch etwas Zeit. Ich setzte mich auf eine Bank, stellte mein Gepäck neben mich und beobachtete die Menschen. Dabei entdeckte ich etwas Entsetzliches: Mein Gott, wie sie mich alle ansahen! Zynisch, verächtlich, haßerfüllt, drohend, gefährlich. Ich dachte: Was hab ich denn Schreckliches getan? Ich sah mich nach anderen Deutschen um; aber es war weit und breit keiner zu sehen. Im Lager hatten wir völlig isoliert gelebt.

Wir waren abgeschnitten gewesen vom gesellschaftlichen Leben dieses Volkes. Da unser Haus mitten im Wald stand, weit ab von der Stadt, hatten wir nicht die geringste Berührung mit der tschechischen Bevölkerung gehabt. Man hatte uns gesagt, daß die Tschechen um Schutz gebeten hätten. Wir wären also als Freunde im Land; und nun diese haßerfüllten Blicke. Ich fürchtete mich. Was war nur der Grund? Wenn doch bloß endlich der Zug kommen würde.

Da kam mir eine fragwürdige Hilfe in dieser unangenehmen Situation: Fliegeralarm! Seit mehr als einem Jahr hatte ich dieses Sirenengeheule nicht mehr gehört. Hier begegnete ich wieder der grausamen Wirklichkeit des Krieges. Wir müssen in einen Tunnel. Dort treffe ich Deutsche in Uniform. Erleichtert atme ich auf, obwohl ein Luftangriff droht; doch Prag wurde nicht angegriffen. Als ich mit den Deutschen wieder auf den Bahnsteig komme, wird gerade bekanntgegeben, daß die Bahnstrecke Königgrätz-Kolin nach Breslau blockiert ist und kein Zug mehr nach Deutschland fährt. Amerikanische Bomber hatten die Eisenbahnschienen getroffen.

Was tun? – Ich war sehr deprimiert. Der zweite Urlaubstag hatte schon begonnen. Ich sehe mich nach einer Übersichtskarte um und entdecke sie: »Ja, richtig – über Brünn in Richtung Osten und von dort nordwärts gelange ich auch nach Breslau. Zwar muß ich einen gewaltigen Umweg fahren, aber was macht das schon? Ich will unter allen Umständen nach Deutschland kommen.« Plötzlich habe ich nicht mehr Heimweh, sondern eine mir unbekannte, unsichtbare Macht scheint mich aus diesem Land drängen zu wollen, wo mich solche feindseligen Blicke trafen.

Endlich kommt der Zug nach Brünn. Mein Kinderherz schlägt schneller vor Freude: Wenn der Zug doch nur schon abfahren würde. Meine Ungeduld wächst und scheint unerträglich zu werden. Bevor der Zug Brünn erreicht, senkt sich die Nacht über das Land. Mit gemischten Gefühlen übernachte ich im Warteraum.

Erst, als sich der Zug am nächsten Morgen von Brünn in Richtung Deutschland in Bewegung setzte, wurde mir wohler ums Herz.

Der Herr leitet die Elenden auf rechter Bahn, er ist bemüht, daß wir die ewige Heimat erreichen.

4. FEBRUAR

In wieviel Not

»Der Herr ist der Armen Schutz, ein Schutz in Zeiten der Not.« (Psalm 9/10)

Auf der Fahrt von Brünn nach Deutschland wurde mir nochmals bewußt, daß man sehr schnell in höchste Gefahr kommen kann. Ich war froh, im richtigen Zug zu sitzen; aus dem feindlichen Land der Heimat entgegenzufahren. Was hätten mir alle Schätze der Erde genützt, wenn ich im Feindesland umgekommen und verdorben wäre? In Mährisch-Ostrau hielt der Zug. Wieder heulten die Sirenen ihren jämmerlichen Todesgesang über Stadt und Land. Zwischen dem Auf und Ab der heulenden Töne hörte man in der Ferne unzählige Sirenen wie hundertfaches Echo. Ein feindlicher Bomberstrom war im Anflug. In der Umgebung befand sich so gut wie keine Flugabwehr. Dafür aber gab es geeignete Ziele: Ölraffinerien und Pulverfabriken, die Nachschubvorräte des Todes.
Von Tschechen umgeben, stehe ich in einem schmalen Keller. Wieder treffen mich haßerfüllte Blicke; ich ahne Schreckliches. Wenn hier Bomben fallen, werden sie mich umbringen. Unruhig zwänge ich mich durch die Menge, um nicht an einem Punkt stehenzubleiben und von einigen intensiv beobachtet zu werden. – Da sehe ich endlich einen deutschen Soldaten in feldgrauer Uniform. Auch er ist kreideweiß vor Angst. Gegen diese Übermacht würde auch seine Dienstpistole nichts ausrichten können.
»Komm, Junge, wir müssen hier raus«, flüsterte er mir zu. »Wenn hier etwas passiert, schneiden sie uns beiden die Kehle durch.«
Wir schieben uns durch die dichtgedrängte Menge, da finden wir noch einen ebenso verängstigten Eisenbahner in Uniform und kurz danach noch einen Unteroffizier der Deutschen Wehrmacht.
Draußen tost ein Höllensturm! Die Luft ist erfüllt vom Heulen und Pfeifen und dem Krachen der zerberstenden Bomben. Rudelweise zischen die Bomben in Serie. Die Welt scheint unterzugehen. Wie ein Hagelsturm prasselt die tödliche Fracht nieder. – Doch auch diese »Hölle« hat ein Ende.

Als wir aus dem Keller kommen, sehen wir das Werk der Vernichtung. Himmelhoch lodert die Feuersbrunst. Welch ein grausiger Wechsel: die vorerst friedliche Landschaft ist in ein Chaos mit Phosphor- und Pulverdampf verwandelt.
In der Bahnhofskommandantur hören wir, was jeder Urlauber ahnen kann: Vorerst fährt kein Zug nach Deutschland. Verzweifelt stehe ich auf dem Bahnsteig und starre auf das Bild des Grauens. Hat sich denn alles wider mich verschworen? Jetzt beginnt doch schon der dritte Urlaubstag. Soll ich wirklich nicht in die Heimat kommen? Stunde um Stunde verrinnt. Wir warten, sitzen in einer Kantine und warten.
Am Nachmittag wird ein Notgleis gelegt. Zunächst werden nur geschlossene Transporte durchgeführt. Die Züge können nur im Schrittempo fahren. Auf einen solchen Transportzug springe ich auf. Es war strengstens verboten, in einen geschlossenen Transport einzudringen, aber ich wagte es. Soldaten ziehen mich in das Coupé und verstecken mich hinter ihren Mänteln. Sie geben mir zu essen und sammeln Geld. – Vor Freude würgt es mir in der Kehle; ich möchte weinen.
»Der Herr ist der Armen Schutz, ein Schutz in Zeiten der Not.« Wenn die Not am größten, ist Gottes Hilfe am nächsten. Gott ist dem Elenden eine Burg in Zeiten der Not.

5. FEBRUAR

Von guten Mächten wunderbar geborgen

»Behüte mich wie einen Augapfel im Auge, beschirme mich unter dem Schatten deiner Flügel.« (Psalm 17/8)

Genauso wertvoll ist Gott, dem Schöpfer des Lebens, jedes seiner Kinder.
Noch am Abend erreiche ich Breslau. Ich eile sofort zum Auskunftsschalter und frage: »Wo liegt Buchendorf?« – »Welches Buchendorf meinst du? Hier in Schlesien gibt es mehrere«, antwortete der freundliche Bahnbeamte. Eine Welt scheint zusammenzubrechen. Ich zerre das Telegramm meiner Mutter aus der Tasche. Es enthält keine näheren Angaben. Jetzt bin ich am Ende meiner Kräfte. Tränen, heiße Tränen steigen mir in die Augen.
Eine Rote-Kreuz-Schwester legt mir tröstend einen Arm auf die

Schulter: »Wir werden schon den richtigen Ort finden. Wo schläfst du?« – »Ich weiß es nicht.« – »Komm, ich bringe dich zur Bahnhofsmission.«
Am nächsten Tag, meinem vierten Urlaubstag, fahre ich bei klarem Sonnenschein aufs Geratewohl zum erstbesten Buchendorf. Welch eine gnädige Führung! Ich bin am Ziel.
Am Abend desselben Tages kam meine Mutter ermüdet aus Oppeln zurück. Sie hatte meine Brüder bei der im Telegramm angegebenen Familie in Buchendorf gelassen. Nun findet sie mich ganz unerwartet dort vor. Sie ist entsetzt und entdeckt den harten, gefühls- und seelenlosen Blick ihres ältesten Sohnes.
Die Kindheit scheint wie ein Traum an mir vorbeigegangen zu sein. Ich war ihr längst entwachsen. Aber Gottes Liebe und seine unsichtbare Vorsehung wachte über mir. Hier befand ich mich an einer der wichtigsten Weichenstellungen meiner Lebensbahn. Den Ratschluß Gottes erkenne ich zwar noch nicht, aber ich werde von den unsichtbaren Mächten Gottes geleitet. Am fünften Urlaubstag sollte ich eigentlich zurückkehren.
»Nein! Niemals!« erkläre ich meiner Mutter. »Ich gehe dorthin nicht mehr zurück! Keine zehn Pferde bringen mich noch einmal in die Tschechei. Wenn du sehen könntest, wie die Tschechen uns anblicken! Dort ist es gefährlich zu leben. Wenn da etwas passieren sollte, da sind wir alle verloren.«
»Junge, du mußt zurück! Es wird dir sonst als Fahnenflucht ausgelegt. Sei doch vernünftig!« Sie selbst bringt diese Worte nur sehr gequält hervor. Am liebsten würde sie ihren Sohn sofort wieder mit nach Berlin nehmen; aber die Furcht vor der Macht des Regimes, vor den Behörden und der Partei veranlaßt sie, mich zur Rückkehr zu bewegen.
Ich weiß selber nicht, was mich so entschlossen und sicher gemacht hat. Schließlich ließ sich meine Mutter überreden.
Die uniformierten Kinder in der Tschechei wurden vergessen. Als die sowjetischen Panzer schon in hörbarer Nähe waren, flohen sie zu Fuß durch die weiten Wälder Böhmens. Nur zwei von Tausenden habe ich wiedergetroffen, die mir später Schreckliches berichteten.
Gott hatte mich durch viele Gefahren auf verschiedenen Wegen vor dem Grauen und der Verfolgung und den fast unerträglichen Gewaltmärschen bewahrt, die ich als körperlich schwacher Junge wohl nicht überstanden hätte.

Die Liebe läßt sich nicht erbittern

»Denn das ist Gnade, wenn jemand vor Gott um des Gewissens willen das Übel erträgt und leidet Unrecht. Denn was ist das für ein Ruhm, wenn ihr um Missetat willen geschlagen werdet und das geduldig ertragt? Aber wenn ihr um guter Taten willen leidet und das ertragt, das ist Gnade bei Gott.«
(1. Petrus 2/19-20)

»Die Liebe läßt sich nicht erbittern«, oder, wie es in einer anderen Übersetzung heißt, sie läßt sich nicht aufstacheln. Die Liebe läßt sich nicht verstimmen, erzürnen, erregen, verärgern, sie kann auch nicht vor Wut kochen. Sie wird nicht eingeschnappt sein. Die Liebe reagiert aus der Tiefe ihres Seins, nie bitter, sie kann nicht Gleiches mit Gleichem vergelten. In ihrem Grundwesen ist sie sanftmütig, barmherzig, vergebungsbereit und stets freundlich.
Wir sollen immer wieder daran erinnert werden, daß in der Aufzählung aller Eigenschaften der Liebe Gottes das Wesen des Herrn Jesu gemeint ist. Aus der Fülle dieser herrlichen Eigenschaften göttlicher Liebe erfahren wir, daß nur der Sohn Gottes in der Liebe vollkommen war. Diese Liebe kann und muß von allen Kindern Gottes erreicht werden, weil uns der Meister zuruft: »Ihr sollt sein wie euer Vater im Himmel!«
Wenn wir glauben, daß Jesus Christus am Kreuz von Golgatha unsere vollkommene Erlösung erworben hat, sollten wir auch glauben, daß er in uns die Vollendung der göttlichen Liebe bewirken kann und will.
Diese Liebe läßt sich durch nichts erbittern, sie läßt sich nicht ärgerlich, unmutig, vergrämt, vor Wut entbrannt, grollend und bösartig machen. Sie schlägt nicht zurück, wenn sie geschlagen wird. Was sie bewirkt, können wir an dem Leben mancher Märtyrer ablesen.
Pfarrer Dietrich Bonhoeffer wurde jahrelang von den Nazis gepeinigt und drangsaliert. In der Folterzelle des Hauptquartiers der Geheimen Staatspolizei in der Prinz-Albrecht-Straße von Berlin schrieb dieser mutige Zeuge Jesu Christi zum Jahreswechsel 1944/45:
»Und reichst du uns den schweren Kelch, den bittern, des Leids, gefüllt bis an den höchsten Rand, so nehmen wir ihn dankbar, ohne Zittern, aus deiner guten und geliebten Hand.«

Dieser Mann Gottes war in seiner Liebe zu Jesus nicht verbittert, auch nicht gegenüber seinen Feinden und Peinigern.
Die letzten Worte waren: »Dies ist das Ende, für mich der Beginn des Lebens.« Er dankte Gott für sein wunderbares Leben und auch für den Tod, mit dem er ihn preisen konnte.

7. FEBRUAR

Göttliche Friedensstifter

»Glückselig die Friedensstifter, denn sie werden Söhne Gottes heißen.« (Matthäus 5/9 Elberfelder Übersetzung)

Der Apostel Paulus bezeugt aus der Kraft Gottes: »Er ist unser Friede!« Es gibt wohl kaum einen Menschen, der sich nicht nach Frieden sehnt. Hin und wieder hören wir den Satz: »Der ist doch der friedlichste Mensch, der kann doch keinem etwas zuleide tun!«
So beurteilen wir Bekannte und Freunde, die in ihrem Wesen zurückhaltend und recht friedlich erscheinen.
In unserer Gesellschaft herrschen verschiedene Auffassungen von Frieden!
Es geht uns heute nicht darum, daß wir die verschiedenen Auffassungen analysieren, auch nicht darum, was die Politiker bei ihren Anstrengungen, Programmen und Konferenzen unter diesem Wort zu verstehen glauben.
Wie sieht dieser Friede aus, den sie anstreben?
Es muß etwas Bedeutendes sein, wenn Jesus predigt: »Glückselig sind die Friedensstifter, denn sie werden Söhne Gottes heißen.«
Kinder Gottes werden alle Menschen, die ihr Leben in den Dienst Gottes stellen, die Zeugen seiner Auferstehung und Liebe sind. Nur durch den Fürsten des Friedens können wir Friedensstifter werden und sein.
Gott ist ein Gott des Friedens, und durch das Opfer seines Sohnes bekamen wir ihn zu unserem Vater. Deshalb dürfen wir ihn ganz persönlich als diesen anbeten und preisen, weil wir seine Erben sein sollen.
Wer mit dem Frieden Gottes erfüllt ist, wird beauftragt, diesen Frieden auszurufen und Täter dieses Friedens zu sein, und zwar in einer Welt, in der Aufruhr, Streit und Krieg zur Tagesordnung

gehören. Heute erstarrt die Welt vor den unheimlichsten Waffen, die eine totale Vernichtung der Menschheit herbeiführen könnten, wobei jeder weiß und ahnt, es kann keinen Frieden auf dem Atomvulkan Erde geben.

»Wenn sie sagen werden: Es ist Friede, es hat keine Gefahr, dann wird sie das Verderben schnell überfallen wie die Wehen eine schwangere Frau, und sie werden nicht entfliehen.« (1. Thessalonicher 5/3)

»Aber die Gottlosen sind wie das ungestüme Meer, das nicht still sein kann und dessen Wellen Schlamm und Unrat auswerfen. Die Gottlosen haben keinen Frieden, spricht mein Gott.« (Jesaja 57/20-21)

Wir sind unserem Herrn und Heiland dankbar, daß er zu uns gekommen ist, um uns seinen Frieden zu bringen. Gott selbst hat es so gefügt, daß durch seinen Sohn Jesus, der als Opferlamm auf Golgatha starb, der Friede geschaffen wurde, der höher ist als alle Vernunft. Nun könnten wir uns ganz persönlich die Frage vorlegen, inwieweit wir schon zu Friedensstiftern geworden sind. Haben wir den göttlichen Frieden in das öffentliche Leben, in Schulen, Betriebe, in Büros, aber auch in unsere Familien hineingetragen? Warum gibt es soviel Zwistigkeiten und Streit? Oft sind es nur ganz kleine Dinge, die die Atmosphäre vergiften: Die herumstehenden Hausschuhe, die umgetretenen Fransen vom Teppich, der Fleck auf der Tischdecke und anderes mehr.

Menschen, die den göttlichen Frieden außer acht lassen, sind leider nicht imstande, wahren Frieden zu stiften. Wenn wir Friedensstifter geworden sind, gilt uns die herrliche Verheißung: Wir werden in der Lebensgemeinschaft mit Gott nicht nur seine Kinder, sondern auch seine Söhne sein.

8. FEBRUAR

Ungewollte Flucht

»Warum verstößt du uns denn nun und läßt uns zuschanden werden und ziehst nicht aus mit unserem Heer? Du läßt uns fliehen vor unseren Feinden, die uns berauben, die uns hassen.« (Psalm 44/10-11)

Am Nachmittag treibt es mich, Anfang Januar 1945, erneut zu den Brücken an der Oder. Hier hoffe ich, Neuigkeiten erfahren zu

können. Sicher kann man hier den Ernst der Lage am besten erkennen. Ich will mich persönlich orientieren.
Zwischen hochbepackten Bauernwagen versucht ein Offizierswagen, sich schnellstens Bahn zu verschaffen. Von der Brückenwache wird der Wagen gestoppt. Der Stabsoffizier zeigt einen dringenden Marschbefehl seiner Armee, als sich plötzlich zwei der Männer überrascht erkennen: Der Brückenoffizier und der Stabsoffizier im verschlammten Kübelwagen. Ich werde Zeuge eines dramatischen Gesprächs. Der Generalstabsoffizier ist aus dem Wagen gesprungen. Äußerst kameradschaftlich und völlig unmilitärisch begrüßen sich die von Rußland her bekannten Frontsoldaten: »Mensch, was machst du denn hier?«
»Wie du siehst, Brückenkommando«, entgegnete der Pionieroffizier. »Das ist aber eine Überraschung, dich in diesem Schlamassel wiederzusehen!«
»Wo kommst du her?« fragte der Brückenoffizier. »Von der sogenannten HKL (Hauptkampflinie). Die Front ist völlig zusammengebrochen. Wenn der Russe so weitermacht, ist er in fünf Tagen hier. Die Panzerspitzen sind weit ins Hinterland eingedrungen. Ich bin auf dem Weg zur Berichterstattung beim neuen Oberbefehlshaber der Armeegruppe.« Ich stand ganz in ihrer Nähe. Jedes Wort hatte ich verstanden.
»In fünf Tagen ist der Russe hier!« – Wie ein elektrischer Schlag traf mich das. Plötzlich kam mir der Gedanke, der mich nicht wieder loslassen will: Du mußt hier schnellstens verschwinden! Als Zwölfjähriger verspüre ich in mir ein unbeschreibliches Drängen, das mich vor dem drohenden Verderben bewahren will.
Noch am selben Abend verlasse ich die Stadt; zunächst mit der Absicht, meinen Eltern nur »auf Wiedersehen« zu sagen. Sie noch einmal zu sehen, um dann gleich wieder zurückzukehren. Da ich aber keinen Urlaubsschein hatte, war eine solche Fahrt in diesen Tagen selbst für Zwölfjährige höchst gefährlich. Überall wimmelte es von Heeresstreifen, die auch uniformierte Kinder anhielten und überprüften.
Schnell löste ich eine Fahrkarte nach Bernau, einer Kleinstadt dicht vor Berlin. Obwohl es viele Kontrollen gab, wurde ich von wunderbaren Mächten bewahrt. Am Morgen kam ich in unserer Wohnung an. Meine Eltern waren hocherfreut. Sie hatten von dem rasanten Vormarsch der Russen gehört.
»Ich muß morgen wieder nach Schwedt, Mutti. Wir werden nämlich an der Panzerfaust ausgebildet. Wir sollen die Stadt mitverteidigen.«
»Was, Kinder sollen die Russen aufhalten? Das kommt ja gar nicht

in Frage! Du bleibst hier!« erwiderte meine Mutter. »Auf keinen Fall fährst du zurück!« – Das war meine Rettung.
»Du läßt uns fliehen vor dem Feind . . .« später erkannte ich, daß Gott bei allen unseren Wegen dahintersteht. Wir sind nicht irgendwelchen »Schicksalsmächten« fatalistisch ausgeliefert, sondern Gottes heilige Engelscharen führen uns den rechten Weg.

9. FEBRUAR

Selig sind, die da Leid tragen

»Selig sind, die da Leid tragen; denn sie sollen getröstet werden.« (Matthäus 5/4)

Wir hören alle nicht gern, daß wir Leid tragen sollen, weil wir täglich mit so vielen Ungerechtigkeiten in der Welt konfrontiert werden. Wir meinen, man sollte aufhören, über Kummer und Gram zu reden, weil es schon soviel Herzeleid gibt.
Wir würden lieber hören: »Selig sind, die da Freude haben; selig sind, die da lachen und scherzen; selig sind, die sich leichten Herzens amüsieren können.« Wir wollen mehr von der Freude hören, nicht immer von Trauer, Kummer und Pein.
Bitte, nehmen wir doch die Worte Jesu so, wie sie für uns gedacht sind. Die meisten Menschen haben schon genug Leid erfahren. Sind sie deshalb automatisch selig? – Nein! Nicht jedes Leid ist mit diesem Wort Jesu gemeint, nicht die irdischen Verluste, die schweren Unglücksfälle oder der Tod von Angehörigen.
Wir wollen nicht von uns aus etwas in den Text hineintragen, was Jesus nicht zum Ausdruck bringen wollte. Wenn wir die Bibel aufmerksam lesen, müssen wir feststellen, daß es auch eine göttliche Traurigkeit gibt. Der Apostel Paulus teilt uns mit: »Denn die göttliche Traurigkeit wirkt zur Seligkeit eine Reue, die niemand gereut; die Traurigkeit aber der Welt wirkt den Tod.« (2. Korinther 7/10)
Die göttliche Traurigkeit führt zur Sinnesänderung, zur Buße, zur Einkehr in seinen Frieden. Die erste Folge einer wirklichen Begegnung mit Gott ist nicht Verzückung, sondern Buße und ein schmerzvolles Zerbrochensein.
Wahre Buße kehrt nur da ein, wo das innere Auge den Abgrund für die schreckliche Möglichkeit zur Sünde erkennt.

Meistens zeigt sich der Mensch nur von seiner Außenseite, bis dann unter der Wirkung des Heiligen Geistes ein Schrei der Seele entströmt, durch den wir fähig werden, die ganze Tiefe unserer Verirrungen zu erkennen. Je mehr Schmerz über unsere Sünde in unser Herz gelangt, desto mehr können wir von ihm getröstet werden.

Es ist dies der tiefste und bitterste Schmerz für unsere Seele. Wir sollen nicht versuchen, mit tausend Entschuldigungen und Ausreden diesem Wirken Gottes auszuweichen.

Es ist unter Christen eine weit verbreitete Meinung, daß der Mensch ohne Gott unglücklich, friedelos und voller Traurigkeit wäre.

Das stimmt jedoch nur zum Teil. Solange er vom göttlichen Leben unberührt ist, fühlt er sich in der Gottesferne »pudelwohl«. Da er alle Schuldgefühle ignoriert, lebt er selbstsicher und übermütig in seinem unerretteten Zustand weiter. Es kommt ihm nur selten in den Sinn, daß er über sein Tun einst Rechenschaft ablegen müßte. Er fühlt sich im großen und ganzen nicht unglücklich, deshalb findet er Lust an den zeitlichen Zerstreuungen. Jesus aber wartet und will alle Menschen guten Willens in das Reich seines Lichtes, in die Gemeinschaft der Heiligen bringen. Er trägt über alle Menschen, die sich von seiner Liebe und Erlösungskraft nicht ändern lassen wollen, tiefe Trauer.

Sein größtes Leid besteht darin, daß der Vater durch unsere Sünden entehrt wird.

Er ist der »Mann der Schmerzen«.

Dieser Tröster weiß, was es bedeutet, einem Trostlosen, auch dem »Wiederholungstäter«, göttliche Vergebung zu bringen.

Seine Verheißung ist kein billiger Trost, in der Vollmacht seiner Auferstehungskraft gibt er uns die Versicherung: »Sie sollen getröstet werden«.

10. FEBRUAR

Die schöne Kirche brennt

»An dem Tag aber, da Lot aus Sodom ging, da regnete es Feuer und Schwefel vom Himmel und brachte sie alle um. Auf diese Weise wird's auch gehen an dem Tage, wenn des Menschen Sohn sich offenbaren wird.« (Lukas 17/29-30)

Der Schrei der Sirenen ist verklungen, in den Ohren hallt es noch kräftig nach. Für alle Luftabwehrtruppen ist jetzt höchste Alarmstufe gegeben. Von den Feldflughäfen um Berlin steigen einige Nachtjäger auf. Als eindrucksvolle Luftverteidigung kann man diesen kleinen Rest nicht bezeichnen. Am südlichen Abschnitt des Himmels beginnt ein Feuerregen wie einst über Sodom und Gomorrha. Im Stadtkern von Berlin dröhnt und bebt die Erde. Sprengbomben fallen in großen Mengen. Phosphorbomben entzünden an vielen Stellen ein rot violett flackerndes Feuer. Soweit man sehen kann, leuchtet der Himmel rot.
Berlin-Buch ist als großer Krankenhausstadtteil bekannt. Durch den Schloßpark fließt ein kleines Bächlein, die Panke. Ganz in der Nähe steht eine schöne, alte Barockkirche. Ein schauriges Feuerwerk entzündet sich am Himmel. Zehn – zwölf grellweiße »Weihnachtsbäume«, Leuchtmarkierungsbomben schweben am Fallschirm sanft zur Erde. Sie grenzen das bestimmte Ziel für die nachfolgenden Bomber ab. Wer sich in einem solchen Gebiet befindet, kann sein letztes Gebet sprechen.
»Weihnachtsbäume« nennt man diese Markierungsbomben. Sie hängen wie riesige, glühende Trauben über dem Häusermeer und färben die Dächer unter sich blutrot. Jetzt schweben in dieser Gegend alle Zivilisten in der Gefahr, durch rollende Luftminen zerfetzt zu werden. Ein grünes Signal, das wie ein Komet vom Himmel schießt, zeigt den Angriffsbeginn an. Zu Tausenden fallen die Brandbomben flächendeckend nieder.
Bald steht die schöne Kirche in Flammen. Der gesamte Dachstuhl wird zum Flammenmeer. Die Hitzeentwicklung ist entsetzlich. Durch die hohen Temperaturen beginnen die Glocken der kleinen Barockkirche zu läuten. Diabolisch klingt ihr Konzert. Die Bewohner der umliegenden Straßenzüge sehen das Feuer und kommen, trotz des Luftangriffes, angelaufen. Sie starren in die Feuersbrunst, hören, wie die Glocken mit ungeheurem Krachen in das Flammenmeer fallen und beginnen zu schimpfen:
»Diese bösartigen ›Terrorflieger‹ zerstören sogar die Kirche. Dieses schöne Gotteshaus, welch eine Schande der barbarischen Feindflieger. Solche Verbrecher nehmen nicht einmal auf das Heilige Rücksicht.« Viele Flüche und Verwünschungen werden gegen den Himmel geschrien. Aber das ändert nichts mehr.
Als die schöne Barockkirche unversehrt jahrhundertelang dastand, kamen herzlich wenig Besucher in die Gottesdienste. Jetzt, da das Feuer hell lodert, stehen Hunderte Menschen und stoßen gräßliche Flüche aus. Wo Feuer brennt, da kommen Zuschauer.
Als das Feuer des Heiligen Geistes vom Himmel kam, waren es

Tausende, die sich zu Christus bekehrten. Weshalb beten die Menschen heute nicht zur rechten Zeit?
Prophetisch aber wurde von dem Herrn Jesus schon vorausgesagt: »An dem Tage aber, da Lot aus Sodom ging, da regnete es Feuer und Schwefel vom Himmel und brachte sie alle um. Auf diese Weise wird's auch gehen an dem Tag, wenn des Menschen Sohn sich offenbaren wird.«
Dieser Tag steht der Welt noch bevor. Wer wird bereit sein, den Herrn Jesus Christus zu empfangen?

11. FEBRUAR

Das hat dir wohl der Alte gesagt

»Wer wirklich etwas gelernt hat, geht sparsam mit seinen Worten um. Wer sich beherrschen kann, zeigt, daß er Verstand hat. Sogar ein Dummkopf kann für klug und verständig gehalten werden – wenn er nur den Mund halten könnte! Wer seinen Mund hält, hält sich Schwierigkeiten vom Hals.«
(Sprüche 17/27-28 und 21/23 GN)

Durch Unbesonnenheit brachte ich meinen Vater noch wenige Wochen vor Kriegsschluß in höchste Gefahr. Ich führte ein Gespräch mit einem Schulfreund, der nicht ins Ausland evakuiert worden war. Man belauschte uns. Hinter der Hecke stand die Hausangestellte des Bürgermeisters, der ein 100 %iger Nazi war. Meinem Freund erklärte ich: »Die Rückschläge, die unsere deutsche Wehrmacht hinnehmen muß, gehen zum großen Teil auf das Schuldkonto des Führers. Er war ja im Ersten Weltkrieg nur Gefreiter und kann daher unmöglich militärische Entscheidungen dieses Ausmaßes treffen.« Wir wußten nicht, daß wir belauscht wurden. Wie gesagt, hinter der Hecke eines sehr hohen Zaunes stand die Magd des Nazibürgermeisters. Am Tag darauf begegnete ich diesem Nazi. Er kam mit seinem Fahrrad die Dorfstraße entlang. Nichtsahnend grüßte ich. Er rief mich zur andern Straßenseite rüber, wo er finster dreinblickend auf mich wartete: »Sag mal, was hast du da von unserem Führer Adolf Hitler gesagt?« brüllte er mich an. »Ich will dir etwas sagen: Du bist ein Vollidiot! Merke dir das! Das hat dir wohl der Alte gesagt!« In großer Erregung stieg er auf sein Fahrrad und fuhr davon mit den Worten: »Ich werde euch beide von der Gestapo abholen lassen!«

Wie ein begossener Pudel stand ich da. Ein unheimliches Ahnen zog durch meine Brust: Du hast deinen Vater jetzt in höchste Gefahr gebracht. Zu meinem Vater sagte der Bürgermeister später nochmals: »Ich werde Sie von der Gestapo abholen lassen, Sie Vaterlandsverräter!« Wie viele Menschen wurden damals durch unachtsame Worte ins Verderben gestürzt und noch kurz vor Zusammenbruch des Dritten Reiches an irgendeinem Laternenpfahl aufgehängt.

»Tod und Leben stehen in der Zunge Gewalt; wer sie liebt, wird ihre Frucht essen.« (Sprüche 18, 21) Das schrieb einst König Salomo. Worte haben ungeahnte Wirkungen. Sie bringen viele Menschen in die Hölle.

Mein Vater machte mir bittere Vorwürfe. Er sagte zu mir: »Jost, ich stehe sowieso schon auf der schwarzen Liste – das ist das Ende! Jetzt werde ich wohl nicht mehr herauskommen.« Als ein Schreiben von der gefürchteten Geheimen Staatspolizei kam mit der Aufforderung an meinen Vater: »Sie haben sich am 20. April 1945 um 10.00 Uhr in der Gestapogeschäftsstelle Bernau zu melden«, schloß sich meine Mutter, als treue Beterin, in ihr Kämmerlein ein und betete: »Herr Jesus Christus, der du uns bis hierher bewahrt hast, behüte meinen Mann und meine Familie gerade jetzt in der größten Gefahr!« Sie betete stundenlang, auch deshalb, weil ich mich ja ohne Genehmigung aus Schwedt an der Oder entfernt hatte. Gerade am Morgen des 20. April 1945 erreichten die Truppen der sowjetischen Armee die kleine Kreisstadt Bernau. Gott, der Allmächtige, hatte meinen Vater und uns voller Gnade vor dem Unheil bewahrt.

Gott, der Herr, hört alle ernstgemeinten Gebete; deshalb wollen wir uns nicht mutlos machen lassen, auch wenn die Verheißung des Herrn für uns bis heute noch nicht eingetroffen ist. Gott macht alles fein zu seiner Zeit.

12. FEBRUAR

Ein Clown macht Ernst

»Aber Gott sprach zu ihm: Du Narr! Diese Nacht wird man deine Seele von dir fordern; und wes wird's sein, das du bereitet hast?« (Lukas 12/20)

Wer sich selbst als einen Narren erkennt, dem kann vielleicht

geholfen werden. Aber wehe dem, den Gott einen Narren nennt, der könnte eventuell sein Leben für die Ewigkeit aufs Spiel gesetzt haben.
Am Tag vor der grausamen Feuersbrunst in der wunderschönen Stadt Dresden macht sich Pfarrer Friedrichs auf den Weg, um einen Bekannten zu besuchen. Eine innere Stimme trieb ihn dazu. Er trifft eine lebenslustige Frau und als Seelsorger fragt er sie, weshalb sie sich so geschminkt habe.
»Ich bin nun mal lustig und mein Mann hat's gern, wenn ich hübsch bin.« – »Sie sollten ihren Mann durch ein frohes Gesicht, ein gutes Herz und durch Treue fesseln, aber nicht durch äußerlichen Schein.« – »Von morgen an, Herr Pfarrer! Heute ist Fastnacht. Ich habe schon bunte Kostüme für die Kinder mitgebracht. Heute wird's lustig! Morgen ist Aschermittwoch, da wird nicht mehr gefeiert und gelacht.« Sie ahnte nicht, daß es für alle Familienmitglieder kein »Morgen« mehr geben sollte.
Als der Pfarrer in die Innenstadt kommt, traut er seinen Augen nicht. Er sieht in den Straßen von Dresden am 13. Februar 1945 lustige Kinder herumlaufen, mit aus bunten Stoffresten und in grellen Farben gefertigten Kostümen.
Der Höhepunkt des Karnevaltreibens war die Veranstaltung im Zirkus Sarrasani. Hunderte feierten ausgelassen. Sie gaben den zweideutigen Witzen eines Clowns rauschenden Beifall. Obwohl die russischen Armeen in gefährliche Nähe vorgedrungen waren, und in diesen Tagen etwa 500 000 Flüchtlinge aus Schlesien und Polen in den Straßen, Parkanlagen und Bahnhöfen nach Obdach suchten, belustigten sich verkleidete Menschen zur Fastnacht.
Kurz vor 22.00 Uhr, gerade auf dem Höhepunkt der karnevalistischen Veranstaltung, betrat ein Clown die Manege und verschaffte sich durch wilde Handbewegungen einigermaßen Ruhe. Er teilte der angeheiterten Gesellschaft mit, daß ein größerer Bomberverband englischer und amerikanischer Kampfflieger im Anflug auf Dresden sei und bat alle, den Zirkus schnellstens zu verlassen. Wörtlich rief er:
»Meine Damen und Herren, unser letztes Bild muß ausfallen, denn unsere ›Freunde‹ jenseits des Kanals haben sich wieder auf den Weg gemacht. Es ist Fliegeralarm gegeben worden. Bitte gehen Sie sofort nach Hause und genehmigen Sie sich einen Schlummertrunk.Wahrscheinlich geht auch dieser Alarm so aus wie alle anderen, denn wer wird uns hier schon angreifen?«
Die Menge der Zuschauer begann zu lachen und meinte, der Clown habe einen makabren Witz gemacht. Sie ahnten nicht, daß

bereits 15 Minuten später die ersten Bomben auf die überfüllten Bahnhöfe, Parkanlagen, Straßen und Häuser fallen würden.
Die Feuersbrunst nahm ein derartiges Ausmaß an, daß die Häuserfassaden und Straßen förmlich wie von feurigen Lavamassen übergossen waren. Die 5000 Tonnen Sprengbomben brachten der Stadt mehr als 200 000 Tote, während die Rauchwolken eine Höhe von 4000 Metern erreichten.
Zwei Monate lang war man damit beschäftigt, Tote zu bergen und die verstümmelten Überreste zu verbrennen. Noch Jahre danach fand man Tausende von Toten, die in den Luftschutzkellern erstickt oder verbrannt waren. Ein Clown machte Ernst – aber die Zuschauer haben gelacht. Es kam ihnen lächerlich vor, so wie es sich einst in Sodom und Gomorrha auch abgespielt hatte.

13. FEBRUAR

Träume sind nicht nur Schäume

»Denn auf eine Weise redet Gott und auf eine zweite; nur beachtet man's nicht. Im Traum, im Nachtgesicht, wenn der Schlaf auf die Menschen fällt, wenn sie schlafen auf dem Bett, da öffnet er das Ohr der Menschen und schreckt sie auf und warnt sie.« (Hiob 33/14-16)

Pfarrer Karl Joseph Friedrichs besuchte am 13. Februar 1945 einige seiner Bekannten und Freunde in Dresden, weil er sich durch Gottes Geist gedrungen fühlte, sie zu warnen. Er kam zu einer ihm bekannten Familie. Den Mann des Hauses begrüßte er nur kurz, weil dieser zur Arbeit gehen mußte, mit den Worten: »Ich habe Angst um Euch alle. Tut mir doch den Gefallen, kommt alle zu mir heraus.«
»Ich will's mit meiner Frau besprechen oder rede du mit ihr, ich muß fort«, sagte er zu dem Pfarrer.
Als dieser mit der Frau allein war, wiederholte er sich: »Ich mußte einfach heute in die Stadt kommen, um alle Freunde wiederzusehen. Ich hatte nämlich einen seltsamen Traum. Mir wurde angst und bange um alle lieben Menschen hier in Dresden. Mir erschien heute der Weltenrichter im Traum – ganz seltsam.«
Um der Frau die Vorgeschichte des Traumes zu erläutern, beschrieb er ihr folgendes: »Sie kennen doch sicher Wittenberg? An

der alten gotischen Stadtkirche in Wittenberg steht ein uralter Stein, der zeigt im Relief den Weltenrichter, auf dem Regenbogen sitzend, groß, gewaltig und erschreckend. Oben Engel mit Posaunen, unten bittende und flehende Menschen mit Spruchbändern. In seinen Händen hält der Weltenrichter eine Lilie und ein Schwert, Worte, die aus seinem Munde ausgehen: Kommt her, ihr Gesegneten meines Vaters; gehet hin, ihr Verfluchten in das ewige Feuer! So lautet die Auslegung.«

Pfarrer Friedrichs fuhr fort: »Das Bild hat mich vor Jahren tief erschüttert. Ich besitze ein Foto davon und sehe mir das Bild oft an. Nun, was ich letzte Nacht im Traum sah, war furchtbar. – Träume bedeuten ja manchmal ein Reden Gottes. Also, ich sah das riesige Steinbild, den riesigen schwarzen Stein mit dem Weltenrichter größer und größer und unheimlich drohend lebendig werden. Schließlich stürzte das riesige Steinbild nach vorn auf mich und begrub mich und zerstörte alles um mich herum.

Als ich richtig hinblickte, sah ich Dresden, unser schönes Dresden; daß Gott erbarm! Ich erwachte ganz erschüttert und wußte, daß Dresden zerstört werden wird. Das heißt: Ich glaube, es geschieht heute Nacht. Ich habe mit allerlei Leuten schon darüber gesprochen, keiner glaubt an eine Gefahr für Dresden. Ich schäme mich fast, darüber zu sprechen, weil es eigentlich gegen alle Vernunft ist. Aber Gott kann uns auf vielerlei Weise Offenbarungen, und damit Warnungen senden, auch durch Träume.«

Diese Frau hat nicht auf die Warnung des Pfarrers gehört; sie ist im Höllenfeuer während der Fastnacht in Dresden umgekommen.

Pfarrer Friedrichs besuchte an diesem Tag noch mehrere Christen, doch niemand ließ sich warnen.

Heute ist die Zeit der Gnade, es ist aber auch die Zeit der Warnung vor dem großen Tag seines Gerichtes, das über die gottlose Gesellschaft dieser Welt kommen wird. Wer die Gnade Jesu ausschlägt, hat später keine Gelegenheit, dem ewigen Feuer zu entfliehen.

14. FEBRUAR

Selige Gerechtigkeit

»Selig sind, die da hungert und dürstet nach der Gerechtigkeit; denn sie sollen satt werden.« (Matthäus 5/6)

Hunger und Durst sind Bilder stärkster Begierden. Allein bei dem Gedanken, daß Speise und Trank so nah und doch so unerreichbar bleiben, können in uns ungestillte Qualen hervorrufen.
Gott der Herr hat in uns das tiefe, verborgene Verlangen nach dem Ort der Glückseligkeit, hin zum Paradies, gelegt. Alles Sehnen nach Glück und Geborgenheit ist nichts anderes als das heimwehkranke Verlangen, in die innige Gemeinschaft mit Gott, dem Schöpfer, zu kommen und damit in das verlorengegangene Paradies. Selig sind nicht nur die, die ihren Hunger und Durst stillen, sondern die allezeit einen Hunger nach der Gerechtigkeit haben. Ihnen gilt die königliche Verheißung: ». . . sie sollen satt werden!«
In der Regel sind wir nur für eine gewisse Zeit satt, danach melden sich wieder Hunger und Durst.
Es geht also in diesem Sinn um die »Unersättlichen«, die sich täglich, ja stündlich nach der Gerechtigkeit sehnen.
Wenn ein neues Leben geboren ist, vernehmen wir als erstes den Schrei nach Befriedigung des Hungergefühls, der täglich zunimmt. Wenn der Mensch von neuem geboren ist, kommt ein unbändiges Verlangen nach neuer Speise, nach neuem Lebensbrot und frischem Lebenswasser.
Wer nicht ißt und trinkt, muß sterben. Wer aber nur ißt und trinkt, wird ebenfalls sterben, nämlich den ewigen Tod!
Im Danklied der Erlösten lesen wir: ». . . daß er sättigt die durstige Seele und die Hungrigen füllt mit Gutem.« Auch hier ist die Rede von der Seele, die Verlangen nach himmlischer Speise hat!
Bei unserem Thema geht es um die Gerechtigkeit Gottes. Wer danach Hunger hat, der soll durch das Wort des Herrn geistlich gesättigt werden. Es handelt sich also nicht um die Gerechtigkeit, die wir nach unserem Gutdünken meinen und uns zurechtlegen. Es geht um Gottes Willen. Es geht um sein Wesen und um sein Heil. Es gibt einen weit verbreiteten Zustand von religiöser Sattheit. Wir alle stehen jederzeit in der Gefahr, in die Stumpfheit des Formalismus zu geraten.
Deshalb führt uns Jesus die gut situierte Gemeinde von Laodizea vor Augen.
»Du sprichst: Ich bin reich und habe gar satt und bedarf nichts! und weißt nicht, daß du bist elend und jämmerlich, arm, blind und bloß.« (Offenbarung 3, 17)
Jesus zeigt die Gefahr der Selbsttäuschnung und Selbstzufriedenheit.
Aber er ringt mit aller Herzensliebe und -kraft um die im Formalismus erstarrte Gemeinde. Er hält einen Neuanfang für möglich.

Er betont, daß er auch die laue Gemeinde liebhat und gerade deshalb wünscht, daß es ein neues Erwachen, einen unbändigen Hunger nach der Gerechtigkeit und der ersten Liebe zu Gott gibt. Wenn wir kein heißes Verlangen nach seinem Herzen, nach seinem Wesen und einer neuen Begegnung nach ihm haben, so ist auch unser Gottesdienst letzten Endes eitel und nutzlos.
Wirklicher Hunger führt eine eindringliche Sprache. Um ihn zu stillen, tut man alles nur Menschenmögliche. Hunger ist ein Zeichen nach Lebenserhaltung und Lebensvermehrung.

15. FEBRUAR

Selige Barmherzigkeit

»Selig sind die Barmherzigen, denn sie werden Barmherzigkeit erlangen.« (Matthäus 5/7)

Wir finden das Wort Barrmherzigkeit sehr oft in der Heiligen Schrift. Dabei handelt es sich vorwiegend um die Zuneigung Gottes zu den Menschen, also um eine Gnadenerweisung, die uns vom Himmel zuteil wird.
Zum anderen erflehen Gottesmänner Barmherzigkeit für ihr Volk und für die Gemeinden, oder sie fordern die Kinder Gottes auf, gütig mit ihren Mitmenschen umzugehen:
»Denn es wird ein unbarmherziges Gericht über den ergehen, der nicht Barmherzigkeit getan hat; Barmherzigkeit aber rühmt sich wider das Gericht.« (Jakobus 2/13)
Hier verspüren wir einen wunderbaren Doppelklang, wie bei einem schönen Echo kommt Barmherzigkeit auf uns zurück in der Weise, wie wir barmherzig mit unserem Nächsten gewesen sind. Wer nicht barmherzig ist, kann nicht mit Gottes Barmherzigkeit rechnen. Deshalb ermuntert uns der Apostel Jakobus, Barmherzigkeit zu üben. Wir werden dann im letzten Gericht überwältigt und beschämt sein von der großen, unvergleichlichen Barmherzigkeit, die er mit uns und unserer Schuld durch des Lammes Opfertod getragen und getilgt hat. Barmherzigkeit hat seinen Ursprung in dem Wort: »Erbarmen«.
Wie wohltuend das Wort Barmherzigkeit auf uns wirkt, wenn wir verschuldet oder unverschuldet in irgendeine Not geraten sind.
Barmherzigkeit bedarf eines göttlichen Vorbildes, denn die anti-

göttlichen Kräfte, die in dieser Welt herrschen, sind nicht barmherzig. Jesu großes Erbarmen zeigt sich nicht nur darin, daß er uns aus der jetzigen Notsituation heraushilft, sondern daß er uns aus Schuld und Sünde befreit, um uns auf den Weg zum Paradies zu bringen.

»Heute noch wirst du mit mir im Paradiese sein«, garantiert er einem verurteilten Mörder nur deshalb, weil dieser ihn um erbarmende Hilfe bat.

Wie hartherzig können wir oft reagieren: »Wer sich in Gefahr begibt, soll auch darin umkommen!«

»Wer mit dem Feuer spielt, kommt darin um!« und anderes mehr. Das sind so unsere Sprüche und Kommentare.

Hätte Jesus je so gehandelt, dann wären wohl kein Petrus und kein Thomas in seine Nachfolge gekommen.

Zachäus hätte kein neues Leben anfangen können, die große Sünderin, die im Haus des Simon Jesu die Füße mit ihren Tränen wusch, wäre an ihrem Elend zugrunde gegangen. Die Ehebrecherin auf dem Tempelplatz hätte unter einem Steinhagel verbluten müssen.

Wenn Jesus in unserem Sinne gehandelt hätte, wäre er nie ans Kreuz gegangen, denn nur aus grenzenloser Barmherzigkeit ist er für uns gestorben.

Die Apostel Paulus und Petrus ermahnten die ersten Christengemeinden inständig, Barmherzigkeit mit ihren Nächsten zu üben. Barmherzigkeit vergibt, vereinigt und führt zu Gott hin. Ob unser Zeugnis nicht mehr Frucht bringen könnte, wenn wir barmherziger mit unserem Nächsten verfahren würden?

16. FEBRUAR

Selbstlose Hingabe oder Selbstsucht

»Deine Gerechtigkeit verberge ich nicht in meinem Herzen; von deiner Wahrheit und von deinem Heil rede ich. Ich verhehle deine Güte und Treue nicht vor der großen Gemeinde. Du aber, Herr, wollest deine Barmherzigkeit nicht von mir wenden; laß deine Güte und Treue allewege mich behüten.«

(Psalm 40/11-12)

Ein Kernstück in der Erlösung durch Jesus Christus besteht darin, uns aus der Umklammerung der Selbstsucht herauszulösen. Was ist eigentlich Selbstsucht? Das Wort bezeichnet es: Ein Suchen für sich selbst. Selbstsucht ist das Gegenteil von Selbstlosigkeit. Selbstsucht heißt auch Eigenliebe, Eigensucht, Selbstgefälligkeit, Selbstherrlichkeit, Selbstverliebtheit, Ehrsucht, Ruhmsucht, Machtgier.

Der Selbstsüchtige gleicht einem Räuber, denn er stiehlt Gott das Seine und eignet sich an, was Gott oder anderen gehört. Das Wesen dieser Welt zeigt sich in der Selbstsucht. Ob Kapitalismus oder Sozialismus, alles dreht sich um das dicke »Ich«.

Dieser Geist hat sich leider auch bei den Kindern Gottes und in den Hütten der Gerechten eingeschlichen. Auch in der Gemeinde des Herrn blüht die Giftpflanze der Selbstsucht in verschiedener Form.

Selbstsucht ist auch, wenn einer frömmer sein will als der andere und meint, besser beten zu können, predigen zu können, mehr Einfluß auf das geistliche Leben in der Gemeinde zu haben als alle anderen. Man meint auch, eine bessere Stellung bei Gott zu haben und von Gott reicher beschenkt zu werden als andere Kinder Gottes. Es kann auch geschehen, daß einer glaubt, Gott würde nur anderen Krankheiten schicken; er selber habe eine Sonderstellung und deshalb keine körperlichen Gebrechen.

Selbstsucht bedeutet, daß man immer den Vorteil auf seiner Seite beansprucht. Salomo der Weise weist uns darauf hin: »Geh hin zur Ameise, du Fauler, sieh an ihr Tun und lerne von ihr!« (Sprüche 6/6).

Was können wir von ihr lernen? – Ihre fleißige Selbstlosigkeit. Betrachte einmal einen Ameisenhügel, es läuft und wimmelt, es schleppt und zerrt, völlig uneigennützig. Auch die Bienen arbeiten ausschließlich für ihr Volk und eine Königin. Dabei bringen sie viel Frucht.

Wie viele Gaben, Kräfte, Talente und Pfunde werden in der Gemeinde durch die Selbstsucht verschlungen?

Wenn die göttliche Liebe in uns erwacht und zur Herrschaft kommt, geschieht etwas Großes! Die Kraft der Selbstsucht erstirbt in unserem Herzen. Dann herrscht nicht das Gesetz des Fleisches, sondern das herrliche Gebot der Liebe Gottes in uns.

Das eigenwillige »Ich« muß entthront werden, wenn Jesus Christus mit der Kraft des Heiligen Geistes die Mitte unseres Lebens einnehmen soll.

Wie schlimm könnte es wohl werden, wenn wir im Preisgericht Gottes bekennen müßten: Teure Menschenseelen gingen verloren, Erweckte schliefen wieder ein wegen unserer Eigenliebe, unserer Selbstgefälligkeit und unserer Selbstsicherheit.

Engel in der Bombennacht

»Sind sie nicht allzumal dienstbare Geister, ausgesandt zum Dienst um derer willen, die das Heil ererben sollen.«
(Hebräer 1/14)

Gegen Ende des Krieges verschärfen sich die Bombenangriffe auf Berlin. Oftmals wird für die Reichshauptstadt drei- bis viermal in der Nacht Fliegeralarm gegeben. Die Alliierten wollen die Bevölkerung psychisch mürbe machen; doch bei den meisten Berlinern erreichen sie genau das Gegenteil, nämlich den »Nun-erst-recht-Effekt«.

Jünger Jesu setzten ihr volles Vertrauen auf die Verheißungen Gottes. Sie beteten in den schrecklichen Nächten und erlebten die wunderbarsten Dinge.

Zwei Christinnen hatten das Heulen der Sirenen nicht gehört. Nach dem ersten Fliegerangriff waren sie so fest eingeschlafen, daß sie erst durch das scharfe Flakfeuer der schweren Geschütze vom Flakbunker Humboldthain aus dem Schlaf gerissen wurden. Als die beiden Frauen im Hausflur die Treppe hinuntereilten, erbebte bereits die Erde. Heulend zischten mehrere Bomben auf die Wohngebiete nieder.

Später schrieb die eine von ihnen in ihr Tagebuch:

»Meine Freundin und ich sprangen die Treppen abwärts, wir kamen nur noch bis zum Hausflur im Erdgeschoß, der zum Hof führte. Bombeneinschläge ringsum ließen das Haus erbeben. Wir waren unschlüssig, wohin wir uns wenden sollten! Ein kurzes Gebet sandten wir zum Himmel: ›Gütiger Gott, hilf! Rette uns!‹ Da sah ich in der gegenüberliegenden Türverschalung ein helles Leuchten und darin eine lichte Gestalt. Sie wies mit der rechten Hand zu ihren Füßen. Ich fühlte eine von hinten drängende Macht und schritt auf die Tür zu, ergriff blitzschnell die Hand meiner Freundin und sagte zu ihr: ›Komm mit in die Tür!‹

In demselben Augenblick schlug eine Bombe in der Nähe des Hauses ein. Fenster und Türrahmen zerbrachen und stürzten ins Treppenhaus; ein großer, schwerer Türrahmen einer Zwischentür fiel auf den Boden, wo wir gerade gestanden hatten. Ein schwerer Balken schlug mir die Mütze vom Kopf und strich nahe an meinem Rücken vorbei, aber ohne mich zu verletzen. Die helle Lichtgestalt

war verschwunden. Wir sanken auf die Knie und fingen an, herzinniglich zu danken.
Erschütternd war, daß der Luftschutzkeller, den wir nicht erreicht hatten, von einer weiteren Bombe getroffen wurde und nur wenige von denen, die darin Zuflucht gefunden hatten, verletzt mit dem Leben davonkamen.
Welch eine Bewahrung hatten wir erlebt! Wir dankten unserem Herrn und Heiland.
Da erscholl vom Hof her der Alarmruf: ›Feuer auf dem Boden und im Dach des Hauses!‹ Sofort eilten wir zu Hilfe. Phosphorbomben hatten den gesamten Dachstuhl im Nu in ein rotviolettes Feuermeer verwandelt. Singend reichten wir in der langen Menschenkette die Löscheimer weiter. Unsere Nachbarn sahen uns zunächst völlig entgeistert an, als wir aus tiefstem Herzensgrund sangen:

›Nun danket alle Gott mit Herzen, Mund und Händen,
der große Wunder tut an uns und allen Enden;
der uns von Mutterleib und Kindesbeinen an
unzählig viel zu gut und noch jetzt hat getan.‹

Wir hatten eine Gottesbewahrung erlebt. Der Engel des Herrn war erschienen. In größter Gefahr hatten wir das Erbarmen des Herrn der himmlischen Heerscharen erfahren dürfen.«

18. FEBRUAR

Der Tod flog vorbei

»Denn er hat seinen Engeln befohlen, daß sie dich behüten auf allen deinen Wegen.« (Psalm 91/11)

März 1945: Der feindliche Angriff scheint vorüber zu sein. In den Luftschutzkellern warten die Menschen auf den erlösenden Ton der Sirene, auf das Zeichen der Entwarnung. Warum hören wir nichts? Kommt eine neue Angriffswelle? In der Ferne suchen die schmalen Lichtstrahlen der Scheinwerfer erneut den gespenstischen Nachthimmel ab. Ich stehe in unserem Hauseingang mit einem Fremdarbeiter. Er ging bisher nie in den Luftschutzkeller. Wir warten sehnlichst auf den Ton der Entwarnung. Gerade in diese Stille hinein gellt plötzlich in enormer Höhe ein Maschinen-

gewehrfeuer. Ganz deutlich vernehmen wir das schnelle, gleichmäßige Tack-tacktack-tack!
»Maschinengewehrfeuer!« sage ich und deute zum Himmel.
»Maschinengewehrfeuer? – Woher soll das kommen? Die Deutschen haben doch keine Flugzeuge mehr.« Provozierend klingen die Worte des polnischen Fremdarbeiters.
Am Himmel wird es lebendig. Immer wieder kommen kurze Feuerstöße aus einem Maschinengewehr. Ein singender Ton von Flugzeugmotoren verstärkt sich. Im Dunkel der Nacht wird ein farbenprächtiges Feuerwerk sichtbar. Geschosse von Leuchtspurmunition zischen in schlanken Linien durch unsere Gegend. Es kommt auf uns zu! Die Motoren der Maschine heulen ganz stark auf. Der Pilot startet immer wieder neu durch und versucht offensichtlich, sein Flugzeug abzufangen.
Mit heulenden, pfeifenden, gurgelnden Geräuschen fallen Bomben im Notwurf zur Erde. Wie eine todbringende Riesenfackel, wie ein feuriger Komet kommt das nach allen Seiten feuerspeiende Ungeheuer auf uns zu. Wir beide springen zurück und hinunter in den Keller. Einer reißt den andern in rücksichtslosem Lauf um. Ein ohrenbetäubender Lärm fährt über uns hinweg. Angstverzerrt sind die Gesichter. Wir klammern uns aneinander. Alle werfen sich instinktiv flach auf die Erde. Das Heulen, Krachen und Bersten hat seinen Höhepunkt erreicht. Kinder wimmern; Erwachsene schreien zu Gott. Ein getretener Hund heult laut auf. Es erfolgt ein gewaltiger Aufprall! – Dann ist es still.
Wir haben uns schnell gefaßt und springen hoch, um nach draußen zu rennen.
Da! – 200 Meter hinter unserem Garten brennt es lichterloh! Haushoch schießen die Flammen empor.
Am nächsten Morgen kommen zwei deutsche Luftwaffenoffiziere, um die Absturzstelle zu besichtigen. Der eine diktiert dem andern:
»Zweimotorige, englische Moskito durch deutschen Nachtjäger abgeschossen.«
Dann blickt er plötzlich zu unserem Wohnhaus hinüber. Sekundenlang starren seine Augen auf das unversehrte Gebäude.
»Die haben aber Schwein gehabt! Sehen Sie sich das an, haargenau die Flugschneise! Das Flugzeug muß in etwa 50 Meter Höhe hinübergebraust sein. Dort wäre niemand lebendig herausgekommen, wenn es das Haus getroffen hätte!«
»Schwein gehabt«, sagen die Menschen. Nein, Christen wissen und sagen: »Denn er hat seinen Engeln befohlen über dir, daß sie dich behüten auf allen deinen Wegen.«

In unserem Luftschutzkeller befanden sich immer drei Personen, die zu Gott beteten, in jeder Gefahr, bei jedem Angriff. Unter ihnen war eine Frau, die jahrelang für mich persönlich gebetet hat, bis ich zum lebendigen Glauben kam – das war meine Mutter.

19. FEBRUAR

Göttliche Reinheit

»Selig sind, die reines Herzens sind; denn sie werden Gott schauen.« **(Matthäus 5/8)**

Nur in der Gemeinschaft mit Gott finden wir wahre Glückseligkeit. Dort, wo wir die Reinheit ertragen, die Christus in unser Leben hineinträgt, erleben wir den wirklichen Frieden Gottes, die Gemeinschaft und Geborgenheit mit dem Schöpfer.
Wie herrlich, daß wir einen Heiland haben, der der große Fürsprecher beim Vater ist, der täglich für uns eintritt, der auch durch die Vollmacht seines Blutes an unseren Herzen wirkt. Wenn wir ihn, den großen Fürsprecher, anrufen und ihn bitten: »Vergib mir alles, was ich in Gedanken, in Worten und Taten Unrechtes vollbracht habe!«, dann löscht er, der Sündentilger, alle Unreinheit in uns aus. Wir müssen diese Reinigung durch sein Blut immer wieder vollziehen lassen, denn auch Gedanken sind vor Gott genauso sündhaft wie unsere Worte und Taten.
Unsere Gedanken können von unheimlichen Geistesmächten gesteuert sein. Wenn sie sich in uns festsetzen, sündigen wir fortwährend im Geistesleben.
Gedankensünden betreffen nur unser eigenes Leben, während wir mit Worten und Taten an unserem Nächsten schuldig werden. Der geheimste, unreine Gedanke ist Sünde vor Gott und bedarf der Tilgung.
Eigentlich sollten wir schon jede Sünde vor Gott bekannt haben, ehe der »Verkläger der Brüder« uns am Thron Gottes verklagt.
Wir kennen die Redewendungen: »Ans Herz drücken«, »Etwas auf dem Herzen haben«, »Sein Herz an etwas hängen!« – »Etwas nicht übers Herz bringen«, und »Es brach ihm das Herz«.
Wir reden von einem warmen und einem kalten Herzen, von einem weichen und einem harten, von einem weiten und einem engen, von einem zerbrochenen und einem hochmütigen Herzen.

Wir kennen ein gehorsames oder ein verstocktes Herz, ja, wir reden von einer Herzensliebe oder auch von einer Herzlosigkeit.
»Es ist das Herz ein trotzig und verzagt Ding; wer kann es ergründen?« fragt Gott, der Herr und antwortet: »Ich, der Herr, kann das Herz ergründen!« (Jeremia 17/9-10)
Das Herz ist die Vorratskammer alles Erlebten, nicht nur der Kopf.
Das Herz ist die Geburtsstätte allen menschlichen Schaffens, es reicht in vielem weiter als unser Verstand. Der Verstand bleibt immer nur ein Diener des Herzens.
Das Herz ist der große Schöpfer in uns. Es ist das Sammelbecken aller Gemütsbewegungen und Willensentscheidungen. Denken wir an die weit verzweigten Gebiete der Gefühlswelt. Hier wird ein Mensch sich seiner selbst bewußt, hier erlebt er Gott und den Teufel, Not und Qual, Schuld und Reue, Angst und Hoffnung, Buße und Gottseligkeit, aber auch Freude und wahren Gottesfrieden.
Wenn Jesus von einem reinen Herzen redete, so wies er darauf hin, daß es zuvor anders gewesen ist, nämlich untauglich für die Gegenwart Gottes.
Das Herz ist von Natur aus unrein und böse.
»Aber der Herr sah, daß der Menschen Bosheit groß war auf Erden, und alles Dichten und Trachten ihrer Herzen nur böse war immerdar«, lesen wir in der Bibel.
Nur drei Möglichkeiten finden wir im Worte Gottes, wie wir zu einem reinen Herzen gelangen können:
1. »Ihr seid schon rein um des Wortes willen, das ich zu euch geredet habe.« (Johannes 15/3)
2. »Das Blut Jesu Christi, seines Sohnes, macht uns rein von aller Sünde.« (1. Johannes. 1/7)
3. »Da er ihre Herzen reinigte durch den Glauben.« (Apostelgeschichte 15/9)

20. FEBRUAR

Keine Stadt, in der sie wohnen konnten

»Die irregingen in der Wüste, auf ungebahntem Wege, und fanden keine Stadt, in der sie wohnen konnten, die hungrig und durstig waren und deren Seele verschmachtete.«

(Psalm 107/4-5)

Nach einer grauenhaften Nacht ist es für mich beglückend, allein zu sein. Es ist schwer zu begreifen, dieser friedevolle Morgen nach dem wüsten Durcheinander in der vergangenen Nacht. Was ist Wirklichkeit? Was ist Traum?
Mich verlangt danach, schnellstens meine Eltern und Geschwister wiederzufinden. Länger als eine Stunde dauert der Marsch bis zum nächsten Ortsrand. Plötzlich vernehme ich eine vertraute Stimme. Mein Bruder ruft: »Jost, komm her, hier wohnen wir jetzt. Vati ist im Zimmer und spielt Klavier.« Und wirklich, durch die Wände des verlassenen Hauses höre ich den Klang eines Klaviers. Ich frage nach der Mutti. »Die ist gestern fortgelaufen; frag Vati, der weiß es genau.«
In der fremden Wohnung treffe ich ihn. Er ist froh, daß die Familie sich wieder vervollständigt. Ja, und die Mutter wollte nicht in den Häusern übernachten; sie ist mit unserem anderen Bruder in den nahe gelegenen Wald geflohen. Nun entschließe ich mich, meine Mutter zu suchen.
Ich mache mich also auf den Weg und lasse die anderen zurück. Acht Kilometer weit muß ich laufen – vier Kilometer hatte ich bereits zurückgelegt. Links von mir liegt der Bahndamm, rechts beginnt eine kleine Anhöhe. Von dieser Seite her werde ich nach einer gewissen Zeit wieder aus meinen Gedanken gerissen durch eine vertraute Stimme. Mein Bruder steht auf der Anhöhe und schwingt seine Mütze. Stürmisch kommt er den kleinen Hügel heruntergelaufen.
»Wir wohnen jetzt hinter diesem Hügel!« erklärt er mir mit Eifer. »Dort sind wir ganz sicher! Hier sind die Russen noch nicht gewesen.«
»Ist Mutti da?« frage ich.
»Nein, sie ist in den Wald gelaufen zum alten Pferdewagen, um auf Vati zu warten und noch einige Sachen zu holen.«
Nun erkläre ich meinem Bruder, wo der Vati ist und bitte ihn, daß er hier warten möge, bis ich mit der Mutti wieder zurückkomme; dann wollen wir gemeinsam zum Vati gehen. Mein Herz ist froh. Ich habe sie alle wiedergefunden.
Als ich den vereinbarten Wagen finde, liegt Mutter auf einer Decke, sie schläft wie eine Tote. Ich muß sie stark rütteln, um sie zum Erwachen zu bringen. Schnell erzähle ich ihr alles. Wir packen also unsere Bündel und gehen frohen Mutes zurück, wo mein Bruder Ulrich wartet. Dort möchte die Mutti bleiben; da fühlt sie sich sicher.
Obwohl es schon Nachmittag geworden ist und meine Füße schmerzen, mache ich mich erneut auf den Weg, um meinen Vater

und meine Geschwister zu holen. Völlig erschöpft komme ich dort an. Aber welch eine schreckliche Überraschung: Sie sind nicht mehr da. Wer weiß, wo sie geblieben sind? Am Ende meiner Kräfte angelangt, werde ich ganz mutlos.
Müde und mechanisch trete ich meinen Rückweg an, um meiner Mutter die traurige Nachricht zu überbringen. Als ich in der Dämmerung das Barackenlager erreiche, erhält mein letztes Fünkchen Hoffnung seinen Todesstoß. Die Mutter ist mit meinem Bruder ebenfalls geflohen.
Nun stehe ich auf dem Hügel, von dem am Vormittag mein Bruder auf mich zugestürmt war. Ich kann es nicht fassen. Hemmungslos weine ich vor mich hin.
Was ich gefunden, ist alles wieder verloren. Wie oft verirrten wir uns, kamen vom rechten Wege ab. Aber Gott, der Herr, suchte uns und führte uns zurück in seine Geborgenheit.

21. FEBRUAR

Sprung über die Mauer

»Denn mit dir kann ich Kriegsvolk zerschlagen und mit meinem Gott über Mauern springen.« (Psalm 18/30)

Am 20. April dringen die Russen in unser Dorf ein. In panischer Angst fliehen alle in die umliegenden Wälder. Mit einem Dorfbewohner schlagen wir uns durch die feindlichen Linien zum nächsten Ort.
Der Deutsche kann gut russisch. Er beginnt mit dem ersten Russen zu sprechen. Dabei habe ich Zeit, diesen in Ruhe zu betrachten. Seine Pelzmütze mit dem roten Stern hat er tief in die Stirn gedrückt. Der verschmutzte Mantel ist ausgefranst und teilweise zerrissen. Statt eines Koppels hat er einen Strick um den Bauch gebunden. In einer Hand hält er offenbar Lebensmittel. Er zeigt uns, in welche Richtung wir weiterlaufen sollen.
So gelangen wir zu einem Gutshof. In einer schmalen Ausfahrt kommt uns ein russischer Soldat in einer provisorischen Uniform entgegen. Auf mich zeigend sagt er: »Du in Schwedt? – Ich dich kennen!«
Mein Begleiter spricht ihn auf Russisch an. Sie verhandeln eine Weile. Immer fällt der Name »Schwedt«. Langsam dämmert es

mir: Dieser kennt dich aus Schwedt an der Oder, woher er kommt? Offensichtlich ist er ein befreiter Kriegsgefangener. Sie arbeiteten damals zu Hunderten an den Oderbrücken und am Flußbett, um die letzte größere Verteidigungslinie zu bauen.
»Warst du mal in Schwedt an der Oder?« fragt der Deutsche. Ich nicke. Wieder spricht der Russe und dann läuft er eiligst davon. »Er hat dich gesehen, du hast in der Uniform an der Brücke in Schwedt gestanden. Er will einen Kameraden holen, der dich ebenfalls kennt.« Hilflos sieht mich der Mann an.
Die Sekunden sind kostbar. Was sollen wir tun? – Zurück können wir nicht, er würde uns gewiß einholen. So stehen wir ratlos in der hohlen Gasse: links eine Hauswand ohne Fenster, rechts eine hohe Mauer. Plötzlich kommt es mir in den Sinn: die Mauer. Von David haben wir gelesen: »Mit meinem Gott kann ich über Mauern springen.« Meine Mutter hatte mir das einmal erzählt.
»Hilf mir über die Mauer!« sage ich erregt. Der Mann schiebt mich an den Steinen empor. Gerade kann ich den Mauerrand fassen. Ich ziehe mich im Klimmzug empor, verliere das Gleichgewicht und falle auf der andern Seite mitten in eine dort lagernde Russeneinheit.
Sie fangen alle an zu lachen. Wahrscheinlich dachten sie, ich wäre dort herumgeturnt und durch Übermut von der Mauer gefallen. Es war aber alles andere als Mut. Später habe ich erkannt, daß mich Gottes unsichtbare Heerscharen über die Mauer geleitet haben. Die beschützende Macht Gottes bewahrte mich vor einer Inhaftierung. Beinahe hätten sie den zurückgebliebenen Deutschen aus Wut darüber abgeführt, daß ich verschwunden war.
Durch dieses wilde Durcheinander schlängle ich mich hindurch und kann den Gutshof auf der anderen Seite verlassen. Ich bin gerettet!
Doch nun weiß ich nicht, wie es weitergehen soll. »Hilf mir, mein Gott! lieber Gott, hilf mir«! lalle ich.
Daß ich dieses dämonische Treiben hier überstanden habe, ist Gnade, Gnade und nochmals Gnade.
So ein Tag ist noch nie gewesen und wird auch nie wiederkommen. Mit seiner Gnade wollen wir alle »Sorgenmauern« überwinden!

O Gott, daß wir so gesündigt haben

»Die Krone ist uns vom Haupt gefallen. O weh, daß wir so gesündigt haben!« (Klagelieder 5/16)

Ein neuer Tag hat begonnen. Als ich erwache, weiß ich nicht, wo ich bin. Draußen dröhnt noch immer Gefechtslärm. Ich erinnere mich: »Ach ja, es ist ja noch Krieg – und ich lebe.«
Ich befinde mich in einer fremden Wohnung eines Deutschen. Plötzlich kommt jemand polternd die Treppe herauf. Ein russischer Soldat betritt das Zimmer und beginnt das neue »Gesellschaftsspiel«. Ohne uns eines Blickes zu würdigen, kramt er wie selbstverständlich in den bereits gründlich durchwühlten Sachen herum, die auf dem Boden liegen. Er findet ein Paar Lederhandschuhe mit Stulpen, freut sich wie ein Kind und springt mit seiner Beute umher.
»Kamerad, das sind meine Handschuhe!« beschwert sich der Deutsche.
Ein Schwall drohender, harter, mir unverständlicher Worte bricht über meinen Gastgeber herein.
»Warum hat er eigentlich seinen Mund nicht gehalten?« frage ich mich verständnislos.
»Komm mit! Idizuda! Dawai! Komm!« Der Fremde zerrt ihn am Arm aus dem Raum und stößt ihn hart die Treppe hinunter. Wie ein gefülltes Faß schlägt er unten auf, versucht aber noch, so schnell wie möglich hochzukommen und zu fliehen. Der Russe springt ihm nach. Wie ein Tiger packt er ihn am Kragen und zieht ihn zur Haustür hinaus.
Was wird jetzt passieren? Ich eile hinterher.
Hinter einer Tür verborgen sehe ich mit Entsetzen, was sie mit dem Deutschen vorhaben.
Der Russe verschafft sich eine Schießbahn. Die Zuschauer bilden schnell einen Kreis und lachen hysterisch. Dieser Deutsche, mit dem ich seit der Trennung von meinen Eltern zusammen bin, hatte sich als ein großer Lästerer und Spötter erwiesen. Nun muß er sich an eine große Tür der Scheune stellen. Da er Russisch versteht, bekommt er den Befehl: »Hände hoch! Umdrehen und mit dem Gesicht zur Wand!«
Er tut es nicht, sondern fällt vor seinem Häscher nieder und winselt um sein Leben.

»Kamerad, nicht schießen! Bitte, Kamerad, nicht schießen!« Dieser stößt und zerrt ihn hoch. Er muß sich wieder aufstellen. Der Russe nimmt sein Gewehr. Ich höre das Klicken, er hat durchgeladen. Mein Herz schlägt wild, ich zittere wie ein gejagtes Häschen.

Der Deutsche dreht sich wieder um und fällt vor dem Russen auf die Knie: »Kamerad, nicht schießen! Bitte nicht schießen!« Er weint, bettelt und winselt um sein Leben.

Die andern lachen und johlen, während der Russe erneut seine Befehle gibt. Drei- bis viermal wiederholt sich das grausame Spiel, dann stößt er ihn mit einem verächtlichen Blick fort. Er hatte sich nur eine sadistische Freude bereiten wollen.

Mit schlotternden Knien kommt der Deutsche zu mir und sagt mit zitternder Stimme: »Stell dir vor, der w-w-wollte mich abknallen, w-w-wie ein Vieh niederschießen!« Schweiß steht auf seiner fahlen Stirn, er atmet schnell und stöhnt.

»Warum sind Sie denn so dumm und haben um die Handschuhe solch ein Palaver gemacht? Wir sind den Feinden doch gänzlich ausgeliefert.«

Von der ungeheuerlichen Schuld, die sich Deutschland durch die Vernichtung von Millionen Menschen aufgeladen hat, weiß kaum einer. Nach Jahren erst verstehe ich, weshalb es uns so furchtbar erging.

»Der Tod ist der Sünde Sold, die Gabe Gottes aber ist das ewige Leben!«

23. FEBRUAR

Gefangen in der Speisekammer

»Sie laufen hin und her nach Speise und murren, wenn sie nicht satt werden. Ich will aber von deiner Macht singen und des Morgens rühmen deine Güte; denn du bist mir Schutz und Zuflucht in meiner Not.« (Psalm 59/16-17)

Hunger! Ich habe unsagbaren Hunger! Wie bekomme ich nur etwas zu essen? Die Kaufläden sind geplündert; die Lebensmittel im Straßenschmutz zerstreut und zertreten. Wo soll ich nur etwas finden? Ich betrete ein ehemaliges Gasthaus. Auch hier sieht es wie in einer Räuberhöhle aus. Hinter einem Schrank bei der Theke entdecke ich einen Türrahmen. Der Schrank ist schwer wie Eisen. Ich kann ihn keinen Zentimeter bewegen.

Hinter dem Schrank entdecke ich eine gefüllte Speisekammer. Es müßte doch möglich sein für einen schmalen Kinderbrustkorb, durch den vorhandenen Spalt hindurchzukommen. Ich versuche es, mich hineinzuzwängen. Zunächst komme ich nur bis zur Knopflinie an meiner Jacke.
Wie eine festgeklemmte Axt stecke ich im Spalt. Ich versuche es weiter. Es geht immer nur millimeterweise voran. Endlich bin ich hindurch! Ruckartig plumpse ich in die Speisekammer. Hungrig stürze ich mich auf die lukullischen Schätze. Die knackigen Würste, der Speck und all die anderen Lebensmittel lassen mich vorübergehend mein freiwillig gewähltes Gefängnis vergessen.
Als der größte Hunger gestillt ist, versuche ich, den Rückweg anzutreten; vergeblich. Ob es nun an dem gefüllten Bauch lag oder die glatte Rückwand des Schrankes war, die mich immer wieder abrutschen ließ – ich weiß es nicht.
Ich kam nicht hindurch. Alle Anstrengungen nützten nichts. Der Rückzug war mir verwehrt. Da ich keinen Stuhl hatte, setzte ich mich erst einmal auf ein großes Gurkenfaß; dabei betrachtete ich den Spalt. Er kommt mir von innen viel schmaler vor. Nach einer kleinen Ruhepause versuche ich es wieder. Mein Bauch läßt sich doch nicht mehr einziehen. Ich muß meinen Versuch aufgeben und fange an zu lachen. Es ist wirklich zu komisch, hier in einer Speisekammer gefangen zu sein. Verhungern kann ich nicht. Vielleicht würden mich irgendwann Leute entdecken und aus meinem Gefängnis befreien; aber wie lange konnte das dauern?
Nachdem sich alles beruhigt hatte, versuche ich es noch einmal, durch den Spalt zu kommen. Es gelingt! Offenbar haben sich die Speisen im Leib verteilt, daß es jetzt möglich werden konnte.
Vorsorglich habe ich mir einige der kostbaren Lebensmittel an die Türöffnung gestellt, um sie mitnehmen zu können. Ich packe alles zusammen und begebe mich vorsichtig auf die Straße. Als ich die vielen russischen Soldaten sehe, beschließe ich, mich hinter Hekken und Gärten davonzuschleichen. Wo ich in der kommenden Nacht schlafen kann, weiß ich nicht.
Später las ich in der Bibel:
»Gedenke, Herr, wie es uns geht; schau und siehe an unsere Schmach! Unser Erbe ist den Fremden zuteil geworden und unsere Häuser den Ausländern. Wir sind Waisen und haben keinen Vater; unsere Mütter sind wie Witwen. Unser Wasser müssen wir um Geld trinken; unser eignes Holz müssen wir bezahlen. Mit dem Joch auf unserm Hals treibt man uns . . .; und wenn wir schon müde sind, läßt man uns doch keine Ruhe. Unsres Herzens Freude

hat ein Ende; ... Die Krone ist von unserm Haupt gefallen. O weh, daß wir so gesündigt haben!« (Klagelieder 5/1-16)

24. FEBRUAR

Errette mein Leben von den Hunden

»Meine Kräfte sind vertrocknet wie eine Scherbe, und meine Zunge klebt mir am Gaumen, und du legst mich in des Todes Staub. Denn Hunde haben mich umgeben ...«
»Errette meine Seele vom Schwert, mein Leben von den Hunden.« (Psalm 22/16-17 und 21)

April 1945: Es ist ein sonnendurchfluteter Frühlingstag. Der Wind streicht sanft über die frischgrüne Saat. Etwa 4 km muß ich noch laufen. Ich bin voller Zuversicht und habe die Absicht, unsere Mutter, die seit Tagen verschwunden ist, wieder aufzuspüren. Die Lerchen jubilieren in der Luft; Feldeinsamkeit umgibt mich. Ein Bild des Friedens. Wenn nur nicht die Menschen wären!
Plötzlich fühle ich mich verfolgt! Nicht Menschen sind hinter mir her, sondern ein Rudel wilder Hunde. Ich schätze 10-15 an der Zahl, die auf mich zujagen. Vom großen Schäferhund bis zum kleinen Spitz. Es sind so einige Rassen vertreten, die sich zusammengerottet haben. Der kleine Spitz führt die Meute an. Ihre Herren haben sie im Stich gelassen; sie sind geflohen. Ohne Nahrung und Behausung haben die Hunde sich zu Rudeln zusammengefunden.
Im großen Bogen kommen sie näher und scheinen mich einkreisen zu wollen. Ihr Kläffen und ihr Gebell sind furchterregend. Ganz allein auf freiem Feld, ohne eine Möglichkeit der Rettung durch ein Haus oder einen Baum, sehe ich mich einer ausgehungerten Meute gegenüber. Ihr Heulen und Bellen kommt schnell näher. Ich erkenne im Augenblick: Hier gibt es kein Entrinnen! Sie sind schneller und in der Überzahl, als daß ich eine Flucht gewinnen könnte. Sie werden mich wie Raubtiere anfallen und zerfleischen! Eine unbeschreibliche Todesfurcht überkommt mich. Wer kann mich noch retten? Wo gibt es Hilfe?
»O Gott, soll ich hier mein Leben verlieren? Auf solch grausame Weise?« Sie lassen nicht ab von ihrem Ziel. Keine zehn Meter mehr sind sie von mir entfernt.

»Mein Gott, so hilf mir doch! Ach, höre mich doch! Hilf mir!« schreie ich in Todesnot.
Kann ich mich denn überhaupt noch verteidigen? Womit? – Da durchfährt mich ein Gedanke! Blitzschnell scheint mir jemand die Frage zu stellen: »Was hast du da in deiner Hand?«
Diese Frage stellte einst Gott an Mose, der als Hirte in der Wüste Sinai die Schafe seines Schwiegervaters Jethro hütete. Er hatte einen Stab – ich aber nur eine kleine Milchkanne. Doch diese Kanne war mit frischer Wurstsuppe gefüllt – und das hat die Meute gerochen.
»Wirf sie von dir!« hieß es in mir. Auch Mose warf, auf Befehl Gottes, seinen Stab auf die Erde; da ward er zu einer Schlange. Die Schlange war das Zeichen der Sünde.
Im hohen Bogen warf ich die Kanne samt Inhalt den Hunden entgegen. Wie ausgehungerte Wölfe stürzten sie sich auf die Kanne. Gegenseitig beißen und stoßen sie sich mit wütendem Geheul, denn jeder will sich den Inhalt der Kanne einverleiben. Darüber haben sie mich vollständig vergessen. Frei und ledig kann ich meine Straße ziehen. Der intensive Geruch der Wurstsuppe hatte sie wild gemacht und hinter mir hergehetzt. Dadurch war ich in größte Gefahr geraten.
In der Heiligen Schrift lesen wir, daß wir als Menschen einen Geruch des Todes an uns haben. Der Geruch des Todes ist die Sünde, die uns verfolgt und finden wird, solange wir sie in unserem Leben festhalten.
Wir müssen unsere Sünde von uns werfen, sonst reißt sie uns in das tödliche Verderben. Es ist unmöglich, beides behalten zu wollen: Gott und die Sünde.

25. FEBRUAR

Elend und Schmach

»Sie haben die Frauen in Zion geschändet und die Jungfrauen in den Städten Judas.« (Klagelieder 5/11)

Die Russen kommen schon wieder! Zur Vordertür des Hauses, in dem wir uns gerade befinden, kommt ein alter, bärtiger Russe mit zottigen Haaren herein. Als er meine Mutter erblickt, geht er schnurstracks auf sie zu.

Im Nu reißt meine Mutter mich an sich und schiebt mich wie ein Panzerschild vor sich her. Der Russe will mich fortschicken und kommandiert: »Du deutsche Soldat Wasser bringen!«
Draußen rastete nämlich gerade eine große Anzahl gefangener deutscher Soldaten, die er als Kommandant zu bewachen hat.
»Nein!« schreit meine Mutter. »Der Junge bleibt hier!«
Doch der Russe fackelt nicht lange, sondern greift nach meiner Mutter. Rückwärts fliehen wir durch eine Tür, die hinauf zum Dachboden führt. Der Russe läuft uns nach und schließt die Tür hinter uns ab. Wir sind gefangen und für sein späteres Kommen eingesperrt.
Meine Mutter weint und fleht: »Du allmächtiger Gott, hilf uns aus der Not.« Dabei hält sie mich krampfhaft umklammert.
Plötzlich hören wir auf der Straße Befehle rufen. Eine Panzereinheit muß vorbei. Der Zug der gefangenen deutschen Soldaten wird weitergeschickt. Irgendein Deutscher öffnet uns die Tür. Wir sind durch Gottes Gnade wieder einmal gerettet.
Aber wir befinden uns ständig auf der Flucht, nirgendwo kann man sicher sein. Eines Abends kommen wir an einem einsamen Haus vorbei. Eine Frau ruft uns zu: »Kommen Sie doch zu uns herein, hier ist man ganz sicher!«
Wir bleiben in dem kleinen Siedlungshaus. In einer Dachkammer finden wir Unterschlupf. Zunächst scheint es so, als würde man hier wirklich Ruhe haben. Doch dann hören wir Lärmen und entsetzliche Schreie. Die Hausbesitzerin und ihre 18jährige Tochter sind von Russen umgeben. Es müssen eine ganze Anzahl sein.
Die Mutter bietet sich für ihre Tochter an, doch es hilft ihr nichts. Auch die unschuldige Tochter wird mißbraucht. »Mutter! Mutter! Hilf mir doch! Muß ich mir das alles gefallen lassen?«
Jetzt stürmen einige Russen die Treppe hinauf. Mit Taschenlampen leuchten sie in alle Ecken. Meine Mutter und ich haben uns unter der Bettdecke verkrochen. Sie poltern einen Meter an uns vorüber.
Ich zittere wie Espenlaub. Sie kommen zurück, andere stampfen vorbei. Meine Mutter betet und betet. Alles stürzt an uns vorbei. Sie leuchten alle Winkel in der Kammer ab. Wie mit Blindheit geschlagen, entdecken sie meine Mutter nicht. Ein unglaubliches Wunder geschieht, sie lassen meine Mutter unbehelligt.
Hatten sie sie nicht gesehen? Normalerweise fanden diese lüsternen Soldaten alle, wohin sie sich auch versteckt hatten.
In der Heiligen Schrift lesen wir, daß die Engel Gottes die Männer von Sodom mit Blindheit geschlagen hatten, so daß sie es aufga-

ben, die Tür zu finden. Auch hier waren die Feinde mit Blindheit geschlagen worden. Sie haben meine Mutter nicht entdecken können.
Solche Ereignisse sind keine Zufälle, sondern es sind die bewahrenden Kräfte der Ewigkeit; es sind die Engel Gottes, die uns schützen. So steht es in der Heiligen Schrift:
»Als ich im Elend rief, hörte der Herr und half mir aus allen meinen Nöten. Der Engel des Herrn lagert sich um die her, die ihn fürchten, und hilft ihnen heraus.« (Psalm 34/7-8)

26. FEBRUAR

Gehe nicht zurück

»Und als sie ihn hinausgebracht hatten, sprach der eine: ›Rette dein Leben und sieh nicht hinter dich, bleib auch nicht stehen in dieser ganzen Gegend‹.« (1. Mose 19/17)

Am Morgen des 2. Mai 1945 entdeckten wir neue russische Truppen. Diesmal waren sie nur mit sich selbst beschäftigt. In hektischer Eile gruben sie inmitten eines Rhabarberfeldes einen Schützengraben aus. Durch die Art ihrer Arbeiten ließen sie uns ahnen, daß man mit einem deutschen Angriff rechnete. Aber woher sollte solch ein Angriff noch kommen? Meine Mutter meinte: »Die machen vielleicht Manöver?«
Mir selbst war klar, so sieht es niemals bei den Vorbereitungen zu einem Manöver aus, nein, alles deutete auf einen bitteren Ernstfall hin.
Dann begann ein lebhaftes Infanteriefeuer. Dazwischen hörte man die Abschüsse und Explosionen von Panzergranaten. Soldaten und Zivilisten rannten die Dorfstraße entlang.
Es wurde immer turbulenter, niemand wußte, was das alles zu bedeuten hatte. Wir hielten es für angebracht, durch unseren langgestreckten Garten aus der Häuserfront zu verschwinden. Als wir nur einen Augenblick in unserer Gartenlaube verweilten, sahen wir einen deutschen Zivilisten durch das hohe Schilfgras von einem in der Nähe verlaufenden Graben auf uns zukommen. Auch er wußte mit der Lage nichts anzufangen.
Er erklärte uns: »Dort hinten ist eine ehemalige deutsche Stellung, die vor dem Einmarsch der russischen Truppen besetzt war. Ich nehme an, daß wir dort ziemlich sicher sein könnten.«

Gesagt, getan. Wir tasteten uns durch den ausgetrockneten Graben zu jener Stellung vor und lagen so im Niemandsland, und zwar in einem gut ausgebauten Infanterieunterstand.
Das Gefecht zog sich in die Länge. Der Zivilist, der bei uns war, wurde allmählich immer unruhiger und lief wie ein tollwütiger Fuchs hin und her, heraus aus dem Unterstand und wieder hinein. Meine Mutter versuchte, beruhigend auf ihn einzuwirken, aber er meinte: »Ich muß zurück ins Dorf, ich habe ja nur Holzpantinen an. Ich muß meine Stiefel holen, sonst klauen die Russen sie!«
»Sie wollen doch nicht etwa jetzt in diesem Feuerregen davonlaufen? – Lassen Sie Ihre Stiefel da, wo sie sind und warten Sie ab, bis sich alles wieder beruhigt hat«, warnte ihn meine Mutter.
Doch seine Unruhe wuchs. Plagte ihn etwa schon eine Todesahnung? Ein letztes Mal stieg er auf den Grabenrand und verschwand dann in Richtung Dorf. So lange ich konnte, schaute ich ihm nach. Sein Zurückgehen bedeutete für ihn den Tod! Er wurde nie wieder gesehen, er war wie von der Bildfläche für immer verschwunden.
Als Lot aus Sodom und Gomorrha herausgeführt wurde, sprach der Engel des Herrn zu ihm: »Errette deine Seele und sieh nicht hinter dich; auch bleibe in der ganzen Gegend nicht stehen.«
Die Tragik dieser Begebenheit kennen die meisten Menschen, denn eine Person blieb stehen entgegen dem Gebot des Engels: Lots Weib! Sie erstarrte zur Salzsäule.
Wir sollten alle darauf bedacht sein, uns auf den kleinen Hügel Golgatha zu retten. Nur dort wurde für uns die ewig gültige Erlösung vollbracht durch Jesus Christus, der für uns zum Opferlamm geworden ist. Wenn wir diesen Weg der Errettung mit Jesus gehen, ihn bewußt angenommen haben, sollen wir nirgends stehen bleiben, nie zurückblicken und vor allem nicht zurückgehen.

27. FEBRUAR

Fieberträume im Hungerwahn

»Steh des Nachts auf und schreie zu Beginn jeder Nachtwache, schütte dein Herz aus vor dem Herrn wie Wasser. Hebe deine Hände zu ihm auf um des Lebens deiner jungen Kinder willen, die vor Hunger verschmachten an allen Straßenecken.«

(Klagelieder 2/19)

Der Winter bringt zu allem Unglück auch noch extrem niedrige Temperaturen. Wir hausen in einem »Eispalast«. Bis hoch zur Decke funkeln die Wände von kleinen Eiskristallen. Seit Wochen kann nicht geheizt werden.
Einem Menschen, dem die Magenwände vor Hunger brennen, und dessen Schlafzimmerwände durch Eiskristalle glitzern, weil in der Zeit des stärksten Frostes oft tagelang kein Feuer angezündet werden konnte, fangen die Sinne an zu schwinden. Gefährlich wird es, wenn der Körper das Stadium erreicht hat, wo der Schmerz überwunden ist und sich dadurch ein schwindelnd schwebendes Gefühl von bedenklicher Leichtigkeit einstellt; wenn Phantasieträume das Gehirn plagen und das Aufbäumen gegen das Schicksal eines grauenhaften Hungertodes nachläßt.
Wer monatelang ohne Butter oder andere Fette von kärglichen Rationen (150 g Brot pro Tag) leben muß und nach dieser langen Entbehrungszeit drei Tage lang gar nichts Eßbares mehr zur Verfügung hat, sieht in quälenden Fieberträumen Unheimliches auf sich zukommen.
Der frostige Winter hielt sein unbarmherziges Regiment.
Der Hauch am Inlett des Federbettes fror zu Eis. Mit Mänteln lagen wir in den Betten, um nicht zu erfrieren. Der Ofen stand seit Wochen wie ein höhnendes, kaltes Mahnmal vergangener Zeiten in der Zimmerecke. Ein eisiger Wind pfiff durch die mit Pappe verkleideten Fenster.
Meine Mutter aber glaubte an den Helfer in der Not. »Gott wird uns nicht verhungern lassen. Wir wollen zu ihm beten«, sagte sie. Sie betete, mit einem dicken Wintermantel bekleidet: »Du treuer Vater im Himmel, der du mich in Tausenden Gefahren bewahrt hast, du wirst meine Kinder nicht verhungern lassen; du wirst uns noch heute etwas zu essen schicken.«
Unwillig beobachtete ich sie. Warum noch letzte Kräfte und Kalorien verschwenden? Wozu dieser Unsinn? Wer sollte uns hören? Gott? Wer ist Gott? Meiner Ansicht nach drang das Beten unserer Mutter nicht durch die Wände unseres Zimmers. Wer sollte uns hören? Weder der geizige, unbarmherzige Bauer von nebenan noch jene typhuskranke Frau, die über uns wohnte, konnte das vernehmen, was angeblich bis zum Throne Gottes dringen sollte! Ich hielt das für puren Unsinn. Mißmutig verkroch ich mich unter die schützende Bettdecke.
Meine Mutter betete weiter, bis sie die Kräfte verließen und sie einschlief. Ich war schon wieder in meinen Träumen: Sah eine Mühle, einen kleinen Gang bis zur Bäckerei und ein Brot; ja,

herrliches Brot, süß duftendes Brot. Aber alles waren nur Wahngebilde.
Nach dem Zusammenbruch des Volkes Israel wurden die sogenannten Klagelieder Jeremias niedergeschrieben. Sie geben in vielen Passagen den Zustand der Bevölkerung Deutschlands nach der Kapitulation 1945 wieder:
»Ich habe mir fast die Augen ausgeweint, mein Leib tut mir weh, mein Herz ist auf die Erde ausgeschüttet über dem Jammer der Tochter meines Volkes, weil die Säuglinge und Unmündigen in der Nacht auf den Gassen verschmachten. Zu ihren Müttern sprechen sie: Wo ist Brot und Wein?« (Klagelieder 2/11-12)
Waren die Gebete meiner Mutter nun doch nicht erhört worden? Hat sie wirklich umsonst gebetet? Wir werden es noch erfahren.

28. FEBRUAR

Vom Feind gespeist

»Der Herr kennt die Tage der Frommen, und ihr Gut wird ewiglich bleiben. Sie werden nicht zuschanden in böser Zeit, und in der Hungersnot werden sie genug haben.«

(Psalm 37/18-19)

Meine Mutter war wieder eingeschlafen; ich dämmerte vor mich hin. Da wurde hart an die Tür geklopft. War es Täuschung? Schüttelte der wütende Januarwind an der notdürftig geflickten Tür? Oder klopfte schon der Tod an zum letzten Gang? – Aber nein! Wieder hörte ich ein deutliches Klopfen.
»Mutti, es hat geklopft!« Wie eine Trunkene lallte sie etwas vor sich hin, was soviel bedeutete wie: »Ach, schlaf nur.« Das Pochen ging jedoch weiter. Waren es Schneemassen, die vom Dach stürzten? Nein, jetzt hörte ich es ganz deutlich; es wurde an die Tür geklopft.
»Mutti, es hat doch schon wieder . . .« – »Ach, Junge, wer soll denn klopfen? Du mußt jetzt ganz ruhig bleiben. Entspanne dich. Schlaf nur und schone deine Kräfte.«
Offensichtlich meinte meine Mutter, ich höre Gespenster. Dann pochte es noch härter an die Tür. Jetzt hörte sie es ebenfalls. Schnell sprang sie aus dem Bett. Sie ging zur Tür und öffnete. Schneidend kalt kam der Wind in die Stube. Ich vernahm eine mir

bekannte, rauhe Männerstimme. Schreckliche Erinnerungen stiegen in mir auf. Der Mann, der schon zweimal dafür gesorgt hatte, daß wir in kürzester Zeit aus unserer Wohnung raus mußten, stand draußen vor der offenen Tür.
Sollte es jetzt zum dritten Mal passieren, daß wir die Wohnung Hals über Kopf räumen mußten? Bei dieser strengen Kälte und in unserem erschöpften Zustand würden wir das doch gar nicht überstehen.
Doch folgendes Gespräch entspann sich an der Tür:
»Guten Tag, Frau Müller-Bohn, haben Sie Hunger?«
»Sie wollen sich wohl darüber noch lustig machen?« entgegnete meine Mutter gereizt.
»Nichts für ungut, Frau Müller-Bohn, aber ich wollte Ihnen Kartoffeln bringen. Mein Wagen ist hier vor Ihrer Tür zusammengebrochen. Durch den tiefen Schnee komme ich nicht weiter. Ich glaube, die Kartoffeln erfrieren mir jetzt schon. Ehe ich nach Hause komme und einen anderen Wagen auftreibe, sind sie ganz und gar erfroren. Wollen Sie diese Kartoffeln haben? Ich schenke sie Ihnen.«
Was er noch weiterredete, weiß ich heute nicht mehr. Doch erinnere ich mich, daß man zur damaligen Zeit für einen Zentner Kartoffeln 500,-- bis 600,-- DM auf dem Schwarzmarkt ausgeben mußte. Im Winter bekam man überhaupt keine.
Ein unvorstellbares Wunder war geschehen. Nach Jahren habe ich über dieses Ereignis nachgedacht. Kein frommer Christ, sondern der ärgste Feind unserer Familie hatte an die Tür geklopft. Er mußte die Kartoffeln denen bringen, die sie bitter nötig hatten. Gegen sein eigentliches Vorhaben mußte er den Willen Gottes erfüllen. Wäre man imstande, hier zu sagen: Es war nur ein Zufall? Waren es nicht die Gebete der Mutter, die Gott erhörte und die er in seiner Weise erfüllte? Ich bin überzeugt, daß es die Gebete waren, die uns die Hilfe brachten.
Als dann der Topf mit den dampfenden Kartoffeln auf den Tisch gestellt wurde, blieb kein Auge tränenleer.
»Der Herr kennt die Tage der Frommen, ihr Gut wird ewiglich bleiben. Sie werden nicht zuschanden in böser Zeit, und in der Hungersnot werden sie genug haben.«
Wohl bleiben einem Christen schwere Zeiten der Heimsuchung nicht erspart, aber es werden für ihn Zeiten, in denen er in besonderer Weise die rettende Hand Gottes erfahren kann.

Das begehrte Schweinefutter

»Ging hin und hängte sich an einen Bürger desselben Landes; der schickte ihn auf seinen Acker, um die Säue zu hüten. Und er begehrte, seinen Bauch zu füllen mit Trebern, die die Säue fraßen; und niemand gab sie ihm.« (Lukas 15/15-16)

Wer wäre in unserem Lande imstande, sich in seiner Phantasie vorzustellen, daß solche Situationen noch heute eintreten können? Hunger – Hunger – Hunger hämmerte es in den Nerven, im Blut, im Gehirn, im Magen, im ganzen Körper. Irgend jemand hatte eine neue »Fundgrube« entdeckt. Einige Frauen suchten »männlichen« Schutz. Mit meinen 14 Jahren sehe ich wie ein »indischer Hungerkünstler« aus. Doch wo es was zu holen gibt, bin ich dabei.
Daß wir in völliger Dunkelheit, um 4 Uhr in der Frühe aufbrechen müssen, zeigt die Gefährlichkeit unseres Unternehmens. Wir wollen wieder etwas »organisieren«. Über ausgedehnte Rieselfelder schleichen wir dem ehemaligen Rittergut entgegen. Es ist von sowjetischem Militär besetzt.
Der Gutshof ist hell erleuchtet. An einem Jauchegraben, vor dem hinteren Gutstor, liegen viele Berliner. Wie ein Rudel hungriger Wölfe lauern sie in ihren Verstecken. Wir haben nur noch 100 Meter zu laufen, wenn es so weit ist. Unser Ziel ist ein Silo mit Schweinekartoffeln, der in die Erde gemauert ist. Diese erfrorenen und schon halb verfaulten Kartoffeln wurden gekocht und dort eingestampft.
Jetzt kommen aus der erleuchteten Toreinfahrt zwei dunkle Gestalten heraus. Sie tragen einen dampfenden Kübel; die von uns heißersehnten Schweinekartoffeln. Langsam nähern sie sich dem Silo und schütten die »dampfende Ware« auf den erkalteten Brei von gestern.
Kaum sind sie verschwunden, springen die Ersten aus dem Versteck, dem begehrten Ziel entgegen. Es stinkt widerlich sauer und verfault. Mit nackten Händen versuchen alle, möglichst viel zu raffen. Der heiße Kartoffelbrei klebt uns an den Fingern. Im Silo stehen so viele, daß einer den andern bedrängt. Sie stoßen und schlagen um sich und fluchen im Flüsterton.
Da ruft plötzlich einer: »Der Ivan!« Wie von der Tarantel gestochen rennen die Deutschen davon. Der Russe schießt mit seiner Maschinenpistole über unsere Köpfe hinweg. Gefährlich nah zi-

schen die Kugeln an uns vorbei. Ich laufe mir fast die Lunge aus dem Leibe.
Ich lasse meinen kleinen Kartoffelsack fallen. Schon verspüre ich den wilden Atem des Russen. Als Letzter und Erster erhalte ich einen kräftigen Schlag ins Genick. Ich verliere das Gleichgewicht und falle eine metertiefe Böschung hinunter in einen Jauchegraben.
Ganz still bleibe ich unten liegen, bis einige abgeführt werden und andere sicher entkommen sind. Endlich, als alles vorüber ist, schleiche ich nach oben und suche mein Schweinefutter zusammen. Dann geht es ab nach Hause.
Daheim werden die Kartoffeln nach dem jeweiligen Geschmack beurteilt: »Äh, die schmecken aber nach Schuhcreme – die nach Petroleum! – die hier scheinen etwas besser, eben nur süßlich!«
Meine Mutter hat in dieser Zeit diese Kartoffeln mit Colonil-Schuhöl gebraten, weil wir kein anderes Fett hatten. Wenn ich heute daran denke, könnte ich mich jetzt noch übergeben.
Der verlorene Sohn blieb nicht in seinem Elend, sondern machte sich auf, um zu seinem Vater zu gehen.
Wollen wir nicht jetzt dem himmlischen Vater für unser Wohlergehen und seine unendliche Barmherzigkeit danken?

2. MÄRZ

Düstere Hamsterfahrt

»Du bereitest vor mir einen Tisch im Angesicht meiner Feinde. Du salbest mein Haupt mit Öl und schenkest mir voll ein.«
(Psalm 23/5)

Bei Hamsterfahrten während der Nachkriegszeit fuhren meine Mutter und ich oft bis weit hinein nach Mecklenburg, um Kartoffeln oder Korn zu erbetteln. Stundenlange, anstrengende Märsche auf vereisten Straßen, monatelange Schmalkost ohne Fett hatten mich so abmagern lassen, daß vielleicht mancher den Eindruck bekommen konnte, ich wäre »Gandhi's Sohn«. Nur unter Aufbietung letzter Kräfte erreichte ich oft mein Ziel.
Meine Mutter war stundenlang von Haus zu Haus gelaufen. Überall klang es ihr entgegen: »Wir hem' selbst nischt!« Fast wollte ihr der Mut sinken. Auf den Bahnhof zurückgekehrt, sagte meine Mutter: »Ich will noch einmal beten.« Ich ging gleich einige

Schritte zurück; ich schämte mich, weil meine Mutter hier öffentlich beten wollte. Aber man höre und staune! Andere Passanten kamen und stellten sich neben meine Mutter, um ihre Hände zu falten und mitzubeten.
Nach dem Gebet kam meine Mutter zu mir und sagte: »Jost, ich gehe noch einmal hinüber zu diesem Gehöft. Gott hat es mir aufs Herz gelegt, dort hinzugehen.«
»Ach Quatsch«, sagte ich. »Was willst du denn in der Fabrik. Das ist doch eine Ruine!«
Gesagt, getan – Mutter stapfte durch den Schnee, bis sie in dem Gehöft verschwand. Das Weitere erzählte sie mir dann später: Das Gut hatte von Ferne wie eine Fabrik ausgesehen. Betend ging sie durch eine große Tür. War es Sinnestäuschung, oder hatte die Hungerphantasie schon ihren Höhepunkt erreicht? Ein Duft von Gebratenem und Gesottenem strömte ihr entgegen. Sie öffnete diese und jene Tür. Alles schien verlassen. Doch dieser intensive Geruch! Meine Mutter folgte ihrem Geruchssinn. Plötzlich stand sie in einer Küche. Eine Frau war gerade damit beschäftigt, Pfannkuchen zu backen.
Erschrocken fuhr sie bei ihrer Arbeit zusammen. Wie ein ertappter Dieb stand sie meiner Mutter in ihrem eigenen Haus gegenüber. Es war ihr unangenehm, bei dieser Arbeit beobachtet zu werden. Sofort ging sie zum Angriff über: »Was wollen Sie? Wie kommen Sie überhaupt hier herein? Scheren Sie sich fort!«
»Ach, verzeihen Sie. Als ich läutete, hörte niemand und so ging ich den Flur entlang, bis ich hierherkam. Ich wollte Sie nicht belästigen, aber ich habe drei kleine Kinder daheim, die fast verhungern. Haben Sie nicht ein wenig, was ich ihnen mitbringen kann?« flehte meine Mutter.
»Ja, ja, – ach warten Sie doch einen Augenblick draußen im Flur. Ich komme gleich!«
Die Frau führte später meine Mutter in den Keller, in dem zentnerweise Käse lagerte. Offenbar war hier eine Molkerei, die für die sowjetische Armee arbeitete. Schnell füllte die Frau den Rucksack und die Handtasche mit Käsestücken, die bei der Herstellung zerbrochen waren. Meine Mutter hatte nur etwas Brot erwartet, aber Gott wollte uns mehr schenken. Stellen Sie sich vor, zwei große Taschen mit fettreichem Käse! Wieviel Kalorien mehr als bei den sonst so heiß ersehnten Kartoffeln.
Gott hatte ihr Rufen wieder erhört. Der Vater im Himmel ist ein Herr, der Gebete in der allergrößten Not, aber auch in Zeiten des Wohlergehens erhört. Wer durch den Heiligen Geist erleuchtet ist, erkennt die Wunder, die Gott im allgemeinen Leben tut.

Gefährliches Brot

»Wir müssen unser Brot unter Gefahr für unser Leben holen vor dem Schwert in der Wüste.« (Klagelieder 5/9)

In der Nachkriegszeit war der Hunger die größte Qual. Die Staatsgüter waren von der sowjetischen Besatzungsmacht beschlagnahmt. Die Ernte des Vorjahres nahmen die, die sie nicht gesät hatten. Uns blieb nichts weiter übrig, als unter Gefahr unseres Lebens etwas von den Äckern zu holen.

Heimlich schleichen wir an die großen Kartoffelfelder heran. Mit Hacke und Rucksack ausgerüstet, versuchen wir unter Lebensgefahr, nur das Notwendigste zu erbeuten. In großer Eile scharren wir am Boden. – Da zischt es schon aus einer Maschinenpistole über unsere Köpfe hinweg.

»Deckung!« rufe ich meinem Bruder zu. Noch eine Salve scharfer Munition zischt durch die Luft. Neben uns spritzt der Sand empor. Wir kauern in einer Furche mit dem Gesicht am Boden. Vorsichtig hebe ich für Sekunden meinen Kopf aus dem Kartoffelkraut, um zu erspähen, woher die Gefahr kommt. Da sehe ich einen russischen Soldaten über das Feld schreiten. Noch einmal schießt der Russe scharf.

»Peter, lauf los! Nimm die Hacke und den Rucksack mit!« befehle ich. »Ich gehe dem Russen entgegen, daß du mit der Beute verschwinden kannst.«

Wie ein gejagter Hase rennt mein Bruder in einer langgezogenen Feldfurche davon. Ich selber stehe auf und gehe dem Soldaten entgegen.

Wütend schreit er mich an. Gleich sucht der Soldat nach der Hacke und dem Sack. »Hier zwei Kindär!« erklärt er mir.

Ich zucke nur mit den Schultern.

Der Russe ist mächtig erbost und schreit: »Du mit – kommen! Schnäll!«

»Ich zu Mamutschka!« sage ich ganz verstört.

»Du nix – du mitkommen!«

Es hilft nichts, ich muß ihm folgen. Einen ganzen Tag lang muß ich mit anderen schwere Feldarbeit verrichten. Zu essen gibt es nichts. Der ehemalige Inspektor des Gutes verrät mir, daß der Russe mich für einige Tage in den Bunker sperren will. Was soll ich tun?

Der Abend senkt sich kühl und dunkel über die Felder. Bis spät hinein in die Nacht müssen wir Kartoffeln verladen. Der Russe weicht nicht von meiner Seite. In einem günstigen Augenblick kommt der Inspektor und raunt mir zu: »Paß auf, Kleiner, ich werde den Iwan ablenken! – Dann mach, daß du fortkommst!«
Er verschwindet sehr schnell wieder. Als alles aufgeladen ist, befiehlt mir der Russe, mich auf den letzten Wagen zu setzen. Ich klettere hoch. Er selbst fährt mit dem Fahrrad hinter diesem letzten Wagen. Eine Flucht ist also völlig unmöglich. Da sehe ich den Inspektor kommen, der den Russen ablenkt und mit ihm bis zu dem ersten Wagen vorfährt. Schnell springe ich vom Wagen und bleibe im Chausseegraben liegen. Schon kommt der Russe, und sieht, daß ich geflohen bin. Er flucht und schimpft. Ich wage kaum, mich zu räuspern, obwohl mich ein starker Hustenreiz quält. Nach kurzer Zeit gibt der Russe die Suche auf und fährt davon.
Erst nach Mitternacht komme ich völlig erschöpft zu Hause an. Mein Bruder hat wenigstens einige Kartoffeln mitgebracht, aber es reicht auf keinen Fall für 5 Personen. So muß ich noch in der Nacht zu einem anderen Feld schleichen, um dort Kartoffeln zu holen. Wenn ein Nachtvogel plötzlich einen Schrei tut, zucke ich wie vom Schlag getroffen zusammen. So geht es noch wochenlang, bis der Winter kommt.
»Wir müssen unser Brot unter Lebensgefahr holen bedroht von dem Schwert in der Wüste«, klagten die Israeliten während der grauenhaften Gefangenschaft.

4. MÄRZ

So, wie der Baum fällt

»Wenn die Wolken voll sind, so geben sie Regen auf die Erde, und wenn der Baum fällt – er falle nach Süden oder Norden – wohin er fällt, da bleibt er liegen.« (Prediger 11/3)

Eigentlich ist dies ja klar: »So, wie der Baum fällt, so bleibt er liegen.« Eine geistliche Wahrheit des weisen Königs Salomo. – Menschen, die ohne Christus leben, gleichen erstorbenen Bäumen, die zwar noch stolz zum Himmel aufragen, aber keine Frucht bringen.

Wieviel Kraft es aber kostet, einen Baum zu fällen, habe ich als 14jähriger Junge erfahren. Immer neu galt es, Heizmaterial heranzuschaffen. Deshalb zogen wir weit über Land, um möglichst einen ganzen Baum fällen und heranholen zu können. Eine verzweifelte Mutter begibt sich mit ihren drei unterernährten Söhnen auf den Weg. Am Rande eines kleinen Wäldchens finden wir einen geeigneten Baum.
Meine Mutter und ich gehen an die Arbeit. Die stumpfe Säge kreischt. Zentimeter um Zentimeter dringt sie in den Stamm ein. Es ist keine Baumsäge, sondern nur eine Tischlersäge. Wir haben die Mitte des Stammes noch nicht erreicht, da läßt sich die »Minisäge« nicht mehr bewegen. Ich versuche es also mit der Axt von der anderen Seite des Stammes, um ihn zum Fallen zu bringen. Hart klingen die Schläge am Waldrand.
Plötzlich brüllt uns eine rauhe Männerstimme an: »Was macht ihr denn da?«
Ein Bauer steht mit seinem Fahrrad vor uns.
»Wir haben nichts zu heizen, deshalb wollen wir uns hier etwas Holz holen«, ist die Antwort meiner Mutter. Ein tiefer Graben trennt uns voneinander.
Der Mann lehnt sein Fahrrad an einen anderen Baum und sagt: »Den Baum könnt ihr gar nicht mit diesem Werkzeug fällen.« Unwillig schüttelt er noch einmal mit dem Kopf und winkt ab: »Ach, mir soll es doch egal sein! Ich habe nichts gesehen, verstanden? Macht, daß ihr rechtzeitig fortkommt, sonst passiert ein Unglück!«
Der Feldwächter fährt davon. Wir stehen wie versteinert da. Was sollen wir tun? Ob es ihm wirklich egal ist, oder ob er uns jetzt verrät?
»Wir arbeiten weiter!« wird beschlossen. Nach einigen Axtschlägen bewegt sich die Säge wieder. Die Späne fliegen munter zur Rechten und zur Linken aus dem Spalt. Die Äste in der Krone des Baumes beginnen bedenklich zu wackeln. Noch einige Sägestriche und meine Brüder schreien: »Hurraaaa!«
Der Baum stürzt und versinkt im hohen Gras. Wir haben Holz!
Im Geiste sehen wir schon das glutrote Feuer in unserem Ofen brennen.
»So, wie der Baum fällt, so bleibt er liegen.«
Gefällte Bäume blühen und grünen nicht mehr; sie bringen keine Frucht!
War unser Leben von Werken der Sünde und Ungerechtigkeiten ausgefüllt, werden wir nicht als Heilige vor Gott auferstehen. Menschen, die offenbar unversöhnt und nicht gelöst von ihrer

Sündenlast gestorben sind, bleiben in ihrem unerlösten Zustand bis zur Auferstehung liegen wie gefällte Bäume.
Auch Menschen, die sich Christen nennen, aber ohne Christus leben, gleichen erstorbenen Bäumen, die zwar noch stolz zum Himmel aufgerichtet sind, aber keine Frucht bringen. Von ihnen lesen wir im Johannesevangelium:
»Es ist schon die Axt den Bäumen an die Wurzel gelegt. Darum, welcher Baum nicht gute Frucht bringt, wird abgehauen und ins Feuer geworfen.«

5. MÄRZ

Hunger ist der beste Koch

»Du sprichst: Ich bin reich und habe gar satt und bedarf nichts! und weißt nicht, daß du bist elend und jämmerlich, arm, blind und bloß.« (Offenbarung 3/17)

Es war im Frühling 1945, als Berlin in Schutt und Trümmern lag. Die öffentlichen Verkehrsmittel verkehrten nur ganz spärlich. Bahngleise, Brücken und Wagen lagen zerstört, ausgebrannt und unbrauchbar herum.
Wir wohnten am Stadtrand der einst großen Weltstadt. Seit Tagen gab es kaum etwas zu essen.
Eines Tages sagte meine Mutter zu mir: »Jost, geh doch zur Tante Lotte und versuche, bei ihr etwas Brot zu bekommen.«
Unsere Tante verwaltete eine Bäckerei, d.h. mein Onkel befand sich in Kriegsgefangenschaft und konnte nicht backen. Deshalb bekam meine Tante das Brot nur geliefert, das sie dann, gegen Abgabe von Lebensmittelmarken, an die hungernde Bevölkerung verkaufen mußte. Dabei bekam sie eine gewisse Menge Brot mehr, um beim Auswiegen der geringen Portionen einen gewissen Spielraum zu haben. So sollte ich nachfragen, ob für uns etwas Brot übrig war.
Wie gesagt, ich mußte den Weg zu Fuß zurücklegen. Vom Stadtrand bis zu dem Haus meiner Tante waren es ca. 15 km, – eine enorme Strecke für einen ausgehungerten 13jährigen Jungen. Ehe ich aufbrach, war mir vor Hunger schon ganz schwindlig. Ich wußte nicht, wie ich diesen anstrengenden Marsch überstehen sollte. Als ich die Dorfstraße entlangging, kam ich auf den Gedan-

ken, zu einem Bäcker des Ortes zu gehen, um ein sogenanntes »Ausschußbrot« zu erbetteln. Hin und wieder hatten wir von diesem Bäcker schon solch ein äußerlich mißratenes Brot bekommen. Ich hatte Glück, der Bäcker gab mir ein 2000 g schweres Brot.

Jetzt hatte ich genügend Reiseproviant. Natürlich dachte der Bäkker, ich hätte das Brot für die Familie erstanden. Nun begann ich meinen stundenlangen Marsch und aß von dem Brot. Bald hatte ich über die Hälfte des Brotes vertilgt. Jetzt war ich schon reichlich gesättigt, doch als ich den traurigen Rest des Brotes betrachtete, schämte ich mich, mit solch einem angenagten Kanten zur Tante zu kommen und würgte deshalb das restliche Brot auch in mich hinein.

Der Tag war heiß. Barfuß lief ich durch die kilometerlangen Trümmerstraßen, bis ich endlich die Bäckerei meiner Tante erreichte. Sie freute sich, mich zu sehen und sagte: »Na, nach diesem langen Marsch hast du bestimmt einen enormen Hunger, ich mache dir gleich ein paar Schnitten.«

Da ich nun innerhalb von 4 Stunden 2 Kilo Brot, zuletzt mit Hängen und Würgen, gegessen hatte, war ich bis oben voll, wie man im Volksmund es so ausdrückt.

Deshalb antwortete ich ihr: »Nein, Tante Lotte, ich habe gar keinen Hunger, ich möchte nicht essen . . .«

Meine Tante starrte mich entgeistert an und antwortete ganz erregt: »Das ist doch unmöglich, mein Junge, du mußt doch nach solch einem langen Marsch Hunger haben.«

»Nein, Tante«, sagte ich, »mir ist auch nicht ganz gut, ich kann nichts essen.«

»Aber Junge«, rief die Tante erregt, »du brichst mir bestimmt gleich zusammen. Jetzt wirst du schnell ein paar Schnitten Brot essen, damit du mir nicht noch stirbst.«

Ich konnte reden, was ich wollte, trotzdem wurde mir ein Teller voller Brote mit Aufstrichen vorgestellt, aber ich war zum Brechen vollgestopft und bekam keinen Bissen mehr herunter.

Ich konnte kaum noch atmen, weil ich so satt und voll war.

Heute sind die meisten Menschen übersatt, sie haben kein Verlangen nach dem Brot des Lebens, und sie bemerken nicht, wie elend, jämmerlich und blind sie gegenüber dem ewigen Leben dahinvegetieren.

Giftige Nahrung

»Andere waren so uneinsichtig, daß sie sich dem Herrn widersetzten; ihre Vergehen stürzten sie in schlimmes Unglück. Sie ekelten sich vor jeder Speise und ihr Leben hing nur noch an einem seidenen Faden. Sie schrien zum Herrn in ihrer Not, er errettete sie aus der Todesangst.« (Psalm 107/17-19 GN)

Viele Krankheiten sind die unmittelbare Folge ungesunder Lebensweise. Der Mensch lebt oft bedenkenlos in den Tag hinein, einfach nach den Begierden seines Körpers. Durch hemmungsloses Fressen und Saufen, wie es Luther recht drastisch und treffend auszudrücken wußte, hat sich schon mancher mit Messer und Gabel sein eigenes Grab geschaufelt.

Durch den unmäßigen Genuß von Alkohol ruinieren zigmillionen Menschen ihre Gesundheit und damit auch ihren Leib. In ihrer Disziplinlosigkeit führen Unzählige ihrem Körper gefährliche Krankheitsstoffe zu. Leber-, Lungen-, Speiseröhren-, und Zungenkrebs sind die Folge. Blutdruckveränderungen, Zuckerkrankheit, Übergewicht, Gefäßverengungen, Verkalkungen und Magengeschwüre entstehen oft durch Maßlosigkeit und Unersättlichkeit.

Aus Mangel an göttlicher Nahrung und durch die zerstörende Macht geistiger Krankheiten gleiten sie allmählich immer tiefer hinab, bis sie in der Grube der Mutlosigkeit liegen bleiben. Auch die besten Medikamente können den Zerfall nicht mehr aufhalten, sie stranden in ihrer Gottlosigkeit.

Weil sie keine geistlichen Speisen zu sich nehmen, empfangen ihre Seelen auch keine Stärkung; der seelische Ruin ist dann nicht mehr aufzuhalten. Der Rest an Lebenskraft wird durch Schmerz und Kummer aufgezehrt. So geht es jedem Menschen, der in der Gottesferne verharrt; denn Sünde bedeutet ganz einfach, »gottlos« zu leben.

Während der großen Hungerszeit 1945 bis 1946 kannte man aber nur ein süchtiges Verlangen: Essen, essen und nochmals essen. Verfaulte Schweinekartoffeln oder verschrumpelte Äpfel, die in einem Jauchegraben herumschwammen, wurden gegessen. Alles Mögliche wurde nach dem praktischen Nährwert untersucht.

Mein Hunger war unbeschreiblich. Ich hatte Zeiten, da kam ich in eine Art von »Hungerdelirium« – wenn ich es so ausdrücken darf. Die Felder wurden abgegrast; einmal entdeckte ich ein Rhabar-

berbeet. Ich aß einen grünen, sauren Stengel nach dem anderen. Doch bald schwoll mir die Zunge an, die Lippen, der Gaumen, ja die ganze Mundhöhle zu. Ich bekam Atemnot und konnte mich gerade noch nach Hause schleppen. Mir wurde schwarz vor Augen. Mein Leben hing jetzt wirklich an einem seidenen Faden. Meine Mutter schrie und betete laut zu Gott. In meiner Todesnot steckte ich mir einen Finger in den Mund, da mußte ich mich übergeben. Mir war zum Sterben zumute. Nach einiger Zeit gingen die Vergiftungserscheinungen zurück. Ich war gerettet!
»Sie schrien zum Herrn in ihrer Not. Er errettete sie aus der Todesangst!«
Jesus aber warnte vor den irdischen und geistlichen Gefahren, indem er sagte:
»Hütet euch aber, daß eure Herzen nicht beschwert werden mit Fressen und Saufen und mit täglichen Sorgen und dieser Tag nicht plötzlich über euch komme wie ein Fallstrick; denn er wird über alle kommen, die auf der ganzen Erde wohnen. So seid allzeit wach und betet, daß ihr stark werdet, zu entfliehen diesem allen, was geschehen soll, und zu stehen vor dem Menschensohn.« (Lukas 21/34-36)

7. MÄRZ

Das Schwedenpaket und der plötzliche Tod

»Wie sich ein Vater über Kinder erbarmt, so erbarmt sich der Herr über die, die ihn fürchten. Denn er weiß, was für ein Gebilde wir sind; er gedenkt daran, daß wir Staub sind.
Der Mensch ist in seinem Leben wie Gras, er blüht wie eine Blume auf dem Felde; wenn der Wind darüber geht, so ist sie nimmer da, und ihre Stätte kennt sie nicht mehr.«
(Psalm 103/13-16)

Noch immer herrscht im Land eine furchtbare Hungersnot. Die Menschen verschmachten und werden von heimtückischen Krankheiten dahingerafft: Flecktyphus, Wassersucht und andere Seuchen halten eine grausame Ernte.
Unsere Mutter betet zu Gott, aber sie handelt auch im Glauben. Sie sendet Briefe an Gemeinden in Schweden. Eines Tages erhalten wir aus Schweden ein riesiges Paket mit Lebensmitteln von

einer gläubigen Frau: Marthe Johanson. – Kaum jemand kennt in der großen Weltgeschichte ihren Namen. Da liegen nun die herrlichen Gaben ausgebreitet auf dem Tisch, wie aus einem unerreichbaren Paradies: Butter, Mehl, Reis, Zucker, Grieß, Fleischkonserven, Schokolade und vieles andere mehr. Wir weinen vor Freude und unsere Mutter spricht ein langes Dankgebet.

Monatelang erhalten wir durch die Liebe dieser unbekannten Christin die notwendigen Lebensmittel. Doch eines Tages erreicht uns eine sehr traurige Nachricht: Marthe Johanson ist an Krebs gestorben. Wir sind alle sehr betroffen. Mein Vater, der noch kein Gotteskind ist, kann es überhaupt nicht begreifen: »Wie kann Gott einen solch wertvollen Menschen so furchtbar sterben lassen?«

Ein Mensch ist in seinem Leben wie Gras. Er lebt vom Gras und er lebt wie Gras. Der Weizen ist nur eine Art von Gras und Kraut, das Gott schuf. Der Mensch, der sich davon ernährt, ist beschaffen wie dieses Gras: Es keimt, wächst, blüht, fällt unter die Sichel, verdorrt und wird vom Feld genommen. Das ist die Geschichte jedes Menschen.

»Der Mensch, vom Weibe geboren, lebt kurze Zeit und ist voller Unruhe, geht auf wie eine Blume und fällt ab, flieht wie ein Schatten und bleibt nicht.« (Hiob 14/1-2)

Gleicht nicht jeder Mensch wirklich dem Gras oder der Blume auf dem Feld?

Gehe über einen alten Friedhof und lies die Namen der unzähligen Unbekannten. Hinter jeder Inschrift auf dem Grabstein stand ein Leben voller Hoffnung, der Freude und des Leides, der Liebe und des Hasses, großer Pläne und Enttäuschungen. Wer kennt sie noch, obwohl sie erst vor einigen Jahren oder Jahrzehnten von dieser Erde gingen?

Der Name der Marthe Johanson ist bei Gott nicht vergessen. Er steht geschrieben im Buch des Lebens; deshalb mahnt Jesus seine Jünger, die sich mit ihren großen, geistlichen Erfolgen brüsten wollen: »Doch darüber freut euch nicht, daß euch die Geister untertan sind. Freut euch aber, daß eure Namen im Himmel angeschrieben sind.« (Lukas 10/20)

Also unvergänglich im Gedächtnis Gottes bleiben die Namen der Kinder Gottes und die, die Barmherzigkeit übten.

Herr Jesus Christus, hilf mir!

»Der Name des Herrn ist eine feste Burg; der Gerechte läuft dorthin und wird beschirmt.« (Sprüche 18/10)

Diese verheißene Beschirmung gilt nur den Menschen, die mit Gott in inniger Gemeinschaft leben, die nicht nur hin und wieder an Festtagen einen Gottesdienst besuchen oder den Herrn anrufen, wenn sie in äußerste Not geraten sind und sich danach nicht mehr um Gott kümmern, sondern durch seine ständige Gegenwart bewahrt werden können.

Das erregende Zeugnis einer jungen Christin bleibt mir unvergeßlich. In den ersten Wochen nach der Kapitulation Deutschlands war sie auf dem Weg in die Bibel- und Gebetsstunde. Es wurde schon dunkel, als ein Lastkraftwagen der »Roten Armee« an ihr vorüberfuhr. Auf diesem Wagen saßen mehrere betrunkene Soldaten. Die Bremsen quietschten, grölend sprangen alle Soldaten vom Wagen und stürmten auf die Frau zu. Zwei Russen packten sie und versuchten, sie zum Lastkraftwagen zu zerren. Die junge Christin schrie in ihrer Not aus Leibeskräften: »Herr Jesus Christus, hilf mir! Heiland, hilf mir doch!«

In diesem Augenblick trat aus dem Dunkel ein Zivilist hervor und rief irgend etwas in russischer Sprache. Die Männer erschraken und ließen die Frau auf der Stelle los. Der Zivilist verhandelte mit dem Kommandanten der kleinen Abteilung. Daraufhin herrschte dieser seine Männer an. Die Soldaten stiegen schnell auf den Lastwagen, der sofort davonbrauste.

Als die von den Scheinwerfern geblendeten Augen der Frau den Zivilisten suchten, um sich bei ihm zu bedanken, war er wie von der Bildfläche verschwunden.

Schnell eilte sie zur Gebetsstunde, die schon begonnen hatte.

»Geschwister«, rief die Frau, »bitte hört mir einmal zu. Soeben bin ich von einem Engel in Menschengestalt beschirmt worden. Der Name des Herrn ist eine feste Burg ...!« Dann erzählte sie, was geschehen war, und die kleine Gemeinde lobte Gott und dankte ihm.

»Der Gerechte läuft dorthin und wird beschirmt.« Kinder Gottes sind keine Gäste und Fremdlinge beim Herrn, sondern genießen sein gnadenreiches Hausrecht. Kein Übel kann sie antasten, denn die ausgebreiteten Flügel seiner Macht und Liebe beschirmen sie

vor aller Feindeslist. Solange wir in der festen Burg bleiben, sind wir sicher. Kein Zufluchtsort auf dieser Erde ist vergleichbar mit der Sicherheit bei Jesus Christus. Je mehr wir uns an unseren himmlischen Freund und Retter halten, desto zuversichtlicher dürfen wir sein.
Sein Name ist eine feste Burg; keine Falltür, kein Festungsgraben, keine Mauer und kein Burgfried kann uns solche Sicherheit bieten wie die Zusage Jesu:
»Seid getrost, ich habe die Welt überwunden.« – »Siehe, ich bin bei euch alle Tage bis an der Welt Ende.«

9. MÄRZ

Ein russischer Engel

»Darum denke ich an die Taten des Herrn, ja, ich denke an deine früheren Wunder und sinne über alle deine Werke und denke deinen Taten nach. Gott, dein Weg ist heilig. Wo ist ein so mächtiger Gott wie du, Gott, bist? Du bist der Gott, der Wunder tut, du hast deine Macht bewiesen unter den Völkern.« (Psalm 77/12-15)

Zu Zehntausenden schwärmen die Berliner täglich über die Peripherie der Reichshauptstadt hinaus aufs Land.
Jedes nur denkbare Handelsobjekt bieten diese verhungerten Städter bei den Bauern zum Tausch an. Einen Perserteppich gibt man für einen halben Zentner Kartoffeln. Wasserboiler, Radios, Handschuhe, Pelze, Uhren, Bohnenkaffee und sonstige Tauschobjekte werden in mehr oder weniger kleine Kartoffelportionen oder Getreidemengen umgesetzt.
Auf dem Bahnsteig herrscht ein heilloses Durcheinander. Der Eisenbahnzug, aus altertümlichen Waggons zusammengestellt, ist nicht nur voll, sondern lebensgefährlich überfüllt.
Auf den Trittbrettern, die an den Personenwagen aus alter Zeit entlangführen, stehen die Menschen. In dem hochgelegenen Bremserhäuschen, auf allen Puffern, ja, auf den Dächern ist kein Platz mehr zu finden.
Das Thermometer zeigt 20°C unter Null, der Fahrtwind wird die arktische Kälte noch verstärken. Ich wäre froh, einen solchen Platz zu haben. Verzweifelt blicke ich zu der sich drängenden Menge. Hunderte stehen noch auf dem Bahnsteig.

»Ich werde für dich beten, damit du einen Platz bekommst, einen guten, sicheren Platz«, hatte mir meine Mutter versichert.
»Beten? Solch ein Quatsch!« dachte ich damals. »Ist doch alles heller Wahnsinn. Wenn sie sich doch jetzt dieses Chaos hier anschauen könnte.« Ich bin regelrecht verzweifelt, innerlich wie ausgebrannt.
In dieser aussichtslosen Lage klopft eine Hand auf meine Schulter: »Du mitfarän, Kamerad? Du wollen mit diesem Zug mitfarän?« Ein russischer Soldat lächelt mich an. Ich blicke ungläubig.
»Komm mit, dawai, in Abteil für russisch Soldat, komm!« Wie im Traum stolpere ich hinter dem Russen her. Ich steige in den überheizten Wagen. **»Für sowjetische Besatzungsmacht!«** ist es in deutscher und russischer Sprache auf dem Schild an der Außenwand des Wagens zu lesen.
Es ist mir, als hätte mich ein Engel vom Rand der Verzweiflung in eine paradiesische Oase gebracht. Ich sitze im gemütlich warmen Abteil eines D-Zug-Wagens und die sowjetischen Soldaten unterhalten sich lebhaft und laut. An die harte, markige Sprache habe ich mich schon seit Monaten gewöhnt. Der Zug setzt sich langsam in Bewegung. Mir ist, als träumte ich. Fast habe ich Furcht, aus diesem Traum zu erwachen und irgendwo noch auf diesem düsteren Bahnhof zu stehen.
»Du haben Hungär, Kamerad?« Der »sowjetische Engel« zeigt auf seine Magengegend. Hunger? Wenn du wüßtest, daß ich seit mehr als 24 Stunden nichts mehr gegessen habe. Mir würgt es in der Kehle, ich kann nur noch mit dem Kopf nicken, vor Freude versagt meine Stimme. In diesen Tagen erlebe ich ein unvorstellbares Wunder. Ich sitze im geheizten Abteil mit bester Bedienung bei Brot, Butter, Fleisch, Wurst und Zwiebeln, die die Russen wie Radieschen essen.
Elia wurde von den Raben gespeist; ich wurde jetzt von einem russischen Besatzungssoldaten versorgt. Das Gebet meiner Mutter war über Bitten und Verstehen in Erfüllung gegangen.

10. MÄRZ

X

Das Brot des Lebens

»Wohl dem, dessen Hilfe der Gott Jakobs ist, der seine Hoffnung setzt auf den Herrn, seinen Gott, der Himmel und Erde

gemacht hat, das Meer und alles, was darinnen ist; der Treue hält ewiglich, der Recht schafft denen, die Gewalt leiden, der die Hungrigen speiset! Der Herr macht die Gefangenen frei. – Der Herr behütet die Fremdlinge und erhält Waisen und Witwen; aber die Gottlosen führt er in die Irre.«

(Psalm 146/5-7 und 9)

Dieser Zuspruch Gottes macht unser Herz freudevoll, er gibt uns neue Hoffnung; denn wir können verstehen, daß sich der Schöpfer ein Gott Abrahams und Isaaks nennt. Aber daß er sich als Gott Jakobs ausgibt, bedeutet, daß Gott ein Gott der Gnade, der Treue und der Barmherzigkeit ist. Dieser Herr kann dem niedergeschlagensten Menschen, dem elendsten Sünder helfen. Bei ihm ist das wahre Glück; ihm allein ist bekannt, was Menschen zur Glückseligkeit brauchen.

Deutschland ist völlig aus dem sittlichen Gleichgewicht geraten. Der Hunger regiert in jedem Winkel des Landes. Schwarzhandel, Gewalttaten und Korruption sind Zeichen der Zeit.

In den ersten, streng zensierten Zeitungen liest man: »Für den Winter keine Sicherstellung der Brotversorgung! – Hunderttausende müssen in den Wäldern Holz sammeln gehen! – Keine Fahrkarten ohne Reisegenehmigungen nach Orten bis zu 20 Kilometern jenseits der Grenze des Landkreises! Jugendliche Einbrecherbande gefaßt, der Haupttäter ist ein 12jähriger Schüler!«

In der Berliner Stadtbahn sieht es trübe aus, denn statt der Fensterscheiben sind Preßstoffplatten eingefügt worden. Ein spärliches Licht dringt durch die kleinen Fensterscheiben in der Mitte einer Preßstoffplatte. Die kleinen Gucklöcher haben die Größe einer halben Postkarte. Wenn es kalt ist, trampeln sich die Fahrgäste die Füße warm. Hin und wieder gibt es noch eine original erhaltene Fensterscheibe.

Ausgehungert sitze ich in einem Abteil. Mir gegenüber hat eine Frau Platz genommen, die auch recht ausgemergelt aussieht. Mir ist ganz übel vor Hunger. Mitleidig schaut mich die ältere Frau an. Jetzt geschieht etwas, was über mein Fassungsvermögen hinausgeht. Diese Frau holt aus ihrer Handtasche eine Scheibe trockenes Brot, sie legt das Brot auf ein Tuch, faltet ihre Hände und betet still. Dann blickt sie mich freundlich an und bricht dabei die letzte Scheibe auseinander. Sie reicht mir das größere Stück und sagt: »Gott segne dir und mir das Brot.«

Ich bin dem Heulen nahe, denn ich weiß, diese Frau hat das letzte Brot mit mir geteilt. Das war die überzeugendste Predigt, die ich in diesen Tagen vernahm:

»Liebe deinen Nächsten wie dich selbst. Brich dem Hungrigen dein Brot. Dann wird dein Licht hervorbrechen wie die Morgenröte, und deine Heilung wird schnell voranschreiten und deine Gerechtigkeit vor dir hergehen, und die Herrlichkeit des Herrn wird deinen Zug beschließen.«
Jesus hätte von dieser Frau wohl gesagt: »Denn sie hat die Hälfte ihrer ganzen Speise dir gegeben.«

11. MÄRZ

Ist ein guter Weg auch krumm?

»Erforsche mich, Gott, und erkenne mein Herz; prüfe mich und erkenne, wie ich's meine. Und sieh, ob ich auf bösem Wege bin, und leite mich auf ewigem Wege.« (Psalm 139/23-24)

Wer betet schon so? Wer will absolut offenbar werden? Viele unserer Taten sollen verborgen bleiben. Im Leben eines jeden Menschen gibt es dunkle Punkte. Wie viele bedachte oder unbedachte Worte haben andere verletzt oder verleumdet?
Es gibt Gedanken in unserer Phantasiewelt, die sollen nicht einmal unsere nächsten Angehörigen erfahren. Aber wir haben einen Fürsprecher, der täglich für uns am Thron Gottes bittet. Auf ihn dürfen wir uns berufen und wissen, daß er unsere Rechtfertigung, unsere Erlösung, unsere Reinigung und unsere Heiligung ist.
Wäre es nicht so, müßten wir immerzu bemüht sein, auf verborgenen Wegen an der Kontrolle des Ewigen vorbeizukommen.
Seinerzeit war die ehemalige Reichshauptstadt Berlin hermetisch abgeriegelt. Wer aus der sowjetisch besetzten Zone in die Stadt wollte, mußte irgendwo durch einen Kontrollpunkt kommen. An allen Zufahrtsstraßen gab es einen Schlagbaum. Menschen, die in Berlin ihren Arbeitsplatz hatten, wurden also täglich zweimal kontrolliert, und zwar bei der »Einreise« und bei der »Ausreise«. Dabei sollten stets alle Taschen, Rucksäcke und Portemonnaies geöffnet werden. Daß dies zu großer Verärgerung führte, ist mehr als verständlich, weil darüber hinaus noch willkürliche Schikanen zu den angeordneten Kontrollen hinzukamen.
Diese Untersuchungen wurden monatelang durchgeführt, bis einer auf die Idee kam, den Kontrollposten einfach zu umgehen, indem er quer über eine Wiese lief. Ein Zweiter, ein Dritter und viele andere folgten ihm, so daß über die saftige Wiese bald ein

echter Trampelpfad gebahnt war. Ein neuer Weg, kein offizieller, doch ein sehr praktischer Weg, weil man sich dadurch der täglichen Kontrolle entziehen konnte.
Auf diesem festgetrampelten Pfad konnte kein Samenkorn mehr anwachsen, so wie es Jesus eindrücklich in einem Gleichnis geschildert hatte.
David entzog sich, als Mann Gottes, nach seinem schmerzlichen Fall nicht mehr der Kontrolle Gottes. Wenn wir diesen Psalm aufmerksam lesen, so scheint es uns, als würde der König Israels beten: Gerechter Gott, prüfe du mich selber. Nach meiner Erkenntnis kann ich keinen bösen Weg mehr bei mir entdecken. Du aber Gott siehst alles aus der himmlischen Perspektive; dein Blick ist viel schärfer als der meine. Deshalb bitte ich dich: Zeige mir an, ob ich mich auf einem ungefährlichen oder gefährlichen Weg befinde.
Er ahnt etwas von der verschleierten Untiefe des sündhaften Wesens, wie sich auch gottesfürchtige Menschen selbst täuschen und irreleiten lassen. Was für einen tiefen Grad der Heiligung mußte der König erreicht haben, daß er die göttliche Erforschung für nötig hielt, um vor weiteren Fehlern und krummen Wegen bewahrt zu werden.
Wir spüren, echter Glaube erträgt die Prüfung des Heiligen Geistes. Er fürchtet das Licht Gottes nicht, er will von Gott, aber auch von seinen Mitchristen geprüft werden. Er entzieht sich nicht der Kontrolle der Bruderschaft.
Solche Menschen wünschen die absolute Wahrheit zu hören und bitten Gott um tiefe Glaubensprüfung; denn sie wissen von der Unbestechlichkeit des Heiligen Geistes.

12. MÄRZ

X

Es ist vollbracht

»Danach, da Jesus wußte, daß schon alles vollbracht war, auf daß die Schrift erfüllet würde, spricht er: Mich dürstet! Da stand ein Gefäß voll Essig. Sie aber füllten einen Schwamm mit Essig und steckten ihn auf einen Ysop und hielten es ihm dar zum Munde. Da nun Jesus den Essig genommen hatte, sprach er: Es ist vollbracht! und neigte das Haupt und verschied.«

(Johannes 19/28-30)

Der berühmte römische Staatsmann und Feldherr Julius Cäsar erklärte einst seinen Obersten, als diese ihm zur Beendigung seiner Feldzüge gratulieren wollten: »Solange nicht alles vollbracht ist, was vollbracht werden muß, solange ist noch nichts vollbracht!«
Das war mehr als Menschenweisheit. Mit diesem Satz erläuterte Cäsar die Realität der menschlichen Unvollkommenheit, selbst angesichts der hervorragenden Werke menschlichen Könnens.
Seit Menschen im Schweiße ihres Angesichts arbeiteten, haben sie milliardenfach gesagt: »Nun ist das Werk vollendet!«
Was aber sind alle Werke der hervorragendsten Künstler, Wissenschaftler und Weltverbesserer gegen das Werk der Erlösung des Sohnes Gottes Jesu Christi.
Bei allen irdischen Meisterwerken sind immer noch Schwächen und Fehler zu erkennen. Am Ziel angekommen, klagen viele: »Ach, könnte ich doch alles noch einmal von vorn beginnen. Ich würde in mancher Beziehung anders verfahren, andere Wege einschlagen, dieses und jenes besser gestalten!«
Mit der Beendigung eines Werkes beginnt erneut das quälende Ringen um Vollkommenheit.
Als Jesus ausrief: »Es ist vollbracht!« war im wahrsten Sinne des Wortes alles vollbracht, was zur Vollendung einer neuen Schöpfung getan werden mußte.
Sein Werk ist vollkommen; sein ganzes Leben war Treue; jeder Herzschlag erfüllte Liebe; jeder Tag, jede Minute, jede Stunde war Gehorsam.
Jesus Christus hat ein ewiges, totales, fehlerloses Werk vollbracht und den Grundstein für einen neuen Himmel und eine neue Erde gelegt.
Zurückblickend spricht dieses »Vollbracht« vom Ende des Kampfes, von der vollendeten Arbeit und dem völligen Sieg – einer endgültigen, unumstößlichen Tatsache zum Heil aller Menschen guten Willens.
Vorwärts blickend heißt es für die Glaubenden, was auch kommen mag: »Es ist vollbracht!«
»Denn Christus ist für uns von Gott gemacht zur Weisheit und zur Gerechtigkeit und zur Heiligung und zur Erlösung.« (1. Korinther 1/30)
Wer will Gottes Wort durch irgendein »Wenn-und-Aber« anfechten?
»Es ist vollbracht!« ist der größte Siegesruf und der gewaltigste Triumphgesang, der je auf Erden erklungen ist. Dieses himmlische Schöpferwort hallt über Israel, Europa, Asien, Amerika, Australien, Afrika, ja, durch die ganze Welt bis hinab ins Totenreich und

empor zum Himmel, durch das ganze Weltall, zu allen Jahrtausenden als ein göttliches Triumphgeschrei bis in alle Ewigkeit.
Mit diesen Worten schließt ein Altes ab und ein Neues hebt an, es ist die größte Wende aller Zeiten. Wir brauchen nichts mehr zu vollbringen. Wir brauchen nur zu nehmen, zu danken und zu loben! »Es ist vollbracht!«

13. MÄRZ

Was ist göttlicher als Vergebung?

»Jesus aber sprach: Vater, vergib ihnen, denn sie wissen nicht, was sie tun.« (Lukas 23/34)

Wie wichtig und notwendig Vergebung ist, kann man aus dem Buch: »Die Sonnenblume« von Simon Wiesenthal entnehmen.
Bei einem Einsatz außerhalb vom Konzentrationslager kommt der bekannte jüdische Schriftsteller in ein deutsches Reservelazarett in Lemberg, wo ein schwerverwundeter, blutjunger SS-Mann im Sterben liegt. Den verwundeten SS-Soldaten kann Wiesenthal überhaupt nicht erkennen, weil sein Gesicht mit Binden umhüllt ist, die mit Blut durchtränkt sind.
»Etwas Weißes blickt mir aus den Decken entgegen. Ich versuche, die Umrisse des Körpers unter dem Bettlaken zu erkennen und suche den Kopf.«
»Bitte kommen Sie näher, ich kann nicht laut sprechen«, röchelt der Sterbende.
Nach einer Pause beginnt der Schwerverwundete seine Beichte: »Ich habe nicht mehr lange zu leben. Ich weiß, daß es zu Ende geht. – Ich muß Ihnen etwas Schreckliches, etwas Unmenschliches berichten. Es ist vor einem Jahr geschehen, als ich an dem Verbrechen beteiligt war.«
Er berichtet aus seinem Leben: »Als Kind glaubte ich mit ganzer Kraft an Gott, aber jetzt kann ich nicht sterben, wegen meiner unvergebenen Schuld!«
Er spricht von einer Strafaktion der SS, zu der er mit seiner Einheit abkommandiert worden war, um Juden zu töten. Dreihundert Juden wurden in ein Haus getrieben, darunter viele Kinder, Mütter und Säuglinge, viele Frauen und Greise. Das Haus wurde mit Benzin übergossen und durch Handgranaten entzündet. Den Be-

fehl, auf alles, was aus den Fenstern springt, zu schießen, mußten alle SS-Soldaten ausführen.
»Ich will im Frieden sterben. In den letzten Stunden meines Lebens sind Sie bei mir. Ich weiß nicht, wer Sie sind. Ich weiß nur, daß Sie Jude sind. Bitte vergeben Sie mir im Namen Ihrer Brüder . . .«
Simon Wiesenthal kommt in große Gewissensnot, doch er kann diesem Sterbenden nicht vergeben.
»Ich stehe auf, sehe in seine Richtung, auf seine gefalteten Hände. Ich habe mich entschieden. Ohne ein Wort verlasse ich das Zimmer.«
Diese erschütternde Begebenheit hat ihn nie mehr losgelassen.
Nach Kriegsende 1945 besucht Simon Wiesenthal im stark zerstörten Stuttgart die Mutter des toten SS-Soldaten. Er offenbart sich als Jude. Die gealterte Mutter ist von der Unschuld ihres Sohnes felsenfest überzeugt:
»Er war immer ein ganz lieber Junge«, sagte sie. »Ich glaube ja, daß viel Schlimmes passiert ist. Aber Karl hat bestimmt nichts Unrechtes getan. Er war immer so anständig. Er war ein guter Mensch. Wie könnte ich ihn jetzt brauchen, wo mein Mann auch tot ist.«
Wieder schweigt Simon Wiesenthal. Er läßt die Mutter in dem guten Glauben und geht: »Ich verabschiede mich, ohne der armen Frau das Letzte zu nehmen, das ihr noch geblieben war: den Glauben, einen guten Sohn gehabt zu haben.«
Von der Frage: »Habe ich mich richtig oder falsch verhalten?« umgetrieben, entschloß er sich nach Jahrzehnten, sein Erlebnis bedeutenden Persönlichkeiten wie Politikern, Schriftstellern, Theologen und Philosophen in einem Bericht vorzulegen, bevor er es in seinem Buch veröffentlichen wollte.
Jesus lehrte uns zu beten: »Und vergib uns unsere Schuld, wie wir vergeben unsern Schuldigern.«

14. MÄRZ

Von Gott verlassen?

»Und von der sechsten Stunde an ward eine Finsternis über das ganze Land bis zur neunten Stunde. Und um die neunte

Stunde schrie Jesus laut: Eli, Eli, lama asabthani, das ist: Mein Gott, mein Gott, warum hast du mich verlassen?«

(Matthäus 27/45-46)

Alle Worte Jesu sind von größter Bedeutung für Zeit und Ewigkeit. Aber seine letzten Worte sind heilig und heilsnotwendig. Diese letzten Worte vom Kreuz vermitteln uns den tiefsten Einblick in die Seele des leidenden und sterbenden Erlösers.
Wir stehen hier auf heiligstem Boden und können unsere Schuhe ausziehen, denn der Ort, darauf wir stehen, ist heilig Land.
Diese Worte sind Gott geweiht uns von dem Evangelisten original in der aramäischen Sprache übermittelt worden. Alle anderen Worte sprach Jesus, hier aber schrie er laut durch alle Erden- und Himmelsräume. Dieser Schrei geschah aus dem fürchterlichsten Dunkel heraus. Es ist zwar Licht für uns in diesem Schrei, strahlendes Herrlichkeitslicht; aber es liegt darin auch undurchdringliches Dunkel, durch das die Seele zu Tode erschrickt. Der Höhepunkt seiner Schmerzen und Qualen war erreicht! Heldenmütig war sein Leiden, doch dieser Schmerzensschrei drang aus der äußersten Tiefe seines Elends.
»Mein Gott, mein Gott, warum hast du mich verlassen?«
Keine Resignation, sondern seine Seele arbeitete; sein Herz betete; sein Geist tat den größten Priesterdienst. Er war selbst in seinem Leiden auf das Höchste aktiv.
Gott hatte ihn verlassen! Seelenqualen sind immer schwerer zu ertragen als körperliche Leiden. Wir können stechende Schmerzen der Krankheit eher verkraften, solange der Geist gesund und tapfer ist. Wenn aber die Seele in Mitleidenschaft gezogen wird, wenn unser Geist von der Krankheit angegriffen wird, dann nimmt der Schmerz bis ins Unendliche zu. Seelische Leiden sind die schlimmsten, deshalb auch die unüberschaubar vielen psychischen Gebrechen und Krankheiten, die in unseren Tagen durch sie hervorgerufen werden.
Wie schnell kommt es dann über unsere Lippen: »Mein Gott, mein Gott, warum hast du mich verlassen?«
Wir sagen das, aber zu Unrecht; denn das Ziel Gottes ist, daß sich jeder zur Buße hinwende. Gott hat uns nie verlassen. Hier und jetzt ist jedes Gericht immer noch von Gnade umhüllt; denn Züchtigung ist Gottes gnadenreiches Wirken in anderer Form.
Wenn wir in solche Anfechtungen kommen, lassen wir oft von Gott ab und versinken in Zweifel und Unglauben.
Müßte Gott uns dann nicht fragen: »Du von mir geschaffener Mensch, warum hast du mich verlassen? Du Kleingläubiger!«

Bei Jesus war es anders. Gott ließ ihn los, weil er sich von seinem Sohn abwenden mußte, aber der Sohn hielt am Vater fest!
Lieber Leser, wenn du dich von großen Schmerzen geplagt fühlst, besinne dich dennoch auf deinen Gott. Wenn deine Gedanken vor Verzweiflung umherirren, laß sie zum Thronhimmel Gottes ziehn!
Wenn Leib und Seele verzagen, halte fest am Glauben und rufe: »Mein Gott, mein Gott, nie wirst du mich verlassen!«
Versichere es dem Schöpfer: »Immer bleibst du für mich Gott, der Herr, ich bin dein armes Geschöpf, aber hadere nicht mit mir. Du tust alles recht, denn du bist mein Gott. Ich beuge mich vor deiner Majestät und rufe aus tiefstem Herzensgrund: Mein Gott, mein Gott, dennoch bleibe ich stets an dir. Amen.«

15. MÄRZ

Der Weg zum Paradies

»Aber der Übeltäter einer, die da gehenkt waren, lästerte ihn und sprach: Bist du nicht der Christus? Hilf dir selbst und uns! Da antwortete der andere, strafte ihn und sprach: Fürchtest du dich auch nicht vor Gott, der du doch in gleicher Verdammnis bist? Und wir zwar sind mit Recht darin, denn wir empfangen, was unsere Taten wert sind; dieser aber hat nichts Unrechtes getan.
Und er sprach: Jesus, gedenke an mich, wenn du in dein Reich kommst! Und Jesus sprach zu ihm: Wahrlich, ich sage dir: Heute wirst du mit mir im Paradiese sein.« (Lukas 23/39-43)

Von zwei Geheimnissen lesen wir in dem Brief an die Römer: »Denn welche der Geist Gottes treibt, die sind Gottes Kinder. – Der Geist Gottes selbst gibt Zeugnis unserm Geist, daß wir Gottes Kinder sind.« (Römer 8/14 und 16).
Mitten in der größten Finsternis erklingt ein Wort echter Buße. Welch ein Wunder! Wir haben meist andere Ausflüchte: Ich bin so verzweifelt – ich bin innerlich verletzt gewesen – ich hatte eine moralische Panne – ich habe meine Probleme – und so weiter, und so fort.
Wir erfahren hier von einer Herzensveränderung, die entschiedene Christen haben müssen. Die himmlische Triebkraft im Leben eines

wirklichen Christenmenschen, der eine vom Heiligen Geist zugesprochene Bestätigung empfängt: nämlich die Heilsgewißheit.
Achten wir doch bei dem Ausspruch Jesu auf das Tempo dieses Vorgangs:
»Wahrlich, ich sage dir: Heute wirst du mit mir im Paradiese sein«, nicht demnächst, in einem Jahr oder sonst irgendwann, sondern heute.
Das heißt also: Wir müssen nicht lange Zeiten im Fegefeuer verbringen oder jahrelang im Vorhof der Hölle Strafqualen erleiden, sondern heute – sofort – sollst du die Freude und Seligkeit haben. Du wirst mit ihm im Paradies wohnen.
Der Mörder hing eigentlich vor dem Tor der Hölle, aber die vorauseilende Gnade der Erlösung hob den schrecklichen Weg auf durch das Wort des sterbenden Gottessohnes. Was für ein Wechsel: vom Schandpfahl direkt in die himmlischen Sphären, von der fürchterlichen Höllenangst ins Paradies der Herrlichkeit! Man spricht von der ›Schächergnade‹ und meint, den Tag der Hinkehr zu Jesus auf einen späteren oder gar auf den letztmöglichen Termin verlegen zu können.
Doch das ist ein fataler Irrtum, denn der Mörder ergriff bei seiner ersten Begegnung mit dem Sohn Gottes die Gelegenheit, ihn um Gnade zu bitten. Er schob seine Hinwendung zu Jesus nicht auf, sondern ergriff diese Möglichkeit, um sein Leben Jesus zu übergeben.
Schächergnade ist also nicht die ›Lange Bank‹, auf die wir unsere Entscheidung schieben könnten nach dem Motto: Lustig gelebt und selig gestorben, hat dem Teufel die Freude verdorben.
Der zum Tode Verurteilte erkannte, daß der neben ihm hängende Jesus Christus ein Reich hat und dessen Fürbitte ihm Erleichterung in der jenseitigen Welt verschaffen könne.
Kann man sich eine so radikale Verwandlung überhaupt vorstellen, – aus dem schrecklichsten Sumpf der Sünde durch die herrliche Begnadigung des Erlösers sogleich in das Paradies Gottes? Jesus, der Sohn des lebendigen Gottes ist's, der solche Wunder vollbringt.
Wie ein König spricht Jesus diese Worte in dein Leben hinein:
»Wahrlich, ich sage dir: Heute wirst du mit mir im Paradiese sein!«

Ich befehle meinen Geist in deine Hände

Und Jesus rief laut und sprach: Vater, ich befehle meinen Geist in deine Hände! Und als er das gesagt, verschied er. Da aber der Hauptmann sah, was da geschah, pries er Gott und sprach: »Fürwahr, dieser ist ein frommer Mensch gewesen!«

(Lukas 23/46-47)

Die Schlacht ist gewonnen, die Hölle entkräftet, die Finsternis besiegt, der Feind entmachtet, die verlorengegangene Heimat zurückerobert, der Kampf ist ausgekämpft. »Der Tod ist verschlungen in den Sieg!«

Die Bibel ist ein Buch des Lebens! Sie enthält nur sehr wenige Dokumente des Todes. Der Tod wird meist in einfacher Kürze beschrieben. Von Abraham heißt es schlicht: »Und Abraham verschied und starb in einem guten Alter . . .« (1. Mose 25/8).

Wie Paulus, Petrus und Johannes gestorben sind, erfahren wir nicht aus der Heiligen Schrift, darüber gibt es nur Legenden.

Das zeigt uns sehr deutlich, daß Gott mehr auf das Leben sieht und weniger auf das Sterben.

Jesus verkündigte: »Ich bin die Auferstehung und das Leben!«

Der einzige Tod, der sehr ausführlich beschrieben wurde, ist der Tod Jesu. Seine Todesstunde führte Milliarden von Menschen zur Geburtsstunde des ewigen Heils. Es gibt niemanden, der so starb wie er. Und es gibt niemanden, der so lebte wie er. Jesus ist in allem einmalig und mit niemandem zu vergleichen.

Wie einen kostbaren Schatz übergibt der Heiland seinen Geist in die Hände des Vaters, damit er zum Vater gehe und ewig in seinem Haus, in seiner Stadt bleibe.

Vom Vater ist er ausgegangen, für den Vater lebte er und zum Vater kehrt er nun zurück.

Ist unser kleines Leben in gleicher Art und Weise geprägt?

Sind wir wirklich Kinder des himmlischen Vaters? Von Natur aus werden wir nicht als Kinder Gottes geboren, sondern leben als Kinder des Unglaubens, als Kinder des Zorns, ja, sogar als Kinder des Teufels. Das ist nicht meine Meinung, sondern wir lesen es in der Heiligen Schrift. Wir haben wohl alle einen Schöpfer, aber »unser Vater« wird er erst durch unsere völlige Hinwendung zu ihm. Nur Gott ist ein rechter Vater über alles, was mit »göttlichem Recht« Kind heißt.

»Deshalb beuge ich meine Knie vor dem Vater, der der rechte Vater ist über alles, was da Kinder heißt im Himmel und auf Erden.« – »Weil ihr denn Kinder seid, hat Gott gesandt den Geist seines Sohnes in unsere Herzen, der da ruft: ›Abba, lieber Vater‹«. (Epheser 3/14-15 und Galater 4/6)
Der Sohn des lebendigen Gottes rief laut: »Vater, ich befehle meinen Geist in deine Hände!«
Befehlen hat immer etwas mit Gehorsam zu tun. Jesus war gehorsam bis zum Tode, ja zum Tode am Kreuz. Unser Herr war durchdrungen vom Geist des Gebetes. Er lebte im Gebet; das Gebet lebte in ihm. Beten war zum Bestandteil seiner Natur geworden.
Jetzt befindet sich der erhöhte Herr und Heiland an dem Ort, wohin er seinen Geist befohlen hatte, auf dem Thron Gottes.
Seine Tätigkeit ist dieselbe. Noch immer tritt er vor dem ewigen Vater fürbittend ein für gestrauchelte Christen, für schuldig gewordene Menschen und für verzweifelte Sünder.
Wohin bewegt sich unser Geist? Wem befehlen wir unseren Geist an? Das ganze Leben sollte ein geheimnisvoller Dialog mit Gott sein.

17. MÄRZ

Geheimnisvolle Vision am Kreuz

»Als nun Jesus seine Mutter sah und den Jünger, den er liebte, neben ihr stehen, sagte er zu seiner Mutter: ›Frau, siehe, dies ist jetzt dein Sohn! Und zu dem Jünger sagte er: ›Siehe, dies ist jetzt deine Mutter!‹ Von der Stunde an nahm der Jünger sie zu sich in sein Haus.« (Johannes 19/26-27)

Das Evangelium des Johannes endet mit den Worten: »Es gibt aber noch vieles andere, was Jesus getan hat. Wenn alles einzeln aufgeschrieben würde, so könnte wohl die ganze Welt die Bücher nicht fassen, die dann geschrieben werden müßten.« (Johannes 21/25 Bruns)
War es dem Heiligen Geist nun so wichtig, uns zu berichten, durch wen die Mutter Jesu ein neues »Zuhause« bekam? Wo waren ihre leiblichen Kinder? Wir müssen annehmen, daß Josef bereits verstorben war. Wäre es so wichtig zu wissen, durch wen Johannes

»bemuttert« werden sollte, als Jesus vom Kreuz sprach: »Frau, siehe, dies ist jetzt dein Sohn!«

Im übrigen war es doch nicht ihr Sohn, sie war auch nicht seine Mutter! Verfälscht hier Jesus die irdischen Realitäten? Weshalb sprach Jesus in den letzten Zügen diese eindrücklichen Worte?

»Das Geheimnis ist groß; ich rede aber von Christus und der Gemeinde«, schrieb Paulus an die Gemeinde zu Ephesus. In keinem anderen Brief wird von dem Geheimnis und der Herrlichkeit der Gemeinde so ausführlich berichtet. Neben der Schönheit des Herrn Jesu Christi selbst gibt's nichts Größeres, als die Herrlichkeit seiner Gemeinde zu besingen (oder zu beschreiben).

Dieses Geheimnis ist dem Apostel Paulus durch Offenbarung kundgeworden, und er schreibt weiter: »Daran könnt ihr, wenn ihr's leset, merken, mein Verständnis des Geheimnisses Christi, welches in den vorigen Zeiten nicht kundgetan ward den Menschenkindern, wie es jetzt offenbart ist seinen heiligen Aposteln und Propheten durch den Geist, nämlich, daß die Heiden Miterben sind und mit zu seinem Leibe gehören und Mitgenossen der Verheißung in Christus Jesus sind durch das Evangelium.« (Epheser 3/4-6)

Mit diesem Wort vom Kreuz offenbarte Jesus das Geheimnis seiner Leibesgemeinde.

Seine Worte beinhalten die geheimnisvolle Veränderung der persönlichen Beziehung von Menschen, die dem Auferstandenen nachfolgen: Fremde werden zu Brüdern und Schwestern, sie reifen zu Vätern und Müttern in Christo Jesu heran, während einige Blutsverwandte uns fremd werden, weil sie sich beharrlich weigern, durch Jesus Christus in diese »Kreuzesfamilie« hineingeboren zu werden.

Jesus hat das alles vorausgesehen: »Meint ihr, daß ich gekommen bin, Frieden zu bringen auf Erden? Ich sage: Nein, sondern Zwietracht. Denn von nun an werden fünf in einem Hause uneins sein, drei gegen zwei und zwei gegen drei. So wird der Vater gegen den Sohn sein und der Sohn gegen den Vater, die Mutter gegen die Tochter und die Tochter gegen die Mutter, die Schwiegermutter gegen die Schwiegertochter und die Schwiegertochter gegen die Schwiegermutter.« (Lukas 12/51-53)

Wer um Jesu willen dem Nächsten fremd wird, wird nicht ärmer, sondern reicher, weil er in diesem Fall Millionen Brüder und Schwestern in der Welt gewinnt.

Auch heute ruft uns Jesus Christus vom Himmel zu: »Siehe, das sind meine Brüder und Schwestern, die den Willen tun meines Vaters im Himmel.«

Vom Durst heiliger Seelen

»Danach, als Jesus wußte, daß schon alles vollbracht war, spricht er, damit die Schrift erfüllet würde: Mich dürstet! Da stand ein Gefäß voll Essig. Sie aber füllten einen Schwamm mit Essig und steckten ihn auf ein Ysoprohr und hielten es ihm an den Mund.« (Johannes 19/28-29)

Jesus, der Sohn des lebendigen Gottes, war ein Mensch wie wir. Er, der wahrhaftige Gott und Mensch, ging völlig in das menschliche Wesen ein. Er trat in ein Gleichheitsverhältnis mit uns, blieb aber ohne Sünde. Er hatte menschliche Bedürfnisse und Empfindungen wie wir: Er wurde müde, hatte Hunger und Durst; er schlief und fühlte sich erquickt, wenn er erwachte. Er war heftig bewegt und erschüttert; er empfand Mitgefühl, weinte und war auch zornig.

Zu seiner Menschlichkeit gehörte auch sein Durst. Seit dem Abendmahl hatte er wohl nichts mehr gegessen und getrunken; danach geriet er in einen stundenlangen heißen Kampf im Garten Gethsemane, sein Schweiß wurde zu Blut. Es folgten pausenlose Verhöre vor dem Hohen Rat, vor Herodes und im Prätorium bei Pilatus.

Die brutale Geißelung, der große Blutverlust und darüber hinaus das Schleppen des schweren Kreuzes auf dem zerschundenen Rücken, der nur noch von Blut bedeckt war, hatten ihn bis an den Rand seiner physischen Belastbarkeit gebracht. Stundenlang hing er nun schon zwischen Himmel und Erde in brennender Sonnenglut. Dazu kamen die unsagbaren Qualen der Gottverlassenheit. Der Sohn Gottes rief: »Mich dürstet!«

Zweifellos verlangte Jesus nach Wasser, aber auch im tieferen Sinn nach der Erquickung seiner Seele, die durstig war nach der Gemeinschaft mit Gott.

Immer stand er im Einklang mit sich selber. Seine Verfassung brachte das Verlangen seiner Seele ebenso zum Ausdruck wie das seines Leibes.

»Mich dürstet!« bedeutete, daß sein Herz danach verlangte, alle Menschen zu erretten. Er hatte Sehnsucht, uns vor dem Rachen der Hölle zu bewahren und den Preis der einmaligen Erlösung für uns zu zahlen, um die ewige Verdammnis, die uns bedroht, von uns abzuwenden.

Er, der einst die Menschen aufforderte mit den Worten: »Wen da dürstet, der komme zu mir und trinke«, fleht nun selbst bei dieser sündhaften Gesellschaft der Welt um einen Becher Wasser.
Er, der einst auf dem Berg predigte: »Glückselig sind, die da hungern und dürsten nach der Gerechtigkeit; denn sie sollen satt werden«, hat ein brennendes Verlangen, das niemand löschen kann. Das Gerichtsfeuer über alle Sünder der Welt durchläuft jetzt den Sohn Gottes, damit nicht alle Menschen an den Ort der ewigen Qual kommen und ewig an ungestilltem Durst leiden müssen.
Der leise, ersterbende Seufzer Jesu: »Mich dürstet!« und das entscheidende Geschehen der endgültigen Erlösung macht unserem sündhaften Durst nach Augenlust, Fleischeslust und hoffärtigem Wesen ein Ende, sonst würde uns für alle Ewigkeit ein unstillbarer Durst plagen.
Welch ein wunderbarer Tausch: der Gerechte für den Ungerechten, der ewig heilige, reine Gott für seine Geschöpfe, der vollkommene Mensch für durchtriebene Sünder, die Tod und Hölle verdient hätten!
Für alle Menschen guten Willens kann es nun für die Ewigkeit heißen: »Sie werden nicht mehr hungern noch dürsten; es wird auch nicht auf ihnen lasten die Sonne oder irgendeine Hitze, – denn das Lamm mitten auf dem Thron wird sie weiden, sie versorgen, sie bewahren, sie führen und leiten zu der Quelle des ewigen Lebens!«

19. MÄRZ

Vom breiten auf den schmalen Weg

»Meinst du, daß ich Gefallen habe am Tode des Gottlosen, spricht Gott der Herr, und nicht vielmehr daran, daß er sich bekehrt von seinen Wegen und am Leben bleibt?«

(Hesekiel 18/23)

Meine Mutter betete sehr viel, auch dafür, daß ich nicht auf dem Weg des Verderbens bleibe und umkomme.
Eines Tages sagte sie zu mir: »Willst du mich nicht heute Abend begleiten?« – »Wohin?« fragte ich ziemlich aggressiv.
»Zu einer Bibelstunde im Hause von Familie S. Ich würde mich sehr freuen, wenn du einmal mitkämest.« Dabei sah sie mich mit bittenden Augen an.

Gut, dachte ich, damit die Fragerei einmal ein Ende hat: »Also, ich komme mit«, sagte ich unwirsch. Im stillen nahm ich mir vor, in dieser Versammlung meinen Unmut über das fromme Gerede durch starkes Stören zum Ausdruck zu bringen.
Der Abend kam. Wir gingen in das Haus der Bäckerei S. Obwohl ich sonst mit meinem Mundwerk immer vornan war, verkroch ich mich in die hinterste Ecke. Ich wollte aus dem Hinterhalt schießen. Die »fromme Stunde« begann. Ein Fremder, den ich bisher noch nicht in unserem Ort gesehen hatte, war der Redner. Er entsprach allerdings in keiner Weise meinen Vorstellungen. Er hatte keinen Talar, keinen Stehkragen, kein Beffchen, wie im allgemeinen Pfarrer ausgestattet sind. Er predigte in Zivil und unterschied sich also keineswegs von den normalen Bürgern.
Zunächst wurde ein Lied gesungen:

»Ich bin durch die Welt gegangen, und die Welt ist schön und groß, und doch zieht ein heiß Verlangen mich weit von der Erde los.«

Hoppla, dachte ich, was ist das? Kein frommer Schmus, kein Lilala-Gesang vom »herzliebsten Jesulein«, sondern sehr realistisch. Und überhaupt? Woher wußte er, daß ich schon so weit in der Welt herumgekommen war? Dann hieß es:
»Ich habe die Menschen gesehen, und sie suchen spät und früh, sie schaffen, sie kommen und gehen, und ihr Leben ist Arbeit und Müh.«
Und ob ich die Menschen gesehen habe, dachte ich. Ich hatte sie in einer Zeit kennengelernt, wo fast alle Masken gefallen, wo sie sich nicht tierisch, sondern wirklich dämonisch gebärdeten.
Bald merkte ich, wie realistisch solch »fromme Stunde« sein kann. Der Mann las aus der Bibel und betete zu Gott »per Du« – so, als wäre er ihm schon einmal begegnet.
Für mich war das seltsam. Als er dann noch weitere Worte aus der Heiligen Schrift las und in sehr verständlicher Weise diese Texte auslegte, wurde es mir heiß und kalt. Ich hatte den Eindruck, als würde er mein Leben kennen und nur zu mir sprechen. Ich hatte meine Mutter schwer in Verdacht, daß sie dem Pfarrer schon vorher alles über mich erzählt hatte. So bekam ich eine richtige Wut auf sie. Doch nun erwähnte der Prediger sogar Dinge, die ich meiner Mutter gar nicht erzählt hatte. Woher waren sie ihm denn bekannt? Was ging hier vor? Mir war unheimlich zumute.
Hier begegnete mir etwas Außergewöhnliches, was nicht mit menschlicher Erfahrung erklärt werden konnte. Ich kam aus dem Staunen nicht heraus. Mein Leben schien irgendwie darin aufgezeichnet zu sein. Ganz überwältigt und gefesselt, saß ich auf dem

Stuhl. Viel zu schnell war der Vortrag zu Ende. Ich hätte noch stundenlang dieser Botschaft lauschen können.
Das Amen nach dem Schlußwort wurde gesprochen. Die Leute verabschiedeten sich und verließen einer nach dem anderen den Raum. Als ich auf dem Hof stand, war es Nacht. Was sollte ich tun?

20. MÄRZ

Endstation Frieden

»... laßt uns essen und fröhlich sein! Denn dieser mein Sohn war tot und ist wieder lebendig geworden; er war verloren und ist wiedergefunden. Und sie fingen an, fröhlich zu sein.«
(Lukas 15/23-24)

Wie ein Ausgestoßener kam ich mir vor. Mir war von dieser Stunde an bewußt, daß ich auf meinem bisherigen Weg nicht weitergehen durfte, wenn ich nicht in die ewige Verdammnis gestoßen werden wollte. Die Lust zum Spotten war mir vergangen. Was tun? Ich kehrte um und ging zu dem Mann, der so eindringlich zu mir gesprochen hatte. Ich traf ihn schon im Flur in Hut und Mantel, zur Abreise bereit.
»Herr Pfarrer, ich wollte sie noch einmal sprechen«, sagte ich zu ihm.
»Was willst du denn?« fragte er liebenswürdig. Ja, was wollte ich eigentlich? O Schreck, ich wußte wohl, daß sich in meinem Leben etwas ändern mußte, aber es war mir nicht möglich, es in Worte zu kleiden. Was sollte ich tun?
Der Mann wußte, was mir fehlte. Er las einiges aus der Heiligen Schrift und erklärte mir daran den Weg Gottes, der auch mich zum Frieden bringen könnte. Er zeigte mir Christus, den großen Versöhner zwischen Gott und Menschen.
»Wie viele ihn aber aufnahmen, denen gab er Macht, Gottes Kinder zu werden ...« Es fiel mir wie Schuppen von den Augen. Nicht nur eine Kreatur Gottes, nein, sogar sein Kind sollte ich werden!
»Wer zu mir kommt, den werde ich nicht hinausstoßen ...« sagte Jesus. Unbegreiflich, mich armen Lumpen, der ich nur Böses im Sinn hatte!

»Wenn wir unsere Sünden bekennen, so ist er treu und gerecht, uns die Sünden zu vergeben und uns zu reinigen von aller Untugend.«
Großer Gott, ist das zu fassen? Sollte es wirklich für mich diesen Ausweg, diese Rettung geben?
»Glaubst du, daß Jesus heute deine Sünden vergeben kann?« fragte mich der Prediger.
»Ja«, würgte ich heraus.
»Glaubst du, daß Jesus dich durch seine Kraft umwandeln und aus dir eine ganz neue Kreatur machen kann? In der Bibel steht nämlich geschrieben: ›Ist jemand in Christus, so ist er eine neue Kreatur, das Alte ist vergangen, siehe, es hat etwas ganz Neues begonnen.‹«
Ich nickte und sagte noch: »Ja, ich glaube.«
Wir knieten nieder. Der Prediger betete zuerst; danach brachte ich in knappen Worten mein Anliegen vor. Ich bat zuerst um Vergebung meiner Sünden. Es waren nur wenige Worte, die ich hervorbrachte, aber welch eine Wirkung!
Es wurde mir merklich wohler ums Herz, ich fühlte mich um vieles erleichtert.
»Einen guten Rat möchte ich dir geben: Lies täglich in der Bibel, bete zu Gott und komm weiterhin in die Gottesdienste!« So verabschiedete der Bote Gottes mich.
Jetzt war meine Bedrückung fort. Mir war so leicht zumute. Die Last der Schuld brauchte ich nicht mehr zu tragen!
Ich fing an zu springen und zu laufen wie ein eben aus der Haft entlassener Gefangener. Befreit von der Sünde! Befreit aus der Sklaverei des Teufels! Rettung durch das Kreuz von Golgatha! Friede mit Gott! Eine unbeschreibliche Freude und Verwandlung ist in meinem Herzen vorgegangen.
»Siehe, ich mache alles neu!« hatte Jesus einst verheißen.
Ein neues Leben begann.

21. MÄRZ

Freue dich und sei fröhlich

»Jauchze, du Tochter Zion! Frohlocke, Israel! Freue dich und sei fröhlich von ganzem Herzen, du Tochter Jerusalem! Denn der Herr hat deine Strafe weggenommen und deine Feinde

abgewendet. Der Herr, der König Israels, ist bei dir, daß du dich vor keinem Unheil mehr fürchten mußt.«

(Zephania 3/14-15)

Diese erregend schöne Aufforderung ist zuallererst für das Volk Israel gedacht, wie wir es deutlich aus dem Textwort entnehmen können. Der junge Staat Israel wurde gerade zu dem Zeitpunkt gegründet, als ich meine Wiedergeburt erlebte. Am 14. Mai 1948 proklamierte Ben Gurion in Tel Aviv den neuen Staat Israel.
Nachdem die Proklamation verlesen und unterzeichnet worden war, wurde der hebräische Segensspruch gesprochen: »Gesegnet seist du, o Herr, unser Gott, König des Weltalls, der du uns am Leben erhalten und bewahrt und gewährt hast, diesen Tag zu erleben.«
In den Tageszeitungen stand zu lesen: »Israel, ein Volk, von der Weisheit Salomos und mit dem Mut Davids, ist auferstanden.« Oder auch: »Die Bibel ist das erste und älteste Zeugnis über Israel.«
Diese Staatsgründung war nicht dasselbe wie die Unabhängigkeitsbestrebung irgendeines anderen Landes, das vorher besetzt gewesen ist. Hier konnte man Gottes Wirken sichtbar vor Augen sehen. Was die Propheten seit Jahrtausenden vorausgesagt hatten, war Wirklichkeit geworden.
Ben Gurion prägte den Satz: »In Israel glaubt man an Wunder, deshalb sind wir Realisten.«
Schon im fünften Buch Mose kann man lesen:
»So wird der Herr, dein Gott, deine Gefangenschaft wenden und sich deiner erbarmen und wird dich wieder sammeln aus allen Völkern, unter die dich der Herr, dein Gott, verstreut hat.
Wenn du bis an das Ende des Himmels verstoßen wärst, so wird dich doch der Herr, dein Gott, von dort sammeln und dich von dort holen und wird dich in das Land bringen, das deine Väter besessen haben, und du wirst es einnehmen, und er wird dir Gutes tun und dich zahlreicher machen, als deine Väter waren.« (5. Mose 30/3-5)
Von diesen heilsgeschichtlichen Vorgängen höchster Stellenordnung verstand ich als neugeborener Jünger Jesu noch herzlich wenig. Mein Jauchzen galt dem Erlöser, der mich von der Knechtschaft der Sünde befreit hat. Ich freute mich und war von ganzem Herzen fröhlich darüber, daß der Herr meine Strafe auf sich genommen und mir dadurch ein volles Heil gegeben hatte.
Die Gemeinschaft der Gläubigen wurde für mich in der finsteren kommunistischen Gesellschaft eine Oase des Friedens, der Freu-

de, der Zuversicht und der Kraft zu neuem Leben. Das Bild des auferstandenen Jesus Christus stand mir vom Aufgang der Sonne bis zu ihrem Niedergang ständig vor Augen. Ich besuchte so viele Gottesdienste wie nur möglich. Mit Heißhunger nahm ich die göttliche Speise zu mir. Jede Bibelstunde war mir eine Offenbarungsstunde.
Täglich mußte ich 5 km zu Fuß zur Berliner Stadtbahn laufen; 20 Minuten fuhr der Zug. Nachts kehrte ich dann voller Freude heim. Ich war zu Hause nur noch ein »Schlafbursche«. Meine Familie bekam mich kaum zu sehen. Meine Arbeitszeit betrug täglich 8 Stunden. An den meisten Abenden hatten wir Gottesdienste, Gebetsstunden und bestimmte Missionseinsätze.
Nun sind bereits 50 Jahre vergangen und noch immer bin ich von der Freude im Heiligen Geist erfüllt.

22. MÄRZ

Die Liebe glaubt alles

»Jesus kam bei verschlossenen Türen herein, trat in ihre Mitte und sagte wieder zu ihnen: ›Friede sei mit euch!‹
Dann sagte er zu Thomas: ›Reiche deinen Finger her und sieh meine Hände; reiche deine Hand her und lege sie in meine Seite! Bleibe nicht ungläubig, sondern werde gläubig!‹
Da erwiderte Thomas: ›Mein Herr und mein Gott!‹ Da sagte Jesus zu ihm: ›Weil du mich gesehen hast, hast du geglaubt. Wohl denen, die glauben, auch wenn sie nicht sehen!‹«
(Johannes 20/26-29 Bruns)

Wir lesen im Korintherbrief 13/7: »Die Liebe glaubt alles.«
In der DDR herrschte einst das organisierte Mißtrauen. Der ganze Staat war mit einem engmaschigen Netz von Spitzeln und Verrätern durchsetzt. Lenin, der erste Diktator des Bolschewismus, prägte den Satz: »Vertrauen ist gut, Kontrolle ist besser!«
Wo aber göttliche Liebe wohnen soll, da sollte volles Vertrauen herrschen.
Liebe ohne Vertrauen ist unmöglich. Dieses Vertrauen äußert sich am stärksten in seiner göttlichen Liebe: »Aber ohne Glauben ist's unmöglich, Gott zu gefallen; denn wer zu Gott kommen will, der

muß glauben, daß er sei und denen, die ihn suchen, ein Vergelter sein werde.« (Hebräer 11/6)
Der Glaube ist kein bloßes »Fürwahrhalten«.
Ich kann alles für wahr halten und kann trotzdem in die ewige Verdammnis kommen. Es werden täglich Millionen Glaubensbekenntnisse gesprochen. Wenn in ihnen nicht der lebendige Glaube enthalten ist, bleibt es ein bloßes Lippengeplärr. Wir müssen die lebendige Verbindung zu dem Erlöser Jesus Christus haben.
Er erwartet von uns, daß wir ihm ein volles kindliches Vertrauen entgegenbringen. Er offenbart sich uns, obwohl wir überhaupt nicht vertrauenswürdig sind und schenkt uns sein volles Vertrauen.
Wenn wir diese Aussage des Apostels Paulus in andere Worte kleiden, dann heißt es: »Die Liebe ist nicht mißtrauisch.« Es steht aber nicht geschrieben: »Die Liebe glaubt einfach jedem, nein, die Liebe glaubt dem Ewigen.«
Den hohen Stellenwert des kindlich reinen Glaubens erkennen wir in dem Satz des Apostels Paulus: »Und alles, was nicht aus dem Glauben heraus geschieht, das ist Sünde.« Damit erhebt der Heilige Geist das geistliche Leben auf die Ebene des unverfälschten Glaubens. Es kommt also darauf an, ob alles, was ich tue und lasse, aus der Verbindung mit dem Herrn heraus geschieht. Es soll alles aus dem Reichtum des inneren Friedens durch die Erlösung und aus der Freude in der Liebe Gottes geboren werden.
Diese Liebe glaubt auch dann, wenn zunächst keine sichtbare Veränderung eintritt. Wir wollen es bei unserer Fürbitte Gott überlassen, wann er uns hilft und wie er uns hilft und welche Mittel er dazu gebraucht. Sollen wir verzagen, wenn wir eine gewisse Zeitlang auf Gottes Eingreifen warten und zunächst alles beim Alten bleibt?
Nein, so reagiert die göttliche Liebe nicht. Sie glaubt alles. Man kann auch über Jahrzehnte auf die Erfüllung einer Verheißung warten, bis der Herr den Zeitpunkt für richtig hält, uns das Versprochene zu geben. Das Vertrauen will erprobt sein. Die göttliche Liebe führt uns durch Geduld ins tiefste Vertrauen zum Herrn.
Deshalb gilt es für die Menschen, die seiner Liebe glauben:
»Weil du bewahrt hast das Wort von meiner Geduld, will ich auch dich bewahren vor der Stunde der Versuchung, die kommen wird über den ganzen Weltkreis, zu versuchen, die da wohnen auf Erden. Siehe, ich komme bald: halte, was du hast, daß niemand deine Krone nehme.« (Offenbarung 3/10-11)

Die Liebe hofft alles

»Und er sprach zu ihnen: O ihr Toren und trägen Herzens, zu glauben alle dem, was die Propheten geredet haben! Mußte nicht Christus solches leiden und zu seiner Herrlichkeit eingehen?«
»Und sie sprachen untereinander: Brannte nicht unser Herz, da er mit uns redete auf unserem Wege, als er uns die Schrift öffnete?« (Lukas 24/25-26 und 32)

Wenn wir dieses Wort der Heiligen Schrift auf uns wirken lassen, sollten wir es immer mit dem Gebet tun: »Herr, schließe uns dein Wort auf!« Wir dürfen niemals übersehen, daß Gottes Wort immer Offenbarungscharakter in sich trägt. Auch wenn wir die ganze Bibel gut kennen, würde sie uns unverständlich bleiben, wenn Gottes Geist sie uns nicht aufschließen würde.
»Brannte nicht unser Herz, da er mit uns redete«, war schon die Wirkung des Heiligen Geistes. Denken wir an die Jünger in Jerusalem. Als der Herr auferstanden war, glaubten sie zunächst alle nicht den Berichten.
Die Liebe hofft alles, kann bedeuten: die Liebe offenbart alles. Jesus Christus ist gekommen, um uns immer wieder das helle Licht der Hoffnung in das Herz hineinzutragen. So wie er uns versprochen hat: »Siehe, ich bin bei euch alle Tage, bis an der Welt Ende«, so ist er nicht nur bei uns, sondern durch den Heiligen Geist auch in uns.
Die Liebe Gottes, die durch den Heiligen Geist in unser Herz gegossen wurde, trägt die Kraft einer lebendigen Hoffnung in uns. Sie soll allein nach dem Willen Gottes das Bild unserer Hoffnung gestalten.
Das Hoffen, das uns der Heilige Geist eingeben will, ist auch auf gewisse Weise ein ganz bestimmtes Wissen, kein Wissen aus der allgemeinen Vernunft, auch nicht aus dem menschlichen Nachdenken, sondern es ist das Wissen, das durch das Wirken des Heiligen Geistes in uns hineingelegt wurde.
»Die Liebe hofft alles«, heißt es.
Wir müssen uns darüber klar werden, daß wir uns immer wieder neu orientieren und Antwort holen sollen aus seinem heiligen Wort, nicht aus unserer eigenen Vorstellungskraft heraus.
Im allgemeinen haben wir so unsere eigenen Vorstellungen von

dem, was Hoffen bedeutet. Wir hoffen vieles: daß es wieder bessere Tage geben wird, daß unser Leben angenehmer wird, daß wir einen guten Arbeitsplatz bekommen, daß wir eine gute Ehe führen, daß wir wieder gesund werden oder bleiben und so weiter. Das ist alles schön und gut, aber es ist nicht die Hoffnung, von der hier die Rede ist.
Gewiß erfüllt der Herr einiges davon, aber nicht alles. Es gilt zu fragen: »Herr, was meinst du, wenn du uns sagen läßt ›Die Liebe hofft alles?‹«
Sehr wichtig ist es zu erkennen, daß es hier nicht in erster Linie um unsere Wünsche geht, sondern: Die Liebe Gottes hofft alles.
Unser Hoffen ist oft aus einer Selbstsucht geboren. Gottes Wort gibt uns eine wichtige Antwort auf seine Liebesabsichten: »Wir wissen aber, daß denen, die Gott lieben, alle Dinge zum Besten dienen, denen, die nach seinem Ratschluß berufen sind.« (Römer 8/28)
Die Bedingung lautet also Gott zu lieben, sonst können wir die Verheißung nicht erlangen.
Was ist denn das Beste für uns?
Gott gibt uns in einem wunderbaren Wort des Apostels Paulus die Antwort:
»Denn die er ausersehen hat, die hat er auch vorherbestimmt, daß sie gleich sein sollten dem Bild seines Sohnes . . .« (Römer 8/29)
Was kann es wohl Schöneres geben, als daß wir gleichgestaltet werden dem Ebenbild des Sohnes Gottes?

24. MÄRZ

Jerusalem, Ort der Welterlösung

»Siehe, wir ziehen hinauf nach Jerusalem, und des Menschen Sohn wird den Schriftgelehrten und Hohenpriestern überantwortet werden; und sie werden ihn verdammen zum Tode und werden ihn überantworten den Heiden, um ihn zu verspotten und zu geißeln und zu kreuzigen; und am dritten Tage wird er auferstehen.« (Matthäus 20/18-19)

»Tief sind die Brunnen der Vergangenheit« ist der Titel eines Buches.
Der Zeitpunkt der Erwählung Jerusalems zum Ort der Welterlö-

sung liegt weit zurück und zwar in der Zeit, als Abraham lebte. Der lang erbetene und verheißene Sohn Isaak wurde Abraham und Sarah in einem hohen Alter geschenkt.
Abrahams Glaube aber sollte nicht in seinem heißgeliebten Sohn Isaak begründet liegen, sondern in Gott, dem Geber aller Gaben. Deshalb stellte Gott diesen Glauben auf die größte Belastungsprobe, nämlich, ob er bereit wäre, das Allerliebste für ihn zu opfern. Wir lesen: »Nach diesen Geschichten versuchte Gott Abraham und sprach zu ihm: ›Abraham!‹ und er antwortete: ›Hier bin ich!‹ Und er sprach: ›Nimm Isaak, deinen einzigen Sohn, den du liebhast, und gehe hin in das Land Morija und opfere ihn dort zum Brandopfer auf einem Berge, den ich dir sagen werde.‹« (1. Mose 22/1-2)
Eine ungeheure Belastungsprobe. Abraham befand sich in dieser Zeit gerade in der Wüste, in der Nähe der heutigen Stadt Beersheba. Das Gebirge Morija liegt zirka 80 km nördlich davon entfernt. Sollte diese Glaubensprobe nur ein qualvolles Hinauszögern sein? Konnte das grauenhafte Menschenopfer nicht auf irgendeinem Hügel in der Nähe von Beersheba geschehen? Weshalb verlangte Gott, daß Abraham diesen weiten Weg des psychischen Martyriums gehen mußte?
Wir wissen, daß der Hügel, den man später Golgatha nannte, auf dem Gebirge Morija liegt – und die Stadt Jerusalem dort gebaut wurde. Morija wurde für Abraham der Ort für absoluten Gehorsam. Der Name Isaak bedeutet für uns: Opfer und Lebenshingabe an Gott. Morija aber heißt: »Gott sorgt vor.«
Gott überläßt die gefallene Schöpfung nicht den feindlichen Mächten. Er hat das große Opfer für unsere Sünden vollbracht, indem er seinen – einzigen, reinen, heiligen Sohn Jesus Christus für uns dahingab. Deshalb verlangte er von Abraham nicht irgendein Opfer, sondern seinen einzigen Sohn. Er nahm Isaak nicht als Opfer an, aber seinen eigenen Sohn ließ er kreuzigen.
Was Abraham in Beersheba Gott versprach, wollte er auf Morija vollenden.
Nach drei Tagen gelangte er an den Ort, den Gott ihm ganz persönlich zeigte. Es war der Ort, an dem die Welterlösung stattfinden sollte.
»Sehet, wir gehen hinauf nach Jerusalem«, sagte Jesus zu seinen Jüngern.
Er fordert auch uns auf, ihm zu folgen in die Gemeinschaft seiner Leiden, seines Sterbens und seines Todes.
Zion ist der Punkt, an dem Gott die Erde berührt hat. Seine vollkommene Liebe zu der gefallenen Schöpfung hat er dort gezeigt und sich geopfert.

Befinden wir uns nun auf dem Weg hinauf zum himmlischen Jerusalem?
Jesus will auch, daß bei uns untereinander die Versöhnung da ist, damit der Friede Gottes unsere Herzen regieren kann. Diese Aufforderung, mit ihm nach Jerusalem zu gehen, hat nämlich eine schreckliche Kehrseite. Wenn wir nicht hinaufgehen, so gehen wir zwangsläufig hinab nach Babylon, der Stadt der Sünde und des ewigen Verderbens.

25. MÄRZ

Göttliches Vertrauen

»Desgleichen spotteten auch die Hohenpriester samt den Schriftgelehrten und Ältesten und sprachen: Andern hat er geholfen und kann sich selbst nicht helfen. Ist er der König Israels, so steige er nun vom Kreuz, dann wollen wir an ihn glauben. Er hat Gott vertraut; der erlöse ihn nun, hat er Lust zu ihm; denn er hat gesagt: Ich bin Gottes Sohn.«

(Matthäus 27/41-43)

Es waren seine Feinde, die ihn am Kreuz verspotteten und verlachten.
»Er hat Gott vertraut; der erlöse ihn nun . . .« Im Grunde war es die schönste Auszeichnung für sein Leben, daß er immer und überall seinem himmlischen Vater vertraut hat.
Zum andern sprachen die »geistlichen Würdenträger« sich damit selbst das Gericht, denn: »Aus deinen Worten wirst du gerechtfertigt werden, und aus deinen Worten wirst du verdammt werden«, hatte Jesus zuvor gesagt. Es war ihr Unglaube, daß sie ihm nicht vertrauten und auch nicht als Messias erkannten. Paulus schreibt davon: » . . . denn wenn sie die Weisheit Gottes erkannt hätten, so hätten sie den Herrn der Herrlichkeit nicht gekreuzigt.« (1. Korinther 2/8)
Jesus vertraute nicht nur in lichten Tagen seinem Vater, nein, bis in die äußerste Gottverlassenheit hinein.
Die Juden schrien: »Sein Blut komme über uns und unsere Kinder.« Das war in der Tat ein prophetischer Aufschrei, denn nur das Blut Jesu Christi macht uns rein von allen Sünden. Am Kreuz schien der Himmel verschlossen und dunkel, kein Mensch hatte je solche Finsternis am Tag durchlebt.

Schon in Gethsemane war es nicht der Vater, der Hilfe brachte, sondern ein Engel.
Und doch ruft Jesus: »Vater, in deine Hände befehle ich meinen Geist!« Welch göttliches Vertrauen zum Vater. Das Lamm lehrt uns umfassend, kindliches Vertrauen zu haben, auch wenn es so scheint, als habe Gott uns verlassen. Erst dann wird es offenbar, ob wir dem Herrn blindlings vertrauen. Es ist ein großer Unterschied, Gott im Dunkeln zu vertrauen oder im hellen Sonnenschein. Weshalb wirkt der Schächer am Kreuz auf uns so anziehend?
Dieser Mann hat geglaubt, als es um seinen Retter am schlechtesten stand. Ein Gekreuzigter glaubt einem Mitgekreuzigten! Manchem wird es schon schwer, an den Auferstandenen zu glauben, obwohl dieser uns ein umfassendes Evangelium geschenkt hat und eine Wolke von Zeugen uns umgibt. War es denn leicht, in dem sterbenden Jesus, Gottes Gnade zu erkennen, die erlösende Vollmacht seines Reiches? Konnte man in dem Geschundenen und Zermarterten den König eines herrlichen Königreichs erkennen? Gab es am Hügel Golgatha nicht nur Hohn und Spott, Gewalttätigkeiten und Lästerungen?
Der Mörder sprach: »Jesus, gedenke an mich, wenn du in dein Reich kommst!«
Wir werden in unserem täglichen, geistlichen Kampf auch von den Kräften der Finsternis angegriffen und von der Macht der Sünde überfallen; doch da ruft uns Petrus zu, der die schreckliche Nacht der Kreuzigung miterlebt hat:
»Ihr Lieben, lasset euch die Hitze nicht befremden, die euch widerfährt, daß ihr versucht werdet. Meinet nicht, es widerführe euch etwas Seltsames, sondern freuet euch, daß ihr mit Christus leidet, auf daß ihr auch zur Zeit der Offenbarung seiner Herrlichkeit Freude und Wonne haben möget.« (l. Petrus 4/12-13)
Wir wollen uns nicht beirren lassen, auch wenn es geistlich noch dunkler wird als in der Stunde der Kreuzigung, der Herr ist der Sieger und hat das letzte Wort!

Auf dem Lamm ruht meine Seele

»Des andern Tages sieht Johannes Jesus kommen und spricht: Siehe, das ist Gottes Lamm, welches der Welt Sünde trägt!«
(Johannes 1/29)

Johannes weist uns nach seiner großen himmlischen Vision auf die herrlichste Hoffnung der Welt und auf das paradiesische Endziel aller Gotteskinder hin:
»Ich sah keinen Tempel darin; denn der Herr, der Allmächtige, ist ihr Tempel und das Lamm. Und die Stadt bedarf keiner Sonne noch des Mondes, daß sie ihr scheinen; denn die Herrlichkeit Gottes erleuchtet sie, und ihre Leuchte ist das Lamm.« (Offenbarung 21/22-23)

Für Jünger Jesu ist es das höchste und erstrebenswerteste Ziel: das himmlische Jerusalem zu erreichen.
Der Mittelpunkt dieser Herrlichkeit ist das Lamm, die Leuchte des ganzen Universums. Alle Kinder Gottes sollen diese Schönheit in Vollendung erleben. Er hat sie in der ewigen Stadt des lebendigen Gottes denen bereitet, die sich hier heiligen ließen. Nun gilt auch schon auf Erden: »Ihre Leuchte ist das Lamm.« Wir sollen auf dem Weg zum himmlischen Paradies lernen, wie er in seinem Wesen ist, und wie wir seine Tugenden in uns aufnehmen können.
Als erstes lehrt uns das Lamm die selbstlose Liebe, und zwar wie er uns geliebt: »Vor dem Osterfest aber erkannte Jesus, daß die Stunde gekommen war, daß er aus dieser Welt ginge zum Vater; und wie er hatte geliebt die Seinen, die in der Welt waren, so liebte er sie bis ans Ende.« (Johannes 13/1)
Jesu heilige Liebe bedeutet stets eine völlige Hingabe an diese verlorene Welt. Seine Liebe bewies er durch die dienende Tat und war das Vorbild des neuen Gebotes der Bruder- und Nächstenliebe. Unsere menschliche Liebe ist zum größten Teil »ichbezogen«, sie fragt in erster Linie nach Sympathie und Gegenliebe. Eine solche Liebe ist vom »Ich« gesteuert. Die Liebe des Lammes ist unvergleichlich tiefer und schöner als Menschenliebe.
»Wie mein Vater mich geliebt hat . . .« ist der Maßstab, mit dem uns das Lamm Gottes liebt. Wie tief und selbstlos diese Liebe ist, können wir mit unserem Verstand nie ermessen. Wir brauchen die Erleuchtung durch das Lamm.

»Ihre Leuchte ist das Lamm.« Wir lieben oft nach dem Schema unserer Vorstellung von Frömmigkeit, dabei steht uns die Ansicht der irdischen Liebe vor Augen; deshalb haben wir dann auch so viele Schwierigkeiten mit den Mitchristen, mit den Brüdern und Schwestern in der Gemeinde. Wie vielen Gotteskindern gehen wir nach dem Motto aus dem Weg: »Gehst du zur Rechten, gehe ich zur Linken« und meinen, recht biblisch und fromm zu handeln.
Das Lamm ging niemandem aus dem Weg, Jesus Christus will uns lehren, göttlich zu lieben. Wahre Gottesliebe hat bei dem Nächsten immer das Ewige im Auge, sie liebt den Nächsten in den Himmel hinein. Unsere seelische, religiöse Liebe kann von Natur aus sehr blind für die geistlichen Krankheiten unserer Mitmenschen sein.
Wahre göttliche Liebe sucht keine Anerkennung.
Das Lamm liebte noch am Kreuz, als es von keinem mehr geliebt wurde.
Echte göttliche Liebe fragt nie: »Was kommt dabei für mich heraus?«
Dahingehend müßten wir auch unsere Gebete überprüfen. Wir dürfen alles von Gott erwarten, wir sollen aber prüfen, ob es uns um die Güte Gottes oder um Güter geht, worum wir beten.
Welche Liebe haben wir zu Jesus und seinem Reich. Geht es um unseren Vorteil oder um die Gemeinschaft mit dem Lamm?

27. MÄRZ

Lammesnatur und Knechtsgestalt

»Aber Jesus rief sie zu sich und sprach: Ihr wisset, die Fürsten halten ihre Völker nieder, und die Mächtigen tun ihnen Gewalt an. So soll es nicht sein unter euch; sondern wer groß sein will unter euch, der sei euer Diener; und wer der Erste sein will unter euch, sei euer Knecht; gleich wie des Menschen Sohn nicht gekommen ist, daß er sich dienen lasse, sondern daß er diene und gebe sein Leben für eine Erlösung für viele.«

(Matthäus 20/25-28)

Es gibt viele Lieblingsnamen, die Gott seinem Sohn hier auf Erden verliehen hat. Wer kennt sie alle? Jesus aber wird in der Heiligen Schrift in zwei herausragenden Gestalten uns vor Augen geführt:

1. In der L a m m e s g e s t a l t und
2. in der K n e c h t s g e s t a l t .

Ehe das Lamm Gottes zum Marterkreuz nach Golgatha geht, gibt er seinen Jüngern ein eindrucksvolles Beispiel, daß er beides in sich vereinigt: Die Lammesnatur und die Knechtsgestalt.
»Jesus aber wußte, daß ihm der Vater alles in die Hände gegeben hatte. Er war von Gott ausgegangen und ging jetzt wieder zu Gott zurück, da stand er auf, legte seine Oberkleider ab, nahm ein leinenes Tuch und band es sich um. Dann goß er Wasser in das Becken und fing an, den Jüngern die Füße zu waschen und sie mit dem leinenen Tuch, mit dem er umgürtet war, abzutrocknen.« (Johannes 13/3-5 Bruns)
Eine selbstlose Liebe besitzt die Eigenschaft des selbstlosen Dienens; Diakonie ist heute kaum noch gefragt. Man will »verdienen, nicht dienen!« Wirklich dienen kann nur der, der sich des göttlichen Adels bewußt ist: »Ihr aber seid das auserwählte Geschlecht, das königliche Priestertum, das Volk des Eigentums, daß ihr verkündigen sollt die Wohltaten des, der euch berufen hat von der Finsternis zu seinem wunderbaren Licht . . .« (1. Petrus 2/9)
Wir sind von Gott ausgegangen und wir sollen zu Gott mit vielen Früchten des Geistes wieder zurückkehren. Darin liegt unser einziger Adel, den wir durch den Kreuzestod von Golgatha und in der Reinigung durch das Blut Jesu erworben haben.
Der minderwertigste Sklave im Hause war zur damaligen Zeit der Fußwäscher. Durch die Fußwaschung hat Jesus Christus jedem Demutsdienst den himmlischen Adel verliehen. Zu dienen heißt für ihn, sich für andere zu opfern.
Wirklich dienen kann nur der, der von Herzen demütig ist. Wer dienen will und dessen Ich noch nicht zerbrochen ist, der kann wohl hin und wieder eine dienende Tat vollbringen, aber nie auf Dauer wirklich dienen.
Jesus Christus hat unvergleichlich mehr getan; er hat nicht nur einen Aufschub vom Tod errungen, nein, er hat alle Schuld der Welt auf sich genommen für jeden, der guten Willens ist, ihm zu folgen. Er hat uns von dem größten Sklavenhalter, dem Satan, freigekauft.
Satan hat kein Anrecht mehr an denen, die durch Jesu dienende Tat die Erlösung erhielten und nur ihm gehorsam sind. Wer erlöst ist, wird nicht in einen herrschaftsfreien Raum entlassen, sondern seinem rechtmäßigen Besitzer, dem Schöpfer des Weltalls, zurückgegeben. Nicht als Sklave, sondern als Kind und Erbe.

Geliebter Diene-Mut

»Saget der Tochter Zion: Siehe, dein König kommt zu dir sanftmütig und reitet auf einem Esel und auf einem Füllen der lastbaren Eselin. Die Jünger gingen hin und taten, wie ihnen Jesus befohlen hatte, und brachten die Eselin und das Füllen und legten ihre Kleider darauf, und er setzte sich darauf. Aber viel Volks breitete die Kleider auf den Weg; andere hieben Zweige von den Bäumen und streuten sie auf den Weg. Das Volk aber, das ihm voranging und nachfolgte, schrie und sprach: Hosianna, dem Sohn Davids! Gelobt sei, der da kommt in dem Namen des Herrn! Hosianna in der Höhe!«

(Matthäus 21/5-9)

Kein Gewand kleidet einen Christen mehr als Demut, denn es ist das königliche Kleid Jesu. Der Hauptanteil von Demut ist Mut, die schöne Gesinnung eines mutigen Menschen. Die Demut ist die Seele aller Tugenden; Demut in Freuden, Demut in Leiden und in Anfechtungen.

Der Prophet Sacharja weissagte: »Seine Füße treten an jenem Tag auf den Ölberg, der östlich von Jerusalem liegt.« (Sacharja 14/4)

Vom Ölberg reitet Jesus als König von Jerusalem auf einem Esel in die Heilige Stadt. Gott steht hinter allem. Das prophetische Wort wird bis ins Letzte erfüllt.

Haben wir je einen Kaiser, König oder Staatspräsidenten auf einem Esel reiten sehen? Nicht in einer vergoldeten Staatskarosse kommt der König aller Könige zu uns. Jesus Christus lebte das aus, was er predigte und lehrte.

Der Kern der Sünde ist der Hochmut. Die satanische Überheblichkeit wirkt wie ein vernichtendes Rauschgift und löst eine Lawine des ewigen Fallens aus. Auch wir haben von dieser Pest des gefallenen Lichtengels den Ungeist des Hochmuts geerbt und sind daran von Natur aus gebunden.

Deshalb müssen wir Demut durch den Geist eines anderen erhalten; denn Demut ist nicht unsere eigene Natur, wahre Herzensdemut ist uns fern. Wir sollen diese von dem Lamm lernen.

Wer ist von Natur aus von Herzen demütig? Es gibt einen Echtheitsbeweis wirklicher Demut. Wahre Demut erzeigt sich dann, wenn man für jede Demütigung danken kann. Wir lassen es uns noch gefallen, wenn wir von Gott gedemütigt werden. Wenn Gott

aber dazu einen Menschen gebraucht, kommt es darauf an, danke! sagen zu können.
Ein anderweitiger Gradmesser für unseren geistlichen Stand ist der, daß wir den Demütigungen nicht mehr aus dem Wege gehen und sogar für jede Kränkung, die uns zugefügt wird, danken können.
Der Apostel Paulus kam so weit, Gefallen an allen Demütigungen zu haben. Er rühmte sich nicht seiner großen Talente, Erfolge, Wunder und Gaben, sondern schrieb: »Darum bin ich guten Mutes in Schwachheit, in Mißhandlungen, in Nöten, in Verfolgungen, in Ängsten – um Christi willen; denn wenn ich schwach bin, so bin ich stark.« (2. Korinther 12/10)
Wenn wir einer Demütigung aus dem Weg gehen, weichen wir einer Gnadenerweisung Gottes aus. Demut ist das Fundament, auf dem alle christlichen Tugenden wachsen: Herzliches Erbarmen, wahre Freude, ungekünstelte Güte und Freundlichkeit, göttliche Geduld, selbstlose Liebe und Vergebung.
Keine Tugend hat vor Gott Bestand, die nicht auf dem Boden der Demut gewachsen ist.

29. MÄRZ

Königliche Demut

»So ziehet nun an als die Auserwählten Gottes, als die Heiligen und Geliebten, herzliches Erbarmen, Freundlichkeit, Demut, Sanftmut, Geduld; und vertrage einer den andern und vergebt euch untereinander ... Über alles aber ziehet an die Liebe, die da ist das Band der Vollkommenheit. Und der Friede Christi regiere in euren Herzen, zu welchem ihr auch berufen seid in einem Leibe; und seid dankbar!« (Kolosser 3/12-15)

Gerhard Tersteegen gab vor über 200 Jahren einem seiner Briefschreiber den Rat: »Hülle dich fest in das Gewand der Demut, so wirst du ein hohes Gebot Christi um dich haben.«
Ja, Demut ist eine Kraft, die sich niederbeugen und das eigene »Ich« im Zaum halten kann. Der König aller Könige (Jesus Christus) hat uns diese göttliche Hingabe bis zum letzten Atemzug am Fluchholz vorgelebt.
»Ein jeglicher sei gesinnt, wie Jesus Christus auch war: Welcher,

ob er wohl in göttlicher Gestalt war, nahm er's nicht als einen Raub, Gott gleich zu sein, sondern entäußerte sich selbst und nahm Knechtsgestalt an, ward gleich wie ein anderer Mensch und an Gebärden als ein Mensch erfunden. Er erniedrigte sich selbst und ward gehorsam bis zum Tode, ja zum Tode am Kreuz.« (Philipper 2/5-8)
Wörtlich heißt es hier: »Er machte sich selbst zum Nichts.«
Er wurde von der damaligen »Geistlichkeit« ein Teufel, ja, der Oberste der Teufel genannt, ein Fresser und Säufer, ein Freund der Huren und Zöllner; doch er ließ es sich gefallen. Er schlug nicht zurück und überließ das Urteil seinem himmlischen Vater.
Die Demut führt letztendlich zur Vernichtung aller Kräfte, woran Satan uns gebunden hat.
Pfarrer Ernst Gottlieb Woltersdorf, ein Zeitgenosse Friedrichs des Großen, war ein treuer Zeuge Jesu, der stets darauf bedacht war, vom Lamm Gottes zu lernen. Als dieser Diener Gottes einst mit einem Amtsbruder von einer Beerdigung kam, sagte er zu jenem: »Heute habe ich die Frau beerdigt, die mir allezeit recht liebevoll die Wahrheit sagte. Sie nannte mich stets: ›Euer Unwürden‹.« Damals wurden auch die evangelischen Pastoren mit »Euer Hochwürden« angeredet.
Wir alle sollen lernen, in dem Bewußtsein zu leben: Geistlich habe ich nichts, bin ich nichts und kann ich nichts, nun lege du, Meister, alles in mich hinein, damit ich Frucht für die Ewigkeit bringen kann.

»Schau her, hier bin ich Armer, der Zorn verdienet hat.
Gib mir, o mein Erbarmer, den Anblick deiner Gnad'.«

Demut ist auch die Kraft, die dem gegenüber, der an ihr gefehlt hat, eine besondere Freundlichkeit erweisen kann. Beim Niedergang Preußens – 1806/07, war es die Königin Luise von Preußen, die den übermütigen, eiskalten Despoten Kaiser Napoleon in aller Liebe bat, die harten Forderungen gegenüber seinem besiegten Feind gnädig zu mildern. Napoleon aber überschüttete die große Beterin mit scharfem Zynismus und überheblichem Hohn. Als er das Zimmer verließ, schimpfte eine Hofdame, die seine erniedrigenden Worte mit angehört hatte, hinter ihm her. Königin Luise legte ihre Hand auf den Arm der Hofdame und mahnte sie: »Nicht, meine Liebe, wir wollen uns demütig unter Gottes Geschick stellen und ihn fragen, weshalb uns dies geschehen.«
Können wir auch so demütig denken und handeln?

Die Liebe Gottes als Triebkraft

»Denn die Liebe Christi dringet uns, da wir dafür halten, daß, wenn einer für alle gestorben ist, so sind sie alle gestorben. Und er ist darum für alle gestorben, damit die, die da leben, hinfort nicht sich selbst leben, sondern dem, der für sie gestorben und auferstanden ist.« (2. Korinther 5/14-15)

Die Liebe Christi sollte in unserem Dasein die einzige Triebfeder sein, die unser Leben ausrichtet. Auf dem Weg dem Lamme nach lernen wir den tiefen Sinn dessen, was es bedeutet, sich selbst zu verleugnen. Unser Herr und Meister, Jesus Christus, ist diesen Weg gegangen. Wollen wir es auch tun?

Es geht in unserem Leben nicht nur um Bekehrung und Wiedergeburt; wir werden auf dem schmalen Weg, dem Lamme nach, geleitet! Hier lernen wir die Selbstverleugnung. Jesus ist nicht nur gekommen, um uns zu erlösen, sondern um uns in seine Lammesnatur umzugestalten.

Paulus bekennt es den Römern: »Keiner von uns lebt für sich selbst!« Das heißt: Wir haben die Kraft des Kreuzes erst dann richtig erfahren, wenn wir mit Paulus sagen können: »Ich lebe nicht nur für mich selbst, sondern Christus ist mein Leben!«

In seinem sündigen Verlangen ist der Mensch von Natur aus bestrebt, nur für sich selbst zu leben. Auch Adam und Eva wollten sich selbst zum Mittelpunkt und Beherrscher der Schöpfung machen. Sie wollten Gott aus dem Mittelpunkt der Schöpfung hinausdrängen, er sollte auch aus dem Mittelpunkt ihres Daseins fallen, dadurch wurde die Sünde im Menschen geboren; deshalb verspürt der Mensch auch heute noch den Fluch der Ungeborgenheit und des Verlassenseins.

Gott aber hat unser sündhaftes Wesen am Kreuz von Golgatha verflucht, nämlich im Leibe seines Sohnes Jesus Christus. Deshalb ist er für alle, die an ihn glauben, zur Seligkeit gemacht worden: »Durch ihn aber seid ihr in Christus, welcher uns gemacht ist von Gott zur Weisheit und zur Gerechtigkeit und zur Heiligung und zur Erlösung, auf daß, wie geschrieben steht: ›Wer sich rühmt, der rühme sich des Herrn.‹« (l. Korinther l/30-31)

Nur für sich selbst zu leben heißt, gegen das Wesen Gottes zu sein. Man kann noch so fromm tun und singen, wenn wir uns dann religiös nur um uns selbst drehen, sind wir in den Augen Gottes

ein Greuel. Das Fleisch, das heißt, der tief eingewurzelte Egoismus in unserem Leben, ist die Gottlosigkeit; deshalb die Tatsache: »Fleisch und Blut werden das Himmelreich nicht ererben.«
Wir können uns zwar seelisch, geistlich trainieren, damit wir nicht nach außen das grobe Gesicht des Egoisten tragen; wenn der Mensch noch so edel erscheint, bleibt er im tiefsten Innern der Seele der unverbesserliche Egoist.
Es ist nicht genug, daß wir uns Gott anvertrauen, sondern es geht darum, daß Gott der Schöpfer sich uns anvertrauen kann, nur so kommt es zu einer tiefen Lebensgemeinschaft. Hierzu ein geheimnisvolles Wort des Herrn Jesu. »Aber Jesus vertraute sich ihnen nicht an; denn er kannte sie alle.« (Johannes 2/24)
Jesus kann sich nur Menschen anvertrauen, die nicht nur sich selbst vertrauen, sondern ihr eigenes »Ich« täglich kreuzigen lassen. Wir sollten heute wieder neu lernen, nur nach oben zu schauen um die Liebe Gottes als einzige Triebkraft unseres Daseins neu zu erleben.

31. MÄRZ

Das Lamm lehrt uns zu schweigen

»Und da er verklagt ward von den Hohenpriestern und Ältesten, antwortete er nichts. Da sprach Pilatus zu ihm: Hörst du nicht, wie hart sie dich verklagen? Und er antwortete ihm nicht auf ein Wort, so daß sich der Landpfleger sehr verwunderte.«
(Matthäus 27/12-14)

Nichts scheint für unsere Natur schwieriger zu sein, als schweigen und warten zu müssen. Lieber wollen wir schon handeln, wenn es uns noch so große Schwierigkeiten bereitet. Wir meinen, selbst tätig werden zu müssen, um uns Abhilfe zu verschaffen.
Jesus wurde von der »hohen Geistlichkeit« und einer aufgebrachten Volksmenge verklagt, beschimpft und verleugnet. Der höchste Richter, der römische Statthalter in Palästina, Pontius Pilatus, war von der absoluten Unschuld Jesu überzeugt, doch Jesus schwieg. Pilatus beschwor den jungen Mann, sich mit klaren Argumenten zu verteidigen, aber das Lamm Gottes tat seinen Mund nicht auf. Man sagt: Reden ist Silber – Schweigen ist Gold! Abraham, der Vater des Glaubens, wurde wie kein anderer in die Schule genom-

men. Er hatte schon Gehorsam und Warten gelernt und doch beging er einen großen Fehler, als er sich von Sarah, seiner Frau, die ägyptische Magd aufschwatzen ließ. Sie gebar ihm einen Sohn, nämlich Ismael, dessen Nachkommen bis heute der gesamten Welt große Probleme schaffen.

»Er wird wild gegen seine Brüder sein, und wild gegenüber jedermann!« Nach diesem Fehler schwieg Gott 13 Jahre lang – er kann noch länger schweigen. Jetzt wird das Schweigen Gottes die hohe Schule des Glaubens. Abraham wollte die Wartezeit verkürzen und der Verheißung Gottes etwas nachhelfen, das ist doch auch mein und unser Problem in den heutigen Tagen.

Gott ruft uns zu: »Die Weissagung wird ja noch erfüllt werden zu ihrer Zeit und wird endlich frei an den Tag kommen und wird nicht trügen. Wenn sie sich auch hinzieht, so harre ihrer; sie wird gewiß kommen und nicht ausbleiben.« (Habakuk 2/3)

Gott bekennt sich zu seinen Verheißungen, aber den Zeitpunkt der Erfüllung bestimmt er!

Wir greifen schnell zur Selbsthilfe, das liegt in unserer natürlichen Veranlagung. Oft meinen wir, von Gott völlig verlassen zu sein. In der Erprobung ausharren, still durchzuhalten und schweigend sich dem Herrn zu ergeben, fällt uns sehr schwer.

Schweigen und warten lernen wir nur durch die göttliche Übung und im Vertrauen auf den Herrn, der alles fein zu seiner Zeit macht. Wenn wir uns aber üben im stillen Umgang mit Gott, dann handelt Gott mit uns.

Jesus Christus verkürzte sein Kreuz nicht; er trug es geduldig im schweigenden Gehorsam. Wir alle haben schon einmal gesagt: »Herr, wenn du die Situation ändern würdest, dann könnte ich dir besser dienen.«

Wenn Gott nicht gleich eingreift, dann ziehen wir uns schmollend zurück und denken ganz beleidigt: »Die verstehen mich ja nicht; sie kennen meine Interessen nicht. Ich habe eben eine andere Ansicht. Ich suche mir jemanden von meiner ›Wellenlänge‹.« Und dann kommt das Chaos.

Wir sollen aber lernen, uns nicht aus den rauhen Händen des Alltags herauszuwinden, sondern uns in schweigendem Gehorsam zu üben. Göttliche Stille schafft immer Ewigkeitsfrucht! Wir finden diese Stille aber nur in der tiefen Ergebenheit. »Herr, wie du willst. Nicht mein Wille, sondern dein Wille geschehe.«

Ein Erlöser der Aussätzigen

»Er hatte keine Gestalt und Hoheit. Wir sahen ihn, aber da war keine Gestalt, die uns gefallen hätte. Er war der Allerverachtetste und Unwerteste, voller Schmerzen und Krankheit. Er war so verachtet, daß man das Angesicht vor ihm verbarg; darum haben wir ihn für nichts geachtet.« (Jesaja 53/2-3)

Wer kennt nicht das ausdruckstärkste Bild der grausamen Kreuzigung Jesu Christi vom sogenannten »Isenheimer Altar« in Colmar. Matthias Grünewald gehört zu den Menschen, welche Jesus in eigener Betroffenheit im Geist begleitet haben. Vor solch einer eindrucksvollen Darstellung kann man nur im Geist niederknien und ergriffen flehen: »Vergib mir, Jesus, – meine Sünden haben dich so zugerichtet. Vergib mir Elendem, sonst vergehe ich!«

Grünewalds Kreuzigungsdarstellung ist mehr als ein Bild, es ist eine Predigt des Heiligen Geistes von dem Jesajawort, das wir gelesen haben. Wer je dieses Bild in Colmar direkt gesehen hat, ist bis ins Innerste seines Herzens aufgewühlt. Es bedarf einiger Zeit, bis man sich innerlich wieder gesammelt hat, um sich von dem seelischen Schock zu erholen, den einem der zerschundene Körper des Gekreuzigten bereitet hat.

Unwillkürlich wird ein betender Betrachter mit in die Gemeinschaft der Leiden Christi gedanklich einbezogen. Wirklich, Grünewalds schrecklich zugerichteter Christus ist das Opferlamm der Aussätzigen und nicht der Christus eines kunstliebenden Publikums.

Man verspürt in seinem Herzen den tiefen Stich der Sünde, die Jesus ans Kreuz gebracht hat. Sein grauenhaft entstellter Körper ist ein unästhetischer Anblick, der absolut nicht das Geringste mit einer malerischen Augenweide zu tun hat.

Ein geistlich fragender Mensch verspürt bis ins Innerste, dieser aussätzige Mensch bin ich selbst mit meinen Sünden. Der Maler rückt das unvorstellbare Geschehen des Kreuzesleidens des Sohnes Gottes dem Betrachter nahe und noch näher, bis er erkennt: Ich selbst habe dies verschuldet. So gräßlich entstellt sieht mich der dreimal heilige Gott in meiner Sünde.

Diese Gedanken bewegten mich, als ich in Colmar vor dieser kaum zu beschreibenden Ausdruckskraft des Gemäldes saß.

Im Mittelpunkt des Gemäldes senkt sich der Körper Jesu unter der eigenen Last nach unten, so daß die Finger wie Sargnägel vor Schmerz verkrampft zum Himmel starren. Die Arme sind aus den Gelenken gerissen, die Brust, mit blutender Wunde und von Eiterbeulen besät, scheint auseinanderzureißen. Von diesen, von eisenblauen Nägeln durchbohrten, tierhaft verkrallten, zerschundenen Füßen des Gekreuzigten, floß wirklich Blut, was uns heute zur Erlösung dient.

Man spürt beim Anblick dieser Marterszene die Agonie der Sünde. Eine grünliche Leichenfarbe trägt der von der Geißelung mannigfaltig aufgerissene Leib des Sohnes Gottes, in welchem noch die Dornen stecken. Über das grausig entstellte Haupt ist, bis tief ins Gesicht reichend – eine geflochtene Dornenkrone gedrückt, deren spitze Enden man beim Anblick selbst im Nakken zu verspüren meint. Das Antlitz zeigt einen halb geöffneten Mund, von dessen blau aufgedunsenen Lippen laut zu hören war: »Es ist vollbracht!«

Man kann diesen geöffneten Mund des sterbenden Christus nie mehr vergessen. Ein Bild, das sich in seiner Häßlichkeit unauslöschlich ins Gedächtnis einprägt.

2. APRIL

Er singt immer

»Singet dem Herrn ein neues Lied; singet dem Herrn, alle Welt! Singet dem Herrn und lobet seinen Namen, verkündet von Tag zu Tag sein Heil!« (Psalm 96/1-2)

Das Wunder der Wiedergeburt fördert in allen Bereichen unseres Daseins jubelnde Freude. Augenblicklich kommen uns neue Lieder in den Sinn. Die frohe Botschaft von der Erlösung soll allen Völkern bekannt gemacht werden. So haben es die Engel in der Nacht gesungen, als der Retter und Heiland aller Welt geboren wurde: »Ehre sei Gott in der Höhe und Friede auf Erden bei den Menschen seines Wohlgefallens.«

Wenn schon die Engel, die ja nicht erlösungsbedürftig sind, die neue Heilsordnung Gottes mit neuen Gesängen einleiten, wieviel mehr müssen wir eitlen Sünder, denen die Gesamtschuld im Leben vergeben und ausgelöscht wurde, die Gnade und Barmherzigkeit Gottes besingen.

»Die alten, bösen Lieder, die Träume schwer und bang, die laßt uns jetzt begraben, holt einen großen Sarg«, dichtete einst Heinrich Heine, der sich als Jude zu Jesus Christus in seiner Todesstunde bekehrte.
Meine alten Lieder, die greulichen Kampflieder des Krieges, die Höllengesänge der Hitlerjugend, die sündhaften Zoten niedrigster Triebhaftigkeit, waren in das große Grab seiner Vergebung gefallen. Ich konnte befreit dem Schöpfer Himmels und der Erden singen. Alle Depressionen waren verschwunden. Ein Geistesfrühling durchzog mein Herz und stimmte die Saiten meiner gereinigten Seele.
Eine nie gekannte Freude ging mir auf durch die Sonne der Gerechtigkeit, der Ewigkeitsglanz seiner Schöpfung begann in mir zu strahlen. Weil in mir eine neue Kreatur geboren wurde, konnte ich nur noch neue Lieder singen.
Gott schenkte mir ein geheiligtes neues Lied, so rein und himmlisch, voller Anbetung über das Erlösungswunder von Golgatha. »Singet dem Herrn und lobet seinen Namen.« Das Evangelium ist die hellste Offenbarung ewiger Freude. Die Erlösung Jesu Christi übertrifft an Schönheit die gesamte Schöpfung und alle Kunstgenüsse dieser Welt.
Am Morgen, wenn ich zur Arbeit ging, jubelte es in meinem Herzen; am Abend, wenn ich nach einem Gottesdienst durch den finsteren Wald am Stadtrand von Berlin nach Hause lief, sang ich immer noch.
Einmal kamen zwei Jugendliche hinter mir her. Ich hörte in einer »Gesangspause« ihr Gespräch: »Weshalb singt der da vorn so laut? Ist der nicht voll bei Sinnen?« fragte der eine.
»Doch, doch, der ist ganz normal – aber er singt immer von Jesus, der freut sich eben.«
Dies war ein sehr schönes Zeugnis aus dem Mund eines Jugendlichen, der nichts von diesem Erlösungszustand wußte.
Eigentlich sollten alle Christen so frei und fröhlich zur Ehre Gottes singen. Vielleicht halten sie es für grenzenlose Schwärmerei; doch wenn Himmel und Erde, das Meer und was darinnen ist, das Feld und alle Bäume im Wald den Herrn loben sollen, wieviel mehr wir begnadigten Sünder?
Ist das nur ein Traum? Dann wollen wir wieder und wieder träumen. – Glückselig sind die Menschen, denen fröhliche Jubellieder zur Ehre Gottes ins Herz gelegt werden und die gar nicht anders können, als von ihrem Schöpfer zu singen.

Wünsche des Herzens

»Du erfüllst ihm seines Herzens Wunsch und verweigerst nicht, was sein Mund bittet.« (Psalm 21/3)

Es ist eine allgemeine Erfahrung, daß Gott nicht alle Wünsche der Seinen erfüllt. Bedenken wir es recht, dies ist auch Gnade. Was würde geschehen, wenn uns Gott solch einen Freibrief zubilligen würde? Es können sich doch auch bei den Gottesfürchtigen noch sehr seltsame Wünsche regen.
Denken wir nur an David, der einst seinem Freund Nabal und dessen unschuldiger Familie den Tod wünschte, was Gott aber verhinderte.
Der Prophet Jona wünschte den vollständigen Untergang der großen Stadt Ninive, weil er nicht verstehen konnte, daß Gott gnädig, barmherzig und von großer Güte ist.
David hatte den sehnlichsten Wunsch, daß das erste Kind der Bathseba am Leben bliebe, das er im Ehebruch gezeugt hatte. Selbst seinem Liebling kann Gott keine ungöttlichen Wünsche erfüllen.
Viele Wünsche der Gottesfürchtigen, die sie erbitten, würden ihnen nicht zum Besten dienen, obwohl sie felsenfest davon überzeugt sind.
Doch die Erfahrung zeigt auch, daß der Herr nicht alle guten Wünsche erfüllt, wenn beispielsweise ein begnadeter Evangelist darum bittet, daß alle Zuhörer sich bekehren mögen, obwohl dies ein frommer Wunsch ist.
Die treffende Botschaft des Apostels Paulus vor dem König Agrippa und dessen Gefolge hatte bei den Zuhörern nicht den erwarteten Erfolg, obwohl Paulus von Herzen wünschte, daß alle Zuhörer sich zu Christus bekehren mögen.
Wiederum können wir erfahren, wenn jemand in kindlichem Vertrauen um etwas bittet, daß ihm Gottes Hilfe zuteil wird.
Als Ludwig Richter, der gottesfürchtige Kunstmaler, am Bett seiner sterbenskranken Frau stand, nachdem diese mehr als 24 Stunden wie tot im Bett gelegen hatte und er sehr still und intensiv zu beten begann, geschah für ihn ein sichtbares Wunder. Seine Seele hatte verzagen wollen, doch er seufzte und rief inbrünstig zu Gott. Im folgenden Augenblick zuckte seine geliebte Frau mit ihren Wimpern und die Augen öffneten sich langsam.

Nach einem tiefen Atemzug flüsterte sie leise: »Oh, jetzt ist mir wieder wohl.« Richter zitterte vor freudiger Überraschung und Erstaunen. Von ganzem Herzen dankte er Gott. Dieser hatte den Herzenswunsch des Künstlers erfüllt.
Der eintretende Arzt konnte, nachdem er die Kranke gesehen und untersucht hatte, nur noch feststellen:
»Danken Sie Gott, es hat sich alles zum Besten entschieden, nun wird ihre Genesung sehr schnell eintreten.« So war es auch; von Tag zu Tag wurde es ihr wohler, so daß sie nach 8 Tagen wieder mit ihren Kindern im Wohnzimmer fröhlich spielen konnte.
Später schreibt Ludwig Richter: »Ja, ich dankte Gott von ganzem Herzen, der so ein schweres Geschick von mir abgewendet und mir meine liebe, teure Frau wieder neu geschenkt hatte.«
Wie sollen wir das Psalmwort richtig verstehen? Der Kern dessen, was die Gottesfürchtigen begehren, und das, worauf ihre Wünsche eigentlich alle hinauslaufen, sollte sich auf das endgültige Ziel beziehen:
». . . daß sie gleich sein sollten dem Ebenbild seines Sohnes.«
»Denn denen, die Gott lieben, müssen alle Dinge zum Besten dienen.« In diesem Sinne wird der Herr alle unsere Wünsche erfüllen.

4. APRIL

Übung macht den Meister

»Übe dich aber in der Gottesfurcht, denn leibliche Übung ist wenig nütze; aber die Gottesfurcht ist zu allen Dingen nütze und hat die Verheißung dieses und des zukünftigen Lebens.«
(l. Timotheus 4/7b-8)

Dr. Martin Luther prägte die Worte: »Ohne Übung und Erfahrung lernt man's nicht.« Ein Mensch kann die größten Talente und Begabungen besitzen, ohne Übung werden sie verkümmern. Der berühmte deutsche Maler und Illustrator Adolph von Menzel sagte einst: »Genie ist Fleiß. Alles ist Übung und ohne Übung keinen Preis.«
Der bekannte und berühmte Maler Michelangelo war ein überzeugter Christ. Der Künstler war immer bemüht, das Ewige zum Ausdruck zu bringen. »Nichts bringt uns Gott so nahe wie das Bestreben, ein vollkommenes Werk zu gestalten, denn Gott ist die

Vollkommenheit, vor der wir dann nur ehrfürchtig niedersinken können«, schrieb er einst.

Eines Tages erklärte Michelangelo einem Besucher, der ihn schon vor Wochen im Atelier aufgesucht hatte, welche Arbeiten er seit dessen vorherigem Besuch an einer Statue vorgenommen habe: »Siehst du, hier an den Augenbrauen habe ich gearbeitet und hier an den Augenlidern die Linien schärfer gezogen. Die Mundpartie habe ich gemildert und die Nasenflügel besser abgehoben. Auch am Ohr habe ich einige Verfeinerungen angebracht und den Lippen neuen Ausdruck gegeben, um einen schärferen Zug der Energie zu erreichen.« Er deutete auf die Arme aus Marmor: »Dort habe ich die Muskeln mehr hervortreten und die Adern schärfer herauskommen lassen.«

Der Freund unterbrach ihn: »Aber das sind ja lauter Kleinigkeiten«, meinte er leichtfertig.

»Das mag schon sein«, erwiderte Michelangelo. »Aber bedenke, daß Kleinigkeiten die Vollkommenheit ausmachen und daß die Vollkommenheit nun wieder keine Kleinigkeit ist. Das wird dir doch wohl bekannt sein.«

Ich bin davon überzeugt, daß Gott mit uns auch so umgeht, weil er sich, wie ein Silberschmied, an unserem Leben niedergesetzt hat und uns reinigen und läutern will, wie der Prophet Maleachi es uns vermittelt.

Wenn wir Gott bitten würden, uns doch in Ruhe zu lassen, uns nur »seligschöne Tage« zu schenken und uns mit allen Anfechtungen zu verschonen, dann würden wir ihn bitten, uns weniger zu lieben. Wenn der göttliche Meister an uns arbeitet, wenn er den Meißel angesetzt, um uns zu behauen, wenn er uns harte Prüfungen schicken muß, meinen viele, er würde uns strafen. Nein, gerade wenn er uns schwere Wege gehen läßt, will er uns für die Ewigkeit umgestalten und zu seinem Ebenbild umformen. Gottes Liebe und Barmherzigkeit zeigen sich genau in gut gemeinten Ermahnungen, in zurechtbringendem Tadel, im Versagen von Dingen, die wir uns unbedingt erbetteln wollen und die uns absolut nicht guttun würden.

Das Ziel für uns ist, die Vollkommenheit zu erreichen, deshalb kann er uns nicht vor allen Unannehmlichkeiten und Leiden bewahren, denn ein Arzt, der ein Geschwür entdeckt, muß es herausnehmen, sonst könnten wir daran sterben.

Gott hat eine endgültige Vorstellung vor Augen, wie wir sein sollen und er bringt uns zur Vollendung, wenn wir es wünschen. Er bewirkt eine Überarbeitung nach der anderen, er gestaltet immer wieder neu und das, was wir an seinem Bild verdorben haben.

Auf den Spuren Ludwig Richters

»Jesus antwortete und sprach zu ihm: Wahrlich, wahrlich, ich sage dir: Es sei denn, daß jemand von neuem geboren werde, so kann er das Reich Gottes nicht sehen.« (Johannes 3/3)

Nachdem ich zunächst, ohne besonderen Unterricht gehabt zu haben, zu zeichnen begann, ging ich auf Wanderschaft und zeichnete Landschaften in den Mittelgebirgen. Damals kam mir die Lebensbeschreibung von dem bekannten Kunstmaler Ludwig Richter in die Hand. Ich war sehr erstaunt, in seinem Tagebuch zu lesen, wie auch er in Italien in einer Silvesternacht das Ereignis seiner Wiedergeburt in aller Stille erlebt hat.
Als junger Mann wurde Ludwig Richter von vielen schwermütigen Gedanken geplagt. Er, der als Künstler auf der Suche nach dem Inhalt des Lebens war, konnte den rechten Sinn und Zweck seines Lebens nicht erkennen. Bei seiner großen Fußwanderung von Dresden nach Rom begegnete ihm ein gottesfürchtiger Steuermann aus Ostfriesland. Dort kam es zu einem wichtigen Gespräch, als der Norddeutsche dem jungen Kunststudenten erklärte: »›Ich habe einen langen Weg vor mir, aber ich habe einen guten Reisegefährten!‹
›O, das ist ja ein Glück!‹ erwiderte ich lebhaft, im Gefühl, daß ich einen solchen schmerzlich entbehre. ›Wer ist es denn?‹
›Es ist der liebe Herrgott selber; und hier‹, er zog ein kleines Neues Testament aus der Brusttasche, ›hier habe ich seine Worte; wenn ich mit ihm rede, so antwortet er mir daraus. So wandere ich getrost, lieber junger Herr!‹ Nochmals dankte er und ging.
Mich aber hatte die Rede wie ein Pfeil getroffen und ein Stachel davon blieb auch lange in meinem Herzen sitzen.« Soweit von dieser Begegnung.
Am Ziel seiner monatelangen Wanderung kam Ludwig Richter in eine christliche Künstlergemeinde, die von Pastor Rothe betreut wurde. Hier hörte er viele Worte des Evangeliums eindringlich und oft. Bei einer Zusammenkunft zum Ende des Jahres 1824 las ein gläubiger Kunstjünger eine Auslegung über die Worte des Nachtpsalms Davids: »Wenn ich schaue den Himmel, deiner Finger Werk . . .«
Später schreibt Ludwig Richter: »Ich habe keine Erinnerung von dem, was an jenem Abend gesprochen wurde; es war auch nichts

Einzelnes, was mich besonders tief berührt hätte; aber den Eindruck gewann ich und wurde von ihm überwältigt, daß meine Freunde in ihrem Glauben an Gott und an Jesus Christus, dem Heiland der Welt, den Mittelpunkt ihres Lebens gefunden hatten, und alle Dinge von diesem Zentrum aus erfaßten und beurteilten. Ihr Glaube hatte seinen festen Grund in Gottes Wort, im Evangelium von Christus. Der meine, der mehr Meinung und Ansicht war, schwebte in der Luft und war wechselnden Gefühlen und Stimmungen unterworfen. Still, aber im Innersten bewegt, hörte ich den Reden der Freunde zu und war mir an jenem Abend der Umwandlung nicht bewußt, die in mir vorging.«
An diesem für ihn so bedeutsamen Silvesterabend legte der spätere Professor der Kunstakademie von Dresden, Ludwig Richter, vertrauensvoll sein ganzes Leben in die Hand des Erlösers.
Über den Neujahrsmorgen schrieb er später: »Ich erwachte plötzlich mit dem Gefühl eines so unaussprechlichen Glückes, welches mir geworden, erfüllt mit Frieden und Freude, daß ich mich wie neugeboren fühlte und die ganze Welt an mein Herz hätte drücken mögen. Wie ein Blitz durchdrang mich das Bewußtsein: ›Ich habe Gott, ich habe meinen Heiland gefunden. Nun ist alles gut, nun ist mir ewig wohl!‹«
Sein ganzes Leben, bis zu seinem Heimgang, war ein Wandeln mit Jesus Christus, dem Auferstandenen.

6. APRIL

»Was hindert's, daß ich mich taufen lasse?«

»Philippus aber tat seinen Mund auf und fing mit diesen Worten der Schrift an und predigte ihm das Evangelium von Jesus. Und als sie zogen der Straße nach, kamen sie an ein Wasser. Und der Kämmerer sprach: Siehe, da ist Wasser. Was hindert's, daß ich mich taufen lasse?
Philippus aber sprach: Wenn du von ganzem Herzen glaubst, so mag es geschehen. Er aber antwortete und sprach: Ich glaube, daß Jesus Christus Gottes Sohn ist. Und er ließ den Wagen halten, und sie stiegen in das Wasser hinab, Philippus und der Kämmerer, und er taufte ihn. . . . Er aber zog seine Straße fröhlich.« (Apostelgeschichte 8/35-39)

Monate waren vergangen, seit ich die erste und gleichzeitig entscheidendste Predigt meines Lebens gehört hatte. »Wie viele ihn aber aufnahmen, denen gab er Macht, Gottes Kinder zu werden.« Danach fiel es mir wie Schuppen von den Augen: Nicht nur eine neue Kreatur, nein, ein Kind des herrlichen Schöpfers war ich geworden.

Doch welch ungeahnte Fülle göttlicher Weisheit wurde mir durch die Predigt offenbar. Ein herrlicher Schatz göttlicher Verheißungen floß mir zu. Wie arm und inhaltslos war mein bisheriges, kleines Leben ohne Gottes Wegweisung. Wie wurde ich jetzt immer wieder neu bereichert durch die Fülle seines Wortes.

Um Berlin hatten die Russen eine Wirtschaftsblockade verhängt. Die Alliierten waren gezwungen, eine Millionenstadt aus der Luft zu versorgen. Die von den Berlinern so bezeichneten »Rosinenbomber« flogen Tag und Nacht die allerwichtigsten Lebensgüter nach Berlin: Trockenkartoffeln, Trockengemüse, Backobst, Dosenfleisch, Mehl, Getreide und andere Lebensmittel kamen quasi vom Himmel in die Stadt.

Mir wurde dazu eine unvergleichlich bessere Speise geboten: Brot des Lebens, geheimnisvolle Speise aus den Vorratskammern Gottes. Die Gemeinschaft mit den Gläubigen war mir ein hoher Gewinn. Ich verstand die Worte des Apostels Johannes: »Wenn wir aber im Lichte wandeln, wie er im Licht ist, so haben wir Gemeinschaft untereinander und das Blut Jesu, seines Sohnes, macht uns rein von aller Sünde.«

Bald erfuhr ich, daß ich im biblischen Sinn noch gar nicht getauft war. Jesus Christus aber hatte seinen Jüngern gepredigt: »Wer da glaubet und getauft wird, der wird selig werden.« (Markus 16/16) Deshalb meldete ich mich bei meinem Seelsorger zur Taufe an. In einer besonderen Gemeindestunde wurde ich geprüft, ob mein Glaube an Jesus Christus rechtschaffen war und ich die Gewißheit der Wiedergeburt bezeugen konnte.

Am 26.09.1948 war es endlich soweit. Ich war gespannt auf das Wort, das mir bei der Taufe auf den Weg mitgegeben würde. Voller Erregung wartete ich auf den Taufspruch, und der lautete:

»Denn ich schäme mich des Evangeliums von Jesus Christus nicht; denn es ist eine Kraft Gottes, die da selig macht alle, die daran glauben, die Juden vornehmlich und auch die Griechen.« (Römer 1/16)

Sofort durchfuhr es mich: »Ja, Herr, dies ist dein Reden. Ich will mich deines Namens nicht schämen. Ich will ihn, wo mir dazu Gelegenheit gegeben wird, frei und offen bekennen.« Dies war mein Versprechen. Ich ahnte damals noch nicht, wie schnell und unter welch schwierigen Umständen dies geschehen sollte.

7. APRIL

Vom Wesen der Liebe

»Die Liebe ist langmütig und freundlich, die Liebe eifert nicht, die Liebe treibt nicht Mutwillen, sie blähet sich nicht, sie stellt sich nicht ungebärdig, sie suchet nicht das Ihre, sie läßt sich nicht erbittern, sie rechnet das Böse nicht zu, sie freut sich nicht über die Ungerechtigkeit, sie freut sich aber an der Wahrheit; sie verträgt alles, sie glaubt alles, sie hofft alles, sie duldet alles.«
(1. Korinther 13/4-7)

Mit Vorbedacht habe ich diese Zusammenfassung vom Wesen der Liebe ungekürzt zum heutigen Tagestext gewählt. Paulus hat alle diese Wesenszüge vom Leben Jesu abgelesen. In diesen geistlichen Stand sollen alle Kinder Gottes kommen.
Um das Wesen der Liebe lebensnah vor Augen zu haben, könnten wir bei dem Text statt des Wortes »Liebe« ebenso den Namen »Jesus« lesen, und wir werden erkennen: Er ist die personifizierte, göttliche Liebe. Hier werden uns alle herrlichen Eigenschaften Jesu vor Augen geführt.
Wenn wir diese Worte auf uns einwirken lassen, erhebt sich die brennende Frage: Könnten wir, die wir dem Herrn Jesus schon längere Zeit nachfolgen, auch unseren Namen anstatt des Wortes »Liebe« einsetzen? Im Grunde müßten wir es können, denn wir sollten sein wie »ER«.
Jetzt werden wir bestimmt ganz kleinlaut. Wir wissen sehr genau: Da stimmt etwas nicht. Wir sind von dieser göttlichen Liebe noch weit entfernt. Das liegt aber nicht an Jesus, sondern an uns.
Hier geht es um die Liebe Jesu Christi. Diese Liebe wurde uns bei der Hinwendung zu Jesus, also bei unserer Wiedergeburt, von Gott geschenkt: ». . . denn die Liebe Gottes ist ausgegossen in unser Herz durch den Heiligen Geist, welcher uns gegeben ist.« (Römer 5/5)
Das heißt also: Wenn uns die Gotteskindschaft gegeben ist, haben wir auch die Fähigkeit, nach dem göttlichen Ratschlag zu lieben; denn: »Gottes Geist gibt Zeugnis unserm Geist, daß wir Gottes Kinder sind.«

Es liegt also nicht daran, daß wir zu wenig Liebe bekommen haben, sondern, daß wir uns nicht genug in der gottseligen Übung zur Liebe Gottes befinden. Gott hat seine Kinder nicht ärmlich beschenkt, sondern alle mit dem Reichtum seiner Fülle.
Die eigentliche Frage lautet: Geben wir der Liebe Gottes genügend Raum zur Entfaltung? Lassen wir den Heiligen Geist in allen Fasern unseres Herzens wirken, so wird uns die Liebe Gottes immer mehr zufließen. Wir haben bei der Wiedergeburt die vollendete neue Kreatur durch den Heiligen Geist empfangen, doch die Frucht der Liebe muß wachsen.
Die Not unserer Tage besteht darin: Wir lassen uns von so vielen irdischen Dingen blenden und ablenken. Die Bilder der Weltlust und der satanischen Finsternis, die uns per Fernsehen ins Haus gesendet werden, beschäftigen uns so sehr, daß wir für das Wirken des Heiligen Geistes kaum noch genügend Ruhe haben. Sehr wichtig aber ist, auch zu erkennen, daß alle herrlichen Eigenschaften der Liebe Gottes in dieser Welt stets in der Anfechtung stehen. Zum einen werden wir durch unser altes Wesen angefochten. Wir bemerken es schon beim Lesen der inhaltsvollen Worte unseres Tagestextes. Es geht dabei nicht in erster Linie um unsere Empfindungen.
Zum anderen können wir auch von unseren Mitmenschen, von unseren allernächsten Verwandten angefochten werden. Deshalb soll die Liebe Gottes sich nicht erbittern lassen und das Böse nicht anrechnen.

8. APRIL

Feuer fällt über uns

»Der Herr prüft den Gerechten und den Gottlosen; wer Unrecht liebt, den haßt seine Seele. Er wird regnen lassen über die Gottlosen Feuer und Schwefel und Glutwind ihnen zum Lohne geben.« (Psalm 11/5-6)

Die Augen des himmlischen Vaters schlafen nie. Er achtet auf unsere Gedanken, Worte und Taten. Gott sieht jeden Menschen sehr genau. Er kennt die verborgensten Verästelungen unseres Herzens und unserer Seele. Ihm sind auch alle Gefahren bekannt, die uns treffen könnten. Wir sollen ihm vertrauen, denn er will uns durch seine heiligen Engelscharen bewahren.

»Der Herr prüft den Gerechten«, er hat keine Gedanken des Leides, sondern des Friedens. Er will uns eine feste Hoffnung und sichere Zukunft geben; doch sollen wir stets darum bemüht sein, auch seine Stimme zu hören.
Mein erster Bibellehrer, der Baptistenprediger Walter Frost, war ein Diener Gottes, auf dem die Salbung des Heiligen Geistes ruhte. Während seiner Ausbildung im theologischen Seminar in Hamburg wurde er mit anderen Bibelschülern wochentags zu den Stationen der Hamburger Gemeinden gesandt, um erste Predigterfahrungen zu sammeln.
»Eines Tages geschah etwas Außergewöhnliches«, sagte er mir seinerzeit, »wir hatten Gebets- und Bibelstunde. Während der Gebetsgemeinschaft unterbrach ein Gemeindeältester die Anbetung.
Er sagte: ›Liebe Geschwister, hört einmal auf zu beten, denn ich habe eben ein schreckliches Gesicht gehabt: Ich sah unsere Stadt Hamburg bei Nacht. Plötzlich fiel Feuer vom Himmel, tonnenweise, die ganze Innenstadt brannte lichterloh; die Häuser brannten, aus Fensterhöhlen schlugen grelle Flammen, die Fassaden und die Teerstraßen brannten auch. Ganze Stadtteile wurden vernichtet. Immer neues Feuer fiel vom Himmel.‹
Schnell eilten einige von den verantwortlichen Brüdern durch den Gang, um diesen Mann aus dem Saal zu zerren und die ›Ordnung‹ wiederherzustellen.
Ich war damals jung im Dienst und unerfahren. Als dieser Älteste sein Gesicht weitergab, wußte ich eigentlich nichts damit anzufangen, doch wohl war mir nicht zumute, als man ihn aus dem Saal brachte. Dies geschah kurz vor Beginn des Zweiten Weltkrieges. Später lag ich als Soldat in Rußland, also Tausende von Kilometern von Deutschland entfernt. Dort kam mir eine Zeitung in die Hand, in der ich Ende Juli 1943 lesen konnte: ›Starke, feindliche Bomberverbände setzten ihre Terrorangriffe in der vergangenen Nacht gegen die Stadt Hamburg fort. Es entstanden weitere Verwüstungen und zum Teil ausgebreitete Brände in mehreren Stadtteilen. Die Bevölkerung erlitt hohe Verluste.‹
›Unternehmen Gomorrha‹ nannten die Alliierten diese Vernichtungsaktion in Hamburg. Nie zuvor hatten die Alliierten mehr als 3000 Bomber in 4 Nächten gegen eine einzige Stadt eingesetzt. Insgesamt wurden rund 9000 Tonnen (18 000 Zentner) Bomben über Hamburg abgeworfen. Die Stadt erlebte die tosende Gewalt des Feuersturms wie zu Sodom und Gomorrha, gegen die alle menschliche Abwehr machtlos war. In diesen 4 Nächten mußten über 30 000 Menschen in Hamburg ihr Leben lassen, 277 000

Häuser wurden zu Schutt und Asche; fast die Hälfte der Stadt lag in Trümmern.
So wurde mir bewußt: Gott wollte damals seine Kinder durch das Gesicht vor furchtbaren Verlusten bewahren. Wie viele hätte er retten können, wenn wir damals der Stimme Gottes gelauscht und sie nicht unterdrückt hätten?«

9. APRIL

Der Ruf des Ewigen

»Wie sollen sie aber predigen, wenn sie nicht gesandt werden? – So kommt der Glaube aus der Predigt, das Predigen aber durch das Wort Christi.« (Römer 10/15a und 17)

Mir aber war das helle Licht des Evangeliums aufgegangen. Von Tag zu Tag schien die Sonne der Gerechtigkeit heller in mein Leben hinein. Mein Gemeindehirte evangelisierte in anderen Stadtteilen von Berlin, wobei ich ihn begleitete.
Zwei Wochen wurden Gottesdienste in einer Schule in der Nähe des Zentralflughafens Tempelhof gehalten. Der Klassenraum war überfüllt. Laut rauschten und zischten die altertümlichen Karbidlampen, weil der Strom rationiert war. Unaufhörlich donnerten die Motoren der landenden und startenden Transportmaschinen, der sogenannten »Rosinenbomber«. Während der Zeit der sowjetischen Blockade brachten sie lebensnotwendige Güter nach Westberlin.
Währenddessen hörte ich von den herrlichen Wundern aus der Heiligen Schrift. Diese Gottesdienste wurden mir zur einzigartigen und besten Bibelschule. Bei der Heimfahrt sprachen wir oft intensiv über das Wort Gottes. Hin und wieder besuchte ich auch Gottesdienste in anderen Gemeinden.
Eines Sonntags saß ich in der Kapelle einer Gemeinde von Charlottenburg. Es sprach ein Evangelist aus England. Da geschah etwas Außergewöhnliches. Der Prediger sagte: »Der Herr zeigt mir sehr klar, daß hier junge Menschen im Gottesdienst sind, die Jesus rufen will zum Dienst im Weinberg des Herrn!«
Er zeigte auf einen jungen Mann: »Dort sitzt ein Berufener des Herrn und dort zu meiner Linken auch jemand, und dort oben auf der Empore und dahinten auf der letzten Bank!« Auf dieser letzten

Bank saß ich. Ich schaute nach rechts und nach links, ich war der einzige junge Mann dort hinten.
»Ja, ja! Du bist gemeint, junger Mann, komm mit den anderen hier nach vorn zum Altar.« Wie im Traum erhob ich mich und ging zur Kanzel. Da standen schon andere.
»Was hast du jetzt wieder getan?« dachte ich. Ich hatte mich noch nicht mit dem Gedanken beschäftigt, ein Prediger zu werden. Der Evangelist segnete uns und nahm uns das Wort ab, daß wir zu unserem Pastor gehen sollten und ihm von diesem Ruf Gottes erzählen. Ich war zutiefst erschrocken. Mit erregtem Herzen meldete ich mich einige Tage danach bei meinem Gemeindeleiter und erzählte ihm alles.
»Ja, Jost, daß dich der Herr Jesus zum Dienst im Reich Gottes berufen wird, wußte ich schon seit einiger Zeit, aber ich habe gebetet, daß der Heilige Geist es dir ganz persönlich zeigen soll.«
Ich war überwältigt, daß mein Gemeindehirte das schon wußte, obwohl ich mir darüber bisher keine Gedanken gemacht hatte.
So sagte er zu mir: »Jost, wir wollen uns noch einmal einen ganz bestimmten Hinweis von Gott erbitten. Denn weißt du, es muß die Salbung des Heiligen Geistes in dir wohnen. Beim Predigen geht es nicht darum, ein Konzept zu schreiben, die Lieder anzusagen und das Gebet zu sprechen. Nein, Jost, es sind Geisteskämpfe, von denen du jetzt noch nichts ahnst.« Ganz gespannt lauschte ich seinen Worten.
Dennoch war ich noch sehr verwirrt und überwältigt. Der Taufspruch, den mir mein Gemeindehirte zugeeignet hatte, schien sich in immer weiterem Maße zu erfüllen: »Denn ich schäme mich des Evangeliums nicht; denn es ist eine Kraft Gottes, die selig macht alle, die daran glauben.« Nicht nur, daß ich dem Wort Gottes glaubte, nein, ich sollte es jetzt noch anderen predigen.

10. APRIL

Der Tag des Friedens

»Warum toben die Heiden und die Völker reden so vergeblich? Die Könige der Erde lehnen sich auf, die Herren ratschlagen miteinander wider den Herrn und seinen Gesalbten.«

(Psalm 2/1-2)

Diese beiden Sätze zeigen den abgrundtiefen Haß gegen den

wahren König der Erlösung und des Friedens: Jesus Christus. Seit 2000 Jahren wüten die Tyrannen und Mörder der Christen gegen den Sohn des lebendigen Gottes. Ob sie Nero – Mohammed – Ivan der Schreckliche – Napoleon – Hitler – Stalin – Lenin oder Mao hießen – sie alle wollten nicht, »daß dieser über sie herrsche«. Sie alle sind vergangen und weitere werden vergehen, aber der im Himmel wohnt, lachet ihrer.

Wenn wir heute in die Weltgeschichte sehen, wundern wir uns nicht, wie die Heiden toben. Sie sind ein tosendes Meer, das Schlamm und Schmutz aufwühlt. Wie ein Ozeansturm, so dröhnt ihr Haßgesang.

Im Herbst 1949 erlebte ich meinen Urlaub in Blankenburg in Thüringen, dem bekannten Konferenzort der Gemeinschaftsbewegung. Pfarrer Modersohn war zu seinem Herrn heimgegangen, aber die Glaubenskonferenzen sollten in gleicher Weise stattfinden. Ich freute mich auf die Segnungen durch Gottes Geist, solche Orte waren in der DDR noch eine Oase des freien Geistes.

Nun wurde der 1. September 1949 zum Tag des Friedens erklärt. Als sich die 1000-köpfige Konferenzgemeinde am Morgen zum Konferenzgebäude begab, eröffneten die Kommunisten der Konferenzleitung, daß an diesem 1. September keine Gottesdienste stattfinden dürften, es sei denn, sie hätten eine Sondergenehmigung aus Berlin. In boshafter Absicht wurde das den Verantwortlichen erst in letzter Minute mitgeteilt. Die Kommunisten hatten bereits ein schadenfrohes Hohnlachen, weil sie den Tausenden das Wort Gottes »versalzen« wollten.

Vor den Toren der Konferenzhalle spielten sich bewegende Szenen ab. Eine Kommission wurde nach Berlin geschickt, aber bei den primitiven Verkehrsverhältnissen in der DDR konnten die Brüder nicht vor Beginn des nächsten Tages zurück sein. Die Christen aber berieten, was zu tun sei. Den Gottesdienst endgültig ausfallen lassen, wollte keiner. So kam man auf die Idee: Wir teilen uns in mehrere Gruppen, ziehen auf die schönen Hügel, die Blankenburg umgeben und halten dort unter freiem Himmel unsere Andachten ab. Gesagt – getan! Fröhlich wanderte die Gemeinde zum Wald empor bis zu den Gipfeln der Berghügel.

Bald klang es von einer Höhe: »Schönster Herr Jesu, Herrscher aller Enden . . .« Aus anderer Richtung erscholl es im Echoklang: »Die Sach ist dein, Herr Jesu Christ, die Sach, an der wir stehn, und weil es deine Sache ist, kann sie nicht untergehn!« Aus Hunderten Kehlen hörte man immer wieder: »Lobe den Herren, den mächtigen König der Ehren . . .« Das Gotteslob der Christen hallte über Berg und Tal. Gerade unten im Tal vernahm man dunkel

und gedämpft die Melodie der Atheisten: »Völker, hört die Signale, auf zum letzten Gefecht! Die Internationale erkämpft das Menschenrecht.«
Bald merkten die Kommunisten, daß das Lob Gottes nun über alle Maßen deutlich in die Welt hinausgesungen wurde. Schnell schickte man Boten auf die Berge mit der Nachricht, daß am Nachmittag in der Konferenzhalle Gottesdienst gehalten werden könne.
Die Sache Gottes wird endlich und ewig siegreich sein: »Denn Jesus Christus wird die Fürstentümer und die Gewaltigen ihrer Macht entkleiden und sie öffentlich zur Schau stellen.« (Kolosser 2/15)

11. APRIL

Tischgebet in der Hochburg des Kommunismus

»Denn ich schäme mich des Evangeliums von Christus nicht; denn es ist eine Kraft Gottes, die selig macht alle, die daran glauben.« (Römer 1/16)

Im September 1948 wurde ich getauft. Den eben gelesenen Bibelvers gab der Gemeindehirte mir mit auf den Weg. Er sollte mein Leben erfüllen. Dieses Gotteswort wurde nach meiner Wiedergeburt für mich maßgebend bis auf den heutigen Tag.
Gott stellte mich sogleich auf den Prüfstand der Bewährung. Meine Berufsausbildung als Verwaltungsangestellter erhielt ich in Ostberlin, nicht irgendwo in dieser Stadt, sondern in den Diensträumen der kommunistischen Staatsverwaltung; also in der Hochburg des Kommunismus. Umgeben von hohen Spitzenfunktionären des SED-Staates, die höchste Ämter in der DDR bekleideten, konnte ich nun ein Zeuge Jesu Christi sein.
Es war eine erregende Sache, als ich an einem der ersten Tage meiner Ausbildung in der großen Betriebskantine von Berlin-Pankow saß. Mein Herz hämmerte wie der Motor eines überlasteten Traktors. Ich blickte auf die vielen unbekannten Gesichter, die an den Tischen saßen. An den Wänden hingen große Bilder von Marx, Engels, Lenin und Stalin. Mir gegenüber am Tisch saß ein bulliger Kommunist. Wir bekamen sehr schnell unser Essen serviert. Vergnüglich begann er zu schmatzen. Ich wußte, dies ist ein entscheidender Augenblick der Bewährung, hier sollte ich gleich ein Zeuge Jesu Christi sein. Könnte denn mein stilles Gebet soviel bedeuten? War es so wichtig, öffentlich zu beten?

Bei dem Gedanken, hier meine Hände zu falten und die Augen zu schließen, begann ich innerlich zu zittern. Ich dachte, wenn ich einfach eine Zeitlang zur Wand schaue und intensiv denke: »Vater, segne diese Speise, mir zur Kraft und dir zum Preise«, dann ist das doch auch ein Gebet; denn Gott kennt ja alle meine Gedanken.
»Nein«, dachte ich, »wenn du hier nicht wie daheim oder im Gottesdienst betest, verleugnest du deinen Herrn und Meister Jesus Christus.«
»Na, was ist denn los?« polterte der mir gegenübersitzende hohe Funktionär der Partei los. »Hau nur rein, das Essen schmeckt gut!« Er kaute behaglich weiter.
Aus der Tiefe meines Herzens stieg ein unhörbarer Seufzer auf. Innerlich gab ich mir einen Ruck. Kurz und bündig schloß ich meine Augen, faltete meine Hände und betete.
Doch jetzt geschah etwas, womit ich überhaupt nicht gerechnet hatte und was ich eigentlich unter allen Umständen verhindern wollte. An den Nachbartischen wurde es merklich stiller, die Gespräche verstummten, das Geklapper der Bestecke ließ nach und es breitete sich in meiner Nähe eine eindrückliche Stille aus. Ich wußte, jetzt haben sie es bemerkt. Nun wurde ich von allen Seiten beobachtet. Wie gesagt, das hatte ich nicht gewollt. Als ich mein kurzes Gebet still beendet hatte und meine Augen wieder öffnete, ging es zu wie beim Märchen von Dornröschen, als alles vom Schlaf erwachte.
Was für eine Kettenreaktion dieses stille, kurze Tischgebet auslöste, erfuhr ich erst später. Wie ein Lauffeuer war die Nachricht durch die verschiedenen Dienststellen der kommunistischen Verwaltung geeilt: »Da ist einer, ein ganz junger, kleiner Dienstanwärter, der hat es gewagt, unter ›Stalins roter Sonne‹ zu beten.« Von Stund an war ich in allen Büros als ein bekennender Christ offenbar. Deshalb hatte ich es nicht mehr so schwer, mein Glaubensbekenntnis an den Mann zu bringen.

12. APRIL

Wo ist Gott?

»Aber die Gottlosen sind wie das ungestüme Meer, das nicht still sein kann und dessen Wellen Schlamm und Unrat auswerfen. Die Gottlosen haben keinen Frieden, spricht mein Gott.«
(Jesaja 57/20-21)

An jedem Mittwoch mußten alle Betriebsangehörigen der kommunistischen Verwaltung und der sogenannten volkseigenen Betriebe zur »Rotlichtbestrahlung«, so nannten wir die wöchentliche, innerbetriebliche, kommunistische Schulung. Nach einem festgelegten Programm wurden alle Werktätigen der DDR mit einem Thema vertraut gemacht.
Während einer großen Versammlung, bei der viele kommunistische Spitzenfunktionäre anwesend waren, wurde ich von einem Referenten öffentlich herausgefordert. Er rief plötzlich während seiner Ausführungen: »In der Bibel steht: ›Friede auf Erden und den Menschen ein Wohlgefallen.‹« Kollege Müller-Bohn, wie verhält es sich? Sehen Sie, in Korea ist Krieg.«
Gebannt blickten die meisten der Anwesenden auf mich. Im Herzen schickte ich ein Stoßgebet zum Himmel: »Herr, hilf mir jetzt!« Ich war ein junger Christ, erst seit relativ kurzer Zeit in der Gemeinde Jesu.
Um Zeit zu gewinnen, fragte ich zurück: »Wo steht dieser Satz denn in der Bibel geschrieben?«
»Das weiß ich nicht«, lachte der Referent hinter seinem Rednerpult.
»Das ist nicht gut«, konterte ich, »man muß doch seinen Feind kennen.«
Jetzt ließ ich meine Blicke über alle Anwesenden gleiten. »Ich würde jedem raten, der hier anwesend ist, seine Bibel vom ersten bis zum letzten Blatt durchzulesen, erst dann kann man über den Inhalt diskutieren.«
Die Kommunisten schäumten vor Wut, wie konnte auch ein kleiner Verwaltungslehrling von ihnen verlangen, die Bibel durchzulesen.
Ich stellte eine Gegenfrage an den Referenten: »Sagen Sie, welches ist das höchste Gesetz im Staat?«
Dann fuhr ich fort:
»Es handelt sich um ein Mantelgesetz, das in allen Staaten der Welt eine notwendige Grundlage für die Ordnung in jeder Staatsform schafft. Es ist das Gesetz von Pflicht und Recht. Jeder Staatsbürger muß bestimmte Pflichten erfüllen. Wenn er diese Pflichten erfüllt, erwarten ihn dann auch bestimmte Rechte; so ist man verpflichtet, Steuern zu zahlen und hat dann als Staatsbürger das Recht, z.B. bei Bedrohung, polizeilichen Schutz anzufordern.«
Als mir der Referent das »große Grundgesetz« bestätigte, sagte ich weiter:
»Nun will ich Ihnen sagen, was im Zusammenhang mit dem von

Ihnen zitierten Wort vom Frieden in der Heiligen Schrift geschrieben steht, nämlich: ›Ehre sei Gott in der Höhe und Friede auf Erden und den Menschen ein Wohlgefallen.‹«
»Sehen Sie«, rief ich und blickte wieder über die Menge der versammelten Kommunisten, »die erste Pflicht gegenüber dem Schöpfer ist: ›Ehre sei Gott in der Höhe . . .‹, das ist die Voraussetzung, die es zu erfüllen gilt.«
Noch einmal verstärkte ich meine Stimme: »Soviel Sie als einzelner oder auch als Gesellschaft Gott die Ehre geben, soviel Anspruch auf göttlichen Frieden haben Sie.«
Dann setzte ich mich unter dem zornigen Geraune der Versammelten auf meinen Stuhl.
Auch heute werden wir gefragt: Warum läßt Gott die Kriege, Mordanschläge, Hungersnöte und anderen Grausamkeiten zu? Können wir den Gottlosen die rechte Antwort geben zur rechten Zeit?

13. APRIL

Ich bin auch ein Christ

»Ihr seid unser Brief, in unser Herz geschrieben, gekannt und gelesen von allen Menschen.« (2. Korinther 3/2)

Der Ausbildungsplan sah vor, daß Dienstanwärter in alle Abteilungen der Staatsverwaltung der DDR eingewiesen werden sollten. Während eines Zeitraumes von 3 Monaten konnte man von jedem Sachgebiet einen Überblick über die verschiedenen Aufgaben innerhalb dieses Verwaltungsbereichs bekommen. So kam ich auch in eine Finanzabteilung.
Ein älterer, ehemaliger Oberzahlmeister, der mit dem kommunistischen System in der DDR ganz und gar nicht einverstanden war, empfing mich. Der stattliche, weißhaarige Mann, fragte ohne Umschweife: »Sagen Sie mal, Kollege Müller-Bohn, was sind Sie für ein Christ?«
»Ich bin ein bewußter Nachfolger Jesu. Ich habe mich persönlich für Christus entschieden und folge meinem Herrn und Meister in allen Belangen des Lebens nach.«
Verdutzt schaute mich der ehemalige Oberzahlmeister an. Verlegen räusperte er sich und fuhr fort: »Der Parteisekretär der SED

war gestern hier und bat mich, ein besonderes Augenmerk auf Sie zu haben.«
»Das weiß ich«, unterbrach ich meinen neuen Vorgesetzten. »Er verlangt von Ihnen, daß Sie alles, was ich über meinen Glauben äußere, schriftlich an die Parteizentrale weiterleiten sollen.«
»Ja, das stimmt genau. Das mache ich natürlich nicht.« Dabei tippte er mit dem Zeigefinger an seine hohe Stirn.
»Ich habe zu dem Parteisekretär gesagt: ›Ich bin auch ein Christ!‹ Da lachte dieser freche Kerl mich aus und meinte: ›Sie ein Christ? Na, dann schauen Sie sich mal den an, der nun zu Ihnen kommt.‹«
Diese Zeilen schreibe ich heute, nach über 40 Jahren, zur Ehre Gottes; denn alles hat ja seine unaussprechliche Gnade bewirkt. Kommunistische Funktionäre erkennen sehr wohl den Unterschied zwischen einem Namenschristen und einem aktiven Jünger Jesu. Dieser Oberbuchhalter war eben nur dem Namen nach ein Christ; ansonsten war er ein Frauenheld, der besonders den blonden Frauen nachstellte, obwohl er verheiratet und sehr viel älter war als seine Mitarbeiterinnen.
Wir werden von unseren Mitmenschen sehr genau beobachtet. Wegen der vielen sogenannten Namenschristen sind sie angeblich von der ganzen Christenheit enttäuscht. Unser Christsein muß mit unserem täglichen Leben übereinstimmen. Deshalb vergleicht der Apostel Paulus wahre Jünger Jesu mit einem Brief, der öffentlich gelesen wird:
»Ihr seid unser Brief, in unser Herz geschrieben, erkannt und gelesen von allen Menschen! Ist doch offenbar geworden, daß ihr ein Brief Christi seid, durch unsern Dienst zubereitet, geschrieben nicht mit Tinte, sondern mit dem Geist des lebendigen Gottes, nicht auf steinerne Tafeln, sondern auf fleischerne Tafeln, nämlich eure Herzen.«
Christen werden also von den andern Menschen wie ein Brief gelesen; deshalb muß unser Leben von neuem Denken, Fühlen und Wollen durchdrungen sein, damit unsere Mitmenschen bemerken: Wir sind durch Gottes Gnade neue Menschen geworden. Dabei spielt die Freude, die wir durch den Heiligen Geist erhalten haben, eine große Rolle.

Zwei Brote und die Wahrheit

»Erneuert euch aber im Geist eures Gemüts und ziehet den neuen Menschen an, der nach Gott geschaffen ist in rechtschaffener Gerechtigkeit und Heiligkeit. Darum leget die Lüge ab und redet die Wahrheit, ein jeglicher mit seinem Nächsten, weil wir untereinander Glieder sind.« (Epheser 4/23-25)

Die Gottseligkeit ist keine Sache des Zufalls, sondern eine wohlüberlegte Entscheidung, die wir täglich treffen müssen. Wir lesen von solchen heiligen Entscheidungen, die Gottesmänner trafen:
»Weil Mose Gott vertraute, wehrte er sich, als er erwachsen war, dagegen, daß die Leute ihn ›Sohn der Königstochter‹ nannten. Er zog es vor, mit dem Volk Gottes zu leiden, anstatt für kurze Zeit gut zu leben und dabei Schuld auf sich zu laden. Er war sicher, daß alle Schätze Ägyptens nicht so viel wert waren wie die Verachtung, die einer für Christus auf sich nimmt. Er dachte an die Belohnung, die auf ihn wartete.« (Hebräer 11/24-26 GN)
Ich wurde während meiner Arbeit in der Hochburg des kommunistischen Systems in Berlin-Pankow täglich in die Entscheidung gestellt. Meine erste Dienststelle war das Jugendamt. Eine meiner Aufgaben bestand darin, auch für die zusätzliche Ernährung in den Kinderheimen zu sorgen. Die Versorgung mit Lebensmitteln war 1949 in der DDR noch stark rationiert.
Eines Tages mußte ich mit einem Kraftfahrer 200 Brote in ein Kinderheim transportieren. Da nicht rationiertes Brot sehr teuer war, zählte ich die Brote genauestens ab. Als wir die Lieferung der Küchenverwaltung des Heims übergaben, fehlten zwei Brote. Wir zählten noch einmal, aber es waren 198 Brote.
»Du hast doch alles genau gezählt«, sagte der Kraftfahrer mit scheinheiliger Miene. Damals bekam ich einen großen Schreck. – Wo sollten die Brote geblieben sein? Da kam mir der Gedanke, hinter die Sitze des Autos zu schauen und man höre und staune, da lagen sie.
Später gestand mir der Kraftfahrer, daß er die beiden Brote für »uns« reserviert habe, doch auf solchen Betrug lassen sich Jünger Jesu nicht ein, sonst werden sie schnell zum Werkzeug für Ungerechtigkeiten. Wenn wir uns für den Weg der Wahrheit entscheiden, hüten wir uns vor Lügen. Die Erneuerung des Geistes fällt

uns nicht in den Schoß. Wir müssen den Weg der Wahrheit alle Tage neu wählen, sonst würden wir bald auf Abwege geraten.
Es gibt einen Weg der Wahrheit, der sich auf die durch den Heiligen Geist erkannte Lehre bezieht. Diesen Weg müssen wir gehen und jede Menschensatzung oder -lehre verwerfen. Wir sollten nie den bequemen Weg wählen, denn das hieße, daß wir nicht bereit sind, die Schmach Jesu Christi zu tragen.

15. APRIL

So sorget nicht, wie oder was ihr reden sollt

»Siehe, ich sende euch wie Schafe unter die Wölfe. Darum seid klug wie die Schlangen und ohne Falsch wie die Tauben. ... Wenn sie euch nun überantworten werden, so sorgt nicht, wie oder was ihr reden sollt; denn es soll euch zu der Stunde gegeben werden, was ihr reden sollt. Denn ihr seid es nicht, die da reden, sondern eures Vaters Geist ist es, der durch euch redet.« (Matthäus 10/16 und 19-20)

Die Schikanierungen und Drangsalierungen werden immer heimtückischer. Man ist von kommunistischer Seite bestrebt, mich vom Glauben an Jesus Christus abzukoppeln.
An einem Morgen betrete ich meine Dienststelle. Mein persönlicher Ausbilder ist ein netter und aufrichtiger Kollege. Heute Morgen blickt er mich ganz erschrocken und hilflos an. Mir den Rücken zugewandt, sitzt ein fremder Mann am Schreibmaschinentisch. Mein Ausbilder zuckt ganz hilflos mit den Schultern; ich ahne Schreckliches.
Dieser Unbekannte erhebt sich, dreht sich um und zeigt mir seinen Dienstausweis: »Sind Sie Herr Müller-Bohn?«
Ich nicke.
»Staatssicherheitsdienst, Sie sind verhaftet!«
Ich blöke wie ein Schaf: »Ich? Weshalb? Das muß ein Irrtum sein.«
Der Fremde grinst hinterhältig.
Erschrocken frage ich: »Weshalb wollen Sie mich denn verhaften?« – »Das werden Sie schon früh genug zu hören bekommen«, brummt der Mann in Zivil.
Mein Ausbilder sagt noch: »Ich werde den Dienststellenleiter von Ihrer Verhaftung unterrichten.«

Auf der Straße wartet ein Polizeiwagen; Menschen blicken sich erschrocken um, als ich in das Dienstfahrzeug einsteigen muß. Mir ist ganz elend zumute. Intensiv bete ich: »Herr Jesus Christus; hilf mir! Du weißt, wie gefährlich es ist, in die Hände der Sünder zu fallen.«

Zum Verhör bringt man mich in ein Zimmer. Es wird behauptet, ich hätte antikommunistische Flugblätter verteilt und an öffentliche Tafeln geklebt. Ich aber beteuere meine Unschuld.

Pausenlos geht das Verhör weiter. Immer neue Stasileute bombardieren mich mit Fragen, einmal in drohender Form, dann wieder auf die sanfte Tour: »Sie brauchen ja nur die Wahrheit zu sagen. Wir wissen ja schon alles. Sie verkehren in jener Gaststätte, und dort haben Sie Schulden gemacht. Wir waren doch auch einmal jung. Sie wurden von einem westlichen Agenten angesprochen und haben viel Geld angeboten bekommen, wenn Sie bereit wären, soundso viele Flugblätter unter die Menschen zu bringen. Sie haben ein Mädchen, das sehr kostspielig ist, – deshalb haben Sie die Schulden gemacht . . .«

»Hören Sie«, entgegne ich. »Ich bin ein überzeugter Christ, ich gehe nie in eine Kneipe. Ich habe keine Schulden gemacht, und als Jünger Jesu habe ich keinen Kontakt zu Mädchen, die nicht an Jesus Christus glauben.«

Plötzlich unterbricht der Stasioffizier das Verhör. »Gehen Sie hinaus auf den Gang und warten Sie dort!« brüllt er mich an. Es dauert eine geraume Zeit. Ich bete unablässig.

Dann werde ich wieder ins Zimmer gebeten. Ein Protokoll wird mir vorgelegt: »Hier, unterschreiben Sie das«, sagt ein anderer Stasimann.

Ich lese sehr aufmerksam den mit der Maschine geschriebenen Text. Dann unterschreibe ich.

»Sie sind entlassen, Sie können gehen«, sagt der Mann.

Als ich wieder auf der Straße bin, fange ich vor Freude an zu weinen. Es ist ein Wunder, daß ich so schnell wieder auf freien Fuß gesetzt worden bin.

Christen sind Vollidioten

»Meine Tränen sind meine Speise Tag und Nacht, weil man täglich zu mir sagt : Wo ist nun dein Gott?« (Psalm 42/4)

Die täglichen Sticheleien, das Gespött der kommunistischen Staatsfunktionäre ließen nicht nach. Ihr anmaßendes Hohngelächter offenbarte mir aber ihre enorme Unsicherheit in bezug auf die Frage: Wenn es nun aber doch einen Gott gibt?

Eines Tages wurde ich bei einem kommunistischen Schauprozeß gegen einen jungen Christen, den man schwerwiegender Verbrechen gegen den Staat bezichtigte, weil er Traktate und Schriften verteilt hatte, in einer Sitzungspause von meinem Vorgesetzten Erich Weinert, einem Erzkommunisten, angeschrien: »Alle Christen sind Vollidioten! In den Konzentrationslagern waren die Zeugen Jehovas gute Kameraden, jetzt aber sind sie alle Staatsverbrecher!«

Ich versuchte, dem persönlichen Freund des berüchtigten Statthalters der Sowjetunion, Walter Ulbricht, klarzumachen, daß die Zeugen Jehovas nichts mit der wahren Gemeinde Jesu Christi zu tun hätten, sondern eine verderbliche Irrlehre verbreiteten.

Wie ein Stier brüllte mich daraufhin dieser bekannte Kommunist an: »Wo ist nun sein Gott?« Damit meinte er den soeben verurteilten jungen Christen, der im Gerichtssaal in aller Öffentlichkeit seinen Herrn und Heiland bezeugt hatte, und nun doch hinter »Schloß und Riegel« kam.

Mit der Frage: »Wo ist nun dein Gott?« werden wir des öfteren konfrontiert. Kinder Gottes sollten aber gegen solche Provozierung nicht empfindlich sein; sie sollten lieber daran denken, was der Herr Jesus vorausgesagt hat, nämlich daß sie von der Welt gehaßt und beschimpft würden.

Der Widersacher Gottes, der Satan, weiß wohl, daß es vergebliche Mühe ist, einen Menschen äußerlich anzugreifen, solange der sich in tiefer Herzensgemeinschaft mit seinem himmlischen Vater befindet. Darum trachtet er danach, beide zu entzweien.

Einerseits klagt er Gott bei den Menschen an und andererseits den Menschen bei Gott. Der Teufel muß erkennen, daß seine listigen Anläufe vergeblich bleiben, solange wir uns in inniger Gemeinschaft mit unserem Vater im Himmel befinden. Darum läßt er nichts unversucht, uns dennoch zu Fall zu bringen.

»Wo ist denn nun dein Gott?« hat er schon manchem Gotteskind ins Ohr geflüstert.
Satan selbst hatte sich einst von Gott, seinem Herrn, losgerissen; deshalb geht sein ganzes Bestreben dahin, auch andere Gott zu entreißen.
Er hat sogar versucht, den Sohn des lebendigen Gottes, nämlich Jesus Christus, von seinem Vater zu trennen mit den Worten: »Falle vor mir nieder, so will ich dir die ganze Herrlichkeit dieser bewohnten Erde geben, weil sie mir übergeben ist.«
Wollen wir uns darauf besinnen, allezeit in Gottes Willen zu leben und zu ruhen, damit man einst sagen kann: »Er hat Gott vertraut, deshalb ist ihm die Krone des ewigen Lebens gegeben worden«?

17. APRIL

Lügen und Trügen weicht nicht

»Mache ihre Zunge uneins, Herr, und verwirre sie; denn ich sehe Frevel und Hader in der Stadt. Das geht Tag und Nacht um auf ihren Mauern, und Mühsal und Unheil ist drinnen. Verderbnis regiert darin, Lügen und Trügen weicht nicht aus ihren Gassen.« (Psalm 55/10-12)

Die heilige Stadt Jerusalem war zu einer Räuberhöhle der Gottlosigkeit geworden. Der Pöbel überwachte an allen Ecken und Enden die Gassen; die Frechheit der lichtscheuen Elemente trieb sogar an hellichtem Tage ihr Spiel. Es waren Menschen, die nur Unheil und Jammer anstiften konnten.
Berlin war nie eine heilige Stadt, im Gegenteil, diese Stadt galt in den dreißiger Jahren als Brutstätte von Krieg, Terror, Unterdrükkung und Rechtlosigkeit. So hatte das NS-Regime seine Fortsetzung in der kommunistischen Ära.
Entsetzliche Formen nimmt es an, wenn die Machthaber eines Staates die niederen Triebe der entfesselten, gottlosen Gesellschaft für ihre Machenschaften mobilisierten.
Wir angehenden Verwaltungsangestellten der ostdeutschen Staatsmacht wurden zu einer Demonstration an die »Sektorengrenze«, dem Schnittpunkt zwischen Ost und West, beordert. Alles war gut vorbereitet. Zu Tausenden drängten sich Jugendliche in Blauhemden auf einem weitflächigen, enttrümmerten Platz, dicht an der Grenze zu West-Berlin.

Riesige Lautsprecher waren um ein großes Holzpodest aufgestellt; es sollten die Genossen Eisler und Honecker sprechen, letzterer war damals nur der Generalsekretär der Freien Deutschen Jugend in Berlin. Auch auf der westdeutschen Seite standen Hunderte hinter der Polizeiabsperrung. Ein ohrenbetäubendes Gejohle begann. Eine Seite wollte die andere überschreien.
Plötzlich fliegen Steine, sofort verstecke ich mich hinter dem Podest. Ich kann die Lage gut überschauen; auf Ruinen stehen »Halbstarke« aus West-Berlin und werfen mit großen Ziegelsteinen. Gleich stürzen Polizisten aus Westberlin auf die Ruinen zu und vertreiben die Unruhestifter. Die Gefahr hat ein Ende.
Am nächsten Tag lesen wir in der kommunistischen Zeitung »Neues Deutschland«: »Westberliner Polizisten haben mit Steinen geschmissen.«
In der Verwaltungsschule diskutierten wir mit den Referenten. Wir hatten es alle mit eigenen Augen gesehen, wie die Polizisten für Ordnung gesorgt hatten. Kein Westberliner Polizist hatte einen Stein angerührt; aber Wahrheit ist zu dieser Zeit nur, was der kommunistischen Partei nützt. Der Sozialismus muß siegen, auch durch »Lügenparolen«.
Christen wollen nicht die listigen Anschläge der Feinde mit einem Gegenschlag oder mit einer anderen Ungerechtigkeit beantworten, sie suchen bei Gott Zuflucht. Sie wollen stets wie ihr Meister Jesus Christus handeln. So ist es für die Gläubigen höchste Weisheit, nicht Gleiches mit Gleichem zu vergelten, sondern mit dem Psalmisten zu sagen:
»Ich will zu Gott rufen, und er, der Herr, wird mir helfen.«

18. APRIL

Achtung! Menschenräuber!

»Denn ohne Grund haben sie mir ihr Netz gestellt, ohne Grund mir eine Grube gegraben. Unversehens soll ihn Unheil überfallen; sein Netz, das er gestellt hat, fange ihn selber, zum eigenen Unheil stürze er hinein.« (Psalm 35/7-8)

Ziemlich wehrlos war ich in der Zeit meiner Berufsausbildung den Intrigen der Erzkommunisten und ihrem hemmungslosen Haß preisgegeben. Es ging oft um Sein oder Nichtsein, denn ohne Grund haben sie mir ihre arglistigen Fangfragen und Netze gestellt. Täglich mußte ich mir neue Freude zum Bekennen der Botschaft Christi schenken lassen, auch die Überwinderkraft, damit ich die vom Teufel getriebenen Parteibonzen und ihre Helfershelfer nicht hassen, sondern lieben konnte. Damals unterstanden Wohnungen und Häuser der staatlichen Zwangsbewirtschaftung.

Ein linientreuer Wohnungsprüfer vom Wohnungsamt aus dem Bezirk bekam die Kontrolle über meine Ausbildung. Einmal fuhren wir nach Pankow-Heinersdorf, um Wohnraum zu beschlagnahmen. In einem größeren Miethaus klingelten wir an einer Tür. Auf dem Namensschild stand: »Dr. med. HO.«

»Ein seltsamer Name«, stellte der Prüfer fest, »ich habe in meinen Unterlagen etwas ganz anderes stehen.« Ich zuckte mit den Schultern. Da sich in der Wohnung nichts rührte, klingelte der Prüfer mehrmals. Endlich hörten wir schlürfende Schritte. Eine ziemlich unsympathische Frauenstimme fragte hinter der geschlossenen Tür: »Wer ist da? – Ich kann nicht aufmachen, weil ich gerade aus dem Bad komme.«

Der Prüfer sagte: »Wir haben noch hier im Haus einiges zu tun, wir kommen später wieder.«

So erledigten wir unsere Aufgaben in anderen Stockwerken, ehe wir bei »Dr. med. HO« klingelten. Die Tür wurde nur einen Spalt breit geöffnet, eine Kette verhinderte den Zugang.

»Wer sind Sie? Haben Sie Ihren Dienstausweis bei sich? Sind Sie Genossen?« fragte eine ältere Frau, die einen widerwärtigen, abstoßenden Eindruck machte.

Als der Prüfer seinen Ausweis gezeigt hatte, öffnete diese seltsame Frau ihre Tür.

»Sehen Sie, ich muß sehr, sehr vorsichtig sein, denn ich werde vom amerikanischen Geheimdienst gesucht. Man hat über mich schreckliche Lügen verbreitet. Sehen Sie diesen Artikel hier . . .«

Sie legte uns einen Artikel aus einer Westberliner Tageszeitung vor. Die Überschrift des Artikels lautete:

»Achtung – Menschenräuber!« Daneben war ein Suchfoto mit ihrem Konterfei gesetzt. Die Frau hatte schon einige Menschen durch die Hände der Russen abführen lassen.

Heiser lachte die Alte: »Sehen Sie, welch ein Quatsch. Ich bin eine ganz harmlose Frau.« Mir ging aber in ihrer Gegenwart ein kalter Schauer über den Rücken.

»Haben Sie denn schon Wohnraum beschlagnahmen können?« fragte sie hinterhältig.

»Nein«, sagte der Prüfer.

»Aber warum denn nicht? Über mir wohnt doch eine Frau in einer

Dreizimmerwohnung, den Mann habe ich abführen lassen, als die Russen kamen. Der war ein Nazi.« Nun, so ging es weiter.
Als wir ihre Wohnung verlassen hatten, sagte der kommunistische Prüfer: »Menschenskinder, vor solch einem Weib kann einem ja angst und bange werden. In deren Hände möchte ich nicht fallen.«
»Ich auch nicht«, sagte ich. Von Stund an hatte ich zu dem kommunistischen Prüfer ein recht kollegiales Verhältnis; er schämte sich auf einmal, ein Parteimitglied zu sein.

19. APRIL

Als Reporter nach Budapest

»Das Wenige, das ein Gerechter hat, ist besser als der Überfluß vieler Gottloser.« (Psalm 37/16)

Als Verwaltungslehrling bekam ich eine Dienstentschädigung von 40 Ostmark, gerade mal ein Taschengeld. Aber mein Herz war erfüllt von der Liebe Gottes, sie war und ist der größte Reichtum. Mit allen Verführungskünsten hatte man jahrelang versucht, mich zu überreden, ein »fortschrittlicher« Verwaltungsangestellter zu werden. Im Klartext hieß das: Werde ein Kommunist.
Eines Tages erschien in meiner Dienststelle ein persönlicher Abgesandter von Erich Honecker, ein Mann, der noch eine steile politische Karriere in der DDR vor sich hatte. Dieser persönliche Dezernent des ersten Jugendsekretärs der FDJ (Freie Deutsche Jugend) machte mir ein glänzendes Angebot:
»Kollege Müller-Bohn, es ist uns bekannt, daß Sie journalistische Talente haben. Wir brauchen dringend einen Reporter für unsere Zeitschrift ›Die junge Welt‹. Würde es Ihnen Freude machen, zu den Weltjugendspielen nach Budapest zu reisen und für unsere Zeitung zu schreiben? Sie würden als vollzeitiger Reporter und Journalist ein sehr gutes Gehalt von 800.– Mark monatlich erhalten.«
Ich war völlig überrascht. Man wollte mir ein unvorstellbar »großes« Gehalt geben. Damit wir einen Begriff von dem haben, was 800.– Mark Gehalt bedeutet, möchte ich zur Erklärung anfügen, daß ein Bezirksbürgermeister damals zwischen 500 und 600.– Mark Gehalt bekam.
Schnell fragte ich: »Welche politische Konsequenz hätte das für mich?«

Der persönliche Abgesandte von Erich Honecker lächelte: »Sie brauchen nicht in die Partei einzutreten, natürlich wäre eine Mitgliedschaft in der FDJ für diese Stelle die Voraussetzung.«
Das war eine unvorstellbare Versuchung: Ich war jung; das Leben lag vor mir, ich hätte mir manches leisten können und wäre darüber hinaus im Ausland herumgekommen; deshalb konnte ich nicht gleich nein sagen.
»Bitte, geben Sie mir einen Tag Bedenkzeit, ich kann das nicht gleich entscheiden«, sagte ich.
»Gut, ich komme morgen wieder«, antwortete der Staatsfunktionär. Ständig ging es in meinem Kopf herum: 800,– Mark, also 20mal soviel wie ich bisher verdiente. In die Kommunistische Partei brauchte ich nicht einzutreten. Am Abend betete ich lange; dabei wurde es mir klar: »Wenn du ihnen den kleinen Finger reichst, packen sie später die ganze Hand.« Es wäre ein teuflischer Pakt geschlossen worden.
Am nächsten Tage kam der Funktionär wieder: »Nun, wie steht's?« fragte er mich.
»Ich muß Sie enttäuschen. Sehen Sie, ich bin ein Jünger Jesu und es ist mir unmöglich, für eine atheistische Jugendzeitung zu arbeiten.« Der Beauftragte wurde sehr menschlich und sehr persönlich: »Herr Müller-Bohn, ich verdiene nicht mal die Hälfte von dem, was man Ihnen anbietet. Ich würde sofort ja sagen, wenn man mir dieses Angebot machen würde.«
»Ja, ich kann Sie verstehen«, sagte ich, »aber ich liebe Jesus mehr als alles andere in dieser Welt.«
Kopfschüttelnd verabschiedete sich der FDJ-Funktionär von mir. Noch heute danke ich Gott, daß er mir wunderbare Gnade, Kraft und Einsicht gegeben hat, daß ich nicht in den Rat der Gottlosen einzuwilligen brauchte. Das Wenige, das ein Gerechter hat, ist besser als der Überfluß vieler Gottloser.

20. APRIL

Dann haben wir Gott ausradiert

»Die Toren sprechen in ihrem Herzen: ›Es ist kein Gott‹. Sie taugen nichts; ihr Frevel ist ein Greuel; da ist keiner, der Gutes tut.« (Psalm 53/2)

Wer die Gottlosigkeit zur Grundlage seines Handelns macht, ist

zu allem fähig. Mit ihrem Ausspruch: »Es ist kein Gott«, wollen sie oft sagen: Es gibt kein göttliches Gesetz; es gibt keine göttliche Ordnung. Solche Einstellung fördert die Zügellosigkeit und jede Leidenschaft. Wer in Wissen und Gewissen Gott den Abschied gibt und seine gottferne Gesinnung auslebt, der ist ein heilloser Mensch.
Wenn David sagt: »Sie taugen nichts«, so will er damit auch ausdrücken, daß sie irgendwo grundverdorben sind. Es hilft nicht, sie als liebenswürdige Denker zu bezeichnen. Ihre sittliche Fäulnis macht sich auf irgendeinem Gebiet stark bemerkbar. Der Atheismus ist kein harmloser Irrtum, sondern eine abscheuliche Sünde; jeder nachdenkende Mensch sollte ihn in diesem Licht sehen.
Ich bekam einen neuen Ausbildungsleiter, der mich wegen meiner Liebe zu Jesus Christus immer wieder öffentlich diskriminierte.
Eines Tages bestellte er mich in sein Büro. Er saß hinter seinem Schreibtisch und hatte vor sich eine aufgeschlagene Zeitung. Aus dieser las er mir einen »wissenschaftlichen Artikel über die Erforschung des Lebens« vor. Die sowjetischen Forscher seien in der Genforschung bereits so weit vorangeschritten, daß es sich nur noch um eine kurze Zeit handeln könne, dann hätten sie die Bausteine des Lebens erforscht, so daß es auch in ihrer Macht stünde, die Menschen unsterblich zu machen.
Herausfordernd blickte er mich an: »Es ist deshalb überhaupt die Frage«, sagte der Ausbildungsleiter, »ob der Genosse Stalin noch sterben muß.« Sein Lächeln verwandelte sich in eine bösartige Mimik.
Plötzlich schrie er: »Wenn wir den Menschen unsterblich gemacht haben, dann ist Gott aber endgültig ausradiert!«
Ich saß ihm sehr gelassen gegenüber und dachte, da er die Bibel ein Märchenbuch nannte: Über ein Märchen regt sich in der Regel niemand so entsetzlich auf, weil man einfach davon überzeugt ist, daß ein Märchen eben ein Märchen ist.
Den Grund seiner heftigen Erregung erfuhr ich einige Wochen später. Ich fuhr zu einem Außenbezirk von Ostberlin; dort wohnte ein Schneider, der ein Jünger Jesu war. Meine Mutter hatte einen schönen Anzugstoff für mich erstanden, nun ließ ich mir einen Anzug schneidern.
Wir kamen auf meinen Dienst in der kommunistischen Verwaltung zu sprechen und auch auf meinen fanatischen Ausbildungsleiter, der mich niedriger als ein Tier einstufte, weil ich keine politische Bewußtseinsänderung erfahren hätte. Ich nannte seinen Namen. Es stellte sich heraus, daß der genannte Ausbildungsleiter sein Nachbar war.

Er lebte in seinem Haus mit vier Frauen zusammen; mit einer war er verheiratet, seine drei anderen Frauen waren von ihm gerichtlich geschieden, er hatte sie aber psychologisch so unter Druck gesetzt, daß sie alle gemeinsam mit ihm sexuell verkehrten.
Dieser Mann war ein sogenannter überzeugter Atheist – für ihn durfte es natürlich keinen Gott geben. Er wußte genau, daß sein Leben nicht in die Ordnungen Gottes paßte.

21. APRIL

Versuchung, dein Name heißt Weib

»Wachet und betet, daß ihr nicht in Versuchung fallet! Der Geist ist willig, aber das Fleisch ist schwach.« (Markus 14/38)

Mit allen nur erdenklichen Mitteln waren die kommunistischen Funktionäre bemüht, mich vom Glauben an Jesus Christus abzubringen. Alle Drohungen und auch alle Benachteiligungen hatten bisher jedoch ihren Zweck verfehlt.
Eines Tages erschien ein ausgesprochen hübsches Mädchen, eine Dienstanwärterin, um in derselben Abteilung zu arbeiten, in der ich beschäftigt war. Diese Mitarbeiterin hatte den Auftrag, mich für die kommunistische Jugendorganisation »Freie Deutsche Jugend« zu werben.
Sehr leutselig war sie und hatte immer etwas Besonderes bereit: Sie verfügte über Eintrittskarten für große Konzerte und Opernaufführungen. Eine Einladung folgte der anderen. Ich hatte aber nie Zeit, denn die Mitarbeit in der Gemeinde Jesu nahm meine gesamte Freizeit in Anspruch: Gottesdienst, Straßenmission, Männerchor, gemischter Chor, Jugendstunde, Bibel- und Gebetsstunde, meine Zeit lag in Gottes Händen.
Mit einer unvorstellbaren Zähigkeit umgarnte diese Mitarbeiterin mich mit ihren Verführungskünsten. Zu ihrem Unglück verliebte sie sich auch noch in mich. Als alles nichts nützte, sagte sie eines Tages sehr erregt zu mir: »Mit dir ist ja überhaupt nichts anzufangen!«
Ich blickte sie ganz gelassen an und fragte zurück: »Was wollen wir denn anfangen?« –
Jetzt war ihre Beherrschung am Ende. Weinend stürzte sie aus dem Zimmer.
Als sie wieder zurückkam, sagte ich zu ihr: »Wir wollen einmal

ganz offen miteinander reden. Sag mir doch ganz ehrlich, mit welchem Auftrag bist du hier?«
Weinend gestand sie mir, daß sie von der Parteileitung auf mich »angesetzt« worden sei, und es ihr sehr leid täte. »Wir können doch aber weiterhin gute Freunde bleiben; denn ich habe dich sehr liebgewonnen«, bat sie.
»Nein«, entgegnete ich, »in der Heiligen Schrift gibt es darüber klare Anweisungen. Wir lesen in Gottes Wort: Ein Jünger Jesu soll sich nicht mit einem Ungläubigen verbinden.« Hierüber war sie verständlicherweise sehr enttäuscht.
Nun bat ich sie: »Komm doch einmal mit in den Gottesdienst. Wir haben jetzt gerade eine besondere Vortragswoche. Du hast mich über Monate so oft zu irgendwelchen Veranstaltungen eingeladen; jetzt lade ich dich zu einer Evangelisation ein.«
Ein kleines Wunder geschah, sie begleitete mich in den Gottesdienst.
An diesem Abend wurde eine zündende Botschaft gebracht. Als der Gottesdienst beendet war, wurde meine Begleiterin vom Evangelisten an der Tür angesprochen: »Junges Mädchen, Sie sollten Ihr Herz auch dem Heiland schenken!«
»Wieso?« fragte sie sehr spitz, »ich bin auch ein Christ.« –
»Nein, nein«, meinte der Bote Gottes. »Sie heißen vielleicht so, aber eine echte Jüngerin Jesu sind Sie noch nicht.«
Später fauchte sie mich an: »Du bist ganz schön gemein, diesem Pastor alles zu hinterbringen . . .!«
»Einen Augenblick mal«, sagte ich zu ihr, »als wir beide das Gotteshaus betraten, sah ich diesen Prediger zum ersten Mal.«
»Woher kann er dann wissen, daß ich kein überzeugter Christ bin? Ich sehe doch wie alle anderen Mädchen aus, oder?«
»Ein erfahrener Bote Gottes hat eben einen Blick dafür. Er kann oftmals einem Menschen ansehen, ob er durch die Gnade Jesu errettet ist oder nicht«, erklärte ich ihr.
Sie konnte das kaum verstehen.

22. APRIL

Einer empfängt die Goldmedaille

»Wisset ihr nicht, daß die, so in der Kampfbahn laufen, die laufen alle, aber einer empfängt den Siegespreis? Laufet so, daß ihr ihn erlangt! Ein jeglicher aber, der da kämpft, enthält

sich allen Dingen; jene nun, daß sie einen vergänglichen Kranz empfangen, wir aber einen unvergänglichen.«

(1. Korinther 9/24-25)

Paulus war ein Mensch, der sich nicht scheute, die aktuellen Sportereignisse als Beispiel für den unsichtbaren Kampf des Glaubens zu benutzen. Er veranschaulichte den Menschen der damaligen Zeit anhand der Tagesereignisse die große Bedeutung des geistlichen Kampfes. So führt er uns noch heute ins Sportstadion und erklärt uns die Wichtigkeit des meisterlichen Ringens um den Siegeskranz! Heute würden wir es den Kampf um die Goldmedaille nennen.

Eines Tages wurde ich zu einem Wettkampf der Kommunistischen Weltjugendspiele in Berlin in ein Fußballstadion abkommandiert, um dort als Ordner »freiwillig« tätig zu sein. Darüber war ich damals sehr enttäuscht.

Das Stadion war gut besucht. Zu einer bestimmten Zeit liefen die Fußballspieler auf das Spielfeld und der Kampf begann. Zigtausend Zuschauer bepfiffen jedes Foul und feuerten ihre Mannschaften an. Lautstark machten sie ihren Beifall oder Unwillen kund. Wer kennt heute noch ihre Namen? Die Namen der damaligen siegreichen Kämpfer, dieser 22 durchtrainierten Sportler, sind bei vielen noch in lebhafter Erinnerung. Ihre Namen standen bereits Jahre vor ihrem Einsatz im Buch des Trainers.

Eine Hauptperson beurteilt ihre Kampfart – der Schiedsrichter! Dieser Mann hat während des Kampfes das absolute Entscheidungsrecht. Zwei an der Seite stehende Linienrichter helfen ihm, das Verhalten der Kämpfer in die richtigen Bahnen zu lenken. Foul oder Abseits, sie sind während des Kampfes von großer Bedeutung.

Neben dem Trainer der jeweiligen Mannschaft sitzen die »Ersatzspieler«. Es sind Kämpfer, die aus zigtausend anderen Spitzensportlern ausgewählt sind und auf der Ersatzbank Platz nehmen dürfen. Auch ihre Leistungen sind gut, aber andere haben den Vorzug.

In dem geistlichen Kampf, der uns verordnet ist, wissen wir auch von einem Schiedsrichter, dessen Urteil absolut unanfechtbar ist – Jesus Christus! Die hier berufenen Kämpfer stehen unter der Aufsicht der beiden Linienrichter, die ich mit »Wort und Geist« bezeichnen möchte. Sie weisen uns bei unseren täglichen Kämpfen in die Bahn! –

Die Zuschauermenge beurteilt uns. Wenn uns eine Sünde, eine Abweichung, eine Nachlässigkeit unterlaufen ist, so pfeifen sie

gellend. Sie aber sind nur Zuschauer und keine aktiven Kämpfer. Ihre Namen stehen nicht in dem Buch der Auserwählten.
Als ich einmal über diesen Text eine Predigt im Großraumzelt gehalten hatte, kam ein junger Mann zu mir, der als Fallschirmspringer bei der Bundeswehr diente, und sagte: »Ich möchte kein Ersatzspieler sein, ich möchte ein auserwählter Kämpfer für Jesus werden. Ich will mich zu diesem Herrn bekehren.« Er tat es und wurde ein treuer Jünger und Kämpfer Jesu Christi.
Nun konnte sein Name in das Buch der Auserwählten aufgenommen werden, die für würdig befunden sind, das Himmelreich zu ererben.
Denn Jesus hatte seinen Jüngern geraten: »Freuet euch aber, daß eure Namen im Himmel geschrieben sind.« (Lukas 10/20)

23. APRIL

Ein Narr für Christus

»Denn das Wort vom Krenz ist eine Torheit denen, die verloren werden; uns aber, die wir selig werden, ist es eine Gotteskraft.«
(I. Korinther 1/18)

Mit welcher Intensität sich dieser Streit in der Hochburg des Kommunismus abspielte, ist kaum zu beschreiben. Die täglichen Sticheleien und Bedrohungen – die üblen Nachreden und Verunglimpfungen, ja, die böswilligen Unterstellungen und die bissigen Lästerungen nahmen nie ab.
Wöchentlich mußte ich einmal im »Rat der Gottlosen« sitzen und mich mit der marxistischen Ideologie auseinandersetzen. Was ich im Bibelunterricht der Gemeinde Jesu gelernt, konnte ich hier als geistliche Waffe benutzen. Unzählige Wortgefechte wurden in diesen Kreisen geführt. Mir war es besonders wichtig, unter der Leitung des Heiligen Geistes zu sein; denn die Feinde Jesu versuchten oft, mir heimtückisch Fallen zu stellen.
Wieder wurde ich von einem Spitzenfunktionär herausgefordert. Der polemische Höhepunkt seiner Provokation gipfelte in dem Satz: »Wer heute noch an Jesus Christus glaubt, ist für mich ein blöder Narr!«
Ein feuriger Pfeil, der mich ins Zentrum meines Herzens treffen sollte. Gott schenkte mir Gnade, Erleuchtung – im Bruchteil einer

Sekunde sagte ich: »Ja, das muß ja auch so sein; in der Bibel steht geschrieben: ›Das Wort vom Kreuz ist eine Torheit denen, die verloren werden; uns aber, die wir selig werden, ist's eine Gotteskraft.‹«
Jetzt wurde ich noch sehr persönlich: »Sehen Sie«, erklärte ich dem kampferprobten Kommunisten Erich Weinert, »wenn Sie weiter so denken und leben, wie Sie es bis jetzt getan haben, werden Sie einst im Gericht Gottes verloren sein; deshalb muß die Botschaft des Evangeliums für Sie auch eine Torheit sein – und ich, der ich in aller Freude Ihnen diese Botschaft entgegenhalte, muß in Ihren Augen zwangsläufig als Tor oder, wie Sie es vielleicht treffender oder drastischer sagen, ein blöder Narr sein. Das hat schon seine Richtigkeit. Durch Ihre Äußerung bestätigen Sie, was der Heilige Geist den Apostel Paulus wissen läßt, nämlich, daß das Wort Gottes für jeden, der Jesus Christus liebt, eine Gotteskraft bleibt. Es gefiel Gott in seiner Weisheit wohl, durch die Torheit der Predigt Menschen zu erretten. Es wird sich aber letzten Endes erweisen, daß die Torheit Gottes weiser ist als alle angehäufte Menschenweisheit und Wissenschaft und auch, daß die angebliche Schwachheit der Kinder Gottes sich als stärker erweist als alle Ideologien und Philosophien.«
Das waren zu jener Zeit gewagte Worte; doch die Kraft des Allerhöchsten bewahrte mich. Aufgrund solcher Äußerungen wurden in der stalinistischen Ära Menschen ohne Prozeß zur Zwangsarbeit nach Sibirien verschleppt oder gar mit dem Tode bestraft. Niemand durfte sich anmaßen, die stalinistische Ideologie in Frage zu stellen.
Sehr wichtig bleibt die innere Führung des Heiligen Geistes; denn hätte ich mir die Anzüglichkeit vom Narren verbeten, so wäre dem Feind Gottes die Gelegenheit gegeben, mich daran zu erinnern, daß Jünger Jesu bereit sein müssen, die Schmach Jesu Christi zu tragen. Dem Herrn sei Dank und alle Ehre.

24. APRIL

Euch zu wählen, ist ein Greuel

»Halte fern von mir den Weg der Lüge und gib mir in Gnaden dein Gesetz. Ich habe erwählt den Weg der Wahrheit, deine Weisungen habe ich vor mich gestellt.« (Psalm 119/29-30)

Auch unser Gebet sollte lauten: »Halte fern von mir den falschen Weg, halte mich fern von der Lüge, der Unwahrheit, der Entstellung und Verdrehung. Bewahre mich vor falscher Aussage und jeder Irreführung, laß mich nicht andere täuschen durch Lug und Trug, daß ich nicht scheinheilige Ausflüchte benutze und dadurch zu falschen Behauptungen komme.«
»Ich habe erwählt den Weg der Wahrheit, deine Weisungen habe ich vor mich gestellt.« So wie der Psalmist den Weg der Wahrheit erwählt hat, so verabscheut er den Pfad der Lüge. Einen Mittelweg zwischen beiden gibt es nicht. Gnade und Wahrheit sind stets unzertrennlich miteinander verbunden, deshalb ist Glaube an die Lehre der freien Gnade das beste Schutzmittel gegen die verderblichen Irrlehren.
Nach der historischen Wende in Deutschland 1990 kam eine Wahlfälschung höchsten Ausmaßes durch die Regierung der DDR heraus. Was die meisten Menschen immer schon ahnten, wurde nun offenbar; denn es war offensichtlich, weil sich immer 99,5 % der Bevölkerung angeblich für eine Politik der Diktatur entschieden hatte.
Als Dienstanwärter in den staatlichen Behörden von Ostberlin wurde ich selbst Zeuge einer solchen Wahlfälschung. Von meiner Behörde wurde ich als Beobachter in einen Wahlbezirk delegiert. Die Mitglieder der Wahlkommission meinten natürlich, ich sei ein Genosse der Staatspartei. Bei den sogenannten Wahlen in der DDR konnte man nur abstimmen, ob man einem zusammengestellten Block von Vertretern, angeblich frei gewählter Parteien, zustimmt oder ablehnt. Es gab also keine Wahl zwischen verschiedenen Parteien.
Der Vorsitzende des Wahlkomitees erklärte zunächst, daß alle Wähler, die die Wahlkabine benutzen, auf eine besondere Liste geschrieben werden sollten. Ich meldete mich und bemerkte, daß man sich doch dabei gegen die Verfassung schuldig mache; denn auf dem Papier stand: »Die Wahl ist geheim!« Der Vorsitzende war empört über meinen Einwand: »Aber Genosse«, sagte er zu mir, »wer eine saubere Weste hat, gibt offen seine Stimme für die DDR ab.«
Auf dem Wahlschein waren unter den zuerst aufgeführten Namen der Parteivertreter zwei Kreise. In einem Kreis stand »ja« und im anderen »nein«.
Jetzt erklärte der Vorsitzende des Wahlkomitees: »Wenn der Schein über die ganze Seite durchgestrichen sei, wäre das natürlich eine ›Ja-Stimme‹; denn der Wähler hat dann nur seine Brille vergessen.« Weiter sagte er: »Wenn das Kreuz in der Mitte zwi-

schen beiden Kreisen ist, wäre es auch eine ›Ja-Stimme‹. Der eine Wähler ist eben weitsichtig und der andere kurzsichtig.«
Obwohl ich sonst bei jeder Ungerechtigkeit mein klares »Nein« bezeugte, wurde ich natürlich überstimmt; denn es galt der Grundsatz: Wahr ist alles, was der Partei dient. So wurde bei der Wahl, bei der es eigentlich überhaupt nichts zu wählen gab, auch noch gefälscht. Ich bin mir dessen gewiß, daß alle Wahlergebnisse in der DDR gefälscht worden sind.
Die Lüge ist die größte geistliche Weltmacht. Wo das Wort Gottes nicht im Herzen wohnt, nistet sich automatisch die Lüge ein und regiert das gesellschaftliche Leben ganzer Völker. Das einzige Mittel, die Lüge auszumerzen ist, die Wahrheit Gottes durch das Evangelium Jesu Christi aufzunehmen. »Denn, wen der Sohn frei macht, der ist recht frei.«

25. APRIL

Komme ich in den Himmel?

»Ich will deinen Namen kundtun meinen Brüdern, ich will dich in der Gemeinde rühmen.« (Psalm 22/23)

Ein bekannter Bote Gottes schrieb einst: »Dieser Text weist uns auf beides hin, wie tief sich der Sohn Gottes aus himmlischen Höhen herabgelassen hat, und wie hoch die Menschenkinder durch ihn erhöht werden.«
Es war für den Sohn Gottes eine tiefe Selbsterniedrigung, zum Bruder der Erdgebundenen zu werden, und für sie ist es eine wunderbare Erhöhung, zu Brüdern des Sohnes Gottes zu werden; denn Christi Brüder sind als Kinder Gottes ja damit auch Erben des Himmels.
Im Finanzdezernat empfängt mich eine ältere Buchhalterin mit den Worten: »Guten Tag, Bruder Müller-Bohn, ich freue mich, daß Sie mir vom Abteilungsleiter zugeteilt wurden.«
Das war schon eine große Überraschung, in der total atheistischen Verwaltung von Ostberlin mit der Anrede »Bruder« empfangen zu werden. Diese Buchhalterin war eine Jüngerin Jesu. Sie erzählte mir gleich, daß der Kassenleiter ein Jude sei, der im Konzentrationslager sehr viel gelitten habe und deshalb schwer krank wäre. »Er ist zwar Parteimitglied, aber ich glaube nicht, daß er ein überzeugter Kommunist ist«, fügte sie hinzu.

Bald bekam ich die Gelegenheit, dem Kassenleiter von meinem Glauben an Jesus Christus zu berichten. Lächelnd hörte er sich mein Zeugnis an, aber er äußerte sich nicht dazu. Mit der Buchhalterin betete ich morgens wiederholt um die Errettung seiner Seele.
Eines Tages saß ich an einer Rechenmaschine und addierte lange Zahlenreihen. Plötzlich legte sich eine Hand sehr sanft auf meine Schulter, – hinter mir stand der Kassenleiter. Leise sagte er zu mir: »Lassen Sie sich nicht stören, bitte bleiben Sie sitzen, ich habe nur eine wichtige Frage, Kollege Müller-Bohn: Sagen Sie, komme ich in den Himmel?«
Vor Überraschung über diese Frage stand mir fast der Verstand still: »Das kann ich Ihnen so schnell überhaupt nicht beantworten.«
»Na, dann besuchen Sie mich doch bitte, damit wir eingehend darüber sprechen können. Wissen Sie, meine Tochter hat sich zu Jesus Christus bekehrt und ist Mitglied einer christlichen Jugendgruppe geworden. Sie hat mir letztens erklärt: ›Papa, wenn du dich nicht zu Jesus Christus bekehrst, kommst du nicht in das Himmelreich. Jesus Christus ist der Messias, was auch immer die sogenannten Christen in Deutschland an den Juden getan haben; trotzdem ist er auch der Erlöser dieses Volkes.
Früher oder später müssen wir unsere Knie vor dem Heiland beugen, und alle Zungen müssen bekennen, daß Jesus Christus der Herr sei. Der Kommunismus kann uns nicht erlösen, er wird vergehen, wie alles auf Erden einst vergehen wird.‹ Ich kann seit dieser Zeit überhaupt nicht mehr richtig schlafen. Ich möchte doch nicht verlorengehen. Ich will den Messias erleben und ihm folgen.«
Wie sich sein Leben weiterentwickelt hat, ob mein Zeugnis ihm geholfen hat, weiß ich nicht, trotzdem war es ein sehr großes Erlebnis, dort, in der Hochburg des Kommunismus, einem jüdischen Kassenleiter den Weg ins Himmelreich zeigen zu dürfen.
Ob wir wohl die Freiheit, die uns heute geschenkt ist, noch werden nutzen können, um den Menschen, die unsere Brüder sein sollten, im Namen Gottes und seines Sohnes Jesus Christus das Evangelium nahezubringen?

Wer dem frommen Herzen hilft

»Gott ist der Schild über mir, er, der den frommen Herzen hilft. Gott ist ein gerechter Richter und ein Gott, der täglich strafen kann. Wahrlich, wieder hat einer sein Schwert gewetzt und seinen Bogen gespannt und zielt. Doch sich selber hat er tödliche Waffen gerüstet und feurige Pfeile bereitet. Siehe, er hat Böses im Sinn, mit Unrecht ist er schwanger und wird Lüge gebären. Er hat eine Grube gegraben und ausgehöhlt – und ist in die Grube gefallen, die er gemacht hat.« (Psalm 7/11-16)

Der Kampf zwischen Licht und Finsternis besteht fortwährend, denn solange es Menschen gibt, versucht der Satan, sie zu mißbrauchen, die Frommen zu verleumden und sie zu diskriminieren. David weiß aber etwas von der unbestechlichen Gerechtigkeit Gottes zu sagen, und daß der Gottesverächter sehr oft selbst in seine gegrabene Grube fällt. Das Unheil, das er plant, fällt auf ihn selbst zurück, – plötzlich steht er entlarvt mit der eigenen Sünde vor seinem Richter.

Eines Tages erschien mein Deutschlehrer, der auch Psychologe war, in meinem Dienstzimmer und sagte: »Kollege Müller-Bohn, von der Parteileitung habe ich einen üblen Auftrag erhalten. Ich will Ihnen im voraus versichern, daß es nicht meine Ansicht ist oder meine Überzeugung, sondern ich bin tatsächlich von der Parteileitung geschickt worden.«

Das klang wieder einmal nach einem heimtückischen Vorhaben.

»Gut«, sagte ich, »schießen Sie mal los . . .«

»Sie müssen mir aber versprechen zu glauben, daß dies nicht meine Meinung, sondern die der Parteileitung ist«, beteuerte er nachdrücklich.

»Ja, ich weiß, ich bin so manches gewöhnt. Beginnen Sie nur.«

»Ja, aber Herr Kollege Müller-Bohn, Sie müssen mir wirklich versprechen, daß Sie meine Fragen nicht als die von mir ansehen . . .«

»Nun hören Sie mal zu«, sagte ich etwas energisch, »ich bin doch kein junges Mädchen. Stellen Sie endlich Ihre Fragen, damit wir darüber reden können.«

»Ja, aber . . .«, nach einigem Zögern begann er stockend, die Angelegenheit darzulegen. »Es ist mir sehr peinlich«, sagte der Psychologe noch einmal, »aber ich habe den Auftrag, herauszu-

finden«, – er machte eine kurze Pause, – »ob Sie ein Homosexueller sind.«
»Wie bitte?« rief ich jetzt wirklich entsetzt, »wie kommen denn die Leute auf solch einen Gedanken?«
Als Berliner war ich fast sprachlos über soviel Gemeinheit, mit der man mich verächtlich machen wollte.
Schnell hatte ich mich gefaßt und ermunterte ihn fast belustigend: »Na, dann beginnen Sie mal mit Ihren Untersuchungen.«
»Da gibt's überhaupt nichts zu untersuchen, ich habe meinen Bericht schon im Kopf«, antwortete er.
»Wie kommt man denn auf diese Verdächtigung?« wollte ich wissen.
»Ja, Sie haben noch keine Freundin.«
»Muß ich denn mit 18 Jahren unbedingt eine Freundin haben?« fragte ich, »und ist das schon ein Verdachtsmoment, daß ich homosexuell sei?«
»Wissen Sie, es ist alles nur eine Finte. Man will Sie einfach diskriminieren. Ich werde meinen Bericht noch heute fertigstellen . . .«
Nach Jahren wurde mein Ausbilder, der als Parteisekretär angeblich diesen Auftrag erteilt hatte, als Dieb entlarvt. Er hatte die Parteikasse um Tausende Mark erleichtert. Dieser Kommunist ist in die von ihm selbst gegrabene Grube gefallen und ins Gefängnis gekommen.

27. APRIL

Sei getreu bis an den Tod

»Sei getreu bis an den Tod, so will ich dir die Krone des Lebens geben.« (Offenbarung 2/10b)

Wir waren nur zwei, die keine Mitglieder bei der Freien Deutschen Jugend waren, mein geistlicher Freund und Mitbeter Udo und ich. In dieser kommunistischen Umgebung, in der Hochburg des Marxismus von Ostdeutschland als Jünger Jesu zu bestehen, bedeutete Gnade, Gnade und nochmals Gnade. Udo war im evangelischen Jugendkreis tätig und trug an seinem Kragenaufschlag das Zeichen der evangelischen jungen Gemeinde. Für uns beide galt es besonders, die Schmach Jesu zu tragen.
Die Ausbildungsjahre vergingen; der politische Druck ließ nie

nach, sondern verstärkte sich, je mehr wir der Lehre Jesu treu blieben.
Die Lästerungen der politischen Ausbilder nahmen zu, wir hatten innerlich viele Anfechtungen zu ertragen, wenn man bedenkt, daß es Zeiten gab, in denen ich täglich den finsteren Kommunisten Walter Ulbricht zu Gesicht bekam. Er hatte eine solch dämonische Ausstrahlungskraft, daß ich immer froh war, wenn ich diesem Bösewicht aus dem Weg gehen konnte. Selten habe ich einen Menschen mit solch düsteren Gesichtszügen gesehen wie diesen in der ganzen DDR am meisten gehaßten Mann. Aber ich erhielt immer wieder neue Freude darin, meinen Kollegen von der herrlichen Erlösung durch die Auferstehungskraft Jesu erzählen zu können.
Doch dann kam für mich ein schrecklicher Tag, den ich kaum vergessen werde. Ich sehe noch heute alles lebensnah vor mir.
Am Ende eines langen Ganges erschien mein Freund und Bruder in Christo Udo mit einem Blauhemd, d.h. mit der Uniform der kommunistischen »Freien Deutschen Jugend«. Erstarrt blickte ich den mir näherkommenden Freund und Bruder an. Für ihn war diese Begegnung mindestens genauso unangenehm wie für mich.
»Ja, ja!« rief er. »Ich weiß, was du denkst, Jost. Mensch, starr' mich bloß nicht so an! Du weißt genau, wir können uns hier drehen und wenden, wie wir wollen, wir kommen auf keinen grünen Zweig. Auch dann, wenn wir die besten Zensuren bringen, die politische Einstellung wird trotz allem immer höher bewertet. Ich bin doch noch jung, das Leben liegt vor mir, und ich will ja auch einmal eine Familie gründen. Die blödesten Dienstanwärter sind uns immer voraus. Selbst wenn sie die schlechtesten Noten haben, – bekommen sie trotzdem die besten Ämter«, sagte er mit erregter Stimme.
»Ja, ich weiß es«, entgegnete ich meinem Freund, »und dennoch kann ich dich nicht richtig verstehen. Du verrätst doch Jesus Christus nur wegen persönlicher Vorteile.«
»Nach außen ja, aber im Herzen kann ich doch ein Christ bleiben«, meinte Udo, und wahrscheinlich hatte er es sich auch so vorgenommen.
Doch unsere Gebetsgemeinschaft kam nicht mehr zustande. Udo mußte die Verbindung zu mir aus den genannten Gründen abbrechen.
»Sei getreu bis an den Tod, so will ich dir die Krone des Lebens geben«, riet Jesus vom Himmel her den Gläubigen der Gemeinde aus Smyrna.

Oft habe ich später für meinen Freund und Bruder gebetet, daß ihn der treue Gott von neuem in die Gemeinschaft seiner Lieben ziehen möge. Ob er den Weg mit Jesus Christus wiedergefunden hat, weiß ich nicht, ich will es glauben und hoffen, daß ich ihn doch noch wiedersehe und wir Gott loben und preisen können über seine Güte und Gnade.

28. APRIL

Die Staatsprüfung

»Bewahre mich vor der Schlinge, die sie mir gelegt haben und vor der Falle der Übeltäter. Die Gottlosen sollen miteinander in ihr eigenes Netz fallen; mich aber laß entrinnen.«

(Psalm 141/9-10)

David betete: »Bewahre mich.« Die versteckten Versuchungen schaffen dem Mann Gottes mehr Unruhe als die offenen Angriffe.
Den offenen Kampf hatte ich damals, als ich in der kommunistischen Verwaltung arbeitete, nicht gefürchtet, aber die heimtückischen Verschwörungen. Die Kommunisten hatten mich immer wieder provoziert und alle Äußerungen, die ich über den Glauben an das Evangelium verlauten ließ, notiert. Sie waren entschlossen, mich nicht ins Angestelltenverhältnis zu übernehmen. Dessen war ich mir bewußt, nur die Kraft des Allerhöchsten konnte mir helfen. Es ist keine leichte Sache, von Hunderten gottloser Kommunisten umgeben zu sein und trotzdem den schmalen Weg des Glaubens zu gehen.
Während meiner Ausbildung erkannte Professor Franke, der Dozent für Staatskunde, meine Lage. Er sagte zu mir: »Müllerchen! Sie wollen dich mit Pauken und Trompeten durch die Verwaltungsprüfung sausen lassen, aber ich werde dich fachlich trimmen, daß ihnen Hören und Sehen vergeht. Du mußt ihnen einfach so überlegen sein, daß sie es sich gar nicht erlauben können, dich durchfallen zu lassen.«
Der Tag der Prüfung kam. Ich hatte für diesen Tag, wie immer, um Gottes Schutz und Führung gebeten.
Die Prüfungskommission bestehe aus 5 Personen, sagte man mir. Mich behielten sie bis zuletzt. Wir waren damals 50 Dienstanwär-

ter, und einer von ihnen war weder in der Partei noch in anderen kommunistischen Organisationen.
Als ich das Zimmer betrat, saßen 10 Personen im Halbkreis. »Welch ein ehrenhafter Empfang«, dachte ich. Vor die politische Antwort setzte ich stets die rein fachliche Definition, so wie es mir Professor Franke empfohlen hatte.
»Was ist ein Staat?« wollte der Prüfer wissen. Im rasanten Berliner Tempo sagte ich: »Der Staat ist ein Herrschaftsverband, der mit ursprünglicher und souveräner Zwangsgewalt ausgestattet ist und ein Volk umschließt, soweit es auf einem Gebiete ansässig ist.«
Verlegen blickten einige zu Boden; so schnell konnten sie meine fachliche Antwort gar nicht verarbeiten. Der Prüfer meinte: »Es gibt doch noch eine andere Definition.« – »Ja«, sagte ich. »Der Staat ist das Machtinstrument der jeweils herrschenden Klasse.« Das war die marxistische Formulierung.
Bald wurde einigen Anwesenden, die nur politische Phrasen gewohnt waren, sehr unwohl zumute. Als ich ihnen dann noch beweisen konnte, daß in ihrer Amtsstube ein Gemälde hing, das nach dem neuesten Parteibeschluß der dekadenten, kapitalistischen Kunstgattung angehörte, fielen sie in ihr eigenes Netz. Das Entsetzen war groß, als ich sie damit überführen konnte.
Man bat mich, für einige Augenblicke im Vorzimmer Platz zu nehmen. Im stillen dankte ich dem Herrn jetzt schon für den Sieg, den er mir geschenkt hatte.
Als ich wieder in das Prüfungszimmer gerufen wurde, gratulierte mir der Hauptprüfer mit den Worten: »Sie haben als Bester die Staatsprüfung zum Verwaltungsangestellten bestanden.«
Das war ein wirkliches Wunder, denn wer die Verhältnisse in der DDR von 1951 umfassend kannte, wußte, daß nur ein klassenbewußter Kommunist oder einer, der sich als ein solcher ausgab, die Prüfung für den Staatsdienst bestehen konnte.

29. APRIL

Liebe bringt Freude

»Da es aber Jesus sah, ward er unwillig und sprach zu ihnen: Lasset die Kinder zu mir kommen und wehret ihnen nicht; denn solcher ist das Reich Gottes. Wahrlich, ich sage euch: Wer das Reich Gottes nicht empfängt wie ein Kind, der wird nicht hineinkommen.« (Markus 10/14-15)

»Die Liebe ist langmütig und freundlich.« Durch die Wiedergeburt hat uns der Herr auch den wunderbaren kindlichen Geist ungeschminkter Freundlichkeit gegeben. Dabei wollen wir uns vor Augen halten, daß göttliche Freundlichkeit immer ein Ausdruck von der Güte eines reinen Herzens ist. Gott hat uns den Geist der Kindschaft durch seine freundliche Liebe ins Herz gelegt: »Wenn ihr nicht werdet wie die Kinder!«

Bei der Wiedergeburt senkt Gott uns den wunderbaren Samen der vollkommenen Liebe ins Herz.

»Ist alles Frucht, ist alles Samen«, schrieb einst ein bekannter Dichter. Alles muß auch wachsen und gedeihen. Gott ruft eins nach dem anderen auf.

Mit diesem göttlichen Samen ist uns auch die Fähigkeit zur freundlichen Liebe geschenkt worden. Jemand behauptet: »Ich bin eben solch ein Rauhklotz, ich kann nicht freundlich sein. Man muß mich halt so verbrauchen wie ich bin!« Das ist die höchste Form von Egoismus.

Wenn wir das Wort Gottes mit Andacht lesen, hören wir in unserem Herzen auf die Echostimme des Heiligen Geistes: »Komm, bitte, versuch es doch. Ich will dir die wunderschöne Freude Gottes ins Herz senken!«

Der lebendige Gott, dessen Ebenbild wir sind, hält trotz unserer Vergehen, Untugenden und Rebellion unserer Herzen immer sein freundliches Angesicht über uns. Wenn wir uns in Demut ihm nahen, ist er freundlich, gütig und barmherzig. Durch diese Freundlichkeit empfangen wir die Vollmacht, auch unseren Feinden gegenüber freundlich sein zu können.

In der damaligen DDR wohnte ein treuer Jünger Jesu, der monatlich besucht wurde durch einen Offizier des Staatssicherheitsdienstes. Er erbat sich täglich von Gott die Kraft, auch diesen Menschen lieben zu können. Wenn der Stasioffizier ins Haus kam, begrüßte er diesen mit offener Freundlichkeit:

»O wie schön, Sie hier in meinem Hause begrüßen zu können. Ich freue mich immer, wenn ich ein menschlich Angesicht sehe, weil ich darin die Originalität des ewigen Schöpfers erkenne. Seien Sie herzlich willkommen. Damit alles im Frieden vor sich geht, will ich gleich für Sie beten.« Er faltete seine Hände und sagte: »Herr Jesus Christus, segne diesen Menschen in meinem Haus, lenke und leite alle unsere Gespräche durch die Kraft des Heiligen Geistes . . .«

Als sie sich gesetzt hatten, beteuerte er ihm: »Ich liebe Sie und ich bete jeden Tag für Ihr Wohlergehen.« So begann er bei jedem Besuch das Gespräch. Dieser ihm eigentlich feindlich gesonnene

Mann konnte ihm überhaupt nicht böse sein. Jahre später sah er ihn auf dem Kirchentag inmitten der Gläubigen. Deshalb bittet uns Jesus: »Liebet eure Feinde, seid barmherzig, wie auch euer Vater barmherzig ist. Denn er ist gütig über die Undankbaren und Bösen.«
Das Gütezeichen der Liebe Gottes ist seine Freundlichkeit. Sind wir auch beseelt, erfüllt und angetan von der Freundlichkeit der göttlichen Liebe?

30. APRIL

Meine Patienten sind die friedlichsten

»Wenn die Gerechten schreien, so hört der Herr und errettet sie aus all ihrer Not. Der Herr ist nahe denen, die zerbrochenen Herzens sind, und hilft denen, die ein zerschlagenes Gemüt haben. Der Gerechte muß viel erleiden, aber aus alledem hilft ihm der Herr.« (Psalm 34/18-20)

Da ich in Ostberlin als politisch unzuverlässig und antikommunistisch eingestuft war, ließ man mich in die Verwaltung eines Krankenhauses in Berlin-Buch versetzen. Dort herrschte zwar der kommunistische Druck ebenso, doch nicht so ausgeprägt wie in der Zentrale des antigöttlichen Systems.
Eine meiner Arbeitskolleginnen war politisch nicht aktiv; sie hatte aber eine wahnsinnige Angst vor dem Tod. Wir kamen dadurch auf die Einstellung eines Christen über den Tod zu sprechen und ich erklärte ihr, daß der Tod als etwas Unbekanntes und nie Durchlebtes auch auf mich seine Wirkung hätte, ich mich aber vor dem Sterben selbst nicht fürchten würde, weil ich Frieden mit Gott gefunden hätte.
»Ich kenne einen, der sich auch nicht vor dem Sterben fürchtet und hier im Krankenhaus arbeitet. Es ist der Oberpfleger der Pathologie. Er ist auch ein Christ und macht keinen Hehl daraus, obwohl man ihn ständig verhöhnt und ihn als nicht normal bezeichnet; den müßten Sie einmal hören.«
Eines Tages kam der genannte Oberpfleger zu uns. Schnell entspann sich ein Gespräch mit ihm.
Meine Kollegin fragte ihn: »Sagen Sie, Sie haben doch Ihre Dienstwohnung gleich neben der Pathologie, ist das nicht grausig und schauderhaft?«

»Wieso?« lächelte der Oberpfleger, »meine Patienten sind doch die friedlichsten im ganzen Haus. So wie ich sie auf die Bahre gelegt habe, liegen sie brav noch am nächsten Tag da. Die meckern nicht, schreien nicht herum und machen keine Scherereien.«
»Aber es ist doch fürchterlich und unheimlich, so in der Nähe der Toten zu wohnen. Ich würde keine Nacht ruhig schlafen können«, entgegnete meine Kollegin.
»Ach, wissen Sie, wenn man Frieden mit Gott hat und deshalb weiß, daß alle, die dort unten liegen nur die zurückgelassenen Behausungen von einst Lebenden sind, so hat man keine Furcht mehr, auch in der Nähe der Toten zu wohnen. Für mich gelten die Worte der Bibel: ›Der Tod ist vernichtet! Der Sieg ist vollkommen! Tod, wo ist dein Sieg? Tod, wo ist deine Macht? Die Macht des Todes kommt von der Sünde. Die Sünde hat aber ihre Kraft aus dem Gesetz. Dank sei Gott, daß er uns durch Jesus Christus, unseren Herrn, den Sieg schenkt!‹« (1. Korinther 15/54-57 GN)
Es entspann sich ein längeres Gespräch über das Evangelium. Unerschrocken gab der Jünger Jesu sein Zeugnis. Obwohl er wegen seines Glaubens als nicht normal verlästert wurde, brachte er seine Frucht für die Ewigkeit, indem er mit aller Überzeugungskraft den Namen des Herrn verbreitete.
Menschen, die vor Gott, aber auch bei ihren Mitmenschen ein demütiges Wesen zeigen, werden oft übersehen und als anormal oder geistig minderbemittelt angesehen. Bei Gott, dem Herrn, ist das gerade umgekehrt. Deshalb erinnert uns Jakobus daran: »Gott widersteht dem Stolzen, aber dem Demütigen gibt er Gnade!«
Wieviel wunderbare Verheißungen gibt es für einen demütigen Menschen? Er kann für Gott mehr erlangen als die, die in ihrem Herzen hochmütig sind und es vielleicht nicht einmal bemerken.

1. MAI

Die Alkoholgesellschaft

»Wo ist Weh? Wo ist Leid? Wo ist Zank? Wo ist Klagen? Wo sind Wunden ohne jeden Grund? Wo sind trübe Augen? Wo man lange beim Wein sitzt und kommt auszusaufen, was eingeschenkt ist. Sieh den Wein nicht an, wie er so rot ist und im

Glase so schön steht: Er geht glatt ein, aber danach beißt er wie eine Schlange und sticht wie eine Otter.«

(Sprüche 23/29-32)

Man sagt: »Kinder und Betrunkene sagen die Wahrheit.« Dieses Sprichwort ist natürlich nur bedingt wahr. In den Abteilungen der Staatlichen Verwaltungen der DDR wurde viel Alkohol getrunken. Als Christ habe ich mich an den Saufgelagen nicht beteiligt, zum Ärger mancher Genossen.
Zu solchen »inoffiziellen« Festen zog man sich natürlich in besondere Räume zurück. Eines Tages kamen die Funktionäre und Parteimitglieder in den umfangreichen Aktenkeller des Archivs. Aus dem Kellerfenster konnte jeder beobachten, ob sich ein unerwünschter Gast näherte.
Man bat mich unter einem Vorwand, für kurze Zeit in den Aktenkeller zu kommen. Stark lallend, weil alkoholisiert, sagte mir einer der führenden Genossen: »Du bist richtig dämlich – wenn du hier mitsaufen würdest, könnten wir dich in den ›Club der Eingeweihten‹ aufnehmen. Das ist nämlich so: Hier weiß jeder von jedem etwas, z.B. hat der Personalleiter ein Verhältnis mit der Frau von einem seiner Angestellten. Während der Dienstzeit geht er bei ihr fremd.« Der Betrunkene wankte hin und her. Er zählte mir noch einige Vergehen auf.
»Weeßte, der Parteisekretär läßt sich auf Staatskosten Holz und Kohle liefern für seine Datscha (russisches Wort für kleine Villa), und so weiß hier jeder von dem anderen etwas und deshalb halten wir zusammen wie Pech und Schwefel. Eine Krähe hackt der anderen ja kein Auge aus . . .«, lallte der Genosse.
Mir ging ein Licht auf. Ich staunte über die »Kollegialität« der Kommunisten untereinander. Zum anderen nannte mich der Parteisekretär einen völlig untauglichen Menschen, weil ich keine politische Bewußtseinsänderung erfahren hätte.
Die politische Bewußtseinsänderung war quasi die »kommunistische Bekehrung«. Wenn von einem Genossen irgendein Fehler bekannt wurde, mußte er Selbstkritik üben, dies war sozusagen die kommunistische Beichte.
Später wurde ich wieder während einer innerbetrieblichen Schulung von höchster Ebene angegriffen. Ein Parteibonze rief: »Wer keine politische Bewußtseinsänderung erlebt hat, ist für mich überhaupt kein Mensch, er bleibt nach meiner Auffassung noch unter dem Niveau des Tieres!«
Jetzt stand ich doch auf. Ganz ruhig, ohne innere Erregung, sagte ich: »Von einer politischen Bewußtseinsänderung habe ich aber

hier in unseren Abteilungen noch nichts bemerkt.« Dann hielt ich ihnen die mir bekannten Entgleisungen vor.
Die korrupte Alkoholgesellschaft war erschrocken. Niemand wagte, zu protestieren oder etwas dagegen zu sagen. Natürlich hatte ich damit meine Feinde noch mehr herausgefordert, aber für die nächste Zeit ließen sie mich in Ruhe.
David sang einst: »Der Herr hört mein Flehen; mein Gebet nimmt der Herr an. Es sollen alle meine Feinde zuschanden werden und sehr erschrecken; sie sollen umkehren und zuschanden werden plötzlich.« (Psalm 6/10-11)

2. MAI

Gottlose Diener

»Ein Herrscher, der auf Lügen hört, hat nur gottlose Diener.«
(Sprüche 29/12)

Die Lüge ist der Urgrund aller Sünde; denn jede Lüge ist eine Sünde für sich selbst. Die Lüge ist in ihrer Gewalt so dämonisch, daß sie sich wie ein Wurm in die Seele frißt und den Rest von Wahrheit nimmt, um zuletzt die Möglichkeit auszuschließen, zu bekennen: »Ich habe gelogen.«
Nichts fällt dem Menschen so schwer, als zu sagen: »Ich habe dich soeben belogen.« Eher geben wir einen Diebstahl oder andere Sünden zu als die Lüge. Die Lüge ist so menschenunwürdig, sie befleckt und beschmutzt den gesamten inneren Menschen. Die Lüge ist wie ein fressender Lippenkrebs des inwendigen Menschen, deshalb fällt der Lügner mehr und mehr in die Zersetzungskraft der Unwahrheit.
Es gibt politische Systeme, die die Lüge zu ihrer Lehre machen. Dadurch fallen die Menschen in das unheimliche Maschennetz totaler Bespitzelung und eiskalter Drangsalierung. Durch die Großmacht der Lüge wird auch viel Abgötterei getrieben. Die Unwahrheit läßt ein völlig falsches Bild von Personen und Gesellschaften entstehen, daß sie sich selbst beweihräuchern und durch Schönfärbereien und Täuschungen mit einem undurchsichtigen Lügengewebe umgeben.
Im Tageswort steht der meisterhafte Satz: »Ein Herrscher, der auf Lügen hört, hat nur gottlose Diener.« Solch ein Lügensystem

antigöttlicher Ideologie ist natürlich auch bemüht, seine engsten Gefolgsleute als »rein« erscheinen zu lassen.
Gerade in dieser Zeit nach dem Krieg war ich im Archiv einer großen Krankenanstalt in Berlin beschäftigt. Eines Tages erhielten wir vom Staatssicherheitsdienst telefonisch den Auftrag, eine Krankengeschichte von einem hohen, sehr bekannten Minister und Staatsfunktionär herauszusuchen.
Dieser Krankenbericht war bereits in der Zeit der Weimarer Republik angelegt worden. Mein Mitarbeiter und ich wußten sofort, hier sollte wohl eine Fälschung vorgenommen werden; deshalb lasen wir die Krankengeschichte schnell durch. Gleich entdeckten wir »den schwarzen Punkt«: Der so hoch verehrte und berühmte Minister war seinerzeit geschlechtskrank.
»Diese Passage hier wird herausgenommen«, sagte mein Mitarbeiter, »worauf du dich verlassen kannst.«
Sicherheitshalber schrieben wir den Text noch ab. Ziemlich arrogant kamen die Männer des Staatssicherheitsdienstes zu uns herein. Wir hatten mit dem ärztlichen Direktor schon im voraus Rücksprache genommen. Wir ließen uns die Herausgabe der Krankengeschichte quittieren.
Ansonsten war es streng untersagt, Krankengeschichten zu zeigen oder herauszugeben. Nach einigen Wochen kam die Krankengeschichte wieder zurück. Der schwarze Fleck war entfernt: Der Politiker und Minister hatte nun seine weiße Weste.
König David, ein Herrscher unter der Leitung des Heiligen Geistes, schrieb einst: »Du bist nicht ein Gott, dem gottloses Wesen gefällt; wer böse ist, bleibt nicht vor dir – du bringst die Lügner um; dem Herrn sind ein Greuel die Blutgierigen und Falschen.« (Psalm 5/5-7)

3. MAI

Vom Abteilungsleiter zum Aktenburschen

»Denn wenn man von Herzen glaubt, wird man gerecht; und wenn man mit dem Mund bekennt, wird man gerettet.«

(Römer 10/10)

Jeder, der die politischen Verhältnisse in der DDR unter der Fuchtel des Stalinismus gekannt hat, wird mir zustimmen, daß es

ein Wunder war, ohne politische Aktivitäten in der Partei, Gewerkschaft oder anderen kommunistischen Gruppen Abteilungsleiter geworden zu sein. Die fachlichen Kenntnisse hatten sich gelohnt; ich war zum Leiter der Blutspenderzentrale in dem großen Krankenhaus ernannt worden.
Eines Tages wurde ich zum Verwaltungsdirektor bestellt: »Kollege Müller-Bohn, von der Parteileitung bin ich darauf aufmerksam gemacht worden, daß Sie weder der Partei noch einer anderen sozialistischen Organisation angehören. Es wird aber vorausgesetzt, daß ein Abteilungsleiter hier in der fortschrittlichen Verwaltung Mitglied in der Partei ist. Wenn Sie so freundlich sind, holen Sie dieses doch bitte nach.«
Der Verwaltungsdirektor war mir ansonsten gut gesonnen. Ich konnte aber darauf nur antworten: »Herr Direktor, in allen Dienststellen ist doch bekannt, daß ich ein bekennender Christ bin. Es ist mir einfach unmöglich, in eine kommunistische Partei einzutreten.«
»Kollege Müller-Bohn, wir sprechen ja hier unter vier Augen. Sie wissen doch, daß gar mancher in der Partei ist . . .« Dabei machte er eine eindeutige Handbewegung.
»Ich verstehe Sie und ich bin davon überzeugt, daß die meisten nur wegen ihrer beruflichen Karriere in der Partei sind, aber ich kann aus Gewissensgründen Ihrem Wunsch nicht nachkommen.«
Der Verwaltungsdirektor antwortete: »Aber Kollege, ich möchte Sie doch als Mitarbeiter nicht verlieren.«
»Das liegt wohl ganz in Ihrem Ermessen«, entgegnete ich.
»Eben nicht, der Parteisekretär fordert diesen Schritt. Würden Sie eventuell auch mit einer untergeordneten Stellung zufrieden sein?«
Ich überlege kurz und antworte: »Ja, das würde ich.«
Einige Tage später wurde ich zum Aktenburschen degradiert. Jetzt mußte ich also täglich durch die einzelnen Abteilungen eilen, um Akten zu verteilen. Dadurch erhielt ich einen größeren Aktionsradius.
Oft wurde ich angesprochen: »Wir wissen ja sehr gut, Kollege Müller-Bohn, daß Sie nicht wegen mangelnder Qualifikation als Abteilungsleiter beurlaubt sind, sondern wegen Ihrer christlichen Einstellung.«
»Ja«, sagte ich meinen Kollegen. »Jesus Christus hat zu seinen Jüngern gesagt: ›Wer nun mich bekennt vor den Menschen, den will ich auch bekennen vor meinem himmlischen Vater‹.«
Jetzt hatte ich Gelegenheit, vor noch viel mehr Kollegen ein Zeugnis von Jesus Christus abzulegen. In der Parteizentrale war

man darüber natürlich in heller Aufregung. Sehr wohl sahen die Parteileiter, daß sie einen großen Fehler begangen hatten. »Jetzt predigt der überall in den Abteilungen und Stationen von seinem Glauben«, sagten sie.
Zur Ehre des Herrn sei gesagt, daß ich nach einigen Monaten von demselben Verwaltungsdirektor in sein Büro gerufen wurde: »Kollege Müller-Bohn, wir wissen, daß Sie kulturell begabt sind. Wir suchen dringend für das große Krankenhaus einen Kulturleiter, der die künstlerische Betreuung der Ärzte und der Patienten übernimmt.«
Als man mir versicherte, daß es keine politischen Konzessionen nach sich zieht, willigte ich ein und hatte jetzt eine weit höhere Stellung. Gott belohnt die Treue seiner Kinder.

4. MAI

Bleib du so, wie du bist

»Wohl dem, der nicht wandelt im Rat der Gottlosen, noch tritt auf den Weg der Sünder, noch sitzt, wo die Spötter sitzen, sondern hat Lust am Gesetz des Herrn und sinnt über seinem Gesetz Tag und Nacht!« (Psalm 1/1-2)

In unserem Textwort wird zunächst erklärt, was der aus Gnaden gerettete Jünger Jesu nicht tut oder mitmacht. Er ist ein Mensch, der nicht wandelt im Rat der Gottlosen. Seine Herzensfreude liegt darin, daß er in den Weisungen seines Herrn die rechte Führung empfangen hat und nicht auf dem Weg der Sünder wandelt. Die tägliche Ausrüstung empfängt er durch das Wort Gottes, er läßt sich nicht durch die sündhaft »klugen Lebensregeln« der eingefleischten Atheisten verführen. Er hat privat mit den Gotteslästerern nichts zu tun; er flieht ihr sündhaftes Treiben.
Die Jünger Jesu befinden sich wohl in der Welt, aber sie sind in ihrer ganzen Gesinnung und Haltung nicht von dieser Welt. Sie können sich nicht wohl fühlen bei den Anzüglichkeiten und sündigen Bosheiten der Gottesleugner.
Paulus beschreibt den Abgrund, in welchen sie auch andere hineinziehen wollen: »Sie wissen, daß, die solches tun, nach Gottes Recht des Todes würdig sind; aber sie tun es nicht allein,

sondern haben auch Gefallen an denen, die es tun.« (Römer 1/32)
Einen solchen Kollegen hatte ich. Er kannte bei seinen primitiven Gesprächen nur ein Thema!
»Jost, du versäumst soviel, was meinst du wohl . . .« und dann kamen seine unzähligen Weibergeschichten in aller Ausführlichkeit. Immer wieder sagte ich zu ihm: »Willy, hör bitte mit diesen Geschichten auf. Du weißt doch, daß ich ein Jünger Jesu bin. Ich habe Freude an der herrlichen Natur und auch an dem, was Gott in seiner Art in bezug auf die Sexualität geschaffen hat. Aber ich will den Mißbrauch der Schöpfung nicht unterstützen, denn Sünde ist der Mißbrauch der Ordnung Gottes, die er zu unserem Heil und zu unserer Freude geschaffen hat.«
Aber dieser Kollege wollte unbedingt, daß ich mich auch in den Sumpf seiner Verirrung hineinziehen lasse. Wochenlang, ja monatelang versuchte dieser Kommunist, mich mit seinen niedrigen, triebhaften Veranlagungen zu verführen, doch gottlob, ohne Erfolg.
Eines Tages, es war an einem Montag, saß der genannte Kollege mit einem schweren Kopf nach einem durchzechten Wochenende an seinem Schreibtisch und döste vor sich hin.
Plötzlich sagte er zu mir: »Jost, bleib mal so, wie du bist.«
Ganz erstaunt fragte ich zurück: »Wieso? Was meinst du eigentlich?«
»Ich meine wegen der Weibergeschichten. Weißt du, wenn man es immer wieder tut, bekommt man einen solchen Ekel vor der ganzen Sache, daß man sich vor den Spiegel stellen und sich laufend in die Fresse spucken möchte.«
Ich war ein wenig erschrocken über sein echtes Bekenntnis.
»Das ist aber wirklich ungeheuerlich«, sagte ich. »Jetzt hast du mich monatelang davon überzeugen wollen, was ich alles versäume, um mir heute zu bekennen, was für eine große Schweinerei das im wahrsten Sinne des Wortes ist.«
Der Gerechte hat Herzensfreude an den Weisungen des Herrn, es ist ihm eine Lust, täglich über die Weisheit Gottes und seine Liebesabsichten nachzusinnen. Nur Heilige, die sich von den Unanständigkeiten der Sünder fernhalten, werden wirkliche Herzensliebe zu den Geboten Gottes haben.

Danken Sie Gott, nicht mir

»Erzählet unter den Heiden von seiner Herrlichkeit, unter allen Völkern von seinen Wundern!« – »Betet an den Herrn in heiligem Schmuck; es fürchte ihn alle Welt! Saget den Heiligen: Der Herr ist König. Er hat den Erdkreis gegründet, daß er nicht wankt. Er richtet die Völker recht.«

(Psalm 96/3 und 9-10)

»Erzählet unter den Heiden von seiner Herrlichkeit, unter allen Völkern von seinen Wundern!«
In allen millionenfachen Gestalten der Tierwelt, der Schönheit ihrer Formen, Farben, Stimmen und Vererbungen, in milliardenfachem Aufbrechen der Blumen und Blüten während des Frühjahrs, im majestätischen Flug der Vögel, im tiefen Geheimnis des jährlichen Vogelzuges, im Sturz der Gewässer, in Flüssen und Meeren, im großen Spiel der Wolken, in Höhen und Tiefen, überall trägt Christus die Krone der Schöpfung und erweckt große Freude durch das Wunder der Erlösung bei den Menschen guten Willens.
Wir können seine göttliche Herrlichkeit nicht nachahmen. Wir können aber durch unser Zeugnis seinen Ruhm verkünden und von seiner königlichen Macht zu allen eingefleischten Materialisten reden.
Welch wunderbare Liebe hat Gott durch die Menschwerdung seines Sohnes Jesus Christus in dessen Gehorsam, dessen Leiden und dessen Tod offenbart. Das gesamte Erlösungswerk ist ein Wunder vor Menschen und Engeln. Seine einmalige Macht, die aus der Auferstehung von den Toten kommt, verändert auch heute noch Millionen Menschen; die herrliche Ausgießung des Heiligen Geistes gibt Zeugnis von seiner Gnade, seiner Barmherzigkeit und Heiligkeit.
Das Wunder aller Wunder aber ist die Neugeburt im Herzen eines gottfernen Sünders. Nicht das leere Grab ist die Beweiskraft seiner Auferstehung, sondern Christus in mir zeigt das Wunder seiner herrlichen Auferstehung. Ein Teil seiner Wunder bin ich selbst; denn durch die Kraft seiner Auferstehung und durch das Zeugnis des Heiligen Geistes bin ich ein unverrückbarer Zeuge seiner Herrlichkeit gegenüber der gesamten Umwelt.
Wie erstaunt war ich, als ich eines Tages im Städtischen Hufe-

land-Krankenhaus in Ostberlin Zeuge eines außergewöhnlichen Dialoges wurde.
Ein Oberarzt von der Chirurgie machte Visite. In einem Krankensaal lagen damals an die 15 Patienten. Gerade kam er an das Bett eines Mannes, der entlassen werden sollte. »Ich möchte mich noch herzlich bedanken, Herr Oberarzt, für die gute und gelungene Operation«, sagte der Patient und reichte dem Oberarzt die Hand. »Danken Sie Gott allein und geben Sie ihm die Ehre. Nur er kann wirklich heilen und Wunder tun. Ich bin nur ein ganz kleines Werkzeug in seinen Händen«, antwortete der Oberarzt vor dem Stab der Ärzte. Dann ging er zum nächsten Bett.
Was für ein großartiges Zeugnis in einer finsteren, gottlosen Gesellschaft. Auch heute gilt uns die Aufforderung: »Erzählet unter den Heiden von seiner Herrlichkeit, unter allen Völkern von seinen Wundern.«

6. MAI

Der klügste Patient in der Heilanstalt

»Da sind Brunnen ohne Wasser und Wolken, vom Wirbelwind umhergetrieben. Ihr Teil ist die dunkelste Finsternis, denn sie reden stolze Worte.« (2. Petrus 2/17-18)

Als Kulturleiter hatte ich die Aufgabe, für die Bibliotheken zur kulturellen Betreuung größerer Staatskrankenhäuser der DDR geistige Voraussetzungen zu schaffen. Unserm Krankenhaus war eine geschlossene Abteilung der Psychiatrie angegliedert. Hinter den hohen Mauern lebten straffällig gewordene Patienten, die auf ihren Geisteszustand hin untersucht werden sollten.
In dieser Abteilung gab es auch eine Patientenbücherei, die von einem Häftling betreut wurde. Dieser Mann hatte sich in manischer Anwandlung strafbar gemacht und sollte deshalb untersucht und beobachtet werden. Bei einer Inspektion der kulturellen Einrichtungen wurde er mir vorgestellt.
Mit seinen finsteren, nervösen Augen blitzte er mich an. Von oben herab bemerkte er: »Wissen Sie, ich leite nämlich die Bücherei, denn die anderen hier haben ja alle einen ziemlichen Dachschaden«, dabei tippte er mit einem Finger an die Stirn. »Ich bin der einzige Intellektuelle in dieser Abteilung.« Obwohl dieser arme Mensch straffällig geworden war, strotzte er vor Anmaßung und

Arroganz. Seine Prahlerei und sein Größenwahn waren ungebrochen.
Während ich mit dem Bücherwart verhandelte, stand abseits in der gleichen psychiatrischen Abteilung ein Mann mit freundlichen, gütigen Augen. Sichtbar wartete er auf den Augenblick, mich allein sprechen zu können. Als der vor Hochmut strotzende »Oberbücherwart« den Raum verlassen hatte, kam der bescheidene Patient auf mich zu und versicherte mir, daß er hier zu Unrecht eingeliefert worden sei. Man wolle ihn vor der Gesellschaft diffamieren.
»Wissen Sie, ich bin eine Jünger Jesu, ich habe den Namen Gottes verkündigt und eine Hausversammlung geleitet. Natürlich wurde ich von den Kommunisten ständig beobachtet. Eines Tages hat mich der Staatssicherheitsdienst nach einer Gebetsversammlung verhaftet und nach monatelangen Verhören hierher gebracht«, er greift in seine Hosentasche und holt ein Schriftstück heraus. »Könnten Sie so freundlich sein und meine Frau verständigen?« Als ich ihm gestehe, daß ich auch ein Jünger Jesu bin, leuchten seine Augen auf und er antwortet mir: »Das habe ich mir doch gleich gedacht, denn so kann nur ein erlöster Mensch aussehen!« Schnell steckte er mir einen Brief zu und bat mich, noch weitere Nachrichten an seinen Bruder in Westberlin zu schicken. Soweit es mir möglich war, half ich meinem gefangenen Bruder in Christus. Bald hatte man ihn aus dieser geschlossenen psychiatrischen Abteilung abtransportiert. Wohin? Ich konnte es nie erfahren.
Nirgendwo zeigten sich die Gegensätze in dieser Krankenanstalt so kraß wie in dieser Abteilung, auf der einen Seite ein strotzender, kranker Psychopath, auf der anderen Seite ein um des Glaubens willen völlig zu Unrecht Inhaftierter, dessen einziges Vergehen die Ausübung der in der Verfassung verbürgten »Religionsfreiheit« war. Es ist eine der schrecklichen Methoden in den kommunistisch beherrschten Ländern des gesamten Ostblocks gewesen, Christen zu diskriminieren und mundtot zu machen.

7. MAI

Dreißig Eier zum Frühstück

»Und wie es geschah zu den Zeiten Noahs, so wird es auch geschehen in den Tagen des Menschensohnes: Sie aßen, sie tranken, sie freiten und ließen sich freien bis auf den Tag, da

Noah in die Arche einging und die Sintflut kam und brachte sie alle um.« (Lukas 17/26-27)

Es ist eine biblische Wahrheit, daß Essen, Trinken und Heiraten keine Sünden sind, im Gegenteil, es gehört zum Leben vom Schöpfungsbeginn an.
Von den ersten Christen schreibt der Arzt Lukas: »Sie nahmen die Speise mit Freuden und lauterem Herzen, lobten Gott und hatten Gnade bei dem ganzen Volk.« (Apostelgeschichte 2/47)
Deshalb läßt Gott ja die Früchte auf Erden wachsen. Sein Wort ermuntert uns geradezu, die Speise mit Danksagung zu uns zu nehmen.
»Ich will ihre Speise segnen und ihren Armen Brot genug geben.« (Psalm 132/15)
Jedoch der ständige Mißbrauch des Schöpfungszweckes wird zwangsläufig zur Sünde. Mit Messer und Gabel schaufeln sich heute unzählige Menschen ihr frühzeitiges Grab. Sie frönen dem hemmungslosen Genuß von Speisen aller Art nach dem Motto: »Lasset uns essen und trinken, denn morgen sind wir tot!«
Der Überfluß durch den Wohlstand in der westlichen Welt entfernt den Menschen mehr und mehr von Gott. Als Hunger, Not, Krieg und andere Gefahren uns zur Last wurden, waren die Kirchen überfüllt. Nun aber schlemmt und sündigt eine egozentrische Gesellschaft, dem Materialismus völlig ergeben, einem Gericht entgegen. Ihre Religion ist der Luxus; ihr Gottesdienst die Bequemlichkeit; ihr Gott ist der Appetit; ihr Glaube der Überfluß und ihr Himmel die Genußsucht.
»Hütet euch aber, daß eure Herzen nicht beschwert werden mit Fressen und Saufen und mit Sorgen der Nahrung und komme dieser Tag schnell über euch, denn wie ein Fallstrick wird er kommen über alle, die auf Erden wohnen«, sagte Jesus. (Lukas 21/34-35)
In der Verwaltung des Hufeland-Krankenhauses in Berlin hatte ich einen Mitarbeiter, der als ein hemmungsloser Fresser bekannt war. Man berichtete mir, daß er bei Feiern, wo er in einer Tanzkapelle mitspielte, mehrere Pfund Fleisch aß.
Eines Tages kam er mit einem größeren Korb voller Eier zum Dienst, ich schätzte, es waren 30 Stück.
»Na«, sagte ich zu ihm, »du hast wohl auf Vorrat für die Woche eingekauft?«
»Wat heißt hier auf Vorrat? Ick will mir jetzt mein Frühstück machen«, sagte er lächelnd.

»Wie bitte?« fragte ich. »Du wirst doch wohl nicht 30 Eier essen wollen?«
»Warum denn nicht! Ick hau die alle in die Pfanne und lasse dann alle zusammen brutzeln, det jibt eenen kleenen Haufen, det reicht gerade zum Frühstück.«
Viele nennen sich Christen, kennen aber nur die Freude am diesseitigen Leben. »... sie sind Feinde des Kreuzes«, schreibt Paulus, »ihr Ende ist die Verdammnis, ihr Gott ist der Bauch, und ihre Ehre ist in ihrer Schande; sie sind irdisch gesinnt.« (Philipper 3/18-19)

8. MAI

Dann sind Sie hier untragbar

»Selig seid ihr, wenn ihr geschmäht werdet über dem Namen Christi; denn der Geist, der ein Geist der Herrlichkeit und Gottes ist, ruht auf euch.« (1. Petrus 4/14)

Wenn wir Jesus mit ganzem Herzen nachfolgen und gehorsam sein wollen, kommt es immer wieder vor, daß wir um der Wahrheit willen etwas auf uns zu nehmen haben.
Während einer Zeltevangelisation bekehrte sich die Chefsekretärin eines Großunternehmens. Gottes Geist gab ihr augenblicklich Zeugnis, daß sie nun ein Gotteskind geworden sei. Doch schon bei der ersten Predigt hörte sie, daß Jesus seinen Nachfolgern nicht nur Angenehmes verspricht, sondern auch Verfolgung und Leiden um seines Reiches willen.
Am Montag nach diesem Gottesdienst kam ihr Chef, der Direktor einer großen Fabrik, mit vollsaftiger Laune ins Büro. Er schimpfte und fluchte vor sich hin. Plötzlich stand er in der Tür: »Hören Sie, falls jemand nach mir fragt: Ich bin nicht da!«
»Verzeihung, Herr Direktor, das kann ich nicht mehr sagen, denn ich habe mich gestern für Jesus Christus entschieden, und ich will von jetzt an nach den Geboten Gottes leben.«
»Wie bitte? Was ist mit Ihnen? – Das ist doch keine Sünde! So etwas muß jede Chefsekretärin tun! Also, wenn Sie meinen Anordnungen nicht mehr Folge leisten können, sind Sie hier untragbar!« rief er erregt.
»Ich will aber nicht mehr lügen«, war ihre Antwort.
»Also, dann werden Sie ab sofort zu den übrigen Sekretärinnen

versetzt, ich kann Sie dann in der Direktion nicht mehr gebrauchen.«
Im Kreise der anderen Sekretärinnen mußte die junge Christin manche Verleumdung und Verunglimpfung über sich ergehen lassen.
»Sie war doch sonst seine Favoritin, da kann doch etwas nicht stimmen!« flüsterten die Kolleginnen untereinander.
Eines Tages wurde bekannt, daß der Hauptkassierer eine Million D-Mark unterschlagen habe. Der Direktor fluchte und wetterte: »Da bekommt der Mannn schon ein so horrendes Gehalt und dann so etwas! Wem kann man denn noch trauen?«
Da fiel ihm seine Chefsekretärin ein, sie wollte nicht einmal eine kleine Lüge gebrauchen. Er ließ sie zu sich kommen und fragte, ob sie den verantwortungsvollen Posten als Hauptkassiererin des Betriebes übernehmen würde.
Voller Freude sagte sie zu. Der Herr hatte ihr aus der Not geholfen und ihre Treue belohnt.
Wenn wir Jesus mit ganzem Herzen dienen wollen, kommt es immer wieder vor, daß wir manches Leid auf uns zu nehmen haben. Wenn wir aber bedenken, was Jesus Christus alles auf sich genommen hat, damit wir Gottes Kinder sein dürfen, so sind unsere Unannehmlichkeiten doch sehr gering. Deshalb wollen wir uns freuen, wenn wir um seines Namens willen geschmäht werden.

9. MAI

Interessante Menschen in der Hölle

»Ich sitze nicht bei heillosen Leuten und habe nicht Gemeinschaft mit den Falschen. Ich hasse die Versammlung der Boshaften und sitze nicht bei den Gottlosen.« (Psalm 26/4-5)

Wir können es nicht vermeiden, mit gottlosen Menschen zusammenzutreffen, mit ihnen zu reden, Geschäfte zu tätigen, aber wir suchen nicht die Gesellschaft ihrer sündhaften Festlichkeiten. Wir müssen den unerretteten Menschen schon deshalb begegnen, um ihnen die Botschaft der Erlösung und des Heils anzubieten, aber wir fühlen uns nicht wohl auf dem »Jahrmarkt der Eitelkeiten«. Wie faule Äpfel die gesunden anstecken, die zwischen ihnen liegen, so verderben böse Gewohnheiten und schlechte Eigenschaften der Gottlosen auch leichtsinnige Christen, die bei deren Lustbarkeiten sich von ihren verdorbenen Machenschaften leicht infizieren lassen.

Ich habe noch keinen gesehen, der das Kunststück fertiggebracht hat, beides zu praktizieren: Gottes Gebote zu halten und trotzdem weltlichen Umgang zu pflegen. Die Freundschaft mit den Spöttern, Gottlosen und Leichtlebigen ist überaus ansteckend; ihre Gemeinschaft zu suchen, hieße unter Pestkranken zu tanzen.

Leider mußte ich selber in dieser Hinsicht schlechte Erfahrungen machen. Durch Unachtsamkeit wurde ich geistlich gesehen immer lauer und träger. Der Weg des Abfalls vollzog sich bei mir sehr sanft, aber stetig.

Um dem politischen Druck der Kommunisten auszuweichen, übernahm ich die Leitung einer Volkskunstgruppe. An irgendeinem kommunistischen Feiertag sollte diese Gruppe in einem entfernten »Patenschaftsbetrieb« auftreten. Man veranstaltete eine »Dampferfahrt im Mondschein«, um am Vormittag am Ziel zu sein. Ich fühlte mich in dieser Gesellschaft »fehl am Platz«. Schnaps hatte ich nie vertragen, tanzen konnte ich nicht; dafür mußte ich mir laufend ihre übelriechenden Nikotindünste um den Kopf wehen lassen.

»Ich möchte lieber in der Hölle leben, als im Himmel!« grölte einer der Angetrunkenen. »In der Hölle sind die interessantesten Menschen, im Himmel aber nur die langweiligen Hallelujabeter.« Die Dampferfahrt wurde durch unvorhergesehene Schwierigkeiten zu einem Reinfall. Innerlich schrie meine Seele, aber nach außen gab ich mich immer noch gelassen.

David bekennt: »Ich hasse die Versammlung der Boshaften und sitze nicht bei den Gottlosen.« Eine zu strenge Formulierung? Nein! – Wer das gottlose Treiben nicht mit voller Abscheu haßt, liebt auch nicht das Gute! Die Sünder sollen wir lieben, aber nicht ihre sündhaften Bräuche.

Die durch Jesu Blut gereinigten Kinder Gottes haben an der Festtafel des Königs ihren Platz, nicht am Schweinetrog. Es ist besser, mit Krüppeln und Armen am Tisch der Gnade zu sitzen, als mit Gottlosen Betriebsfeste zu feiern.

Es ist heilsamer, mit Hiob in Staub und Asche zu sitzen, als mit der weltlichen Gesellschaft zu jubeln. Lot bekehrte die Bewohner von Sodom und Gomorrha nicht, aber die Sünder sehen in ihm das Spottbild eines Menschen, der es sich mit Gott nicht verderben wollte, doch trotzdem unter dem Einfluß der Schande und Trunkenheit stand.

Stammt der Mensch vom Affen ab?

»Wenn ich sehe die Himmel, deiner Finger Werk, den Mond und die Sterne, die du bereitet hast: Was ist der Mensch, daß du seiner gedenkst, und des Menschen Kind, daß du dich seiner annimmst?« (Psalm 8/4-5)

Die »innerbetriebliche Schulung« war zu einem politischen Begriff in der gesamten DDR geworden. Alle Verwaltungen, Betriebe und Organisationen mußten einmal in der Woche solche Schulungen über sich ergehen lassen. Ein hierfür vorgeschriebenes Thema galt dann für alle Betriebe. So kam es vor, daß die Belegschaften der Krankenhäuser etwas über den Einsatz von Kunstdünger zu hören bekamen, obwohl niemand daran interessiert war, weil das Wissen darüber keinem einen Nutzen gebracht hätte, weder dem Verwaltungspersonal, noch den technischen Mitarbeitern.
Eines Tages saßen alle Betriebsangehörigen zusammen, um sich damit vertraut zu machen, daß der Mensch vom Affen abstamme. Einem Oberbuchhalter wurde das sinnlose Geschwafel des Parteisekretärs zu bunt. Er meldete sich zu Wort: »Kennst du die Geschichte von dem Schüler, der nach Hause kommt und dem Vater erklärt: ›Papa, wir haben heute in der Schule gelernt, daß der Mensch vom Affen abstammt‹, und der Vater darauf antwortete: ›Du vielleicht, ich nicht!‹« Allgemeines Gelächter, doch der »Referent« ließ sich nicht davon abbringen, das Thema des Tages weiterzubehandeln. Er verteidigte hartnäckig seine These und versuchte uns mit unbegründeten Behauptungen klarzumachen, daß der Mensch vom Affen abstamme.
Ich mußte an den Psalm Davids denken: »Was ist der Mensch, daß du seiner gedenkst?« Jesaja schrieb: »Alles Fleisch ist Gras und alle seine Güte ist wie eine Blume auf dem Felde.« (Jesaja 40/6)
Der Mensch neigt dazu, sich Lobeshymnen zu singen. Gott aber läßt uns durch den Heiligen Geist deutlich wissen, was wir sind: »Ein Hauch und wie das Gras, das heute blüht und morgen in den Ofen geworfen wird.« Welch ein Wunder ist es, daß Gott solch ein nichtiges Wesen wie den Menschen in seiner Sünde doch so gnädig behandelt. Bei aller Sündhaftigkeit und Unreinheit schaut Gott so liebevoll und barmherzig auf uns herab. Man fragt sich, ob es wohl möglich ist, daß der Schöpfer bei aller Boshaftigkeit der Menschen noch so gut und treu zu ihnen stehen kann. Wie ist es zu verstehen,

daß Gott bei der offensichtlichen Vergänglichkeit der Menschen soviel Wert auf ihr Wohlergehen legt? Weshalb findet der Allmächtige soviel Gnade für die Menschheit, die sich so auflehnend und überheblich zum Feind Gottes gemacht hat?
Zu allen Zeiten wollten die Menschen Gott aus dem Himmel reißen und auf die Anklagebank ziehen. Gerade diese Menschen will Gott zu sich rufen, sie reinigen und entsündigen und sie als Mitbewohner des Himmels krönen. Der Sünder möchte Gott erniedrigen, und trotzdem will Gott gerade ihn zum Heil führen und ihn zum »Königskind« in seiner Schöpfung machen.
Bei alledem bleibt Gott doch der Heilige und der absolut Gerechte. Wollen wir nicht angesichts solcher Liebe auf die Knie sinken und ihn anbeten? O Gott, was für ein kleines Wesen hast du doch zum Herrn über das große Weltall gemacht? Ein winziges Sandkörnchen wirkt nicht so klein im Verhältnis zur ganzen Erde, wie der Mensch im Vergleich zu den Himmeln, die du geschaffen hast.

11. MAI

Am Morgen aber ist Freude

»Lobsinget dem Herrn, ihr seine Heiligen, und preiset seinen heiligen Namen! Denn sein Zorn währet einen Augenblick und lebenslang seine Gnade. Den Abend lang währet das Weinen, aber des Morgens ist Freude.« (Psalm 30/5-6)

Jünger Jesu sind bemüht, gerade in einer total atheistischen Welt ihre Aufgaben am Arbeitsplatz gewissenhaft und ordentlich auszuführen. Doch auch ihnen unterlaufen Fehler, die dann für die Umwelt schwerer wiegen, als es sonst der Fall ist. Wenn nun einem Jünger Jesu ein Fehler unterlaufen ist, hat er zumeist darüber größere Trauer als andere.
Als Leiter der Blutspenderzentrale wußte ich, wie genau und gewissenhaft ich an diesem Arbeitsplatz arbeiten mußte. Zur damaligen Zeit gab es in der DDR noch keine »Blutbank«, das heißt, einen Vorrat an Blutkonserven, der über längere Zeit eingelagert wird. Meine Aufgabe bestand darin, einen möglichst großen Kreis an Blutspendern bereitzuhalten, die auf Abruf zur Verfügung standen. Eines Tages kam eine Anforderung aus der Chirurgie auf eine bestimmte Blutgruppe; ein dringender Notfall war eingetreten.

Gerade in diesem Augenblick trat ein Blutspender bei mir zur Tür herein, der die gewünschte Blutgruppe hatte. Ich prüfte seinen Blutspenderpaß, um festzustellen, ob alle notwendigen Blutuntersuchungen in der letzten Zeit durchgeführt worden waren. Dann schickte ich ihn schnellstens in die Chirurgie, weil die Operatio sofort durchgeführt werden mußte.
Nach einer gewissen Zeit kam der Blutspender zurück, er erhi 50 Ostmark in bar und eine Zusatzlebensmittelkarte, die dam sehr begehrt war. Als der Blutspender schon gegangen war, mich der Chefarzt der Chirurgie an. Er war sehr erregt, ja er brüllte ins Telefon: »Sie haben einen Menschen auf dem Gewissen! Sie haben uns eine falsche Blutgruppe überwiesen. Sie schlafen wohl am Schreibtisch?« Dann knallte er den Hörer auf das Telefon.
Ich war vor Schreck erstarrt. Ich konnte keinen vernünftigen Gedanken fassen. »Wie konnte mir so etwas passieren?« hämmerte es in meinem Kopf. Ich war so schockiert, daß ich nicht einmal überprüfte, ob ich wirklich daran schuld war. Nach einiger Zeit griff ich doch zu der Blutspenderakte und mußte feststellen, daß ich dem Buchstaben nach nichts verkehrt gemacht hatte.
Später kam der Chefarzt sehr erregt in mein Zimmer. »Wie konnte so etwas geschehen? – Da kann ich nichts für Sie unternehmen. Wer im Krankenhaus fahrlässig handelt, muß auch die Konsequenzen tragen!«
Still legte ich dem Chefarzt die Akte des Blutspenders auf den Tisch. »Sehen Sie, Herr Chefarzt, – ich bin ein Verwaltungsangestellter, ich kann mich doch nur an die Angaben halten, die in diesem Dokument niedergeschrieben sind.« Dabei zeigte ich ihm, daß der verantwortliche Blutspenderarzt sowie ein weiterer Arzt die Blutgruppe festgestellt hatten, die wenige Stunden vorher von der Chirurgie angefordert worden war.
Kopfschüttelnd starrte der Arzt auf die Angaben der Akte: »Ja, Sie haben recht. Irren ist halt menschlich«, sagte er nun viel sanfter.
»In diesem Fall tödlich«, fügte ich leise hinzu.
»Nein, nein«, erklärte mir der Chirurg, »der Patient hat sich furchtbar geschüttelt, aber wir haben ihn durchbekommen.«
Ich dankte Gott. Das elende Gefühl der Ohnmacht und die Selbstanklagen verschwanden in mir. Die Freude des Herrn breitete sich wieder aus.

Ich will reden von Gott

»Und ich wandle fröhlich; denn ich suche deine Befehle. Ich rede von deinen Zeugnissen vor Königen und schäme mich nicht.« (Psalm 119/45-46)

Die gottesfürchtigen Menschen sind stets auch die unerschrockensten und kühnsten Männer und Frauen gewesen. Gerade unter schwierigsten Umständen bekannten sie den Namen des allmächtigen Schöpfers. »Und ich wandle fröhlich«; wörtlich heißt es: »Und ich will mich ergehen im weiten Raum.« – Kinder Gottes erblicken in ihrem Missionsdienst keinen drückenden Zwang. Der Geist des Herrn ist ein freudiger und williger Geist. Er macht die Kinder Gottes frei und stark, um die Furcht vor Menschen zu überwinden.

Für uns sollte es täglich heißen: Ich will von allen schönen Erfahrungen mit Jesus Christus meinen Mitmenschen berichten. Es gibt keinen Gesprächsgegenstand, der diesem zu vergleichen wäre. Wichtig bleibt dabei auch, daß wir uns wortgetreu an die Heilige Schrift halten: »Ich will reden von deinen Zeugnissen.« Menschenfurcht und Scham aus Eitelkeit unseres Herzens will uns abhalten, von geistlichen Dingen überall zu reden; deshalb gelobt David, sich nicht zu schämen.

Eines Tages erfuhr ich ganz unverhofft, daß ich gar nicht so allein auf weitem Raum war. Wir hatten im Krankenhaus, in dem ich jetzt arbeitete, eine neurochirurgische Abteilung, also eine Station, wo die gewagtesten Operationen vorgenommen wurden, nämlich am Gehirn. Daß solche operativen Eingriffe sehr schwierig und kompliziert waren, kann sich selbst ein Laie vorstellen.

Mit den Chefärzten dieser Abteilung hatte man damals in Ostberlin viel Pech, denn der eine hatte keine neurochirurgischen Erfahrungen, ein anderer war Morphinist. Dementsprechend war die Rate der Mißerfolge und Todesfälle ungewöhnlich hoch. Danach berief man einen Oberarzt der Neurochirurgie aus Leipzig, um die Stelle des Chefarztes zu besetzen. Dieser neue Chef war eine unauffällige Persönlichkeit, aber er konnte hervorragend operieren. Als Verwaltungsangestellter bemerkte ich sofort die positive Veränderung in der Krankenstatistik.

Einige Wochen nach seinem Amtsantritt bat dieser Chefarzt die Oberärzte und Assistenzärzte, sich im Foyer des Krankenhauses

in Zivil einzufinden. Die Ärzte der neurochirurgischen Abteilung erwarteten von ihrem Chef, eine neue, wichtige Demonstration seines chirurgischen Talents vorgeführt zu bekommen.
Der Chefarzt kam und sagte zu seinen Ärzten: »Meine Herren, heute ist der Tag des Herrn. – Sie haben das Vorrecht, mich in den Gottesdienst begleiten zu dürfen.« Mit allem hatten die Ärzte gerechnet, aber nicht mit einer Einladung zum Gottesdienst. Die Ärzte, die sehr daran interessiert waren, bei diesem genialen Chefarzt zu arbeiten und von ihm zu lernen, folgten ihm in den Gottesdienst. Den Kommunisten war diese Sache ein gewaltiges Ärgernis, weil sie aber keinen anderen Chefarzt in Aussicht hatten, ließen sie ihn gewähren.
»Denn so du mit dem Munde bekennst Jesus, daß er der Herr sei, und glaubst in deinem Herzen, daß ihn Gott von den Toten auferweckt hat, so wirst du gerettet.« (Römer 10/9)
Dieser Chefarzt war nicht nur den Ärzten und den kommunistischen Machthabern ein Zeugnis, sondern er stärkte mit seinem Bekenntnis auch andere Jünger Jesu, den Kampf gegen die gottlosen Lehren der Menschen weiterzuführen. Der Herr wird seinen Jüngern ein reicher Vergelter sein.

13. MAI

In dein Buch geschrieben

»Deine Augen sahen mich, als ich noch nicht bereitet war, und alle Tage waren in dein Buch geschrieben, die noch werden sollten und von denen keiner da war.« (Psalm 139/16)

Worte der Herrlichkeit Gottes. Gedanken, die nicht mit menschlichem Verstand begriffen werden können. Das »Allwissende« des ewigen Schöpfers geht nicht nur über den Kosmos, sondern auch über alle Zeitverständnisse.
Jeder Tag ist bei dem Allwissenden vorausgesehen. Ehe mein irdisches Leben begonnen hatte, lag im Rat Gottes die Dauer meiner Lebensspanne fest. Aber nicht nur die Dauer, sondern auch alle wechselnden Geschicke meiner Erdentage lagen wie ein aufgeschlagenes Buch vor ihm.
Mein ganzes Leben, vom ersten Schrei als Neugeborener bis hin zu dem letzten Seufzer in der Todesstunde. Alle meine Taten und Untaten, alle meine Wege und Irrwege, alle meine Tränen, alle

meine Freuden; alles, womit ich selber meines Lebens Glück und Unglück verursachte, ist bei Gott offenbar. Aber auch die Einflüsse anderer, die die Gestaltung meines inneren und äußeren Lebens formten, waren ihm bekannt.

In der Zeit der politischen Reglementierung unter dem Kommunismus in Ostberlin habe ich viele Male gezittert, obwohl ich unter dem Schirm des Höchsten stand. Es waren oft Vorgesetzte und Ausbilder mit niederer Gesinnung, die einen Nerventerror gegen mich veranstalteten. Auch sie führten über mein Leben Protokoll und schrieben alle Äußerungen, die ihnen wegen meiner antikommunistischen Haltung wichtig erschienen, in ein Buch, nämlich in meine Personalakte.

Kurz bevor ich die DDR verlassen mußte, steckte mir ein Kollege die Kopie meiner Personalakte zu: »Da, Müllerchen, die kannst du bestimmt einmal gut gebrauchen«, sagte er.

Erstaunt war ich über den Umfang der Berichte. Hier nur einige kleine Ausschnitte aus der großen Sammlung:

»Die Meinung des Kollegen Müller-Bohn trat klar zutage, als er sagte: ›Gott will keinen Kampf für den Frieden‹, also könne er bei den Weltjugendspielen nicht für einen Frieden kämpfen, ohne gegen Gott zu sein. Ein andermal betonte er, er könne nicht für den Frieden kämpfen, er hätte keine Zeit dazu, denn er muß für den Frieden beten; denn Jesus Christus sei der einzige Friedensbringer. Seine Einstellung zu der Sowjetunion und den Volksdemokratien ist ablehnend, deshalb ist er in einer fortschrittlichen Verwaltung nicht tragbar.

Die gesamte Einstellung des Kollegen Müller-Bohn scheint ihren Ursprung in der Baptistengemeinde zu haben, deren Mitglied er ist.«

Wie herrlich ist es deshalb zu wissen, daß alle Begebenheiten meines Lebens nicht einem Spiel von Zufällen unterworfen waren, auch nicht das Ergebnis meiner oder anderer Menschen Willkür ausmachen, sondern von Gottes Rat wohl bedacht worden sind!

Der große, erhabene Schöpfer Himmels und der Erde hat als weiser Architekt den Plan meines Lebens entworfen und aufgezeichnet, weshalb sollte ich mich vor Menschen fürchten? »Deine Augen sahen mich, als ich noch nicht bereitet war«, als ich noch »eine ungeformte Masse« (Grundtext) war.

Bei aller Freiheit, die der Schöpfer uns unter freiwilliger Selbstbeschränkung seiner Macht gegeben hat, ist unser Leben doch gänzlich von ihm abhängig.

Das Wunder Israel

»Er sagte ihnen ein Gleichnis: Sehet an den Feigenbaum und alle Bäume: Wenn sie jetzt ausschlagen und ihr sehet's, so wißt ihr selber, daß jetzt der Sommer nahe ist. So auch ihr: Wenn ihr dies alles sehet angehen, so wisset, daß das Reich Gottes nahe ist.« (Lukas 21/29-31)

Als ich im Mai 1948 anfing, in meiner Bibel zu lesen, war ich als Naturfreund begeistert, daß in der Heiligen Schrift so viele Beispiele aus der Natur zu finden sind. Doch hatte ich damals natürlich noch nicht den richtigen Durchblick, was für Geheimnisse im festen, prophetischen Wort verborgen liegen. Ich war der Meinung, Jesus hätte ebenso sagen können: »Wenn der Fliederbusch zu blühen beginnt . . .«

Als ich jedoch wiederholt gewisse Texte las, bemerkte ich, daß der Feigenbaum immer als Symbol für den Staat Israel gebraucht wird.

Mit der Staatsgründung Israels im Mai 1948 begann also nach fast 2000 Jahren der Feigenbaum zu blühen, und die um Israel liegenden Staaten (Bäume) wurden nach und nach von der Kolonialherrschaft befreit.

Die Erwählung Israels als Bundesvolk Gottes beruht nicht auf einer menschlichen Fiktion, sondern sie ist Ausdruck von Gottes heiliger Liebe, die er zu seinem Volk hat.

»Denn du bist ein heiliges Volk dem Herrn, deinem Gott. Dich hat der Herr, dein Gott, erwählt zum Volk des Eigentums aus allen Völkern, die auf Erden sind. Nicht hat euch der Herr angenommen und euch erwählt, weil ihr größer wäret als alle Völker, denn du bist das kleinste unter allen Völkern, sondern weil er euch geliebt hat und damit er seinen Eid hielte, den er euren Vätern geschworen hat.« (5. Mose 7/6-8)

Israel sollte die Offenbarungsstätte Gottes unter den heidnischen Völkern, die sich von Gott abgewandt hatten, werden. Wir können es mit einem modernen Begriff erklären: Israel sollte die geistliche, wirtschaftliche und kulturelle Entwicklungshilfe für die übrige Welt werden.

Dieses Land soll aber in Zukunft erweitert werden, so wie wir es in 1. Mose 15/18 geschrieben finden: »An dem Tage schloß der Herr einen Bund mit Abraham und sprach: Deinen Nachkommen will ich dies Land geben, vom Strom Ägyptens an bis an den großen Strom Euphrat.« Was Gott verheißt, das hält er gewiß. Wir dürfen auf die Erfüllung dieses göttlichen »Ich will« warten. Gott steht zu seinem Wort auch, wenn eine ganze Welt dagegen Sturm läuft!

Wer Gott fürchtet, hat nichts anderes zu fürchten, er wird das Verheißene empfangen: Inneres und äußeres Wohlergehen wird der Herr schenken. So mußten die Gläubigen des Alten Bundes durch die göttlichen Führungen und Zulassungen lernen, daß das wahre Glück nicht in den Dingen dieser Welt zu finden ist, sondern im Segen und in der Gnade des Herrn.

Ist das nicht auch im Grunde unsere Geschichte? Jesus Christus hat uns das verdeutlicht, als er sagte: »Ihr habt mich nicht erwählt, sondern ich habe euch erwählt und gesetzt, daß ihr hingeht und Frucht bringt.« (Johannes 15/16)

Deshalb sollen wir uns nicht hochmütig über Israel erheben, denn wir leben als Christen auch nur aus seiner Gnade und Barmherzigkeit.

Immer war es die Liebe Gottes, die den Anfang machte. Welch ein Wunder seiner Güte und Barmherzigkeit. Wollen wir nicht ganz neu, gerade heute, dem Herrn danken, daß er uns mit Israel erwählt hat zur Seligkeit, wenn wir ihm von ganzem Herzen, ganzer Seele und ganzem Gemüt vertrauen und ihn lieben?

15. MAI

Das Wunder des Überlebens

»Wenn nun dies alles über dich kommt, es sei der Segen oder Fluch, die ich dir vorgelegt habe, und du es zu Herzen nimmst, wenn du unter den Heiden bist, unter die dich der Herr, dein Gott, verstoßen hat, und du dich bekehrst zum Herrn, deinem Gott, daß du seiner Stimme gehorchst, du und deine Kinder, von ganzem Herzen und von ganzer Seele in allem, was ich dir heute gebiete, so wird der Herr, dein Gott, deine Gefangenschaft wenden und sich deiner erbarmen und wird dich wieder sammeln aus allen Völkern, unter die dich der Herr, dein Gott, verstreut hat.« (5. Mose 30/1-3)

Kein Volk auf Erden wurde so systematisch und so anhaltend verfolgt wie die Israeliten.

Oftmals kann man im prophetischen Wort Gottes lesen, daß die Juden unter alle Völker zerstreut würden, aber noch mehr wird darüber geweissagt, daß sie am Ende der Zeit wieder gesammelt und in das Land ihrer Väter, das Gott ihnen zugesichert hatte, zurückgebracht werden sollen.
In den Jahren der NS-Herrschaft hat kaum jemand einen Pfifferling für die Juden gegeben. Die Endlösung der Judenfrage schien für Europa gekommen zu sein. Doch der im Himmel sitzet, lachet ihrer! Wohl hatte der Herr durch seinen Propheten Jeremia weissagen lassen, daß die Juden nicht freiwillig in ihr Land zurückgehen würden, sondern daß sie durch eine große Treibjagd endlich dazu bereit gemacht werden, in das Land der Väter zurückzukehren.
»So wahr der Herr lebt, der die Kinder Israels geführt hat aus dem Land des Nordens und aus allen Ländern, wohin er sie verstoßen hatte. Denn ich will sie zurückbringen in das Land, das ich ihren Vätern gegeben habe. Siehe, ich will viele Fischer aussenden, spricht der Herr, die sollen sie fischen; und danach will ich die Jäger aussenden, die sollen sie fangen auf allen Bergen und auf allen Hügeln und in allen Felsklüften.« (Jeremia 16/15-16)
Doch bin ich Gott sehr dankbar, daß immerhin einige tausend Juden die grauenhafte Treibjagd in der Reichshauptstadt überlebt haben.
Es gab viele Fischer, leider darunter auch Juden, die man durch dämonische Manipulationen dazu gebracht hatte, ihre eigenen Volksgenossen aus den Verstecken zu fischen, weil sie damit angeblich ihr eigenes Leben würden retten können. Die Jäger aber griffen schnell zu, um sie den Henkern zu übergeben.
In Berlin trieb damals ein gefürchteter Spitzel der Gestapo sein Unwesen, eine blonde Jüdin. Die Nazis hatten ihr versprochen, ihre Eltern am Leben zu lassen, wenn sie ihnen helfen würde, versteckte Juden ausfindig zu machen. Diese blonde Jüdin verkaufte sich unter dem ungeheuren Druck an die Geheime Staatspolizei, ohne zu ahnen, daß ihre Eltern längst vergast waren.
Diese Jüdin war sozusagen zur ›Fischerin‹ geworden, die den ›Jägern‹ Hunderte illegal lebender Juden ans Messer geliefert hat.
Gott läßt sich nicht täuschen. Wir wollen uns heute ernstlich die Frage stellen: Leben wir unter dem Segen Gottes oder unter dem Fluch?

Das Wunder der Heimkehr

»Kann man auch einem Starken den Raub wegnehmen? Oder kann man einem Gewaltigen seine Gefangenen entreißen? So aber spricht der Herr: Nun sollen die Gefangenen dem Starken weggenommen werden, und der Raub soll dem Gewaltigen entrissen werden. Ich selbst will deinen Gegnern entgegentreten und deinen Söhnen helfen. Und ich will deine Schinder sättigen mit ihrem eigenen Fleisch, und sie sollen von ihrem eigenen Blut wie von süßem Wein trunken werden. Und alles Fleisch soll erfahren, daß ich, der Herr, dein Heiland bin, und dein Erlöser, der Mächtige Jakobs.« (Jesaja 49/24-26)

So der Herr es spricht, so geschieht es! Das mußten bisher alle Tyrannen erfahren, ob es ein Pharao oder ein Nebukadnezar, ob es ein Hitler oder ein Stalin war. Sie alle wurden zu Werkzeugen in der Hand des Mächtigen. Wer die Textworte aufmerksam liest, muß unwillkürlich an unsere jüngste Vergangenheit denken. Letztendlich bewirkten die haßerfüllten Diktatoren, die die Juden vernichten wollten, genau das Gegenteil von dem, was sie sich vorgenommen hatten. Das Volk Israel kam ins verheißene Land zurück! Bei der Heimkehr des Volkes reihte sich Wunder an Wunder.

Schon der Prophet Jesaja konnte vor über 3000 Jahren die heutigen Verkehrsmittel in einer Vision sehen, mit denen die Juden heimkehren würden:

»Wer sind die, die fliegen wie die Wolken und wie die Tauben zu ihren Schlägen?« (Jesaja 60/8)

Der Prophet spricht nicht von Wolken und Tauben im eigentlichen Sinne, sondern von denen, die da fliegen wie die Tauben und wie die Wolken.

Der Prophet sieht also Menschen fliegen wie die Tauben zu ihren Schlägen. Jesaja konnte den Juden nicht sagen: »Ihr werdet in einem Jumbo-Jet in 12000 Meter Höhe gemütlich bei Kaffee und Kuchen das Land eurer Väter ansteuern.« Seine Volksgenossen hätten ihn für einen Irren gehalten. Er selbst hätte es auch nicht verstehen können, aber er mußte dem Volk diese Botschaft in der damals verständlichen Sprache, nämlich in Naturbildern ausrichten.

Der Prophet sieht im Geist die Herrlichkeit des wiedererlangten

Jerusalems. Dort werden sich die Völker sammeln, sie werden in die Residenzstadt des Messias kommen als dem Mittelpunkt der Welt und dem Ort der Freude und des Friedens.
Bis heute können die Israelis nur mit Schiffen oder mit Flugzeugen das Land ihrer Väter erreichen.
Beim feierlichen Staatsakt zur Gründung von Israel sagte der erste Staatspräsident Dr. Weizmann in seiner Regierungserklärung: »Wir, das Volk Israel, demütigen uns vor Gott, dem Allmächtigen, und danken ihm, daß er uns von der Last des Exils befreit und in das Land der Väter zurückgeführt hat. Wir sind entschlossen, das Land, das dem Volk Israel verheißen ist, wieder aufzubauen!«
In der Tat vernehmen wir hier göttliche Weisheiten von nicht gerade religiösen Politikern. Wir wünschen uns manchmal solche Staatsmänner.
Die umwälzenden politischen und religiösen Tatsachen im Nahen Osten predigen uns immer wieder, daß Jesus Christus, der Messias, aller Welt zu dieser Zeit am Himmel erscheinen und bis in den Lufthimmel kommen wird, um seine Gemeinde zu entrücken. Sind wir geistliche Realisten, die heute noch daran glauben, daß er zur Entrückung seiner Gemeinde kommt? Erkennen wir die Wunder in Israel?

17. MAI

Erste Ankunft in Jerusalem

»Siehe, der Herr kommt mit viel tausend Heiligen!«
(Judas 14 b)

Jahrzehntelang war ich der Meinung, niemals nach Israel reisen zu können, da ich die nötigen Mittel dazu nicht besaß, doch: »Der Mensch denkt, aber Gott lenkt.«
Nun war es soweit, was ich für unmöglich gehalten, war zur Gewißheit geworden.
Ein mir bekannter Pastor fragte mich, ob ich eine Studiengruppe nach Israel leiten wollte. Ich antwortete ihm: »Da ich noch nie in Israel gewesen bin, werde ich wohl kaum eine Studiengruppe dorthin leiten können.«
Er machte mir aber Mut, indem er mir erklärte, daß man mir in Israel einen guten jüdischen Reiseleiter zur Seite stellen würde,

der alle Formalitäten erledigen und über Land und Leute sowie die Geschichte des Staates Israel berichten und informieren könne.
So kam es, daß ich bei meiner ersten Reise als geistlicher Reiseleiter die Gruppe durch Israel führte. Nach einem wunderschönen Flug erreichten wir Tel Aviv. Wir fuhren nach Jerusalem.
Was ich für unmöglich gehalten, war nun Wirklichkeit geworden: Ich stand auf dem Ölberg und schaute auf den göttlichen Weltmittelpunkt, die heilige Stadt Jerusalem. Sie war von den Israeliten wohl erobert worden (1967), aber immer noch von den Heiden zertreten.
Unwillkürlich mußte ich an den Einzug des Herrn Jesus in Jerusalem denken:
»Gelobt sei, der da kommt, der König, im Namen des Herrn! Friede sei im Himmel und Ehre in der Höhe!« (Lukas 19/38)
Die ganze Stadt war in Bewegung geraten und fragte: »Wer ist der?« Auch die Kinder im Tempel schrien und sangen: »Hosianna dem Sohn Davids!«
Wieviel herrlicher muß sein Einzug in das himmlische Jerusalem gewesen sein, als der Sieger von Golgatha dem Vater der gesamten Schöpfung meldete: Die Erlösung ist vollbracht.
Es waren gewiß zehntausend mal zehntausend dienstbare Geister, die heiligen himmlischen Heerscharen, die ihm entgegenkamen und das Siegeslied der Erlösung sangen.
Selbst die Zunge des erhabenen Erzengels hatte nicht genügt, den König der Herrlichkeit in seinem ewigen Reich des Friedens gebührend zu begrüßen. Durch alle Weiten des Alls erklang der Lobgesang über seinen Sieg.
»Gott fährt auf unter Jauchzen, der Herr beim Hall der Posaune. Lobsinget, lobsinget Gott, lobsinget, lobsinget unserem König! Denn Gott ist König über die ganze Erde. Lobsinget ihm mit Psalmen! Gott ist König über die Völker, Gott sitzt auf seinem heiligen Thron!« (Psalm 47/6-9)
Beim Anblick auf Jerusalem kam mir das Wort des Herrn in den Sinn: »Und wiederum, da er den Erstgeborenen in die Welt eingeführt, spricht er: ›Es sollen ihn alle Engel Gottes anbeten!‹«
Wenn schon die himmlischen Heerscharen bei der Ankunft des Herrn über den Hirtenfeldern Bethlehems in Niedrigkeit und Schwachheit jubilierten: »Ehre sei Gott in der Höhe, und Frieden auf Erden und den Menschen ein Wohlgefallen!«, was für ein viel schönerer Jubelsturm wird sich über der Erde ausbreiten, wenn der Sieger über Sünde, Tod und Teufel einst in den Wolken wiederkommen wird, um seine Gemeinde in das himmlische Jerusalem zu entrücken. Sollte da nicht ein überschäumender Jubel unser

Herz erfüllen? – Damals, als ich das irdische Jerusalem zum erstenmal sah, war ich von der Herrlichkeit Gottes so ergriffen, daß mir beinahe die Tränen kamen.

18. MAI

Im ewigen Angedenken

»Du aber, Herr, Gott, bist barmherzig und gnädig, geduldig und von großer Güte und Treue.« (Psalm 86/15)

Bei meinem schon geschilderten ersten Besuch in Israel beschlich mich als Deutschem ein mulmiges Gefühl. Wie würden uns die Juden begegnen. Würde man uns scheel ansehen? Durfte man überhaupt in der Öffentlichkeit deutsch sprechen? Doch schon bei den ersten Begegnungen wurden meine Bedenken zerstreut. »Grüßen Sie mir Deutschland. Sagen Sie allen, wie es hier aussieht. Laden Sie alle nach Israel ein!« bekam ich freundlich zu hören. Eine Freundlichkeit, wie ich sie nie und nimmer erwartet hatte. Selbst Menschen, die im Konzentrationslager gequält und deren Angehörige umgebracht worden waren, haben uns kein böses Wort gesagt; auch nicht bei meinen späteren Besuchen.

In der schwarz gestrichenen Vorhalle der Gedenkstätte von Yad Vashem brannte das ewige Feuer und gerade hier bat man mich, eine Andacht zu halten. Ein größerer Zuhörerkreis formierte sich um uns. Innerlich flehte ich: »Herr, hilf mir jetzt bitte, denn mein Herz will mir verzagen!«

Ich wählte den Text: »Barmherzig und gnädig ist der Herr, geduldig und von großer Güte. Er wird nicht immer hadern, noch ewig zornig bleiben. Er handelt nicht mit uns nach unseren Sünden und vergilt uns nicht nach unserer Missetat. Denn so hoch der Himmel über der Erde ist, läßt er seine Gnade walten über denen, die ihn fürchten. So fern der Morgen vom Abend ist, läßt er unsere Übertretungen von uns sein.« Ich fuhr dann fort:

»Wahrhaftig, keine der hier genannten vier Eigenschaften Gottes könnte jemand missen wollen. Wäre Gott nicht barmherzig, so könnten wir auch nicht auf Vergebung hoffen; und wenn er nicht noch mehr als barmherzig wäre, so könnten wir alle auf nichts mehr als Vergebung warten. Da er aber darüber

hinaus g n ä d i g ist, gibt es die Möglichkeit, wieder seine Kinder werden zu können. Nicht, weil wir von uns aus würdig sind, sondern nach dem Maß seiner göttlichen Würde.
Denken wir nur, wenn er nicht l a n g s a m z u m Z o r n wäre, so könnten wir auch keine Geduld und Nachsicht erwarten, so wären wir auch nicht fähig, irgend etwas gutmachen zu können. Daß er dann auch noch v o n g r o ß e r G ü t e und reich an e r b a r m e n d e r L i e b e ist, zeigt uns allen, daß er ein rechter Vater über alles ist, was Kinder heißt im Himmel und auf Erden. Nur dadurch werden wir fähig, einander die Wunden zu verbinden.
Sein h e r z l i c h e s E r b a r m e n offenbart sich in seinem gnädigen Umgang mit uns. Sein innerstes Wesen ist die absolute Liebe, die das Böse nicht zurechnet, die sich nicht über die Ungerechtigkeiten freut, die langmütig und freundlich sich dem naht, der zu ihm kommt und um Vergebung bittet. Er legt der Gnade nie etwas in den Weg, sein Erbarmen geht so weit, wie der Himmel sich über uns ausbreitet.
Er begegnet jedem einzelnen, aber auch Völkern nach dem Maß seiner Freundlichkeit und Langmut, sonst müßten wir uns schon längst in der untersten Hölle befinden; deshalb sind wir nach Israel gekommen, um bei Ihrem und unserem gemeinsamen Gott diese Gnade zu erflehen und um die Vergebung bei jedem leidtragenden Juden, der sich einst bei uns im Vorhof der Hölle befand, zu bitten.«
Nach der Andacht kam ein weißbärtiger, orthodoxer Jude auf mich zu, umarmte mich und küßte mich herzlich. »Danke, vielen Dank für diese schönen Worte. Noch nie habe ich hier solche Worte gehört.« Und wieder umarmte er mich.

19. MAI

Jerusalem – Weltmittelpunkt

»So spricht der Herr: Das ist Jerusalem, da ich mitten unter die Heiden gesetzt habe und unter die Länder ringsumher.«
(Hesekiel 5/5)

Nach dem Willen Gottes ist Israel der Mittelpunkt der Welt. Jerusalem ist wiederum der geistliche und politische Mittelpunkt

von Israel. Der Tempel war der Mittelpunkt von Jerusalem, und das Allerheiligste der Mittelpunkt des Tempels.
Die Stadt Jerusalem ist heute in aller Munde. Die ganze Welt nennt ihren Namen. Juden und Christen lieben Jerusalem wegen ihres gemeinsamen Schöpfers und Vaters im Himmel. Diese Stadt muß man einfach lieben, weil sie die Stadt Gottes ist.
Jerusalem ist von Gott für Israel, und später auch für alle Nationen, der erwählte, geistliche, kulturelle und in kommenden Zeiten auch der politische Weltmittelpunkt; daran können alle Weltmächte nichts ändern.
Gott erwählte Jerusalem als Offenbarungsstätte. Das irdische Jerusalem wird Mittelpunkt der Welt während der Zeit des Tausendjährigen Friedensreiches sein. Das himmlische Jerusalem aber bleibt für alle Ewigkeit der Mittelpunkt des Weltalls und der neuen Erde. Es handelt sich nicht nur um menschliches Wunschdenken, sondern um eine von Gott verbürgte Zusicherung.
Die Menschen ahnen, daß es um Jerusalem noch große Spannungen geben wird; Paulus aber legte Wert darauf, daß Christen Wissende sein sollen, denn nur Wissende können auch Wachende sein.
Jerusalem soll nach der Bestimmung Gottes der Grundstein des Friedens und der Ordnung werden. Man möchte meinen, davon ist bisher wenig oder gar nichts zu spüren.
Doch der Prophet Jesaja übermittelt uns den Ratschluß Gottes: »Darum spricht Gott, der Herr: Siehe, ich lege in Zion einen Grundstein, einen bewährten Stein, einen kostbaren Eckstein, der fest gegründet ist.« (Jesaja 28/16)
Jesus Christus ist der bewährte Stein, denn er wurde in der Wüste Juda vierzig Tage und Nächte versucht und überwand den Teufel, so daß dieser von ihm weichen mußte.
Jesus ist aber auch der köstliche Stein, das schönste Juwel des Himmels, in dem aller Reichtum, alle Herrlichkeit und die ewige Erlösung zusammengefaßt sind.
Petrus verkündigt solches. Darum steht in der Schrift:
»Siehe da, ich lege einen auserwählten, köstlichen Eckstein in Zion; und wer an ihn glaubt, der soll nicht zuschanden werden. Euch nun, die ihr glaubet, ist er köstlich; den Ungläubigen aber ist er der Stein, den die Bauleute verworfen haben, der zum Eckstein geworden ist, ein Stein des Anstoßes und ein Fels des Ärgernisses, denn sie stoßen sich, weil sie an das Wort nicht glauben, wozu sie auch verordnet sind. Ihr aber seid das auserwählte Geschlecht, das königliche Priestertum, das heilige Volk, das Volk des Eigentums, daß ihr verkündigen sollt die Wohltaten dessen, der euch berufen

hat von der Finsternis zu seinem wunderbaren Licht.« (1. Petrus 2/6-9)
Ohne das himmlische Jerusalem verliert das irdische Jerusalem seine Bedeutung.

20. MAI

Jerusalem – Achse der Welt

»Seit der Zeit, da ich mein Volk aus Ägyptenland geführt habe, habe ich keine andere Stadt erwählt aus allen Stämmen Israels, ein Haus zu bauen, daß mein Name daselbst sein sollte, und habe auch keinen Mann erwählt, daß er Fürst sein sollte über mein Volk Israel; aber Jerusalem habe ich erwählt, daß mein Name daselbst sei, und David habe ich erwählt, daß er über mein Volk Israel Herr sei.« (2. Chronik 6/5-6)

Die Bewohner von Jerusalem und Israel können sich nicht selbst erlösen. Sie schrien einst, als sie vor die Wahl gestellt wurden: »Gebt uns Barabbas!« Sie verlangten nach einem Zeloten- und Bandenführer. Ihren wahren Messias aber wollten sie nicht anerkennen. Deshalb werden sich die Bürger von Jerusalem noch einmal falsch entscheiden, denn Jesus weissagte: »Ich bin gekommen in meines Vaters Namen, und ihr nehmt mich nicht an. Wenn ein anderer wird in seinem eigenen Namen kommen, den werdet ihr annehmen.« (Johannes 5/43)
Jesus spricht hier von dem kommenden Weltbeherrscher, dem Antichristus, der in Jerusalem seine Residenz aufschlagen und als falscher Messias alle Völker verführen wird. So erfahren wir aus der Feder des Apostels Paulus: »Laßt euch von niemandem verführen, in keinerlei Weise; denn zuvor muß der Abfall kommen und der Mensch der Bosheit offenbar werden, der Sohn des Verderbens. Er ist der Widersacher, der sich erhebt über alles, was Gott und Gottesdienst heißt, so daß er sich in den Tempel Gottes setzt und vorgibt, er sei Gott.« (2. Thessalonicher 2/3-4)
Diese Vorgänge ereignen sich vor der Ankunft Jesu zur Entrükkung seiner Gemeinde: »Was nun das Kommen unseres Herrn Jesus Christus angeht und unsere Vereinigung mit ihm, so bitten wir euch, liebe Brüder, daß ihr euch nicht so bald wankend machen lasset in eurem Sinn noch erschrecken, weder durch eine Offen-

barung im Geist noch durch ein Wort noch durch einen Brief, wie von uns gesandt, als ob der Tag des Herrn schon da sei. Lasset euch von niemand verführen, in keinerlei Weise; denn er kommt nicht, es sei denn, daß zuvor der Abfall komme und offenbart werde der Mensch der Sünde, der Sohn des Verderbens, der da ist der Widersacher und sich überhebt über alles, was Gott und Gottesdienst heißt, so daß er sich setzt in den Tempel Gottes und vorgibt, er sei Gott.« (2. Thessalonicher 2/1-4)
»Der Böse aber wird in der Macht des Satans auftreten mit großer Kraft und lügenhaften Zeichen und Wundern.«
Wir alle sollten gewarnt sein, um diesem Widerchrist nicht in die Hände zu fallen, wie einst die Christenheit in Deutschland dem Regime des letzten Vorläufers des Antichristen, Adolf Hitler, gnadenlos unterworfen und ausgeliefert war.
In Jerusalem wurde unser Herr Jesus gekreuzigt, dort hat er gelitten, dort ist er gestorben und dort ist er auferstanden. Jerusalem ist deshalb die Stadt der Fülle und der Gnade Gottes. Der gegenwärtige politische »Friedensprozeß« wird selbst von objektivsten Beobachtern mit Skepsis verfolgt. Es kann nur ein Scheinfriede sein.
Wir werden sofort an das Wort erinnert: »Wenn sie sagen werden: Es ist Friede, es hat keine Gefahr, dann wird sie das Verderben schnell überfallen gleichwie der Schmerz ein schwangeres Weib und werden nicht entfliehen.« (1. Thessalonicher 5/3)
Nur die, die vom Frieden Gottes regiert und geleitet werden, können den endzeitlichen Versuchungen entfliehen, indem sie sich völlig unter den Schutz und Schirm des ewigen Gottes retten. Er ist unser Friede!

21. MAI

Des großen Königs Stadt

»Ich aber sage euch, daß ihr überhaupt nicht schwören sollt, weder bei dem Himmel, denn er ist Gottes Thron; noch bei der Erde, denn sie ist seiner Füße Schemel; noch bei Jerusalem, denn sie ist des großen Königs Stadt.« (Matthäus 5/34-35)

Diese Worte Jesu bezeugen die göttliche Sicht über den Himmel, über die Erde und ihren Mittelpunkt: Der Himmel ist der Thron

Gottes, die Erde seiner Füße Schemel und Jerusalem ist die Stadt des großen Königs.
Die großen Könige Israels waren schon in die Ewigkeit abberufen, als Jesus diese Worte predigte. Jetzt gab es nur noch einen, der als der größte König des Friedens und der göttlichen Gerechtigkeit in Zukunft regieren sollte: Jesus Christus.
Jerusalem ist also auch noch heute als Dreh- und Angelpunkt der Menschheitsgeschichte von Bedeutung. In Jerusalem starb der Sohn Gottes für die Sünden aller Menschen. Von Jerusalem wurde der Herr in der lichten Wolke zum Thronhimmel aufgehoben, um über alle Völker der Erde zu herrschen. Das Wort des Propheten Micha gilt auch heute noch für die nahe Zukunft:
»Denn von Zion wird Weisung ausgehen und des Herrn Wort von Jerusalem. Er wird unter großen Völkern richten und viele Heiden zurechtweisen in fernen Landen. Sie werden ihre Schwerter zu Pflugscharen und ihre Spieße zu Sicheln machen. Es wird kein Volk wider das andere das Schwert erheben, und sie werden hinfort nicht mehr lernen, Krieg zu führen.« (Micha 4/2-3)
Auch der Prophet Sacharja bezeugt den heiligen Eifer Gottes um sein Volk und um seine erwählte Stadt Jerusalem.
»So spricht der Herr der Heerscharen: Ich bin voll glühenden Eifers für Zion und von heftigem Zorn um seinetwillen entbrannt. So spricht der Herr: Ich will mich Zion wieder zuwenden und will inmitten von Jerusalem wohnen. Jerusalem soll dann die ›treue Stadt‹ heißen und der Berg des Herrn der Heerscharen der ›heilige Berg‹.« (Sacharja 8/2-3 Bruns)
Deshalb kann Jerusalem nicht geteilt werden, denn sie ist und bleibt des großen Königs Stadt und ihre Bestimmung, die Hauptstadt von Israel zu sein. Damit ist sie zukünftiger religiöser und wirtschaftlicher Welt-Mittelpunkt; der von Gott festgelegt ist, so wie es in Jesaja 2/2-5 beschrieben wird.
Gott läßt sich nicht spotten, er lacht über die wahnwitzigen Ideen der antichristlichen Tyrannen; sie alle sind nur Werkzeuge in seiner Hand. Die Grausamkeiten des Pharaos, Nebukadnezars und Hitlers machten das Volk Israel nur noch williger, in das ihnen verheißene Land wieder zurückzukehren.
Nach 2000 Jahren bewegter Heilsgeschichte scheint sich der Kreis göttlicher Prophetie zu schließen. Juden und Christen befinden sich auf dem Weg zum himmlischen Jerusalem. Für beide will der Messias kommen, denn er allein ist der große König dieser einmaligen Stadt. Die Juden erwarten ihn als den Befreier von allen weltlichen Mächten und den Vollender aller Verheißungen. Die

Christen sehnen sich nach der Entrückung seiner Gemeinde am Tag der letzten Posaune.
Sind wir vom Heimweh nach dieser herrlichen Stadt erfüllt? Geht unser Sehnen nach dem himmlischen Jerusalem? Erwarten wir mit Freuden den König des Friedens und der Gerechtigkeit? – Das inbrünstige Verlangen, bald dem Herrn auf der Wolke der Herrlichkeit zu begegnen, ist das geistliche Barometer unseres Glaubens.

22. MAI

Jerusalem – Laststein der Völker

»Dies ist die Last, die der Herr ankündigt. Von Israel spricht der Herr, der den Himmel ausbreitet und die Erde gründet und den Odem des Menschen in ihm macht: Siehe, ich will Jerusalem zum Taumelbecher zurichten für alle Völker ringsumher, und auch Juda wird's gelten, wenn Jerusalem belagert wird. Zur selben Zeit will ich Jerusalem machen zum Laststein für alle Völker. Alle, die ihn wegheben wollen, sollen sich daran wund reißen; denn es werden sich alle Völker auf Erden gegen Jerusalem versammeln.« (Sacharja 12/1-3)

Das erregende Geschehen in und um Israel predigt uns täglich von der Zuverlässigkeit des Wortes Gottes und der Wiederkunft Jesu Christi. Im Nahostgeschehen geht es nicht nur um militärische und politische Auseinandersetzungen, sondern vor allem um endgeschichtliche Entwicklungen, die alle Menschen und Völker zur Entscheidung für oder gegen den Gott Israels herausfordern. Die Erfüllung dieser göttlichen Zusage sehen wir heute vor unseren Augen abrollen.
Dabei geht es um ganz entscheidende, heilsgeschichtliche Ereignisse, nämlich um die Einleitung zur Aufrichtung des Reiches Gottes auf Erden. Darüber hinaus ist ein ungeheurer Entscheidungskampf in der sichtbaren und unsichtbaren Welt entbrannt, in dessen Verlauf der Erzfeind Gottes die beiden Heilsträger, das Volk Israel und die Gemeinde Jesu, vernichten will; jeden auf eine andere Art.
Der Herr aller Herren wird für Israel streiten. Wenn sich dann alle Nationen wegen der Gebietsansprüche nach der biblischen Ver-

heißung gegen Israel versammelt haben, wird der Allmächtige einschreiten:
»Und der Herr wird aus Zion brüllen und aus Jerusalem seine Stimme hören lassen, daß der Himmel und die Erde erbeben werden. Aber seinem Volk wird der Herr eine Zuflucht sein und eine Burg den Kindern Israel. Und ihr sollt's erfahren, daß ich, der Herr, euer Gott, zu Zion auf meinem heiligen Berge wohne. Dann wird Jerusalem heilig sein, und kein Fremder wird mehr hindurchziehen.« (Joel 4/16-17)
Deshalb müssen wir uns klar von einer neutralen oder antiisraelischen Haltung distanzieren, um nicht wieder unter den Zorn Gottes zu fallen wie zur Zeit der Hitlertyrannei. Denn so steht geschrieben:
»Zu der Zeit wird der Herr die Bürger Jerusalems beschirmen und es wird zu dieser Zeit geschehen, daß der Schwache unter ihnen sein wird wie David und das Haus David wie Gott, wie der Engel des Herrn vor ihnen her. Und es wird geschehen an jenem Tage, da werde ich darauf bedacht sein, alle Völker zu vernichten, die gegen Jerusalem zu Felde gezogen sind. Danach will ich über die Bewohner Jerusalems den Geist der Gnade und der Bitte um Gnade ausgießen, so daß sie auf ihn hinblicken, den sie durchbohrt haben.« (Sacharja 12/8-10)
Der Geist Gottes spricht von einer entschuldbaren Zeit der Unwissenheit, ehe Jesus Christus erschien und verkündigt wurde. Nun aber ist die Zeit der Unwissenheit vorbei. Von diesen Dingen lesen wir auch in den Endzeitprophezeiungen, bei denen es um Israel und Jerusalem geht. Solange das Volk der Juden in der Zerstreuung lebte und es keinen Staat Israel gab, kann man diese Zeit als Zeit der Unwissenheit ansehen.
Nun aber, wo Israel wieder erstanden und Jerusalem die Hauptstadt geworden ist, wird jedem Menschen die Entschuldigung für seine antizionistische Haltung genommen. Wer jetzt noch, wider besseres Wissen, in einer antizionistischen Haltung verharrt und Jerusalem nicht als die Stadt Gottes anerkennen will, zieht sich damit den Zorn Gottes zu.

Jerusalem, ein Segen der Völker

»Es wird zur letzten Zeit der Berg, da des Herrn Haus ist, fest stehen, höher als alle Berge und über alle Hügel erhaben, und alle Heiden werden herzulaufen, und viele Völker werden hingehen und sagen: Kommt, laßt uns auf den Berg des Herrn gehen, zum Hause des Gottes Jakobs, daß er uns lehre seine Wege und wir wandeln auf seinen Steigen! Denn von Zion wird Weisung ausgehen und des Herrn Wort von Jerusalem.«

(Jesaja 2/2-3)

Aus diesen und vielen anderen Versen der Bibel können wir erkennen, daß der Herr in der letzten Zeit wieder von Jerusalem aus regieren wird. Denn es steht geschrieben: »Der Herr wird Jerusalem wieder erwählen, – darum: Juble und freue dich, Tochter Zion! Denn wisse wohl: Ich komme und nehme Wohnung in deiner Mitte – so hat der Herr gesprochen: Ich kehre wieder nach Zion zurück und will zu Jerusalem Wohnung nehmen, denn Jerusalem soll ›Die treue Stadt‹ heißen. – So werden viele Völkerschaften nach Jerusalem kommen, um den Herrn der Heerscharen in Jerusalem anzubeten. – Es sollen auch die Söhne deiner früheren Bedrücker tief gebückt zu dir kommen und alle deine Verächter sich zu deinen Fußsohlen niederwerfen und die ›Stadt des Herrn‹ nennen, das Zion, des Heiligen Israels.« (Sacharja 2/14-16; 8/3 und 22; 14/16-17 und Micha 4/2)

Deshalb ist es unverständlich, daß es noch heute, angesichts der gewaltigen Ereignisse in Israel, Christen gibt, die von einem »judaistischen Quatsch« reden, wenn sie von Israel hören. Solche blinden Führer haben keine Erleuchtung durch den Heiligen Geist über die Absichten Gottes in der Endphase der Endzeit.

Da hatten israelische Staatsmänner, die nicht als streng religiös galten, wie beispielsweise der erste Präsident und Staatsgründer Ben Gurion, größere biblische Erkenntnisse. Vorausblickend prophezeite er schon 1950: »Jerusalem ist nicht nur die Hauptstadt Israels, es soll auch, nach dem Wort des Propheten, die geistliche Hauptstadt für die ganze Welt werden.«

Verweilen wir im Geist an der heiligen Stätte: In Jerusalem fand die größte Versöhnung statt. Versöhnung bedeutet Wiedervereinigung. Der große Friedensschluß zwischen Gott und den Menschen aller Jahrtausende wurde hier vollzogen.

Jerusalem aber bleibt der Inbegriff aller Gottesverheißungen und großer Heilstaten. In Jerusalem erkämpfte Jesus Christus die Welterlösung. Von hier fuhr er sichtbar gen Himmel. In Jerusalem wurde der Heilige Geist ausgegossen und dadurch auch die erste neutestamentliche Gemeinde gegründet.
Nach Jerusalem wird der Messias Jesus Christus für sein Volk in Israel wiederkehren:
»Und seine Füße werden stehen zu der Zeit auf dem Ölberg, der vor Jerusalem liegt nach Osten hin. Und der Ölberg wird sich in der Mitte spalten, vom Osten bis zum Westen, sehr weit auseinander, so daß die eine Hälfte des Berges nach Norden und die andere nach Süden weichen wird.« – »Und der Herr wird König sein über alle Lande. Zu der Zeit wird der Herr der einzige sein und sein Name der einzige.« (Sacharja 14/4 und 9)
Ein fast 2000jähriger heilsgeschichtlicher Kreis beginnt sich zu schließen!

24. MAI

Wasser in der Wüste

»Er leitete sie am Tage mit einer Wolke und die ganze Nacht mit einem hellen Feuer. Er spaltete die Felsen in der Wüste und tränkte sie mit Wasser in Fülle; er ließ Bäche aus dem Felsen kommen, daß sie hinabflossen wie Wasserströme.«

(Psalm 78/14-16)

Als geistlicher Reiseleiter bin ich mit einer Gruppe fröhlicher Christen wieder einmal in Israel unterwegs. Ein ausgezeichneter israelischer Reiseführer uns zeigt die biblischen Orte. Er erklärt uns das Land der Bibel in geschichtlicher und geographischer Hinsicht. Ein herrliches Erlebnis nicht nur für die Neulinge, sondern auch für die »erfahrenen Israelfreunde«.
An einem bestimmten Tag hat der Reiseführer frei.
»Für morgen möchte ich dich bitten, die Gruppe allein zu führen. Das ist ganz einfach. Der Busfahrer kennt die Stelle, wo ihr zum St. Georgs-Kloster und zum Bach Krith hinuntergehen müßt. Ihr könnt das überhaupt nicht verfehlen, folgt einfach dem Weg ins Tal hinab. Bald seht ihr das Kloster, das wie ein Schwalbennest an der steilen Felswand hängt«, sagt er mir.

Wir wandern an der besagten Stelle über einen steinigen Fußweg talabwärts. Bald kommen wir dem Bach Krith näher, aber von einem Kloster ist weit und breit nichts zu sehen. Trotzdem wandern wir ins Tal hinab. Etwas Erquickendes ergötzt unsere Augen, eine langausgedehnte Oase: Hohe Palmen, üppiges Gestrüpp, glasklares Wasser, smaragdgrüne Frösche im Wasser, und exotisch bunte Vögel schwirrren durch die Luft.
»Wo Wasser ist, da ist Leben!« heißt es. Wir wandern flußaufwärts – ein Felsen verdeckt uns die Sicht auf den weiteren Verlauf des Baches. Als wir um die letzte Felsenecke kommen, sehen wir ein kleines Wunder: Aus dem gegenüberliegenden Felsen springt ein Wasserfall herab, im Tal staut sich ein herrlicher See.
Als ich mir den Wasserfall und die beachtliche Menge Wasser ansehe, muß ich an das heutige Bibelwort denken: »Er öffnete den Felsen, da flossen Wasser heraus.« Durch Moses Stab und sein Wort spaltete der Herr den Felsen in der Wüste; da sprangen Wasserbäche, daß Hunderttausende mitten in der Wüste zu trinken hatten.
Wir hatten uns verlaufen, aber wir sahen ein viel schöneres Naturwunder mitten in der Wüste.
Immer und immer wieder erinnert sich das Volk Israel an die sichtbaren Wunder in der Wüste:
»Vor dem Herrn erbebe, du Erde, vor dem Gott Jakobs, der den Felsen wandelte in einen See und die Steine in Wasserquellen!« (Psalm 114/7-8)
Das Volk Gottes brauchte sich nur niederzubeugen, um sich zu erfrischen. Wüstensand pflegt sonst naturgemäß alles Wasser aufzusaugen; das geschah bei Mose und dem Volk Israel nicht. Wir wissen, daß unser Herr Jesus der Felsen und die Quelle ist, woher uns in jeder Situation die Hilfe kommen kann.
Nicht der Stab von Mose war es, der Wasser aus dem »harten Stein« fließen ließ, sondern die Allmacht Gottes. Mose war nur sein Werkzeug. Nicht tröpfelnd, sondern in Sturzbächen kam das lebensnotwendige Wasser für das durstige Volk, und nicht nur für eine Stunde oder einen Tag wurden sie versorgt, sondern so lange sie durstig waren. Man schätzt, daß es über eine Million Menschen waren, dazu auch ihr Vieh.
Er tat das Wunder in der Wüste und wirkt auch heute noch Wunder. Es gilt darum, ihm ganz zu vertrauen und ihm in Ehrfurcht zu begegnen.

Das sind doch keine Christen

»Ich habe den Herrn allezeit vor Augen; steht er mir zur Rechten, so werde ich fest bleiben. Darum freut sich mein Herz und meine Seele ist fröhlich; auch mein Leib wird sicher liegen. ... Du tust mir kund den Weg zum Leben: Vor dir ist Freude die Fülle und Wonne zu deiner Rechten ewiglich.«

(Psalm 16/8-9 und 11)

Beziehen wir diese Sätze auf unser kleines Leben, so ahnen wir, was es bedeutet: Gott hat uns den Weg zum Paradies geöffnet. Für alle gläubigen Menschen hat der Vater den Pfad gebahnt, der zu ihm selbst und direkt in den Thronhimmel der Herrlichkeit führt. Es bedeutet ein Übermaß an Freude, die vollkommene Wonne, eine Fülle von Freude, nicht nur winzige Tropfen, nein, Ozeane der himmlischen Lust.

Der Apostel Paulus empfiehlt allen Christen: »Seid allezeit fröhlich, betet ohne Unterlaß, seid dankbar in allen Dingen; denn das ist der Wille Gottes in Christus Jesus an euch.«

Unsere Seele nährt sich durch das stete Anschauen des Bildes Jesu. Das bedeutet für uns unaufhörliche Freude, seine Schönheit zu betrachten, die uns durch das ewige Wort Gottes so deutlich vor Augen geführt wird. »Wer mich sieht, sieht den Vater!« Durch die Vollmacht des Heiligen Geistes wird uns bewußt, daß es sich um reine, ungeschminkte Freude handelt. Wonne ohne Ende und Glückseligkeit ohne Unterbrechung.

Vor einiger Zeit waren wir mit einem klimatisierten Reisebus in Israel unterwegs. Der Reiseführer, ein deutschsprechender Israeli, war uns von anderen Reisen her gut bekannt. Der Fahrer des Busses, ein junger Israeli, hatte keine deutschen Sprachkenntnisse.

Die beiden unterhalten sich in ihrer Landessprache über uns; aus ihren Gesten kann man es entnehmen.

Jetzt wendet sich der israelische Reiseführer an uns: »Denkt einmal, was mir der Busfahrer eben sagt! Heute hätten wir wohl keine Christen an Bord.«

Erstaunt frage ich ihn: »Weshalb kommt er denn auf diesen sonderbaren Gedanken? Haben wir ihm denn in irgendeiner Weise Anlaß dazu gegeben?«

Der Reiseführer winkt ab und sagt: »O nein, er will damit nur zum

Ausdruck bringen, daß diese Gruppe so anders ist, nämlich, die Leute singen und würden so fröhlich sein. Außerdem sagen sie immer mal wieder Halleluja, was sonst eigentlich nur die Juden tun.«

Was für ein Urteil über traditionelle Christen, die sogenannten »Namenschristen«. Offensichtlich kannte er bisher nur Leute, die eine Trauermiene trugen und nicht sonderlich fröhlich waren, sich aber als Christen bezeichneten.

Gerade in diesen Tagen las ich in der deutschen Ausgabe der »Jerusalem Post«: »Wir waren fröhlich beieinander, jauchzten Gott zur Ehre und tanzten mit Freude den Reigentanz, um Gott den Dank zu geben, nicht wie in europäischen Zonen, wo Christen in mystischer, düsterer und sklavischer Weise ihre Gottesdienste vollziehen.«

Darüber war ich schon sehr erschrocken, so sahen uns also die Juden.

Sollten wir es nicht mit dem freudevollen Komponisten Joseph Haydn halten, dem Verfasser des wunderschönen geistlichen Oratoriums »Die Schöpfung«, der einst bezeugte:

»Wie ich's habe, so gebe ich's dir. Wenn ich aber an Gott denke, so ist mein Herz so voll Freude, daß mir die Noten wie von der Spule laufen. Da mir Gott ein fröhliches Herz gegeben, so ist es mein größte Lust, ihm fröhlich zu dienen.«

26. MAI

Segen oder Fluch

»Wenn du nun der Stimme des Herrn, deines Gottes, gehorchen wirst, daß du hältst und tust alle seine Gebote, die ich dir heute gebiete, so wird dich der Herr, dein Gott, zum höchsten über alle Völker machen, und weil du der Stimme des Herrn, deines Gottes, gehorsam gewesen bist, werden über dich kommen und dir zuteil werden alle diese Segnungen.«

(5. Mose 28/1-2)

Die Erwählung des Volkes Israel ist an klare Voraussetzungen gebunden, die Gott gesetzt hat, nämlich an die Herzensliebe und den Gehorsam. Wer die Erwählung von Israel vor anderen Völkern verstehen will, sollte unbedingt dieses Kapitel 28 vollständig lesen.

Gottes Verheißungen sind immer an ganz bestimmte Voraussetzungen geknüpft. Der Herr fordert keine Sach- oder Arbeitsleistungen, nur Liebe und Gehorsam zum Guten: Herz, was willst du mehr?
Gott läßt uns durch sein Wort wissen, daß seine Liebe und sein Segen nicht uferlos sind:
»Wenn du aber nicht gehorchen wirst der Stimme des Herrn, deines Gottes, und wirst nicht halten und tun alle seine Gebote und Rechte, die ich dir heute gebiete, so werden alle diese Flüche über dich kommen und dich treffen . . .« (5. Mose 28/15)
Bei dieser Aufforderung erstirbt das »Ammenmärchen« vom sogenannten »lieben Gott«, der alles durchgehen läßt und nicht zu handeln imstande ist. Nach der deutschen Verseinteilung hat das 28. Kapitel des fünften Buches Mose 68 Verse, davon sind die ersten 14 Verse die des Segens. Die übrigen Verse beinhalten einen umfangreichen Katalog von Schreckensbotschaften, Plagen, Katastrophen, Seuchen und anderen Geißeln.
Welches Buch, von Menschen geschrieben, hat über Jahrtausende mit solcher Genauigkeit das Zukünftige so prägnant geweissagt? Bitte lesen wir ganz konzentriert die 54 Verse der großen Strafandrohungen und vergleichen sie mit der langen Leidensgeschichte des Volkes Israel.
Nur einige Verse möchte ich uns hier vor Augen führen: »Der Herr wird dich von deinen Feinden schlagen lassen. Auf einem Wege ziehst du gegen sie aus, und auf sieben anderen Wegen wirst du vor ihnen fliehen. Alle Reiche der Erde werden sich über dich entsetzen, deine Leichen werden den Vögeln des Himmels und allem Getier auf Erden ein Fraß sein. Niemand wird sie verscheuchen.« (5. Mose 28/26-29 Bruns)
Wer hätte je geglaubt, daß diese Worte so wortwörtlich zu verstehen sind? Wer hätte je gedacht, daß es in unserem Volk, aber über die Jahrtausende auch in anderen Ländern, solche grauenhaften »Leichenberge« von Juden geben könnte? Tausende Juden sind in den Konzentrationslagern beim Anblick der unsagbaren Foltern, Grausamkeiten, Greueltaten und Bestialitäten, die vor ihren Augen geschahen, wahnsinnig geworden.
Wenn nun alles, was in bezug auf Israel vorausgesagt wurde, schon bis heute in Erfüllung gegangen ist, wie viel mehr werden die Gerichtsaussagen des Neuen Testamentes in Erfüllung gehen für den, der das Heilsangebot Jesu Christi nicht angenommen hat und seine Sünden nicht durch das Blut Jesu reinigen ließ. Wie kommen Christen auf die irrige Idee, daß das, was im Neuen Testament über den Himmel, die Hölle, das Preisgericht und die

Verdammnis prophezeit ist, nur die Erfindung von Menschen wäre?
Sollten sich die Voraussagen des Neuen Testamentes nicht in gleicher Weise erfüllen, es sei Segen oder Fluch?

27. MAI

Wüstensturm über dem Sinai

»Eines Tages bestieg Jesus mit seinen Jüngern ein Boot und sagte zu ihnen: ›Wir wollen auf die andere Seite des Sees fahren.‹ Dann stießen sie vom Land ab. Während der Fahrt schlief Jesus ein.
Da erhob sich ein Wirbelsturm auf dem See und das Boot füllte sich mit Wasser. Die Gefahr wurde groß. Da traten die Jünger zu ihm, weckten ihn und riefen: ›Meister, Meister, wir gehen unter!‹ Er aber stand auf, bedrohte den Sturm und die Wasserwogen. Da legten diese sich, und es wurde ganz still.«
(Lukas 8/22-24 Bruns)

Ein Naturereignis erlebte ich, als ich mit einem Kamerateam über die Sinaihalbinsel fuhr. Wir wollten bei der Militärparade zum Jahrestag der Staatsgründung Israels in Jerusalem filmen, doch aus Kostengründen wurde diese nach dem 25. Jahrestag abgesagt. Wir standen sehr entmutigt herum.
Ein israelischer Presseoffizier tröstete uns: »Ihr werdet bestens entschädigt!«
Am nächsten Morgen mußten wir uns im Verteidigungsministerium in Tel Aviv melden. Hier wurde uns ein Major der Armee vorgestellt, der uns bis an den Suezkanal begleiten und dafür Sorge tragen sollte, daß wir Aufnahmen von der Verteidigungsbereitschaft der israelischen Armee machen konnten.
Als wir in südwestlicher Richtung eine rostbraune Wolkenwand sahen, wußten wir, daß wir einen Wüstensturm erleben würden. Der Major hatte für alles vorgesorgt: Wasser, Leuchtpistole und, was noch fast wichtiger war, Salz; denn bei den extremen Temperaturen ist der Salzverlust des Körpers sehr groß.
Bald befanden wir uns mitten im Wüstensturm. Er heulte fürchterlich. Man konnte meinen, die ersten Worte der Heiligen Schrift zu hören: »toohuu wabbohuuu«, so pfiff es um uns her. Wir waren kaum imstande, 30 Meter weit zu sehen.

Der israelische Major lag hinten im Wagen und schlief. Ohne ihn hätten wir wahrscheinlich auch große Furcht gehabt, aber das Bild des schlafenden Offiziers erinnerte mich an die Begebenheit auf dem See Genezareth: »Der Meister schlief.«
Unentwegt betete ich, denn wenn der Sturm so bleiben würde, konnten wir ja keine Filmaufnahmen machen. Aber der Major hatte am Morgen bereits in Tel Aviv Nachricht von den Streitkräften bekommen, daß am Suezkanal klarer Sonnenschein wäre. Das hatte er uns aber nicht verraten. Nach eineinhalb Stunden klarte es schnell auf und wir konnten filmen.
Wir wollen oft den drohenden Unwettern und Lebensstürmen entfliehen. Wir fürchten uns vor den Bedrohungen des Lebens durch Krankheit und Katastrophen, wir denken aber nicht daran, daß unser Herr und Meister bei uns ist. Ihm sind die Elemente, aber auch die Bedrohungen aus der unsichtbaren Welt untertan.
Wenn es um uns finster wird, wenn uns heulende »Zukunftsstürme« auch ängstigen wollen, einer kann uns in jeder Gefahr beistehen und sicher ans Ufer bringen: unser Heiland Jesus Christus. Wer durch seine Hilfe aus dem Sturm gerettet wurde, preist nach dieser herrlichen Erfahrung seine Kraft und Allgegenwart.

28. MAI

Die falschen Propheten

»Wenn ein Prophet oder Träumer unter euch aufsteht und dir ein Zeichen oder Wunder ankündigt und das Zeichen oder Wunder trifft ein, von dem er dir gesagt hat, und er spricht: ›Laßt uns anderen Göttern folgen, die ihr nicht kennt, und ihnen dienen,‹ so sollst du nicht gehorchen den Worten eines solchen Propheten oder Träumers; denn der Herr, euer Gott, versucht euch, um zu erfahren, ob ihr ihn von ganzem Herzen und ganzer Seele liebhabt.« (5. Mose 13/2-4)

Wir wollten vor Jahren Israel besuchen; diesmal aber hatten wir den Weg über Ägypten gewählt. Wir besuchten Kairo, die Pyramiden bei Gizeh und fuhren mit dem Zug am Nil entlang nach Luxor. Dort besichtigten wir die gewaltigen Tempel, die uns der ägyptische Reiseführer, ein koptischer Christ und Professor aus Kairo, mit wahrer Inbrunst erklärte.

Ein Besuch im Tal der Könige brachte uns einen gewissen Höhepunkt. Wir stiegen in die langen Stollen, die zu den Grabkammern der Pharaonen führten. Die Wandmalereien zeugten von einer hohen Kultur der alten Ägypter. Inmitten der Hieroglyphen und Wandmalereien entdeckten wir ein Zeichen, das die Menschen bis in unsere Tage erregt, das oft auf jüdische Gräber und Gedenkstätten geschmiert wird: Das Hakenkreuz!

»Bitte, sehen Sie auf dieses Kreuz, das ja in Deutschland sehr bekannt ist.« Dabei deutete der Reiseführer auf das Hoheitszeichen des Nationalsozialismus. »Dieses Hakenkreuz wurde nachweislich hier vor 3000 Jahren hineingearbeitet. Bitte hören Sie gut zu. Dieses Zeichen war immer ein spiritistisches Götzenzeichen und auch immer ein antisemitisches Symbol.«

Diesem antigöttlichen Zeichen gaben wir jahrelang die Ehre. Ja, vor diesem Kreuz mußten Millionen ihren rechten Arm erheben, »Heil« rufen und ewige Treue schwören.

Das Hakenkreuz ist also keine Erfindung von Hitler, sondern es ist ein antigöttliches Zeichen seit Jahrtausenden. Ein okkult belasteter Vorläufer des kommenden Antichristen hatte es für Deutschland zum staatlichen Hoheitszeichen erwählt und eine ganze Nation verführt, sich in abscheulicher Weise gegen das Volk Israel zu wenden und den Versuch zu unternehmen, dieses Volk auszulöschen. Der dämonische Diktator Hitler kam im Namen Gottes, er benutzte Worte der Bibel, um den Gott Israels und den Messias Jesus Christus zu verspotten und zu lästern.

Obwohl sich der Verführer lange vor der Machtübernahme festgelegt hatte, das Volk Gottes mit Stumpf und Stiel auszurotten, erkannten auch viele erweckte Christen sein finsteres Treiben nicht. Gott sandte über uns verführerische Irrtümer, um zu offenbaren, ob wir ihn von ganzem Herzen und ganzer Seele liebhaben, oder einem dämonischen Verführer auf den Leim gehen.

Diese Verführung ist noch lange nicht beendet. Sie wird in dem kommenden, antichristlichen Weltreich mit viel dämonischerer Macht neu auferstehen und eine weltweite Verfolgung der Juden und Christen herbeiführen. Gott, der Herr, hat uns durch Jesus Christus ein anderes Kreuz mit göttlichen Verheißungen und der Auferstehung zum herrlichen Leben in seiner Gemeinschaft gegeben, um allen Menschen einen Weg in das ewige Paradies zu bahnen.

»Jesus aber antwortete und sprach zu ihnen: Sehet zu, daß euch nicht jemand verführe. Denn es werden viele kommen unter meinem Namen und sagen: Ich bin der Christus, und werden viele verführen.« (Matthäus 24/4-5)

Unser Herr und Messias

»Er fährt zur Höhe hinauf und führt Gefangene mit. Menschen huldigen ihm mit Gaben, sogar die Rebellen unterwerfen sich und dürfen bei dem Herrn, unserem Gott, wohnen.«

(Psalm 68/19 GN)

Gott in seiner Macht und Herrlichkeit wird immer Sieger sein! David veranschaulicht den Sieg mit der überwältigenden Botschaft: »Gott ist da!« und »Gott ist eine lebendige Wirklichkeit!« Die Nachricht vom Sieg Israels läßt sich im Geist gewiß auf den Sieg anwenden, welchen der erhöhte Herr und Erlöser errungen hat, als er ausrief am Kreuz: »Es ist vollbracht!«

Dadurch hatte er in der Kraft seiner Auferstehung alle Feinde überwunden. Auch die heidnischen Völker mußten anerkennen: »Ihm ist alle Macht gegeben, im Himmel wie auf Erden!«

Einige israelische Reiseführerinnen und -führer habe ich in den letzten Jahrzehnten kennengelernt und war über ihren missionarischen Eifer oft erstaunt. Sie verkündigten die Botschaft Gottes, als seien sie Christen, sie sprachen von unserem Erlöser und Heiland, sie erklärten die geistlichen Zusammenhänge in Gethsemane, auf dem Berg Tabor oder am Hügel Golgatha so eindrücklich, daß die Reiseteilnehmer aus Deutschland und der Schweiz fragten, ob sie wiedergeboren seien.

Mit einer israelischen Reiseleiterin sprach ich einmal ganz persönlich: »Sag mir doch, was du dabei empfindest, wenn du über das Leiden und Sterben unseres Herrn Jesus Christus so leidenschaftlich und heilig sprichst, als seist du selber eine Jüngerin?«

Sie erklärte mir daraufhin feierlich: »Für mich ist es die größte Freude, wenn ich von einer Touristin aus Deutschland einen Brief erhalte, in dem geschrieben steht:

›Liebe Frau E., als Sie von Jesus, dem Lamm Gottes, in Gethsemane sprachen, habe ich mein Leben ganz neu in die Hand des Messias gegeben.‹«

Wir würden uns sicher fragen, ob es möglich ist, daß ein Mensch, den wir nicht als wiedergeboren ansehen, andere Menschen zum Heiland der Welt bekehren könnte.

Bei Gott aber ist kein Ding unmöglich.

Bei dieser Situation erwies es sich wieder einmal als richtig, daß sie erklärte: »Wenn es je eine religiöse Vereinigung zu dem leben-

digen Gott gibt, dann doch nur zwischen Juden und Christen.« Dies war also seine einhellige Überzeugung, als der Apostel Paulus schrieb:
»Er ist es, der uns allen den Frieden gebracht und Juden und Nichtjuden zu einem einzigen Volk verbunden hat. Durch sein Sterben hat er die Mauer eingerissen, die die beiden trennte und zu Feinden machte. Denn er hat das jüdische Gesetz mit seinen Forderungen beseitigt.
So hat er Frieden gestiftet. Er hat die getrennten Teile der Menschheit mit sich verbunden und daraus den einen neuen Menschen geschaffen. – Am Kreuz hat er alle Feindschaft ein für allemal ausgelöscht.« (Epheser 2, 14-16 GN)

30. MAI

Die Liebe rechnet das Böse nicht zu

»Da trat Petrus zu ihm und sprach: ›Herr, wie oft muß ich denn meinem Bruder, der an mir sündigt, vergeben? Ist's genug siebenmal?‹ Jesus sprach zu ihm: ›Ich sage dir: nicht siebenmal, sondern siebzig mal siebenmal.‹« (Matthäus 18/21-22)

Die Liebe rechnet das Böse nicht zu. Es gibt eine Mathematik des unerlösten Menschen: Die Selbstsucht rechnet stets da Schlechte dem anderen zu! Die Liebe Gottes rechnet das Böse nicht zu, sagt uns der Heilige Geist.
Wir können die schlechtesten Mathematikschüler gewesen sein; wenn es um das Böse des anderen geht, kommt für uns schnell ein umfangreiches Schuldenkonto zustande. Hier können wir alle sehr gut rechnen, nämlich zurechnen. Wir werden dann getrieben von den Kräften unserer eigenen Begierde und unseren selbstsüchtigen »Rechenkünsten«.
Dabei kommt dann die Macht und Kraft unserer Unversöhnlichkeit so richtig zum Ausdruck. Wir alle haben in dieser Beziehung eine große Begabung mit dem Ziel: »Wie gewinne ich unter diesen Umständen noch Vorteile?«
Wir haben geradezu einen Adlerblick, wenn es darum geht, etwas hinzuzugewinnen. Mit wieviel Geschick und Raffinesse versuchen wir, unsere Vorteile zu vermehren.
Wenn wir den anderen beobachten, werden wir nicht müde, die Summe seiner Ungerechtigkeiten zu entdecken und bemerken

nicht, wie selbstgerecht wir in unserem lieblosen Wesen sind: wieviel Rechthaberei, Hinterlist, Schadenfreude und Selbstgerechtigkeit in uns wohnt. Beim Zusammenrechnen der Bosheit, der Gehässigkeit und der Arglist, der Heimtücke und Verschlagenheit des anderen kommen wir auf eine beachtliche Summe. Wir selber rechnen uns stets zu den Besseren und bemerken selten, daß wir ebenfalls mit denselben Fehlern behaftet sind.

Wenn es darum geht, die eigene Schuld auf den anderen abzuwälzen, sind wir durchtrieben, verschlagen und brutal. Alles andere hat Schuld: der Mann, die Frau, die Umstände, die Politik, der Krieg, die Nachkriegszeit, die Partei, der Arbeitgeber, die Gemeinde, der Pastor, die Schwester, der Bruder; wir selber aber sind fast immer unschuldig. Unser Gewissen ist dabei sehr verblendet und stumpf, da wir stets alle Schuld auf andere abschieben wollen.

Wir haben es von unseren Ureltern mitbekommen, nämlich von Adam und Eva, die ihre Schuld elegant auf den Nächstbesten abschieben wollten: Adam auf die Frau, Eva auf die Schlange und, vielleicht in Gedanken, auf den Schöpfer selbst. Wenn wir dem Nächsten jede Schuld vergeben könnten, so würde uns durch die Gnade Jesu Christi selbst vergeben werden, wenn wir ihn darum bitten würden. Die Liebe rechnet das Böse nicht zu.

Mit Nachdruck weist uns der Sohn Gottes darauf hin, wie wichtig es ist, unserem Nächsten zu vergeben: »Und vergib uns unsere Schuld, wie wir vergeben unsern Schuldigern.«

Wie notwendig diese Bitte ist, beweist die Wiederholung durch unsern Herrn nach dieser Gebetsanleitung: »Denn wenn ihr den Menschen ihre Übertretungen vergebet, so wird euch euer himmlischer Vater auch vergeben. Wenn ihr aber den Menschen nicht vergebt, so wird euch euer Vater eure Übertretungen auch nicht vergeben.« (Matthäus 6/14-15)

Es geht um die immer vergebende göttliche Liebe, um die Agape. Wir wollen uns dieser Liebe immer wieder neu hingeben; dabei lernen wir, daß Hingabe immer Aufgabe des eigenen Ichs bedeutet.

Die Sanftmut hat eine herrliche Verheißung

»Selig sind die Sanftmütigen; denn sie werden das Erdreich besitzen.« **(Matthäus 5/5)**

Dieser Satz scheint nach den jahrtausendealten Erfahrungen in der Weltgeschichte ziemlich unsinnig zu sein. Heute müßte es heißen: »Wer seine Ellenbogen richtig einzusetzen versteht, wer mit der Faust auf den Tisch schlagen kann, wer gerissen und hinterlistig ist, ja, wer über Leichen gehen kann, der bringt es im Leben zu etwas!«

Es geht hier nicht um die Anerkennung irgendeiner menschlichen Tugend. Jesus hat kein mildes Temperament gemeint. Es wäre ein schreckliches Zerrbild, wenn wir Sanftmut mit einem angeborenen Phlegma des Menschen verwechseln würden, wobei dann derjenige, der zu träge ist, um sich zur Wehr zu setzen, als sanftmütig gelten würde. Von einem solchen könnte man sagen: »Sanft ja, – nur der Mut fehlt ihm!«

Jesus hat auch nicht gesagt: »Selig sind die Angsthasen, sie gehen jeder Konfrontation aus dem Weg.«

Jesus hat auch nicht gemeint: »Selig sind die Schwächlinge und Zaghaften, die nie zu einer eigenen Meinung kommen, die sich gern ›gehen lassen‹, um auf dem Weg des geringsten Widerstandes voranzukommen«; sondern Christus will uns sagen: »Selig sind die stillen Helden, die, wenn es darauf ankommt, im schweigenden Gehorsam überwinden können.«

Was Jesus in Wahrheit meint, erfordert viel Mut, entschlossene Kraft in der Hingabe unserer Herzen.

Es geht also nicht um natürliche Veranlagungen, sondern um die Früchte des Heiligen Geistes.

Ach, wenn wir doch auf das Lamm Gottes, auf unseren Herrn Jesus Christus blicken würden!

Sein Reden und Tun strahlt eine verborgene Herrlichkeit aus. Er war nicht nur redegewaltig, nein, von ihm ging eine heilige Kraft aus. Er konnte sagen: »Blickt auf mich, denn ich bin sanftmütig und von Herzen demütig.«

Dabei war er keinesfalls schwächlich oder ein »Leisetreter«.

Bei der Tempelreinigung zeigt er zum Beispiel keine Nachgiebigkeit. Hier sehen wir keinen rücksichtsvollen Mann, sondern einen Eiferer für Gottes Ehre.

Den Pharisäern ruft er schonungslos ein neunfaches »Wehe euch!« entgegen.
Er nennt sie Heuchler, blinde Blindenleiter, übertünchte Totengräber, Schlangen und Otterngezücht, Menschen, denen es besser wäre, sich einen Mühlstein um den Hals zu hängen und sich im Meer zu ersäufen dort, wo es am tiefsten ist.
Ist das das Bild eines Sanftmütigen? So jedenfalls stellen wir uns einen Sanftmütigen nicht vor.
Und doch war er der Sanftmütigste unter allen Menschen, die je gelebt haben. Ging es aber um die Ehre Gottes, um sein Reich, um seinen Willen, dann war er von unerbittlicher Strenge.
Man sah ihn in königlicher Autorität seinen Weg gehen.
Betraf es aber seine eigene Person, dann war er der Gütigste, den es je gegeben hat.
Seine Sanftmut bezieht sich hier auf das Verhältnis zu seinem Vater, zu Gott: Glaube, Beugung, Gehorsam, Hingabe, treue Nachfolge bis in den Tod.
Dieses bewies er bis zum letzten Atemzug.
Er hat uns alles vorgelebt, er hat sich stets unter den Ratschluß Gottes gebeugt, ohne die geringste Auflehnung. Immer sagte er in heiliger Ergebenheit: »Ja, Vater! Dein Wille geschehe!«
Die Sanftmut des Herrn besiegte die Hölle, den Tod und Satan selbst.
Der Geist der Gewaltlosigkeit beherrschte ihn und nicht der Geist der Vergeltung.

1. JUNI

Die Stricke der Gottlosen

»Bewahre mich, Herr, vor der Hand der Gottlosen; behüte mich vor den Gewalttätigen, die mich zu Fall bringen wollen. Die Hoffärtigen legen mir Schlingen und breiten Stricke aus zum Netz und stellen mir Fallen auf den Weg.« (Psalm 140/5-6)

König David wollte lieber dem Strafgericht Gottes ausgesetzt werden, als der Willkür brutaler Sünder preisgegeben zu sein: »Es ist mir sehr Angst, aber laß uns lieber in die Hand des Herrn fallen, denn seine Barmherzigkeit ist groß; ich will nicht in der Menschen Hand fallen.« (2. Samuel 24/14)
Mit irgendeinem Vorwand wurde ich zum kommunistischen Par-

teisekretär beordert. Lächelnd empfing er mich, aber ich kannte seine verabscheuungswürdigen Absichten.
»Ich habe hier ein Schreiben von der Parteizentrale der SED aus Berlin-Pankow, du sollst dich dort melden«, sagte er hämisch grinsend.
»Wieso?« fragte ich, »ich bin doch kein Parteigenosse, also habe ich dort nichts zu tun.« – »Das ist egal, wenn die Parteileitung ruft, dann müssen alle kommen, ob sie Mitglied der Partei sind oder nicht.«
Mit gemischten Gefühlen fuhr ich zu der Parteizentrale. Zu meinem großen Erstaunen saßen in dem Zimmer ranghohe Offiziere der sogenannten »Volksarmee«. Einer der Offiziere eröffnete mir: »Kollege Müller-Bohn, Sie sind Abteilungsleiter in einer fortschrittlichen Staatsverwaltung und als Abteilungsleiter einer solchen Verwaltung müssen Sie auch Dienst als Offizier in der Volksarmee tun. Dieses wird sich dann auch sehr vorteilhaft auf Ihre spätere Karriere in der Staatsverwaltung auswirken.«
Ich antwortete: »Das geht zur Zeit nicht, denn ich habe Gesangsunterricht.«
»Ihren Gesangsunterricht können sie auch bei der Volksarmee weiterführen, wir fördern dort alle Talente«, sagte der Major.
Offenbar war ich ihnen ein begehrenswertes Opfer. »Trotzdem geht es nicht, denn ich bin bei dieser Ausbildung sehr auf meinen persönlichen Gesangslehrer angewiesen. Außerdem müßte ich ja am Tage stundenlang Gesangsübungen durchführen.«
»Wie lange dauert denn Ihr Studium?« wollte der Major wissen.
Jetzt setzte ich natürlich ein Höchstmaß der Ausbildung an: »Ich schätze 8 bis 10 Jahre, je nachdem, wie sich die Stimme entwikkelt.« Dieser Zeitraum war selbstverständlich für die Offiziere nicht akzeptabel.
»Gut«, sagte der Major, »dann bringen Sie uns bitte eine Bescheinigung von ihrem Gesangslehrer oder dem Institut, wo Sie studieren.« Wie ein Pfeil schoß es mir ins Herz; großer Gott, jetzt bin ich ihnen direkt ins Netz gelaufen; denn ich hatte meine Gesangsausbildung in West-Berlin.
Was sollte ich tun? Vielleicht vergessen sie mich, dachte ich. Aber nach einer gewissen Zeit kam die schriftliche Aufforderung: »Bis zum folgenden Termin ... bitten wir um die versprochene Bescheinigung ... Falls diese Bescheinigung nicht gebracht wird, müssen Sie mit dem Entzug der Lebensmittelkarten rechnen.«
Allen Schlingen war ich bisher ausgewichen: Ihren Schmeicheleien, ihren Einschüchterungsversuchen und Zornausbrüchen – jetzt schien alles aussichtslos. Nun gab es nur noch einen Ausweg:

Die Flucht nach West-Berlin. Ich wollte nie die DDR verlassen, da ich der Ansicht war, daß gerade unter einem grausamen, totalitären System die Christen ihr Zeugnis von Jesus Christus geben sollten.
Doch Gott hatte einen besseren Weg für mich.

2. JUNI

Eine Hilfe in großer Not

»Gott ist unsere Zuversicht und Stärke, eine Hilfe in den großen Nöten, die uns getroffen haben. Darum fürchten wir uns nicht.« (Psalm 46/2-3a)

Seit Wochen befand ich mich auf der Flucht. In dieser Zeit lernte ich begreifen, daß nicht die Kräfte des Staatssicherheitsdienstes, der Zöllner und der kommunistischen Spitzel den Sieg behielten, sondern Gott, der ewige Schöpfer. Gottes Kinder haben es oft erprobt: Wenn die Not am größten scheint, ist der Helfer am nächsten.
Täglich brachte ich allerlei Hausrat, Wäsche und Kleidung über die Sektorengrenze. Berlin war eine geteilte Stadt und an den Sektorengrenzen gab es gefährliche Kontrollen.
Es war zwischen Weihnachten und Neujahr, als ich vom Gottesdienst aus West-Berlin zurückkam, daß wieder eine Kontrolle durchgeführt wurde; denn auch die Reisenden, die aus dem Westteil der Stadt zurückkamen, wurden kontrolliert, weil begehrte Westwaren und auch das Westgeld in der DDR damals streng verboten waren.
Mir gegenüber saß ein Glaubensbruder, der zu unserer Gemeinde gehörte, als es wieder einmal hieß: »Die Ausweise bitte zur Kontrolle, bitte alle Taschen und Portemonnaies öffnen!« Mein Freund suchte vergeblich seinen Ausweis, aus der Manteltasche zog er ein kleines Paket Kaffee und schob es hinter seinen Rücken – aus seiner anderen Tasche zog er eine Schachtel Pralinen, die er genauso schnell hinter seinem Rücken versteckte. Immer heftiger griff er in seine Taschen; überall zog er Lebensmittel heraus und verbarg sie hinter sich. »Mensch, ich finde meinen Ausweis nicht!« stöhnte er.
Neben ihm saß seine Mutter, die schnell ihre Hände faltete und betete. Plötzlich schob er mir eine Aktentasche, die auf dem Boden

stand, mit dem Fuß zu: »Hier Jost, ich schenke dir meine Tasche, damit du nicht zu lügen brauchst. Nimm sie an dich.«
Die Kontrolleure kamen immer näher. »Da!« In der letzten Sekunde fand er seinen Ausweis. Ich konnte ihm aber seine Tasche nicht mehr zurückschieben; er hätte sich auch nicht bücken dürfen, weil nun hinter seinem Rücken viele Sachen waren, die er geschenkt bekommen hatte.
Der Zöllner zeigte auf die Aktentasche und fragte mich: »Gehört diese Tasche Ihnen?« Ich nickte. – »Was ist denn in dieser Tasche drin?« fragte er.
»Da müssen Sie selber nachschauen«, antwortete ich.
»Bitte kommen Sie mal mit aus dem Zug.« Verzweifelt blickte mir mein Glaubensbruder nach. Im Zollhäuschen fanden die Zöllner unter altem, hartem Brot: Kaffee, Kakao und Babywäsche. Ich sah, daß ein Strampelhöschen gestopft war.
»Wo haben Sie diese Sachen her?« wollte der Zöllner wissen. »Wir haben einen Weihnachtsbazar und da beschenken sich die Christen untereinander.« Ich deutete auf die gestopfte Babywäsche.
Im Herzen betete ich: »O, Herr Jesus, bitte hilf mir!« Ein anderer Zöllner kam hinzu. Er stieß seinen Kollegen an und sagte: »Laß ihm doch die Sachen, das ist so eine fromme Gemeinschaft, die haben sich untereinander beschenkt.« – »Gut, Kaffee und Kakao bleiben hier, das andere können Sie einpacken.« Mir fiel ein Stein vom Herzen.
Als ich in unsere Wohnung kam, saß der Bruder schon da. Heftig umarmte er mich: »Danke, Jost. Danke, daß du mir geholfen hast.«
Für mich war diese Sache in doppelter Hinsicht sehr gefährlich; denn wir hatten schon fast allen Hausrat aus unserer Wohnung fortgeschafft. Wenn die Kommunisten eine Wohnungskontrolle vorgenommen hätten, wären wir wahrscheinlich verhaftet worden.

3. JUNI

Mein Koffer und der Volkspolizist

»Sie rotten sich zusammen, sie lauern und haben acht auf meine Schritte, wie sie mir nach dem Leben trachten.« – »Zähle die Tage meiner Flucht, sammle meine Tränen in deinen Krug; ohne Zweifel, du zählst sie. Dann werden meine

Feinde zurückweichen, wenn ich dich anrufe. Das weiß ich, daß du mein Gott bist.« **(Psalm 56/7, 9, 10)**

Innerlich war ich ziemlich zerknirscht. Meine Eltern und Geschwister waren bereits nach West-Berlin geflohen. Immer wieder baten sie mich: »Jost, komm doch endlich aus dem großen Gefängnis der gottlosen Gesellschaft heraus. Was hast du denn dort bei den Kommunisten verloren?« – »Es kann doch nicht jeder Christ wegen eines gottlosen Systems den Staat verlassen. Ich will hier meinen Herrn und Heiland bekennen«, war stets meine Antwort.

Jetzt war es soweit – ich hatte kaum eine andere Wahl. Zum Glück gab es 1956 noch keine Mauer zwischen Ost- und West-Berlin, doch wurden tagtäglich allerschärfste Kontrollen in den Verkehrsmitteln durchgeführt, weil Hunderttausende Bürger dem Gewaltregime zu entfliehen versuchten.

Täglich fuhr ich nun zwei- bis dreimal mit der S-Bahn von Ostberlin nach West-Berlin. Dabei hatte ich oft drei Unterhosen, zwei Hemden, zwei Paar Strümpfe an und ein Stück Bettwäsche um den Leib gebunden. Es galt auch, eine wertvolle Büchersammlung von Geschichtswerken meines Großvaters und einiges Quellenmaterial in den Westen zu schaffen.

Der Besitz dieser Bücher war schon verboten; es war ja sogenanntes »kapitalistisches Kulturgut«. Bis zur Westgrenze fuhr der Zug durch mehrere Stationen im Ostberliner Gebiet. Hier stiegen in ein Abteil oft 4 Zöllner und ein Volkspolizist zur Bewachung ein. Jeder Verdächtige wurde aus dem Abteil herausgeführt.

Einmal kam ich selbst in arge Bedrängnis. Als ich auf dem Bahnsteig auf den Zug wartete, kam ein mir persönlich bekannter Volkspolizist in Uniform auf mich zu. Der Volkspolizist begrüßte mich aber recht freundlich, fragte nach meinem Wohlergehen, blickte auf meinen Koffer und sagte: »Mensch, du hast aber einen großen Koffer, man könnte ja meinen, du haust nach dem Westen ab.«

Ich lächelte verlegen, während mir das Herz bis zum Hals schlug, und sagte recht kleinlaut: »Ja, das könnte man meinen.«

Endlich kam die Stadtbahn. Der mir bekannte Volkspolizist trug meinen schweren Koffer in das Abteil und stellte sich dicht daneben. Dann stiegen die Zöllner in das Abteil: »Bitte, alle Koffer und Taschen, auch alle Portemonnaies zur Kontrolle öffnen.« Es begann eine intensive Durchsuchung. »Jetzt bist du geliefert«, dachte ich. Mein Herz schmerzte mir vor Angst.

Der Zöllner kam herüber. Da der mir bekannte Volkspolizist vor

meinem Koffer stand, sagte dieser: »Danke, Herr Kollege, Sie brauchen Ihren Koffer nicht zu öffnen.«
Als der Zöllner vorüber war, schmunzelte der Volkspolizist: »Siehst du, wenn du jetzt nach dem Westen wolltest, hättest du alles durchbekommen.«
An der letzten Bahnstation in dem Ostteil der Stadt stieg der Volkspolizist aus. Gott hatte mir einen Engel in Menschengestalt gesandt. Dies ist nur eine Begebenheit von vielen in diesen 2 Monaten der Flucht.
Ist Gott für uns, wer mag wider uns sein? Der Herr ist mit mir, darum fürchte ich mich nicht, was können mir Menschen tun?

4. JUNI

Angst vor Verfolgern

»Höre auf meine Klage, denn ich werde sehr geplagt. Errette mich vor meinen Verfolgern, denn sie sind mir zu mächtig. Führe mich aus dem Kerker, daß ich preise deinen Namen.«
(Psalm 142/7-8)

»Wenn mein Geist in Ängsten ist, so nimmst du dich meiner an.« Wochenlang transportierte ich mit Furcht und Zittern die kleinen Habseligkeiten unseres persönlichen Eigentums von Deutschland nach Deutschland, nämlich von Ost- nach West-Berlin. Was in Vorkriegszeiten ganz normal war, wirkte jetzt wie ein schlimmes Verbrechen. Immer wieder sah ich, wie Bürger aus der DDR willkürlich aus den Fernzügen herausgeholt wurden, bevor sie West-Berlin erreicht hatten; wie sie mit ihrem Gepäck verhaftet und abgeführt wurden.
Auch das glaubensvollste Herz befindet sich dann in schrecklichen Ängsten. Des öfteren sagte ich zu meiner Frau: »Wir lassen jetzt alles, was ich schon in den Westen gebracht habe, dort und bleiben noch eine gewisse Zeit in Ostberlin.« Von allen Ängsten getrieben, überwältigt von den Schwierigkeiten der Kontrollen, wollte ich die Flucht aus dem Bereich der Unfreiheit abbrechen.
Jeder Mensch ist in der Tiefe seiner Persönlichkeit eigentlich zur Freiheit geboren und empfindet die Unfreiheit als Vergewaltigung seiner Seele. Unsere Sünden sind die schrecklichen Fesseln, die triebhaften Gebundenheiten der Leidenschaft bereiten uns die

allergrößten Qualen. Wir fühlen uns vom Geist der Sünde verfolgt. Der Feind Gottes versucht, uns heimtückische Fallen zu stellen.
Eines Morgens hatte ich während des Berufsverkehrs im vollgestopften Abteil der Berliner S-Bahn einen schweren Koffer und eine prallgefüllte Tasche durch die Kontrolle gebracht. Wegen der Fülle im Wagen konnten die Zöllner nur Stichproben durchführen. Am Bahnhof Bornholmer Straße stieg ich aus und schleppte den Koffer über die große Brücke. Als ich schon auf dem Boden von West-Berlin war, bemerkte ich einen Mann, der mir schnellen Schrittes zu folgen schien.
Es kam damals auch vor, daß Berliner Stasi-Mitarbeiter manche Zivilpersonen, die schon auf Westberliner Gebiet waren, zurückrissen und regelrecht verschleppten.
Ich bog in eine Seitenstraße nach rechts ein – der Fremde kam mir nach. Ich änderte wieder meine Richtung; der Verfolger kam immer näher, denn er hatte ja nicht solch eine Last zu tragen wie ich.
Ich versuchte, meinen Schritt zu beschleunigen, um den Unheimlichen abzuschütteln, aber er blieb mir hartnäckig auf den Fersen. Endlich hatte ich die Bäckerei meiner Tante erreicht. Alle Güter, die ich aus dem Osten herausgeschmuggelt hatte, lagerten hier. Schnell verschwand ich durch den Bäckerladen hinter der Privattür. – Der Fremde kam in das Geschäft und kaufte Brötchen.
Als meine Tante aus dem Laden kam, fragte ich sehr erregt, ob sie den kenne, er hätte mich schon seit einiger Zeit verfolgt.
Meine Tante lachte: »Jost, Jost, du leidest ja schon an Verfolgungswahn. Der Mann kauft täglich seine Brötchen hier; ein guter Kunde, den ich schon jahrelang kenne.«
Als wir später die Flucht abgeschlossen hatten und in West-Berlin wohnten, träumte ich monatelang von solchen Verfolgungen durch die Volkspolizei und die Menschenräuber vom Ministerium für Staatssicherheit.

5. JUNI

Die Freude am Herrn ist eure Stärke

»Freut euch allezeit in der Gemeinschaft mit dem Herrn, ja, ich werde es immer wieder sagen: Freut euch! Daß doch alle Menschen etwas merken möchten von eurer Güte (Freude). Der Herr ist nahe!« (Philipper 4/4-5 Bruns)

Bei vielen Christen gewinnt man den Eindruck, daß Freude und Heiligung nicht zusammenpassen. Statt eines fröhlichen Ausdrucks haben sie eher ein ›Bulldoggengesicht‹ mit ausgeprägt herabgezogenen Mundwinkeln.
Nachdem ich Ostberlin verlassen hatte, arbeitete ich im ›Atelier am Zoo‹.
Wir hatten dort einen jungen Geschäftsführer, der täglich mit dem gleichen Satz seinen Dienst begann: »Ach, es ist ja alles so maßlos traurig!«
Er hatte ein gutes Auskommen, eine gesunde, hübsche Frau, eine nette Familie und ein ansehnliches Haus. Trotzdem stöhnte er täglich: »Ach, es ist ja alles so maßlos traurig!«
Psychologen haben festgestellt, daß der Mensch nicht allein von Steaks, Fondues, von Schlankheitskuren, Fernsehprogrammen, Kreuzworträtseln, sportlichen Aktivitäten, Urlaubsreisen sowie von vollgestopften Schränken und Häusern leben kann. Unsere Seele braucht Freude, Hoffnung und vor allem Ewigkeitserwartung. Sie begnügt sich nicht nur mit der ›Diesseitsphilosophie‹, wir wollen es ihr nur mit unserer Ratlosigkeit und Ausweglosigkeit weismachen. Stets wird ihr vermeintlich erreichtes Glück angefochten durch Angst vor Prüfungen oder davor, im Betrieb als Versager dazustehen. Für sie gilt das Sprichwort: »Und war die Freude noch so süß, ein Wölkchen kommt geflogen, und vom erträumten Paradies ist jede Spur verflogen.« Bei aller Lebensfreude stellt sich stets auch das Leid ein. Und dennoch ist es eine Tatsache, daß Freude für die Seele genauso wichtig ist wie Essen und Trinken für die Erhaltung unseres Körpers.
Die Freude am Herrn ist die erquickendste Frucht der Gnade; jede geistliche Belebung und Erfrischung führt uns zu ihr. Sie ist aber auch ein Gradmesser unseres geistlichen Wachstums. Eine vom Schöpfergeist gewirkte Erweckung ohne Freude am Herrn ist genauso undenkbar wie ein Frühling ohne Blumen oder ein Tagesanbruch ohne Licht.
Alle wahre Freude ist ein Anteilnehmen an der himmlischen Freude, deshalb kann die wahre, bleibende Freude nicht unabhängig von Gott sein, sonst fällt immer wieder ein Wermutstropfen in das vermeintliche Glück. Jesus Christus hat uns das Geheimnis der Freude aus der himmlischen Sicht offenbart:
»Ich habe euch dies gesagt, damit meine Freude euch erfüllt und an eurer Freude nichts mehr fehlt. Dies ist mein Gebot: Ihr sollt einander so lieben, wie ich euch geliebt habe. Niemand liebt mehr als der, der sein Leben für seine Freunde opfert. Ihr seid meine Freunde, wenn ihr tut, was ich euch auftrage.« (Johannes 15,

11-14) Jesus ist also darauf bedacht, daß den Menschen ein reiches Maß an Freude zuteil wird und zeigt uns, daß sich diese Freude nur in der Verbindung mit seiner Himmelsfreude als echt und ewig erweist.
»Freut euch allezeit in der Gemeinschaft mit dem Herrn!«

6. JUNI

Armer, reicher Millionär

»Was sie reden, das soll vom Himmel herab geredet sein; was sie sagen, das soll gelten auf Erden. Sie sprechen: Wie sollte Gott es wissen? Wie sollte der Höchste etwas merken? Siehe, das sind die Gottlosen; sie sind glücklich in der Welt und werden reich.« (Psalm 73/9 und 11-12)

Nach meiner Flucht aus Ostberlin wurde mir eine Stelle vermittelt, die überhaupt nicht nach meinem Geschmack war. Mein Chef war ein Multimillionär; er hatte in West-Berlin 25 Filialen. Ich erhielt sofort einen klassischen Anschauungsunterricht von einem geplagten, geldbesessenen Kapitalisten, der seine Angestellten im wahrsten Sinne des Wortes schikanierte und ausbeutete. Als Jünger Jesu konnte man mit diesem Mann nur großes Mitleid haben. Er war ein gejagter und völlig unzufriedener Mensch. Tag und Nacht fand er keine Ruhe. Jeden Augenblick konnte er plötzlich auftauchen, morgens um 10 Uhr oder am Abend gegen Mitternacht. Stets wurde er von dem süchtigen Gedanken geplagt, seine Angestellten würden nicht genug arbeiten.
Er reiste jährlich mindestens viermal an die schönsten Ferienorte Europas, blieb aber dort nur der gequälte und geplagte Supermanager; denn kaum hatte er die Grenze der DDR hinter sich gelassen, rief er in den Filialen an und fragte nach den Umsatzzahlen. Gleich schrie er: »Waas, solch einen geringen Umsatz? Wollen Sie mich ruinieren? Sie schlafen wohl alle? Meinen Sie etwa, wenn ich nicht da bin, können Sie ungeniert auf dem Tisch tanzen? Sie bringen mich noch vorzeitig ins Grab!« Oft bekam er geradezu Tobsuchtsanfälle. Eines Abends, es war schon nach 10 Uhr, tauchte er wie ein schleichender Fuchs hinter mir auf.
»Ach, wissen Sie«, sagte er nach einer gewissen Zeit sehr weinerlich: »Ich habe mit diesen Filialen nur Mühe und Ärger, es ist

einfach zuviel. Wollen Sie nicht eine Filiale haben? Ich schenke sie Ihnen.«
Ich sah ihm herzhaft in die Augen und antwortete: »Danke, ich brauche Ihre Filiale nicht. – Ich bin glücklich genug.«
»Waaas?« schrie er. »Was wollen Sie denn damit sagen? Wollen Sie behaupten, ich sei unglücklich?«
Ganz gelassen antwortete ich: »Ob Sie glücklich sind, weiß ich nicht – ich wollte Ihnen nur zu verstehen geben, daß ich auch sehr glücklich bin . . .« Sofort fiel er mir in die Rede: »Ja, ja! Ich weiß schon, was jetzt kommt . . . Sie können sich Ihre Predigt ersparen . . .«, und schon eilte er davon weil er ahnte, daß ich ihm vom Glück der Erlösung durch Jesus Christus ein Zeugnis geben wollte.
Das Furchtbare ist, daß sich auch manche Christen an dem Wohlergehen und dem blendenden Reichtum anderer stoßen. Sie klagen dann: »Und die ungerechten und herzlosen Ausbeuter werden noch belohnt. Alle ihre Wünsche gehen in Erfüllung; sie schwimmen von Jugend an in Geld und Glück. Bei ihnen häufen sich die Güter im Überfluß wie Berge.«
Aus dem Text des Psalms erfahren wir:
Ein Mensch Gottes kam ins Schleudern; er beneidete den Wohlstand der Gottlosen. Er sah nur die Gegenwart und vergaß darüber die schreckliche Zukunft, die einem Gottlosen bevorsteht, wenn er sich nicht von seinem bösen Weg zu Christus hin bekehrt. Auch heute sieht man oft nur den äußeren Schein und übersieht den trostlosen Zustand der Seele der Gottlosen.

7. JUNI

Tue Recht und scheue niemand

»Bleibe auf Gottes Wegen und halte dich recht; denn einem solchen wird es zuletzt gut gehen. Der Herr hilft den Gerechten, er ist ihre Stärke in der Not.
Und der Herr wird ihnen beistehen und sie erretten; er wird sie von den Gottlosen erretten und ihnen helfen; denn sie trauen auf ihn.« (Psalm 37/37 und 39-40)

Ich hatte einen Arbeitskollegen, der lebte nach der Devise: »Tue recht und scheue niemand.«

Während des Krieges war er als Kampfflieger schwer verwundet worden. Er litt noch sehr an den Folgen seiner Verwundungen. Mit einem gewissen Galgenhumor überspielte er sein innerliches Elend. Für ihn war es eine Torheit, sein Leben in die Führung Jesu zu geben. Oftmals verzog er unter Schmerzen sein Gesicht und seine Hand verkrampfte sich dann über der Herzgegend.
»Warum sollte ich mich zu Jesus bekehren? Ich habe nichts Unrechtes getan! Ich lebe nach dem Grundsatz: Tue recht und scheue niemand!«
Sein Kampfgeschwader hatte unter anderem den Befehl erhalten, in Sibirien eine russische Fabrik anzugreifen. Die Kampfbomber führten insgesamt eine 100fache Todeslast in den Bombenschächten mit sich. Mein Arbeitskollege war damals Bombenschütze in einem dieser Kampfflugzeuge. Nach einem längeren Anflug hatte man das Ziel erreicht. Der Geschwaderkommandeur hatte schnell erkannt, daß der Russe keine nennenswerte Luftabwehr in der Gegend stationiert hatte.
So konnten die Fabrikhallen schon beim ersten Angriff bis zur Hälfte zerstört werden. Da man »ganze Arbeit« leisten wollte und damit rechnete, daß der Feind so schnell keine Abwehr in diese Gegend bringen konnte, wurde auf Befehl der Luftflotte schon am nächsten Tag ein zweiter Angriff geflogen.
Trotz der Dunkelheit war die halbzerstörte Fabrik diesmal gut und schnell zu finden, denn sie war durch Scheinwerfer hell angestrahlt. Was hatte das zu bedeuten? Man ahnte eine List des Feindes.
Welch ein Anblick, als sie sich dem Ziel näherten: Der Fabrikhof war mit Tausenden von Menschen gefüllt. In der Mitte des Hofes war über den Köpfen der Versammelten hinweg eine riesengroße Fahne gespannt – die deutsche Reichskriegsflagge mit dem Hakenkreuz.
Die Russen, die Meister im Improvisieren waren, wollten durch ein abschreckendes Mittel den Luftangriff verhindern. Die deutschen Kampfflieger erkannten durch ihre Zielvorrichtungen auf dem Fabrikgelände Tausende von deutschen Kriegsgefangenen.
Was war zu tun? Der Geschwaderkommandeur ließ eine große Schleife mit den etwa hundert Flugzeugen ziehen und unterbrach die streng angeordnete Funkstille, um vom Gefechtsstand der Luftflotte für diese außerordentliche Situation einen neuen Befehl zu erhalten.
Der Befehl kam sehr schnell und lautete: »Die Bomben werden geworfen!«
»Wir flogen wieder über das Ziel. Wir haben einfach die Augen

geschlossen und den Auslöseknopf über der Fabrik gedrückt. Die Luken der Bombenschächte öffneten sich; unten wurden Tausende von Kameraden durch eigene Bomben zerfetzt«, so erzählte mir mein Arbeitskollege von diesem Angriff.
Dennoch glaubte er, vor Gott mit seinem Grundsatz bestehen zu können: »Tue recht und scheue niemand.«
In unserem Textwort heißt es: »Bleibe auf Gottes Wegen und halte dich recht; einem solchen wird es zuletzt gut gehen.«

8. JUNI

Genie ist Fleiß

»Darum, liebe Brüder, tut desto mehr Fleiß, eure Berufung und Erwählung festzumachen. Denn wenn ihr solches tut, werdet ihr nicht straucheln, und so wird euch reichlich dargereicht werden der Eingang zu dem ewigen Reich unseres Herrn und Heilandes Jesus Christus. Darum will ich's nicht lassen, euch allezeit daran zu erinnern, wiewohl ihr's wisset und gestärkt seid in der Wahrheit, die bei euch ist.« (2. Petrus 1/10-12)

Der berühmte deutsche Maler und Zeichner Adolph von Menzel soll den Satz geprägt haben: »Genie ist Fleiß!« Mit seinem Leben hat er dafür den Beweis erbracht. Aus kleinbürgerlichen Verhältnissen kommend arbeitete er sich, ohne irgendeine Kunstschule besucht zu haben, mit aller Kraft zu einem der berühmtesten Künstler Deutschlands empor.
Ein Bankangestellter besuchte eines Tages den großen Meister und wollte für seine Frau zum Geburtstag ein Bild von sich zeichnen lassen. Der Meister gestaltete innerhalb einer halben Stunde ein so lebensnahes Porträt, daß der Bankangestellte erschrocken ausrief: »Meister, das ist nicht nur ein vollendetes Bild, das bin ich ja selbst! Sie können den Menschen bis auf den Grund ihrer Seelen schauen! – Darf ich um die Rechnung bitten?«
»300 Taler«, brummte Menzel.
Empört rief der Mann: »Aber Meister, das ist eine stattliche Summe, dafür arbeite ich ja 2 Monate in der Bank!«
»Das glaube ich Ihnen gern, mein Herr. Ich aber habe 30 Jahre meines Lebens von früh bis spät geübt, um Ihnen ein solches Bild zeichnen zu können.«

Menzel wurde einmal gefragt, weshalb er so oft in Kaffeehäusern sitze, worauf er antwortete: »Dort zeichne ich laufend Menschen und versuche, die Seele des Menschen zu ergründen.«
Tausende von Zeichnungen und Skizzen waren nötig, um solch eine Meisterschaft zu erlangen. Welche Anmut und Schönheit seine Gemälde haben, läßt sich mit Worten schlecht beschreiben. Was uns Adolph von Menzel mit der Meisterschaft seines Könnens zu sagen hat, ist einleuchtend:
»Nichts, was echten und bleibenden Wert hat, entsteht so nebenbei.«
So auch in unserem geistlichen Leben. Wie viele Gebete werden im stillen Kämmerlein gesprochen? Wie viele Anfechtungen müssen niedergerungen werden: Wie oft wird die Bibel gelesen? Wie viel Übungen haben wir im Umgang mit Menschen, denen wir ein Zeugnis geben wollen?
Wie steht es mit dem treuen Gehorsam gegenüber den Weisungen des Heiligen Geistes, um in den Spuren des Lammes zu laufen? Künstler der Welt geben das Beste, wozu sie imstande sind, um der Kunst zu dienen. Wieviel mehr sollten Jünger Jesu zu gottseliger Übung bereit sein, um ihre himmlische Berufung und Erwählung festzumachen, denn es geht um das ewige Reich in Herrlichkeit.
Deshalb empfiehlt der Apostel Paulus seinem Mitarbeiter Timotheus:
»Jage aber nach der Gerechtigkeit, der Gottesfurcht, dem Glauben, der Liebe, der Geduld, der Sanftmut; kämpfe den guten Kampf des Glaubens; ergreife das ewige Leben, dazu du berufen bist und bekannt hast das gute Bekenntnis vor vielen Zeugen.« (1. Timotheus 6/11-12)

9. JUNI

Wie habt ihr das Eitle so lieb?

»Ihr Herren, wie lange soll meine Ehre geschändet werden? Wie habt ihr das Eitle so lieb und die Lüge so gern!«

(Psalm 4/3)

Durch die Worte der Bibel führt uns der Heilige Geist immer auf den Urgrund der Sünde zurück. Die Lüge und der Hochmut sind die Wurzeln vieler Sünden. Bald denken wir dann: Du brauchst es mit dem Wort Gottes doch nicht allzu genau zu nehmen. »Wenn wir einmal einen eigenen Ausflug aus dem Bereich der Gnade unternehmen, wird Gott bestimmt nicht böse werden. Sieh nur die Vielfalt der Möglichkeiten; das Schöpferische, Kreative hat er doch selbst in die Seele des Menschen gelegt. Gestalte dein Leben doch nach deinen eigenen Ansichten«, hauchte mir der Feind ins Ohr.

Es ist eine unvorstellbar traurige Tatsache, daß es so viele Gotteskinder gibt, die aus bitteren Erfahrungen später bekennen mußten: »Es ist alles ganz eitel.« Obwohl uns der Prediger warnt: »Eitelkeit der Eitelkeiten, alles ist eitel« (Prediger 1/2), jagen unzählige Menschen den ganz sinnlosen, vergänglichen Dingen mit großem Vergnügen nach, als gäbe es keine andere Glückseligkeit und keine andere Ehre als das eitle Gehabe und Getue. Den Erretter ihrer Seelen vergessen sie dann bald, weil sie eine nichtige Anerkennung oder Ehre bei den eitlen Sündern in der Welt zu bekommen hoffen. Weil Gott in seiner Güte und Barmherzigkeit geduldig ist, meinen diese religiösen Menschen, unentwegt so weitermachen zu können. Weil der Schöpfer ihr Leben schont, pflegen sie ihre Lüste weiterhin. Die große Langmut verleitet manche seiner Kinder, in der ehrsüchtigen Haltung zu verharren.

Meine künstlerischen Bestrebungen brachten erste Erfolge. Eines Tages war ich auf der Titelseite einer bekannten Berliner Illustrierten in Kostüm und Maske abgebildet. Dies war für mich bereits ein beachtlicher Triumph. Ich platzte fast vor Stolz. An jedem Zeitungskiosk, an dem ich vorbeikam, suchte ich mein Porträt und blickte in die Runde, ob mich nicht jemand erkannt habe, daß ich es doch bin, der dort abgebildet ist.

Im Sprichwort heißt es: »Wo Eitelkeit und Trunksucht anfängt, da zerstört es das innere Leben. Eitelkeit baut ihr Werk auf Schaum, es funkelt hell, doch zerfällt es meist schon bei dem Hauch eines Windes.«

Mein geistliches Leben erlosch zusehends. Ich hatte kein Verlangen mehr, in einen Gottesdienst zu gehen. Ich las auch nicht mehr die Worte der Heiligen Schrift, lieber studierte ich bis in die Nacht Theatertexte und Opernrollen. Doch hatte ich eine betende Mutter und einen betenden Vater, ja, auch meine Brüder und meine Schwester fasteten und riefen zu Gott. Gerade stand ich vor dem Ziel – da fiel alles wie Schaum zusammen.

Ich selbst hatte gebetet: »Herr, wenn es nicht dein Wille ist, so zerschlage alles, was ich mir vorgenommen habe.« Ich meinte noch in meiner Eitelkeit, Gott würde mein Verlangen segnen.

Als dann wirklich der entscheidende Vertrag nicht zustande kam, war ich völlig verzweifelt und »am Boden zerstört«. Ich haderte mit Gott: »Warum hast du es mich denn nicht gelingen lassen. Ich hätte dir doch viel größere Opfer bringen können.«
Als ob der Heilige auf unser schmutziges Geld wartet – nein, er will unsere ganze »geheiligte« Persönlichkeit, durch Jesus Christus.

10. JUNI

Wie hoch du dann singen kannst

»Freuet euch des Herrn, ihr Gerechten; die Aufrichtigen sollen ihn recht preisen. Danket dem Herrn mit Harfen, lobsinget ihm zum Psalter von zehn Saiten! Singet ihm ein neues Lied; spielt schön auf den Saiten mit fröhlichem Schall!«

(Psalm 33/1-3)

Malerei und Gesang sind wunderbare Begabungen, die Gott uns gibt, doch wurden mir diese Talente zur Gefahr. Paulus schrieb: »Mir ist alles erlaubt, aber nicht alles ist nützlich. Mir ist alles erlaubt, es soll mich aber nichts gefangennehmen.« (1. Kor. 6/12)
Meine Talente hatten mich gefangengenommen; ich nahm Gesangsunterricht. Meine Stimme hatte ein besonders schönes Timbre, im Volksmund wird es der »Schmelz der Stimme« genannt.
Meine Berufung zum Predigtdienst trat mehr in den Hintergrund, genauer gesagt: Ich wollte daran nicht mehr erinnert werden.
Ich ahnte nicht, daß meine Mutter und meine Geschwister beteten und fasteten, damit ich wieder der Berufung Gottes folgte. Als mich meine Mutter einmal auf meine hohe Berufung ansprach und mir vorhielt, ich könne doch Gott nicht in einem Opernhaus preisen, gab ich ihr zur Antwort: »Wenn ich später als Opernsänger viel verdiene, kann ich doch dem Herrn einen besseren Zehnten geben!« Als ob Gott auf solch ein Opfer warten würde!
Augustinus hat einst die Worte geprägt: »Singet ihm ein neues Lied, das heißt, tut alles Alte weg. Ihr kennt ja ein neues Lied. Ein neuer Mensch, ein neuer Bund, ein neues Lied. Das neue Lied gehört nicht Menschen, die noch im alten Wesen sind. Keiner kann's lernen, es sei denn, ein neuer Mensch ist geboren, erneuert durch die Gnade.«
Ich war wohl ein neuer Mensch, der aber gerade dabei war, die alten Gebräuche nach dieser Weltlust wieder aufzunehmen.

Ein anderer Gottesmann vermerkte zu dem gleichen Psalmwort: »Wenn die Heiligen das Feierkleid des Lobgesangs tragen, sind sie schön in Gottes Augen. Kein Geschmeide ziert ein gottgeweihtes Antlitz so wie heiliger Lobpreis. Es verstößt wider allen Anstand, wenn erhabene Lobgesänge von den Lippen solcher ertönen, denen die Singkunst zu einem Gewerbe abgesunken ist, und die vielleicht heute die Arie: ›Ich weiß, daß mein Erlöser lebt!‹ mit demselben Pathos vortragen wie morgen ein Lied aus des Teufels Dichterwerkstatt. Ein geistliches Lied in ihrem Mund paßt so gut wie ein goldener Ring in den Rüssel eines Schweins.«
Gott zur Ehre singen, das ist die beste, lieblichste Musik. Kein Instrument ist der menschlichen Stimme ebenbürtig. Verdrehte Herzen machen verdrehte Musik, aber an den Erlösten hat Gott sein Wohlgefallen.
»Singet ihm ein neues Lied«: Alle Lobgesänge sollen »geweiht sein«. Singen um des Singens willen ist in Gottes Haus nichts wert; wir sollen unser Lob dem König darbringen.
Alle unsere Fähigkeiten sollten zur vollen Entfaltung kommen, wenn wir damit beschäftigt sind, den Herrn zu loben. Wir sollten jeden Lobgesang zu einem neuen Lied machen. Die Gottesdienste stets frisch und lebendig zu erhalten, ist eine hochwichtige Sache; und soll unsere Andacht im Kämmerlein fruchtbar sein, so muß es uns jeden Tag etwas Neues sein, den Herrn zu loben.

11. JUNI

Daß du mir nicht dagegen betest!

»Höre mein Gebet, Herr, und vernimm mein Schreien, schweige nicht zu meinen Tränen; denn ich bin ein Gast bei dir, ein Fremdling wie alle meine Väter.« (Psalm 39/13)

»Vernimm mein Schreien!« David wird während des Gebetes intensiver und heftiger: Schreien ist mehr, als ergreifend zu beten. Seine ganze Kraft setzt er daran, daß sein Gebetsschrei am Thron Gottes gehört wird. Es war ihm ein Hauptanliegen, daß sein Herzenswunsch an das Ohr Gottes gelangt. Es sollte das Herz Gottes rühren, deshalb fügte er hinzu: »Schweige nicht zu meinen Tränen.«
Dadurch wird sein Flehen dringlicher, denn Tränen sind zumeist

die Waffen der Schwachen. Wer ist imstande, sich gegenüber Tränen gefühlskalt zu zeigen. Wie oft haben Kinder, Frauen, Bettler oder Verurteilte ihre letzte Zuflucht zu den Tränen genommen und damit erreicht, was das Herz wünschte. Ja, Tränen reden stärker als zehntausend Zungen, sie haben manchmal harte Herzen von Königen, Herrschern, Richtern und Feinden überwunden.
»Die mit Tränen säen, werden mit Freuden ernten. Sie gehen hin und weinen und streuen ihren Samen und kommen mit Freuden und bringen ihre Garben.« (Psalm 126/5-6)
Gottes Erbarmen verweigert dem Demütigen nichts, was dem Heilsplan und der persönlichen Glaubensschule entgegenstehen könnte. Wenn ein Weinender, dessen Seele durch das Blut Jesu Christi gewaschen ist, um Hilfe bittet, wird der Herr ihn zu seiner Zeit erhören und geben, wonach sein Herz verlangt.
Es hat den Anschein, daß Gott, der Herr, eine gewisse Zeit über unsere Tränen hinwegsieht, aber die Stunde der Befreiung und der Erfüllung seiner persönlichen Verheißung schlägt nie zu spät. Das kann nicht anders sein, als daß eine betende Mutter mit Tränen ihre Kinder immer wieder vor Gott bringt, bis diese durch die Gnade des Herrn Jesu Christi errettet und wiedergeboren sind. In einer größeren Familie wird wohl auch ein Kind das letzte sein, das sein Herz dem Herrn öffnet.
Einer meiner Brüder verschloß sich intensiv gegen die Einladungen, mit zu den Gottesdiensten zu kommen. Das geistliche Leben innerhalb der Familie erlebte er täglich den beeindruckenden Gebetskampf um das Leben des ältesten Sohnes, der wohl wiedergeboren, doch erneut auf abschüssigen Wegen in der Gefahr stand, vom Glauben abzugleiten.
Meine Geschwister und Eltern fasteten und beteten, damit sich meine künstlerischen Pläne nicht erfüllen sollten. Und es geschah, obwohl alles schon wie eine festgelegte Entscheidung aussah. Mein Bruder spürte die unwiderstehliche Macht des Gebetes.
Wenn die Eltern, meine Schwester und mein jüngster Bruder zum Gottesdienst gingen, verbrachte er seine Zeit am Fernsehgerät. Natürlich wurde er dabei immer einsamer.
Eines Tages erklärte er meiner Mutter frisch und frei: »Mama, ich wandere aus nach Brasilien.« Doch dann drohte er mit dem Finger: »Und daß du mir nicht dagegen betest, hast du mich verstanden?!«
Meine Mutter entgegnete ihm: »Alles kannst du von mir verlangen, aber du wirst mich nicht davon abhalten, für deine Seele zu beten, solange Odem in mir ist.«
Später bekehrte er sich und ging zur Bibelschule, um sich für den geistlichen Dienst im Reich Gottes vorzubereiten.

Die geistliche Krankheit

»Denn da ich's wollte verschweigen, verschmachteten meine Gebeine durch mein tägliches Klagen. Denn deine Hand lag Tag und Nacht schwer auf mir, daß mein Saft vertrocknete, wie es im Sommer dürre wird.« (Psalm 32/3-4)

Wie schwer wird es, wenn sich die Hand Gottes auf uns legt, um uns Tag und Nacht zu erinnern, und uns nicht zur inneren Ruhe kommen zu lassen.

Durch meinen Ungehorsam war ich in eine unselige geistliche Erstarrung gekommen. Wohl regte sich mein Gewissen, aber ich wollte alles verschweigen und vertuschen. Je mehr ich mich gegen die Regung meines Gewissens wehrte, desto heftiger wurden die inneren Anklagen. Ich hatte dem Herrn gelobt, mein ganzes Leben in seinen Dienst zu stellen; mit allen meinen Kräften und Begabungen wollte ich ihm dienen.

Nun war ich aber Stück um Stück vom Wege abgewichen. Die Kunst hatte mich gefangen genommen – die Malerei und die Musik, sonst herrliche Gaben Gottes, sie waren mir zum Fallstrick geworden.

Nach meiner Eheschließung litt ich unter extremer Schlaflosigkeit. Bis zum Beginn der Ehe konnte man mich – wie man so sagt – im Schlaf forttragen. Jetzt peinigten mich Tag und Nacht anklagende Gedanken. Wehe der verstockten Seele, die ihre Sünden erkannt hat, es aber unterläßt, vor Gott und Menschen zu bekennen. Mein Herz war durch die Gluthitze des göttlichen Zorns wie ausgedörrt.

Eines Tages sagte ich zu meiner Frau: »Sieh mich einmal an, fällt dir an mir etwas auf?«

»Nein, was sollte mir denn auffallen?«

»Sieh einmal auf meinen Kopf, bemerkst du denn da nichts?«

»Nein, was sollte ich denn bemerken?« Sie blickte mich intensiv an.

»Na, wackle ich nicht mit meinem Kopf?«

Ganz entgeistert starrte mich meine Frau an: »Nein, wie kommst du denn darauf?«

»Ich habe Tag und Nacht im Nacken ein ständiges Zittern, ob ich sitze, stehe oder liege. Manchmal schwimmt es mir vor den Augen.«

Meine Frau fragte: »Wie lange hast du denn das schon?«
Jetzt schämte ich mich entsetzlich: »Ja, schon über ein Jahr.«
»Wie bitte? Und so etwas sagst du mir nicht? Da mußt du doch schnellstens zum Arzt.«
Ein befreundeter Arzt aus dem Krankenhaus, in dem meine Frau arbeitete, ließ mich nach allen Regeln ärztlicher Kunst untersuchen. Zuletzt bestellte er mich zur Abschlußbesprechung. »Herr Müller-Bohn, wir haben uns bei den Untersuchungen allergrößte Mühe gegeben, schon deshalb, weil wir ihre Frau als gute Mitarbeiterin schätzen, aber organisch konnten wir keinen Schaden feststellen. Wir wollen damit nicht sagen, daß das Zittern am Hals nicht vorhanden sei, denn Sie sind ein sehr nüchterner, real denkender Mensch. Was Sie als körperliche Veränderung empfinden, muß irgendeine seelische Ursache haben – und ich meine, den Grund müßten Sie wohl kennen.«
Wie vom Blitz getroffen, hörte ich nun aus dem Mund eines Mediziners, was ich längst wußte, nämlich den Zusammenhang meiner Beschwerden mit dem großen Ungehorsam gegenüber Gott.
Manche Trübsal läßt Gott über uns kommen, und gerade seine geliebten Kinder läßt er es oft sehr schwer fühlen, wenn seine Hand Tag und Nacht auf der wunden Stelle liegt. Schlagen wir die angebotene Gnade Jesu aus, werden wir nie zur inneren Ruhe kommen. Erst als ich wieder dem Herrn die Ehre gab und ihm versprach, in seinen Dienst zu treten, verschwand dieses Zittern am Hals und ist bis zum heutigen Tag nicht wieder aufgetreten.

13. JUNI

Gehe nicht vorbei, o Heiland

»Warum hast du seine Schutzmauer niedergerissen, daß jeder, der vorbeikommt, ihn plündern kann? Das Wildschwein aus dem Wald verwüstet ihn, die Tiere der Steppe fressen ihn kahl. Komm wieder zu uns, Gott, Herr der Welt! Blicke vom Himmel herab und sieh uns, kümmere dich um deinen Weinstock.«
(Psalm 80/13-15 GN)

Es schien, als hätte ich meine Berufung im wahrsten Sinne des Wortes verspielt: Gesangunterricht, Opernstudium und Theateraufführungen hatten meine Talente und Kräfte in Besitz genom-

men. Die Gemeinde Jesu Christi trat ganz in den Hintergrund; ich besuchte keine Gottesdienste mehr. Zunächst schien alles munter voranzugehen. Doch, Gottes Mühlen mahlen langsam, mahlen aber trefflich fein.
Über die geistliche Entwicklung meiner Geschwister war ich überhaupt nicht mehr informiert. Doch eines Tages überbrachte man mir eine sehr überraschende Nachricht: Einer meiner Brüder würde zu einer Bibelschule gehen, um sich für den Predigtdienst vorzubereiten. – Wie ein Blitz aus heiterem Himmel schlug diese Nachricht bei mir ein.
Auch die Stimme Gottes traf mich, deutlich vernahm ich seinen Willen: »Ich brauche wohl Menschen für die Arbeit im Weinberg, aber ich brauche nicht unbedingt dich!« Als dann noch mein anderer Bruder zur Ausbildung auf die Bibelschule ging, wußte ich: Gott geht in eindrucksvoller Weise an mir vorbei.
Der Weinstock war ein Gleichnis auf das Volk Israel – später, durch die Gleichnisse Jesu, war er das Sinnbild der Gemeinde. Jetzt fühlte ich mich wie ein verlassener Weinstock, der Frucht bringen sollte. Ich war wie eine abgeschlagene Rebe, die geistlich verdorrte.
Wer hatte die Mauer niedergerissen? – Ich selber hatte mich aus den Weinbergen, nämlich aus der Gemeinde des Herrn klammheimlich entfernt. Alle alten Sündengewohnheiten: Die Ehrsucht – die Genußsucht – das Geltungsbedürfnis überfielen mich und rissen eine Frucht des Geistes nach der anderen ab. Ich kam mehr und mehr in die Gesellschaft der Sünder. Ich verspielte mein Hab und Gut bei den Sündern; ich saß, wo die Spötter saßen.
Als ich bei den Kommunisten als glühender Jünger Jesu mein Zeugnis gab, bekämpfte man mich, weil ich ihnen als ein feuriger Streiter Jesu unbequem war. Jetzt hatte ich mich freiwillig in ihre Gesellschaft begeben. Nun kam ihnen mein »Christentum« lächerlich vor.
»Es haben ihn zerwühlt die wilden Säue.« Kein Bild könnte angemessener sein, als das Bild der Wildschweine. Wir kennen die oft angeführte Stelle von den kleinen Füchsen, die die Weinberge verderben (Hoheslied 2/15), aber die Wildschweine richten viel größere Verheerungen an. Sie durchbrechen die Hecken, sie wühlen den Boden auf, reißen die Weinstöcke nieder und zerstampfen alles mit ihren stinkenden Klauen. Solch ein Rudel unreiner Wildsäue kann den Weinberg unseres Herzens innerhalb kürzester Zeit vernichten.
Die Sünde vermag einen Menschen, der sich vom Weinstock gelöst hat, in gleicher Art und Weise vernichten.

»Schaue vom Himmel!« Diese Bitte ist für niemanden erstrebenswert, nur für solche, die wirklich zerbrochenen Geistes sind und sich von Herzen zu Gott zurückwenden. Wie könnten wir sonst Gott bitten, vom Himmel auf unsere Irr- und Wirrwege zu schauen? Würden wir seinen Zorn nicht noch mehr entfachen, wenn wir ihn bitten würden, vom Himmel auf unsere Wege der Gottlosigkeit zu schauen?

14. JUNI

Der erste Flug

»Aber die auf den Herrn harren, kriegen neue Kraft, daß sie auffahren mit Flügeln wie Adler, daß sie laufen und nicht matt werden, daß sie wandeln und nicht müde werden.«

(Jesaja 40/31)

Die einst in Mitteleuropa beheimateten Steinadler brüten heute nur noch in den Alpen. Vor Jahren besichtigte ich eine Adlerwarte, in der diese majestätischen Vögel gezüchtet und gepflegt werden.
Zunächst war ich sehr enttäuscht; denn statt des soviel gepriesenen Königs der Lüfte erblickte ich auf einem Absprungbalken nur häßlich anmutende Klumpen mit bräunlichem Gefieder.
Reglos hockten die Tiere auf ein und derselben Stelle, in dumpfer Melancholie vor sich hinstarrend.
Doch dann hob einer dieser großen Vögel seinen Kopf und breitete seine mächtigen Schwingen aus. Jetzt wurde mir der legendäre Vogel doch zu einem beeindruckenden Abbild von Kraft und Kühnheit, ein Symbol des Königs der Lüfte. Mit einem schwungvollen Hüpfer hob er vom Boden ab, mit wenigen Flügelschlägen flog er im hohen Luftraum, als wäre Fliegen ein Kinderspiel.
Wie anders sind unsere modernen Adler, die Flugmaschinen der Menschen. Sie erzeugen beim Starten mächtigen Lärm und müssen eine ungeheure Kraft entwickeln, ehe sie überhaupt vom Boden abheben können. Bestimmte Ereignisse können uns zur anschaulichen Predigt für unser Glaubensleben werden.
Bei meinem ersten Flug von Berlin nach Bremen konnte ich viele Parallelen zum Leben im Glauben finden. Zunächst mußte ich mich völlig den Gesetzen der modernen Luftfahrt unterstellen. Als ich im Flugzeug meinen Platz gefunden hatte, mußte ich mich anschnallen und dem Flugpersonal vertrauen, daß die Maschine zum Fliegen gebracht wird.

Wenn sie dann mit rasanter Geschwindigkeit auf der Startbahn dahinjagt und mit einem spürbaren Hüpfer vom Erdboden abhebt, muß man vertrauen, daß sich diese Maschine auch längere Zeit in der Luft halten kann.
So schnell eben die Startgeschwindigkeit war, so langsam erscheint einem nach wenigen Minuten das Tempo in der Luft. Ja, man hat den Eindruck, daß die Maschine »stehen bleibt«. Doch dies ist nur eine Täuschung; denn jetzt hat das Flugzeug bereits eine Fluggeschwindigkeit von 800 km/h entwickelt, befindet sich aber schon in beachtlicher Höhe.
So mancher hat den Eindruck, im Glaubensleben könnte man gegenüber der übrigen Welt als rückständig gelten. Deshalb wollen sich viele Menschen nicht aus ihrem Unglauben erheben.
Nun zog das Flugzeug seine erste Schleife. Da ich einen Fensterplatz hatte, und die Maschine sich gerade zu meiner Seite hinneigte, sah ihr Flügel wie der Anlaufweg einer hohen Skisprungschanze aus, die sich in schwindelnder Höhe abwärtssenkte. Man hatte den Eindruck, das Flugzeug würde umkippen. Jedes Auto hätte sich in dieser Lage überschlagen, aber nicht das Flugzeug.
Als später beim Landeanflug noch dichter Nebel aufkam und wir uns bald in den Wolken befanden, kam in mir die Befürchtung auf, daß der Pilot, und somit das Flugzeug, überhaupt keine Landebahn mehr findet. Mir war in diesem Augenblick nicht bewußt, daß dieser moderne Adler durch den dichten Nebel von Radargeräten und vielen Fluglotsen im Funkverkehr sicher zum Ziel geleitet wird.
In unserem Glaubensleben sollten wir uns in ständigem Sprechverkehr mit unserem »Himmelslotsen« befinden, mit dem Herrn aller Herren, der uns sicher leitet, führt und bewahrt.

15. Juni

Ein Notruf zu Gott

»Höre, Gott, mein Schreien und merke auf mein Gebet! Vom Ende der Erde rufe ich zu dir; denn mein Herz ist in Angst; du wollest mich führen auf einen hohen Felsen.« – »Denn du, Gott, hörst mein Gelübde und gibst mir Teil am Erbe derer, die deinen Namen fürchten.« – »So will ich deinem Namen singen ewiglich, daß ich meine Gelübde erfülle täglich.«

(Psalm 61/2-3,6,9)

»Davids Bitte und Fürbitte aus der Ferne«, so lautet die Überschrift zu diesem Psalm.
Auch ich befand mich geistlich gesehen noch in einer ›bestimmten Ferne‹, als ich von einem Mediziner die Antwort bekam, daß meine Krankheit seelischer Natur sei und ich wissen müsse, welche Ursache dahintersteckt. Er hatte bestätigt, was ja schon längere Zeit in meiner Seele brannte. In der wunderbaren Stunde meiner Berufung zum Predigtdienst gab ich dem Herrn das Gelübde, ihm mit meinem Leben zu dienen.
Das kam mir jetzt wieder ganz stark in mein Bewußtsein; denn seit meinem Abweichen vom Wege des Herrn hatte ich das ständig verdrängt. Es ist die unvorstellbare Freundlichkeit Gottes, daß er den Versprechungen so anfechtbarer und treuloser Menschen, wie wir sind, immer noch Beachtung schenkt.
Was wir ihm von Herzen geloben, kommt ja eigentlich durch die Anregung des Heiligen Geistes in unseren Sinn und steht dem erhabenen Schöpfer sowieso zu; und doch beachtet er unsere Zusagen so, als wären wir nicht seine leibeigenen Geschöpfe, sondern völlig freie Menschen, die nach ihrem eigenen Ermessen ihre Dienste anbieten oder auch zurückhalten können.
Alle Kinder Gottes haben bei ihrer Bekehrung ein heiliges Gelöbnis abgelegt, nämlich dem Herrn von ganzem Herzen, von ganzer Seele und von ganzem Gemüt zu dienen, und darüber hinaus alle Kräfte, Talente und Begabungen in seinen Dienst zu stellen; zumindest sollte es so sein. Es geht in der Nachfolge nicht nur darum, uns billig die Seligkeit zu verdienen oder eine höhere Stufe der Gotteserkenntnis zu erlangen, sondern ihm unser ganzes Leben mit Geist, Seele und Leib zu weihen.
Ich war mir einerseits des hohen Anspruchs Gottes bewußt und sah andererseits aber keine Möglichkeit, gegenüber dem Herrn mein Gelübde zu erfüllen. Jetzt hatte ich eine Familie zu ernähren und konnte deshalb auch keine Bibelschule mehr besuchen. Alle Wege schienen verbaut zu sein. Deshalb fiel ich auf meine Knie und schrie zum Herrn: »Du weißt, Herr, wie ungehorsam ich war. Ich möchte dir mein Gelübde erfüllen, treuer Gott, aber ich sehe keinen Ausweg. Hilf mir aus meiner schrecklichen Not, ebne du mir die Wege, denn dir ist nichts unmöglich. Zeige du mir den Ausweg, denn ich will dir dienen und meine Gaben und Talente in deinen Dienst stellen. Gib mir die Gelegenheit, daß ich meine Familie ernähren, dir aber auch meine Zusage erfüllen kann.«
Ich sah keinen Ausweg und wußte nicht, wie ich meinem Gelübde wieder treu sein könnte. Aber der Herr hatte einen wunderbaren Weg für mich.

Deshalb gewinne auch du Mut, betrübter Mensch, so hoffnungslos und verloren dein Zustand dir auch erscheinen mag, es ist immer noch und gerade heute die herrliche Gelegenheit, in die innigste Gemeinschaft mit dem Schöpfer zu gelangen. Erhebe dich aus deiner Herzensangst und rufe zu deinem Gott, so wirst du noch heute unter seinen Flügeln Ruhe finden.

16. JUNI

Hotelleiter gesucht

»Laß mich am Morgen hören deine Gnade; denn ich hoffe auf dich. Tu mir kund den Weg, den ich gehen soll; denn mich verlangt nach dir. Lehre mich tun nach deinem Wohlgefallen, denn du bist mein Gott; dein guter Geist führe mich auf ebener Bahn. Herr, erquicke mich um deines Namens willen; führe mich aus der Not um deiner Gerechtigkeit willen.«

(Psalm 143/8,10-11)

Den Weg Gottes zu wissen, auf dem wir wandeln sollen, ist für uns dringend notwendig, denn wie sollen wir erfahren, was Gottes Wille ist und wohin wir uns wenden können. Was sollte ich tun? Wohin sollte ich mich wenden?

Eines Tages waren wir bei meinen Eltern zu Besuch. Auf dem Tisch lag eine christliche Zeitschrift. Ich blätterte darin herum und fand eine Anzeige mit folgendem Inhalt: »Geschäftsführer für ein christliches Hotel gesucht. Voraussetzungen sind: Erfahrung in der Hotelbranche, englische Sprachkenntnisse und kaufmännische Buchführung.«

Scherzend hielt ich meinem Vater diese Anzeige hin: »Sieh mal, Vati, das wäre doch etwas für mich!« dabei lachte ich.

Mein Vater, der ein sehr zurückhaltender und nüchterner Mann war, sagte sofort: »Jawohl – das ist die Stellung für dich, Jost! Setz dich sofort hin und schreib eine Bewerbung.«

»Aber nein, Vati, es war doch nur ein Scherz. Ich verstehe doch nichts vom Hotelfach und außerdem habe ich noch nicht einmal in einem Hotel geschlafen.«

Mein Vater blieb bei seiner Meinung: »Doch, Jost, das ist die Stellung für dich.«

Meine Frau, die diese Anzeige nun auch gelesen hatte, stimmte

meinem Vater zu: »Ja, versuch es doch einfach mal, mehr als eine Absage können sie dir doch nicht geben.«
Ich war über das Zureden der beiden mehr als entsetzt. »Wie stellt ihr euch denn das überhaupt vor, ich habe doch keinen blassen Schimmer vom Hotelwesen.«
Doch beide redeten so lange, bis ich mich endlich um diese Stelle bewarb. Ich erwähnte aber in meinem Bewerbungsschreiben, daß ich noch kein Hotel geführt hätte, meine englischen Sprachkenntnisse dürftig wären, und daß ich auch keine kaufmännische Buchhaltung gelernt hätte. Im vollen Bewußtsein, einen negativen Bescheid zu bekommen, sandte ich den Brief ab.
Zu meinem großen Erstaunen kam einige Tage später das Antwortschreiben. Man schrieb mir, daß sich zwar schon einige Bewerber mit Hotelkenntnissen gemeldet hätten, man mich aber in die engere Wahl gezogen habe. Ich wurde gebeten, mit meiner Frau nach Frankfurt zu einem Vorstellungsgespräch zu kommen. Die Flugkarten würden uns in den nächsten Tagen zugesandt werden. So flogen wir nach Frankfurt.
Der Pastor der Gemeinde von Frankfurt erwartete uns schon am Flugplatz. Am Abend richteten in einer Sitzung die Verantwortlichen der Gemeinde einige Fragen an uns, dann wurden wir gebeten, in einem Vorzimmer auf Antwort zu warten.
Nach einer Weile kam einer der Ältesten aus dem Sitzungszimmer, streckte mir seine Hand entgegen und gratulierte mir, daß ich einstimmig zum Geschäftsführer gewählt worden wäre. Als ich das Hotel sah, das sich noch im Rohbau befand, sah, bekam ich einen Schrecken.
Gott hatte mir einen unvorstellbaren Weg gebahnt. Die Tage der Ausweglosigkeit waren vorüber. Das Morgenlicht seiner wunderbaren Hilfe schien in das Dunkel meines gottfernen Weges. Glaube den Verheißungen Gottes, liebe Seele, er tut dir kund die Wege seines Wohlgefallens.

17. JUNI

Vertrauen ist gut

»Siehe, wie fein und lieblich ist's, wenn Brüder einträchtig beieinander wohnen!« (Psalm 133/1)

Christen sollten durch den Glauben in der Liebe an den Herrn immer eins sein. Gottes Liebe, nämlich die reine Liebe, ist in ihrem Wesen voller Vertrauen, denn: »Die Liebe ist langmütig und freundlich, die Liebe eifert nicht, die Liebe treibt nicht Mutwillen, sie bläht sich nicht auf, sie stellet sich nicht ungebärdig, sie suchet nicht das Ihre, sie läßt sich nicht erbittern, sie rechnet das Böse nicht zu, sie freut sich nicht der Ungerechtigkeit, sie freut sich aber der Wahrheit; sie verträgt alles, sie glaubt alles, sie hofft alles, sie duldet alles.« (1. Korinther 13/4-7)

Ich genoß bei den Brüdern, die die Verantwortung für das christliche Hotel hatten, großes Vertrauen. Sie übergaben mir die verantwortungsvolle Aufgabe, dieses Hospiz treu und gewissenhaft zu leiten. Vor dem Gesetz mußte nun auch ein verbindlicher Rechtsträger da sein, mit dem man rechtsgültige Verträge schließen konnte.

Es war erforderlich, mir Prokura zu erteilen. »Prokura« (lateinisch) bedeutet die Vollmacht eines gesetzlichen Vertreters, die den Bevollmächtigten zu allen Geschäften und Rechtshandlungen ermächtigt, die der Betrieb eines Handelsgewerbes mit sich bringt.

Der Gemeindeleiter und seine Ältesten mußten mit mir zu einem Notar, damit mir diese Vollmacht ausgestellt und ins Handelsregister eingetragen werden konnte. Was diese Bevollmächtigung für eine Tragweite hat, erklärte der Notar den Anwesenden folgendermaßen:

»Sie erteilen jetzt Herrn Müller-Bohn Prokura, das heißt, absolutes Handelsrecht. Damit Sie wissen, was das bedeutet, will ich es Ihnen jetzt erklären: Dieses Hotel hat einen Bauwert von zirka zwei Millionen Mark (1960).

Herr Müller-Bohn hat jetzt die Vollmacht, im Sinne der rechtmäßigen Eigentümer zu handeln. Nehmen wir an, er hat einen guten Freund, der sieht dieses Hotel und es gefällt ihm. Er bittet Herrn MB, ihm dieses Hotel für 20000,-- DM zu verkaufen. Herr MB macht mit seinem Freund einen Kaufvertrag und unterschreibt ›ppa‹, das heißt Prokura – das Haus ist verkauft.

Sie können diesen Vertrag nicht anfechten, Herr Müller-Bohn hat über die Einrichtung und das Gebäude des Hotels volles Verfügungsrecht. Sie können zwar das Hotel evtl. zurückkaufen, aber ganz bestimmt nicht mehr für 20000,-- DM.«

Die Brüder zogen sich zur Beratung zurück und erteilten mir dann doch »Prokura«. Sie handelten nach dem Wort: »Darum werfet euer Vertrauen nicht weg, welches eine große Belohnung hat.« (Hebräer 10/35)

Kinder Gottes sollen in der Liebe und im Vertrauen zur geistlichen

Einheit kommen. So wie verschiedene Saiten eines Instruments harmonisch zusammenklingen, wenn sie vom Meister gespielt werden, so sollen Christen, trotz der persönlichen Verschiedenheiten ein Herz und eine Seele in der Liebe und im Vertrauen werden. Ob sich wohl unsere Mitbrüder und Schwestern auf uns so verlassen können, wie wir auf den Herrn vertrauen? Laßt uns bestrebt sein, das Vertrauen nicht zu mißbrauchen.

18. JUNI

Die Jugend brauset, das Leben schäumt

»Leite mich in deiner Wahrheit und lehre mich! Denn du bist der Gott, der mir hilft; täglich harre ich auf dich. Gedenke, Herr, an deine Barmherzigkeit und an deine Güte, die von Ewigkeit her gewesen sind. Gedenke nicht der Sünden meiner Jugend und meiner Übertretungen, gedenke aber meiner nach deiner Barmherzigkeit, Herr, um deiner Güte willen!«

(Psalm 25/5-7)

Man sagt: »Unbesonnenheit ist ein Privileg der Jugend, sie will eben vorwärts streben.«
Der Bruder meiner Frau wollte vorwärts streben und ließ sich dabei zu mancher Unbesonnenheit hinreißen. Er wurde Bäckerlehrling, wollte aber später Lebensmittelkunde studieren, um vielleicht eine Brotfabrik aufbauen zu können.
Sein Moped sollte die erste Stufe zur Luxuslimousine sein. An diesem Moped mußte etwas repariert werden. Die Reparaturkosten überstiegen aber den Kostenvoranschlag um einiges. Darüber wurde er sehr erbost und fuhr im Zorn davon. Sein Meister folgte ihm im Firmenwagen; er hatte ihn damit zur Werkstatt gebracht.
Auf einer Kreuzung geschah es dann: Er hatte die Vorfahrt – doch was nützt diese einem ungeschützten Mopedfahrer, wenn sie ihm von einem großen Wagen genommen wird? Er prallte frontal auf das Fahrzeug und zwar mit dem Kopf gegen das stahlharte Dach; er überschlug sich mehrmals und blieb dann besinnungslos liegen. In der Unfallstation stellte man schwerste Kopfverletzungen, Schädelbasisbruch und viele andere Brüche fest. Seine Schwester arbeitete als medizinisch-technische Assistentin in dem Krankenhaus, in das man ihn eingeliefert hatte.

Man bat sie sofort, die Eltern zu benachrichtigen, weil er wahrscheinlich nur noch kurze Zeit zu leben hätte. Der Kopf war schrecklich entstellt. Da aber seine Schwester kurz zuvor Jesus Christus als ihren Herrn angenommen hatte, telegraphierte sie sogleich ihrer älteren Schwester, die auch ein Gotteskind war: »Bitte, betet für ihn, damit er nicht in die Hölle kommt und seine Seele verloren geht.«
Die ältere Schwester eilte bei nächster Gelegenheit in ihre biblische Gemeinde. Dort vereinigten sich Menschen zum Gebet und schrien zu Gott um die Rettung für diesen schwer Verunglückten. Meine eigene Mutter, die auch dort war, sagte während des Gebets: »Ich habe es von dem Herrn empfangen, er wird nicht sterben, er wird gesund werden!«
Für manchen war diese Aussage eine Zumutung, wenn man diese schweren Verletzungen bedenkt.
Doch das Wunder geschah, der junge Mann starb nicht, nein, er lebte weiter, zum großen Erstaunen der Ärzte, die seinen Eltern erklärt hatten: »Dies wird wahrscheinlich das größte Unglück für ihn sein, denn bei solch schweren Kopfverletzungen wird er zeitlebens ein Pflegefall bleiben.«
Sein Vater saß tagelang an seinem Krankenlager und erlebte seltsame Dinge. Manchmal öffnete der Bewußtlose seine Augen und rief: »Und jetzt müssen wir alle vor den großen Thron, ab zur großen Armee – dort vor den Richter!« Der Vater meinte, das wären die ersten Anzeichen des Wahnsinns, deshalb versprach er Gott: »Wenn mein Sohn durchkommt und gesund wird, will ich dich anerkennen.«
Nach 14 Tagen erwachte der Kranke aus der Bewußtlosigkeit.

19. JUNI

Jetzt werde ich Rennfahrer

»Es ist das Herz ein trotzig und verzagt Ding; wer kann es ergründen? Ich, der Herr, kann es ergründen und die Nieren prüfen und gebe einem jeden nach seinem Tun, nach den Früchten seiner Werke.« (Jeremia 17/9-10)

Eine treffendere Schilderung des menschlichen Herzens kann man in dieser Kürze nicht geben: »Trotzig und verzagt«. Wer könnte

das unerlöste, unzuverlässige Herz besser schildern? Wie tröstlich ist es zu wissen, daß unser Gott und Herr bis in die tiefsten Tiefen unserer Herzen schauen kann.
Das Wunder war geschehen. Der schwer verletzte junge Mann war erwacht. Als seine Schwester ihn nach dem Unfall im Krankenhaus besuchte, sah er noch recht demoliert aus: den Kopf verbunden, Arm und Bein im Streckverband, blutunterlaufene Augen und Hände. Erschüttert und doch voller Hoffnung stand sie an seinem Bett.
»Na, da staunste wohl?« sagte er lächelnd. »Weißt du, was ich jetzt werde? Rennfahrer!! – Da staunst du, was?«
Alles hatte sie erwartet, nur das nicht. Er hatte vor dem Unfall verkündigt: »Alle meine Verwandten besuche ist später, aber meine älteste Schwester nicht, die hat ja einen religiösen Wahn.« Seine Schwester hatte sich vor einiger Zeit bekehrt – aber sein Herz blieb verstockt. Der Heilige Geist mahnt uns eindringlich: »Sehet zu, liebe Brüder, daß nicht jemand unter euch ein arges, ungläubiges Herz habe, das da abfalle von dem lebendigen Gott, sondern ermahnt euch selbst alle Tage, solange es ›heute‹ heißt, daß nicht jemand unter euch verstockt werde durch den Betrug der Sünde.« (Hebräer 3/12-13)
Langsam heilten seine Wunden; er wurde entlassen und konnte später sogar seinem Beruf nachgehen. Vom Glauben an Jesus Christus wollte er nichts hören, im Gegenteil, er nahm Tanzunterricht und versuchte sein Glück im weltlichen Treiben.
»Doch Gottes Mühlen mahlen langsam, mahlen aber trefflich fein.« – Eines Tages kam seine jüngere Schwester vom Dienst aus dem Krankenhaus und fand ihn weinend in einer Ecke sitzen. Diese Gemütsbewegung paßte ganz und gar nicht zu seinem trotzigen Wesen.
»Was ist mit dir? Weshalb weinst du denn?«
»Ach, es ist ja alles so sinnlos«, jammerte er, »ich werde den Gashahn aufdrehen und mir das Leben nehmen!«
»Bist du denn nicht gescheit!« rief sie. »Es wäre alles anders, wenn du glauben könntest!« – »Was soll ich denn glauben?«
»Gott hat an dir ein großes Wunder getan, und du willst dir jetzt das Leben nehmen? Du solltest dich bekehren und dem Herrn danken für seine Gnade und Barmherzigkeit! – Fahr doch nach Frankfurt zu unserer ältesten Schwester und ihrem Mann, vielleicht können sie dir helfen, auf den Weg des Glaubens zu kommen. Dort ist doch eine Christengemeinde, da kannst du Gottes Wort hören.«
Nach der ersten Heilung und dem großartigen Genesungsprozeß

hatten sich, Monate später, wieder heftige Kopfschmerzen eingestellt. Da er seine Arbeit in der Bäckerei wegen unerträglicher Schmerzen nicht fortführen konnte, meinte er, keinen Sinn mehr für sein Leben zu sehen.
Dieser Gott spricht gerade heute zu dir, lieber Leser. Deine Probleme liegen auf einem anderen Gebiet. Verstocke nicht dein Herz, sondern vertraue dich deinem Herrn an.
»Oder verachtest du den Reichtum seiner Güte, Geduld und Langmut? Weißt du nicht, daß dich Gottes Güte zur Buße leitet?« (Römer 2/4)

20. JUNI

Ich will mich bekehren

»Wenn du aber dort den Herrn, deinen Gott, suchen wirst, so wirst du ihn finden, wenn du ihn von ganzem Herzen und von ganzer Seele suchen wirst. Wenn du geängstigt sein wirst und dich alles treffen wird in künftigen Zeiten, so wirst du dich bekehren zum Herrn, deinem Gott, und seiner Stimme gehorchen.« (5. Mose 4/29-30)

Eines Tages stand mein Schwager vor unserer Wohnungstür. Wir waren völlig überrascht, denn er hatte sich nicht angemeldet. Er war aus Norddeutschland mit der Bahn angereist.
»Da staunst du wohl! Weißt du, weshalb ich gekommen bin? – Ich will mich bekehren!« sagte er.
Was vor Tagen noch unmöglich schien, bahnte sich jetzt an: Der schwer verunglückte und wieder genesene Bruder meiner Frau kam mit einem dringenden Vorsatz: »Ich will mich bekehren!«
Gleich im ersten Gottesdienst geschah das Wunder aller Wunder: Er nahm Jesus Christus als seinen Retter und Helfer in sein Leben auf. Er verstand die Forderung des Sohnes Gottes: »Es sei denn, daß jemand von neuem geboren werde, so kann er das Reich Gottes nicht sehen.« (Johannes 3/3)
Nach einigen Tagen sprach er bereits über geistliche Dinge, als wäre er schon jahrelang ein Christ, als hätte er schon viele, viele Predigten gehört.
»Woher weißt du das alles?« war meine Frage.
»Ja, weißt du, als ich in der Bewußtlosigkeit lag und auch danach sprach Gott zu mir!«
Gott hat bei allen Menschen in jeder Lebenslage Zugang zu seiner

Seele, er kann auch einem bewußtlosen Menschen begegnen; deshalb kann man auch einem Menschen im bewußtlosen Zustand die Botschaft des ewigen Lebens bringen. Gott ist kein Ding unmöglich.

Im Buch Hiob lesen wir von diesem Geheimnis: »Denn auf eine Weise redet Gott und auf eine zweite; nur beachtet man's nicht. Im Traum, im Nachtgesicht, wenn der Schlaf auf die Menschen fällt, wenn sie schlafen auf dem Bett, da öffnet er das Ohr der Menschen und schreckt sie auf und warnt sie, damit er den Menschen von seinem Vorhaben abwende und von ihm die Hoffart (den Hochmut) tilge und bewahre seine Seele vor dem Abgrund. Auch warnt er ihn durch Schmerzen auf seinem Bett und durch heftigen Kampf in seinen Gliedern und richtet ihm sein Leben so zu, daß ihm vor der Speise ekelt, und seine Seele, daß sie nicht Lust hat zu essen‹. –

›Erlöse ihn, daß er nicht hinunterfahre zu den Toten; denn ich habe ein Lösegeld gefunden. Sein Fleisch blühe wieder wie in der Jugend, und er soll wieder jung werden.‹ Er wird Gott bitten, und der wird ihm Gnade erweisen und wird ihn sein Antlitz sehen lassen mit Freuden und wird dem Menschen seine Unschuld wiedergeben. Er wird vor den Leuten lobsingen und sagen: ›Ich hatte gesündigt und das Recht verkehrt, aber es ist mir nicht vergolten worden. Gott hat mich erlöst, daß ich nicht hinfahre zu den Toten, sondern mein Leben das Licht sieht.‹

Siehe, das alles tut Gott zwei- oder dreimal mit einem jeden, daß er sein Leben zurückhole von den Toten und erleuchte ihn mit dem Licht der Lebendigen.« (Hiob 33/14-20 und 24-30)

Gott redet manchmal auch in unsere Bewußtlosigkeit hinein. Er bewahrt die Seele vor dem Verderben, er redet durch Krankheiten und durch andere »Schicksalsschläge«.

Ja, Gott holt auch schon mal klinisch Tote ins Leben zurück, damit ihnen das Licht des Lebens noch einmal leuchten kann, und sie Gelegenheit bekommen, sich zum Retter Jesus Christus zu bekehren, und sie vor den Menschen seine Wunder bezeugen, damit durch sie auch andere gerettet werden.

Das machen doch alle

»Wenn wir sagen, wir haben keine Sünde, so verführen wir uns selbst und die Wahrheit ist nicht in uns. Wenn wir aber unsere Sünden bekennen, so ist er treu und gerecht, daß er uns die Sünden vergibt und reinigt uns von allem Unrecht.«

(1. Johannes 1/8-9)

Die Aufrichtigkeit eines erweckten Menschen erkennt man daran, daß er seine Sünden auch vor anderen zu bekennen bereit ist, nämlich denen, die er betrogen und belogen hat. Es ist ihm ein Anliegen, die Fehler im einzelnen zu bekennen; nicht wie es im allgemeinen zur Mode geworden ist, alles in Bausch und Bogen zu sagen, nach dem Motto: »Wir sind doch allzumal Sünder und mangeln des Ruhmes, den wir bei Gott haben sollten.«

Der verunglückte Schwager, den die Kraft Gottes geheilt und seine Gnade wieder zurechtgebracht hatte, ging nach seiner Hinwendung zu Jesus Christus zu seinem Bäckermeister, bei dem er arbeitete, und bekannte ihm, daß er auf seine Kosten manches Brötchen und Brot verkauft und das Geld selbst behalten habe. Über die Jahre war schon eine gewisse Summe zusammengekommen.

Sein Meister war durch dieses Bekenntnis peinlich berührt und sagte: »Ach, das ist schon gut, das machen doch alle!«

Er wollte das veruntreute Geld nicht annehmen. Weshalb er wohl so reagierte? – Natürlich wurde er an seine eigenen Gaunereien gegenüber den Behörden und anderen erinnert.

Der beste Rat, den ein Seelsorger einem Sünder, der sich bekehrt hat, geben kann, ist, seine Schuld offen darzulegen; wie der verlorene Sohn: »Vater, ich habe gesündigt gegen den Himmel und vor dir.« (Lukas 15/21)

Nicht jedes Unrecht soll man öffentlich bekennen. Nur dann, wenn der Heilige Geist dazu auffordert. Eines aber sollen wir den Menschen sehr eindrücklich darlegen: Es geht im himmlischen Gericht nicht so zu wie hier auf Erden. Gar mancher hat sich der irdischen Gerechtigkeit entzogen, indem er seine Schuld einfach leugnete. Der göttlichen Gerechtigkeit kann sich niemand entziehen.

Wenn man vor einem irdischen Gericht ein offenes Bekenntnis ablegt, können einem mildernde Umstände zugesprochen werden,

aber zu einer Verurteilung kommt es dennoch in den meisten Fällen. Von Gott, dem unvergleichlichen Richter, ist jede Schuld, so sie der Sünder mit einer bußfertigen Haltung bekennt, durch den Kreuzestod seines Sohnes Jesus Christus bereits gesühnt, sie ist also vergeben.
Der ehemalige Bäckerlehrling räumte kräftig auf. Er fand tiefen Frieden, obwohl seine Umwelt recht seltsam auf sein Bekenntnis reagierte. Später ging der junge Christ zur Bibelschule. Er verkündigt die Botschaft des Friedens und der Vergebung der Schuld durch das Blut Jesu Christi nun seit Jahrzehnten vor den Menschen. Der Herr hat eine allumfassende Vergebung vor dem Richterstuhl Gottes für jeden erwirkt, der guten Willens ist und seine Sünde bereut und bekennt.
Als der junge Mann sich auf den Dienst zum Predigtamt vorbereitete, klagte sein Vater: »Ihr seid schuld, wenn der Junge durchdreht und wahnsinnig wird. Nach solch schwerem Verkehrsunfall kann er unmöglich eine neue Ausbildung durchstehen.«
Doch wen Gott geheilt hat, den läßt er nicht umkommen: »Wenn wir unsere Sünden bekennen, so ist er treu und gerecht, daß er die Sünden vergibt und reinigt uns von allem Unrecht.«

22. JUNI

Der große Unterschied

»Allesamt aber miteinander haltet fest an der Demut. Denn Gott widersteht den Hoffärtigen, aber den Demütigen gibt er Gnade. So demütigt euch nun unter die gewaltige Hand Gottes, daß er euch erhöhe zu seiner Zeit.« (1. Petrus 5/5-6)

Das christliche Hotel lag in der Nähe des Hessischen Rundfunks. Bei der Verwaltung der Rundfunkanstalt war unser Haus gut bekannt. Viele Reisende stiegen gern in einem christlichen Hotel ab, weil sie davon ausgehen konnten, daß dort nicht nur äußerliche Sauberkeit herrschte. Deshalb waren unter unseren Gästen auch bekannte Wissenschaftler, Künstler und Politiker.
Generalmusikdirektor Eugen Jochum, ein weltbekannter Dirigent, wurde mit den Mitgliedern seines Orchesters angemeldet. Da diese Musiker zur Einspielung einer Schallplattenaufnahme gekommen waren, mußten sie größtmögliche Ruhe haben.

Für die gleiche Zeit war uns eine Artistengruppe aus den USA angemeldet worden. Da ich schon einige Erfahrungen mit solchen Künstlern gemacht hatte, bat ich sie, des Nachts unbedingt Ruhe zu bewahren.
»Selbstverständlich, diese Gruppen wohnen immer in den exklusivsten Hotels der Weltstädte«, wurde mir versichert.
Am Nachmittag kamen die bekannten Künstler aus den Vereinigten Staaten. Mein erster Eindruck war nicht gut. Während der Leiter der Gruppe die Namen der »Musiker« in die Formulare eintrug, begannen einige Mitglieder der Gruppe wie in Trance rhythmische Bewegungen zu vollziehen, die an Veitstänze erinnerten. »Das kann ja heiter werden«, dachte ich.
Währenddessen kam der Generalmusikdirektor aus seinem Zimmer und sagte: »Vielen, vielen Dank für die hübschen Blumen, die Sie mir ins Zimmer gestellt haben. Ich habe mich sehr darüber gefreut.« Kaum einer bedankte sich sonst für die Blumen im Zimmer; doch der Mann, der Abend für Abend geradezu mit Blumen überhäuft wurde, konnte sich noch über diese Geste freuen.
Am Nachmittag kam die Frau des berühmten Dirigenten zu mir an die Rezeption: »Entschuldigen Sie bitte, Sie wissen ja, daß mein Mann mit dem Orchester im Rundfunk zur Bandaufnahme ist. Ich fühle mich hier so allein. Können Sie mir etwas empfehlen, wodurch mir die Zeit nicht zu lang wird?«
»Wir haben heute Abend in unserem Gemeindesaal eine Bibelstunde. Wenn ich Sie dazu einladen dürfte?« sagte ich.
»O ja, sehr gern, da freue ich mich schon. Bitte, könnten Sie mich vielleicht in den Saal begleiten. Ich bin noch so fremd hier im Hause.«
So gingen wir beide in den Gottesdienst. Sie war eine sehr bescheidene, einfache Frau mit einer auffälligen Herzensdemut. Sie bedankte sich später für den wunderschönen Abend mit den Worten: »Das Licht des Evangeliums ist doch das Herrlichste auf Erden.«
In der Nacht kam es zu den erwarteten Störungen. Der Nachtportier rief mich aus dem Bett: »Hier herrscht ein Chaos; die Amerikaner spielen auf den Gängen mit ihren Schuhen Fußball. Sie gebärden sich wie Leute aus dem Wilden Westen.«
Nachdem ich angezogen ins Hotel geeilt war, verschaffte ich mir mit energischer Stimme Ruhe. Dem Leiter der »Künstlergruppe« machte ich klar, daß sie am nächsten Morgen ausziehen müßten.
»Wo Hochmut ist, da ist auch Schande; aber Weisheit ist bei den Demütigen.« (Sprüche 11/2)
»Demut ist die Krone einer guten Gesinnung!«

Wach auf, mein Herz und singe

»Ich will singen von der Gnade des Herrn ewiglich und seine Treue verkünden mit meinem Munde für und für.«

(Psalm 89/2)

In dem schon erwähnten christlichen Hotel in Frankfurt übernachteten Menschen von allen Kontinenten, aus vielen Ländern der Welt. Es waren reiche und arme, gebildete und einfache Leute verschiedener Religionen und politischer Weltanschauungen, aus unterschiedlichsten Kulturen und Lebensgewohnheiten.

Eines Tages kam ein Hotelgast zu mir und fragte mich, was er wohl für einen berühmten Zimmernachbarn habe. Ich wußte nicht, welchen Nachbarn er meinte. Als ich danach fragte, antwortete er: »Das muß irgendein großer Opernsänger sein, weil er schon in aller Herrgottsfrühe zu singen beginnt. Wissen Sie, sein Gesang klingt einfach überaus schön! Ich könnte dem Mann immer zuhören.«

Der Zimmernachbar war ein bekannter, amerikanischer Evangelist, der in den Morgenstunden seinem Herrn zur Ehre sang. Gottes Gnade war die herrliche Quelle, aus der die große Freude zum Gesang entsprang. Da er ein fröhlicher Mann Gottes war, sang er bereits vormittags Psalmen und andere Loblieder zur Ehre Gottes.

Nun gab ich diesem Hotelgast eine Lebensbeschreibung dieses Evangelisten, der einst ein bekannter Regisseur und Kameramann in Hollywood gewesen ist. Als der Zweite Weltkrieg durch den heimtückischen Angriff der Japaner auf Pearl Harbor sich auf den Fernen Osten ausdehnte, wurde er Presseoffizier bei dem legendären amerikanischen General Mac Arthur.

In den letzten Tagen des Krieges hatte er ein erschütterndes Erlebnis, das sein Leben von diesem Zeitpunkt an grundlegend veränderte. Er flog nämlich als Kameramann in einem der Kampfflugzeuge mit, die den grausamen Angriff auf Hiroschima ausführten. Obwohl er als Presseoffizier ja nicht am Bombenabwurf beteiligt war, wurde er beim Anblick dieses unvorstellbaren Höllenblitzes über der japanischen Hafenstadt bis in die Tiefe seiner Seele so erschüttert, daß er nach Beendigung des Krieges nicht mehr in die lügenhafte Traumwelt nach Hollywood zurückkehren konnte.

Er bekehrte sich zu Gott und wurde durch die Gnade Jesu Christi

zum evangelistischen Dienst berufen. Gott gebrauchte diesen Mann, um das Evangelium vor höchste Staatsmänner zu bringen.
»Dieser Mann ist Ihr Zimmernachbar. Weil die Gnade Jesu Christi ihn ergriffen hat und dadurch sein ganzes Leben veränderte, singt er seinem Gott zur Ehre«, sagte ich dem erstaunten Hotelgast, der unbedingt diesen »interessanten, singenden Evangelisten« kennenlernen wollte. Hoffentlich hat dessen Zeugnis auch in sein Leben eine entscheidende Veränderung gebracht.
»Ich will singen von der Gnade meines Herrn ewiglich und seine Treue verkündigen mit meinem Munde für und für.«
David wollte nicht nur von der Gnade Gottes reden, sondern auch singen. Die wunderbare Begegnung mit dem lebendigen Gott schafft nicht nur fromme Gefühle, sondern erweckt die Freude in uns, aus vollem Herzen zu singen. Solch überschäumende Freude eines erlösten Herzens strömt dann durch den Gesang ins Ohr und Herz anderer Menschen.
Der Heilige Geist stimmt in uns ein Loblied an, so daß wir fähig werden, zu jeder Zeit und unter allen Umständen zu danken.

24. JUNI

Können Zwanzigmarkscheine vom Himmel regnen?

»Ich bin gering und verachtet; ich vergesse aber nicht deine Befehle. Deine Gerechtigkeit ist eine ewige Gerechtigkeit, und dein Gesetz ist Wahrheit. Angst und Not haben mich getroffen; ich habe aber Freude an deinen Geboten.«

(Psalm 119/141-143)

Bevor wir die großen Aufgaben übernahmen, das christliche Hotel einzurichten und zu eröffnen, hatten wir es aus des Herrn Hand angenommen, zunächst nur für Wohnung und ein geringes Entgelt zu arbeiten. Die finanzielle Anfangsbelastung durch die enormen Baukosten waren sehr, sehr hoch und jede Mark wurde gebraucht, um die Schuldenlast abzutragen.
Eines Tages offenbarte mir meine Frau: »Wir haben kein Geld mehr, um dringend notwendige Sachen für das alltägliche Leben zu kaufen. Was sollen wir jetzt tun?«
»Da will ich besonders beten, denn der Herr kennt unser Notlage«, meinte ich.

»Ja meinst du, Gott läßt Zwanzigmarkscheine vom Himmel regnen?« fragte meine Frau.
»Ob er gerade Zwanzigmarkscheine vom Himmel regnen läßt, weiß ich nicht, aber er hat auch Mittel und Wege, uns zu helfen«, war meine Antwort.
Einige Tage später kam der Briefträger mit einer stattlichen Geldanweisung von einem pharmazeutischen Unternehmen. Diese Anweisung war an meine Frau gerichtet. Telefonisch fragte ich bei ihr an: »Kennst du diese Firma?« – »Nein«, sagte sie verwundert, »bitte schick doch das Geld sofort zurück, das muß eine Verwechslung sein.« – »Das glaube ich nicht. Diese Geldanweisung ist an die richtige Anschrift und unter richtiger Nennung deines Namens adressiert. Es kann also keine Verwechslung sein.«
»Mach doch keinen Unsinn«, antwortete sie, »später müssen wir das Geld doch wieder zurückzahlen. Laß es doch bitte gleich zurückgehen.«
»Nein, ich denke, das Geld ist uns vom Herrn zugedacht. Wir nehmen es im Glauben an«, war meine Meinung.
Es war für damalige Verhältnisse eine stattliche Summe. Kurz danach löste sich das Rätsel durch ein Schreiben der Geschäftsleitung dieses Unternehmens, die das Geld überwiesen hatte: »Sehr geehrte Frau Müller-Bohn! Sie haben in Berlin wissenschaftlich gearbeitet. Dabei wurde unser Präparat auf seine Wirksamkeit gegenüber Bakterien getestet. Es findet aufgrund des Ergebnisses einen guten Absatz. Wir beehren uns, Ihnen unsere Anerkennung usw. usw.«
Natürlich wäre das Geld auch ohne unser Gebet gekommen; dennoch prüfte der Herr unseren Glauben, ob wir uns in der Not ihm anvertrauen oder nicht.
Gott ist unsere Zuflucht und Stärke. Nicht unsere Sicherheiten und Weltklugheiten sind der Grund unserer Zuversicht, sondern Gott, der Herr. Er sendet uns die Hilfe in großer Not. Die Gotteskinder werden in manchen Lebenslagen erprobt. Ihr Glaube steht oft unter der Belastungsprüfung des Schöpfers. Er läßt die Seinen nicht im Stich, wenn sie in Not geraten sind oder irgendein Unglück über sie gekommen ist. Er verbürgt sich in seinem Wort, ein großer Helfer zu sein.
Ist es nicht sonderbar, daß der Psalmsänger inmitten der Angst und Not von Lust und Freude, ja von Wonne und Frohsinn sprechen kann? Die Freude am Herrn und die Freude an der Weltlust können nicht nebeneinander bestehen. Ein Mensch, der in den Freuden der Weltlust seine Erfüllung sucht, kann nichts von den Tröstungen des Heiligen Geistes erfahren; das eine schließt das andere aus.

Mein Name ist Kaiser

»Der Herr ist König, darum zittern die Völker; er sitzt über den Cherubim, darum bebt die Welt. Der Herr ist groß in Zion und erhaben über alle Völker.«
»Preisen sollen sie deinen großen und wunderbaren Namen, denn er ist heilig, und die Macht des Königs, der das Recht lieb hat.« **(Psalm 99/1-4)**

Im Grundtext lesen wir: »Der Herr ist König geworden.«
Dies zeigt die herrliche Königsherrschaft des Siegers von Golgatha. Es handelt sich bei diesem Ausspruch um einen der fröhlichsten Jubelrufe, der je über die Lippen von sterblichen Menschen gekommen ist. Das erlösende Königreich der Barmherzigkeit, der Gnade und Gerechtigkeit, ja der Wahrheit überhaupt, wurde durch das zweite gewaltige Schöpferwort: »Es ist vollbracht!« besiegelt. Dieses Königreich ist es wert, immer wieder neu besungen zu werden, wie es auch in den Psalmen mehrfach zu lesen ist. Die Erlösten des Herrn werden von großer Glückseligkeit ergriffen, während die halsstarrigen Sünder vor der Allgewalt des Zornes Gottes zusammen sinken: »Darum zittern die Völker.« Hier handelt es sich nicht um eine kurzfristige »Königsproklamation« oder um eine »Inthronisierung« eines vergänglichen Herrschers, von denen wir heute in den Tageszeitungen lesen und in ein paar Jahren in irgendeinem Geschichtsbuch nachlesen können, sondern um den, der in seiner Erhabenheit auf den Cherubinen thront, die sich unentwegt zurufen: »Heilig, heilig, heilig ist der Herr Zebaoth!«
Von seinem Thronhimmel her werden seine Königskinder durch das Blut des Gerechten reingewaschen und zu Königskindern ernannt.
Seine Gnadenliebe hat dich und mich zu jubelnden Psalmsängern gemacht, deshalb beten wir ohne Unterlaß.
Die Menschen fechten in unseren Tagen immer wieder die Unantastbarkeit des Wortes Gottes an. Sie setzen sich über die Maßstäbe des Schöpfers hinweg und diskutieren, ob Gott auch Recht tue oder nicht, ob die Frau dem Mann untertan sein soll, ob es eine Jungfrauengeburt gegeben, ob es ein Endgericht oder einen Ort der ewigen Qual gäbe.
Eines Tages kam ein Handelsvertreter in unser Hotel. Ich begrüßte ihn an der Rezeption, und er stellte sich mit den Worten vor: »Mein

Name ist Kaiser, ich komme von der Firma ...« Ich entgegnete: »Ich kenne einen König ...« Sofort fiel er mir ins Wort: »Ach ja, den kenne ich auch, das ist der Vertreter von der Konkurrenz, die hat so ihre Methoden ...«
»Nein, nein«, antwortete ich, »es handelt sich um den König aller Könige, nämlich um Jesus Christus. Dieser Jesus ist mein Herr, ich habe mich vor einigen Jahren zu ihm bekehrt, und er hat mich durch seine Gnade von allen Sünden freigemacht. Deshalb ist der Hauptinhalt meines Lebens, Menschen wie Sie und auch andere mit diesem unvergleichlichen König bekannt zu machen.«
Der Vertreter der Teefirma war nicht wenig erstaunt, welchen König ich meinte. Da er ja dem Hotel etwas verkaufen wollte, hörte er mir längere Zeit aufmerksam zu, und ich betete mit ihm, daß dieser König auch Regent seines Lebens werden solle.
Gott schafft uns wunderbare Gelegenheiten, von seinen Wohltaten Zeugnis zu geben und seinen Namen vor aller Welt bekannt zu machen.
»Der Herr ist groß in Zion und über alle Völker.«

26. JUNI

Die »engelische« Versicherung

»Der Engel des Herrn lagert sich um die her, die ihn fürchten, und hilft ihnen heraus.« (Psalm 34/8)

Ein glaubender Mensch dringt in seiner Erkenntnis in die unsichtbare Welt ein und gewinnt aus Gottes Wort die felsenfeste Überzeugung, daß ihm in jedem Augenblick die Hilfe der himmlischen Boten, dem Auge zwar unsichtbar, zu Dienste stehen. Wir lesen dies in einem Brief an die Hebräer so: »Alle Engel sind dienende Geister, zum Dienst bestellt für die, die das Heil ererben sollen.« (Hebräer 1/14 Bruns)
Eines Tages kam ein Versicherungskaufmann in unser Hotel, der mit mir eine besondere Versicherung abschließen wollte. Ich erklärte ihm: »Danke, ich habe eine wunderbare Versicherung, sie ist die beste Versicherung überhaupt.«
»Was ist das für eine Versicherung?« wollte er wissen.
»Es ist eine engelische Versicherung«, erklärte ich dem erstaunten Versicherungsmann.

»Davon hab ich überhaupt noch nichts gehört«, antwortete er. »Hat diese Versicherung ihren Sitz in England? Sie machen mich sehr neugierig.«
»Nein, sie hat auf allen Kontinenten ihre Vertretungen«, erklärte ich ihm, »und sie bringt die allerbeste Leistung zum Nulltarif.«
Jetzt starrte mich der Mann entgeistert an.
»Ich will ihnen ein Beispiel von der Einmaligkeit dieser Versicherung geben: Kürzlich ging ich durch die Stadt. An einer verkehrsreichen Kreuzung sah ich Kinder stehen. Da ich auch die Fahrbahn überschreiten wollte, sagte ich zu den Kindern: ›Kommt, faßt euch an den Händen, ich begleite euch über die Straße.‹
Ich schaute nach links; dort hielt ein Wagen an.
Dann blickte ich nach rechts; von dieser Seite war kein Verkehr zu sehen. Ich schaute noch einmal nach links, zwei, drei Wagen hatten schon hintereinander angehalten. Zu den Kindern sagte ich: ›Los, jetzt können wir hinüber!‹ und gehe mit ihnen los.
Plötzlich bekomme ich einen mächtigen Schlag am rechten Arm. Bremsen quietschen, Passanten schreien laut auf, mein nach vorn ausgestreckter Fuß wird von dem Rad eines Lieferwagens überrollt. Ich schaue zu den Kindern, ihnen ist nichts passiert, sie gingen wohl einen halben Meter seitlich hinter mir.
Dann fällt mir aber der ausgestreckte Fuß ein. Ich bewege meine Zehen und fühle nicht den geringsten Schmerz. Auf dem Schuh ist das Profil des Reifens zu sehen. Ich hatte es auch gespürt, daß der Wagen über den Fuß gerollt ist. Da nichts passiert ist, gebe ich dem Fahrer, der vor Schreck noch nicht aus dem Wagen gestiegen ist, das Zeichen zur Weiterfahrt.
Zu meiner Frau aber sagte ich: ›Eben stand ein Engel Gottes zwischen mir und einem Auto, sonst wäre ich vielleicht schon nicht mehr unter den Lebenden.‹«
Nun erklärte ich dem Versicherungsmann: »Sehen Sie, dies ist die wunderbare ›engelische‹ Versicherung, nämlich die Engel sind die Sicherheitsvertreter Gottes. Sie sind zum Dienst bestellt für alle, die den Herrn lieben. Wir ahnen kaum, wie viele Errettungen und Bewahrungen wir diesen unsichtbaren Himmelsmächten zu verdanken haben.«
Dem Versicherungsvertreter konnte ich noch ein umfassendes Zeugnis von vielen Bewahrungen und Führungen Gottes in meinem Leben geben. Möge es dem Heiligen Geist gelingen, daß aus diesem Gespräch auch Frucht entstanden ist.

Die Sünde eines Missionarssohns

»Wir haben gesündigt samt unsern Vätern, wir haben Unrecht getan und sind gottlos gewesen. Unsere Väter in Ägypten wollten deine Wunder nicht verstehen. Sie gedachten nicht an deine große Güte und waren ungehorsam am Meer, am Schilfmeer.« (Psalm 106/6-7)

Man spricht von den Sünden der Väter. – Hier beginnt die Generalbeichte eines Volkes, das von dem Herrn auserwählt ist. Ehe wir die Gnade des Herrn erfahren, ist es notwendig, unsere Vergangenheit durch das Heil der Auferstehung Jesu Christi in Ordnung zu bringen. Die Sünde bekennen ist der geradeste Weg, um den Frieden mit Gott zu erlangen.

Eines Tages sitzt ein junger Mann vor mir. Sein Gesicht ist von übermäßigen Sorgen gezeichnet. Er wünscht ein offenes Gespräch mit mir. Er sieht heruntergekommen aus. Seine Worte wollen kaum über die Lippen kommen. Er ist der Sohn eines bekannten Missionars. Er hatte Gottes Wort des öfteren gehört: »Ziehet nicht am fremden Joch mit den Ungläubigen. Denn was hat die Gerechtigkeit zu schaffen mit der Ungerechtigkeit? Was hat das Licht für Gemeinschaft mit der Finsternis?« (2. Korinther 6/14)

Er kannte den Rat der Eltern sehr gut, nicht gegen den Willen Gottes zu heiraten. Aber er schlug alle ernst gemeinten Hinweise in den Wind. Er erwählte sich eine Frau nach seinem Geschmack, weltaufgeschlossen, umsichtig und äußerst liebevoll erschien sie ihm. Alle rieten ihm ab: der Gemeindeleiter, die engsten Angehörigen und Bekannten.

Nach der Hochzeit wurden bald Mängel offenbar. Seine geliebte Frau betrog ihn mit andern Männern. Schmerzlich war es für den jungen Ehemann, feststellen zu müssen, wie treulos und wie liederlich seine einst »Allerliebste« wurde. Nach einer gewissen Zeit ließ er sich scheiden. Er hatte alle Beweise gegen sie in seinen Händen. Für ihn hieß es: »Schuldlos geschieden.«

Jetzt sollte er aber für den Unterhalt seines Kindes aufkommen, das Gesetz schreibt es so vor. Sein eigenes Gerechtigkeitsempfinden wollte das nicht einsehen. Er war doch schuldlos geschieden. Warum sollte er trotzdem zahlen?

Er wurde säumig. Unterhaltsklagen und Zahlungsbefehle gehörten bald zu seinem täglichen Leben. Er verließ eine Arbeitsstelle nach der anderen, nur, um den gesetzlichen Auflagen zu entkommen. Er wollte seine Frau in dieser Weise für ihre Untreue kräftig strafen. Das Maß der Geduld seiner geschiedenen Frau war bald voll. So kam er vor Gericht. Weil er beharrlich uneinsichtig blieb, wurde er verurteilt und kam ins Gefängnis. Durch Ungehorsam und Halsstarrigkeit saß nun der Missionarssohn inmitten einer boshaften Sündergesellschaft. Nach einer gewissen Zeit wurde er aus dem Gefängnis entlassen. Eine Arbeit war schwer für ihn zu finden. Doch das war nicht einmal das Schlimmste. Die alten »Spezies« aus dem Gefängnis, die auch entlassen waren, suchten seine Gesellschaft. »Sie verfolgen mich und wollen mich in ihre schmutzigen Geschäfte hineinziehen. Ich bin ein Raub der armen Welt geworden. Ich kann mich ihrer nicht erwehren. Bald werde ich wohl wieder hinter Gittern sitzen«, so klagte er. Auch für einen abgeglittenen Missionarssohn ist uneingeschränkte Gnade vorhanden, wenn sich das ungehorsame Herz für das Wirken des Heiligen Geistes öffnet. So konnte er dann wirklich Frieden finden.

28. JUNI

Singet und spielet dem Herrn

»O Gott, ich will dir gern ein neues Lied singen! Ich will auf der Harfe mit zehn Saiten spielen.« (Psalm 144/9 Bruns)

Zu diesem Psalmwort schreibt Spurgeon, der Fürst unter den Predigern: »Gott, ich will dir ein neues Lied singen. Je mehr mir die Verderblichkeit der Menschen zum Ekel wird, desto mehr will ich mich an der Wahrheit Gottes ergötzen und mich voller Inbrunst in sie versenken.

Durch frische Begeisterung des Heiligen Geistes entflammt, werde ich in schöpferischer Dankbarkeit ein neues Flußbett graben, worin seine Gnade strömen kann. Wohl will ich singen, wie es andere auch getan haben, aber mein Gesang soll ein neues Lied sein, das sonst noch niemand gesungen hat. Dieses Lied soll ganz allein meinem Gott geweiht sein; ich will keinen Menschen rühmen oder ihm die Ehre geben, nur dem Herrn allein, dem ich meine Befreiung verdanke.

Auch will ich spielen auf der Harfe mit zehn Saiten. Dem Psalmisten mußte die Hand der Zunge helfen – aber nicht in der Art

der Welt, wo das gottlose Leben besungen wird, sondern zum wahrhaftigen Lobpreis Gottes.
Der Psalmsänger hatte die Absicht, das beste und damals wohltönendste Instrument, welches ihm zur Verfügung stand, nämlich eine zehnsaitige Harfe, zu Gottes Lob erklingen zu lassen und damit seiner großen Freude im Heiligen Geist Ausdruck zu geben. Unser Bestes ist immer noch zu gering für einen so unbeschreiblichen Schöpfergott; deshalb müssen wir die wohlklingendsten Instrumente zu seinem Lob gebrauchen.
Der eigentliche Lobpreis geschieht ja im Herzen, und wahre Musik kann nur aus einer geheiligten Seele erklingen. Wenn Orgel und Posaunen (Schlagzeug mit elektronischem Superlärm) den Gesang übertönen und die musikalische Begleitung einen höheren Rang einnimmt als die Schönheit der menschlichen Stimme, dann ist es an der Zeit, daß die Instrumente aus dem Gemeindegottesdienst verbannt werden.
Erklingen diese Instrumente aber dem Psalmlied oder dem gesungenen Lobpreis entsprechend im Hintergrund, dann sehen wir uns nicht für berechtigt, sie zu verbieten oder die Spieler, die sie behutsam und klangvoll bedienen, zu verurteilen, weil wir es vorziehen, auch ohne sie auszukommen, denn ich bin der Meinung, daß die äußerste Schlichtheit und Harmoniefülle dem Geist des Evangeliums weit mehr entspricht, als harttönende Musikinstrumente.
Der Christ, der aus der Stille seines Herzens Gott ein vollmächtiges Loblied singt, findet es oft für seine musikalische Andacht wohltuend, wenn wohlklingende Instrumente ihn begleiten, wobei David hier ein gutes Beispiel gibt.«
Eine Predigt, die heute nach 150 Jahren, nachdem Spurgeon sie niederschrieb, noch volle Berechtigung hat, als wäre sie für unsere Tage geschrieben. Welch heidnische Lärmorgien müssen oft die Vielzahl der Gläubigen über sich ergehen lassen, so daß einem die Sinnesnerven schmerzen. Oft könnte man sagen: »Selig sind die Schwerhörigen, denn sie brauchen nicht jeden Lärm über sich ergehen zu lassen.«
Jesus Christus, der Schöpfer und Erlöser des Alls, will heute in uns ein neues Lied anstimmen, das Lied von der neuen Kreatur. Die Saiten unseres Herzens müssen dabei von seinem Geist gestimmt sein, damit es ein Lobpreis zur Ehre Gottes werden kann.

Ein Hotel nebenan

»Neige mein Herz zu deinen Mahnungen und nicht zur Habsucht.« (Psalm 119/36)

Das christliche Hotel, welches ich leitete, war stets gut belegt. Die Gäste schätzten innere und äußere Sauberkeit. Hospize haben den guten Ruf, moralisch einwandfreie Beherbergungsstätten zu sein. Oft war die Nachfrage größer als die Bettenanzahl; deshalb suchte ich nach andern Hotels, die in der Nähe waren, die uns bei Messezeiten Gäste abnehmen konnten.
Einige Straßenzüge entfernt wurde eine Pension neu eröffnet. Ich besuchte die Besitzerin, um mir ein Bild vom Ansehen dieses Hauses zu machen. Das Mobiliar dieses neu eingerichteten Hauses war sehr geschmackvoll; nur die Besitzerin erschien mir recht seltsam. Sie sparte, wo sie nur konnte, und handelte nach der Devise: Haben sich Gäste angemeldet, so stelle ich Personal ein; sieht die Belegung nicht so rosig aus, schmeiße ich die Zimmermädchen und das Bedienungspersonal aus dem Haus.
In der Hotelbranche konnte man sich so etwas in der Zeit der Hochkonjunktur auf gar keinen Fall leisten; denn die anstrengende Arbeit wurde nicht gerade fürstlich honoriert und der Wechseldienst auch an Sonn- und Feiertagen brachte keinen Anreiz, in solch einem Beruf zu arbeiten. Statt des Nachtportiers schlief die Besitzerin in der Rezeption, um den Gästen, die zur Nachtzeit ins Hotel kamen, selber die Tür zu öffnen. Statt eines Schlüsselbrettes legte sie die Zimmerschlüssel in einen Plastikeimer, in dem sie dann nach Bedarf stets herumkramte, um den richtigen Schlüssel zu finden. – Bald versah sie den gesamten Dienst im Empfangsraum allein. Ging sie dann einmal außer Haus, hängte sie einen handgeschriebenen Zettel an die Eingangstür mit dem Hinweis: »Bin in zwei Stunden wieder zurück!«
Die Gäste waren über diese Art nicht erbaut, deshalb gingen manche nur einmal in dieses Hotel und blieben dann fort.
Nach meinem Besuch machte ich die Frau darauf aufmerksam: »Sie müssen Ihre Gäste gut bedienen, sonst laufen sie Ihnen fort.« Aber es blieb alles beim alten, ich ahnte; diese Frau ist wahrscheinlich schrecklich geizig.
Oft rief sie mich am Abend an: »Was macht das Geschäft?« Wenn

ich ihr erklärte, daß meine Betten belegt seien, sagte sie: »Ach, ist das nicht komisch, ich habe nicht einen einzigen Gast.«
Das war schon ein Kunststück, denn Frankfurt am Main hatte als Messestadt die beste Hotelbelegung. Immer wieder erklärte ich dieser Frau: »Es kommt auf den Service an. Ein Gast will gut beherbergt sein; deshalb heißt diese Branche ja auch Beherbergungsgewerbe.«
Das Laster der krankhaften Habsucht ist unsagbar verderblich. Jesus warnte die Menschen vor dieser sie zugrunde richtenden, geistlichen Krankheit.
»Denn von innen, aus dem Herzen der Menschen, kommen die bösen Gedanken; Unzucht, Dieberei, Mord, Ehebruch, *Habsucht,* Bosheit, List, Schwelgerei, Mißgunst, Lästerung, Hoffahrt, Unvernunft. Alle diese bösen Dinge kommen von innen heraus und machen den Menschen unrein.« (Markus 7/21-23)

30. JUNI

Feldzug für die Freiheit

»Darum, wie der Heilige Geist spricht: ›Heute, wenn ihr hören werdet seine Stimme, so verstocket eure Herzen nicht, wie es geschah bei der Verbitterung am Tage der Versuchung in der Wüste‹.« (Hebräer 3/7)

Wenn ihr heute auf seine Stimme hören würdet! Ja, heute am Tag der Gnade wird der Gerufene geprüft, ob er der Stimme seines Schöpfers folgen will. Der Heilige Geist ruft uns zu: *»Heute!«*
Gott hat uns allen einen bestimmten Tag gesetzt; entweder den Tag seiner Gnade oder den Tag seines Gerichtes. Entscheiden müssen wir!
Eine große Glaubenskonferenz war in Frankfurt am Main angesetzt und publik gemacht. Tausende wurden erwartet, darunter ein paar hundert Pastoren und Prediger.
Mich hatte man zum Quartiermeister für diese Pastoren und Gemeindeleiter bestimmt. Natürlich konnte ich sie nicht alle in unserem christlichen Hospiz unterbringen, also rief ich in den Nachbarhotels an und fragte, ob sie noch freie Betten für diese Tage hätten.
Die Besitzerin des besagten Hotels antwortete mir am Telefon: »Ja, mein Haus ist zur Zeit ganz leer.«

»Gut«, antwortete ich, »dann reservieren Sie mir bitte alle Zimmer für die ganze Woche.«
»Oh, das wird nicht gehen, denn die Zimmer sind noch nicht sauber gemacht.«
Ich schlug der Frau vor, ihr einige von unseren Mädchen rüberzuschicken, die dann in den Zimmern »Klar Schiff« machen könnten.
»Ach wie schön«, war ihre Antwort, »ich werde mich dafür auch erkenntlich zeigen.«
So kam es, daß die Hotelbesitzerin zum ersten Mal das ganze Haus voll belegt hatte, und zwar ausschließlich mit Predigern und Missionaren. Natürlich sprach nicht nur einer mit dieser Frau über das uns von Gott angebotene Heil in Jesus Christus, sondern viele nahmen sich ihrer im Gespräch an.
Einer der Prediger kam noch auf die gute Idee zu sagen: »Wissen Sie, wir gehen doch alle gemeinsam aus dem Haus und kommen auch zur gleichen Zeit zurück. Ich schlage vor, Sie schließen das Haus für diese Zeit ab und kommen mit in den Gottesdienst, der Ihnen Wertvolles bieten wird.«
Das Wunder geschah. Schon nach dem ersten Gottesdienst entschied sich diese Frau für Jesus. Sie ging sogar zu einem der Seelsorger, sprach ausführlich mit ihm und betete um Frieden für ihre Seele. Danach besuchte sie alle Gottesdienste und sagte mir voller Freude am Telefon: »Sehen Sie, nun bin ich auch Christ. Ist das nicht schön?«
Als aber diese Glaubenskonferenz vorüber war, alle Prediger ihr Hotel verlassen hatten, blieb es für sie bei diesem einmaligen Erlebnis. Sie besuchte keinen weiteren Gottesdienst mehr.
Als ein Prediger sie besuchte und sie darauf aufmerksam machte, daß sie doch nur den ersten Schritt hin zu Gott gemacht habe, daß aber ihre Seele ständig Nahrung brauche, damit sie in ihrem Glauben wachsen könne, da antwortete sie ihm bedrückt: »Ich kann doch nicht kommen, ich habe kein Personal. Tag und Nacht muß ich im Hause bleiben. Sehen Sie, Herr Pastor, mein Geschäft frißt mich auf!«
Es erging ihr schließlich so, wie der Apostel Jakobus es in treffender Weise niederschrieb:
»Betrügt euch nicht selbst, indem ihr euch dieses Wort nur anhört. Ihr müßt es in die Tat umsetzen! Wer die Botschaft Gottes nur hört, aber danach nicht handelt, ist wie ein Mensch, der in einen Spiegel blickt; er sieht sich, wie er ist und betrachtet sich kurz, aber dann geht er weg und vergißt sofort, wie er aussieht.« (Jakobus 1/22-24 GN)

Mein Geschäft frißt mich auf!

»Den Gottlosen wird das Unglück töten, und die den Gerechten hassen, fallen in Schuld.« (Psalm 34/22)

Wie gesagt, die Glaubenskonferenz war schon einige Wochen vorüber, doch die Inhaberin des »Hotels von nebenan« kam nie in die Gottesdienste der Gemeinde.
»Ja, ja!« sagte die Frau zu dem Seelsorger, der sie noch einmal besuchte. »Das leuchtet mir schon ein, aber sehen Sie doch selbst: Mein Geschäft frißt mich einfach auf, ich muß doch Tag und Nacht im Hotel sein. Falls ich einmal Zeit habe, dann werde ich auch wieder etwas für meine Seele tun.«
David legte seine Zeit in die Hände Gottes: »Ich aber, Herr, hoffe auf dich und spreche: Du bist mein Gott! Meine Zeit steht in deinen Händen.« (Psalm 31/15-16)
In der Betriebsführung des Hotels blieb alles beim alten, die Besitzerin war zeitweilig alles in einer Person: Zimmermädchen, Empfangsdame und Nachtportier.
Einmal rief sie mich belustigt an: »Mir ist gestern etwas ganz Komisches passiert. Wissen Sie, ein Farbiger hat mich in mein eigenes Zimmer eingesperrt, finden Sie das nicht lustig?«
»Nein, keinesfalls«, sagte ich ihr mit Nachdruck, »da wird mir ja selbst als Mann Angst. Schaffen Sie sich doch endlich Personal an«, riet ich ihr.
Es kam, wie es kommen mußte. Eines Tages besuchte mich im Hotel eine ältere Frau und fragte ganz aufgebracht: »Hast du es schon gehört?«
»Was soll ich gehört haben?«
»Was, du weißt es also noch nicht?« fragte sie energisch.
»Ja, was denn nur?«
»Sie haben sie umgebracht! Im Radio brachten sie es auch schon.«
»Wen hat man umgebracht?« fragte ich erschrocken.
Nun, Sie können sich vielleicht denken, wer ermordet worden war. Die Hotelbesitzerin, mit der wir in engem Kontakt standen und die wir auf den Weg zu Jesus bringen wollten.
Wie war das Unglück passiert? Tags zuvor war ein Gast in ihrem Hotel erschienen, der fast nebenbei fragte, wie denn das Geschäft laufe.

»Nicht so gut«, antwortete die Frau ahnungslos, »Sie sind der einzige Gast heute.«
Da er nach einem ruhigen Zimmer verlangte, möglichst ohne Straßenlärm, gab sie ihm ein Zimmer zum Hinterhof.
Nachdem er sich eingerichtet hatte, bat der Unbekannte telefonisch um eine Tasse Tee, die sie ihm bitte aufs Zimmer bringen sollte. Als sie das Zimmer betrat, schlug er sie mit einem Sandsack so lange, bis sie mit zertrümmertem Schädel tot auf dem Boden lag.
Dieser Gast war von einem Handwerker angeheuert worden, der wenige Tage zuvor als Schwarzarbeiter in dem Hotel etwas hatte reparieren müssen. Dabei hatte er viel Geld unter einem großen Haufen schmutziger Wäsche entdeckt, was die beiden sich zu holen gedachten. Der Unbekannte nahm den Hausschlüssel und ging, um den Handwerker, der vor dem Hotel im Auto saß, zu holen. Die Eingangstür fiel ins Schloß. Beide ahnten nicht, daß der vermeintliche Hausschlüssel nur von innen paßte.
So hatte die Hölle ganze Arbeit geleistet, die Geizige schwamm in ihrem eigenen Blut und die geldgierigen Mörder bekamen nicht einen Pfennig.
Sie hatte sich ihr Urteil selbst gesprochen: »Mein Geschäft frißt mich noch auf.«

2. JULI

Das ist überhaupt kein Hotel

»Ich aber traue darauf, daß du so gnädig bist; mein Herz freut sich, daß du so gerne hilfst. Ich will dem Herrn singen, daß er so wohl an mir tut.« (Psalm 13/6)

Eines Tages kam wieder einmal ein uns schon bekannter Gast ins Hotel, der mit polternder Stimme erklärte: »Wissen Sie, das ist überhaupt kein Hotel hier . . .!« Ich war zunächst sehr erschrokken. Es klang so, als wolle er eine Beschwerde anbringen; doch dann fügte er hinzu: »Das hier ist mehr als ein Hotel. So etwas habe ich in der ganzen Welt noch nicht erlebt. Man fühlt sich beinahe wie zu Hause. Wissen Sie, wenn ich so Ihre Zimmermädchen bei der Arbeit singen höre, wenn sie einem fröhlich entgegenlachen . . . Hier herrscht ein Geist, man kann es einfach gar nicht beschreiben.«

Von den Jüngern der ersten Gemeinde in Jerusalem lesen wir, daß man an der Freude sah, daß sie andere Menschen geworden waren. »Ich will dem Herrn singen«, gilt nicht nur bei wohligen Gefühlen. John Philpot († 1555) hatte schon eine Zeitlang im Kohlenkeller des Bischofs von London gefangen gesessen, als der Bischof ihn zu sich befahl und ihn unter anderem fragte, wie er im Gefängnis fröhlich sein könnte.

Philpot antwortete: »Gnädiger Herr, unsere Fröhlichkeit besteht darin, daß wir Psalmen singen, wie uns der Apostel Paulus zu tun heißt; denn wir sind hier an einem finsteren und trostlosen Ort, und da erheitern wir uns auf diese Weise. Darüber werden, hoffe ich, Euer Gnaden nicht zürnen, da doch Jakobus sagt: ›Ist jemand guten Mutes, der singe Psalmen!‹ Und um uns zu beweisen, daß wir uns, bei allem Elend, in Gott freuen, erquicken wir uns mit solchem Gesang.«

Als Johannes Heinze, ein treuer Diener Gottes, auf dem Weg ins Zuchthaus war, weil er christliche Schriften in der DDR verteilt und beim Hausgottesdienst das Evangelium verkündigt hatte, sang er laut auf dem Lastkraftwagen Lob- und Danklieder.

Man hatte ihn und andere zu 5 Jahren Zuchthaus wegen »Verbreitung von religiösen Schriften und Boykotthetze gegen die DDR« verurteilt. Er berichtet darüber: »Alle vier Brüder wurden in einen einzigen Kellerraum gesperrt. Trotz schlechter Luft und Mangel an Bewegungsfreiheit ließen wir uns nicht abhalten, täglich unsere Andacht zu halten und Lob- und Danklieder zur Ehre Gottes zu singen.« (aus »Christusbotschaft unter Stasiterror«)

Schon Philpot schreibt über seinen Gefängnisaufenthalt: »Die Welt wundert sich, daß wir in solch tiefem Elend noch fröhlich sein können. Aber unser Gott ist allmächtig und wandelt Elend in Glückseligkeit. Glaubt mir, die Welt kennt solche Freude nicht, wie Gottes Volk sie unter Christi Kreuz hat; – denn, wenn sie unseren Leib gefangen setzen, so geben sie unserer Seele Freiheit, mit Gott zu verkehren. Wenn sie uns niederwerfen, so richten sie uns auf. Wenn sie uns töten, so helfen sie uns in Wirklichkeit zum ewigen Leben. Was für größere Herrlichkeit kann es geben, als Christus, unserem Haupt, gleich zu werden?

Dies ist der Weg, ob er wohl schwer sein mag, der des Friedens Gottes voll ist und zur ewigen Seligkeit führt.«

Darum: »Werdet voll Geistes. Redet untereinander in Psalmen und Lobgesängen und geistlichen Liedern, singet und spielet dem Herrn in euren Herzen.« (Epheser 5/19)

Mein armes Herz hinieden

»Laß ab vom Bösen und tu Gutes; suche den Frieden und jage ihm nach.« (Psalm 34/15)

Im Hotel geht es zu wie in einem Bienenkorb. Es ist ein Kommen und Gehen. Wir wohnen mit den unterschiedlichsten Menschen für kurze Zeit zusammen: Arme und Reiche, Wissenschaftler, Künstler, Politiker, Vertreter, Handwerker und andere mehr.
Am Empfangstisch liegt ein Gästebuch; manchen bitten wir, etwas hineinzuschreiben; andere tun es von sich aus. Kammersänger, berühmte Schauspieler, Generalmusikdirektoren, Komiker, Dichter und Politiker wohnen gern in der Nähe des Hessischen Rundfunks; deshalb übernachten sie in unserem christlichen Hotel.
Bundeskanzler Willy Brandt schrieb uns auch seinen Dank ins Gästebuch. Mancher verfaßte einen freundlichen Vers.
So steht an einer Stelle der Spruch:
»Mein armes Herz hinieden, von manchem Sturm bewegt,
erlangt den wahren Frieden erst, wenn es nicht mehr schlägt.«
Als ich den Spruch später lese, denke ich: In der Tat, keine begehrenswerte Überzeugung.
Einige Tage später schrieb ein anderer Gast diesen Vers etwas abgeändert:
»Mein armes Herz hinieden, von manchem Sturm bewegt,
erlangte den wahren Frieden, seit es für ›Jesus‹ schlägt.«
Nun ist dieser Reim ins rechte Licht gerückt. Man hört den Meister Jesus Christus seine herrliche Friedensbotschaft verkündigen:
»Den Frieden lasse ich euch, meinen Frieden gebe ich euch. Nicht gebe ich euch, wie die Welt gibt. Euer Herz erschrecke nicht und fürchte sich nicht.« (Johannes 14/27)
Der himmlische Friede ist eine reife Frucht des Heiligen Geistes. Was ist auf Erden wohl lieblicher als der Friede Gottes? »Der Gerechtigkeit Frucht wird Friede sein«, verkündigt Jesaja. Aber gerade diese herrliche Frucht muß gesucht werden, und wenn wir sie gefunden haben, kann sie uns später doch noch durch Unachtsamkeit und Sünde wieder verloren gehen.
Wer den Frieden behalten will, muß ihn sorgsam hüten. Er muß bemüht sein, kein Unrecht zu tun und keinen Menschen sorglos zu verletzen. Ein kluger Mensch wird diesen Frieden auch nicht

wegen irgendeiner Kleinigkeit aufs Spiel setzen, auch wenn er von einem anderen beleidigt wird.
»Selig sind die Friedensstifter, denn sie werden Gottes Kinder heißen.« (Matthäus 5/9)
Es wird nicht ausreichen, wenn wir am jüngsten Tag dem himmlischen Richter erklären, daß wir keine groben Sünden getan und uns mit keiner Ungerechtigkeit eingelassen haben.
Dann wird uns Jesus erklären: »Und der König wird antworten und sagen zu ihnen: Wahrlich, ich sage euch: Was ihr nicht getan habt einem unter diesen Geringsten, das habt ihr mir auch nicht getan.« (Matthäus 25/45) »Gehet hin von mir, ihr Verfluchten, in das ewige Feuer, das bereitet ist dem Teufel und seinen Engeln!« (Matthäus 25/41)
Natürlich: Ein schlechter Friede ist besser als ein guter Krieg, aber das bringt keine Ewigkeitsfrucht.
Nichts fördert unsere Glückseligkeit wirksamer als der Friede Gottes, der durch den Heiligen Geist in uns regieren soll.

4. JULI

Der Tod seiner Heiligen ist kostbar

»Der Tod seiner Heiligen wiegt schwer vor dem Herrn.«
(Psalm 116/15)

»Kostbar ist in den Augen des Herrn der Tod seiner Frommen«, heißt es in einer anderen Übersetzung. Welch eine starke Aussage! Hilke war kaum 20 Jahre alt, als sie sich zum Herrn bekehrte. In ihr brannte das Feuer der Liebe Gottes. Sie gab dem Herrn das Gelübde, ihm in besonderer Weise dienen zu wollen. Doch bald erkrankte sie schwer; sie litt an Multipler Sklerose. In großer Geduld ertrug sie die fortschreitende Lähmung. Bald konnte sie sich nicht mehr aus dem Bett erheben, ihr Augenlicht schwand mehr und mehr. Felsenfest vertraute sie ihrem Erlöser und Erbarmer. Sie glaubte an eine Heilung.
In ihrer Stille betete sie für viele Anliegen der Gemeinde. Sie wurde zu einem betenden Engel in ihrer Gemeinde.
Die Haut ihres Rückens war inzwischen durchgelegen. Als ich sie zum ersten Male sah, lag vor mir eine ausgemergelte Gestalt. Ihr Sehvermögen war nur noch ganz gering. Sie hatte eine Bibel mit

Großbuchstaben. Auf den Text legte sie einen vergrößernden Dreikant. Sie trug eine sehr starke Brille und hielt eine Lupe in der Hand. Sie mußte sich buchstäblich jedes Wort der Heiligen Schrift erkämpfen.
Bei solch einem Anblick legt sich einem der Schmerz und das Mitleid unweigerlich auf das Gesicht.
»Warum blickst du mich denn so traurig an?« sagte sie zu mir und fügte hinzu: »Weißt du, ich hab hier die beste Bibelschule. Jesus ist mir so nah; ich verspüre täglich seine Gegenwart.« Ich hätte bei diesen Worten schreien können. Wie kann ein Mensch bei solch einer schweren Prüfung so zuversichtlich und trostspendend reagieren?
»Wie würde ich mich verhalten?« dachte ich. Der ich trösten wollte, wurde durch ihren Glaubensmut von ihr getröstet.
Wochen später fuhr ich nach Dortmund. Als der Zug neben dem Rhein dahinfuhr, hieß es in mir: »Steig aus! Besuch die Hilke!«
Als ich an der Wohnungstür klingelte, wurde mir zunächst nicht geöffnet. Ich ging um das Haus. Durch ein großes Fenster, das fast bis zur ebenen Erde reichte, sah ich sie wie eine Tote liegen. Ihre Hautfarbe hatte sich verändert – sie sah wie eine ausgemergelte Leiche aus. Ich war erschrocken und lief wieder zur Tür; gerade kam die Mutter und sagte: »Wie schön, daß du kommst. – Ich glaube, mit der Hilke geht es bald zu Ende. Bitte bete doch noch mit ihr.«
Sie brachte mich an ihr Krankenlager. Es dauerte eine geraume Zeit, bis mich Hilke erkannte. Doch dann ging ein sonniges Lächeln über ihr Gesicht: »Wie schön, daß du mich besuchst«, lallte sie so gut sie es noch konnte. Im Gebet bekam ich den Hinweis, sie auf den Heimgang vorzubereiten.
»Hilke, ich komme mit der schönsten Botschaft vom Herrn«, sagte ich. »Bald wirst du in die Herrlichkeit eingehen, in das Reich des ewigen Lichtes, wo keine Tränen, kein Tod, kein Leid noch Geschrei oder Schmerz sein werden ...«
Befreit flüsterte sie: »Oh, Bruder Müller-Bohn, ich danke dir von ganzem Herzen. Du bist der Erste, der diese Möglichkeit ausspricht. Alle verlangen, daß ich glaube und dem Herrn mehr vertraue. Ich bin doch bereit, in den Himmel zu gehen. Ich habe Sehnsucht nach Jerusalem. – Wenn es dort so etwas gibt, dann will ich für dich beten. Du hast mir die schönste Botschaft gebracht.«
Ich legte meine Hände auf sie und betete. Drei Tage später wurde sie heimgerufen.

Ich klage Gott an

»Siehe, das ist der Mann, der nicht auf Gott sein Vertrauen setzte, sondern verließ sich auf seinen großen Reichtum und war mächtig, Schaden zu tun.« (Psalm 52/9)

Eines Tages erscheint ein Mann im Empfangsraum des christlichen Hotels. Obwohl seine Kleider etwas verwahrlost aussehen, erkennt man, daß er einst bessere Zeiten gesehen hat. Er will keine Almosen, sondern sich endlich mal mit einem Menschen aussprechen.

»Wissen Sie, ich klage Gott an!« sagt er verbittert. Dabei erhebt er drohend seine Faust zum Himmel. Dann erzählt er mir mit wenigen Sätzen aus seinem Leben.

»Weshalb klagen Sie denn Gott an?« will ich wissen. »Er hat mir das Allerliebste genommen.« Seine Stimme zittert vor innerer Erregung. »Was war denn Ihr Liebstes?« forsche ich weiter. »Das kann ich Ihnen zeigen.« Dabei holt er seine Brieftasche hervor. Er kramt ein vergilbtes Foto heraus. Eine sehr hübsche Frau lacht dem Betrachter entgegen. Ich kann mir nun denken: Es war seine Frau.

»Die Russen haben sie niedergeschossen, als sie sich nicht vergewaltigen lassen wollte.« Er stöhnt auf. »Meine kleine, süße Tochter haben sie auch erschossen.« Seine Augen werden feucht.

»Ich selbst war 15 Jahre in sowjetischer Kriegsgefangenschaft. Ich mußte im Bergwerk schwer arbeiten. Krank und deprimiert bin ich, aber voller Hoffnung, in die Heimat gekommen; doch dann erfuhr ich von dem entsetzlichen Schicksal meiner Frau und Tochter. Wie konnte Gott so etwas zulassen?«

Was kann man einem so schwer geprüften Mann antworten? Gibt es überhaupt einen Trost für ihn? Recht hilflos stehe ich vor ihm.

»Was waren Sie denn von Beruf, ehe der Krieg ausbrach?« frage ich ihn. Er richtet sich innerlich etwas auf. Mit gewisser Wehmut sagt er: »Ich war Flugkapitän bei der Lufthansa.«

»Oh, dann hatten Sie ja einen Traumberuf. Da ging es Ihnen in dieser Zeit sicher sehr gut?«

»Ja, das kann ich wohl sagen. – Ich hatte eine schöne Villa in Berlin am Wannsee; wir hatten ein Ferienhaus in den Alpen und eines an der Nordsee. Zwei schöne Autos und zwei Reitpferde waren unser ganzer Stolz.«

»Wenn ich Sie richtig verstehe, haben Sie bei diesem herrlichen Leben im Wohlstand und Glück Gott wohl ständig gedankt und sind sonntags immer in die Kirche gegangen, um Gott zu preisen?« wollte ich wissen.
Seine Augen verfinstern sich wieder: »Nein«, sagt er schroff, »von diesem Zauber habe ich nichts gehalten.«
»Einen Augenblick mal, wie bezeichnen Sie die Gottesdienste, einen Zauber? Sagen Sie mal, ist das nicht zwiespältig? Sie stehen hier, erheben drohend Ihre Faust zum Himmel und wollen Gott anklagen, dem Sie nie gedient, dem Sie nie die Ehre gegeben und dem Sie nie gedankt haben? Mit welchem Recht wollen Sie Gott die Schuld an den schweren Schicksalsschlägen geben?«
Es ist immer das gleiche Lied, das der Sünder anstimmt: »Warum läßt Gott das alles zu?«
Im Wohlergehen fragen Menschen nicht nach Gott, sondern Gesundheit, Geld, Häuser, Glück und andere Freuden sind ihre Götzen. Sie rühmen sich ihrer Macht und Stärke, sammeln irdische Güter und verlassen sich auf vergänglichen Reichtum. Weht der Wind ihnen rauh ins Gesicht, wollen sie Gott dafür auf die Anklagebank ziehen. Schicksalsschläge lassen sich dann schwer ertragen.

6. JULI

Angst ist eine fremde Macht

»In der Welt habt ihr Angst; aber seid getrost, ich habe die Welt überwunden.« (Johannes 16/33)

Dieser verbitterte, ehemalige Flugkapitän der Lufthansa war durch einen Zeitungsartikel, den ich verfaßt hatte und in dem ich über das Ausmaß eines möglichen Atomkrieges berichtete, auf mich aufmerksam geworden.
»Wissen Sie«, erklärte er mir, »vor solchen Dingen habe ich eine wahnsinnige Angst. Sie müssen nicht meinen, daß ich ein geborener Angsthase bin«, fügte er schnell hinzu.
Während des Zweiten Weltkrieges war er ein berühmter Kampfflieger, der höchste Tapferkeitsauszeichnungen im Dritten Reich verliehen bekommen hatte. Dann gab er einige Kostproben seines tolldreisten Wagemuts zum besten: Ausführlich und spannend schilderte mir der einstige »Fliegerheld« einen dramatischen Luft-

kampf, den er gewonnen und wie er diesen englischen Piloten aus dem Wasser gerettet hatte.
Plötzlich ergriff dieser einst hochdekorierte Fliegeroffizier meinen Arm und sagt: »Wissen Sie, junger Mann, wodurch ich mein Ritterkreuz mit Eichenlaub und Schwertern bekommen habe? Nur durch übersteigerte Angst, Angst und nochmals Angst. Diese Angst vor dem Tode ließ mich einen sogenannten Heldenmut entwickeln.
Wenn ich in die Maschine stieg, zitterten mir die Knie; wenn der Feind im Visier war, dachte ich immer nur: Du oder ich! Also, im Zustand von Angst feuerte ich, was ich konnte. Wenn ich später die Maschine verließ, zitterten mir noch immer die Knie. Kein Mensch ist fähig, seine Angst vollständig zu beherrschen. Für eine gewisse Zeit läßt sie sich lediglich durch Mut in das Unterbewußtsein verdrängen. Letzten Endes aber ist der Mut auch nur übersteigerte Lebensangst, eine Abwehrreaktion gegen die uns bedrohenden Gewalten.«
Ein bekannter Philosoph schrieb einst: »Die Angst ist eine fremde Macht, die den Menschen aus dem Nichts anfällt. Angst lähmt die Lebensenergie, sie gebiert Krankheit. Angst ist der Preis des Menschen für die Freiheit seiner Entscheidung.«
Jesus Christus bestätigt dies: »In der Welt habt ihr Angst; aber seid getrost, ich habe die Welt überwunden.«
Die Angst war der erste Preis des Menschen für die Sünde. Adam versteckte sich mit seiner Frau hinter den Büschen im Garten Eden. Als Gott ihn findet und befragt, antwortet er: »Ich fürchtete mich, denn ich bin nackt.« Schon hier finden wir die erste negative Veränderung des Schöpfungszweckes am Menschen.
Der erlöste und glaubende Mensch kann sich auf die Verheißung Gottes verlassen.
»Wer unter dem Schirm des Höchsten sitzt und unter dem Schatten des Allmächtigen bleibt, der spricht zu dem Herrn: Meine Zuversicht und meine Burg, mein Gott, auf den ich hoffe.« (Psalm 91/1-2)
Aber auch Gläubige kommen in Furcht und Not, sie haben so manchen Feind, der sie bedroht, doch aus schwierigsten Lagen kann der Herr sie erretten, denn so steht es geschrieben:
»In der Angst rief ich den Herrn an; und der Herr erhörte mich und tröstete mich. Der Herr ist mit mir, darum fürchte ich mich nicht; was können mir Menschen tun? Der Herr ist mit mir, mir zu helfen; und ich werde herabsehen auf meine Feinde. Es ist gut, auf den Herrn vertrauen und nicht sich verlassen auf Menschen.« (Psalm 118/5–8)

Die erste Tote

»Ich liege unter den Toten verlassen, wie die Erschlagenen, die im Grabe liegen, derer du nicht mehr gedenkst und die von deiner Hand geschieden sind.
Du hast mich hinunter in die Grube gelegt, in die Finsternis und in die Tiefe.« (Psalm 88/6-7)

Bei den Hotelgästen hatte das christliche Hospiz einen guten Ruf, so auch bei der Sittenpolizei.
Eines Tages kamen wir in eine besondere Lage. Wir hatten im Hause einen Dauergast; eine Frau von einem ganz »besonderen« Gewerbe. Sie verhielt sich aber in unserem Hause ganz einwandfrei. Sie schlief am Tag, nachts aber ging sie in die Innenstadt »zur Arbeit«. Beim Bezahlen ihrer Wochenrechnung war sie etwas säumig; ansonsten konnte man nichts beanstanden.
Eines Morgens werde ich an die Rezeption gerufen, ich soll schnell kommen, es sei etwas Entsetzliches passiert. Das Zimmermädchen, das für die Säuberung des besagten Zimmers zuständig war, hatte um Hilfe gerufen, die Frau X. habe sich das Leben genommen. Sie läge im Zimmer, die Beine von sich gestreckt. Schnellstens begab ich mich in das Stockwerk, wo das Grauenhafte geschehen sein sollte. Das Zimmermädchen hatte geklopft, aber es war nicht geöffnet worden. Daraufhin blickte sie durch das Schlüsselloch und sah die Beine reglos ausgestreckt und den weiblichen Körper vor dem Bett liegen.
Ich war selbst zu Tode erschrocken, als ich mich nun davon überzeugte. Sofort eilte ich zum Fahrstuhl, um mich in der Rezeption zu beraten. Verzweifelt stand ich in der Telefonzentrale und dachte nach, was als Nächstes zu tun wäre.
Plötzlich kam mir der Gedanke, vielleicht lebt sie noch? Ich ließ in ihrem Zimmer »Sturm läuten«. – Siehe da – das Zimmertelefon wurde abgenommen und ich vernahm die Stimme einer mir gut bekannten Missionarin. Ich stotterte vor Schreck: »Ja, die Zimmermädchen wollen nur das Zimmer säubern.«
Die Empfangsdame, die neben mir saß, sah mich erstaunt an, dann sagte sie seelenruhig: »Ach, ich hatte ja ganz vergessen, dir zu sagen, daß gestern Abend zu später Stunde die Missionarin G. angekommen ist. Unser besagtes Fräulein war ja schon einige Nächte nicht mehr hier, deshalb habe ich schnell das Zimmer

reinigen lassen und die Missionarin dort untergebracht, da alle anderen Betten belegt waren.«
Flink eilte ich hinauf zu dem Zimmermädchen, das gerade dort beschäftigt war; doch da kam auch schon die Missionarin aus dem Zimmer. Später lachte sie dann herzlich über unsere »erste Tote«. Was war passiert? Als das Zimmermädchen durch das Schlüsselloch sah, lag die Missionarin vor ihrem Bett und betete; deshalb sah sie die Beine ausgestreckt und den Körper reglos auf der Erde liegen.
»Du hast mich hinunter in die Grube gelegt, in die Finsternis und in die Tiefe.«
Wie quälend und schmerzhaft muß es für den Psalmisten gewesen sein, wenn Gott ihn doch in das Grab der Verzweiflung sinken läßt, wo ihn schreckliche Finsternis umgibt, ja, wo scheinbar alle Hoffnungen am Erlöschen sind und sich Berge von Kummer und Hoffnungslosigkeit anhäufen. Schwermut kann die Seele völlig lahmlegen. Auch tapfere Männer Gottes haben solche Zustände kennengelernt.
Wir sollen solche Anfechtungen, die auf unsern Bruder und unsere Schwester zukommen, nicht als seelisch überreizte Einbildung abtun, denn Gleiches kann uns auch blitzschnell überfallen.

8. JULI

Der Mörder nach der Tat

»Denn seine Augen sehen auf eines jeden Weg, und er schaut auf alle ihre Schritte. Es gibt keine Finsternis und kein Dunkel, wo sie sich verbergen könnten, die Übeltäter.« (Hiob 34/21-22)

Die schrecklichsten Taten werden meistens im sogenannten Schutz der Dunkelheit ausgeführt. Einbrecher, Diebe, Brandstifter, Triebtäter und Mörder fühlen sich in der finsteren Nacht gewissermaßen sicher; sie meinen, kein menschliches Auge könne ihre Verbrechen sehen. Wenn es sich aber nun bewahrheiten sollte, daß selbst die schwärzeste Nacht ihre Taten wie Lichtbilder aufzeichnet, und zwar mit schärfster Genauigkeit, weil vor Gottes Augen nichts verborgen bleibt; wohin sollen sie fliehen am Tag des Weltgerichts?
Des Nachts erscheint ein stark alkoholisierter Mann im christli-

chen Hotel in Frankfurt und verlangt ein Doppelbettzimmer. Das junge Mädchen, das sich in seiner Begleitung befindet, ist natürlich nicht mit ihm verheiratet. Der Nachtportier, ein treuer Christ, macht ihn darauf aufmerksam, daß er ihm keinesfalls ein Doppelbettzimmer geben kann und das Mädchen nicht bei ihm schlafen darf. Es kommt zu einem hitzigen Wortgefecht; doch schließlich willigt der stark Betrunkene ein. Er bekommt ein Einzelzimmer, das Mädchen verschwindet. Der Betrunkene läßt sich angezogen ins Bett fallen und schläft in mehr als 15 Stunden seinen Rausch aus.

Nach Tagen erscheint die Kriminalpolizei und verlangt das Meldebuch für Übernachtungen. Schnell findet sich der Name des jungen Mannes, der ein brutaler Raubmörder ist. Kurz bevor er ins Hotel kam, hatte er eine Rentnerin in ihrem Bett ermordet und mußte sich mit einer Beute von nicht einmal 100,-- DM begnügen, die er dann mit einer Hure durchbringen wollte. Die Kriminalbeamten lassen sich das Auftreten des Mannes und sein weiteres Verhalten genau beschreiben.

Dann sagt der Kommissar zum Nachtportier: »Wissen Sie auch, daß dieser brutale Raubmörder so schnell zusticht, wie ein anderer seinem Gegenüber die Hand gibt? Sie haben aber einen besonderen Schutzengel gehabt. Daß dieser Mörder sich unter diesen Umständen von dem Mädchen trennen ließ, grenzt an ein Wunder.«

Es gibt keine Finsternis, in der wir uns vor Gott verstecken könnten. Gott sieht ohne Licht genauso gut wie im Hellen; er ist vom irdischen Licht nicht abhängig. Menschen, die meinen, Gott könne sie bei Nacht nicht entdecken, müssen einst erkennen, daß auch die schwärzeste Dunkelheit ihnen keinen Schutz bot in ihrem sündhaften Tun. Auch die Finsternis ist bei Gott so hell wie der Tag.

Er schaut in das vermeintlich Verborgene. Er wird einst alles Verborgene offenbaren. Alle Fehltritte, jedes schuldhafte Verhalten, auch die sogenannten »Kavaliersdelikte« kommen am Tag seiner Offenbarung ans Licht.

Deshalb ruft uns Paulus zu: »Wandelt wie die Kinder des Lichts ... habt nicht Gemeinschaft mit den unfruchtbaren Werken der Finsternis, straft sie vielmehr. Denn was heimlich von ihnen geschieht, das ist schändlich auch nur zu sagen. Das alles aber wird offenbar, wenn's vom Licht gestraft wird; denn alles, was offenbar wird, das ist Licht. Darum heißt es: Wache auf, der du schläfst und stehe auf von den Toten, so wird dich Christus erleuchten.« (Epheser 5/9-14)

Du bist ja noch im Bett

»Aber Jesus rief sie zu sich und sprach: Lasset die Kinder zu mir kommen und wehret ihnen nicht, denn solchen gehört das Reich Gottes. Wahrlich ich sage euch: Wer nicht das Reich Gottes annimmt wie ein Kind, der wird nicht hineinkommen.«
(Lukas 18/16-17)

Wer in das Reich Gottes kommen will, muß den Kindern gleich werden. Ein herausragendes Merkmal bei Kindern ist: Sie sind klein und völlig abhängig von den Eltern, aber sie glauben ihnen ohne Einschränkung.
Wir sollen und müssen unserem himmlischen Vater in gleicher Weise glauben und vertrauen. Unser Zutrauen zu den Verheißungen Gottes sollte uneingeschränkt sein, denn ihm ist kein Ding unmöglich!
Wie unerschütterlich Kinder glauben können, habe ich einst in rührender Weise erfahren.
Eine starke Grippe hatte mich »erwischt«. Mit hohem Fieber mußte ich im Bett liegen bleiben. Am Morgen kam meine dreijährige Tochter zu mir und fragte: »Papa, bist du krank?«
»Ja«, sagte ich, »ich bin sehr krank, ich habe Schmerzen und Fieber.«
»Wer macht dann deine Arbeit im Hotel?« erkundigte sie sich.
»Ach, weißt du, ich habe so tüchtige Mitarbeiter, die können mich jetzt gut vertreten.«
»Da muß ich aber für dich beten, damit du keine Schmerzen mehr hast und bald wieder ins Hotel gehen kannst«, sagte sie mit kindlicher Überzeugung und großer Ernsthaftigkeit. »Der Heiland kann dich ganz schnell gesund machen!«
Von ihrer vertrauensvollen Art war ich ergriffen. Sie legte ihre kleine Hand auf meinen Kopf, das andere Händchen streckte sie empor, so wie sie es in den Gottesdiensten oft gesehen hatte. Dann betete sie: »Lieber Herr Jesus, mach doch meinen Vati ganz schnell wieder gesund, er hat so große Schmerzen und kann auch kein Geld verdienen. Amen!«
Sie wollte mir ein Küßchen geben, aber die Mutti hielt sie zurück und sagte: »Steck dich nicht an, erst muß der Vati gesund werden.«
Nach diesem Gebet begleitete sie die Mutti zum Einkaufen, während ich im Bett einschlief. Nach geraumer Zeit kamen die beiden

zurück. In Sekundenschnelle wurde die Tür des Schlafzimmers geöffnet und sichtlich erschrocken stand meine kleine Tochter an der Schwelle: »Papa!« schrie sie erstaunt, »du liegst ja noch im Bett! Ich habe doch mit dir gebetet!«
Ich wußte, was die Stunde geschlagen hatte. Wie ein ›geölter Blitz‹ sprang ich aus dem Bett: »Ja, du hast recht«, bekannte ich. »Du hast gebetet und wir glauben dem Heiland, daß er den Vati sofort heilen kann.«
Liebe Leser, ich spürte tatsächlich die Kraft Gottes. Nach kurzer Zeit nahm ich das Fieberthermometer, und das Übrige können sie sich gewiß schon denken, – ich war im Augenblick fieberfrei und ging noch am selben Tag ins Hotel, um meine Arbeit zu verrichten.
Kinder haben in ihren glaubensstarken Erwartungen volles Vertrauen zum Vater; ihre Liebe zu ihm ist grenzenlos. Für den Herrn der Herrlichkeit ist dies eine beschlossene Sache, es gibt nur für die einen Platz im Himmelreich, die ein unverfälschtes Vertrauen in alle Zusagen Gottes haben und die dem Herrn glaubensvoll und ohne Zweifel zutrauen, daß ihm alle Dinge möglich sind.
Deshalb mahnt Jesus seine Jünger:
»Wahrlich, ich sage euch: Wenn ihr nicht umkehrt und werdet wie die Kinder, so werdet ihr nicht ins Himmelreich kommen.«

10. JULI

Der gestillte Zorn

»Eine linde Antwort stillt den Zorn, aber ein hartes Wort erregt den Grimm.« (Sprüche 15/1)

Ein christliches Hotel in einer Weltstadt wie Frankfurt am Main zu leiten, bedeutet, im 20. Jahrhundert viel Weisheit und Gnade zu haben.
Wir hatten das Glück, einen einfachen, aber sehr treuen Nachtportier zu haben. Auf ihn war absolut Verlaß. Das ganze Jahr hindurch konnte unser Nachtportier keine Nacht freinehmen, deshalb nahm er dann später zwei Monate hintereinander Urlaub. Für solche Zeiten einen Ersatz zu bekommen, war stets sehr schwer. Meistens waren es Bibelschüler, die ihn vertraten.
Kurz nach Mitternacht klingelte in meiner Dienstwohnung das Telefon. Ich hörte die Stimme eines der beiden Nachtportiers:

Bitte komm! Bitte komm sofort! – Ganz schnell, es ist furchtbar.« – Im Hintergrund vernahm ich tumultartigen Lärm. So schnell ich konnte, zog ich meinen Bademantel über, schlüpfte in die Hausschuhe und fuhr mit dem Fahrstuhl zum Empfangsraum hinauf.
Meine beiden Nachtportiers standen, so groß sie waren, in einer Ecke. Beide überragten mich um Kopfeslänge. Am Schreibtisch saß niemand. In dem kleinen Empfangsraum lief ein Soldat der US-Armee umher. Er war voll wie eine »Strandhaubitze« und brüllte wie ein Stier. Im Vollrausch stieß er alle amerikanischen Flüche aus, die er kannte.
Es sah aus, als bestünde wirklich Lebensgefahr, denn er hantierte in der Tasche mit einem Gegenstand. Die saftigen Kraftausdrücke hallten durch den Raum. Auf der Bank saß ein sogenanntes »blondes Gift« und zeterte: »Schlag sie zusammen, wenn sie uns nicht ins Zimmer lassen. Ich hab im voraus bezahlt, also müssen sie uns einlassen!«
Mit gemischten Gefühlen begab ich mich hinter den Empfangstisch. Wie ein wildgewordener Bulle stürzte der Soldat auf mich zu, spuckte mich an, schlug unverschämt auf die Oberkante des Tresens und machte Anstalten, ein Messer hervorzuziehen.
Inbrünstig betete ich im stillen: »Großer Gott, bitte hilf mir, bitte hilf mir!« Was sollte ich tun? Hätte ich nach dem Telefon gegriffen, wäre der Betrunkene vielleicht über den Tisch gesprungen. Wieder stand er mit glühenden Augen voller Haß und Zorn vor mir. Ich blickte ihn ganz lieb und lächelnd an: »Gott ist gut. – Ja, ja, Gott ist gut!« sagte ich mit sanfter Stimme und lächelte ihn an.
»Rrrrr«, schnaubte der Amerikaner und schüttelte sich wie nach bitterer Medizin. Ganz verdutzt und irgendwie entwaffnet starrte er mich mit seinen vom Alkohol geröteten Augen an. Aber das »blonde Gift« keifte von hinten: »Laß dir nichts gefallen! Die hassen die Schwarzen, deshalb wollen sie uns nicht ins Zimmer lassen!« Wieder stürzte der Uniformierte auf mich zu. Wieder lächelte ich, schaute ihn ganz lieb an und betete unentwegt.
»Gott ist gut! Gott ist sehr gut!« sagte ich mit milder Stimme.
Am Tresen, auf seine kräftigen Arme gestützt, stand er vor mir und schüttelte sich, drehte sich um, nahm das »blonde Gift« am Arm und rief: »Wir gehen, die sind ja alle verrückt!« Augenblicklich waren sie im Fahrstuhl verschwunden.
David rät dringend: »Steh ab vom Zorn und laß den Grimm, entrüste dich nicht, damit du nicht Unrecht tust.«
Deshalb bleibt es eine Weisheit des Herrn: »Eine linde Antwort stillt den Zorn, aber ein hartes Wort erregt den Grimm.«

Gott sieht alles

»Der Herr blickt vom Himmel herab auf die Menschen; von dort aus, wo sein Thron ist, beobachtet er alle, die auf Erden leben. Er hat ihnen Verstand und Willen gegeben und weiß, was sie tun und treiben.« (Psalm 33/13-15 GN)

R X

Vor Jahrzehnten kam eine Frau in die seelsorgerliche Aussprache. Sie konnte mit der jüngsten Vergangenheit ihres Mannes nicht fertig werden. Ihr Mann fuhr täglich mit dem Fahrrad zur Arbeit. Dabei mußte er durch einen Wald fahren.
Eines Morgens kam er schon nach einigen Minuten erschrocken und kreidebleich wieder zurück. Er stürzte in die Wohnung mit den Worten: »O, Frau, es ist etwas ganz Schreckliches, Grauenhaftes passiert! Ich könnte verrückt werden, wenn das bloß keiner gesehen hat.«
»Aber Mann! Was ist denn passiert? So rede doch! Du siehst ja schrecklich aus! Erzähl doch!« rief sie.
Der Mann berichtete, daß er an einer Wegkreuzung eine Bundesstraße überqueren wollte und gerade, als er aus dem Wald herauskam, ein vollbesetzter Kleinbus mit Bauarbeitern daherkam.
Er hatte das Fahrzeug nicht gesehen, der Fahrer bremste stark und riß den Bus herum. Dabei überschlug sich der Wagen und fing Feuer. Zunächst nur an einer Stelle.
»Hast du denn den armen Menschen zu helfen versucht?« fragte die Frau.
»O nein, es war alles so grausam, ich bin einfach davongefahren. Hoffentlich hat mich keiner gesehen!«
»Ach komm, Mann, wir wollen schnell zum Unglücksort fahren und wenn möglich den Überlebenden helfen!«
»Nein, niemals!« brüllte der schockierte Radfahrer. »Der Teufel soll mich holen. Keine zehn Pferde bringen mich jetzt dorthin. Ich kann solch Grauen nicht ertragen!«
Immer wieder wurde der Mann von seiner Frau, aber auch von seinem Gewissen gemahnt, das Unrecht zu bekennen, aber er war dazu nicht bereit. Es hatte mehrere Tote gegeben, wie später bekannt wurde.
Einige Wochen später stand in der Zeitung: »An der gleichen Stelle, wo vor 4 Wochen ein Radfahrer einen schrecklichen Unfall verursacht hatte und Fahrerflucht beging, wurde ein Radfahrer von

einem Lastkraftwagen überrollt. Er war auf der Stelle tot.« Die Frau zeigte mir die Zeitung, die von beiden Unfällen berichtete. »Sie können sich denken, daß es mein Mann war.«
»Wie sollte Gott es wissen? Wie sollte der Höchste etwas merken?« heißt es im Psalm. So töricht denken viele Menschen.
»Weil nicht immer sofort ein Urteil über die bösen Werke ergeht, meinen sie, Gott hätte es nicht gesehen.« (Prediger 8/11)
Wenn Gott mit der Strafe abwartet, verschieben es die Menschen, über ihre Bosheit Buße zu tun. Der Sünder denkt: »Gott hat mich allezeit verschont, er hat seine Geduld bis zur Langmut ausgedehnt, er wird mich gewiß nicht strafen.«
Ja, Gott vertagt manchmal in seiner großen Geduld das Gericht; denn er hat keine Lust am Strafen, sondern daran, daß der Mensch Buße tut und sich von seinem gottlosen Wesen abwendet.
Diese Frau, von der wir eben lasen, hat ihren Mann jahrzehntelang zu Jesus Christus führen wollen, aber er hatte alle Liebesbeweise Gottes abgelehnt.

12. JULI

Da muß ich erst Jesus fragen

»Rühmet seinen heiligen Namen; es freue sich das Herz derer, die den Herrn suchen! Fraget nach dem Herrn und nach seiner Macht, suchet sein Antlitz allezeit.« (Psalm 105/3-4)

Würden wir mehr den Herrn fragen und sein Angesicht suchen, hätten wir mehr Sieg.
Vor Jahrzehnten mußten sich die jungen Männer, die aus Gewissensgründen den Wehrdienst verweigern wollten, noch einer mündlichen Prüfung unterziehen. Von einem Ausschuß befragt, mußten sie die Gründe ihrer Wehrdienstverweigerung nennen. Diese Kommission entschied dann, ob der Antragsteller vom Militärdienst befreit wurde. Der Wehrdienstverweigerer konnte einen geistlichen Beistand mit in die Prüfung nehmen.
Wir hatten einen sehr unangenehmen, zynischen Prüfer in Frankfurt, der die jungen Männer furchtbar in die Enge zu treiben versuchte. Wie sich später herausstellte, war dieser ein »verkrachter Theologe«, der nun seine biblischen Kenntnisse dazu benutzte, nicht etwa dem Prüfling in seinem Gewissenskonflikt zu helfen, sondern ihn noch in Gewissensnot zu bringen.

Als ich wieder einmal einen jungen Mann zur Prüfungskommission begleitete, fragte der Prüfer während der Verhandlung: »Wenn Jesus Christus Ihnen nun den Befehl geben würde, mit dem Gewehr in der Hand auf die Feinde zu schießen, was würden Sie tun?«
Der junge Mann antwortete richtigerweise: »Solchen Befehl würde der Herr Jesus Christus niemals erteilen.«
»Ich habe nicht danach gefragt, ob Jesus Christus solch einen Befehl erteilen würde, ich habe gefragt, wenn Jesus Christus Ihnen diesen Befehl geben würde, auf Feinde zu schießen, würden Sie es tun?«
Der Prüfling wiederholte seine Antwort und setzte noch hinzu, daß so etwas gegen die Worte der Bergpredigt sei. Der Prüfer geriet in Weißglut und schrie ihn laut an: »Ich haue Ihnen gleich die Bibel auf den Kopf. Ich hatte gefragt, wenn Jesus Christus den Befehl erteilen würde, ob Sie dann schießen würden.«
Diese Frage und diese Art und Weise, wie der Prüfer sich gebärdete, waren eigentlich unzulässig; deshalb wollte ich schon in die Verhandlung eingreifen.
Der junge Mann, der Jesus Christus über alles liebte und täglich das Angesicht seines Erlösers suchte, gab jetzt durch die Weisheit des Heiligen Geistes eine herrliche Antwort: »Darüber habe ich überhaupt noch nicht nachgedacht. Diese Frage kann ich Ihnen heute nicht beantworten, da muß ich erst einmal Jesus Christus fragen.«
Mein Herz jubilierte, denn ich wußte, jetzt muß ihn die Kommission vom Wehrdienst befreien; diese Antwort hatte ihm kein geistlicher Beistand vorgesagt, noch stand sie in irgendeinem Buch, das sich mit dem Thema der Wehrdienstverweigerung befaßte.
Die Kommission zog sich zu einer kurzen Beratung zurück, und der Wehrdienstverweigerer wurde anerkannt; denn wer ein solch inniges Leben mit seinem Herrn und Meister führt, der kann gar nicht anders, als solch eine Antwort geben.
Suchen und fragen wir unseren Herrn bei unserer täglichen Andacht so innig? Suchen wir sein Angesicht täglich oder halten wir dem lieben Gott in unseren Gebeten nur eine kleine Ansprache, sagen dann Amen und gehen wieder unsere eigenen Wege? Ist unser geistliches Leben schon im Formalismus erstarrt oder begegnen wir wirklich dem Herrn durch seinen Heiligen Geist?

Gebet im Telegrammstil

»Und wenn ihr betet, sollt ihr nicht viel plappern wie die Heiden; denn sie meinen, sie werden erhört, wenn sie viele Worte machen. Darum sollt ihr ihnen nicht gleichen. Euer Vater weiß, was ihr bedürfet, ehe denn ihr ihn bittet.«

(Matthäus 6/7-8)

In Israel wurde sehr viel gebetet, doch oft aus Routine. Es war den Frommen meist eine »Formsache«. Bei den Gebeten wollten die Pharisäer gesehen werden; deshalb hörte man oft einen religiösen Wortschwall, doch es kam nicht aus dem Herzen.

Nun will Jesus die Menschen auf ein rechtes Beten aufmerksam machen, nämlich das Beten im »Kämmerlein«, also im Verborgenen.

Dabei wollte er das öffentliche Gebet im Gotteshaus keineswegs untersagen oder abwerten; doch zeigt er den wahrhaftigen Betern eine schönere Art für erhörliches Beten.

Viele Christen stehen in der Gefahr, automatisch ihre Gebete herunterzuleiern. Es klingt dann wirklich wie ein heidnisches Plappern.

So erwachen viele Christen des Morgens, eilen aus Zeitmangel ins Badezimmer, duschen, frisieren und cremen sich eiligst ein, setzen sich geschwind an den Frühstückstisch, murmeln ein vielgeübtes Standardgebet herunter, sagen »Amen«, ohne überhaupt an Gott und seine Gnade zu denken, blicken schnell noch in die Morgenzeitung wegen der Sportberichte und meinen, in christlicher Weise den Tag begonnen zu haben.

Bei meinen umfangreichen Reisen wurden oft Kinder zum Tischgebet aufgefordert.

Das klang vielfach so: »Komm, Herr Jesus, sei unser brrrrrr . . . . . Amen!«

Weiter konnte man nichts verstehen. Manchmal dachte ich: Es wäre besser und ehrlicher gewesen, ohne Gebet zu frühstücken, als Gott mit solch einem Zungengeschnalze abzufertigen.

Warum verhalten sich die Menschen so? Ist es Faulheit, Gedankenlosigkeit oder nervtötender Formalismus? Vielleicht meinen solche Christen, das Gebetsleben bestünde auch aus solch einer »Gebetsautomatik«, weil alles so automatisch geht in unserer Zeit. Natürlich richten unsere langen und salbungsvollen Dauergebete

auch nichts aus, wenn es sich dabei um eine jahrzehntelange Gebetslitanei handelt, ohne daß unser Gebet sich mit Gottes Geist vereint und den Geber aller Gaben wirklich anspricht.
Sehr drastisch wurde ich einmal zum rechten Beten erzogen. Eine meiner Töchter bat einst: »Papa, darf ich heute beten?« Sie war noch sehr klein, etwa drei Jahre alt. Meine väterliche Brust schwoll vor Freude und erwartungsvoll sagte ich: »Ja, bitte, bete du.« Wie ein Blitztelegramm schoß es aus ihrem kleinen Mund, indem sie die Augen zusammenkniff, die Hände einige Sekunden zusammenpreßte und begeistert sagte: »Liebe – Amen!« Und schon griff sie nach den köstlichen Speisen, die auf dem Tisch standen. Das war für sie Anfang und Ende eines Gebetes, sie meinte, daß es so genügte.
Sofort hatte ich verstanden. Meine Gebete waren wahrscheinlich zu lang und vielleicht auch zu unverständlich für Kinder. Kürzer und kindlicher wäre besser gewesen. Gott will im Geist und in der Wahrheit angebetet werden.

14. JULI

Heilige Salbung

»Und die Salbung, die ihr von ihm empfangen habt, bleibt in euch, und ihr bedürfet nicht, daß euch jemand lehre; sondern wie euch die Salbung alles lehrt, so ist's wahr und ist keine Lüge, und wie sie euch gelehrt hat, so bleibt in ihm.«

(1. Johannes 2/27)

Der Herr hatte mir erneut Gnade geschenkt. Alle Wege des Ungehorsams, jede Treulosigkeit und Verirrung waren ausgelöscht. Er hatte mein Gebet nach Wiederherstellung vernommen.
In wunderbarer Weise wurde ich in einen Beruf geführt, den ich nie erlernte, den mir der Herr Jesus Christus aber zugedacht hatte. Nun konnte ich als Hotelleiter und Prokurist die Familie ernähren, aber auch gleichzeitig die Botschaft der Erlösung durch den Herrn Jesus Christus weitergeben.
Doch brannte noch immer in mir die Wunde, dem Auftrag des Herrn nicht in der Weise nachkommen zu können, wie es der Berufung entsprach, nämlich meine ganze Zeit zur Verbreitung des Evangeliums in den Dienst Gottes zu stellen.

Als ich auf den Abwegen zur Kunst mein Glück versuchte, klang es mir in den Ohren: »Da dachte ich: Ich will nicht mehr an ihn denken und nicht mehr in seinem Namen predigen. Aber es ward in meinem Herzen wie ein brennendes Feuer, in meinen Gebeinen verschlossen, daß ich es nicht ertragen konnte; ich wäre schier vergangen.« (Jeremia 20/9)
Ich wußte, daß Gott eifersüchtig darüber wachte, ob ich bereit sei, meine ganze Zeit, aber auch meine Gaben und Talente in seinen Dienst zu stellen. Jetzt quälte mich ein anderes Wort der Heiligen Schrift: »Daß ich das Evangelium predige, darf ich mich nicht rühmen; denn ich muß es tun. Und wehe mir, wenn ich das Evangelium nicht predige!«
Da stieß ich auf das heutige Textwort und wußte sofort: Ohne diese besondere Salbung des Heiligen Geistes sollte ich auf keinen Fall anfangen zu predigen.
Nach Monaten des Gebets und der inneren Vorbereitung kam eine wunderschöne Weihestunde, die schönste nach meiner Wiedergeburt und Taufe. Wie ich es mir vom Herrn der Herrlichkeit erbeten hatte, war ich in dieser Stunde ganz allein auf meinem Zimmer. Als ich während eines intensiven Gebets vor Gott auf meinen Knien lag, erschien mir zum ersten Mal in meinem Leben ein sehr einfaches und doch hochbeglückendes Gesicht, nämlich eine durchbohrte Hand. Ich sah nichts weiter als diese blutende Hand. War mein Gebet bis dahin ein inwendiger Herzensschrei, so wurde es jetzt zu einem Jubelgesang, denn ich spürte die Nähe meines Herrn. Ich wußte mich völlig geborgen in seinem Willen.
»Jesus, mein Heiland!« rief ich voller Freude, doch meine Worte waren viel zu schwach, um ihm einen Lobgesang zu bringen. Plötzlich formten meine Lippen und Gottes Geist eine Sprache, die ich vorher nie gekannt hatte. Mit der Salbung kam diese Gabe des Geistes Gottes über mich.
Dieses Erlebnis war so, wie es der bekannte Gottesmann Pastor Elias Schrenk in Wuppertal predigte:
»Wo der Heilige Geist im biblischen Sinne und göttlicher Weise kommt, da gibt es keine nervöse Aufregung, da hat wohl Begeisterung Platz, da ist Feuer, wie wir es zu Pfingsten sehen, aber bei alledem Stille, innere Stille, göttliche Ruhe, Klarheit und Wahrheit; denn es ist der Geist der Wahrheit.«
Dieses Erlebnis war nicht irgendein Mysterium, sondern eine klare geistliche Realität, die mich dann bevollmächtigte, das heilige Wort des lebendigen Gottes zu verkündigen.

Der Bruder Geschäftsführer

»Und sie achteten das köstliche Land gering; sie glaubten seinem Wort nicht und murrten in ihren Zelten; sie gehorchten der Stimme des Herrn nicht.« (Psalm 106/24-25)

Murren hat auch viel von Unglauben und Mißtrauen gegen Gott in sich. Dieser Unglaube war scheinbar schon damals eine ekelhafte israelitische Krankheit. Fortwährend murrte das Volk bei seiner Wüstenwanderung.
So hadern auch wir, Menschen des 20. Jahrhunderts, bei den geringsten Anlässen in angeblicher Trübsal mit Gottes Vorsehung, weil wir den Verheißungen nicht glauben, weil wir nicht bereit sind, uns unter den ewigen Ratschluß Gottes zu beugen.
Einmal hatte ich eine Christin in meinem Auto mitgenommen. Sie fragte mich: »Bist du nicht der Geschäftsführer des christlichen Hotels in Frankfurt?«
»Ja, der bin ich.«
»Ach, das muß doch schön sein. Ich habe gehört, dort sind alle Mitarbeiter gläubig; ist das nicht wie im Himmel, am Arbeitsplatz von lauter Christen umgeben zu sein? Ich dachte schon daran, daß ich auch gern einmal dort arbeiten würde, wo alle dem Heiland nachfolgen.«
Ich dachte bei mir: »Oh, du ahnungsloser Engel! Wenn du wüßtest, wie sich sogar Gläubige um ein kleines Brötchen zanken können, daß ihnen der Kopf rot wird. Wenn dann eine Angestellte zu mir kam und mich erregt ansprach: ›Es geht ja in einem weltlichen Betrieb besser zu‹, sagte ich wiederholt: ›Das mag so scheinen, dort hat sie der Geist der Welt alle im Sack, hier aber versucht euch der Feind gegeneinander auszuspielen. Es ist ja nicht das kleine Brötchen, sondern der Geist, der euch aufhetzt. Ihr wohnt hier Zimmer an Zimmer, Wand an Wand, hautnah beieinander. Wenn ihr euch gegenseitig ertragen lernt, dann seid ihr in der Hochschule Gottes. Ein Sonntagschrist, der nur für ein paar Stunden beim Gottesdienst ein freundliches Gesicht zu machen braucht, hat es da einfacher.‹«
Eines Tages gab ich einer Mitarbeiterin im Hotel eine dringende Anweisung. Da sie aber diese Arbeit nicht verrichten wollte, sagte sie in gereiztem Ton zu mir: »Für mich bist du nichts weiter als der Bruder Geschäftsführer.«

Das bedeutete im Klartext: Du hast mir gar nichts zu sagen! Der Geist Gottes half mir augenblicklich und ich antwortete ihr: »Das ist ja fabelhaft. Ich bin also der Bruder Geschäftsführer! Als Bruder solltest du mich jedoch höher schätzen als dich selbst. So steht es in der Heiligen Schrift, und wenn ich dir dann noch als Geschäftsführer eine Anweisung erteile, sehe ich keine Veranlassung mehr, warum du meine Anordnung nicht ausführen könntest. Geh bitte an deine Arbeit und tue, was ich dir gesagt habe!«
Daß ich das Gotteswort einmal in dieser Weise anwandte, setzte die liebe Christin so in Erstaunen, daß sie schweigend davonging. Später kam sie zu mir ins Büro und entschuldigte sich: »Ich danke dir«, sagte sie, »mir ist das Wort so groß geworden: ›Tut alles ohne Murren.‹«
Die Liebe Christi bringt uns alle wieder zurecht, wenn wir nur wollen. Das Murren ist eine beachtliche Sünde, nicht bloß eine Schwachheit, denn sie beinhaltet meist auch Unglauben, Hochmut, Empörung und ein ganzes Heer von anderen Sünden in sich. Wie oft habe ich mich beim Murren vor Gott und Menschen ertappt. Wenn ich mich aber wieder beugte, weitete sich der Segensstrom wohltuend aus.

16. JULI

Die Liebe ist nicht taktlos

»Dann wandte er sich der Frau zu und sagte zu Simon: ›Du siehst doch diese Frau hier. Als ich in dein Haus kam, war kein Wasser für mich bereitgestellt; sie aber hat meine Füße mit ihren Tränen genetzt und mit ihren Haaren getrocknet. Du hast mir keinen Kuß gegeben; sie aber hat, seitdem ich hereingekommen bin, nicht aufgehört, meine Füße zu küssen. Du hast mir kein Salböl für mein Haar gereicht; sie hat meine Füße mit dem duftenden Öl gesalbt. Darum sage ich dir: Ihr sind viele Sünden vergeben, das sieht man an ihrer großen Liebe. Wem wenig vergeben wird, der liebt auch wenig.‹«

(Lukas 7/44-47 Bruns)

Die Liebe verhält sich nicht taktlos. Wir können das so einmalig an der Art und Weise erkennen, wie Jesus diese Sünderin, aber auch den Pharisäer, behandelt. Er stellt wohl die lieblose Art des

Geistlichen ins öffentliche Licht, versucht ihm aber im rechten Ton das richtige Verhalten in der Liebe Gottes zu erklären. Er zeigt uns die zarte Art der Agape und das taktvolle Verhalten der göttlichen Liebe.

Auch unser Vater im Himmel kennt einen Herzenstakt für seine gefallene Schöpfung. Er redet mit dem verirrten Sünder stets voller Liebe und Barmherzigkeit, er bietet jedem Menschen guten Willens Vergebung und Heilung an.

Wie hart und unbarmherzig dagegen reagieren die »Pharisäer« unserer Tage oft auf die Fehler der Menschen. Die Frau eines Ältesten kommt weinend zu mir in die Seelsorge. Ein Prediger hat zu ihr gesagt: »Das schadet dir gar nichts, wenn du an Brustkrebs stirbst; du kommst sowieso in die Hölle, weil du dir die Haare abgeschnitten hast.«

Im Namen des Herrn habe ich der Frau versichert, daß sie deshalb nie in die Hölle käme, zumal ich wußte, daß sie ein von Liebe erfülltes Gotteskind war, die schon so manche Frucht für das Reich Gottes gebracht hatte. Sie ließ sich die Haare abschneiden, weil sie sich wegen der großen Schmerzen in den Schultern die Haare nicht mehr richtig kämmen konnte. Gott, der Herr, hat sie noch viele Jahre für den Dienst in der Gemeinde leben lassen.

Die Liebe Gottes vermeidet alles, was die Gemeinschaft und den Anstand seiner Kinder untereinander verletzen könnte. Denken wir noch einmal an die Art und Weise, wie Jesus mit Sündern umging.

Er stellt die taktlose Art der Sünder ins öffentliche Licht, dabei wird er aber nicht beleidigend oder verletzend, er spricht sehr beherrscht und liebevoll. Er legt den geistlichen Schaden des Pharisäers offen dar. Er zeigt uns die zarte Art Gottes und das richtige, geistliche Verhalten.

Beachten wir doch das Verhältnis zwischen Jesus und seinem Vater. Er ist ihm gegenüber nie taktlos gewesen. Er ist immer ehrfurchtsvoll mit ihm umgegangen. Als er in Gethsemane seine quälenden Leidensproben zu bestehen hatte, klagte er nicht: »Nun ist's aber genug, Vater! Ich bin ja bereit, in Jerusalem zu sterben, weshalb muß ich denn hier noch diese Qualen leiden?« Nein, er sagte: »Mein Vater, ist's möglich, so gehe dieser Kelch an mir vorüber; doch nicht wie ich will, sondern wie du willst.« (Matthäus 26/39)

Wenn wir die Heilige Schrift studieren, erkennen wir die Demut und die Ehrerbietung Jesu vor seinem himmlischen Vater, aber auch die Ehrfurcht Gottes vor seinem Sohn und dem Heiligen Geist. Hierin besteht das unaussprechliche Geheimnis der Dreieinigkeit, indem alle drei Personen der Gottheit taktvoll und ehrerbietig miteinander umgehen.

17. JULI

Erste Zeltarbeit

»Und ich will dich erretten von dem Volk und von den Heiden, unter welche ich dich sende, aufzutun ihre Augen, daß sie sich bekehren von der Finsternis zu dem Licht und von der Gewalt des Satans zu Gott, um zu empfangen Vergebung der Sünden und das Erbteil samt denen, die geheiligt sind durch den Glauben an mich.« (Apostelgeschichte 26/17-18)

Vor Jahren hatte mich der Herr zum Dienst am Evangelium berufen. Er hatte mich beauftragt, Menschen aus der Finsternis des Unglaubens und der Sünde herauszuführen. Taufrisch stand die Berufung Gottes neu vor mir.

So bat ich meinen Gemeindepastor, der auch mein Vorgesetzter war, um ein Gespräch und teilte ihm mit, daß ich zu einer ganz bestimmten Zeit meine Stellung als Hotelleiter und Prokurist niederlegen werde, um das Evangelium zu verkündigen. Er war von dieser Absicht nicht erbaut und meinte, ich könnte doch auch das Wort Gottes nebenbei, außerhalb meines Berufes verkündigen.

Als ich aber darauf beharrte und ihm ausdrücklich von meiner Berufung berichtete, schlug er vor, daß diese Berufung sich aber erst bestätigen müsse.

Es wurde eine neue Gemeindearbeit geplant, bei der ich den Zeltpredigtdienst übernehmen sollte. Man wollte diesen evangelistischen Dienst als Prüfstein für meine Befähigung und Berufung gebrauchen, was mir später ein Ältester der Gemeinde bekannte.

Noch immer trug ich die volle Verantwortung für das Hotel.

Das Missionszelt stand an einem ziemlich verrufenen Platz. Zunächst war nur ein Drittel der Stühle besetzt. Doch bald sprach es sich herum, daß hier das Wort Gottes verkündigt würde, so daß die Besucherzahl von Abend zu Abend stieg.

Es kamen Menschen, die sonst in dunkelster Finsternis lebten: Dirnen, Zuhälter und Alkoholiker. Einige bekehrten sich von der Gewalt des Satans zu Gott. Bei dieser »Probearbeit« wurde mir vieles klar.

Ich wußte, daß es Gottes Wille ist, daß sich die Menschen von ganzem Herzen bekehren, um in sein volles Licht zu gelangen. Die Frucht echter Umkehr ist die Vergebung der Sünden und der Beginn eines neuen Lebens unter Gottes Barmherzigkeit.
Es geht bei einer Bekehrung nicht nur um einzelne Taten, mit denen der Mensch dieses oder jenes Vergehen wieder gutzumachen versucht, sondern um eine ganz neue Stellung des Menschen zu Gott und dessen Willen, die dann alle Bereiche seines Lebens umfaßt.
Bekehrung ist die radikale, einmalige Umkehr des Menschen zu Gott als seine Antwort auf Gottes Ruf und die Wirkungen des Heiligen Geistes, die uns zum Vater ziehen. Wir können sonst mit Engelszungen reden und unsere Predigten mit viel Überzeugungskünsten würzen, wenn der Heilige Geist nicht die Herzenstür öffnet, ist alle Redekunst vergeblich.
Bald war das Zelt bis auf den letzten Platz besetzt. Der Pastor der Gemeinde erklärte den Ältesten: »Wir dürfen ihn vom evangelistischen Dienst nicht zurückhalten; Gott hat sich sichtbar zu seinem Dienst bekannt, deshalb müssen wir ihn ziehen lassen.«
Für mich aber galt das Wort der Schrift: »Denn daß ich das Evangelium predige, darf ich mich nicht rühmen; denn ich muß es tun. Und wehe mir, wenn ich das Evangelium nicht predigte!« (1. Korinther 9/16)

18. JULI

Fürchte dich nicht, glaube nur

»Darum werfet euer Vertrauen nicht weg, welches eine große Belohnung hat. Geduld aber ist euch not, auf daß ihr den Willen Gottes tut und das Verheißene empfangt.«

(Hebräer 10/35-36)

In der Vorbereitungszeit zum missionarischen Dienst gab der Herr mir einen Auftrag, das Evangelium den Menschen auch durch evangelistische Filme nahezubringen. Nachdem ich alle bürgerlichen Sicherheiten hinter mich gelassen hatte, begann ich mit den Vorbereitungen zur Herstellung christlicher Filme. Textbücher mußten geschrieben werden; eine gute Kamera mit dem nötigen

Zubehör: Filmmaterial, die Vorführanlage, Projektor, Leinwand, Lautsprecher und viele andere Dinge mußten gekauft werden.
Für einen umfangreichen Dokumentarfilm konnte ich aus den verschiedensten Archiven historische Dokumente zu hohen Lizenzgebühren kaufen. Alles in allem ergab sich eine große Summe.
Durch Gottes Güte und Gnade flossen mir von verschiedenen Seiten die nötigen Mittel zu; doch eine Rechnung über eine beachtliche Summe war noch offen.
Nach einer gewissen Zeit kam von einer Firma ein Schreiben mit dem Hinweis, daß das Geld bis zu einem bestimmten Termin bezahlt sein müsse, da man sonst das Geld gerichtlich einklagen werde. Telefonisch unterrichtete mich meine Frau darüber mit dem Hinweis, so schnell wie möglich in der Sache etwas zu unternehmen, um die beachtliche Summe herbeizuschaffen.
Zu dieser Zeit diente ich in einer größeren Gemeinde in Norddeutschland. Ich beugte meine Knie und flehte zum Herrn. Innerlich wurde mir die Stimme des Herrn offenbar: »Fürchte dich nicht, glaube nur!«
Für meine Frau war das eine fast unerträgliche Herausforderung, als ich ihr dies mitteilte, denn sie hatte das Schreiben ständig vor Augen. Die Spannung wuchs von Tag zu Tag.
Aber einen Tag bevor die Zahlung fällig war, kam der Briefträger und brachte durch eine Geldanweisung die geforderte Summe auf Heller und Pfennig von einer Christin, der ich noch nie begegnet war und die von meiner Notsituation absolut nichts wußte. Während ihrer Morgenandacht bekam diese Frau vom Herrn die Anweisung, mir das Geld zu schicken. Auf der Rückseite der Geldanweisung stand geschrieben: »Lieber Bruder, der Herr hat mir im Gebet gezeigt, daß du dieses Geld bitter nötig hast und in seinem Namen übersende ich es dir. Der Herr segne dich!«
Natürlich besuchte ich diese Schwester in Christus und dachte, sie wäre vielleicht eine reiche Witwe oder sonst sehr wohlhabend. Ganz erschrocken war ich, als ich in ihrer kleinen, sehr bescheidenen Dachwohnung saß, ja, ich muß sagen, ich bekam fast Gewissensbisse, das Geld angenommen zu haben und sagte ihr das dann auch.
Dann erzählte sie mir von einem noch größeren Wunder, das sie erlebte, nachdem sie das Geld abgesandt hatte. Sie bekam von der Behörde die Aufforderung, wegen ihrer Rente vorstellig zu werden. Der Beamte eröffnete ihr, daß er bei der Durchsicht ihrer Akte feststellen mußte, daß sie zu wenig Rente bekam und er alles noch einmal überprüfen müsse.

Wer die vielen Unterlagen vom Rentenamt kennt, wird zugeben, daß es sich hier um einen außerordentlichen Fall handelte. Die arme Witwe bekam bei der Nachzahlung zehnmal soviel erstattet, wie sie mir überwiesen hatte.

19. JULI

Es ist gut, daß du gekommen bist

»Da sandte ich alsbald zu dir; du hast wohlgetan, daß du gekommen bist. Nun sind wir alle hier gegenwärtig vor Gott, zu hören alles, was dir von dem Herrn befohlen ist. Petrus aber tat seinen Mund auf und sprach: Nun erfahre ich in Wahrheit, daß Gott die Person nicht ansieht; sondern in jeglichem Volk, wer ihn fürchtet und recht tut, der ist ihm angenehm.«

(Apostelgeschichte 10/33-35)

Wir würden heute eine solche Zusammenkunft einen Hauskreis nennen. Da ich mich auch in einer »Hausversammlung« zu Christus bekehrt habe, weiß ich sehr gut, wie segensreich und eindrucksvoll ein solcher Gottesdienst sein kann. Deshalb habe ich damals dem Herrn gelobt, niemals eine solch kleine Versammlung gering zu achten.

Während der Zeltarbeit in einer norddeutschen Großstadt kam eine Frau zum Glauben. Sie wurde von der Kraft des Heiligen Geistes so erfaßt, daß sie am liebsten ihre gesamte Nachbarschaft zu Jesus gebracht hätte, aber jeder hatte eine Entschuldigung. Keiner war bereit, ins Missionszelt zu kommen.

Eines Abends, nach Beendigung des Zeltgottesdienstes, bittet mich die Frau, in ihre Wohnung zu kommen. Ich biete ihr an, doch im Gesprächszelt mit mir über ihr Anliegen zu reden.

Schnell schicke ich im stillen ein Gebet zum Herrn, und in meinem Herzen klingt die Stimme des Heiligen Geistes: »Ja, geh in das Haus dieser Frau!«

»Gut«, sage ich, »also ich komme morgen Nachmittag zu Ihnen. Aber ich trinke keinen Kaffee und esse auch keinen Kuchen, weil ich das nicht vertrage.«

Als ich am nächsten Tag die Wohnung betrete, bietet sich mir ein seltsames Bild. Offenbar hat diese Frau ihren gesamten Kleiderschrank ausgeräumt, denn an der Garderobe hängen Mäntel, Jak-

ken und Tücher übereinander. Aus dem Zimmer vernehme ich ein reges Stimmengewirr.
»Es ist gut, daß du gekommen bist!« sagt die Frau und bittet mich, näherzutreten. Zu meinem großen Erstaunen muß ich feststellen, daß in dem Wohnzimmer 12–15 Menschen versammelt sind.
Zu ihren Nachbarn und Freunden sagt meine Gastgeberin: »So, hier ist der Evangelist, von dem ich euch schon erzählt habe. Ihr wolltet ja nicht in das Zelt kommen, deshalb habe ich den Mann herkommen lassen«, und an mich gewandt, fordert sie mich auf: »Nun predigen Sie uns bitte und bekehren Sie diese Leute hier!«
Zum Glück hatte ich mich schon auf den Abendgottesdienst vorbereitet. Ich hatte die Bibel bei mir und benutzte das Thema und die Bibelstellen, um der kleinen »Hausgemeinde« das Wort zu verkündigen.
Einige Zuhörer bekehrten sich gleich an diesem Nachmittag zum Glauben an Jesus Christus. Sie wurden später in die Gemeinde aufgenommen und folgten dem Herrn nach.
Die Liebe macht erfinderisch. Da diese Menschen nie der Einladung zum Besuch eines Zeltgottesdienstes gefolgt wären, lud die frisch bekehrte Frau sie kurzerhand in ihre Wohnung zu einem Kaffeekränzchen ein. Sie hatte den festen Glauben, daß diese Menschen sich auch in dieser Umgebung zu Christus bekehren könnten.
Ob unsere Liebe zu den noch nicht geretteten Nachbarn und Bekannten auch so erfinderisch ist, um die Verlorenen zum Evangelium zu führen? Nutzen wir alle Gelegenheiten, um den Menschen das Reich Gottes nahezubringen?

20. JULI

Auch in Trübsal loben und danken

»Haben wir aber Trübsal, so geschieht es euch zu Trost und Heil. Haben wir Trost, so geschieht es zu eurem Trost, welcher sich wirksam erweist, wenn ihr leidet mit Geduld dieselben Leiden, die auch wir leiden.« (2. Korinther 1/6)

Vor Jahrzehnten besuchte ich des öfteren eine glaubensvolle Schwester, die seit über 17 Jahren querschnittsgelähmt war. Sie war nach einem Gottesdienst von einem betrunkenen Autofahrer angefahren worden und danach von den Hüften abwärts bis zu den

Füßen völlig gelähmt, aber sie sprühte vor Fröhlichkeit: »Wir wollen den Herrn loben und preisen, denn er ist so hilfreich und gut zu uns!«

Nie kam in meiner Gegenwart ein Wort des Leidens, Klagens oder einer Resignation über ihre Lippen. Im Gegenteil, sie hatte Worte des Trostes und einer unerschütterlichen Hoffnung, allezeit bereit zu sein. Sie war eine Christin voll Glaubens.

Nun gibt es bekanntlich Menschen, die behaupten, wahre Christen müßten durch ihren Glauben gesund werden, sonst stimme etwas in ihrem Leben nicht. Diese Christin hatte uneingeschränkten Glauben.

Wer wollte sie richten? Wer hat die dreiste Stirn, ihr den wahren Glauben abzusprechen? Die Menschen, die solches tun, haben ihr eigenes Urteil schon gesprochen, denn: »Richtet nicht, auf daß ihr nicht gerichtet werdet.«

Gott benutzt solche Leidenswege und schmerzerfüllten Zustände, um andere zu trösten. Wer hat je seine Trübsal als »Trost und Heil für die Gemeinde« angesehen, wie es kein Geringerer als der Apostel Paulus einst schrieb?

So, wie ein genialer Bildhauer durch kräftige Schläge mit Hammer und Meißel oft die schönsten Kunstwerke schafft, so läßt Gott, der Herr, auch bekannte Männer Gottes durch Krankheit und Leiden zum größten Segen für Millionen von Menschen werden.

Denken wir an Paul Gerhardt, Gerhard Tersteegen, Jakob Vetter, um nur einige bekannte Namen von Tausenden zu nennen. Sie haben erkannt, daß ihre körperliche Schwäche die Abhängigkeit von ihrem Herrn und Meister Jesus Christus nur noch vertieft. Jesus ist es, der für den nächsten Tag, ja für die nächste Stunde die notwendige Kraft schenkt.

Je schwächer sie sich fühlten, desto mehr verließen sie sich auf ihren Herrn. Je mehr sie sich auf ihn verließen, desto segensreicher und stärker wurde ihr Glaube und das Vertrauen der anderen, die sie als die Überwinder sahen in ihrem elenden Zustand.

Auch wenn ihr Körper immer kraftloser wurde, lebten sie mit ihrem »Pfahl im Fleisch« und blieben dabei sanftmütig und geduldig.

Sie hatten ein Herz voller Liebe zu anderen Menschen. Oftmals wurden Kranke durch ihr Gebet geheilt, sie aber blieben in ihrem Zustand treu und glaubensvoll bis an ihr Lebensende. Indem sie nicht murrten, wurden sie für die anderen zum großen Segen. Gottes Geist beseelte sie und führte sie zum Sieg. Ihre Seelen wurden in dieser Art der Heiligung geläutert, auch wenn die Gesundung ihrer Körper ausblieb.

Befreiung vom Zaubergeist

»Wenn du in das Land kommst, das dir der Herr, dein Gott, geben wird, so sollst du nicht lernen, die Greuel dieser Völker zu tun, daß nicht jemand unter dir gefunden werde, der seinen Sohn oder seine Tochter durchs Feuer gehen läßt oder Wahrsagerei, Hellseherei, geheime Künste oder Zauberei treibt oder Bannungen oder Geisterbeschwörerungen oder Zeichendeuterei vornimmt oder der die Toten befragt. Denn wer das tut, der ist dem Herrn ein Greuel, und um solcher Greuel willen vertreibt der Herr, dein Gott, die Völker vor dir.«

(5. Mose 18/9-12)

In einer meiner ersten Evangelisationen im Ausland kam ein junger Mann zum Glauben. Abend für Abend besuchte er die Gottesdienste. Er ließ mit sich beten und war bereit, sein Leben dem Herrn Jesus Christus auszuliefern. An einem Tage wurde ich innerlich gemahnt, über das besagte Thema zu sprechen. Während ich mich auf den Gottesdienst vorbereitete, entspann sich in mir ein hitziger Kampf. Irgendeine Stimme wollte mir einflüstern: Sprich doch über ein besseres Thema. Es sind doch so aufgeklärte Menschen in dieser Stadt, sie werden dich auslachen, wenn du ihnen etwas über Aberglauben, Horoskope, Wahrsagerei und Spiritismus predigst. Das war doch üblich im Mittelalter, heute lächeln die Menschen über solche Machenschaften.

Da ich aber innerlich hin- und hergerissen war, begann ich noch während der Predigt erneut zu beten.

Der junge Mann, dessen Gesicht von Abend zu Abend freudevoller geworden war, setzte plötzlich eine zynische Maske auf, daß ich ihn nicht mehr anschauen mochte. So bald wie möglich beendete ich die Predigt und verabschiedete die Zuhörer. Da holte mich der Pastor der Gemeinde: »Im Ausspracheraum wartet noch jemand auf dich, der dich zu sprechen wünscht!«

Es war der junge Mann, dessen Blicke mich während der Predigt so irritiert hatten. Anfänglich schwieg er beharrlich. Immer wieder ermunterte ich ihn, doch sein Anliegen vorzubringen. Doch dann erzählte er aus seiner Jugendzeit. Als Waise wurde er von der Großmutter aufgezogen. Sie war eine Spiritistin, die ihn schon in jungen Jahren besprochen und seine Seele dem Teufel übergeben hatte. Sie weihte ihn in alle finsteren Praktiken der Zaubereisün-

den ein. Als er ins heiratsfähige Alter kam, warnte sie ihn, daß eine Ehe ihm nur Unglück bringen würde. Er hatte aber schon einem Mädchen die Ehe versprochen.
Einen Tag nach der Hochzeit verunglückte seine Frau tödlich bei einem schrecklichen Verkehrsunfall. Die Prophezeiung der Spiritistin war in Erfüllung gegangen. Später starb die Großmutter. Der junge Mann wurde völlig haltlos und geriet in viele Sünden. Darüber hinaus bekam er schwere Asthmaanfälle; er konnte nur wenige Stufen steigen, dann mußte er ganz erschöpft stehen bleiben und nach Luft schnappen. Jetzt bat er um ein Befreiungsgebet. Ein Wunder der vollkommenen Befreiung geschah, voller Freude und mit einem gereinigten Gewissen ging er nach Hause.
Einige Tage später kam er etwas verspätet zum Gottesdienst. Als er im Gemeinderaum war, rief er: »Bitte, Herr Pastor, hören Sie mal auf zu predigen! Ich muß hier etwas sagen . . .!« dabei kam er forsch zur Kanzel. Dort stand er und holte laufend tief Atem: »Sehen Sie? Hören Sie? Ich bin vollkommen gesund! Das Asthma ist verschwunden, ich bin gesund, ich bin ganz heil!«

22. JULI

Stunde der Weltversuchung

»Weil du bewahrt hast das Wort von meiner Geduld, will ich auch dich bewahren vor der Stunde der Versuchung, die kommen wird über den ganzen Weltkreis, zu versuchen, die da wohnen auf Erden. Siehe, ich komme bald; halte, was du hast, daß niemand deine Krone nehme!«

(Offenbarung 3/10-11)

»Stunde der Weltversuchung« war der Titel meines ersten Buches, das schon seit längerer Zeit vergriffen ist. Es wäre mir nie in den Sinn gekommen, ein Buch zu schreiben, doch Gottes Führungen sind oft wunderbar und erscheinen uns zunächst als unmöglich.
Mit der Entstehung des Buches hatte es folgende Bewandtnis: Während einer Evangelisation in Holland hatte ich eines Nachts einen besonderen Traum, der mich sehr nachdenklich stimmte.
Der Inhalt des Traumes war eine prophetische Schau in die Zukunft, und zwar in die Zeit der Wiederkunft Jesu Christi, aber auch in die Zeit der Trübsale im antichristlichen Weltreich, in welchem

die entschiedenen Christen viel Verfolgung und Tod erleiden müßten. Ich sah die Bemühungen der Großen um eine Weltfriedenskirche, in der sowohl Christen als auch Nichtchristen vereinigt sein sollten. Alle aber, die nicht dieser Kirche beitreten wollten, wurden zu »Weltfriedensschädlingen« erklärt und mußten unvorstellbare Verfolgungen erleiden.

Als ich erwachte, dachte ich über das Geschaute nach und meinte, es als ein Reden Gottes verstehen zu können. Deshalb stand ich auf und begann, das Geträumte niederzuschreiben, eigentlich nur mit dem Vorsatz, mich an die Einzelheiten erinnern zu können. Es sollte kein Buch werden, aber beim Schreiben entstand so nach und nach ein geistlicher Zeitspiegel, der mich veranlaßte, ihn zu veröffentlichen unter dem Titel »Stunde der Weltversuchung«.

Träume können die unterschiedlichsten Inhalte haben, aber es gibt Träume, von denen weiß man sofort, daß sie ein Reden Gottes bedeuten.

Nicht umsonst wurde uns das Wort des Propheten Joel über die endzeitlichen Entwicklungen gegeben:

»Und nach diesem will ich meinen Geist ausgießen über alles Fleisch, und eure Söhne und Töchter sollen weissagen, eure Alten sollen Träume haben, und eure Jünglinge sollen Gesichte sehen.« (Joel 3/1)

Mit diesem apokalyptischen Bild wurde dem Volk Israel die Ankündigung über die Ausgießung des Heiligen Geistes gegeben, was zu Pfingsten in Jerusalem in Erfüllung ging.

In der Bibel lesen wir :

»Denn ihr wisset genau, daß der Tag des Herrn wird kommen wie ein Dieb in der Nacht. Wenn sie sagen werden: Es ist Friede, es hat keine Gefahr, dann wird sie das Verderben schnell überfallen gleichwie der Schmerz ein schwangeres Weib, und werden nicht entfliehen. Ihr aber, liebe Brüder, seid nicht in der Finsternis, daß der Tag wie ein Dieb über euch komme. Denn ihr alle seid Kinder des Lichtes und Kinder des Tages. Wir sind nicht von der Nacht noch von der Finsternis! So lasset uns nun nicht schlafen wie die andern, sondern lasset uns wachen und nüchtern sein.« (1. Thessalonicher 5/2-6)

Wirklich? – Können wir das von uns behaupten? Wir sollen und dürfen den Zeitpunkt der Wiederkunft des Herrn nicht berechnen. Der Herr kommt unerwartet, für viele wie ein Dieb in der Nacht, deshalb sollen wir uns gegenseitig ermuntern und ermahnen, allezeit für die Ankunft des Herrn Jesus Christus bereit zu sein.

Sie ist krank, nicht ich!

»Weh euch, Schriftgelehrte und Pharisäer, ihr Heuchler, die ihr das Himmelreich zuschließt vor den Menschen! Ihr geht nicht hinein, und die hinein wollen, laßt ihr nicht hinein.«
(Matthäus 23/13)

Während einer Evangelisation kommt nach dem Gottesdienst ein älterer und gebildeter Herr zu einem seelsorgerlichen Gespräch. Er will sich zum lebendigen Gott bekehren und ist gewillt, sein Leben vertrauensvoll unter die Führung Gottes zu stellen. Nach einem aufrichtigen Gebet findet er Frieden mit Gott und ist, wie er bekundet, augenblicklich von dem Bewußtsein durchdrungen: Ich bin von neuem geboren!
Das war offenbar bisher nicht der Fall. Ich frage nach seinem Beruf, weil seine Art, sich auszudrücken, darauf schließen läßt, daß er mit dem Inhalt der Bibel gut vertraut ist.
»Ich bin Pfarrer«, antwortet er.
»Oh, das ist aber schön«, sage ich, »nun haben Sie doch das Heil und den Frieden erlebt.«
»Es war höchste Zeit«, stöhnte er, »aber was wird aus den Menschen, denen ich jahrzehntelang ein unvollständiges Evangelium gepredigt habe?«
Später berichtet er öffentlich vor der großen Versammlung im Zelt, wie sein Leben bisher verlaufen war: »Ich habe Theologie studiert, aber ich habe nicht an die Auferstehung Jesu geglaubt. Ich habe die Menschen nie in die direkte Verbindung zu Jesus gebracht, obwohl ich ein überwältigendes Wunder Gottes erlebt hatte. Meine Frau erkrankte damals an der sogenannten ›galoppierenden Schwindsucht‹. Die Ärzte hatten sie aufgegeben. In dieser Zeit gab ich an einer Oberschule Religionsunterricht. Ein gläubiger Studienrat hörte von meiner Not und riet mir, einmal nach Möttlingen in die Arche zu gehen, dort wäre Pastor Stanger, der für Kranke bete, die oft wieder gesund werden. Nun glaubte ich ja an solche Sachen nicht; doch die Not war groß und ich dachte: Schaden kann es ja nicht. Wir fuhren nach Möttlingen. In einem besonderen Zimmer saßen schon mehrere Menschen und warteten auf den Vater Stanger, der nach einiger Zeit kam. Vor uns saß eine ältere Frau, die eine hochgradige Rückgratverkrümmung hatte. Sie konnte den Oberkörper beim

Laufen nicht höher als einen Meter von der Erde aufrichten.
Vater Stanger fragte, ob sie irgendwelche Sünden begangen habe. ›Erst mußt du in der Seele rein sein, dann kann ich für dich beten!‹ sagte er. Beim Gebet legte er seine Hand auf den Rücken der Frau, die andere hob er zum Himmel und betete: ›Vater, du hast mich so oft schon erhört und hast durch deinen Sohn Jesus Christus herrliche Wunder vollbracht. Erweise dich auch jetzt als Arzt und Heiland.‹ Plötzlich rief die Frau: ›Vater Stanger, es läuft mir ganz heiß über den Rücken!‹ – ›Dann hoch mit dir! Steh auf!‹ rief der Mann Gottes. Im Nu erhob sie sich und stand kerzengerade wie ein Zinnsoldat. Ich kam aus dem Staunen nicht heraus.
Dann fragte Vater Stanger mich: ›Hast du Sünde?‹ Ich antwortete blitzschnell: ›Sie ist krank, nicht ich‹, und zeigte auf meine Frau. ›Was bist du denn von Beruf?‹ wollte er wissen. Nachdem ich es ihm gesagt hatte, redete er mit meiner Frau und sie war von Stund an gesund. – Doch zum lebendigen Glauben bin ich dadurch noch nicht gekommen. Erst jetzt, nach Jahrzehnten, habe ich es erlebt. Eigentlich hätte ich mein Leben nach diesem sichtbaren Wunder Gottes ändern müssen, doch es blieb alles beim Alten.«

24. JULI

Sagten Sie Auerhahn?

»Ich glaube, auch wenn ich sage: Ich werde sehr geplagt. Ich sprach in meinem Zagen: Alle Menschen sind Lügner.«
(Psalm 116/10-11)

Wie schockierend müssen diese Worte Jesu auf die Menschen gewirkt haben, als er den religiösen, rechtschaffenen Menschen seiner Zeit auf den Kopf zusagte: »Ihr habt den Teufel zum Vater und nach eures Vaters Gelüste wollt ihr tun. Der ist ein Mörder von Anfang an und steht nicht in der Wahrheit; denn die Wahrheit ist nicht in ihm. Wenn er die Lüge redet, so redet er von seinem Eigenen; denn er ist ein Lügner und der Vater der Lüge.« (Johannes 8/44)
An einem freien Tag, während einer Zeltevangelisationsarbeit in der Lüneburger Heide, machten wir einen Ausflug in das weitbekannte, herrliche Naturschutzgebiet. Es war ein sonnenreicher Tag. Nach längerem Fußmarsch kehrten wir zum Mittag in ein

Restaurant ein. An den Wänden des Gastzimmers hingen Jagdtrophäen aus dem Heidegebiet; darunter befand sich auch ein phantastisches Exemplar des fast ausgestorbenen Auerhahns. Mit etwas kräftiger Stimme sagte ich: »Solch einen Auerhahn habe ich schon in der Schweiz in freier Wildbahn gesehen.«
Kaum hatte ich das gesagt, als sich ein stark alkoholisierter Gast vom Nebentisch erhob, auf mich zuwankte und fragte: »Sagten Sie Auerhahn?« – »Ja, ich sagte Auerhahn.«
»Sind sie Jäger?« wollte er wissen.
»Nein«, antwortete ich, »ich bin Fischer!«
»Ach so, Sie angeln?«
»Ja, aber nicht wie Sie denken, ich bin nämlich Menschenfischer.«
Mit aller Kraft versuchte der Mann, sein Weinglas, das er in der linken Hand hielt, gerade zu halten. Er fragte den Gemeindepastor, der neben mir saß: »Was sind Sie denn?«
»Ich bin auch ein Menschenfischer«, lachte dieser.
Jetzt blickte er den Dritten im Bunde an: »Und Sie? Was sind Sie?«
»Ich bin auch Menschenfischer«, sagte der zweite Gemeindepastor.
»Großer Gott«, sagte der Angetrunkene, »dann hänge ich wohl schon an der Angel?«
»Nein, nein«, antwortete ich, »setzen Sie sich doch erst einmal. Weshalb haben Sie denn soviel getrunken?«
Der Fremde merkte, daß er es mit Frommen zu tun hatte; deshalb zeigte er sich von der religiösen Seite.
»Wissen Sie, ich bin ein ganz ehrlicher Mensch. – Ich sage immer die Wahrheit! Wenn ich meine Frau betrogen habe, sage ich: Ich habe mit einer anderen geschlafen . . . Ich bin ganz ehrlich . . .«
Eine Sünde nach der anderen zählte er auf. »Alles sage ich ganz ehrlich«, und meinte, seine »Ehrlichkeit« würde uns beeindrukken.
Im stillen betete ich: »Herr, zeige doch diesem Menschen, wie verlogen er ist und hilf mir, es ihm zu offenbaren.«
Da er unter anderem erwähnte, er sei Bauunternehmer, fragte ich: »Und wie steht es mit dem Finanzamt?«
Jetzt verschluckte der Mann sich fast. Sichtlich getroffen schüttelte er seinen »schweren« Kopf: »Oh, oh! Da haben Sie mich aber getroffen. Nein, nein«, lallte er. »Das geht ja nicht, das ist ja Selbstmord, keiner kann beim Finanzamt ehrlich sein . . .«, brummelte er vor sich hin.
So ehrlich wollte er sein und war doch voller Lüge. Alle Menschen sind Lügner, das ist das Urteil Gottes über diese Welt.

Bitte, lesen Sie das

»Ein Psalm Davids, vorzusingen, als der Prophet Nathan zu ihm kam, nachdem er zu Bathseba eingegangen war. Gott, sei mir gnädig nach deiner Güte, und tilge meine Sünden nach deiner großen Barmherzigkeit.« (Psalm 51/1-3)

Sündenerkenntnis und Sündenbekenntnis sind zwei Dinge, aber ein allgemeines Sündenbekenntnis und echtes Sündenbekenntnis sind wiederum zwei verschiedene Dinge. Wie oft kommen heutzutage Menschen und erzählen ihre Sünden, als wäre es etwas Heldenhaftes, was sie getan haben.

Einst saß eine Frau vor mir, die ihre Sünden bekennen wollte, die aber vor Scham kein Wort über ihre Lippen brachte. Als ich sie mehrmals ermunterte, doch Vertrauen zu haben und sich die ganze Last von der Seele zu reden, blieb sie immer noch stumm.

Dann zog sie nach geraumer Zeit einen Zettel aus der Handtasche und sagte zu mir mit zitternder Stimme: »Bitte lesen Sie dies. Es ist alles so furchtbar schmutzig, ich kann das gar nicht aussprechen.«

Obwohl mein Inneres mit dieser Frau litt, jubelte doch mein Herz, weil ich ahnte: Hier sitzt ein Mensch, der von seiner Sünde schon so zerbrochen ist, daß der Strom göttlicher Gnade nur noch in ihn hineinzufließen braucht.

Der englische Erweckungsprediger Spurgeon schreibt darüber: »Gott, sei mir gnädig!« David wendet sich gleich an Gottes Gnade, noch ehe er seine Sünde erwähnt. Das Erste, das über seine Lippen kommt, ist die Bitte: Sei mir gnädig! Die Vergebung der Sünden kann nur eine Tat der freien Gnade sein und darum nimmt der erweckte Sünder mit Recht zur schönsten Herzenseigenschaft Gottes Zuflucht.

Nach deiner Güte: »Bitte, Herr, handle nach deinem ureigensten Wesen. Sei mir gnädig, nicht nach Art und Weise der Menschen, sondern nach deiner unaussprechlichen Barmherzigkeit.«

Und tilge meine Sünde nach deiner großen Barmherzigkeit: »Laß die ganze Flut deiner erbarmenden Liebe sich über mich ergießen. Laß deine Vergebungsgnade so groß werden, wie die heiligste Barmherzigkeit deines gnädigen Herzens es nur tun kann.

Offenbare du in meinem Fall deine ganze Menschen- und Sünderliebe, nicht nur in ihrem Wesen, sondern auch in ihrer überströ-

menden Fülle. Zahllos sind die Beweise deiner großen, unendlichen Güte gewesen, die du seit Schöpfungsanfang mit dem Menschengeschlecht gehabt hast und unermeßlich ist deine Gnade. So laß meine Sünde und die schreckliche Verstrickung meiner Verfehlung jetzt auch ein Gegenstand deiner unendlichen Barmherzigkeit sein.
Meine schrecklichen Verfehlungen und Vergehen stehen in deinem Buch aufgeschrieben und reden wider mich; aber Herr, du gnädiger und barmherziger Gott, lösche du diese Schrift aus. Nimm deine Feder und mache einen Strich durch das ganze Sündenregister. Tilge du durch die Gnade Jesu Christi, was in Herz und Stein gemeißelt zu sein scheint.«
Von keinem Menschen ist eine solch echte Herzensbuße in der Heiligen Schrift so ausführlich und tiefgreifend geschildert wie die des David. Sein Sündenfall hatte millionenfache Nachfolger, ach, daß eine Buße genauso tiefe und heilige Reinigung bei Millionen hervorbringen möchte.

26. JULI

Das Ziel fest im Auge behalten

»Wir wünschen nur, daß jeder von euch seinen Eifer bis zum Ziel behält, damit sich erfüllt, worauf ihr hofft. Wir möchten nicht, daß ihr nachlässig werdet. Nehmt euch ein Beispiel an denen, die Vertrauen und Geduld festgehalten haben und damit empfangen werden, was Gott versprochen hat.«

(Hebräer 6/11-12 GN)

Wer sollte nicht überwältigt sein von der Vielzahl an herrlichen Verheißungen Gottes für die, die das Ziel nicht mehr aus dem Auge lassen, die in der göttlichen Kraft täglich bestrebt sind, den himmlischen Bestimmungsort zu erreichen, die nicht stehen bleiben oder sogar zurückgehen.
»Wer aber beharrt bis ans Ende, der wird selig.« (Matthäus 24/13)
Zu viert sind wir zu einer Wanderung in die Schweizer Alpenwelt aufgebrochen. Mit der Seilbahn kommen wir von Grindelwald zum Hohen First hinauf. Nun wollen wir bis zum Gipfel des Faulhorns weiterwandern, ein gangbarer Weg für die, die gewillt sind, das Ziel zu erreichen.

Nach einer gewissen Zeit kommen wir an einem wunderschönen Bergsee vorbei und erreichen eine Unterkunftshütte. Hier rasten wir und speisen mit Genuß die Jägerwürstchen und Brötchen. Nachdem die herzhafte Mahlzeit beendet ist und ich zum Aufbruch mahne, wollen zwei nicht mehr weiterlaufen; sie fühlen sich nicht wohl.
Nein, noch einmal solch eine Bergstrecke können sie nicht schaffen. Zu meiner jüngsten Tochter sage ich: »Wir gehen aber weiter, bis wir den Gipfel erreicht haben!« –
»Ja, Papa«, sagt sie fest und zuversichtlich. Die anderen bleiben zurück und warten in der Berghütte. Der Weg wird etwas steiler, doch die kleinen Beine meiner Tochter beginnen zu schmerzen.
»Ach, wir sind gleich am Ziel«, versichere ich ihr und zeige auf den so nahen Berggipfel. »Gleich nach dieser Felsenecke sind wir da.« Doch dann, o Schreck, erhebt sich vor uns schon wieder eine Felsenklippe.
»Wir sind aber gleich da«, ermuntere ich meine Jüngste. »Das hast du schon vor einer halben Stunde gesagt«, jammert sie. Ob schon eine halbe Stunde vergangen ist, bezweifle ich, aber ich habe es schon mindestens fünfmal verheißen.
»Wir werden doch jetzt, so kurz vor dem Ziel, nicht schlapp machen?« sporne ich meine Wanderkameradin an. Oben von den rauhen Wänden klingen heisere Schreie der alten Dohlen, die elegant um die Felsenklippen segeln. Entgegenkommende Wanderer sprechen meine Tochter an: »Bist du den ganzen Weg mit dem Papa marschiert?« – Sie nickt stolz mit dem Kopf. – »Diese ganze Strecke hast du durchgehalten? Du bist aber ein tapferes Mädel!«
Dieser Satz bewirkt Wunder; sie scheint neue Kräfte bekommen zu haben. Endlich erreichen wir den Gipfel – was für eine unvorstellbare, herrliche Aussicht! Wir sind berauscht von dem großartigen Panorama – es hat sich gelohnt, durchzuhalten!
Paulus schreibt kurz vor seinem Tode: »Ich habe den guten Kampf gekämpft, ich habe den Lauf vollendet, hinfort liegt mir bereit die Krone der Gerechtigkeit, welche mir der Herr, der gerechte Richter, an jenem Tage geben wird, nicht mir aber allein, sondern allen, die seine Erscheinung liebhaben.«
Das große Ziel aller wahren Gotteskinder bleibt deshalb das himmlische Jerusalem, die goldene Stadt, in die nur die Überwinder hineingelangen. Wer überwindet, der wird alles ererben, der wird einziehen in das ewige Paradies.

Kleine Ursache – große Wirkung

»Ihr sollt euch nicht wenden zu den Geisterbeschwörern und Zeichendeutern und sollt sie nicht befragen, daß ihr nicht an ihnen unrein werdet; ich bin der Herr, euer Gott.«

(3. Mose 19/31)

Auch heutzutage gibt es Wahrsagerinnen, die vielfach mit Hilfe dämonischer Eingebungen die Zukunft der Menschen voraussagen. Menschen aber, die sich solcher Wahrsagerei bedienen, geraten in satanische Bindungen und werden immer mehr in die Sünde verstrickt, so daß sie für göttliche Dinge unempfänglich werden. Eine Befreiung aus solchen dämonischen Verstrickungen ist nur möglich durch echte Buße, durch eine klare Absage an diese Mächte und mit Hilfe eines Seelsorgers, der dem Teufel in Jesu Namen gebietet, von dem Menschen zu weichen.

Während einer Zeltevangelisation in der Schweiz kam ein gläubiger Mann zur Aussprache. Es handelte sich nicht um ihn selbst, sondern um seine Tochter, die an Magersucht erkrankt war.

Wer einen solchen Menschen schon einmal gesehen hat, weiß, wie entsetzlich diese geistliche Krankheit ist. Das Gesicht des Mädchens war so abgemagert, daß man durch ihre Haut hindurch die Muskelbänder erkennen konnte. Man hätte anatomische Studien auf ihrer Gesichtshaut vornehmen können.

Ich wurde in das Haus des Gläubigen gebeten, der mich zu seiner Tochter führte. Sie war recht groß, wog aber nur noch 38 kg – hatte also totales Untergewicht. Der Arzt sagte dem Vater seinerzeit: »Daß das Mädchen überhaupt noch lebt, ist ein Wunder für sich.« Apathisch blickte sie mich an. Mit aller Beredsamkeit versuchte ich, mit ihr ins Gespräch zu kommen. Sie antwortete meist nur mit »Ja« oder »Nein«.

»Willst du nur aus einem übertriebenen Schlankheitstrieb nichts essen?« fragte ich.

»Nein«, sagte sie, »ich will essen, aber ich kann nicht.« Die Mutter bestätigte es mir, daß sie oft in den Keller schleicht, um dort den Inhalt eines ganzen Glases Konfitüre zu verschlingen. Der Magen, der an Speise nicht mehr gewöhnt ist, befördert jedoch alles wieder raus, d.h. sie erbricht alles. Ich versuchte, auf den geistlichen Hintergrund zu kommen und fragte, ob sie mit Aberglauben zu tun gehabt hätte, zum Beispiel mit Amuletten, Horoskopen, Kartenlegen – Pendeln – Bepusten – Gesundbeten durch zweifelhafte Personen. Ich fragte aber auch, ob sie mit Zauberpuder – Talismanen – Glückspuder oder Liebestrank in Berührung gekommen sei. – Sie verneinte immer.

Da fiel mir noch etwas ein: »Hat dir irgend jemand mal aus der Hand gelesen und die Zukunft gedeutet?«

Jetzt nickte das Mädchen und erzählte mir, daß ihr eine Wahrsagerin auf der Straße die Zukunft vorausgesagt: »Du wirst ein sehr hübsches Mädchen – aber in der Blüte deiner Zeit wirst du erkranken, es kommt zu einer großen Katastrophe.«

Nun war der Feind enttarnt. Der Vater und ich beteten mit der Tochter. Im Namen Jesu Christi und in der Kraft seiner Auferstehung geboten wir den Mächten der Finsternis, augenblicklich zu weichen.

Ein Jahr später fand in der Nähe ihres Heimatortes eine Evangelisation statt. Der Vater kam mit einem bildhübschen Mädchen ins Missionszelt. Ich hätte sie nicht erkannt, wenn der Vater nicht bei ihr gewesen wäre. Sie war geheilt und nach relativ kurzer Zeit wieder vollständig hergestellt. Jesus ist Sieger über alle Höllenmächte.

28. JULI

Gottselige Einfalt

»Seht euch doch, liebe Brüder, in euren Reihen um: Was für Leute haben da den Ruf Gottes vernommen? Sind da viele ›Gelehrte‹ darunter, sind da viele ›maßgebliche Persönlichkeiten‹ dabei? Sind da viele aus ›vornehmen Kreisen‹? Nein, im Gegenteil: Was in den Augen der Welt als einfältig gilt, das hat Gott ausgesucht, um gerade die ›klugen Leute‹ zu beschämen. Was nach dem Urteil der Welt schwächlich erscheint, das hat Gott erwählt, damit er zuschanden mache, was sich stark dünkt.« (1. Korinther 1/26-27 Bruns)

In Norddeutschland lebte ein Ehepaar, das ich immer wieder gern besuchte. Ich fühlte mich richtig wohl in ihrer Gemeinschaft. Eines durfte ich bei ihnen auf keinen Fall vergessen, die Bibel. Kaum hatte ich ihre Wohnung betreten, so fragte der Ehemann voller Erwartung: »Du liest uns doch ein Wort Gottes, Bruder, wir haben uns schon den ganzen Tag darauf gefreut.«

Wenn ich dann etwas gelesen hatte, sagte er freudig zu seiner Frau: »Hast du das heilige Wort Gottes gehört, ist es nicht wunderbar? Sag es doch einmal auswendig auf!«
Seine Frau muckte nicht auf, um etwa widersprechend zu antworten: »Sag du es doch auf!« Nein, sie versuchte in ihrer Herzenseinfalt, so gut sie konnte, das Wort Gottes nachzusprechen. Aber auch der Mann versuchte, das Wort zu wiederholen, denn beide konnten kaum lesen und schreiben. Also lernten sie ganze Abschnitte der Bibel auswendig, so wie es wohl die meisten Menschen vor Hunderten von Jahren auch tun mußten.
Sein Gemeindeprediger erzählte mir von einer Begebenheit, die uns zeigt, wie gut der Herr alle Menschen gebrauchen kann, die ihn von Herzen lieben.
Der Pastor war ehemals ein kommunistischer Jugendleiter und Boxer. Dessen Vater war ebenfalls kommunistischer Sinnesgenosse, Stadtverordneter und auch Boxer. Da der Vater, trotz seines Alters, immer noch den härteren Schlag hatte, konnte der Sohn ihm nie das Evangelium verkündigen.
Während einer Hochzeitsfeier in der Gemeinde saß ihm nun der einfältige Bruder am Mittagstisch gegenüber. Kaum hatte der Prediger das Tischgebet gesprochen, da fragte der schlichte Mann den Vater des Predigers: »Sie sind doch auch ein Kind Gottes?«
»Hören Sie auf mit solchem Quatsch!« erwiderte der Mann erbost. »Ich will hier nichts von diesem frommen Kram hören!«
Der einfältige Bruder legte Messer und Gabel beiseite, hob seinen Finger empor und sagte: »Aber nein, Herr, das dürfen Sie nicht sagen. Das Wort Gottes ist doch kein Quatsch. Es ist das Wichtigste, was es im Leben eines Menschen gibt.«
»Hören Sie auf mit diesem Blödsinn!« donnerte der Vater des Predigers los. »Ich will von diesem Schwachsinn nichts hören!«
»O nein, nein, das dürfen Sie doch nicht sagen. Wir wollen schnell beten, daß der Heiland diesen Satz nicht gehört hat . . .« und so weiter.
Letztendlich schwieg der erboste Vater, überwältigt von so viel Einfalt. Nun hörte er fast eine Stunde lang dem treuherzigen Christen besänftigt zu, der ihm von seinen herrlichen Erlebnissen mit Christus erzählte.
»Kein anderer hätte so etwas erreicht«, sagte der Prediger zu mir, »aber den Einfältigen hat Gott eine besondere Berufung gegeben.«
So haben schon manche einfältige Christen ihr Zeugnis vor Königen und einflußreichen Menschen der Weltgeschichte gegeben, um dabei das Evangelium von Jesus Christus bekannt zu machen, eben wegen ihrer Herzenseinfalt.

Da ist was los im Zelt!

»Und siehe, eine Frau war in der Stadt, die war eine Sünderin. Da die vernahm, daß er zu Tische saß in des Pharisäers Hause, brachte sie ein Glas mit Salbe und trat hinten zu seinen Füßen und weinte und fing an, seine Füße zu benetzen mit Tränen und mit den Haaren ihres Hauptes zu trocknen, und küßte seine Füße und salbte sie mit Salbe.« (Lukas 7/37-38)

Ein Evangelisationszelt in der Millionenstadt Berlin ist im Verhältnis zur Stadt verschwindend klein. Doch hinter diesen »Zeltwänden« geschehen oft Dinge, durch die im Himmelreich ein Jubelsturm bei den Engeln ausgelöst wird.

Beim Altarruf am Schluß eines Gottesdienstes wankte eine stark vom Alkohol benebelte Frau mit anderen nach vorn. Im kleinen Aussprachezelt begann sie, über ihr verpfuschtes Leben bitterlich zu weinen. Viele schlimme Umstände hatten ein Mädchen zur Hure gemacht. Nun aber wurde sie von der vergebenden Gnade Gottes ergriffen. Sie begriff, daß nur Jesus Christus der einzige Ausweg aus diesen Sündenwegen sein konnte.

Im Gebet bat sie um Vergebung ihrer Sünden und um ein reines Herz: »Herr, ich will dir folgen und nur noch dich lieben.«

Die Allmacht Gottes wusch ihre gesamte Vergangenheit durch die Gnade vom Kreuz in einem Augenblick fort, so daß diese Frau »engelrein« nach Hause ging.

In dem Haus, in dem sie wohnte, hatte sie eine Putzstelle annehmen müssen, weil sie schon etwas älter geworden war und das schmutzige Geschäft nicht mehr lief. Sie fluchte und schimpfte jedem Mann hinterher, so daß diese, wenn sie wußten, daß sie gerade die Treppe putzte, lieber etwas später aus dem Haus gingen.

Doch am Tag nach diesem herrlichen Gotteserlebnis mußte ein Mann dringend an ihr vorbeigehen. Sie grüßte ihn freundlich und sagte: »Ich wünsche Ihnen einen schönen, guten Tag.«

Der Mann war erschrocken und dachte zunächst: »Vielleicht hat sie heute ein paar Schnäpse zuviel getrunken.«

Als er sie am nächsten Tag fromme Lieder singen hörte, sprach er sie erstaunt an: »Verzeihen Sie, wenn ich Sie mal fragen darf, was ist mit Ihnen passiert? Sie sind so fröhlich. Das war doch vor einer Woche noch ganz anders.«

»Ja, da müssen Sie mal ins Zelt kommen, da ist was los! Da wird man ganz anders!«
»Ja, was ist denn dort los?« wollte der Mann wissen.
»Das kann ich Ihnen nicht so genau erklären, aber kommen Sie mal ins Zelt, dann werden Sie es ja sehen!«
Am Abend sagte der Mann zu seiner Frau: »Weißt du, wenn solch ein böses Weib von einem Tag auf den anderen so verändert wird, dann muß dort wirklich etwas los sein. Weißt du was, wir gehen da mal hin, setzen uns in die letzte Reihe, und wenn es uns nicht gefällt, können wir ja wieder gehen!«
Gesagt, getan – noch am selben Abend bekehrten sich auch die beiden und hatten Frieden mit Gott. Bis zum Ende der Zeltevangelisation waren es sieben Bewohner des großen Mietshauses, die ihr Leben in Gottes Hand gelegt hatten.
Welch eine Freude muß es bei den Engeln Gottes gegeben haben. Weil eine Frau dem Herrn Jesus Christus Glauben schenkte, konnten sechs weitere Menschen für das Himmelreich gewonnen werden. Nicht weil sie liebte, wurde ihr vergeben; sondern sie liebte, weil ihr vergeben worden war. Diese Gnade gilt jedem.

30. JULI

Aufgrund »die« Bibel

»Wenn du aber betest, so gehe in dein Kämmerlein und schließe die Tür zu und bete zu deinem Vater, der im Verborgenen ist; und dein Vater, der in das Verborgene sieht, wird dir's vergelten.« (Matthäus 6/6)

Jahrelang verkündigte ich das Evangelium über den Rundfunk. Aus vielen Städten und Ländern Europas erreichten mich Hörerbriefe. Ein Brief aus Berlin freute mich außerordentlich. Ein Mann wollte wissen, ob ich mit dem bekannten Historiker Hermann Müller-Bohn verwandt sei. Ich schrieb dem Mann, daß ich ein Enkel dieses Schriftstellers wäre.
Darauf erhielt ich einen ausführlichen Brief, der mich mächtig bewegte. Er schrieb, er sei der Sohn des Schuhmachermeisters S. In das Geschäft seines Vaters kamen seinerzeit des öfteren Söhne des Schriftstellers, um mit ihm religiöse Streitgespräche zu füh-

ren. Drei von ihnen waren sehr aufsässig und überheblich, aber der Jüngste blieb meist sehr bescheiden im Hintergrund stehen und hörte aufmerksam zu.

»Für diesen jüngsten Sohn hat mein Vater dann jahrzehntelang jeden Tag mit Nachdruck bei Tisch gebetet; deshalb wollte ich anfragen, ob dieser jüngste Sohn vielleicht Ihr Vater war.«

Als ich meinem Vater diesen Brief vorlas, begann er wie ein Kind zu weinen. Erst nach einer gewissen Zeit konnte mein Vater, der damals schon 88 Jahre alt war, mir die Geschichte vom Schuhmachermeister S. erzählen.

Im Haus des Schriftstellers hatte man einige Dienstmädchen. Es kam aber vor, daß aus irgendwelchen Gründen keine zur Verfügung stand. Dann mußten die Söhne und Töchter der Familie ihre Arbeiten übernehmen. Die Söhne sollten die Botengänge tun, u.a. auch die Schuhe zum Schuster bringen. Die verwöhnten jungen Burschen schämten sich aber, solche »niedrigen Dienste« verrichten zu müssen.

Andererseits gingen sie wiederum sehr gern zu diesem Schuhmacher; denn dieser war ein Christ, der jede Gelegenheit nutzte, Jesus Christus als seinen Heiland zu bezeugen. Er war aber in der deutschen Sprache nicht ganz »sattelfest«.

In seiner Werkstatt ging es deshalb munter zu. Einer der vier fragte den Handwerker: »Also, Sie glauben wirklich, daß alles, was in der Bibel geschrieben steht, wahr ist?«

»Ja, ich glaube an Jesus Christus und daß das Wort der Bibel wahr ist.«

»Aber durch den Darwinismus ist doch längst bewiesen, daß der Mensch vom Affen abstammt«, protzte einer mit seiner »Schulweisheit«.

Der Christ aber deutete auf seine Bibel: »Hören Sie, junger Mann, auf Grund ›die‹ Bibel hat Gott . . .«

Auf solche Fehler warteten die übermütigen Burschen und lachten sich eins.

Mein Vater erinnerte sich noch sehr genau: »Als ich dann als Frontsoldat, Jahre danach, vor der Festung Verdun lag, hörte ich in der allergrößten Gefahr, beim Heulen der Granaten, immer wieder die Stimme: ›Auf Grund *die* Bibel, junger Mann . . .‹ da schrie ich in meiner Not zu Gott.

Nun stell dir vor, dieser liebe Mann, den ich doch jahrzehntelang aus den Augen verloren hatte, betete damals für mich jeden Tag und dann finde ich mit 58 Jahren zu Jesus Christus, ist das nicht ein wunderbares Geheimnis, daß Gott alle Gebete hört . . .?«

Wir werden einst sein wie die Träumenden, wenn wir im Himmel sehen, wie viel verborgene Gebete erhört worden sind und wie viel Frucht sich der Herr dadurch schaffen konnte, weil Menschen im verborgenen Kämmerlein beteten.

31. JULI

Hochmut kommt vor dem Fall

»Der Weg der Gerechten meidet das Böse. Wer auf seinen Weg achtgibt, bewahrt sein Leben. Hochmut kommt vor dem Fall und hoffärtiger Sinn vor dem Sturz. Es ist besser, demütig bei den einfachen Leuten zu leben, als gemeinsame Sache zu machen mit den Stolzen.« (Sprüche 16/17-19 Bruns)

»Mit Hochmut ist's, wo die Engel fielen, woran der Höllengeist den Menschen faßt«, schrieb Friedrich von Schiller.
Während einer Zeltevangelisation in Interlaken kam ein junger Mann zu einem Gespräch. Er wollte sein Leben endgültig in die Hand Gottes legen und bat den Herrn Jesus um Vergebung seiner Sünden, vor allem auch der Sünde des Hochmuts.
Dann erzählte er die Geschichte seines Lebens. Als Schweizer war er ein Freund der Berge und als Sportler ein leidenschaftlicher Skifahrer. Von Gott und der Gemeinde Jesu Christi hielt er nichts; im Gegenteil, er verachtete diese Weichlinge und spottete über alles Heilige. Von einem Freund aber wurde er des öfteren zum Gottesdienst eingeladen. Zu einer Zeltandacht zu kommen, lehnte er mit den Worten ab: »Mein Gott ist die Natur; ich liebe die Berge. Sonntags will ich in die Höhe, um Ski zu fahren.«
Beim Skifahren stürzte er und brach sich einen Fuß. Er mußte mit dem Hubschrauber der Rettungswacht ins Tal geflogen werden, – Kostenpunkt vor etwa 20 Jahren 1000 Franken.
Im folgenden Jahr bekam er wieder eine freundliche Einladung zur Zeltevangelisation. Wieder lachte er und lehnte spottend mit der gleichen Begründung ab. Nun brach er sich beide Füße und mußte wieder mit dem Hubschrauber ins Krankenhaus geflogen werden: Kostenaufwand 1000 Franken.
Im dritten Jahr sitzt er nun vor mir und sagt: »Ich möchte mir nicht noch einmal die Beine brechen und solch eine Summe ausgeben müssen. Ich habe das Reden Gottes sehr wohl verstanden, denn Hochmut kommt vor dem Fall!«

Er bekehrte sich zum Herrn und wurde ein treuer Zeuge Jesu Christi, der nun den Namen des Herrn predigt.
Gott bewahrt alle, die ihm die Treue halten; er straft aber auch den, der hochmütig ist und so bleiben will.
David schrieb einst: »Schenkt darum eure Liebe dem Herrn, alle, die ihr ihm gehören wollt! Liebet den Herrn, alle ihr Heiligen!«
Wenn Weltmenschen die Herrlichkeit des Herrn nicht sehen und erkennen wollen und ihn deshalb auch nicht lieben, so sollen doch alle Kinder Gottes ihn lieben von ganzem Herzen, ganzer Seele und ganzem Gemüt.
Wenn die Ungläubigen vor anderen Götzen niederfallen und auf ihren eigenen Wegen ihren Göttern dienen, so wollen wir den Herrn Jesus Christus inbrünstig lieben, wir wollen ihm nicht nur unterwürfig dienen, sondern für ihn leben; denn diese Liebe ist eine Herzensliebe.
Wir arbeiten für den Herrn nicht in der Weise, wie einst die Hebräer unter den Stockschlägen der Aufsichtsbeamten des Pharaos schuften mußten, sondern wie vertrauensvolle Kinder für den liebenden Vater. Wir wollen ihm mit Freuden dienen. Wir wollen Gott unser ganzes Herz geben und es zum Inhalt aller Wünsche unserer Seele machen.

1. AUGUST

Das Schrittmaß Gottes

»Wohl denen, die ohne Tadel leben, die im Gesetz des Herrn wandeln! Wohl denen, die sich an seine Mahnungen halten, die ihn von ganzem Herzen suchen, die auf seinen Wegen wandeln und kein Unrecht tun.« (Psalm 119/1-3)

Eine meiner großen Freuden ist das Wandern. Oft nutze ich die Gelegenheit, um eine erfrischende Wanderung zu unternehmen. Einmal wohnte ich während einer Evangelisation in Interlaken, am Fuße der herrlichen Alpenkette in der Schweiz. Das Wetter lockte mich in die schöne Natur. Bergauf ging mein Weg zum Faulhorn, einem Berg von ca. 3000 Meter Höhe. Munter schritt ich voran.
Die Stunden vergingen, ich gewann langsam an Höhe. Der Wanderweg war vorgezeichnet. Ich hielt mich zunächst an diese Marschroute. Doch dann lockte mich ein Trampelpfad von dem vorgezeichneten Weg ab. Ich meinte, eine Abkürzung gefunden zu

haben. Bald war ich auf einem sehr schmalen Grat. Zur Rechten erhob sich eine steile Felswand und links ging es tief abwärts.
Plötzlich wurde mir schwarz vor Augen; ich hatte ein starkes Schwindelgefühl. Erschrocken blieb ich stehen, atmete tief durch und ging dann in gemäßigtem Tempo weiter. – Doch da wiederholte sich dieser Schwächeanfall, ich war gezwungen, stehenzubleiben.
Was sollte ich tun? – Ich betete zu Gott. – Da sich aber der Zustand nicht veränderte, tat ich etwas, was ich noch sehr bereuen sollte: Ich ließ mich ganz langsam an der Bergwand herabgleiten und legte mich auf den schmalen Wanderpfad. Nach einigen Minuten wollte ich aufstehen. Nun mußte ich aber zu meinem Entsetzen feststellen, daß ich dazu überhaupt keine Möglichkeit hatte. Ich fand nichts, woran ich mich hätte hochziehen können, ich wußte auch nicht, wo ich mich hätte abstützen sollen. Ich lag auf dem Rücken und war noch nicht einmal imstande, mich umzudrehen, sonst wäre ich in die Schlucht gestürzt.
In meiner Herzensangst flehte ich: »Herr Jesus Christus, hilf mir aus meiner Not! Du weißt, ich wollte mich nicht leichtfertig in Gefahr bringen; hilf mir bitte!«
Nach geraumer Zeit kam ein Wanderer und fragte mich, ob ich Probleme hätte; er hatte mich mit dem Fernglas von weitem gesehen. Ich erzählte ihm, was vorgefallen war. Er reichte mir seine Hand und zog mich empor. Jetzt stand ich wieder auf meinen Füßen.
»Sie sind an Höhenluft nicht gewöhnt, deshalb dürfen Sie nicht gleich einen solchen Gewaltmarsch unternehmen«, riet er mir. »Und im übrigen ist es gut, wenn man bei der Bergwanderung zu zweit ist.« Nun wanderten wir zu zweit und erreichten glücklich den Berggipfel, das gesteckte Ziel.
Von Henoch lesen wir: »Henoch führte ein göttliches Leben, denn er wandelte mit Gott.«
Erfahrene Christen sind bemüht, in der Heiligung zu leben, um Frucht bringen zu können. Deshalb sind sie nie träge. Sie legen sich nicht ständig geruhsam nieder. Sie halten sich nicht mit Müßiggang auf, sondern wandern mit ihrem Herrn gleichmäßig und beständig dem ersehnten Ziel entgegen. Sie hetzen nicht ängstlich voran. Sie haben in der Nachfolge das herrliche »Schrittmaß Gottes« gelernt.
Seine Anweisungen sind für sie keine unerfüllbaren Forderungen – nein, sie wandeln in der steten Verbindung mit ihrem Herrn und Erlöser täglich dem großen Ziel entgegen.

In tödlicher Gefahr

»Sei mir gnädig, Gott, sei mir gnädig! Denn auf dich traut meine Seele, und unter dem Schatten deiner Flügel habe ich Zuflucht, bis das Unglück vorübergehe. Ich rufe zu Gott, dem Allerhöchsten, zu Gott, der meine Sache zum guten Ende führt.« (Psalm 57/2-3)

Nach einer segensreichen Evangelisation in Bern befinde ich mich auf der Rückfahrt. Auf der Autobahn herrscht reger Verkehr. Meine Gebete steigen zum Herrn empor; mein Herz preist den Schöpfer und Erhalter der Welt; meine Seele ist fröhlich und ich spüre den Segen, der mir aus der Gottesarbeit zufließt.

Urplötzlich und unerwartet gibt es einen fürchterlichen Knall, als hätte eine Granate mein Fahrzeug getroffen. Am Lenkrad spüre ich einen starken Druck, ich halte krampfhaft das Steuer fest und rufe: »Jesus, hilf mir! Jesus hilf!«

Ein Reifen ist geplatzt, das Fahrzeug beginnt zu schleudern. Ich lenke aber mit aller Kraft den Wagen auf den Standstreifen. Ich steige aus und denke gequält, weshalb muß mir das jetzt gerade passieren? Ich bin doch im Auftrag des Herrn unterwegs. Da entdecke ich zirka 200 Meter entfernt eine Tankstelle und Raststätte. Deshalb setze ich mich wieder in mein Auto und lasse meinen Wagen auf der Felge langsam weiterholpern. Dabei beginne ich zu danken, daß mich die Kraft des Herrn so bewahrt hat und seine Hilfe immer nah ist.

»Da haben Sie aber einen Schutzengel bei sich gehabt, Sie hätten sich auch mehrmals überschlagen können«, sagt mir der Kraftfahrzeugmechaniker, als ich ihm berichte, mit welcher Geschwindigkeit ich unterwegs war. Bald hat er meinen Ersatzreifen montiert und ich kann meine Fahrt fortsetzen.

Meine Dankgebete stiegen weiterhin zum Himmel empor, nachdem ich erfahren hatte, in welcher Gefahr ich mich befand.

»Denn auf dich traut meine Seele«, betete einstmals David. Wir spüren die Kraft des Gottvertrauens in diesen Worten. Das Gebet kam aus der Tiefe seiner Seele. Es war kein bloßes Lippenbekenntnis, nein, sein Glaube war in den Verheißungen Gottes verwurzelt. David verglich seinerzeit die Gefahr und das Unheil mit einem Unwetter, das aus heiterem Himmel über uns hereinbrechen kann.

Auch wenn wir nicht an jedem Tag Sonnenschein haben, sondern Gewitter und Stürme uns begegnen, so bleibt die Güte Gottes doch immer um uns. Wenn wir unser Vertrauen auf ihn setzen und alle Sorgen auf ihn werfen, dann wird er uns zur rechten Stunde seine Hilfe senden.
Er wird uns aus der Anfechtung herausführen, und wir werden erkennen, daß alle Leiden dieser Zeit in bezug auf die unaussprechliche Herrlichkeit, welche an uns in der Ewigkeit offenbar werden soll, kein Gewicht haben.
Wir ahnen ja nicht, vor wieviel Gefahren uns der Herr schon in seiner Umsicht beschirmt und bewahrt hat.
». . . und unter dem Schatten deiner Flügel habe ich Zuflucht, bis das Unglück vorübergehe.«

3. AUGUST

Ich will mich nicht bekehren

»Es werden daran gedenken und sich zum Herrn bekehren aller Welt Enden und vor ihm anbeten alle Geschlechter der Heiden.« (Psalm 22/28)

Wenn wir diesen Psalm mit großer Andacht lesen, so hört man es förmlich im Herzen klingen: »Zieh deine Schuhe von deinen Füßen; denn der Ort, darauf du stehst, ist heiliges Land.« (2. Mose 3/5)
Während einer Zeltevangelisation kam eine Frau in das Gebetszelt und sagte mir ermunternd: »Ich will Ihnen ein herzliches ›Vergelt's Gott!‹ sagen. Was Sie gepredigt haben, war ein rechtes Wort vom Herrgott. Aber bekehren möchte ich mich nicht.« Aus dem Sprachschatz entnahm ich, welcher Kirche diese Frau angehörte. Was soll man tun, wenn ein Mensch sich von vornherein festlegt mit den Worten: »Ich will mich nicht bekehren.«
Ich sagte zu der Frau: »Darf ich denn für Sie beten?«
»O ja, das können Sie«, ist ihre ehrliche Antwort.
Vom Heiligen Geist geleitet, bete ich anders als sonst; vor allem viel eindrücklicher und intensiver: »Lieber Herr Jesus«, rufe ich zum Heiland, »sieh doch diese arme Frau. Sie ist noch unerrettet; sie ist sich ihres Heils nicht gewiß. Bei all ihren äußerlichen, religiösen Formen kennt sie das neue Leben aus deinem Geist

nicht. Sie ist nicht wiedergeboren und geht für Zeit und Ewigkeit verloren, wenn sie sich nicht zu dir hinwendet . . .« Ich bete, bete, bete und ich weiß nicht wie lange – vielleicht volle fünf Minuten oder länger.

Schließlich sage ich »Amen«, reiche ihr die Hand und wünsche ihr einen guten Heimweg und Gottes reichsten Segen.

Am nächsten Tag saß sie wieder im Zelt. Ihr Gesicht sah ziemlich verweint aus. Wie ein Häufchen Elend hockt sie auf der harten Bank. Sie macht einen niedergeschlagenen Eindruck.

Kaum ist der Gottesdienst beendet, da stürmt sie auch schon in das Gebetszelt. »Sie haben vielleicht mit Ihrem Gebet was angerichtet! Ich hab die ganze Nacht nicht schlafen können. Immer wieder habe ich geweint. Am Tage mußte ich laufend ›greinen‹. Als der Postbote kam, nahm ich mir eine Windel, um mir die Augen zu wischen, so verheult war ich. Ich hab mich so geschaamt (geschämt). Ich möchte mich bekehren.« Und unaufhörlich weinte sie.

Sie hat sich gründlich bekehrt. Auch ihre Familie, ihr Mann, die Tochter und ihr Sohn kamen zum neuen Leben. Sie wurde eine Säule in der Gemeinde. Sie waren von ganzem Herzen wiedergeboren; denn nach einer gewissen Zeit spendete sie einige 100000,– DM zum Bau eines Gotteshauses. Ein herrliches Zeichen von neuem Leben für das Reich Gottes.

»Es werden daran gedenken und sich zum Herrn bekehren aller Welt Enden.«

4. AUGUST

Haben Sie keine Angst?

»Wende dich zu mir und sei mir gnädig; denn ich bin einsam und elend. Die Angst meines Herzens ist groß; führe mich aus meinen Nöten! Sieh an meinen Jammer und mein Elend und vergib mir alle meine Sünden.« (Psalm 25/16-18)

Vor geraumer Zeit saß ich in einem Schnellzug. Das Abteil war leer; ich bin froh darüber, denn ich bin müde und möchte gern allein sein. Plötzlich wird die Tür aufgerissen, ein junger Mann lehnt sich in den Türrahmen: »Verzeihung, ist hier noch ein Platz frei?« Er blickt über die leeren Sitze des Abteils und spricht schon

weiter: »So eine Bahnfahrt kann ja furchtbar langweilig sein. Darf ich mich zu Ihnen setzen? Dann können wir uns ein wenig unterhalten.«
»Bitte, gern«, antworte ich. Der junge Mann kommt aus Spanien, wo er seinen Urlaub verbracht hat; daher hat er eine schöne, braune Gesichtsfarbe. Die blonden Locken erhellen sein fröhliches Antlitz. Er wuchtet seinen schweren Koffer herein und schwingt ihn, spielend leicht, in das Paketnetz.
Aha, denke ich, der ist sportlich. Nein, er ist nicht nur sportlich, sondern ein Spitzensportler: Er gehört zur Spitzenklasse der Kunstspringer in der Bundesrepublik.
»Wissen Sie, bei allen Erfolgen hat mein Beruf auch eine unangenehme Seite. Man muß immer wieder die Angst überwinden.«
»Angst?« Ich muß ein ganz verblüfftes Gesicht gemacht haben. »Ein Spitzensportler und Angst?«
Deshalb gibt er auch schnell eine Erklärung: »Ja, wissen Sie, wenn ich auf dem hohen Sprungbrett stehe und abspringe, geschieht es mit höchster Konzentration; denn ich könnte ja im Wasser falsch aufschlagen. Das kann sehr gefährlich werden oder zumindest gemein wehtun. Haben Sie nie Angst?«
»Sie sind ein ehrlicher Sportler«, stelle ich fest. »Mein Beruf ist zwar ein völlig anderer, aber in diesem Punkt muß ich sagen, haben wir gleiche Empfindungen. Ich habe auch manchmal Angst.«
Erleichtert nickt er mir zu. Sein ganzer Körper scheint durchtrainiert. Ich sage: »Über Ihr ehrliches Geständnis bin ich sehr erfreut!«
Nun berichte ich von mir, wie Jesus mich gefunden in einer Zeit, wo ich in Schuld und Sünde gefangen war. Wie er mir die Augen über mein bisheriges Leben geöffnet und mir einen neuen Anfang geschenkt hat.
»Jesus hat mich gereinigt von allen Sünden, von denen jeder frei werden muß, der im Himmel ewiges Leben haben will. Durch Gottes Führung bin ich jetzt Evangelist geworden und predige die Erlösung vielen Menschen.«
»Sehen Sie, das ist so: Wenn ich zum Beispiel im Flugzeug beim Flug über den Atlantik sitze, wir geraten durch Gewittersturm in bedenkliche Turbulenzen, dann überfällt mich auch das Gefühl der Angst. Wenn ich dann aber bete, dann erlebe ich das befreiende Bewußtsein, wie mich die Angst verläßt und ich völlig in Gott und seinem Willen ruhen kann.«
Eine kleine Zeit schweigen wir. Er blickt mich fragend und ein wenig verwundert an.
»Ja«, ich vernehme dabei einen kleinen Seufzer, »Sie haben

offenbar das, was die meisten Menschen nicht haben und was wohl das Allerhöchste ist in dieser Welt, den Frieden Gottes. Man kann es Ihnen auch abnehmen; Sie sind ein ganz anderer Mensch.«

5. AUGUST

Befreit von Schwermut

»Da redete Jesus abermals zu ihnen und sprach: Ich bin das Licht der Welt. Wer mir nachfolgt, der wird nicht wandeln in der Finsternis, sondern wird das Licht des Lebens haben.«
(Johannes 8/12)

Im Missionszelt kommt eine Frau zu mir. Sie sieht blaß und ziemlich krank aus. Wie ich erfahre, leidet sie seit 16 Jahren an Schwermut. Alles sieht sie finster und nur negativ. Nach einem längeren, seelsorgerlichen Gespräch bete ich mit dieser Frau. Dann geht sie nach Hause.
Nach einigen Jahren bin ich wieder am gleichen Ort im gleichen Missionszelt. Es ist ein sehr großes Zelt. Vom Podium aus sehe ich eine Frau; sie steuert schnurstracks auf mich zu. Ich habe kein großes Namensgedächtnis, dafür aber ein ausgeprägtes visuelles Gedächtnis, das heißt, wen ich einmal gesehen habe, den erkenne ich meistens wieder. Diesmal aber bin ich im Zweifel: Kennst du diese Frau oder kennst du sie nicht? Da reicht sie mir auch schon die Hand: »Kennst du mich noch?« fragt sie mit einem freundlichen Lächeln. Ich bitte sie, mir doch zu helfen.
»Na, ich war doch vor Jahren zum Gebet bei dir. Ich war schwermütig und nun bin ich ganz frei«, jubelt sie. Deshalb konnte ich sie nicht sofort erkennen; denn die Liebe Jesu hatte ihr Gemüt erhellt und sie durch die göttliche Verwandlung jünger und hübscher gemacht.
Schwermut ist im allgemeinen eine furchtbare Seuche, die einem Menschen wie Pech und Schwefel anklebt; doch die befreiende Kraft des Schöpfers vermag sie zu vertreiben. Solch ein Herzenskummer zehrt an allen Kräften des Gemüts und auch des Körpers. Das Antlitz eines solchen Menschen wird alt und grau: »Denn meine Seele ist übervoll an Leiden, und mein Leben ist nahe dem Tode.« (Psalm 88/4) Ein Schwermütiger kennt keine Freude mehr am Sonnenschein, am Singen der Vögel, am Glanz der herrlichen Natur, so daß das Licht des Herzens fast erlischt. Bei massiven

Schwermutsanfällen kann es gar nicht anders sein, als daß das Antlitz müde und teilnahmslos wird. Salomo wußte, was er sagte: »Ein fröhliches Herz tut dem Leibe wohl; aber ein betrübtes Gemüt läßt das Gebein verdorren.« (Sprüche 17/22)
Wie oft stöhnte David in größter Sündennot: »Denn deine Hand lag Tag und Nacht schwer auf mir, daß mein Saft vertrocknete, wie es im Sommer dürre wird. Darum bekannte ich dir meine Sünde, und meine Schuld verhehlte ich nicht. Ich sprach: Ich will dem Herrn meine Übertretungen bekennen. Da vergabst du mir die Schuld meiner Sünde.« (Psalm 32/4-5)
Diese schwermutskranke Frau suchte Hilfe unter dem Wort Gottes; nicht bei unerlösten Menschen, die selbst Hilfe brauchen. Hiob klagt herzerweichend: »Mein Antlitz ist gerötet vom Weinen, auf meinen Wimpern liegt Dunkelheit.« (Hiob 16/16)
»Wer mir nachfolgt, der wird nicht wandeln in der Finsternis, sondern wird das Licht des Lebens haben«, versprach Jesus.
Diese Frau hatte nach jahrelangen Finsternisperioden doch das Licht der Ewigkeit in sich aufgenommen. Noch heute begrüßt sie mich strahlend: »Na, sehe ich nicht viel jünger aus? Meine Seele ist fröhlich in dem Herrn!«

6. AUGUST

Tränen des Leides – Tränen der Freude

»Die mit Tränen säen, werden mit Freuden ernten. Sie gehen hin und weinen und streuen ihren Samen und kommen mit Freuden und bringen ihre Garben.« (Psalm 126/5-6)

Nach einer Predigt sitzt im Missionszelt eine schwarzgekleidete Frau und weint still vor sich hin. Ganz leise setze ich mich neben sie und bete im Geist. Nach einer gewissen Zeit frage ich: »Kann ich Ihnen irgendwie helfen?« Die Frau schüttelt den Kopf. Sie hatte ihren Sohn im blühenden Kindesalter durch eine heimtückische Krankheit verloren. Er war an einem Gehirnturmor gestorben.
»Unser Glück und Sonnenschein ist fort, nun ist alles so hoffnungslos und dunkel geworden«, weint sie vor sich hin. Wie schwer ist jetzt der seelsorgerliche Dienst.
»Kannte der Kleine denn den Herrn Jesus?« frage ich behutsam.

Jetzt kommt Leben in die tränenbenetzten Augen der jungen Frau: »Aber ja, er war wie ein kleiner Evangelist in unserer Familie und später auch im Krankenhaus. Als er schon sehr krank war, kroch er zu anderen Kindern ins Bett und sagte ihnen, sie müßten zum Heiland beten, sonst kämen sie nicht in das Himmelreich. Er hat dann wiederholt mit den Kindern gebetet.«
»Nun, sehen Sie«, beginne ich, »so können wir doch Gott danken, daß er am Ort der ewigen Freude und Sicherheit ist. Wer weiß, wie er sich sonst entwickelt hätte. Oft hört man von Kindern, die Jesus liebten und später verlorengingen«, gebe ich zu bedenken.
»Ja, da haben Sie recht«, sagt die Frau. »Aber mein Mann ist doch noch nicht gläubig. Jetzt triumphiert er und lästert fortwährend: Wo ist denn euer Gott? Die Liebsten und Unschuldigsten läßt er sterben und viele schlechte und böse Menschen leben so in den Tag hinein. Jetzt ist er für das Evangelium überhaupt nicht mehr ansprechbar.«
Unaufhörlich weint die Frau. Sacht lege ich meine Hand auf die ihre und sage: »Wir wollen beten, daß Gott alles zum Guten führt und gerade aus diesem Leid viel Frucht für die Ewigkeit hervorbringt.« Die Frau nickt, und ich beginne zu beten. Sie kann nicht beten und geht, innerlich bedrückt, nach Hause.
Nach Jahren treffe ich sie wieder. Glückstrahlend berichtet sie mir, daß sich alle in der Familie, ja auch einige aus der Verwandtschaft, bald darauf bekehrt hätten, und sie jetzt den besten Ehemann habe. »Ja«, sage ich zu ihr, »die mit Tränen säen, werden mit Freuden ernten!«

7. AUGUST

Flucht aus der Kriegsgefangenschaft

»Er hat mich gesandt, den Elenden die gute Botschaft zu bringen, die gebrochenen Herzen zu verbinden, zu verkündigen den Gefangenen die Freiheit, den Gebundenen, daß sie frei und ledig sein sollen.« (Jesaja 61/1)

Wer jahrelang nur Stacheldrahtzäune, Wachtürme und die öden Holzbaracken gesehen hat, der wird Tag und Nacht nur von dem einen Gedanken gepeinigt: Wann komme ich wieder in die Freiheit! Des Nachts schmiedeten sie Pläne für einen Ausbruch. Viele hatten es schon unter Einsatz ihres Lebens versucht. Ihre kurze

Freiheit endete doch meist sehr schnell; sie wurden gefaßt und wieder zurückgebracht.
Einer befand sich unter den Gefangenen, der hatte es schon mehrmals gewagt. Zu zweit, zu dritt, zu viert hatten sie sich aufgemacht, waren aber von den Franzosen immer wieder ergriffen und zurückgebracht worden. Diesmal sollte es aber endgültig gelingen! Der Plan war sehr gut. Ganz allein wollte er ausbrechen und nicht in Richtung Deutschland marschieren, sondern nach Süden, in Richtung des neutralen Spanien. Die Wege nach Deutschland waren weiterhin zu scharf bewacht.
Diesmal mußte es gelingen! Der Deutsche spielte krank. Laufend meldete er sich beim Lagerarzt. Wenn die Kameraden im Hafen ihrer mühseligen Arbeit nachgingen und er allein in der Baracke war, machte er sich an seine waghalsige Aufgabe.
Er grub einen Tunnel; in mühevoller Kleinarbeit galt es, einen 200 Meter langen Gang zu graben, der breit genug war, daß ein Mann hindurchkriechen konnte. Tag um Tag, Woche um Woche und Monat um Monat vergingen, ehe es endlich soweit war, den Ausbruch wagen zu können.
Eines Abends spendierte der angeblich »kranke« Gefangene allen Kameraden einen Kaffee, in den er eine gehörige Portion Schlafmittel hineingegeben hatte. Bei Anbruch der Dämmerung verkrochen sich die ersten bereits in ihre Betten. Ziemlich schnell schliefen alle ein. Jetzt konnte er es wagen. Zum letzten Mal zog der pfiffige Ausbrecher die Dielen unter seinem Bett hervor. Mit etwas zusammengespartem Geld und einiger Verpflegung stieg er in den naßkalten, schmalen, unterirdischen Tunnel. Er kroch auf allen Vieren voran.
Der Deutsche atmete auf. Nur wenige Meter noch. Jetzt mußte er noch 1 bis 2 Meter Sand in den Gang zurückschütten. Die Arbeit war geschafft. Sommerliche Nachtluft empfing ihn, frischer Sauerstoff drang in seine Lungen. Vorsichtig streckte er den Kopf in die Höhe. Ein Stein fiel von seinem Herzen. Er hatte die Richtung nicht verfehlt. – Schnell war er im Dunkel der Nacht im Unterholz des nahen Waldes untergetaucht. Er lief und lief, getrieben von dem süchtigen Gedanken: Zur Freiheit, zur Freiheit! Nun hatte er mindestens 4 Stunden Vorsprung, falls je die französische Gendarmerie überhaupt in Richtung Süden suchen würde.
Hat er das Land der rettenden Freiheit erreicht?

Vom Boden der Freiheit in die Gefangenschaft

»Denn Demas hat mich verlassen und diese Welt lieb gewonnen und ist nach Thessalonich gezogen.« (2. Timotheus 4/10)

Zu allen Jahrhunderten gab es unzählige Menschen, die die Freiheit der Kinder Gottes schon erreicht hatten und später wieder in die Gefangenschaft der Weltlust hineingerieten.
Der deutsche Kriegsgefangene aus dem französischen Lager war auf der Flucht in ein neutrales Land, nach Spanien. Nur zu bald wurde es Tag. Er konnte nur nachts marschieren. Bei Anbruch des Tages hieß es, einen geeigneten Unterschlupf zu finden, in hohen Kornfeldern oder unter Büschen. Es folgten Wochen mit anstrengenden Märschen, großen Entbehrungen und vielfachen Ängsten.
Da er leider keine Landkarte auftreiben konnte, ging alles mühsam voran; doch endlich erreichte er das Grenzgebiet nach Spanien. Die letzte Nacht im Feindesland verbrachte er in einem Gebüsch, das einige hundert Meter von der Grenze entfernt war. In der ersten Morgendämmerung rannte er los, von dem großen Verlangen gejagt, in die Freiheit zu kommen. Sein Gedanke zur nahen Freiheit allein beflügelte ihn.
Bei vollem Lauf wurde er angerufen: »Halt! Stehen bleiben! Hände hoch! Sie sind gefangen!«
Wie ein Donnerschlag traf ihn der plötzliche Anruf. Französische Grenzposten kamen von allen Seiten auf ihn zu und ergriffen ihn. Zerknirscht und wutentbrannt, von maßloser Enttäuschung gepackt, schaute der Flüchtling auf die bedrohlichen Gewehrläufe. Es war zwecklos, Widerstand zu leisten, zu viele französische Soldaten hatten ihn umringt.
Ein älterer Beamter, offensichtlich der Leiter der Grenzwache, kam heran. Auge in Auge standen sie sich gegenüber. Der deutsche Flüchtling erlebte etwas Seltsames: Der Franzose hatte feuchte Augen!
»Schade«, sagte er, »wirklich schade! – Sie waren schon auf spanischem Gebiet! Wenigstens 500 Meter weit waren Sie von der französischen Grenze entfernt. Wir haben Sie genau beobachtet. Die Grenze zieht hier nämlich ein Schleife, und so sind Sie wieder auf französisches Gebiet geraten! Schade! Jammerschade!« Dann wurde er abgeführt.

In seinem Gefangenenlager bekam er schwerste Arrestarbeit zugeteilt. Aber alle Mißhandlungen und Strafsonderdienste waren harmlos gegenüber dem Gedanken: »Du Narr! Du warst schon in der Freiheit und hast es nicht gewußt! Du hättest die Heimat erreichen können und bist in eine Falle gelaufen!« Wie oft mag er bei diesem Gedanken in ohnmächtige Wut und Verzweiflung geraten sein? So nah und dennoch das Ziel verfehlt!
Wie viele Menschen haben schon das Wort des lebendigen Gottes in Vollmacht und ganzer Klarheit vernommen? Sie kannten Arbeitskollegen, Nachbarn, Verwandte oder Mitschüler, die ihnen Gottes Botschaft vor Augen gestellt haben. Viele gibt es, die haben eine Schrift in die Hand bekommen mit der frohen Botschaft des Evangeliums; andere sind sogar eine Zeitlang in die Gottesdienste gegangen, aber sie sind wieder in die Gefangenschaft der Sünde geraten. Sie haben vielleicht viele Stunden an der Grenze der Entscheidung gestanden und haben nicht den Hafen der Rettung erreicht.
Wo stehen wir? Auf dem Boden der Freiheit oder noch auf feindlichem Gebiet?

9. AUGUST

Er will sich ein Haus bauen

»Wer seinen Nächsten heimlich verleumdet, den bringe ich zum Schweigen. Ich mag den nicht, der stolze Gebärde und hoffärtige Art hat.« (Psalm 101/5)

Scharf ist das Schwert des Kriegers, doch schärfer das Schwert des Verleumders. Jenes tötet den Leib, aber dieses die Seele zugleich. Die Worte des Verleumders sind Seelenschläge und gehen einem durchs Herz. Es ist eine Tatsache, das Verleumdergift trifft meistens drei Personen auf einmal: Den, der es spricht; den, der es hört; und den, den es treffen soll!
Zu Beginn meines Evangelisationsdienstes gründete ich eine Filmmission. Mit Gottes Hilfe stellte ich Filme her, die eine illustrative Predigt waren. Oft habe ich geschichtliche Filmdokumente zur Verkündigung des Evangeliums benutzt, um gerade in dem so endzeitlich geprägten Jahrhundert den Menschen die Erfüllung des prophetischen Wortes vor Augen zu führen.

Nun war ich einmal in einem Quartier untergebracht, in dem man über einen anderen Prediger sprach, der sich ein Haus gebaut hatte, was zu dieser Zeit als sehr ungeistlich galt. So wollte ich dem negativen Gespräch eine andere Wendung geben; vor allem den Prediger verteidigen, deshalb sagte ich: »Ich freue mich immer zu hören, daß es den Menschen gut geht. Von mir aus könnte der Prediger zwei Häuser besitzen. Vielleicht würde ich, wenn ich das Geld hätte, mir auch ein Haus bauen.« Den letzten Satz hatte ich wohl sehr gedankenlos dahergesagt; eben nur, weil mir bewußt war, wer einem Verleumder nicht widerspricht, der liebt auch seinen Bruder nicht.
Kurze Zeit danach, als ich schon wieder weitergefahren und einige hundert Kilometer entfernt war, rief mich ein Ältester der Gemeinde an und berichtete: »Du, deine Gastgeber von hier behaupten, du hättest die Filmmission nur deshalb gegründet, weil du dir ein Haus bauen möchtest. Du mußt energisch dagegen auftreten, denn das ist Rufmord! Wenn es seine Runde macht, kann dich das in deinem Dienst sehr behindern.«
»Weißt du, mein Herz ist in dieser Beziehung rein. Laß sie nur reden, der Herr ist mein Verteidiger!« war meine Antwort. »Nein – die Lüge ist wie ein Schneeball, je länger man ihn wälzt, desto größer wird er. Bald ist es eine Lawine«, war seine Meinung.
»Also gut, wenn ich wieder einmal in der Gegend bin, schaue ich rein.«
Als ich unerwartet und unangemeldet vor der Tür dieser Leute stand, ging es der Gastgeberin wie nach den Worten von Wilhelm Busch: »Angewurzelt stand sie da, als sie nach der Türe sah.« Sie bekam kein Wort des Grußes über die Lippen.
»Ich bin der Evangelist Müller-Bohn«, sagte ich. Sie nickte sehr betroffen und bat mich in die Küche.
Nach einiger Zeit sagte sie, ohne daß ich das Thema der Verleumdung angeschnitten hätte: »Ich muß mich bei dir entschuldigen, ich habe das und das gesagt.« – »Ja«, sagte ich, »ich habe dir bereits vergeben, als ich davon hörte. Nur ist es mit der Verleumdung wie bei einer Pusteblume. Wenn man den Samen über das Land geblasen hat, ist es unmöglich, alle vom Wind weggefegten Körner wieder einzusammeln. Deshalb wollen wir beten, daß Gott den bösen Samen auslöschen möge.«
Würden heute alle bösartigen Verleumder ausgerottet und alle Hochmütigen verbannt werden, so wäre die nächste Volkszählung fast überflüssig.
Gott sei Dank, das Blut Jesu Christi reinigt uns von aller Sünde, aber vorbeugen ist besser als heilen.

Fahr schneller

»Liebet den Herrn, alle seine Heiligen! Die Gläubigen behütet der Herr und vergilt reichlich dem, der Hochmut übt. Seid getrost und unverzagt alle, die ihr des Herrn harret.«

(Psalm 31/24-25)

Wenn je das Wort von der bewahrenden Hilfe des Herrn zur Geltung kommen muß, so ist es im Zeitalter der totalen Autogesellschaft. Wenn 40 Millionen Personenkraftwagen und mehrere Millionen Lastkraftwagen täglich über unsere Autobahnen und Landstraßen jagen, so wird seine Bewahrung hier am meisten erforderlich sein.

Was wir heute täglich, ja stündlich brauchen, ist seine mächtige, wirksame Hilfe, eine Hilfe, die sich bei größten Gefahren erweist und nie versagt. Deshalb können die Kinder Gottes nicht genug danken in dem Bewußtsein, einen allgegenwärtigen, allmächtigen und allwissenden Gott zu haben. »Unsere Sicherheit kommt von dem Herrn, der Himmel und Erde geschaffen hat!«

Durch seine unvorstellbar großen himmlischen Heerscharen ist er auch in diesem krisengeschüttelten Jahrhundert bei seinen Kindern allgegenwärtig; deshalb will ich ihn fröhlich preisen, der mir Sicherheit und Beistand in allen Gefahrenmomenten gewesen ist.

Bei einer Fahrt auf der Autobahn werde ich von einem seltsamen Befehl überrascht. In meinem Innern heißt es deutlich: »Fahr schneller!« Solch ein Anruf würde manchem Christen als unwahrscheinlich vorkommen. Mir war in diesem Augenblick geboten, schneller zu fahren!

Also trete ich das Gaspedal durch und hole heraus, was der Motor zu leisten imstande ist.

Plötzlich gibt es ein entsetzliches Krachen und Poltern! Im Rückspiegel erkenne ich hinter mir eine furchtbare Kettenreaktion von Unfällen. Wagen werden einfach durch die Gegend geschleudert. Autoteile fliegen durch die Luft wie bei einem Bombenangriff. Einige Wagen hinter mir sind durch dieses Chaos noch heil hindurchgekommen. Wieder einmal bin ich von unsichtbaren Mächten gewarnt und bewahrt worden.

Danach fahre ich auf einen Parkplatz, um zu beten und zu danken für den Schutz seiner himmlischen Heerscharen.

Am nächsten Tag lese ich in der Zeitung: »Massenkarambolage auf der Autobahn. Über 70 Wagen wurden zerstört. Es gab Tote und Verletzte.«
»Der dich behütet, schläft noch schlummert nicht!«
Wir könnten keine Fahrt unbeschadet überstehen, wenn unser Herr und seine Engel schlafen würden. Tag und Nacht bedürfen wir seines Schutzes.
Natürlich sollen wir Gott nicht versuchen, denn wenn wir vorsätzlich falsch fahren, können wir mit der Hilfe des Herrn nicht unbedingt rechnen. Die Jünger Jesu sollen die Ordnungen und Verfügungen des Staates und seiner Organe beachten. Ein gesetzwidriges Verhalten wird von dem Herrn aller Herren nicht belohnt. Darüber hinaus ist Gott ein Herr über Leben und Tod. Wenn er uns zu sich ruft, so kann es auf die seltsamste Weise sein; denn auch treue und bekannte Gotteskinder sind schon tödlich verunglückt. Unvergleichlich größer sind seine Bewahrungen. Wer könnte sie zählen?
Deshalb rühmen seine Kinder den Schöpfer, weil er ihnen oft einen unsichtbaren Beistand gegeben hat, eine Vorsorge und Zuflucht. Ob wir nun im Auto fahren oder uns im Flugzeug befinden, ob wir mit dem Schiff auf hoher See sind oder bloß mit dem Fahrrad durch den Wald fahren, wir sollten überall betend um seinen Schutz flehen.

11. AUGUST

Das Heidelberger Schloß

»Die Narren sprechen in ihrem Sinn: Es gibt keinen Gott. Ihr Tun ist falsch und abscheulich. Sie sind verdorben. Da ist nicht einer, der Gutes tue. Der Herr sieht vom Himmel herab auf die Menschen, ob er einen finde, der verständig sei und nach ihm frage.« (Psalm 14/1-2 Bruns)

Mein Weg führte mich in die vielbesungene Universitätsstadt Heidelberg. Direkt am Neckar hatte man ein Missionszelt aufgestellt, in dem ich sprechen sollte.
Spricht man von der Stadt Heidelberg, denken die meisten Menschen unwillkürlich an das legendäre Schloß. Jährlich pilgern Hunderttausende Touristen aus vielen Ländern der Welt dorthin,

um die einmalige Schönheit dieses architektonischen Kunstwerkes zu bestaunen. Doch mancher wird in gewisser Weise enttäuscht sein, denn dieses sagenhafte Schloß ist nur eine Ruine. Aber diese Ruine ist so kunstvoll und schön, daß sie Millionen von Menschen aus den entferntesten Ländern anzieht, um die versunkene Pracht dieses Bauwerkes zu bewundern.
In unseren Tagen glaubt man an die Theorie, die besagt, daß sich alles Geschaffene in der Natur selbständig aus dem Nichts entwikkelt hat.
Nun käme wohl kaum jemand auf die verrückte Idee, angesichts der Schloßruine, an der Existenz eines Baumeisters zu zweifeln, nur weil es sich um eine Ruine handelt. Auch käme niemand auf den wahnwitzigen Gedanken, dieses Gebilde sei ganz von selbst entstanden, eventuell durch einen Urknall, nein, diese Überreste deuten auf den genialen Geist eines hochtalentierten Architekten hin. Es käme wohl auch keiner auf den Gedanken, den Baumeister zu beschuldigen, er habe ganz bewußt eine Ruine erbaut, weil er nämlich überhaupt nicht in der Lage wäre, ein vollständig neues Schloß zu bauen. Jeder ahnt und weiß: Hier waren zwei verschiedene Kräfte am Wirken, zum einen die schöpferische und zum anderen die zerstörerische.
Obwohl alle Lebewesen auf Erden unverkennbare Merkmale der hochintelligenten Konstruktion eines Schöpfers tragen, behaupten Wissenschaftler und viele andere Menschen unsinnigerweise, alles sei aus einem Urknall entstanden, oder alles habe sich von selbst aus sogenannten »Ursuppen« entwickelt, wie es ein weltbekannter christlicher Atomphysiker ironischerweise beschrieb.
Schon im Zeitalter der sogenannten Aufklärung schrieb ein bekannter Philosoph: Wer leugnet, daß es einen Gott gibt, der sündigt frevlerisch gegen das Licht und die Gesetzmäßigkeit der Natur; denn jedes Geschöpf, selbst die kleinste Mücke oder Biene und der verachtetste Wurm im Staub sind nicht geeignet, das Dasein in Frage zu stellen oder zu widerlegen.
Das Dasein Gottes ist in der ganzen Schöpfung in so deutlichen und leuchtenden Schriftzügen eingemeißelt, daß es alle Menschen guten Willens dort mit Leichtigkeit lesen können. Der Gottesbegriff ist so fest und tief in die Bildschicht des menschlichen Gewissens geprägt, daß Gottes Dasein zu leugnen soviel ist, wie die Grundprinzipien der Natur überhaupt in Frage zu stellen.
Ja, wenn sie behaupten, es gibt keinen Gott, heißt das meistens im wahrsten Sinne des Wortes: Ach, daß es doch keinen Gott und Richter gäbe!

Flugzeugabsturz auf der Autobahn

»Ich bitte dich nicht, daß du sie von der Welt nehmest, sondern daß du sie bewahrest vor dem Bösen.« (Johannes 17/15)

Den Jüngern Jesu ist die Verheißung gegeben, daß sie der Herr behüten will und sie vor dem Bösen bewahrt bleiben sollen. Welch ein unermeßlicher Trost in dieser gefahrvollen Welt der Technik.

Der Herr Jesus Christus gibt uns eine weitreichende Zusage gnädiger Beschirmung. Er will nicht nur unseren irdischen Leib beschützen, sondern auch unsere Seele. Wenn nur die Seele vom Herrn behütet wird, so ist alles behütet.

Es war vor einigen Jahren: Ich wollte mich rechtzeitig auf den Weg machen und zu einer Evangelisation fahren. Da ich etwa 300 km zurücklegen mußte, wollte ich schon am frühen Vormittag aufbrechen, um rechtzeitig anzukommen.

Meine Frau bat mich: »Heute findet hier im Zelt eine Kinderevangelisation statt. Könntest du nicht eine Stunde später fahren, du hättest doch noch etwas Zeit und kommst auch dann noch rechtzeitig an, wenn du etwas später fährst. Bitte, bring doch die Kinder mit dem Wagen zum Kindergottesdienst.«

Ich überlegte es mir und brachte meine Kinder zum Zelt. Danach machte ich mich auf den Weg. Ich kam zunächst auf der Autobahn gut voran. Doch dann mußte ich eine Bundesstraße benutzen. Nach einer gewissen Zeit wurde der Verkehr immer dichter. Alle Hauptstraßen, Nebenstraßen und selbst Feldwege waren durch Personenwagen und Lastkraftwagen blockiert.

Jetzt mußte ich mich aber beeilen. Also versuchte ich, mich durch die Menge der Fahrzeuge durchzuschlängeln. Mancher Kraftfahrer hupte mir hinterher oder drohte mit dem Finger. Für mich galt es aber voranzukommen; deshalb betete ich unaufhörlich: »Herr, schaffe mir eine freie Bahn!«

Es waren noch 30 km bis zum Zielort. – Ich hoffte, rechtzeitig anzukommen.

Doch in einem kleinen Dorf war auch für mich auf einmal Endstation. Mitten auf der Straßenkreuzung stand ein korpulenter bayrischer Polizist. Wütend kam er auf mich zu und schrie, was ich mir einbilde, so unverschämt durch den Stau zu fahren und mich vorzudrängeln.

»Verzeihen Sie bitte, ich muß zu einem Gottesdienst nach Ingolstadt; denn ich bin der Redner des Abends«, erklärte ich ihm.
»Ja, das ist höhere Gewalt! Vor einer Stunde ist ein Verkehrsflugzeug auf die Autobahn gestürzt; alle Insassen sind tot. Die Autobahn wird noch stundenlang gesperrt sein. Ansonsten sehen Sie ja selbst, wie's hier aussieht. Ich kann Ihnen auch nicht helfen.«
Erschrocken horchte ich auf. – Vor einer Stunde? Da wäre ich vielleicht mitten in diesen Unfall hineingeraten. »Vater, ich danke dir für deine wunderbare Bewahrung«, betete ich. »Aber hilf mir nun bitte, doch noch rechtzeitig das Ziel zu erreichen!« In meiner Hilflosigkeit blickte ich mich um. Da, zwischen zwei Bauernhäusern sehe ich eine kleine Gasse – sie ist leer. Geschickt lenke ich meinen Wagen dort hinein.
Andere vermuteten wohl, ich wäre ein Einheimischer und würde den Weg kennen, deshalb folgten mir viele Wagen. Mir ward angst und bange, wenn ich vielleicht nicht mehr weiterkomme. – Was dann? Durch hohe Hopfenfelder kurvte ich voller Ungewißheit. Doch endlich komme ich heraus und sehe vor mir den Zielort. Gott hatte mich nicht nur bewahrt, sondern auch sicher auf unbekanntem Wege an den Zielort geleitet.

13. AUGUST

Zeugte Kinder und starb

»Hat nicht Gott die Weisheit dieser Welt zuschanden werden lassen? Noch nie hat die Welt, in all ihrer Weisheit, Gott in seiner Weisheit erkannt. Darum hat es Gott gefallen, die Menschen, die ihm vertrauen, durch eine Botschaft zu erretten, die für töricht gilt.« (1. Korinther 1/20-21 Bruns)

Die alte Schwester Wölk war ein treues Gotteskind. Als Witwe bekam sie eine beachtliche Pension, so daß sie immer etwas für gute Zwecke ausgeben konnte. Ihr Neffe hieß nicht nur Hans, sondern war auch ein »Hansdampf in allen Gassen«. Als begabter Student führte er ein ausschweifendes Leben, von dem die alte Tante nichts wußte. Sie zahlte ihm das Geld für das Studium, in der Hoffnung, er werde sich zum Herrn der Herrlichkeit bekehren und ein guter Mitarbeiter Gottes werden. Deshalb lud sie ihn auch oft zu Evangelisationen ein, aber Hans hatte immer eine Ausrede.

Eines Tages wurde angekündigt, der »große« Prediger X werde eine Evangelisation in der Stadt halten.
Seine großherzige Tante sagte zu ihm: »Hans, den Mann mußt du hören. Das ist einer der größten Evangelisten, die ich kenne. Bitte, besuche doch nur einen Vortrag. Ich will dich später auch nicht mehr mit dieser Sache behelligen.«
Hans war es leid, stets nach neuen Entschuldigungen zu suchen und dachte: Diesmal will ich den Wunsch der Tante erfüllen. Es wird das erste und das letzte Mal sein. Die Tante war darüber über alle Maßen glücklich, als sie am Abend mit ihrem Neffen in die kleine Kapelle kam. Im Vorraum standen die Ältesten der Gemeinde dicht beieinander und tuschelten über etwas.
»Macht doch bitte Platz!« sagte die Tante energisch. »Weshalb steht ihr denn hier mitten im Gang? Es kommt ja keiner vorbei!«
Sie wußte und ahnte nicht, weshalb die Verantwortlichen der Gemeinde so dicht beieinanderstanden. Der Pastor der Gemeinde war zu einem Dienst in eine andere Stadt gereist und der angesagte ›große‹ Evangelist konnte aus irgendwelchen Gründen an diesem Abend nicht kommen. Was sollten die unvorbereiteten Ältesten nun tun?
Die Mitarbeiter handelten nach dem Motto: Auf welchen das Los fällt, der soll den Prediger vertreten. Es fiel auf einen der Ältesten, der nicht der gewandteste Sprecher war.
Als nun der versammelten Gemeinde das Mißgeschick mitgeteilt worden war, dachte die Tante, jetzt sei alles verloren. Der einfache Bruder schlug seine Bibel auf und handelte nach der Methode: Was ich aufschlage, ist von Gott gegeben.
Er geriet in die Geschlechtsregister Mose. Stockend und oftmals sich versprechend las er: »Mahalalem war 65 Jahre alt und zeugte Jaret und lebte danach 830 Jahre und zeugte Söhne und Töchter, daß sein ganzes Alter war 895 Jahre, und starb.«
Die Tante glaubte im Erdboden versinken zu müssen. Welch eine grauenhafte Blamage, doch Hans war ganz andächtig bei der Sache. Monoton hieß es immer wieder: »Der Soundso war soundso alt, zeugte Söhne und Töchter, lebte soundso viele Jahre und starb . . .«
Diese Worte fielen dem hochgescheiten Hans so sehr ins Herz, daß er dachte, das wird in meinem Leben auch so sein: »Zeugte Söhne und Töchter, lebte soundso lange und starb.«
Noch am selben Abend traf Hans die wichtigste Entscheidung seines Leben, er bekehrte sich und wurde ein bekennender Christ. Es hatte Gott wohlgefallen, durch einfache Rede das widerspenstige Herz zu überwinden.

Ein sinnloser Tod

»Und wenn ich alle meine Habe den Armen gäbe und ließe meinen Leib brennen und hätte der Liebe nicht, so wäre mir's nichts nütze.« (1. Korinther 13/3)

Ohne Liebe bin ich nichts! All mein Denken, Tun und Helfen gelten im Maßstab des Ewigen nichts, wenn nicht die Liebe Gottes die Triebfeder dazu ist. Auch wenn ich der beste Nothelfer, Beistand, Beschützer, Wohltäter, ja Lebensretter wäre, und mich die Menschen einen »guten Engel« nennen würden, bei Gott würde es nicht zum ewigen Leben reichen, wenn nicht die Liebe Gottes, die herrliche Agape, der Ursprung meiner Menschenfreundlichkeit gewesen wäre.

Wie sinnlos eine solche Selbstaufopferung sein kann, wurde mir vor Jahren einmal vor Augen geführt. Während einer Evangelisation wohnte ich in Zürich bei gläubigen Menschen, die außer mir noch einen sehr liebenswürdigen Untermieter, einen jungen Studenten, bei sich wohnen hatten. Stets war er hilfsbereit und freundlich, er führte ein vorbildliches Leben. Natürlich wurde er von manchen Christen, Pastoren, Bibellehrern und Evangelisten des öfteren zum Gottesdienst eingeladen.

Einige führten mit ihm sehr ausgiebige Gespräche, aber er lehnte stets sehr höflich solche Einladungen ab. So auch bei mir.

»Wissen Sie, ich möchte Ihren Glauben ja nicht antasten, im Gegenteil, ich bewundere Menschen, die sich in dieser Weise für den Weltfrieden und für eine soziale Gerechtigkeit einsetzen; aber ich verfolge einen anderen Weg und leiste dabei bestimmt auch einen Beitrag zum Völkerfrieden. Bitte seien Sie mir nicht böse, es ist auch nicht persönlich gemeint, aber ich glaube, einen besseren Weg zur Lösung der großen Weltprobleme zu kennen. Für mich bedeutet diese Art im gewissen Sinne auch Gottesdienst.«

Man konnte ihn nicht überreden, auch nur einmal einen Gottesdienst zu besuchen. Einige Jahre später hörte ich den traurigen Ausgang seiner Friedensmission.

Seine Gastgeber gingen jährlich für eine gewisse Zeit in den Sommermonaten als Hauseltern in ein christliches Ferienhaus. Sie überließen dann dem korrekten, stets zuverlässigen Studenten das gesamte Haus. In dieser Zeit versuchte seine Mutter tagelang vergeblich, ihn telefonisch zu erreichen. Nach einer Woche fuhr

sie kurzerhand nach Zürich. Als er ihr nach mehrmaligem Klingeln, Rufen und Klopfen nicht öffnete, ließ sie, mit Billigung des Hausbesitzers, die Wohnung von der Polizei öffnen. Sie stürmte in die Dachwohnung, die der Student seit Jahren bewohnte. Schon im Treppenhaus bemerkten sie einen penetranten Verwesungsgeruch. Als sie die Schlafzimmertür öffneten, lag er, schon in Verwesung übergegangen, in seinem Bett.
Er hatte sich zehn Tage zuvor das Leben genommen. Auf seinem Tisch lag ein Abschiedsbrief, in dem er niedergeschrieben hatte, daß er aus Protest gegen den schmutzigen Krieg der Amerikaner in Vietnam aus dem Leben geschieden sei, um das Weltgewissen aufzurütteln.
Die Züricher Zeitungen berichteten im Innenteil mit 3 bis 5 Zeilen über diese Begebenheit. Das wunderbare Leben eines selbstlosen, stets freundlichen Idealisten ging sang- und klanglos in schauriger Weise zu Ende. Sein Appell für den Weltfrieden und gegen alle Ungerechtigkeit war sinnlos.
Was hätte dieser junge Mensch, unter der Leitung des gnädigen Gottes und seiner Schöpferkraft, nicht alles für den wahren Frieden tun können.

15. AUGUST

Sie haben ihren Engel bei sich

»Von den Engeln heißt es: ›Er macht seine Engel zu Winden und seine Diener zu Feuerflammen,‹ aber von dem Sohn: ›Gott, dein Thron währet von Ewigkeit zu Ewigkeit.‹«

(Hebräer 1/7-8)

Engel sind reale, geistliche Wesen, die überall wichtige Dienste für das Reich Gottes tun. Diese geheimnisvollen Wesen bleiben für uns meist in der unsichtbaren Welt verborgen; doch sind sie dienende Geister, zur Hilfe bestellt für die, die das Heil ererben sollen.
Stellen Sie sich einen leuchtenden Sommermorgen in der Lüneburger Heide vor. Die Welt ist voller Blumen, Sonnenschein und Vogelgesang. Mit frohen Augen blicke ich in die frische Frühlingslandschaft. An den Straßen wiegen sich graziös die hellen Birken im sanften Südwind. Mit jubelnden Liedern begleiten uns Finken,

Blaumeisen, Schwarzdrosseln, Goldammern und Stare. Wir befinden uns auf der Fahrt zu einem seelsorgerlichen Hausbesuch.
Ein junger Christ, der sich in der Gegend gut auskennt, führt das Steuer. Ich lasse mich gern »kutschieren«, weil ich dabei die Landschaft besser genießen kann. Als wir in einer Kurve aus dem Wald herauskommen, sehe ich ein kleines Waldcafé. Auf der Terrasse sitzen einige Gäste; die Kellnerin nimmt gerade eine Bestellung auf.
Wie leicht kommt es dabei in entspannter Atmosphäre zu einem Moment der Unachtsamkeit. Plötzlich werde ich durch ein unerwartetes Phänomen erschreckt. Hinter dem weißgekalkten Fachwerkhaus leuchtet es hell auf, daß es mich fast blendet. In meinem Innern heißt es schrill und durchdringend: »Es besteht große Gefahr!«
Im Bruchteil einer Sekunde ergreife ich den rechten Arm des fahrenden Bruders und sage: »Bremse! Es besteht Gefahr!« Im Nu schaltet gleich den Gang zurück. Aus einer Hecke, die das Waldcafé umgibt, schießt ein weißer Fußball hervor.
Ein Kind von zirka 5 bis 6 Jahren stürzt, ohne sich nach links oder rechts zu orientieren, hinter dem geliebten Spielzeug her, stolpert und fliegt schreiend auf die Fahrbahn. Die Bremsen quietschen entsetzlich, der Wagen war kurz vor dem am Boden liegenden Mädchen zum Stehen gekommen.
Die Eltern kommen schreiend zu ihrem Kind gelaufen. Zu Tode erschrocken erreicht der Vater als erster seine Tochter, hebt sie hoch und brüllt: »Wer hat dir erlaubt, von Papa und Mama fortzulaufen?«
Jetzt ist auch die Mutter angekommen. Sie nimmt das wimmernde Kind in ihre Arme und kommt auf uns zu: »Gott sei Lob und Dank, daß Sie so schnell und präzise reagiert haben! Der Herr vergelte es Ihnen!«
»Der Schutzengel der Kleinen hat dieses vollbracht«, sage ich. Meinem Mitbruder steht der kalte Schweiß auf der Stirn. Er sieht leichenblaß aus.
»Wie konntest du wissen, daß hier solche Gefahr lauert?« Ich erkläre ihm den Sachverhalt. Die Eltern, die selbst überzeugte Christen sind, bedanken sich und beten für uns. Wir verabschieden uns, da ich zum seelsorgerlichen Dienst erwartet werde.
Ach, arm ist eine Zeit, die den Glauben an die Engel verloren hat!

Das Wesen Jesu leuchtet aus ihm

»Ehe ich gedemütigt wurde, irrte ich; nun aber halte ich dein Wort. Du bist gütig und freundlich; lehre mich deine Weisungen.« (Psalm 119/67-68)

Kein Gewand kleidet uns schöner als die Demut. Martin Luther schrieb einst: »Rechte Demut weiß nimmer, daß sie demütig ist. Falsche Demut weiß nimmer, daß sie Hochmut ist.«
In einem Altenheim begegnete ich einem sehr lieben Bruder in Christus. Sein Antlitz strahlte voll Liebe, Zufriedenheit und Güte; stets hielt er sich bescheiden zurück. Der Leiter des Heimes war ein Bote Gottes in meinem Alter. Ich sagte zu ihm: »Weißt du, wenn man den Bruder L. anschaut, dann sieht man das Wesen Jesu aus ihm leuchten.«
Der Diener Gottes nickte: »Ja«, sagte er, »ich kenne ihn noch ganz anders.«
Dann erzählt er mir aus der Vergangenheit:
»Als wir im Winter 1945 in Schlesien von den Russen überrannt wurden, kamen auch die Polen. Sie warfen uns mitten im Winter aus unseren Häusern und Wohnungen. Wir gruben uns ein in Schnee und Erdhöhlen und vegetierten wie das Vieh bei arktischen Temperaturen unter freiem Himmel. Hunger und Kälte brachten uns an den Rand der Verzweiflung.
In dieser Zeit größter Trübsal ging der Bruder L. jeden Morgen in sein Heimatdorf zurück. In seinem Haus hatten sich die Feinde breitgemacht. Er begab sich in den Vorratsschuppen, spaltete mit der Axt das Holz, sorgte für kleine Zweige zum Anzünden des Feuers, stieg hinab in seinen eigenen Keller, wo noch Lebensmittel waren, brachte den Polen Kartoffeln und Holz in die Wohnung und wünschte ihnen Gottes Segen und einen guten Tag.«
Der Altenheimleiter blickte mich erwartungsvoll an: »Weißt du, was ich dem Bruder L. damals in meinem jugendlichen Leichtsinn gesagt habe: ›Du bist nicht ganz normal! So verrückt möchte ich auch einmal sein, den Polen, die uns alles fortgenommen haben, ja, die uns mitten im Winter aus unseren Wohnungen gejagt und uns ins Unglück gebracht haben, noch von meinem eigenen Besitz etwas abzugeben. Nein, Bruder L., du hast einen Vogel!‹
Weißt du, was der mir damals zur Antwort gegeben hat: ›Günter, das verstehst du jetzt noch nicht, aber es steht geschrieben: Hun-

gert deinen Feind, so speise ihn mit Brot; dürstet ihn, so tränke ihn mit Wasser; dann wirst du feurige Kohlen auf seinem Haupt sammeln, und der Herr wird dir's vergelten.‹ (Sprüche 25/21-22) Damals konnte ich das überhaupt nicht verstehen; aber heute sehe ich schon etwas von der Frucht des Geistes, nämlich von der Feindesliebe.«

Durch Demütigung erwachsen die Gnadenwunder der Liebe Gottes. Der Mensch wird in Wahrheit seinem Meister ähnlicher, wenn er aus tiefster Trübsal voll Glaubenszuversicht herausgekommen ist und Liebe gegen seine Feinde üben kann.

Die Liebe Gottes besitzt die wunderbare Kraft, alle Dinge in den Zustand des Trostes und der Freude zu verwandeln. Durch Demut werde ich von vielen geistlichen Krankheiten geheilt. Durch Armut kann ich reich in Gott werden, durch eigene Schwäche aber stark.

17. AUGUST

Bruder, sei nicht so hochmütig

»Hilf, Herr! Die Heiligen haben abgenommen, und gläubig sind wenige unter den Menschenkindern. Einer redet mit dem andern Lug und Trug; sie heucheln und reden aus zwiespältigem Herzen.« (Psalm 12/2-3)

Einfältig zu predigen ist eine Kunst, doch auch diese Kunst ist eine Himmelsgabe. Viele sind berufen, aber die meisten fühlen sich ›auserwählt‹.

Ein Pastor schickte einen Ältesten zu einer Stationsgemeinde, wo er predigen sollte. Dieser war von seiner Berufung zum Predigtdienst sehr überzeugt; leider mit der behindernden Einschränkung, daß ihn kaum jemand predigen hören wollte.

Als er an das Rednerpult trat, sagte er: »Liebe Geschwister, unser Prediger kann leider heute nicht kommen, weil er an einem anderen Ort dienen muß. So müßt ihr mit mir vorlieb nehmen. Ich bin ja kein studierter Pastor, wie ihr wißt. Ich habe auch nie eine Bibelschule besucht. Ich muß alles, was ich predige, vom Herrn selbst schwer erbitten. Unser Pastor hat ja die Bibelschule besucht, der hat studiert. Ich bin aber nur ein Laie und will mein Bestes versuchen. So, wie der Herr es mir persönlich eingibt, so möchte ich . . .«

Plötzlich ertönt von der Zuhörerschaft eine Donnerstimme: »Bruder, sei nicht so hochmütig, hör auf, herumzufaseln und fang endlich an! Sag uns, was der Herr dir aufgetragen hat!«
Dieser hatte den Nagel auf den Kopf getroffen, denn was der »dienende Bruder« dort herumstammelte, war wirklich nur versteckter Hochmut und Heuchelei.
Es ist bekannt, daß man aus nichts einen so guten Deckmantel machen kann wie aus gespielter Frömmigkeit. Nichts in der Christenheit ist so beeindruckend wie gespielte Demut, wobei der Scheinheilige doch wohl der Diener zweier Herren ist, nämlich Gottes Diener und der Diener seiner religiösen Eigenwelt. In seiner Selbstgefälligkeit meint er, Gott könne ihm ja dankbar sein, wenn er ihm diene.
Jesus aber predigte: »Habt acht auf eure Frömmigkeit, daß ihr sie nicht ausübt vor den Menschen, um von ihnen gesehen zu werden; ihr habt sonst keinen Lohn von eurem Vater im Himmel zu erwarten.«
Gott mißt mit anderen Maßstäben. Er schaut das Herz an. Wer kann wohl dieser Prüfung standhalten? Wo ist die wahre Demut? Wo ist die Reinheit des Herzens? Wie sieht es mit der Nächstenliebe aus? Wer achtet schon den andern höher als sich selbst?

18. AUGUST

Ich kann nicht mehr glauben

»Der du die Menschen lässest sterben und sprichst: Kommt wieder, Menschenkinder! Denn tausend Jahre sind vor dir wie der Tag, der gestern vergangen ist, und wie eine Nachtwache.« »Lehre uns bedenken, daß wir sterben müssen, auf daß wir klug werden.« (Psalm 90/3-4 und 12)

Ist es nicht höchst verwunderlich, wenn uns der Heilige Geist aufruft zu bedenken, daß wir sterben müssen? Muß uns Gott daran erinnern, unsere Tage zu zählen, weil unser Leben so begrenzt ist? Hören wir nicht täglich von heimtückischen Krankheiten und Epidemien, die die Menschen so schnell, ja urplötzlich hinwegraffen? Kann es nicht sein, daß wir, die wir doch jeden Tag quasi auf den Staub unserer Vorfahren treten und die Todesanzeigen in den Zeitungen lesen, dadurch schon nachdenklich werden und uns erinnern, daß auch wir einmal abgerufen werden? Ist es nicht eine fatale Sache, an den Tod zu denken und macht es uns nicht unruhig, daran erinnert zu werden?

Telefonisch wurde ich gebeten, an das Bett einer sterbenskranken Mutter zu kommen, die dem Herrn über 30 Jahre treu geglaubt und gedient hatte. Die Tochter berichtete mir erregt: »Stell dir vor, meine Mutter behauptet, daß sie nicht mehr glauben und auch nicht mehr beten könne! Ich bin ganz verzweifelt, bitte komm so schnell wie möglich.«

Da ich schon oft an Betten schwer erkrankter Menschen stand und seelsorgerlich tätig war, bin ich, trotz der Schreckensmeldung der Tochter, sehr gefaßt. Es ist nicht ungewöhnlich, daß tief gläubige Menschen, die dem Herrn voller Vertrauen jahrzehntelang gefolgt sind, in der Sterbestunde noch einmal einen letzten Kampf zu bestehen haben: Der Flucher möchte noch einmal fluchen und der ehemalige Alkoholiker möchte noch einmal trinken.

Es ist der letzte Anlauf des Satans, den Menschen zu verwirren.

Bald stehen wir im Krankenhaus am Bett der Mutter, die ihrem Herrn so lange vertraute. Die Tochter stellt mich vor und ich beginne behutsam: »Liebe Schwester, ich komme heute nicht allein, der Herr Jesus ist auch hier, der dir seine tröstenden Hände auflegen und dich segnen will.«

Die Augen der vom Tod gezeichneten, stark abgemagerten Frau beginnen zu leuchten:

»Jesus!« haucht sie und lächelt dabei.

»Ja, der Herr Jesus ist hier!« tröste ich sie.

Die Tochter blickt mich ganz verwundert an; diese schnelle Veränderung hatte sie nicht erwartet.

Dann beginne ich zu beten und segne die Frau, die danach auch noch selbst betet. Plötzlich richtet sich die Lungenkrebskranke etwas auf; wir stützen sie, weil wir denken, sie bekäme Atemnot. Doch dann geschieht ein Wunder. Ganz leise, mit zitternder Stimme beginnt sie zu singen:

»So nimm denn meine Hände und führe mich bis an mein selig Ende und ewiglich! Ich kann allein nicht gehen, nicht einen Schritt, wo du wirst geh'n und stehen, da nimm mich mit!«

Als sie zu Ende gesungen und ihre Augen für immer geschlossen hat, gehe ich zur Bettnachbarin, die viel jünger ist, aber sehr ergriffen dieses miterlebt hat.

»Könnten Sie auch so heimgehen?« frage ich sie. Dann bete ich auch noch mit ihr und rate ihr, sich rechtzeitig durch Jesus von allen Sünden reinigen zu lassen: Denn wer so stirbt, der stirbt wohl.

Ich habe dich gesehen

»Wer ist wie der Herr, unser Gott, im Himmel und auf Erden? Der oben thront in der Höhe, der herniederschaut in die Tiefe, der den Geringen aufrichtet aus dem Staube und erhöht den Armen aus dem Schmutz.« (Psalm 113/5-7)

Jahr für Jahr begegne ich einer großen Anzahl von Menschen auf meinen Reisen. Es sind Menschen in verschiedenen Ländern und aus unterschiedlichsten Schichten. Namen kann ich mir schlecht merken, aber um so besser ist mein visuelles Gedächtnis, d.h. wenn ich jemanden bewußt gesehen habe, erkenne ich ihn meist noch nach Jahrzehnten wieder. Sein Gesicht hat sich tief in mein Gedächtnis eingeprägt. Einmal treffe ich einen Menschen und sage schon bei der Begrüßung: »Ich kenne dich. Ich habe dich schon einmal gesehen.« Verdutzt blickt mich der andere an: »Das ist aber gar nicht möglich, ich habe dich ja noch nie gesehen.« Wir rätseln hin und her, an Orten, wo er gelebt hat, bin ich noch nicht gewesen. In Städten, wo ich gepredigt habe, war er noch nicht. Ich kann ihm also nie begegnet sein; doch ich bin mir ganz sicher, ich habe sein Gesicht schon gesehen. Plötzlich kommt es mir: Eine Angestellte aus der Zeit, in der ich Geschäftsführer im christlichen Hotel war, hatte mir vor Jahren eine Fotografie von ihm gezeigt. Als ich ihm das sage, schaut er mich erschrocken an: »Du könntest bei der Kriminalpolizei gute Arbeit leisten.« Er war sichtlich beeindruckt.

Unser himmlischer Vater blickt aus seinem Thronhimmel auf uns herab. Er kennt jeden beim Namen.

»Mit wem wollt ihr mich also vergleichen, dem ich gleich sei?« spricht der Heilige. »Hebt eure Augen in die Höhe und seht! Wer hat dies geschaffen? Er führt ihr Heer vollzählig heraus und ruft sie alle mit Namen; seine Macht und starke Kraft ist so groß, daß nicht eines von ihnen fehlt.« (Jesaja 40/25-26)

»Er zählt die Sterne und nennt sie alle mit Namen!« (Auch die, die Wissenschaftler vielleicht nie entdecken können.) Er wohnt in solch ferner Höhe, daß er selbst, um himmlische Dinge zu sehen, in die Tiefe schauen muß. Er muß sich neigen, um das »hohe Firmament« zu betrachten, um zu sehen, was seine himmlischen Heerscharen tun. Wie groß muß seine Barmherzigkeit sein, daß er die geringsten Diener auf Erden beachtet und sie lenkt und leitet?

Wir kennen ihn als den, der unsere ganz persönlichen Anliegen hört und kennt; der seine Verheißungen zu seiner Zeit und nach dem Maß seines guten Willens erfüllt. Er sieht auf das Niedrige, das sich von Herzen vor ihm demütigt, weil er sich an ihnen nach seiner freien Gnade am deutlichsten verherrlichen kann und weil sie dem Bild seines Sohnes am ähnlichsten sind.
Wenn der Herr nicht so erhaben wäre, würde er den Niedrigen eher übersehen; in dem »Sehen« des Niedrigen ist eine herrliche Fürsorge und unausdenkbare Barmherzigkeit enthalten.
Beglückt uns nicht der Gedanke, daß der, der größer und höher ist als die Weisheit aller Gelehrten und Wissenschaftler aller Jahrtausende, dessen Wesen höher bleibt als die Fassungskraft seiner Geschöpfe, daß dieser erhabene Schöpfer sich in seinen geringsten Geschöpfen offenbaren will, daß er uns beim Namen kennt und uns zum ewigen Ziel leitet? Bete ihn an!

20. AUGUST

Ist Schmuck Sünde?

»Putzt euch nicht äußerlich heraus mit aufwendigen Frisuren, kostbarem Schmuck oder prächtigen Kleidern. Eure Schönheit soll von innen kommen: Freundlichkeit und Herzensgüte sind der unvergängliche Schmuck, der in Gottes Augen Wert hat.« (1. Petrus 3/3-4 GN)

Nach einer Evangelisationsversammlung in Bern, der Hauptstadt der Schweiz, kommt eine Frau zu mir und fragt: »Sagen Sie mir, ist Schmuck Sünde?«
Ganz verblüfft schaue ich die junge Frau an: »So etwas habe ich nicht gepredigt. In einer Erweckungsversammlung geht es um die Erleuchtung des inneren Zustands des Menschen, der mit dem Herrn Jesus Christus noch keinen Gnadenbund geschlossen hat. Wie kommen Sie eigentlich auf diese Frage?«
»Ach wissen Sie, während Ihrer Predigt kam mir laufend der Gedanke: ›Gehe hin, verkaufe alles und folge mir nach, so wirst du einen Schatz im Himmel haben.‹ Er hat mich bis zum Ende des Gottesdienstes nicht mehr losgelassen.«
»Nun«, sage ich zu der Frau, »in diesem Fall will Gott Ihnen etwas Bestimmtes sagen.«

»Ach ja, dann weiß ich schon«, ruft sie und stürmt davon.
»Das ist auch eine Art, sang- und klanglos zu verschwinden«, denke ich, als ich der Frau nachschaue. Doch innerhalb einer Viertelstunde ist sie wieder da. In den Händen trägt sie einen beachtlich großen Korb, der bis an den Rand gefüllt ist mit Schmuck, das heißt: Goldketten, Ohrringen, Perlenketten, Ringen von Gold und Silber und wertvollen Steinen, Geschmeide der unterschiedlichsten Art und auch Modeschmuck.
»Hier!« sagt sie und drückt mir den seltsamen Korb in die Hände. »Nehmen Sie das, ich will davon nichts mehr haben.«
Ziemlich erschrocken stehe ich da und starre auf die funkelnde Pracht.
»Ach ja, da fehlt ja noch etwas«, ruft sie, »das fällt mir gerade noch ein . . .« Sie zupft die Ohrklipse ab und legt noch eine Kette dazu, die sie um ihren Hals getragen hatte.
So schnell wie sie gekommen, so schnell ist sie wieder verschwunden. Ganz benommen stehe ich mit dem seltsamen Korb am Ausgang der Kapelle. Wegen meiner sichtlichen Hilflosigkeit beginnen andere Frauen zu lächeln. Als der Gemeindepastor erscheint, übergebe ich ihm den Korb mit den Worten: »Hier hast du das. Da sieh du zu, was damit zu machen ist. Ich habe so etwas während meiner ganzen Dienstzeit noch nicht erlebt.«
Mehr als Gold und Silber und alle Edelsteine der Welt liegt in dem Buch der Bücher, der Bibel verborgen. Die Heilige Schrift ist die Bücherei des Heiligen Geistes. Sie ist die Offenbarung der göttlichen Weisheit! Für uns ist die Bibel der Kompaß, nach welchem wir unseren Lebensweg ausrichten sollen; sie ist der Acker, in welchem Christus, der köstliche Schatz, verborgen liegt. Sie ist seine heilige Augensalbe, denn sie heilt die Seele und schärft den Blick unseres Geistes.

21. AUGUST

Sie wissen ja nicht, was Schwermut ist!

»Aus der Tiefe rufe ich Herr zu dir. Herr, höre meine Stimme! Laß deine Ohren merken auf die Stimme meines Flehens.«
(Psalm 130/1-2)

Während einer Evangelisation wurde ich zu einer Frau gerufen, die an Schwermut litt. Ihre innerliche Finsternis war so schreck-

lich, daß sie sich auch äußerlich in Dunkelheit verbarg. Die Rollläden waren am hellichten Tag heruntergelassen; die schweren Übergardinen zugezogen; das Zimmer dunkel. Seit Jahren lebte hier dieses geplagte Wesen.
Die Frau konnte kein Licht ertragen, denn davon bekam sie starke Kopfschmerzen. Trotz des matten Lichtes trug sie eine abdunkelnde Sonnenbrille. Auch nach stundenlangen Gesprächen mit anderen Gläubigen verspürte sie keine Erleichterung. Ich rate ihr, das Buch eines bekannten Heilungsevangelisten zu lesen.
»Oh, das kenne ich! Solch ein Mensch weiß ja überhaupt nicht, was Schwermut ist; der lebt ja nur auf der Sonnenseite des Lebens!« schreit sie förmlich.
Jetzt wird mir klar, weshalb seine »Glaubensbücher« solche großen Auflagen erreichen; er ist einer der Schriftsteller, die nur eine Seite des Lebens darstellen und den Anschein erwecken, als würden sie nie schwere Stunden erleben. Gerade von ihm weiß ich, daß er geschieden ist und sich wieder verheiratet hat. Es müssen also auch bei ihm finstere Stunden der Katastrophe dagewesen sein; doch die verschweigt er und erweckt den Anschein, als hätte es nur Hochstimmungen in seinem Leben gegeben. Solche Menschen stürzen andere in noch größere Tiefen.
Durch die Gnade des Herrn und mein Bekenntnis der eigenen, tiefen Wege gewinnt diese Frau verwandelnden Glauben und wird völlig geheilt. – Mit großer Freude berichtet diese Frau später das Wunder des Ewigen.
Es gibt Tiefen von gänzlicher Umnachtung der Psyche, wenn die Seele immer mehr in Kummer und Traurigkeit versinkt bis an die Grenze zur völligen Verzweiflung. Für solche Menschen scheint alles hohl und leer. Jeder Ton wirkt wie ein schriller Mißton. Das Leben scheint sinnlos, verwirrt und dunkel. Jeder Schritt ist bleiern. Die Zukunft sieht einer Folterkammer gleich. Die Gegenwart ist ein Ort der Trostlosigkeit. In welche schauerliche Tiefe kann eine menschliche Seele abstürzen. Mancher gleitet, zunächst kaum merklich, abwärts, dann aber versinkt der Schwermütige in grundlose Tiefe. Das Empfinden dieser Kranken wirkt wie ausgelöscht, die Innenwelt wie abgestorben, das Bewußtsein wie betäubt.
Tiefe Fluten erzeugen oft tiefe Andachten. Je größer die Not ist, desto überzeugender ist der Glaube, der mutig dem Herrn vertraut und ihn aus tiefster Finsternis anruft. Gott kann Menschen in zeitliche Tiefen und geistliche Nöte bringen. Dies erzeugt bei Kindern Gottes größte Inbrunst im Gebet.
Die Tiefe ihrer Not bringt die innerste Tiefe ihrer Seele zum

Aufschrei, daß ihre Gebete dann aus tiefstem Herzensgrund zu Gott aufsteigen. Wer in den Tiefen noch beten kann, den wird keine Feindesmacht umbringen. Wer aus der verzweifeltsten Tiefe zu Gott schreit, wird bald auf den Höhen des Geistes jubeln können. Diese Frau, von der wir anfänglich hörten, hüpfte wie ein fröhliches Kind nach ihrer Heilung umher. Die Gemeinde frohlockte über die Güte des Herrn und pries den Ewigen.

22. AUGUST

Leuchtender Heimgang

»Er erqicket meine Seele. Er führet mich auf rechter Straße um seines Namens willen. Und ob ich schon wanderte im finstern Tal, fürchte ich kein Unglück; denn du bist bei mir, dein Stecken und Stab trösten mich.« (Psalm 23/3-4)

»Und wenn ich schon wanderte im finsteren Tal . . .« Aus diesem Wort strömt eine schreitende Gelassenheit; es ist, als beschleunige ein Gottesmensch seine Schritte in keiner Weise. Man spürt weder Hast noch Unruhe, weil ein Christ, wenn es zum Sterben geht, fest an Gottes Hand gehalten wird. Deshalb fühlt er sich gesammelt und vorbereitet.

Ein sterbendes Gotteskind hat wohl vor dem Unbekannten ein heimliches Zittern, aber es ist weder bestürzt noch in panischer Reaktion. Beim Beschreiten der finsteren Schlucht weiß es sich umgeben von der Kraft seiner Auferstehung und tritt aus dem Dunkel plötzlich in das helle Licht der Unsterblichkeit, in die Gegenwart des Erlösers. Für einen Jünger Jesu ist der Tod kein finsteres, unheimliches Gebäude, sondern eine Vorhalle, ein Durchgang hin zum neuen Leben.

Wohl sind im Tal der Todesschatten noch einige Kämpfe zu bestehen, aber der Sterbende weiß: Da, wo es Schatten gibt, ist auch strahlendes Licht vorhanden.

Unsere Mutter lag im Sterben. Solange ich denken kann, war sie eine Beterin. Unser Vater nannte sie den »Glaubensstamm der Familie!« Als sie sich nach einem Schlaganfall zum Heimgang bereithielt, waren ihre vier Kinder und ihr Mann alle Gotteskinder.

Ihre drei Söhne waren Boten Gottes. Trotzdem gab es körperlich

noch manchen Kampf, wenn sie bei den Erstickungsanfällen nach Atem rang. War die Atemnot vorüber, legte sich wieder ein schöner, friedlicher Glanz über ihr Gesicht. Ich fragte sie: »Mutti, wie fühlst du dich jetzt?«
Sie antwortete: »So guuut, es ist alles sooo guuut.«
»Mutti, du weißt doch, wo du hingehst?« forschte ich.
»Jaaa – in Abrahams Schooß, zu Jesuuus.«
Es fiel ihr schwer zu sprechen, aber man konnte sie noch gut verstehen. Die Stationsschwester bekannte mir auf dem Gang: »Wissen Sie, wenn alle Menschen so sterben würden, dann wäre es ein schönes Arbeiten, selbst in einer inneren Abteilung. Ihre Mutter ist wirklich eine gläubige Frau.«
Die Stunden des Heimganges sind oft von überirdischen Geheimnissen erfüllt. Mein Vater schlief, so wie er gelebt hatte, ganz sanft und friedlich ein. Einst sagte er zu mir: »Jost, eines Tages wirst du von der Schwester hier zur Seite genommen, und sie wird dir sagen: ›Ich habe für Sie eine traurige Nachricht. Ihr lieber Vater ist heimgegangen.‹ Dann sagst du in deinem Innern ein kräftiges: Halleluja! Am Grabe predigst du bitte nur von der Herrlichkeit des Herrn und freust dich, mich einst wiederzusehen. Versprichst du mir das?«
Ich habe es versprochen und gehalten. Als er einschlief, hatte ich bei Bern eine Evangelisation. Der Gottesdienst war gerade vorüber; ich schloß meine Augen und betete noch einmal.
Plötzlich erschien mir mein Vater, nicht als 90-jähriger, wie er es zu dem Zeitpunkt war, sondern in seinem besten Mannesalter. Er lächelte und winkte mir freundlich zu. Dann verschwand er vor meinen Augen. Solche Begebenheiten habe ich schon von vielen Gotteskindern gehört. Ich wußte, es war der Augenblick seines seligen Heimgangs.

23. AUGUST

Die Liebe ist geduldig

»Und er stand auf und machte sich auf den Weg zum Vater. Als der ihn aber von weitem sah, packte ihn ein heißes Erbarmen, er eilte ihm entgegen, fiel ihm um den Hals und küßte ihn. Der Sohn sagte: Vater, ich habe gesündigt gegen den Himmel und gegen dich! Ich bin es nicht mehr wert, dein Sohn zu heißen.«
(Lukas 15/20-21 Bruns)

Gibt es eine schönere Schilderung von der geduldigen Liebe Gottes als in dem Gleichnis von dem verlorenen Sohn? Eigentlich sollte es heißen: »Das Gleichnis von der unbegreiflichen Liebe Gottes«.
Paulus schreibt: Die Liebe ist geduldig. Diese Aussage müßte das Alltagsleben eines Geistesmenschen beinhalten. Da die Liebe Gottes durch den Heiligen Geist in unsere Herzen ausgegossen ist, kann diese Liebe nicht nur formell in unserer Gedankenwelt existieren, sondern soll unser ganzes Dasein erfaßt haben. Unsere Nächsten, unsere Kollegen, unsere Nachbarn werden es dann an uns erkennen: Die Liebe Gottes ist langmütig und freundlich. Die eine Aussage spricht von der Weite und die andere von der Qualität der göttlichen Liebe. Es geht um die Liebe, die den langen Atem hat. Es ist die unnachahmliche Liebe, die im Zentrum der Geduld wurzelt, hier reißt nie der Geduldsfaden.
Es ist die Liebe, wo allgemeine Menschenliebe oft schon am Ende ist, – es ist die Liebe, die geduldig wartet, wenn bei uns schon Hoffnungslosigkeit eingetreten ist.
Wenn wir aber die Heilige Schrift recht ergründen, dann werden wir erkennen müssen, daß die langmütige Gottesliebe stets durch Leid geprüft wird. Die Agape hat hier auf Erden meist mit Leid zu tun.
Der Titel eines Buches lautet: »Das Leiden der Liebe Gottes«.
Wir möchten wohl sagen: Gott kann doch nicht leiden, wenn er selbst solch eine langmütige Liebe in sich trägt. Wir lesen aber, daß Gott gerade wegen seiner langmütigen Liebe auch Leid in sich trägt: »Aber mir hast du Arbeit gemacht mit deinen Sünden und hast mir Mühe bereitet mit deinen Missetaten.« (Jesaja 43/24b)
Solches Leid stellt sich da ein, wo die brennende Liebe im Warten verharrt und stets durch die Unvollkommenheit leidet. Es liegt im Wesen der Liebe Gottes, daß sie immer um das Verlorene und Verirrte leidet. Es ist das Gleichnis von der Ausdauer und Geduld unseres Gottes, es ist eigentlich meine und deine Geschichte mit Gottes Treue. Diese langmütige Liebe ist durchlebt und durchlitten durch die Schmerzen und Wunden unseres Heilandes Jesus Christus. Als er geschlagen wurde, sagte er kein Wort; als er bespien wurde, murrte er nicht gegen den Vater. Er hätte doch sagen können: »Nun ist's aber genug! Muß ich als dein Sohn mir das alles von den Sündern gefallen lassen?« Nein, er betete für seine Mörder: »Vater, vergib ihnen, denn sie wissen nicht, was sie tun!«
Wieviel Geduld hat Gott mit uns, ehe wir nur einen Schritt im Gehorsam vorangekommen sind. Wieviel Langmut ist nötig, ehe

wir aus den Kinderschuhen des Glaubens kommen, ehe wir zu Jünglingen oder in das reifere Christenleben gelangen? Wie lange muß Gott oft warten, bis er einen Menschen in ein Missionswerk senden kann?

24. AUGUST

Seltsame Klopfgeister

»Denn wir haben Lüge zu unserer Zuflucht und Trug zu unserem Schutz gemacht.« (Jesaja 28/15b)

Ein nicht zu unterschätzendes Gebiet sind die eingebildeten Krankheiten. Sie reichen von den kleinsten Symptomen bis hin zu den bittersten Fällen, die in der Heilanstalt für Geisteskranke enden.

In einer Weltstadt Europas begegnete mir eine reichlich nervöse Frau. Seit Jahren besuchte sie die Gottesdienste dieser Kirchengemeinde.

»Könnte ich Sie einmal sprechen?« fragt sie im leichten Ton.

»Ja, bitte, soll es gleich sein oder möchten Sie besucht werden?«

»Nein, ich möchte Ihnen meine persönliche Not gleich offenbaren.« Dabei sieht sie sich ängstlich um.

»Um was handelt es sich denn?«

»Wissen Sie, ich werde immer wieder von bösen Geistern belästigt. Sie lassen mir Tag und Nacht keine Ruhe.«

»Wenn ich fragen darf, in welcher Weise belästigen Sie die Geister?« möchte ich wissen.

Sie rückt näher an mich heran: »Sie müssen wissen, in meiner näheren Umgebung wohnt eine Spiritistin, die dort ihre dunklen Werke betreibt. Von daher kommen finstere Wellen auf mich zu. In meiner Wohnung klopft es laufend, es sind Klopfgeister!«

»Wie lange werden Sie denn schon von diesem Klopfen geplagt?«

»Ach, seit über 10 Jahren. Eigentlich schon immer. Ich gebiete und gebiete immer wieder, aber es läßt nicht nach.«

»Sagen Sie, haben Sie durch die Gnade Jesu Christi ein reines Herz? Haben Sie alle Ihre Sünden unter das Kreuz von Golgatha gebracht? Leben Sie vielleicht in irgendeiner heimlichen oder bewußten Sünde?«

»Nein«, antwortet sie prompt. »Was soll ich bloß machen? Ich bin ganz verzweifelt!«

»Gern will ich mit Ihnen beten«, das ist meine Antwort. »Aber einen guten Rat habe ich auch. Gehen Sie in eine Apotheke und kaufen Sie sich dort Oropax, das sind Wattepfropfen mit Wachs, diese stecken Sie in die Ohren. Beten Sie zuvor, ehe Sie ins Bett gehen. Begeben Sie Sich ganz bewußt unter den Schutz Gottes, dann hören Sie nicht mehr das Klopfen und können in Frieden ruhig schlafen.«
Völlig entgeistert starrt mich die Frau an: »Das ist aber ein sehr praktischer Rat«, meint sie mit leichtem Unterton von Enttäuschung. »Ja, sehr praktisch und äußerst hilfreich«, antworte ich.
Danach gebe ich ihr noch weitere seelsorgerliche Ratschläge. Ich erkläre ihr, daß ein wiedergeborenes Gotteskind, welches das Zeugnis der Wiedergeburt in sich trägt, nicht besessen oder dämonisch belastet sein kann, weil man sonst alle biblischen Verheißungen betreffs der Christusnachfolge in Frage stellen müßte; denn er hat gesagt:
»Ich bin das Licht der Welt. Wer mir nachfolgt, wird nicht in der Finsternis wandeln, sondern wird das Licht des Lebens haben.«

25. AUGUST

Kein medizinisches Wunder

»Und strecke deine Hand aus, daß Heilungen, Zeichen und Wunder geschehen durch den Namen deines heiligen Knechtes Jesus.« (Apostelgeschichte 4/30)

Zu allen Zeiten hat der allmächtige Gott Zeichen und Wunder gewirkt.
Hier das Zeugnis eines übernatürlichen Wunders aus unseren Tagen im 20. Jahrhundert: In der Universitätsklinik in Tübingen besucht ein Ehemann seine schwerkranke Frau. Sie liegt bereits allein im Sterbezimmer der Station, weil sie wegen Bauchspeicheldrüsenkrebs, der keine medizinische Hoffnung zuläßt, von den Ärzten aufgegeben ist. Der leitende Professor der Abteilung läßt den Mann zu sich kommen und erklärt ihm schonend, doch sehr deutlich: »Sie müssen sich darauf einstellen, daß Ihre Frau nur noch wenige Tage, höchstens einige Wochen zu leben hat. Unsere medizinische Kunst ist am Ende.«
Für den Mann bricht eine ganze Welt und jede Hoffnung zusam-

men, denn er hatte seinen kleinen Kindern versprochen, die Mutter bald wieder nach Hause zurückzubringen. Wie betäubt fährt er heim.

Am nächsten Morgen, vor dem Nachrichtendienst hört er folgenden Satz: »Gott kann auch heute noch Wunder tun. Er will dich heilen und wieder aufrichten!« Der Mann erschrickt. »Wer hat da gesprochen?« Er ruft bei der Rundfunkstation an, läßt sich die Missionsstation nennen und bekommt durch sie die Telefonnummer des Mannes Gottes, dessen Stimme er am Morgen gehört hatte. Zu einer sehr ungewöhnlichen Zeit ruft er dort an: »Sagen Sie, stehen Sie zu dem, was Sie gepredigt haben?«

»Ja«, lautet die Antwort des Missionars.

»Damit wir uns aber richtig verstehen, meine Frau hat keine Grippe, sondern liegt im Sterbezimmer im letzten Stadium von Bauchspeicheldrüsenkrebs. Kann Gott hier noch ein Wunder tun?«

»Wenn Gott einen Lazarus, der drei Tage im Grabe gelegen, wieder auferweckt hat, weshalb sollte er nicht Menschen von Krebs heilen?«

»Dann kommen Sie so schnell wie nur möglich! Für alle Unkosten will ich gern aufkommen.«

Als der Mann Gottes am Bett der sterbenskranken Frau steht, hebt er still seine Hand zum Himmel, die andere hat er auf ihre Stirn gelegt: »Du treuer Gott und Heiland, du hast mich so oft erhört und Menschen geheilt. Manchmal hast du es auch anders getan, indem du den Menschen zu dir riefst, hilf, du Retter der Welt!«

Während des Gebetes beginnt die Frau erst leise, dann immer stärker werdend, auszurufen:

»Oooh, ooh, was ist denn das? Oooh, oooh, was ist denn das? Das ist ja wunderschön! Ich bin doch heil, ich bin heil – ich bin heil!« Die Krankenschwester holt sofort den Oberarzt. Der Arzt sagt zu ihr: »Bitte beruhigen Sie sich. Ich weiß, ein religiöser Fanatiker war bei Ihnen. So etwas gibt es, man nennt es Autosuggestion ...«

»Nein, nein, Herr Doktor, ich bin gesund! Ich bin heil, ich habe großen Hunger, ich bitte um ein Frühstück!«

»Sie werden doch künstlich ernährt ...«

»Nein, Herr Doktor, ich habe einen unbeschreiblichen Hunger nach einem Frühstück ...«

»Also gut, Sie bekommen ein ganz leichtes Frühstück. Aber hören Sie, wenn irgendwelche Beschwerden auftreten, hören Sie sofort auf zu essen«, sagte er mit Bestimmtheit. Doch die Frau ißt mit großem Wohlbehagen und bittet gleich noch um ein zweites Frühstück. Sie ist heil durch die unbeschreibliche Kraft des Schöpfers und beginnt, Gott zu danken.

26. AUGUST

Verkündige all deine Wunder

»Dir zu danken mit lauter Stimme und zu verkündigen alle deine Wunder.« (Psalm 26/7)

Gott hatte sichtbar eingegriffen und zwar sofort. Ein unbekannter Diener Gottes rief den Namen des Allmächtigen an und bat um Heilung für eine vom Tod gezeichnete, kranke junge Frau, die schon im Sterberaum lag. Todesschatten hatten sich bereits über das Gesicht der jungen Mutter gelegt; doch jetzt, nach diesem einfachen Gebet eines Gottesboten, kamen neue Lebenskräfte in den ausgemergelten Körper. Die seit längerer Zeit schon künstlich Ernährte verlangte nach frischer Nahrung. Das Unmögliche wurde zur Wirklichkeit. Die Todgeweihte konnte fröhlich ihr doppeltes Frühstück genießen. So etwas kann nicht verborgen bleiben.
Frei nach Schiller könnte man fortfahren:
» . . . und zum Professor bringt man die Wundermär! Der fühlt ein medizinisches Rühren, läßt schnell vor den Thron sie führen und blickt sie dann lange verwundert an, drauf spricht er: ›Es ist ein medizinisches Wunder!‹«
»Nein, Herr Professor, nein!« ruft die einfache Frau, »kein medizinisches Wunder, sondern ein Wunder Gottes, denn ein Mann Gottes hat mit mir gebetet, und da wurde ich augenblicklich heil.«
Der Professor lächelt: »Nun bitte, Sie nennen es so und ich nenne es anders. Auf alle Fälle sehen wir eine positive Veränderung und darüber wollen wir uns sehr freuen. Aber ich muß die Bauchspeicheldrüse noch einmal genauestens untersuchen.«
Nach Tagen wird die Frau aus der Universitätsklinik in Tübingen entlassen. Die Bauchspeicheldrüse arbeitet so, als wäre sie nie erkrankt gewesen. Doch nach 3 Jahren ruft der Professor bei der ehemaligen Patientin an. Er bittet sie, wieder nach Tübingen zu kommen. Er würde sie persönlich am Bahnhof abholen.
Die Frau erschrickt. Was mag es sein, wenn der Herr Professor höchstpersönlich zum Bahnhof kommt? Sie kann es sich in der kühnsten Phantasie nicht ausmalen. Wirklich, auf dem Bahnsteig

in Tübingen steht der Chefchirurg der Universitätsklinik, Professor K., und holt die Frau ab.
»Sie wundern sich wohl, daß ich Sie hier erwarte, aber ich kann Ihnen etwas sehr Schönes verraten: Seit einigen Wochen bin ich nämlich Ihr geistlicher Bruder und Sie sind meine Schwester im Herrn. Ich habe mich bekehrt und durch Jesus Christus bin ich nun auch ein Gotteskind.«
Die Frau möchte vor Freude jauchzen und dem Mediziner um den Hals fallen. Aber ihre Hochstimmung wird ein wenig getrübt, als der Professor zu ihr sagt: »Wir gehen nicht in die Klinik, sondern ich lade Sie zu mir in meine Wohnung ein; denn dort warten ein paar leitende Ärzte, Professoren und Doktoren. Denen sollen Sie einmal erzählen, wie Gott heilt.«
»Aber Herr Professor, Sie helfen mir doch dabei?«
»O nein, mit keinem einzigen Wort. Erzählen Sie den Herren ganz einfach und schlicht, wie Gott einen Menschen auf dem Sterbebett vom Bauchspeicheldrüsenkrebs im letzten Stadium heilen kann. Am Nachmittag gehen wir dann zu denen, die noch klüger sind als die Professoren nämlich zu den Studenten. Dort können Sie wieder berichten, was Gott für große Wunder im 20. Jahrhundert zu tun vermag.«
»Dir zu danken mit lauter Stimme und zu verkündigen alle deine Wunder«, war der Herzenswunsch von König David.

27. AUGUST

Seliges Heute

»Das bedeutet: Gottes Angebot, uns in sein Reich des Friedens aufzunehmen, besteht auch heute noch. Unsere Väter, denen dieses Versprechen zuerst galt, haben seine Erfüllung nur deswegen nicht erlebt, weil sie sich Gottes Willen widersetzten. Gott hat jetzt einen neuen Tag festgesetzt, an dem er sein Versprechen erfüllen will. Dieser Tag heißt ›heute‹! Von ihm sprach schon König David: ›Wenn ihr h e u t e Gottes Stimme hört, dann verschließet eure Herzen nicht, wie es eure Väter getan haben.‹« (Hebräer 4/6-7)

Zu einer neuen Evangelisation wurde ich gerufen. Am letzten Tag, als schon der letzte Gottesdienst vorüber und die Lampen gelöscht waren, bemerkte ich einen Mann vor der Kirchentür, der abseits im Dunkeln stand. Plötzlich hieß es in mir: »Sprich diesen Mann an!«

Gerade wurde die Tür abgeschlossen, da sagte ich zu diesem Mann: »Ich habe den Eindruck, wir sollten noch miteinander reden.«

»Ja«, antwortete er.

»Ich meine aber jetzt gleich!« war meine Einladung. Wieder reagierte er recht phlegmatisch und sagte: »Ja.«

»Schließ uns doch bitte noch einmal die Saaltür auf«, bat ich den Pastor der Gemeinde, »dieser Mann wünscht ein Gespräch.«

Sehr eindrücklich eröffnete ich dem typischen Phlegmatiker die Worte der Heiligen Schrift und bat ihn, doch endlich sein Leben in die Führung Gottes zu geben. Er bekannte seine Sünden und betete sehr zielsicher. Er bat um eine rechte Wende in seinem Leben, er wünschte, die Wiedergeburt zu erleben und wie es schien, erhielt er auch augenblicklich das Zeugnis des Heiligen Geistes, ein neuer Mensch geworden zu sein. Mein Eindruck war, daß er fröhlich seine Straße heimwärts zog. Auch mir fiel ein Stein vom Herzen: »Wenigstens einer«, dachte ich. Das Wort Gottes kommt sicher nicht leer zurück.

Nach zwei Wochen kehrte ich von einer Norddeutschlandreise zurück. Der Gemeindeleiter aus dem Ort, wo das Gespräch bei der »Wochenendevangelisation« stattgefunden hatte, rief mich an: »Was hattest du für einen Eindruck von diesem Mann? Hat er sich wirklich zum Herrn bekehrt? Hat er Frieden mit Gott gefunden?«

Ich bejahte das. Als er aber noch weitere Fragen stellte, entgegnete ich: »Augenblick mal, weshalb fragst du denn so nachdrücklich?«

»Ich muß morgen für ihn die Beerdigungspredigt halten, d.h. man kann ihn überhaupt nicht begraben, es wird da nur ein leerer Sarg in die Erde gelassen. Er ist nämlich vor ein paar Tagen in eine Zementmaschine geraten und in Sekundenschnelle zu Tode gekommen.«

Ich war zutiefst erschrocken und sank später auf meine Knie, begann hemmungslos zu weinen; einmal über das so schnell zu Ende gegangene Leben dieses relativ jungen Mannes; zum anderen aber dankte ich, daß ich der Stimme des Herrn gehorsam gewesen war und diesen Mann sozusagen im letzten Augenblick zum Herrn führen durfte.

»Heute, wenn ihr Gottes Stimme hört!« gilt uns allen, den Unerretteten und den Gotteskindern noch mehr; denn haben wir bei Gott Vergebung und Gnade gefunden, so ist es doch sofort unsere heilige Pflicht, andere zum Heil zu führen.

Wir wollen von einer Strafe absehen

»Wenn ihr bleiben werdet an meiner Rede, so seid ihr in Wahrheit meine Jünger und werdet die Wahrheit erkennen, und die Wahrheit wird euch freimachen.« (Johannes 8/31-32)

Jesus Christus diskutierte nicht über die Wahrheit, wie es die Philosophen und Ideologen in der Welt tun, sondern als Sohn Gottes steht er vor den Juden und bezeugt ihnen: »Ich bin die Wahrheit!«

Pontius Pilatus, der große Gesetzgeber und Richter Israels zur damaligen Zeit, stellt die typische Frage: »Was ist Wahrheit?« Doch Jesus entlarvt ihn gleich in seiner Unwahrhaftigkeit. »Da sprach Pilatus zu ihm: So bist du dennoch ein König? Jesus antwortete: Du sagst es, ich bin ein König. Ich bin dazu geboren und in die Welt gekommen, daß ich für die Wahrheit zeugen soll. Wer aus der Wahrheit ist, hört meine Stimme.« (Johannes 18/37)

Jesus Christus als die personifizierte Wahrheit ist nicht in Frage zu stellen; man kann ihn nicht ergründen oder wissenschaftlich analysieren. Er ist nur erfahrbar und kann durch den Geist der Wahrheit, durch den Heiligen Geist, erlebt und bezeugt werden.

In der Wahrheit zu leben, bedeutet für den König der Wahrheit volle Aufrichtigkeit und Zuverlässigkeit in der Gesinnung und im Handeln.

König Salomo bekennt: »Hört, denn ich rede, was edel ist, und meine Lippen sprechen, was recht ist; denn mein Mund redet die Wahrheit, und meine Lippen hassen, was gottlos ist.« (Sprüche 8/6-7)

Mit dem Wagen der Christlichen Filmmission bin ich wochenlang unterwegs. Da wird mir ein Bußgeldbescheid nachgeschickt, ich hätte auf der Autobahn bei Überholverbot überholt. Ich bekomme dafür eine hohe Geldstrafe. Sogleich begebe ich mich mit dem Bußgeldbescheid zum nächsten Polizeirevier. Dem Beamten erkläre ich, daß bei mir ein Prinzip besteht, nämlich, wenn ich ein Überholverbotsschild sehe, überhole ich auch nicht. – »Ja, das glaube ich Ihnen«, sagt der Beamte, »aber bei diesem Schilderwald (Ausdruck für die hohe Anzahl von Verkehrsschildern) kommt jeder einmal an die Reihe. Wir Beamten hier im Polizeirevier haben alle schon Strafmandate bekommen.«

»Das ist für mich aber kein Trost«, sage ich, »die Summe bedeutet

für mich einen Wochenlohn. Kann ich denn nicht etwas durch eine schriftliche Stellungnahme erreichen?«
»Das glaube ich kaum, Sie können es ja versuchen, aber helfen wird's ihnen wohl nichts.«
Dennoch schreibe ich: »Sehr geehrte Herren, ich bin Missionar und als solcher sehr viel unterwegs. Beim Verhalten im Straßenverkehr gibt es bei mir ein Prinzip: Wenn ich das Überholverbotsschild sehe, überhole ich nie! Ich will damit nicht behaupten, daß ein solches Schild nicht an dem bezeichneten Ort war, aber ich habe es einfach nicht gesehen. Ich bitte dies doch freundlicherweise in Ihrer Beurteilung mit zu berücksichtigen . . .«
Einige Wochen danach bekam ich die Antwort mit dem Bescheid: ». . . In Anbetracht dessen, daß Sie Missionar sind und Ihre Angaben glaubhaft erscheinen, wollen wir von einer Strafe absehen. Wir wünschen Ihnen weiterhin gute Fahrt.«
Das Wort der Wahrheit hatte gesiegt. Wahrscheinlich spürte der Beamte, hier ist einer, der die Wahrheit sagt.
Der Wahrheit die Ehre zu geben, bewirkt bei Gott auch Gnade, Vergebung und Frieden.

29. AUGUST

Jesus Christus oder eine Butterfahrt

»Euer Reden sei allezeit herzgewinnend, mit Salz gewürzt (gehalt- und kraftvoll), dann werdet ihr auf jeden einzelnen Menschen in rechter Weise antworten können.« (Kolosser 4/6)

In den Sprüchen Salomos lesen wir: »Sorge im Herzen bedrückt den Menschen, aber ein freundliches Wort erfreut ihn.« (Sprüche 12/25)
Wie herzerfrischend das Evangelium für einen werden kann, der sich zu Jesus Christus hinwendet, berichtete eine Frau, die sich Jahre zuvor im Missionszelt bekehrte, in dem ich gepredigt hatte.
»Eine Nachbarin lud mich zu einer Evangelisation ein. Sie versuchte, mir den Besuch in dieser besagten Versammlung so schmackhaft wie möglich zu machen, aber ich hatte einen Widerwillen gegen jede fromme Gesellschaft.
So kam es mir sehr gelegen, daß ich gerade an dem Tag etwas

anderes vorhatte und ausweichend antworten konnte: ›Ich habe bereits eine Butterfahrt gebucht, die zum Bodensee führt. Ich möchte mir dieses schöne Erlebnis nicht entgehen lassen. Ich freue mich, den Bodensee und die herrliche Umgebung erleben zu können. Außerdem bekommt jeder noch ein halbes Pfund Butter gratis.‹
Damit meinte ich, meine Nachbarin nachhaltig überzeugt zu haben.
Es schien mir auch gelungen zu sein, denn sie sagte ganz freundlich: ›Nun, das kann ich auch verstehen. Wenn Sie diese Fahrt schon gebucht haben und sich auf das besonders schöne Panorama des Bodensees freuen, dann will ich aber mit Ihnen beten, daß Sie gesund hin und wieder gesund nach Hause zurückkommen. Denn alles liegt ja an Gottes Segen und auch, daß Ihnen das halbe Pfund Butter später recht gut mundet. Dafür können wir jetzt beten.‹
Sie tat es und verabschiedete sich recht freundlich.
Als ich später in der Küche arbeitete, begann in mir ein wilder Kampf. Ich dachte: ›Wie hast du dich doch so dumm benommen; als ob mir das halbe Pfund Butter mehr wert wäre als das Heil meiner Seele.‹
Immer wieder schoß es mir durch den Sinn: ›Jesus oder ein halbes Pfund Butter?‹ Mir wurde ganz seltsam zumute. ›Nein‹, dachte ich, ›so kannst du nicht handeln.‹
Kurz entschlossen änderte ich meinen Plan, sagte die Butterfahrt ab, ging ins Missionszelt und hörte die fröhliche Botschaft der Erlösung.
Noch am selben Abend lieferte ich mein Leben Jesus Christus aus und bekannte, bevor der Evangelist mit mir betete, meine Sünden. Von dieser Stunde an bekam ich einen Frieden und eine Freude ins Herz, wie ich es vorher noch nie erlebt hatte.«

30. AUGUST

Der schmale Pfad

»Geht ein durch die enge Pforte. Denn die Pforte ist weit, und der Weg ist breit, der zur Verdammnis führt, und ihrer sind viele, die darauf wandeln. Und die Pforte ist eng, und der Weg ist schmal, der zum Leben führt, und wenige sind ihrer, die ihn finden.« (Matthäus 7/13-14)

Der Herr Jesus Christus ruft alle Menschen, daß sie durch die enge Pforte zur Herrlichkeit eingehen, aber die wenigsten wollen wirklich den schmalen Weg, der ins Himmelreich führt, betreten. Auch sogenannte »fromme Menschen« meinen, ohne wirkliche Bindung an Jesus Christus auf der breiten Straße des allgemeinen Weltlaufes ans Ziel zu gelangen; dabei rennen sie in ihr ewiges Verderben. Eine wirkliche Jesusnachfolge führt nur durch die enge Pforte auf den schmalen Weg.

Wie dies einem echten Schwaben anschaulich wurde, soll folgende Begebenheit aufzeigen. Als Soldat kam dieser Schwabe zum ersten Mal ans Meer, und zwar an die Ostsee. Beim Anblick des fast unendlich scheinenden Wassers wurde er von einer nie gekannten Freude ergriffen. Er wollte gleich dort bleiben; doch sein Hauptmann eröffnete ihm, daß er einer anderen Stellung zugewiesen werden sollte. Zunächst war der Schwabe sehr traurig, denn er meinte, den schönsten Aussichtspunkt der ganzen Ostsee vor sich zu haben.

»Aber nein«, sagte der Kommandeur, »dort in der anderen Stellung ist das Meer noch majestätischer anzusehen. Also, Sie marschieren genauestens diesen Trampelpfad am Meer entlang, dann stoßen Sie direkt auf Ihre neue Einheit. – Aber passen Sie auf, denn an einer Stelle kommen Sie direkt an einem Steilufer vorüber. Wenn Sie dort hinunterstürzen, sind Sie ein toter Mann!«

»Zu Befehl, Herr Hauptmann, ich werde mich also immer ein paar Meter weiter nach rechts halten.«

»Sind Sie wahnsinnig geworden? Dann sind Sie ein Mann des Todes, denn rechts vom Weg ist unser Minengürtel. Einen Schritt zu weit nach rechts, und Sie werden auf der Stelle in tausend Fetzen zerrissen. Sie müssen sich genauestens an den Pfad auf dem schmalen Weg halten, keinen Schritt zu weit nach links und keinen zu weit nach rechts! Haben Sie mich verstanden?«

Dieser Mann berichtete: »Ich war damals schwer bewaffnet, aber noch nie im Leben habe ich mich beim Laufen so vorgesehen, wie auf diesem schmalen Weg! Bleib ja korrekt auf dem Trampelpfad, dachte ich bei mir, ich schwitzte Angst und Wasser! Erst als ich das Ziel erreicht hatte, konnte ich mich wieder an der Schönheit des Meeres erfreuen.«

Es gilt also, sich für den einzigen schmalen Weg zu entscheiden. Viele Menschen glauben, wenn sie im Gottesdienst sitzen und eine Predigt hören, sei damit alles getan.

Es ist eine Tatsache, daß es oft die inaktiven und gewohnheitsmäßigen Zuhörer sind, die sich auf einen bequemeren und damit falschen Weg leiten lassen, weil sie jedem und allem glauben,

was gepredigt wird. Sie verdauen alles, was ihnen vorgetragen wird.
Wir sollen täglich den einzigen Weg der Wahrheit erwählen, nämlich dadurch, daß wir Gottes Wort studieren. Die Gottseligkeit ist nicht eine Sache des Zufalls, sondern immer eine wohlüberlegte, entschiedene Wahl. Haben wir beim Studieren der Heiligen Schrift das »Für und Wider« genau erwogen und dann nach reiflicher Überlegung die richtige Entscheidung getroffen, so werden wir erkennen, ob wir uns auf dem schmalen Weg der Wahrheit befinden.

31. AUGUST

Das wankende Bett

»Einen anderen Grund kann niemand legen außer dem, der gelegt ist, welcher ist Jesus Christus. Wenn aber jemand auf diesem Grund baut Gold, Silber, edle Steine, Holz, Heu, Stroh, so wird eines jeglichen Werk offenbar werden; der Tag wird's klarmachen.« (1. Korinther 3/11-13a)

Während einer Evangelisation in Basel wurde mir das Wort Gottes auch physikalisch offenbart.
Ich wohnte bei einem Pastor in einer schönen Mansarde. Die Gottesdienste waren gut besucht, doch gab es noch keine »sichtbaren« Ergebnisse.
Die schwüle Stadtluft verursachte bei mir eine zeitweilige Schlaflosigkeit; deshalb betete ich noch etwas länger, worüber ich aber doch endlich einschlief. Plötzlich wurde ich in frühester Morgenstunde durch ein noch nie erlebtes Naturereignis geweckt: ein kräftiges Vibrieren, ein unheimliches Schwanken brachte die Möbel ins Wanken, wodurch seltsame Geräusche entstanden. Mein Bett schien zu schweben.
Ich hatte meine Augen noch nicht geöffnet, trotzdem wußte ich sofort: Das ist ein Erdbeben. Sogleich begann ich zu beten: »Oh, treuer Gott und Vater, bitte laß keine Menschen zu Schaden kommen! Bewahre du deine Kinder!«
»Betet ohne Unterlaß«, schrieb der Apostel Paulus.
Es handelte sich um ein schweres Erdbeben in Deutschland, wie ich später erfuhr, und zwar in der Gegend von Hechingen. Ein Turm der bekannten Hohenzollernburg stürzte dabei ein. In vielen

Ortschaften waren Mauern zerbrochen, Wände hatten beachtliche Risse bekommen, Fabrikschornsteine waren umgekippt und Tausende Dachziegel zu Boden gefallen – aber, Gott sei Lob und Dank, – kein Mensch war zu Schaden gekommen.
Dieser Vorfall wurde mir zu einer Predigt. Wenn der Boden zu wanken beginnt, kommt alles darauf Befindliche in Bewegung. Noch über 100 Kilometer weit entfernt wankte die Erde.
Paulus aber spricht von einem festen Fundament. Der Name des Herrn Jesus Christus ist der einzige Grundstein, auf dem man Ewigkeitswerke bauen kann. Ein großer Teil der Christenheit befindet sich heute im Dunst und Nebel; die Predigten ungläubiger Pastoren sind so, daß der Mensch nicht zum Fundament, nämlich in die direkte Beziehung zu Jesus Christus gelangen kann. Ein Großteil der Christenheit versteht es nicht einmal, aus befreitem Herzen zu beten. Millionen sogenannter Christen kennen keine Heilsgewißheit; ihr Gewissen ist noch nie in die gottselige Ruhe gekommen. Wieviel wankende Mauern gibt es da, unzählige baufällige Wände, die jederzeit einstürzen können. Paulus spricht von dem einzig echten Grundstein, der allen Stößen und Stürmen widersteht, den die Mächte der Hölle und selbst Satan nicht überwältigen können.
Als Jesus Christus am Kreuz von Golgatha ausrief »Es ist vollbracht!«, da wurde dieser herrliche Grundstein durch den Schöpfer in die Weltgeschichte hineingelegt.

1. SEPTEMBER

Nur bei der Predigt keine Schmerzen

»Gelobt sei Gott, der Vater unseres Herrn Jesus Christus, der Vater der Barmherzigkeit und Gott allen Trostes, der uns tröstet in aller unserer Trübsal, damit wir trösten können, die da sind in allerlei Trübsal, mit dem Trost, mit dem wir selber getröstet werden von Gott.«
»Und unsere Hoffnung steht fest für euch, weil wir wissen, daß, wie ihr des Leidens teilhaftig seid, so werdet ihr auch des Trostes teilhaftig sein.« (2. Korinther 1/3-4 und 7)

Der gesamte Text klingt wie eine göttliche Gleichung: ». . . damit wir trösten können, die da sind in allerlei Trübsal, mit dem Trost, mit dem wir selber getröstet werden von Gott.« Es gehört in das Reich der Märchen, wenn behauptet wird, daß Christen keine Trübsale, keine Krankheiten und Schmerzen haben. Paulus läßt uns in die Tiefe seiner Seele und seines Herzens schauen. Im zweiten Brief an die Korinther kommen gleich zu Anfang die Worte Leiden und Trost mehrere Male vor. Dabei spürt man, daß der Apostel innerlich wie auch äußerlich viele Schmerzen und Qualen durchlebt hat. Aber bei aller Bedrängnis und Anfechtung wurde er immer wieder vom wahren göttlichen Trost getragen.

Wir können es auch in unserem Glaubensleben bemerken: Es gibt viele geheimnisvolle Wechselwirkungen von Trübsal und göttlicher Erquickung, von Leiden und Freuden.

Zur Glaubens- und Liebesgemeinschaft mit dem Herrn Jesus Christus gehört auch die Leidens- und Schmerzensgemeinschaft, die uns dann befähigt, als Seelsorger andere zu verstehen und zu trösten, die keinen Ausweg mehr sehen. Gerade die gesegnetsten Männer Gottes mußten stets viel leiden. Wir lesen davon in der Heiligen Schrift, aber auch in der zweitausendjährigen Kirchengeschichte.

Während einer Brüdertagung wohnte ich mit einem gesegneten Diener Gottes in einem Zimmer. Stöhnend vor Schmerzen erhob sich der Prediger mitten in der Nacht. »Hast du oft solche starken Schmerzen?« fragte ich ihn. »Entschuldige, daß ich dich geweckt habe. Ich habe zu meiner Frau gesagt: Wenn ich am Tag 24 Stunden predigen würde, hätte ich keine Schmerzen. Sonst kenne ich den Zustand ohne Schmerzen überhaupt nicht!«

Man stelle sich einmal ein solches Leben vor: Ein Mensch, der Hunderten Trost und Heil durch die Kraft der Auferstehung Jesu Christi vermittelt, die dadurch wirkliche Befreiung und Linderung erfuhren, lebt ständig mit starken Schmerzen, ausgenommen in der Zeit, in der er selbst predigt. Er war nur zirka 1.50 Meter »groß«, hatte einen Buckel vorn und hinten und ein schräg liegendes Herz. Er konnte nicht einmal allein mit der Eisenbahn fahren; man mußte ihn mit dem Auto, oft Hunderte Kilometer entfernt, abholen und dann nahm er die Strapazen einer Bibel- oder Evangelisationswoche auf sich.

Wie schnell klagen wir, wenn uns ein Wehwehchen plagt, wie schnell wollen wir uns entschuldigen: Ich fühle mich heute nicht so wohl, ich kann nicht am Gottesdienst teilnehmen, usw. Ob wir uns im Preisgericht Gottes mit unserer Wehleidigkeit entschuldigen können, weil wir meinten, durch unsere Zipperlein keine geistliche Frucht bringen zu können? Ob uns solche leidgeprüften Kinder Gottes nicht einst entgegentreten werden, um zu bezeugen, daß man trotz stärkster Anfechtungen und Schmerzen Frucht bringen kann?

2. SEPTEMBER

Die Liebe duldet alles

»Nun aber bleibt Glaube, Hoffnung, Liebe, diese drei; aber die Liebe ist die größte unter ihnen.« (1. Korinther 13/13)

»Die Liebe verträgt alles, sie glaubt alles, sie hofft alles, sie duldet alles.« Auf diesen vier Grundfesten ruht die unvergleichliche Gottesliebe. Vom Grundtext her heißt dieser Satz eigentlich:
»Die Liebe hält alles aus.« Auch das Wort »dulden« kann hier angebracht sein. Wir finden dieses Wort mehrmals im Neuen Testament. Es heißt soviel wie: »Ertragen können«. Meist bezieht es sich dabei auf die Verfolgung der treuen Jünger Jesu oder auf die Schmach, die wir ertragen sollen um Christi willen. Es geht also um die Standhaftigkeit.
»Die Liebe bleibt standhaft«, heißt dann soviel wie: Sie kann treu bleiben. Sie trägt Beständigkeit in ihrer Art, besonders dann, wenn Schwierigkeiten oder Härten auf uns zukommen. Es geht also um das Durchhalten bei Anfechtungen, oder, mit einem andern Wort ausgedrückt: »Ein Darunterbleiben!«
Jesus hat seinen Jüngern und somit auch uns verheißen: »Ihr müßt gehaßt werden von jedermann um meines Namens willen. Wer aber bis ans Ende beharrt, der wird selig.« (Matthäus 10/22)
Die Liebe Gottes wird immer ein Fremdkörper in dieser Gesellschaft sein, deshalb werden wir unter fast allen Umständen von der antigöttlich geprägten Welt angegriffen und bedrängt. Weil wir Träger des göttlichen Lebens sind, werden wir auch in Zukunft eine weltweite Bedrängnis und Verfolgung erleben. Die Menschen dieser Welt können die Wesensart der Agape nicht ertragen. Sie wollen eine andere Liebe, die der sündhaften Art. So schreibt uns der Apostel durch die Erleuchtung des Heiligen Geistes, daß die Liebe Gottes nicht ausweicht. Sie flieht nicht, sondern bleibt standhaft in dem, was ihr verordnet ist. Wer laufend ausweicht und dem Bekenntnis von Jesus Christus flieht, der muß sich ernsthaft vor dem Herrn prüfen, ob die wahre Liebe Gottes noch in ihm wohnt.

Ein Jünger Jesu, der in der ehemaligen DDR zu 5 Jahren Zuchthaus verurteilt wurde, nur weil er einen Hauskreis leitete und Traktate verteilte, schrieb über seine schwere Prüfungszeit:
»Im ganzen gesehen war diese Haftzeit eine Schule für mich, in der ich vor Gott stand und viel lernen konnte. Gleich zu Beginn dieser Gefangenschaft betete ich: ›Herr, ich habe nur einen Wunsch, daß ich mit dir in diesen 5 Jahren noch inniger vertraut werde.‹ Gott war mir in dieser Zeit so nahe wie nie zuvor. Ich kam oft im Geist bis an die Stufen seines Thrones. Solch herrliche Begegnungen hatte ich zuvor noch nie erlebt. Ich lernte große Teile der Bibel auswendig und bereitete mich so auf meinen weiteren Predigtdienst vor.«
Das beste Vorbild für die ausharrende Liebe ist das Leben unseres Herrn Jesu. Er erduldete alles. Er ist immer standhaft und treu geblieben. Er hat seinen Vater nie verleugnet. Er blieb unbeugsam, um das große Werk zu vollenden, um den ewigen Sieg zu erringen. Die Verurteilung und Kreuzigung waren Höhepunkte seines Durchhaltens in göttlicher Liebe. Die Schläge, die satanischen Verdächtigungen, die Dornenkrone und vor allem die Gottesferne, die über ihn kam, weil er der Welt Sünde trug, konnte ihn nicht davon abhalten, in der Liebe zu bleiben.

3. SEPTEMBER

Einfältige Weisheit

»Und der Herr lobte den ungerechten Haushalter, daß er klüger gehandelt hatte als die Kinder des Lichts.« (Lukas 16/8)

Ein einfältiger Jünger des Herrn lebte in einer Großstadt. Er war ein treuer Zeuge des Herrn. In Parkanlagen, an den Bahnhöfen und auf den Marktplätzen bezeugte er unerschrocken seinen Herrn und Meister Jesus, stieß aber stets auf große Ablehnung. Darüber wurde er sehr traurig, ja, in gewisser Weise deprimiert. Er fand auch keine lebendige Gemeinde; deshalb hatte er vor, einen Hauskreis zu gründen mit dem Ziel, daß sich daraus später vielleicht eine Gemeinde bilden würde.
Doch seine Bemühungen schienen zunächst zum Scheitern verurteilt zu sein. Da er ein Mann im fortgeschrittenen Alter war, las er, wie viele seiner Altersgenossen, in der Zeitung stets zuerst die

Todesanzeigen. Während des Lesens kam ihm in den Sinn, soweit eine Anschrift vorhanden war, den Angehörigen sein Beileid auszudrücken und ihnen einige Gottesworte zum Trost zu senden.
Nach gründlichem Gebet begann er, Traktate zu verfassen für die Hinterbliebenen, die einen Angehörigen im jugendlichen Alter oder im hohen biblischen Alter verloren hatten. Dann entwarf er auch Traktate für Leute, deren Angehörige plötzlich verunglückt waren oder die selbst ihrem Leben ein Ende gesetzt hatten. Mit einem Anschreiben drückte er sein aufrichtiges Beileid aus.
Von den meisten bekam er überhaupt keine Antwort. Einige beschwerten sich mit den Worten: »Was geht Sie meine Familienangelegenheit an?« Andere aber bedankten sich sehr herzlich und schrieben: »In der Stunde, in der man oft so grenzenlos einsam ist und keine Hoffnung mehr hat, haben Sie mir mit Ihren Zeilen den einzigen Trost gegeben.«
Nach einem halben Jahr mietete er einen Saal und schrieb denen, die sich so bedankt hatten, einen Brief mit der Bitte, zu einem besonderen Gottesdienst zu kommen: »Vielleicht suchen Sie noch heute den rechten Trost, oder andere Probleme bedrücken Sie«, schrieb er. »Wenn Sie krank sind, so wollen wir gern beten, denn der Herr Jesus hat seinen Jüngern, ehe er zum Himmel auffuhr, noch folgende Worte gesagt: ›Auf Kranke werden sie die Hände legen, so wird's besser mit ihnen werden.‹« (Markus 16/18 b)
Er hatte mich als Evangelisten eingeladen und mir vorher die ganze Entwicklung unterbreitet.
Am ersten Abend waren mehr als 30 Personen im Gottesdienst. Mancher bekehrte sich zum Herrn, andere wurden Freunde des neugegründeten Missionskreises. Dadurch entstand eine segensreiche Arbeit.
Die Liebe macht erfinderisch. Wir sollen klug wie die Schlangen und ohne Falsch wie die Tauben sein.
»O Weisheit! Du redest wie eine Taube«, schrieb der bekannte Dichter Goethe. Es genügt nicht nur, die Bibel zu lesen, sondern wir sollen Gott bitten, uns den Verstand zu erleuchten, um die Forderungen der Heiligen Schrift zu erfüllen. Der Heilige Geist macht die Einfältigen klug. Er verleiht nicht nur göttliches Wissen, sondern auch himmlische Weisheit. Im allgemeinen verachten die klugen Menschen die Einfältigen. Sie spotten und lästern über sie. Was tut es? Die von der Welt als naiv und einfältig beurteilten Jünger Jesu kann Gott, der Vater der Weisheit, oft wunderbar gebrauchen.

Meine Kraft ist in den Schwachen mächtig

»Und er hat zu mir gesagt: Laß dir an meiner Gnade genügen; denn meine Kraft ist in den Schwachen mächtig. Darum will ich mich am allerliebsten rühmen meiner Schwachheit, auf daß die Kraft Christi bei mir wohne. Darum bin ich guten Mutes in Schwachheit, in Mißhandlungen, in Nöten, in Verfolgungen, in Ängsten um Christi willen; denn wenn ich schwach bin, so bin ich stark.« (2. Korinther 12/9-10)

Seit Monaten hatte ich eine Einladung zu einem missionarischen Dienst in der Schweiz; doch einige Tage vor dem Termin verstauchte ich mir den linken Fuß so unglücklich, daß der rechte gegen den linken schlug und ich mir einen Zeh brach. Der linke Fuß war bandagiert und die Zehen des rechten Fußes mit Gips verpackt. Dabei hatte ich fürchterliche Schmerzen. So war ich gezwungen, den Prediger der Gemeinde anzurufen, um ihm meinen Vorschlag zu unterbreiten.
Vorsorglich hatte ich meinen leiblichen Bruder, der als Evangelist des öfteren auch auswärtige Dienste versah, gebeten, mich in der vorgesehenen Zeit dort zu vertreten.
Als aber der Prediger in der Schweiz dies hörte, sagte er zu mir: »Nein, das ist unmöglich! Ich habe den Herrn gefragt, und er hat mir die Weisung gegeben, dich um den Dienst zu bitten. Es handelt sich um ein außergewöhnliches Anliegen, und der Heilige Geist gab mir die direkte Weisung, dich zu diesem Seelsorgerdienst zu rufen.«
Meine Bedenken und Vorschläge nahm der Schweizer überhaupt nicht an. Die Schmerzen steigerten sich, sie wurden mir fast unerträglich. Als ich dann dem Herrn dieses Anliegen vorlegte, wurde mir das heutige Textwort sehr deutlich ins Herz gegeben. Trotzdem hatte ich eine gehörige Portion Angst, mich im Glauben zu diesem Schritt zu entschließen, was ich mir vorgenommen hatte, nämlich den Gips einfach abzuschneiden.
Plötzlich gewann ich aber den Eindruck: Der Herr wünscht meinen Einsatz doch. Nach einem inständigen Gebet schnitt ich mir, gegen den Rat anderer, den Gips ab und zog ein Paar weite Schnürstiefel an, die ich einmal geschenkt bekommen hatte und von denen ich meinte, ich könnte sie nie gebrauchen.
Zunächst nahmen die fürchterlichen Schmerzen noch zu, ich war

der Ansicht, doch voreilig gehandelt zu haben, aber innen hieß es: »Sei ganz getrost, denn meine Kraft ist in den Schwachen mächtig.«
Die stundenlange Fahrt über den Schwarzwald wurde mir zu einer großen Qual; doch im Herzen erwuchs mir mehr und mehr die Gewißheit, im Willen Gottes entschieden zu haben.
Der Besuch am Ort der Evangelisationsgottesdienste ließ zu wünschen übrig, ich verspürte eine fast unerträgliche Spannung unter den Zuhörern in der Versammlung. Der schwierige Predigtdienst innerhalb der Gemeinde bestätigte aber das Ansinnen des Gemeindehirten; denn es gab eine böse, versteckte Rebellion gegen den Gesalbten des Herrn innerhalb des Vorstandes. Dieser Streit konnte nur durch Vermittlung der übergeordneten Kirchenbehörde gelöst werden. Ich wurde dort als Vermittler gebraucht.
Durch seinen Geist wird uns die Hilfe und in diesem Fall auch eine schnellere Heilung zuteil. Dem Prediger wurde geistliche Hilfe gegeben und mir schenkte der Herr die Heilung meiner verletzten Füße, so daß die Schmerzen bald ganz verschwanden.

5. SEPTEMBER

Weil seine Seele gearbeitet hat

»Weil er sein Leben zum Schuldopfer einsetzte, soll er Nachkommen haben, und (unbegrenzt) in die Länge leben, und die Sache des Herrn wird durch ihn zum Sieg kommen. Nach der mühevollen Arbeit seiner Seele wird er (Frucht) sehen und sich sättigen!« (Jesaja 53/10-11 Bruns)

Die wirkliche Arbeit, die Frieden und Ruhe bringt, ist die Arbeit der Seele. Dadurch, »weil seine Seele gearbeitet hat«, wurde uns eine ewige Freude mit Gott zuteil.
Wenn uns der Herr einen Menschen in seiner Not zeigt, so sollen wir den Ewigkeitswert dieser Seele vor Augen haben. Aber wie oberflächlich werden wir manchmal, wie wenig persönlichen Einsatz bringen wir dabei auf, um einen Menschen zum Herrn zu führen. Oft halten wir in einem Seelenkampf eine Zeitlang durch, doch wir ermüden schnell und meinen, andere könnten ja auch etwas tun. Wir haben mit uns selbst so viel zu schaffen, da bleibt für den armen Lazarus kaum noch Zeit.

Während einer Evangelisation bin ich bei einer Witwe einquartiert. Sie hat ein offenes Herz für ihre Mitmenschen. Als ich mich im Nebenzimmer betend auf den Gottesdienst vorbereite, höre ich ihre flehende Stimme. Sie spricht am Telefon mit ihrem ehemaligen Fabrikdirektor: »Gelt, Herr K. Sie kennen mich doch, ich habe immer treu bis in die Nacht bei Ihnen gearbeitet und Sie auch immer zum Gottesdienst eingeladen. Ich will Ihnen ja nicht auf die Nerven gehen, aber ich meine es ja nur gut mit Ihnen. Gelt, verstehen Sie mich recht. Bitte kommen Sie doch heute mit in die Evangelisation, nur einmal, ich will Sie dann auch nicht wieder belästigen, aber es geht doch um Ihre Seligkeit . . .«
Sie redet und redet – minutenlang – vielleicht eine Viertelstunde. Währenddessen bete ich um die Hilfe des Heiligen Geistes, ich kann gar nicht anders, es geht mir so zu Herzen, daß mir die Augen feucht werden.
Und das Wunder geschieht, nach Jahrzehnten sitzt der Fabrikdirektor mit seiner Familie zum erstenmal im Gottesdienst. Sogar sein Sohn, ein katholischer Priester in seiner Amtstracht.
Jahre später treffe ich das hochbetagte Mütterchen wieder: »Soll ich dir etwas ganz Schönes sagen?« raunt sie mir vor der Predigt ins Ohr. »Mein Fabrikdirektor hat sich bekehrt und seine Familie auch. Sie gehen treu zum Gottesdienst und arbeiten fleißig für den Herrn!« Weil die Seele gearbeitet hat!
Jesus sprach: »Ich muß wirken die Werke des, der mich gesandt hat, solange es Tag ist, es kommt die Nacht, da niemand wirken kann.« (Johannes 9/4)
Was für den Sohn Gottes ein »Muß« ist, sollte für uns auch eins sein.

6. SEPTEMBER

Können Sie bis fünf zählen?

»Voll alles Unrechten, Schlechtigkeit, Habsucht, Bosheit, voll Neides, Mordes, Haders, List, Tücke, Ohrenbläser.«
(Römer 1/29)

Wenn man früher über die Autobahn der DDR nach West-Berlin fahren wollte, war jeder, der in den ersten Jahren nach dem Bau der Mauer diesen Weg nehmen mußte, der Willkür der Zöllner des

kommunistischen Staates völlig ausgeliefert. Ihre Schikanen kannten keine Grenzen. Führte man Waren bei sich, war ein vierfacher Warenbegleitschein nötig. In diesen Jahren hatte ich einige Missionsfilme gedreht, mit denen ich nach West-Berlin fahren wollte.
Ein eifriger DDR-Zöllner sah sich die Warenbegleitscheine an; dann prüfte er die Filmkopien. Jede Filmbox öffnete der Uniformierte. Im letzten Behälter lag eine Leerspule. »Sie haben ja nur 4 Kopien«, sagte der Zöllner »und hier im Warenbegleitschein stehen 5 Kopien! Wo haben Sie denn den fünften Film gelassen?« Der westdeutsche Beamte hatte 5 Kopien in die Begleitpapiere eingetragen.
»Es sind aber nur 4 Kopien und eine Leerspule«, sagte der ostdeutsche Zöllner.
»Das ist ein Fehler in den Papieren, ich bitte um Entschuldigung, ich habe darauf nicht geachtet.«
»Dann kommen Sie mal mit in das Kontrollgebäude!«
Ich ahnte, was mich jetzt erwartete. Fast eine Stunde lang wurde ich verhört nach den verschiedenartigsten Methoden. Zunächst kam der »Harmlose«: »Ach, ja, Sie haben also die Kopie irgendwo verloren? Kann ja vorkommen.« Mit Nachdruck erkläre ich ihm, daß man wohl eine Kopie nicht verlieren kann.
Ich beteuerte, daß es sich um ein Mißverständnis handelt, weil ich die Papiere nicht gleich überprüft hatte.
»Sie wissen ja, was das bedeutet, wenn Sie eine Filmkopie in die DDR eingeschleust haben?« drohte der Nächste.
Dann kam der Zyniker. Mit spitzer Zunge fragte er: »Sagen Sie mal, können Sie überhaupt bis fünf zählen?« Ich wußte, jetzt kommt es auf jedes Wort an; ja, sogar auf den Tonfall. Ganz beherrscht sagte ich, ohne Emotionen aufkommen zu lassen: »Ja, ich kann bis fünf zählen.«
Seine Stichelei hatte noch kein Ende. Wieder fragte er: »Ich meine nur, hier steht doch: 5 Kopien, Sie haben nur vier. Können Sie wirklich bis fünf zählen?«
Ich unterdrückte jedes aufkommende aggressive Gefühl und antwortete in gleicher Weise: »Ja, ich kann bis fünf zählen.«
Mit bissiger Ironie fuhr er fort: »Also, das soll ich Ihnen einfach so glauben, daß Sie bis fünf zählen können, obwohl Sie nur vier Kopien bei sich haben? Sagen Sie mal ehrlich, kann ein Missionar bis fünf zählen?« Ein innerliches Stoßgebet sandte ich zum Himmel; dann sagte ich wieder gelassen: »Sie können es mir wirklich glauben, ich kann bis fünf zählen.«
Nach dem Verhör wurden meine Papiere ausgehändigt. Wir kön-

nen den Schlagbaum nach einer Stunde Verhör passieren. In West-Berlin fuhr gerade ein Streifenwagen der Polizei an uns vorüber.
Plötzlich redete eine Stimme in mir: »Was hättest du denn einem Westpolizisten für eine Antwort gegeben, wenn er dich gefragt hätte, ob du bis fünf zählen kannst?« Gott offenbarte mir damals, daß es sich beim Verhör in Ostdeutschland bei mir nicht etwa um Demut gehandelt hat, sondern nur um berechnende Selbstbeherrschung, weil ich wußte, was passieren würde, wenn ich ausfallend geworden wäre.
So gelingt es dem Heiligen Geist öfter, uns das Bild vom wirklichen Zustand unseres geistlichen Inneren vor Augen zu halten.

7. SEPTEMBER

Sie wollen wohl überhaupt nicht reden

»Wer sich nun vor den Menschen zu mir bekennt, zu dem werde ich mich auch vor meinem himmlischen Vater bekennen. Wer mich aber vor den Menschen verleugnet, den werde ich auch vor meinem Vater in den Himmeln verleugnen.«
(Matthäus 10/32-33 Bruns)

Im Abteil eines Schnellzuges hat man die beste Möglichkeit, mit Reisenden ins Gespräch zu kommen.
In Stuttgart steige ich in den Intercityzug. Neben mir nimmt eine sehr redselige und aufdringliche Frau Platz. Ihr gegenüber sitzt ein Araber, mit dem sie sofort ein Gespräch beginnt.
»Ach, Sie sind wohl ein Araber?« Sie blickt in sein Buch und erkennt die arabische Schrift: »Ich mag die arabischen Buchstaben, aber Araber mag ich auch; sie haben so ein gewisses Etwas an sich . . .«
Mir wird es ziemlich ungemütlich. Ich mag mit dieser Frau eigentlich nicht ins Gespräch kommen, denn diese aufdringliche Art ist mir unangenehm. Hoffentlich spricht sie mich nicht an, denke ich, und vertiefe mich in ein Buch, daß ich mitgenommen habe. Es ist mir natürlich bewußt: Du solltest reden und ihr Zeugnis geben vom Heil der Seele.
»O Herr, wenn es dein Wille ist, daß ich mit dieser Frau reden soll, dann schaff du die Gelegenheit«, bete ich. »Was für ein Blödsinn! Natürlich soll ich reden!« Aber so sind wir eben.

Dann vertiefe ich mich wieder in den Inhalt meines Buches und lese und lese.
Nach einer Zeit steht der Araber auf und verläßt das Abteil. Wie peinlich für mich.
Unternehmungslustig blickt mich die Frau an: »Sagen Sie mal, Sie wollen wohl überhaupt nicht reden, ich habe den Eindruck, daß Sie sich mit mir nicht unterhalten wollen?« ruft sie empört.
Jetzt fährt es mir durchs Herz. Das ist das Wort, um das ich gebeten habe.
»Aber ja«, sage ich zu ihr, »warum soll ich mich nicht mit Ihnen unterhalten? Wohin fahren Sie denn?«
»Nach Herford!«
»Was machen Sie denn in Herford?«
»Dort besuche ich mein Patenkind.«
»Ach, Sie sind eine Patentante? Was tun Sie denn für ihr Patenkind?«
»Na, Sie stellen aber komische Fragen.«
»Ja, Sie wollten sich doch mit mir unterhalten«, gebe ich ihr zu bedenken.
»Na ja, ich habe die geistliche Verantwortung für das Heil seiner Seele übernommen.«
»So? Kann man das denn überhaupt? Ich meine: Was tun Sie dafür?«
»Ich bete für das Kind.«
»Das ist aber schön. Und was machen Sie sonst noch?« möchte ich wissen.
»Aus der Bibel lese ich dem Kind Geschichten vor . . .«
»Wenn ich fragen darf: Was lesen Sie da dem Kind vor?«
Die Frau beginnt zu lachen: »Sie stellen aber komische Fragen. Ich lese dem Kind von den Geschichten der Patriarchen, aber auch die Geschichten von Jesus und seinen Jüngern vor.«
Nun bekenne ich ihr, daß ich ein Jünger Jesu bin und den Menschen das Evangelium predige.
Inzwischen ist der Araber wiedergekommen. Er lächelt zustimmend, dann sagt er: »Ich bin auch ein Jünger Jesu!«
»Waaas?« ruft die Frau und wendet sich an die übrigen Fahrgäste im Großraumwagen: »Hier sind zwei Christen, die etwas über die Bibel zu sagen haben!«
Es folgt nun ein wunderbares geistliches Gespräch, fast eine Predigt. Dabei bemerke ich, wie herrlich der Heilige Geist alles geführt hat.

Freitod oder Glauben

»Ich rede von dem, was du befohlen hast, und schaue auf deine Wege.« – »Öffne mir die Augen, daß ich sehe die Wunder an deinem Gesetz.« (Psalm 119, 15 und 18)

Gott führt uns manche Wege, von denen wir vorher keine Ahnung hatten.
Eine Zeitlang litt ich ständig an Kopfschmerzen. Alle Untersuchungen brachten keinen Aufschluß über die Ursachen. Der Arzt beantragte eine Kur.
Nach einigen Monaten waren die Schmerzen verschwunden, aber die Kur sollte ich trotzdem antreten. Ich wußte, daß dies eine besondere Herausforderung für mich werden würde. Seitdem ich meinen bürgerlichen Beruf aufgegeben hatte, kam ich mit unerretteten Menschen nur noch in Gottesdiensten oder zufällig auf Missionsreisen ins Gespräch.
Das erste stille Gebet im Sanatorium hatte seine Wirkung. Andere baten mich, für sie mitzubeten. Als ich eines Tages durch die große Empfangshalle ging, sagte eine Frau zu mir: »Daß Sie sich aber heute nicht mit der Schriftstellerei beschäftigen, denn das Wetter ist zu schön! Da sollten Sie unbedingt spazieren gehen.«
Innerlich spürte ich die Gelegenheit und einen Auftrag des Herrn, darum sagte ich: »Ja, das will ich tun. Sie sind ja schon länger hier und kennen die Umgebung besser als ich. Darf ich mich Ihnen anschließen, dann können wir uns ein wenig unterhalten.«
Die Frau war einverstanden, und die Sonne schien nicht nur an einem Tag, sondern alle Tage. Immer wieder gingen wir stundenlang spazieren und beschäftigten uns nur mit einem Thema, Jesus Christus, dem Retter aller Menschen guten Willens. Nun hatte ich Zeit, ihr von den vielen Führungen und Wundern, die ich mit dem Herrn erlebt hatte, zu berichten.
Gleich beim ersten Spaziergang fragte sie mich: »Sagen Sie mal, ist das nicht eigentümlich, daß wir uns hier getroffen haben? Ich habe nämlich ein fürchterliches Problem, das ist der Tod. Vor einiger Zeit habe ich meine Schwiegermutter bis in ihre Sterbestunde gepflegt. Das war eine schreckliche Zeit, daß ich den Wunsch hatte, niemals so sterben zu müssen. Daraufhin suchte ich einen Psychiater auf, zu dem ich sagte: ›Einen solchen Tod möchte ich niemals sterben. Eher nehme ich mir das Leben.‹

›Ja, das wäre eine Lösung, die ich akzeptieren könnte‹, antwortete er mir.
›Aber es könnte auch sein‹, sagte ich, ›daß ich die Erfüllung meines Lebens im Glauben finde, nicht in irgendeiner Konfession, sondern irgendwie anders.‹
›Ja‹, meinte der Psychiater, »das wäre natürlich auch ein guter Weg.«
Dieser Scharlatan! Er redete mir nur nach, was ich ihm vorschlug. Er konnte im Grunde genommen überhaupt keine Antwort auf meine Fragen geben. – Nun kommen Sie und erzählen mir von den Wundern, die Sie im Glauben erlebt haben, und von der Lebenserfüllung durch Jesus Christus. Das kann doch gar kein Zufall sein.«
»Nein, das ist Führung Gottes«, bekannte ich der Frau.
Wir hatten noch drei Wochen Zeit, um uns reichlich über die Wege Gottes zu unterhalten und zusammen zu beten. Sein Wort kommt nie leer zurück. Echte Jünger Jesu können vom Morgen bis zum Abend von seinen Wegen reden, und sie sollten es auch wieder fleißiger tun, damit die von Gott entfremdeten Menschen über die Realität seiner unbegrenzten Macht und seiner Führungen Bescheid wissen.

9. SEPTEMBER

Können Sie an den Urknall glauben?

»Denn wenn man von Herzen glaubt, so wird man gerecht; und wenn man mit dem Munde bekennt, so wird man gerettet.«
(Römer 10/10)

Während des Kuraufenthaltes werde ich eingehend untersucht. Ein Oberarzt tastet mit dem Ultraschallgerät meinen Brustkorb ab. Auf dem Bildschirm sehe ich die kraftvollen Bewegungen meines Herzmuskels und höre verstärkt den intensiven, gleichmäßigen Schlag und das Rauschen des Blutes. Fasziniert beobachte ich, mit welcher Präzision alles arbeitet. Der Arzt erklärt mir manches.
»Wissen Sie, Herr Doktor, was wir hier sehen, ist doch ein rechtes Wunder Gottes. Welch ein großer, unendlicher Geist kann so etwas Herrliches schaffen? Wenn ich bedenke, daß dieses Herz schon seit über 58 Jahren ununterbrochen Tag und Nacht schlägt, dann

kann ich nur staunen. Keine Sekunde lang blieb es stehen; nie wurde es zu einer Generalüberholung in eine Spezialwerkstatt gebracht; kein technischer Überwachungsverein entschied über seine Tätigkeit. Das ist doch ein großes Werk Gottes, finden Sie das nicht auch?«

»O ja, da haben Sie schon recht, das ist ein Wunder«, bestätigt mir der Arzt.

»Sagen Sie, Herr Doktor, wenn Sie täglich dieses Wunder sehen, können Sie da als Wissenschaftler an einen Urknall glauben, – daß diese Organe sich aus einem mysteriösen Knall entwickelt haben?«

»Nein, so etwas ist wirklich nicht möglich«, bekennt der Arzt.

Ich freue mich über seine offene Art, darum fahre ich während der Untersuchung fort, mit ihm zu sprechen: »Kann solch ein Gott, der alles geschaffen hat, nicht ein neues Herz, ein neues Leben und eine neue Welt schaffen?«

Der Arzt nimmt sich Zeit, und ich habe Freude, meine Erlebnisse und Erfahrungen mit diesem Gott zu bezeugen. Später schenke ich ihm eines meiner Bücher, das er mit großem Interesse liest.

»Ich glaube, darum rede ich«, bekennt der Psalmist. Mit einem Mann mittleren Alters, der als Patient auch an meinem Tisch saß, konnte ich zunächst überhaupt nicht reden. Sehr verdrießlich und verschlossen starrte er vor sich hin. Frühmorgens rannte er im Trainingsanzug durch Wald und Flur. Eines Tages setzte er sich resigniert neben mich: »Das ist vielleicht grausam«, rief er außer sich. »Die Arthrose kann man nicht aufhalten, die schreitet einfach voran, da gibt es keine Heilungschance, hat man mir eben eröffnet.« Er stöhnt leise vor sich hin.

»Doch«, sage ich, »es gibt eine Hoffnung. Der Herr Jesus ist der beste Arzt, er kann alle Krankheiten heilen oder auch zum Stillstand bringen.« Jetzt hatten wir endlich für längere Zeit die Möglichkeit, uns über die unbegrenzte Macht seiner Schöpfungswunder zu unterhalten.

Hätte ich den Herrn nicht unzählige Male so wunderbar erlebt, könnte ich niemals so darüber sprechen. Ich hätte dann wohl meinen Mund gehalten, wenn sich der Glaube in mir nicht als erlebte Kraft erwiesen hätte. Auch würde ich niemals zu Gott, dem Schöpfer, im Gebet geredet haben und deshalb auch niemals dazu fähig sein, während einer ärztlichen Untersuchung vor einem Wissenschaftler ein Bekenntnis abzulegen, wenn mich der Glaube nicht lebendig erhalten hätte und mir die Gewißheit der Wiedergeburt ins Herz gelegt worden wäre.

Wir sind Narren um Christi willen

»Wir sind Narren um Christi willen ...« – »Man schilt uns, so segnen wir; man verfolgt uns, so dulden wir's; man lästert uns, so reden wir freundlich.« (1. Korinther 4/10 und 12)

Der Leiter einer Jugendgruppe bittet mich: »Bitte hilf uns, wir haben seit einiger Zeit im städtischen Haus für die Jugend eine Diskussion über den Glauben und das Schöpfungswunder. Aber die Ungläubigen haben da einen Sprecher, dem sind wir nicht gewachsen, und außerdem lästert er den Namen des Herrn.«
»Das ist aber nicht gut«, war meine Antwort, »eigentlich sollten alle Christen durch Rede und Antwort ihren Glauben überzeugend bekennen können. Aber gut, ich will mir die Sache mal ansehen. Bitte begrüßt mich nicht, wenn wir dort am Jugendhaus sind, weil ich erst einen Überblick bekommen möchte.«
Gesagt, getan; ich begebe mich dorthin, um die Diskussion der christlichen Jugendgruppe mit den anderen zu beobachten. Der gewisse Hauptredner hält ein Referat, das er aus verschiedenen Quellen zusammengetragen hat. Zum Abschluß und Höhepunkt seiner Ausführungen ruft er: »Selig sind die Bekloppten, denn sie brauchen keinen Hammer.«
Der Leiter der christlichen Jugend springt erregt auf und kontert energisch: »Bitte, keine Beleidigung! Wir wollen doch sachlich bleiben, also keine Diskriminierungen!«
Der Vortragende grinst hinterhältig, dann sagt er zynisch, aber beherrscht: »Wissen Sie auch, daß Sie eben aus der Rolle gefallen sind? Wenn Sie wirklich ein Christ wären, müßten Sie so eine Provokation verkraften können, ›denn wer dich auf die linke Backe schlägt, dem biete auch die rechte dar‹.«
O weh, denke ich, daß war ein fürchterlicher Tiefschlag! Natürlich müssen wir solche Beleidigungen still ertragen können und den Lästerer darüber hinaus noch segnen können, wie es in unserem Textwort heißt.
Ob die Diskussion in einer christlichen Jugendgruppe in einem solchen Rahmen nützlich ist, vermag ich nicht zu sagen. Menschen, die in dieser Weise gegen Gott lästern, sind lieblos und gebrauchen ihr Mundwerk auch zu anderen Frechheiten. Solche Menschen können selbst ihren treuesten Anhängern keine Freude bereiten. Gott hat ihnen die Sprache gegeben, damit sie sich selbst

das Gericht sprechen. Ihre liebste Beschäftigung besteht darin, den Namen des Höchsten zu schänden und zu verunglimpfen; doch ihre bissigen Unverschämtheiten gleichen dem Gebell eines Hundes, der wütend den Mond ankläfft.
Wir sollen uns als Gotteskinder nicht darüber wundern, wenn Menschen uns kränken und beleidigen wollen; sie tun es ja auch gegenüber dem Schöpfer, der lange dazu schweigen kann. Der wirkliche Glaube ist stark wie Gold, das auch Feuer verträgt. Ein wahrer Jünger Jesu läßt sich von der Taktlosigkeit und gottlosen Dreistigkeit nicht erschüttern, denn ihr Meister Jesus Christus hat vorausgesagt: »Haben sie mich verfolgt, so werden sie euch auch verfolgen, haben sie mich verleumdet, so werden sie euch auch verleumden.«

11. SEPTEMBER

Ich kann doch meine Frau nicht schlagen

»Ein Geduldiger ist besser als ein Starker, und wer sich selbst beherrscht, besser als einer, der Städte gewinnt.«
(Sprüche 16/32)

Im Zustand der Ungeduld kann man sich zu mancher Ungerechtigkeit hinreißen lassen. Haben Menschen in ihrem Jähzorn nicht schon grausame Taten vollbracht?
Während eines Gesprächs offenbart mir ein Apotheker: »Wissen Sie, seit ich mich gründlich bekehrt habe, ist meine Frau voller Wut und Heimtücke gegen mich. Wenn ich nachts gerade eingeschlafen bin, drückt sie mir die Nase zu und ruft dann: ›Du schnarchst entsetzlich! Ich kann nicht schlafen!‹ Verwandte, bei denen ich schon übernachtet habe, versicherten mir, daß ich überhaupt nicht schnarche. Was soll ich nur tun? Sie quält und drangsaliert mich, bis sie selber eingeschlafen ist. Sie reizt mich so, daß ich sie am liebsten packen und zusammenschlagen möchte, aber als Christ kann ich doch so etwas nicht tun. Was soll ich nur machen? Ich habe doch so einen verantwortungsvollen Beruf, der von mir absolute Aufmerksamkeit verlangt. Wenn ich einen Fehler mache, wenn ich nicht ausgeruht bin, kann es tödliche Folgen haben. Geben Sie mir doch bitte einen guten Rat.«

Nun frage ich den gepeinigten Apotheker, wieviel Zimmer sich in seiner Wohnung befinden.
»Wir haben ein eigenes Haus mit sehr vielen Zimmern«, war seine Antwort.
»Dann würde ich an Ihrer Stelle mein Bett packen, mich in ein anderes Zimmer zurückziehen und dort einschließen, bis sich der Jähzorn Ihrer Frau gelegt hat.« Er folgte meinem Ratschlag, und dadurch war das Problem zunächst gelöst.
»Ein Geduldiger ist besser als ein Starker, und wer sich selbst beherrscht, besser als einer, der Städte gewinnt.« Was nützt es schon, wenn ein Sportler ein Turnier und eine Goldmedaille gewinnt und kann sich selbst nicht beherrschen. Geduld aber ist weit mehr als Selbstbeherrschung. Deshalb ist ein Geduldiger weit höher einzuschätzen als einer, der selbstquälerisch bemüht ist, sein Temperament zu unterdrücken. Die Ungeduld und der Jähzorn wuchern auf der Bildschicht unserer Seele, deshalb können sie nur durch die Erlösungskraft des Blutes Jesu gelöscht werden. Eine wirklich in der Tiefe der Seele ruhende Geduld kann nur der Herr schaffen, in dem er uns von aller Selbstsucht reinigt und in sein Wesen umgestaltet. Wenn die Sonne der Gerechtigkeit alle Schattenbereiche unseres Herzens erleuchtet hat und der Fürst des Friedens, Jesus Christus, in dem inwendigen Menschen regiert, dann kommen wir aus der alten Natur in das himmlische Wesen seiner vollkommenen Liebe.
Alle Macht der Bosheit muß schwinden, dann sind wir auch aus dem Herrschaftsbereich Satans in das herrliche Reich Gottes übergewechselt.

12. SEPTEMBER

Geheilt und seelisch krank

»Der Herr wird ihn erquicken auf seinem Lager; du hilfst ihm auf von aller seiner Krankheit. Ich sprach: Herr, sei mir gnädig! Heile mich; denn ich habe an dir gesündigt.«

(Psalm 41/4-5)

Sofern aber den Menschen der Glaube an den lebendigen Gott verloren gegangen ist, rettet er sich automatisch in irgendeinen Aberglauben; deshalb ist Pendeln schon bei Jugendlichen hoch im

Kurs. Ob Kartenlegen, Gläserrücken, Handlesen oder andere spiritistische Praktiken, das Mystische zieht immer mehr junge Leute in seinen Bann. Jeder zweite Jugendliche hat wenigstens schon einmal an okkulten, spiritistischen Machenschaften teilgenommen, Tendenz steigend! Darum hat der besorgniserregende Okkult-Boom auch längst Wissenschaftler, Psychologen und Träger des Jugendschutzes auf den Plan gerufen, um Ausmaß, Ursprünge und Auswirkungen dieser Entwicklung zu untersuchen. Durch schwarze oder weiße Magie werden nicht nur Jugendliche, sondern auch Erwachsene mehr und mehr in den Bann des Teufels gezogen. Sehr verbreitet sind auch Hellsehen, Telepathie und Geistheilen. Welche furchtbaren Auswirkungen solche Praktiken haben, soll an einem Beispiel aus der eigenen Familie gezeigt werden. Eine junge Frau erkrankte an Gesichtsrose. Diese Infektion ist nicht nur äußerst schmerzhaft, sondern auch lebensgefährlich.

Ein Arzt, von den Leuten, bei denen sich die Kranke gerade für ein paar Tage aufhielt, herbeigerufen, erkannte, daß die Infektion bereits das gefährlichste Stadium erreicht hatte, und verschrieb deshalb nicht nur die damals üblichen Tabletten gegen die Infektion, sondern er riet diesen Bekannten auch noch, eine Frau aus dem Ort zu holen, die in solchen Fällen der akuten Lebensgefahr ihre übersinnlichen Kräfte in Form von »Besprechen« des Krankheitsgebietes einsetzte und damit Erfolge erzielte.

Diese »Geistheilerin«, wie ich sie einmal nennen will, murmelte dann am Krankenbett unaufhörlich »fromme Sprüche« und fuhr mit einer Hand in Kreuzform wiederholt über das Gesicht. Die Kranke beobachtete diese Handlung mit einiger Skepsis und zweifelte im Innern, ob ihr das wohl helfen würde, aber sie hat es geschehen lassen. Am folgenden Tag gingen die Schmerzen merklich zurück, die Schwellungen nahmen ab und das Allgemeinbefinden wurde von Stunde zu Stunde besser.

Was hatte nun wohl die Gesundung herbeigeführt? Die Tabletten, die ungewöhnliche Handlung der fremden Frau? Ein Zweifel blieb. Wenn nicht die Tabletten, weshalb konnte eine solch fragwürdige Person durch einfaches Besprechen eine solche Veränderung zur Heilung bewirken? Ihre Gedanken kreisten immer wieder um dieses Geschehen. Von innerer Angst getrieben, ging sie oft ins Kino, um sich von diesen lästigen Gedanken abzulenken. Erst als später mit dieser Frau, nach ihrer Hinwendung zu Jesus, gebetet wurde, und nachdem sie diese Handlung als Sünde dem Herrn bekannt hatte, wurde sie von der fürchterlichen Angst befreit. Wir lesen in der Heiligen Schrift, daß es eine Heilung der

Seele gibt, doch es sollte unser Verlangen sein zu erkennen, daß wir bei Zaubereipraktiken in erster Linie an Gott gesündigt haben. Hier bleibt die Wurzel, die so viele dunkle Früchte hervorbringt, weil wir die Sünde nicht durch das Blut Jesu Christi auslöschen lassen.

13. SEPTEMBER

Die Echostimme des Heiligen Geistes

»Wenn aber jener, der Geist der Wahrheit, kommen wird, der wird euch in alle Wahrheit leiten. Denn er wird nicht aus sich selber reden, sondern was er hören wird, das wird er reden, und was zukünftig ist, das wird er euch verkündigen.«

(Johannes 16/13)

Nach einem Zeltgottesdienst spricht mich ein Student an: »Wissen Sie, wenn man Ihnen zuhört, erzeugen Sie mit Ihren Ausführungen den Eindruck, als ob Sie täglich beim lieben Gott zur Audienz eingeladen wären und Sie im Himmelreich ein- und ausgingen. Woher nehmen Sie nur diese Überzeugungskraft?«
Diese Frage hatte ich überhaupt nicht erwartet. Nach kurzem Nachsinnen antwortete ich: »Nun, das ist einfach erklärt. Sehen Sie, seit meiner Hinwendung zu Jesus Christus habe ich etwas empfangen, was ich vorher nicht kannte: Die Echostimme des Heiligen Geistes. Wenn ich nun das Wort Gottes lese oder zum Herrn bete, so höre ich oft diese inwendige Stimme, die mich entweder ermahnt oder aber auch das Wort Gottes bestätigt, das in mein Herz hineinredet. Deshalb habe ich wirklich täglich Umgang mit Gott und, wie Sie es nennen, Audienzen. Diese Stimme gibt mir über viele Dinge Auskunft, sie korrigiert meine falschen Ansichten und übermittelt mir die Befehle meines Herrn und Meisters.« Ganz verblüfft schaut mich der Student an; vielleicht hat er gewisse Zweifel an meinem Verstand. »Sagen Sie, ist das nicht sehr übertrieben?« – »Weshalb übertrieben?« frage ich zurück und fahre fort: »Sehen Sie, wenn ich sündige, so erinnert mich die Stimme des Heiligen Geistes an das Wort Gottes und ich höre das Urteil Gottes über meine verkehrten Gedanken oder Taten.« »Ach Sünde«, winkt er ab. »Was Sie als unrein bezeichnen, ist für mich ganz einfach Biologie, alles sehr natürlich. Ich weiß überhaupt nicht, was Sünde ist.« Nun muß ich ihm etwas nachhelfen

in der Erkenntnis, daß auch er ein Sünder ist. »Sagen Sie, wissen Sie eigentlich, was eine Lüge und was keine Lüge ist?« – »Ja.«
»Wissen Sie, was ein Diebstahl und was kein Diebstahl ist?« –
»Ja«, antwortet er wieder.
»Dann wissen Sie doch auch, was ein Ehebruch und was keiner ist?« – »Ja«, sagt er unwirsch.
»Sagen Sie doch bitte, wie kommen Sie dazu, einfach zu behaupten, Sie wüßten nicht, was Sünde ist?«
Der junge Mann hatte viele Entschuldigungen. Sein Herz war verstockt, er wollte nicht hören und auch nicht einsehen. Deshalb appellierte ich an seinen Willen: »Der Glaube ist eine Willenssache: Ich will, darum glaube ich; ich glaube, darum weiß ich! Das ist der Weg der Wahrheit! So beginnt jedes Bekenntnis, jede Wissenschaft, jede Weisheit, jede Einsicht, jede Philosophie oder Theologie.« Noch ein Gotteswort gab ich ihm zu bedenken: »Da antwortete Jesus: ›Ich habe es euch doch schon gesagt, aber ihr glaubt ja nicht. Die Werke, die ich im Namen meines Vaters tue, zeugen von mir. Aber ihr glaubt nicht, weil ihr nicht zu meiner Herde gehört.
Meine Schafe hören meine Stimme, und ich kenne sie, und sie folgen mir, und ich gebe ihnen ewiges Leben, und sie werden in Ewigkeit nicht verloren gehen, und kein Mensch wird sie aus meiner Hand reißen.‹« (Johannes 10/25–28 Bruns)
Sehr nachdenklich ging er davon, besuchte aber weiterhin die Gottesdienste.

14. SEPTEMBER

Du bist kein richtiger Evangelist

»Ihr habt euch lange genug an dem Treiben der Menschen beteiligt, die Gott nicht kennen; ihr habt euch hemmungsloser Gier und Ausschweifung hingegeben, habt an wüsten Freß- und Saufgelagen teilgenommen und an einem abscheulichen Götzendienst.« (1. Petrus 4/3 GN)

Vernichtende Worte vom Heiligen Geist an bestimmte Glieder der Gemeinde. Obwohl jedem Kind Gottes die Worte »Wenn wir aber Nahrung und Kleidung haben, so lasset uns genügen« (1. Timotheus 6/8) bekannt sind wird hier und da der Völlerei gefrönt. Der

Geist des Herrn mahnt uns zur Zufriedenheit, Anspruchslosigkeit und Bescheidenheit. Die Genügsamkeit bewahrt uns vor Gier und unmäßigen Begierden, vor der Unersättlichkeit und anderen Gelüsten. Trotzdem schlemmen manche unbedenklich drauflos.
In einem Quartier wird mir, was Essen und Trinken anbetrifft, so einiges zugemutet. Der Sohn des Hauses kommt zu Tisch. Klein und sehr korpulent, hat er einen Löwenappetit. Zunächst vertilgt er eine ganze Schüssel Sülze, über die er noch eine dicke Schicht Zucker gestreut hat. Doch das ist nur die Vorspeise. Als Hauptgang wird ihm von der Großmutter eine beachtlich große, fette Ente serviert, zu der er noch acht große Klöße und einige Kellen fettiger Soße nimmt. Schmatzend vertilgt er alles in außerordentlicher Geschwindigkeit. Zum Nachtisch ißt er dann vier Stücke Buttercremetorte und trinkt genüßlich einen starken Kaffee dazu.
Da ich nicht mehr als ein Viertel dieser Portion schaffe und Kaffee und Kuchen ganz und gar ablehne, erklärt mir die Großmutter: »Du bist überhaupt kein richtiger Evangelist, du haust beim Essen nicht ordentlich rein. Die anderen Evangelisten hauen ordentlich rein. Das sind richtige Männer Gottes!« Ihr Ton ist vorwurfsvoll.
»Ja, das mag sein«, entgegne ich. »Dann habe ich meine Berufung doch wohl nicht richtig verstanden.«
»Fressen und Saufen macht die Ärzte reich«, heißt es im Sprichwort. Paulus mahnt die Christen in Rom: »Laßt uns leben und uns wie am hellen Tag benehmen: Nicht in Saus und Braus, nicht in Schlemmereien und Trinkgelagen, nicht in Unzucht und Ausschweifung, nicht in Zank und Streit, sondern seid umkleidet mit dem Herrn Jesus Christus und sorgt für euren Körper nicht so, daß ihr von seinen Begierden abhängig werdet.« (Römer 13/13-14 Bruns)
Der Herr Jesus kennt die Gefahren bei denen, die sich den lukullischen Genüssen hingeben und dabei für das Reich Gottes und seine Wiederkunft nicht mehr tauglich sind.
»Hütet euch aber, daß eure Herzen nicht beschwert werden mit Fressen und Saufen und mit Sorgen der Nahrung und dieser Tag nicht schnell über euch komme wie ein Fallstrick; denn er wird unversehens hereinbrechen über alle, die auf Erden wohnen.« (Lukas 21/34–35)
Einige Jahre danach ging derselbe Enkelsohn, der inzwischen über 2,5 Zentner wog, zum Betriebsarzt, weil ihm immer so schwindlig wurde und er unter starken Kopfschmerzen litt, außerdem verspürte er ständig einen unbändigen Durst. Der Arzt verschrieb Medikamente gegen Grippe und schickte ihn nach Hause.
Daheim legte sich der Kranke zu Bett, seine Frau ging zur Apo-

theke, um die Antigrippetabletten zu holen. Als sie zurückkam, lag ihr Mann tot im Bett. Er hatte sich mit Messer und Gabel sein Grab geschaufelt, wie man im Volksmund sagt.
Wenn Gott uns bittet, in allem Wandel Mäßigung zu üben und wir prassen hemmungslos, können wir keine Erhörung finden.

15. SEPTEMBER

Schade, daß Sie Pastor sind

»Beim Richten sollt ihr die Person nicht ansehen, sondern sollt den Kleinen hören wie den Großen und vor niemand euch scheuen; denn das Gericht ist Gottes.« (5. Mose 1/17a)

Irgendwo in Deutschland geschah es; ein Pastor kam mit seinem Auto von einem Gottesdienst spät abends nach Hause. Er fuhr eine gemäßigte Geschwindigkeit. Plötzlich tauchte hinter einem Gebüsch ein Mann auf und wurde von dem Wagen des Gemeindehirten erfaßt. Obwohl der Pastor sofort eine Vollbremsung machte, war es zu spät. Der fremde Mann war auf der Stelle tot. Auch Gotteskinder können in die schwierigsten Situationen geraten, die sie dann in große Gewissenspein bringen. Der Pastor erlitt einen Schock. Er verständigte die Polizei, eine Blutprobe wurde abgenommen, das Profil der Reifen untersucht, die Bremsspur gesichert. Da bei dem Unfall ein Mensch tödlich verunglückt war, mußte er zu einer Gerichtsverhandlung kommen.
Wir können uns vorstellen, wie es in der Seele des Boten Gottes aussah. Er war völlig verzweifelt, ja gänzlich zerknirscht. Er wollte nie wieder predigen.
Sein Rechtsanwalt sagte ihm: »Schade, daß Sie Pastor sind.«
»Weshalb ist das schade?« fragte der Seelsorger.
»Ja, wenn Sie vor Gericht schwören könnten, daß Sie den Mann am Straßenrand in selbstmörderischer Absicht gesehen haben, wie er mit einem Satz vor Ihr Auto sprang, dann gäbe es keine langwierige Verhandlung, aber das können Sie wohl nicht?«
Welch ein Rat von einem Juristen an seinen Mandanten! Der Rechtsanwalt wollte den Gemeindehirten zum Meineid verführen. Leider liest man in den Zeitungen so etwas hin und wieder, wie gewissenlos auch manche Juristen sein können.
Natürlich lehnte der Pastor dieses Ansinnen ab. Nach dem Gerichtsverfahren, in dem er freigesprochen wurde, diente er in

seiner Gemeinde in großem Segen weiter, auch wenn ihn dieser tragische Unglücksfall noch lange beschäftigte, an dem er wirklich keine Schuld hatte.
Kommen wir im alltäglichen Leben nicht auch in solche verführerischen Situationen, wenn es um die Wahrheit geht? Flüstert uns nicht der Feind Gottes oft zu: »Sag doch einfach . . .«
»Das Gericht ist Gottes!« Welch ein hoher Anspruch. Es ist ein schlimmes Zeichen für ein Volk, wenn manche Richter, Staatsanwälte und Verteidiger die Normen der göttlichen Gerechtigkeit nicht anerkennen, ihre Pflichten im Sinne Gottes nicht wahrnehmen oder nicht kennen wollen, manchmal sogar im Auftrag der Obrigkeit.
Deshalb fordert uns der Geist Gottes auf, für die Obrigkeit zu beten. Obwohl die Obrigkeit so anfällig, bestechlich und auch so willkürlich sein kann, ist den Christen geboten: »Jedermann sei untertan der Obrigkeit, die Gewalt über ihn hat; denn es ist keine Obrigkeit ohne von Gott; wo aber Obrigkeit ist, die ist von Gott verordnet.« (Römer 13/1)

16. SEPTEMBER

Die Liebe verträgt alles

»Aber er ist um unserer Missetat willen verwundet und um unserer Sünde willen zerschlagen. Die Strafe liegt auf ihm, auf daß wir Frieden hätten, und durch seine Wunden sind wir geheilt.«
»Als er gemartert wurde, litt er doch willig und tat seinen Mund nicht auf wie ein Lamm, das zur Schlachtbank geführt wird; und wie ein Schaf, das verstummt vor seinem Scherer, tat er seinen Mund nicht auf.« (Jesaja 53/5 und 7)

Der Geist Gottes malt uns schon im Alten Testament recht eindrucksvoll das erschütternde Bild des Lammes Gottes vor Augen, das Bild Christi in seinem Leiden und Sterben, aber auch in seinem Sieg durch die Vollmacht der Auferstehung. Wer wollte nicht angesichts dieser erschütternden Vision auf seine Knie sinken und flehend rufen: »O Gott, sei mir Sünder gnädig!« Durch Jesu Leben und Sterben wurde uns die Stärke des Wortes vor Augen geführt: »Die Liebe erträgt alles.« Der reine Sohn Gottes litt unter Spott und Hohn, Schlägen und speichelspuckender Verachtung und manch anderer Grausamkeit. Alles tat er, um uns aus dem Rachen der Hölle zu erlösen. Unsere Erlösung bleibt deshalb immer unverdiente Gnade.

Es liegt eine unermeßliche Fülle göttlichen Reichtums in diesen Worten der Prophetie. Es ist das praktische Leidensbild der Liebe Gottes, die alles erträgt.

Beim Lesen dieser Verse blicken wir direkt in das Angesicht unseres himmlischen Erlösers Jesu Christi. Wir aber sollen uns als begnadigte Kinder Gottes immer wieder fragen: Können wir um Jesu willen alles ertragen und durchtragen? Nur wenn wir aus der Auferstehungskraft unseres Herrn und Heilandes Anteil gewinnen, werden wir überhaupt fähig, alles zu erfüllen, und zwar nicht aus eigener Kraftanstrengung, sondern auf der Grundlage des kindlichen Glaubens und Vertrauens.

»Die Liebe erträgt alles, deckt alles zu.« Oft versagen wir schon bei den geringen Anfechtungen.

Eine Christin kommt eines Tages zum seelsorgerlichen Gespräch und bittet um Gebetshilfe: »Ich werde hier in dieser Gemeinde so verleumdet, sie reden so viel Böses über mich!« dabei macht sie ein sehr wehleidiges Gesicht. Da ich die Frau gut kenne, schlage ich ihr vor: »Dann wollen wir aber Gott von Herzen für diese Seligkeit danken.«

Entgeistert starrt sie mich an: »Welche Seligkeit meinst du?« möchte die Angefochtene wissen.

»Nun, Jesus Christus hat gepredigt: ›Glückselig seid ihr, wenn sie euch schmähen und verfolgen und reden allerlei Übles wider euch, so sie daran lügen. Seid fröhlich und getrost; es wird euch im Himmel reich belohnt werden.‹ Sieh, Schwester, um diese Glückseligkeit geht es, deshalb gebe ich dir den Rat: Sei fröhlich und getrost, denn er wird dir helfen.«

»Manchmal kann es aber zu viel werden«, meint sie noch.

»Aber nein«, erkläre ich ihr, »denn es steht geschrieben, daß uns der Herr nur so viel auferlegt, daß wir es auch tragen können. Deshalb lauf dem Herrn nur nicht aus der Schule.«

Ob sie mein Rat befriedigt hat, kann ich nicht sagen, aber ich wurde innerlich geleitet, mit ihr so zu reden. Denken wir an unser Textwort: Er wurde beladen, gemartert, geschlagen, verhöhnt und grausam geplagt, – nur weil er uns geliebt hat, – weil er uns wohlgetan hat und die himmlische Wahrheit verkündigte.

Die Liebe Gottes ist die alles tragende Liebe.

Christus im Gefangenenlager

»Denn der Herr hat von seiner heiligen Höhe herabgesehen, er hat vom Himmel auf die Erde geschaut, um das Seufzen der Gefangenen zu hören, um die Todgeweihten zu erlösen, damit der Name des Herrn zu Zion gepriesen und sein Lob zu Jerusalem gesungen werde, wenn dort alle Völker zusammenströmen und die Königreiche, um dem Herrn zu dienen.«

(Psalm 102/20-23 Bruns)

Der Schwiegervater meiner Tochter war als Pfarrer während des Krieges in sowjetische Kriegsgefangenschaft geraten. Da er im Rang eines Hauptmanns in der deutschen Armee gedient hatte, wurde er der »deutsche Lagerkommandant«.

Eines Tages erschienen Soldaten des sowjetischen Geheimdienstes mit Bluthunden an Ketten. Sie waren von der Bevölkerung aufmerksam gemacht worden, daß deutsche Kriegsgefangene eine Ziege gestohlen hätten und erstatteten deshalb Anzeige wegen Diebstahls. Der Offizier der sowjetischen Geheimpolizei forderte den deutschen Lagerkommandanten auf, alle Gefangenen antreten zu lassen, um die Täter dingfest machen zu können. Mißmutig und voller Angst formierte sich die Lagermannschaft. Die Russen begannen mit den Bluthunden die ausgehungerten Gefangenen einzeln zu untersuchen. Der Pfarrer stand in seiner zerschlissenen Uniform vor seinen Kameraden und blickte der Reihe nach in ihre Gesichter. Da fielen ihm zwei sehr nervös dreinschauende Deutsche auf. Es war ihm sofort klar, daß diese beiden die Ziege gestohlen hatten. Es wurde ihm aber auch bewußt: wenn man diese beiden jetzt entdeckt und sie ins Strafgefangenenlager bringt, sie dann Kinder des Todes sind und sie die Heimat nie wiedersehen würden.

Deshalb schloß er seine Augen und begann zu beten: »Du treuer und gerechter Gott im Himmel, du weißt, es ist offensichtlich Unrecht geschehen. Meine Kameraden haben gestohlen, sie haben gesündigt. Aber du, barmherziger Vater, laß bitte Gnade vor Recht ergehen. Hilf diesen beiden, denn wenn sie entdeckt werden, kommen sie ins Todeslager und können sich nicht mehr zu dir bekehren. Hilf, himmlischer Vater, in deiner großen Güte und laß das Blut deines lieben Sohnes Jesus Christus für diese beiden geflossen sein. Erbarme dich, Vater des Lichts!« Die Geheimpoli-

zisten schritten durch die Reihen und jeder der Gefangenen wurde eingehend visitiert.
Die Bluthunde sprangen immer wieder kläffend an den beiden Dieben empor, doch konnte die Geheimpolizei der Russen nichts entdecken. Die deutschen Kriegsgefangenen wurden wieder in ihre Baracken geschickt. Als die Russen abgezogen waren und sich der Sturm gelegt hatte, kam einer der Diebe in die Schreibstube des deutschen Lagerkommandanten: »Herr Pfarrer, ich möchte mich herzlich bei Ihnen bedanken. Sie haben gewußt, daß wir die Ziege gestohlen hatten und Sie haben für uns beide gebetet. Es ist ein wirkliches Wunder geschehen, denn ich hatte den Kopf der Ziege in meiner Tasche und die Bluthunde haben es nicht gerochen!«
Gott hatte das Seufzen des Pfarrers gehört und die Todgeweihten vor dem irdischen Gericht bewahrt. Ob sich die beiden aber später bekehrten, wußte der Mann Gottes nicht.

18. SEPTEMBER

Wie ein Blitz aus heiterem Himmel

»Siehe, der Herr kommt mit vielen tausend Heiligen, Gericht zu halten über alle und zu strafen alle Gottlosen für alle Werke ihres gottlosen Wandels, womit sie gottlos gewesen sind, und für all das Freche, das die gottlosen Sünder gegen ihn geredet haben. Diese murren und hadern mit ihrem Geschick, aber wandeln dabei nach ihren Lüsten; und ihr Mund redet stolze Worte, aber um des Nutzens willen achten sie das Ansehen der Person.« (Judas 14-16)

Während einer meiner Evangelisationsreisen hörte ich von einer tragischen Begebenheit, die sich in meiner Heimatstadt abgespielt hatte.
Eine Frau war zu Besuch nach Berlin gekommen. Sie führte mit ihrem Cousin ein geistliches Gespräch. Dieser besuchte Jahre zuvor eine Zeitlang die Gottesdienste und hörte viele Predigten. Dann aber lockte ihn die Sünde. Ihm sind erneut die weltlichen Lüste liebgeworden, daß er sich mit Übermut in das leichtfertige Leben stürzte. Die Cousine versuchte, den Abgefallenen auf den Ernst seiner Situation aufmerksam zu machen und fragte ihn: »Wenn du einmal ganz schnell vor Gottes Thron stehen solltest,

was könntest du dem Herrn Jesus Christus dann antworten, wenn er Rechenschaft über dein Leben fordert?«
Der Cousin lachte und spottete dreist: »Ich bin noch jung, ich will mein Leben genießen! Später, wenn ich einmal älter bin, kann ich mich wieder bekehren, dann ist immer noch Zeit genug!«
Alles Reden nutzte nichts. Der Cousin lästerte stolz und übermütig. Gleich danach ging er mit seinem Hund in den nahe gelegenen Park. Ein Gewitter war schon kurze Zeit vorüber, aber urplötzlich wurde er von einem Blitz erschlagen.
Selten folgt das Gericht so auffällig und schnell, denn Gott will nicht den Tod des Sünders, sondern daß er lebe und sich zu ihm bekehre.
Wir können an dieser erschreckenden Begebenheit in unseren Tagen erkennen: So gewiß es einen lebendigen Gott gibt, so gewiß werden der Hochmut und der Stolz nicht ungestraft bleiben.
Früher oder später wird der übermütige Sünder seinen Lohn empfangen.
Treffend schrieb einst Thomas von Aquino:
»Einige Sünden sind gefährlicher wegen der Heftigkeit ihrer Reaktionen, wie beispielsweise der Jähzorn und andere Untugenden, die aus der Triebhaftigkeit unserer Natur kommen, oder auch die verdeckten, heimlichen Sünden, wie Neid, Hochmut und Stolz. Beobachten wir einmal gründlich alle Winkel und Falten unsres Herzens, das sich nur allzugern vielen Täuschungen und dem Betrug hingibt. Lassen wir uns einmal vom Licht des Heiligen Geistes durchleuchten, wir werden erschrocken sein, mit wieviel List die verdeckten Sünden unser Herz ausfüllen.«
Wir sollten nicht eher ruhen, bis auch die Wurzeln der Selbstgefälligkeit und Selbstherrlichkeit, des Eigenlobs und der Selbstverliebtheit, alle Aufgeblasenheit und jede Anmaßung, jede Arroganz und Prahlerei durch die Kraft der Auferstehung Jesu Christi ausgemerzt sind.

19. SEPTEMBER

Der Entmündigte

»Sechs Dinge verabscheut der Herr, und auch das siebte kann er nicht ausstehen: Überhebliche Augen, eine lügnerische Zunge, Hände, die schuldlose Menschen töten, einen Kopf, der böse Pläne ausheckt, Füße, die auf verbrecherischen Wegen laufen,

einen Zeugen, der nicht die Wahrheit sagt, und einen Menschen, der Brüder gegeneinander aufhetzt.«

(Sprüche 6/16–19 GN)

In der Schweiz bittet mich ein junger Mann um eine Unterredung. Seine Vorfahren sind aus Italien, wo sie viele Ländereien und großes Vermögen besitzen. Aus familiären Gründen ließen die Großeltern diesen Mann entmündigen. Ärzte bescheinigten seine geistige Unzurechnungsfähigkeit, das Vermögen wurde notariell seinen Halbbrüdern zugesprochen. Dafür bekommt der damals 25jährige eine Rente vom Staat von fast 3000 Franken, eine hübsche Summe, mit der er bis zum Lebensende seinen Unterhalt hätte bestreiten können. Da er nun volljährig ist, kann er wegen seiner angeblichen Geisteskrankheit keinen Beruf erlernen und er kann auch nicht heiraten.

»Was soll ich nur tun, ich möchte arbeiten und auch eine Familie gründen. Wenn ich zum Arbeitsamt komme, sagt man mir, ich sei geisteskrank, deshalb könne man mir keine Stelle vermitteln. Gehe ich zum Gesundheitsamt, so verweist man mich auf das Entmündigungsurteil. Ich habe in einer Privatschule eine Ausbildung zum Techniker absolviert und die Abschlußprüfung mit Auszeichnung bestanden.«

Der junge Mann zeigt mir seine Papiere und das Berufsdiplom. Er hatte schon viele Eingaben gemacht, Rechtsanwälte aufgesucht und Ärzte konsultiert, – keiner konnte ihm helfen. Seit er sich zu Jesus bekehrt hat, wird er noch mehr verlacht und verspottet. Jetzt gebe ich ihm einen ganz außergewöhnlichen Rat, nämlich, sich an die Presse zu wenden, und zwar gleich an eine Sensationszeitung zu schreiben. Ein pfiffiger Reporter brachte diese Geschichte auch gleich als große Sensation heraus und rechnete dabei die zu Unrecht gezahlte monatliche Rente von zirka 3000 Franken auf. Sofort wurde der Fall ein Gegenstand der Öffentlichkeit und der Staatsbehörde. Eine Untersuchung wurde eingeleitet, die kriminellen Verwandten in Haft genommen und später die Entmündigung des jungen Mannes aufgehoben.

Erst übervorteilen sie einen Unmündigen, dann rauben sie ihm das Erbe und dann versuchen sie, ihm sein Leben zu zerstören. Um seinen Ruf zu schädigen, erdichteten sie heimtückische Lügen; denn wären sie bei der Wahrheit geblieben, hätten sie nicht seinen Besitz an sich reißen können.

Wie viel schreckliches Gift wurde unter den Menschen verbreitet durch gehässige Verleumdungen, wie viel Betrug, wie viel Rufmord oder Anstiftung zum Völkermord entstanden durch Lügen

und böswillige Unterstellungen, ja, manches Leben ist durch gezielte Falschmeldungen vergiftet worden.
Wie ein schleichendes Gift tötet die Lüge das Vertrauen zwischen den Menschen und den Völkern.
Die Wahrheit aber wird auf Dauer siegen, denn Jesus Christus ist der Fürst der Wahrheit. Wenn wir von ganzem Herzen dem Herrn vertrauen, so müssen alle Verleumdungen und Boshaftigkeiten offenbar werden.

20. SEPTEMBER

Ich dachte, Sie sind Pastor

»Wer sich aber mein und meiner Worte schämt unter diesem ehebrecherischen und sündigen Geschlecht, dessen wird sich auch des Menschen Sohn schämen, wenn er kommen wird in der Herrlichkeit seines Vaters mit den heiligen Engeln.«
(Markus 8/38)

Im Grunde genommen schämt man sich eigentlich nur schlechter oder zweifelhafter Dinge. Wenn uns das Gewissen schlägt, kommen wir in Verlegenheit und wir erröten. Wie kommt es wohl, daß Menschen sich der herrlichen Botschaft Gottes und seines Sohnes Jesus Christus schämen? Ist das Evangelium nicht die schönste Nachricht für diese Welt?
Vor einiger Zeit betrat ich den Wagen eines Intercityzuges. Ich hatte eine Platzkarte, aber in dem Abteil, meinem reservierten Platz gegenüber, saß eine schlafende Frau. Sie hatte ihre Füße bis unter meinen Platz ausgestreckt. Da ich sie nicht wecken wollte, setze ich mich auf einen kleinen Platz im Gang des Zuges. Später stiegen aus dem Abteil mehrere Fahrgäste aus. Nun wurde die junge Frau wach und setzte sich auf den freiwerdenden Fensterplatz. Da der gegenüberliegende Platz auch frei wurde, setzte ich mich dorthin.
Ich begann ein Gespräch und erklärte ihr, daß ich als »Anti-Autofahrer« trotzdem sehr selten mit dem Zug führe.
»Dann haben Sie sicherlich etwas zu transportieren, was Sie mit der Bahn nicht können«, vermutete sie.
»Ja, ich bin Schriftsteller und führe stets eine große Anzahl von Büchern mit.«

»Was? Schriftsteller sind Sie? Ich dachte, Sie sind Pastor«, antwortete mir die Frau.
»Wie bitte?« fragte ich erstaunt. »Wie kommen Sie denn gerade auf einen Pastor?«
»Ja, Sie sehen wie ein Pastor aus.«
Nun, ich hatte mich sportlich gekleidet. Nach meiner Überzeugung deutete nichts darauf hin, daß ich Pastor sein könnte.
»Das müssen Sie mir aber erklären, weshalb Sie meinen, ich sei Pastor! – Ich bin nämlich beides, Pastor und Schriftsteller.«
Sie erklärte mir, aus meinem Gesicht strahle ein Friede und eine Freude, wie man von Christen gewohnt sei. Sie selbst habe einmal Theologie studiert, sei aber jetzt in einem Verlag beschäftigt.
Später schaltete sich eine ältere Dame in unser Gespräch über den Glauben an das Evangelium ein:
»Wenn ich mich vorstellen darf: Ich bin Buchhändlerin«, erklärte sie schmunzelnd.
»Welch eine Führung: Der Verlag, der Buchhandel und der Schriftsteller sind in der Gesprächsrunde beieinander und Jesus Christus ist unser Thema«, sagte ich. Nun wollte ich beileibe nicht Jesus Christus verleugnen, als ich sagte, ich sei Schriftsteller. Ich versuchte nur, besser zu dem Inhalt meines Lebens zu kommen.
Es hat mich aber sehr gefreut, daß eine fremde Frau etwas von der Ausstrahlungskraft des Heiligen Geistes bei mir bemerkte. Sogleich nutzte ich die Gelegenheit, eine Brücke zu einem Zeugnis für Jesus Christus zu bauen. Gott schenkte mir während unserer Unterhaltung Gnade, den Heilsratschluß Gottes für unser aller Leben zu erläutern.

21. SEPTEMBER

Wenn der Morgenstern aufgeht

»Wir haben desto fester das prophetische Wort, und ihr tut wohl, daß ihr darauf achtet als auf ein Licht, das da scheint an einem dunklen Ort, bis der Tag anbreche und der Morgenstern aufgehe in euren Herzen.« (2. Petrus 1/19)

Als »Autofahrer wider Willen« bin ich schon mehr als eine Million Kilometer unter dem Schutz seiner Engel gefahren. Immer befand ich mich unter dem Geleitschutz seiner himmlischen Heerscharen.

Bei einer Fahrt nach Frankfurt am Main mußte ich aber feststellen, daß der Drehzahlmesser am Armaturenbrett plötzlich zu stottern anfing. Erschrocken lenkte ich mein Fahrzeug auf den Randstreifen und bat an der SOS-Säule um Pannenhilfe. Nun stand ich am Straßenrand, war sehr unwillig und murrte mit Gott.

»Herr!« rief ich in meinem Herzen, »du weißt doch, daß ich nur für dich unterwegs bin. Weshalb muß mir so etwas passieren?«

Bald erschien ein Wagen vom Pannendienst. Dem erfahrenen Mechaniker war sofort klar, daß das automatische Getriebe einen Schaden hatte. Solch einen Schaden konnte er natürlich nicht an Ort und Stelle reparieren.

»Können Sie überhaupt nicht mehr fahren?« fragte mich der Mann.

»Doch, aber das fürchterliche Schnarren und Pfeifen ...« sagte ich.

»Dann fahren Sie mit verhaltenem Tempo weiter. Vielleicht erreichen Sie noch Ihr Ziel. Falls Sie liegenbleiben, wird ein Abschleppwagen kommen.«

Mit ziemlich gemischten Gefühlen fuhr ich weiter und erreichte wirklich noch das Ziel. Dann gab das automatische Getriebe seinen Geist auf.

Meine Quartiergeberin kannte ich schon von früher, weil ich jahrelang in der Gemeinde Mitglied war, aber ihr Mann war mir unbekannt. Ich hatte ihn nie gesehen. Sie stellte ihn mir vor. Er war ein sehr liebenswürdiger und hilfsbereiter Akademiker, der sie 30 Jahre lang Sonntag für Sonntag zum Gottesdienst gefahren hatte, selbst aber nie mit in das Gotteshaus ging, weil er zu seinem Skatclub wollte.

Diesmal stand das Missionszelt, in dem ich predigen sollte, nicht in Frankfurt, sondern in Offenbach, und dort war ja nicht der Skatclub. »Ich fahre Sie natürlich zum Zeltgottesdienst«, sagte mir der Mann, »und wenn ich sonst behilflich sein kann, will ich es gern tun.« Wie gesagt, er war ein sehr liebenswürdiger Mann und darüber hinaus äußerst hilfsbereit. Seine Frau flüsterte mir später zu: »Ich glaube, heute kommt er zum ersten Mal in einen Gottesdienst. Er wird doch nicht die ganze Zeit im Auto sitzenbleiben.«

Er kam in den ersten Gottesdienst, – er kam in den zweiten Gottesdienst, – und am dritten Abend bekehrte er sich von ganzem Herzen. Er erstattete mir auch alle Unkosten für die Reparatur mit den Worten:

»Diese Summe ist es mir auf alle Fälle wert, denn endlich ist bei mir das Licht im Herzen aufgegangen. Ich bin froh, daß dieser fürchterliche Druck, der mir immer auf der Brust lag, fortgenom-

men wurde. Ich hätte mich ja schon viel eher bekehren sollen, aber dieser unsinnige Männerstolz stand mir im Wege.«
Mir selbst ging auch ein herrliches Licht im Herzen auf, und ich tat Buße darüber, daß ich auf dem Wege so unverschämt gemurrt und mit Gott gehadert hatte. Er führt alles so herrlich und unvergleichlich gut. Wenn wir meinen, am Ende zu sein, ist ER am Wirken. Seit Jahrzehnten dient nun dieser Architekt als Ältester in der Gemeinde.

22. SEPTEMBER

Papa schwimmt im Geld

»Denn die da reich werden wollen, die fallen in Versuchung und Stricke und viele törichte, schädliche Lüste, welche die Menschen versinken lassen im Verderben und Verdammnis. Denn Habsucht (Geiz) ist eine Wurzel alles Übels; wie etliche gelüstet hat und sind vom Glauben abgeirrt und machen sich selber viel Schmerzen.« (1. Timotheus 6/9-10)

Hier und da hört man etwas von sprechenden Tieren. Auch in der Heiligen Schrift lesen wir von der Eselin des Bileam, die reden konnte, als sie von ihrem Herrn in ungerechter Weise gequält und geschlagen wurde. So hat Gott auch heute noch manche Wege, um den Menschen die Wahrheit zu sagen. Sehr eindrucksvoll geschah dies, als ich einmal bei einem Geschäftsmann einquartiert war, der ein ansehnliches Vermögen besaß. Seine Frau, eine treue Christin, wollte der Mission stets finanzielle Hilfe zukommen lassen. Ihr Mann war aber in dieser Beziehung sehr zurückhaltend. Er besaß aber einen vorzüglich sprechenden Wellensittich. An und für sich verstehe ich solch »sprechende Vögel« kaum, aber dieser Wellensittich konnte sehr gut artikulieren. Da der Geschäftsmann seine Frau sehr oft in den Gottesdienst begleitete und auch sonst als recht fromm angesehen werden wollte, brachte er dem Tier manchen frommen Spruch bei, so unter anderem: »Halleluja! – Sage immer Lob und Dank! Amen! – Halleluja!« Nun begab es sich, daß der Geschäftsmann mit seiner Frau in Urlaub fahren wollte und somit den talentierten Vogel seiner verheirateten Tochter in Pflege geben mußte. Als nun die beiden von ihrer Reise zurückkamen, erschraken sie sehr, als ihr Wellensittich munter drauflosplapperte: »Amen! Halleluja! – Papa schwimmt im Geld – Sage allezeit Lob und Dank – Papa schwimmt im Geld – Halleluja – Amen!«

Da ich wieder einmal ins Haus kam und nach dem Vogel fragte, sagte mir die Frau: »Geh bloß nicht zu ihm. – Ich schäme mich ja so. Meine Tochter hat die Gunst der Stunde genutzt, um dem Tier noch einen Satz beizubringen. Es ist ja die Wahrheit, aber wir können jetzt keinen Fremden mehr in unser Haus einladen.«

Wir dürfen nie vergessen, daß der Geiz ein Laster ist. Leider verstehen wir es, uns raffiniert und geschickt zu entschuldigen und aus dieser schrecklichen Sünde eine Tugend zu machen, indem wir sagen: »Ich bin sehr sparsam. Ich bin ein Haushalter an Christi Statt.« Wir wollen nicht wahrhaben, daß wir lumpige Geizkragen sind. Der Geiz ist die Wurzel allen Übels, denn es gibt kein Unrecht, zu dem ein Habgieriger und Geiziger nicht imstande wäre, wenn er nur seine Habsucht befriedigen kann. Von solchen Menschen schreibt der Apostel Petrus: »Sie verführen schwache Menschen. In der Geldgier sind sie unersättlich. Ihre Strafe ist ihnen sicher! Sie sind vom Weg abgekommen und haben die Richtung verloren; sie sind dem Weg gefolgt, den Bileam gegangen ist. Er liebte das Geld, das er für seine schlechte Tat erhalten sollte; aber er wurde wegen seines Ungehorsams bestraft. Ein Tier, das doch eigentlich nicht reden kann, sprach mit menschlicher Stimme und hinderte den Propheten daran, sein unsinniges Vorhaben auszuführen.« (2. Petrus 2/14-16 GN)

23. SEPTEMBER

Von allen Seiten umgeben

»Von allen Seiten umgibst du mich und hältst deine Hand über mir.« (Psalm 139/5)

Ein Bauer aus Süddeutschland, der als eifriger Laienprediger zum Predigtdienst unterwegs war, traf einmal eine Gruppe junger Christen, die er aus seinen Versammlungen kannte.

»Was wollt ihr heute noch tun?« fragte er sie.

»Wir wissen es bis jetzt noch nicht«, antwortete einer aus der Gruppe.

»Hört zu, nehmt eure Gitarren, besucht noch die Lokale und die

Restaurants hier im Ort und singt den Leuten Evangeliumslieder.«
Die Jugendlichen waren augenblicklich von diesem Auftrag begeistert und besuchten als erstes die berüchtigtste Kneipe. Der Wirt dieser Spelunke sah die jungen Leute mit ihren Gitarren hereinkommen. Er brüllte in den Raum: »Ruhe! Sofort Ruhe! Die Heilsarmee ist da!«
Augenblicklich verstummte das Geschrei. – Die jungen Christen sangen von Jesus und dessen Herrlichkeit.
Ein Angetrunkener ergriff seinen Becher, ging durch die Reihen und sammelte eine Kollekte ein. Das wollten die Jugendlichen überhaupt nicht. Kaum beachtet, erhob sich ein junger Mann aus dem Kreis der Säufer und Spötter und verließ das Lokal. Die Jugendlichen waren erfreut über die Gelegenheit, von ihrem Herrn und Heiland singen zu dürfen und verließen nach einigen Liedern den Schankraum. Als sie sich wieder auf der Straße befanden, meinte einer: »Jetzt besuchen wir noch ein anderes Restaurant.« Wieder sangen sie von der Gnade Gottes und der herrlichen Vergebung. Und wieder erhob sich, kaum bemerkt, ein junger Mann und ging hinaus.
Die Jugendlichen beschlossen, in ein weiteres Lokal zu gehen. Der Wirt des Hauses war über den Gesang der jungen Leute nicht erbaut, aber er ließ es zu. Wieder erhob sich ein junger Mann aus dem Kreis der Gäste, der sich hierher verzogen hatte, und verschwand. Die jungen Christen durften nur ein Lied singen. Als sie wieder auf der Straße waren, sagte einer aus ihrer Mitte: »Gibt es hier nicht noch eine Kneipe?« Ein ortskundiger junger Mann nannte ihm die letzte. Frisch und munter, inspiriert durch die vorhergegangenen Dienste, bezeugten sie im Lied die Botschaft der Liebe Gottes und die Rettung aus der Gebundenheit.
Erneut entdeckten die Christen den jungen Mann, der sich in den anderen Lokalen immer spontan erhoben hatte und hinausgegangen war.
Es war der Sohn eines Pfarrers, der zum Alkoholiker geworden war und sich jetzt auf der Flucht vor Gott befand.
»Wir haben Sie schon in den anderen Gaststätten gesehen. Sie sind immer wieder davongerannt. Weshalb tun Sie das?« wollte einer der Jugendlichen wissen. Nun erzählte der junge Mann seine Not. Er sei in der Familie das »schwarze Schaf«. Mehr und mehr sei er in die Sünde gefallen und nun sei er Alkoholiker, doch immer wieder von der Liebe Gottes verfolgt worden. Die Jugendlichen hörten ihm interessiert zu. Plötzlich geschah das Wunder. Er fiel auf seine Knie und übergab sein Leben ganz in die Hand des Herrn.

Die Jugendlichen beteten noch bis nach Mitternacht mit dem von neuem geborenen Sohn. Der Liebe Gottes zu entfliehen, ist nicht einfach, denn: »Von allen Seiten umgibst du mich und hältst deine Hand über mir.« (Psalm 139/5)

24. SEPTEMBER

Bekehren Sie meinen Mann

»Ich handle umsichtig und redlich, daß du mögest zu mir kommen; ich wandle mit redlichem Herzen in meinem Haus.« (Psalm 101/2)

Während einer Evangelisation kommt eine Frau zu mir mit der Bitte: »Besuche mich doch in meiner Wohnung und bekehre meinen Mann. Seit Jahren will ich ihn in die Versammlung mitnehmen, aber er weigert sich.«
Eine seltsame Bitte; als ob überhaupt ein Mensch einen anderen Menschen bekehren könnte, das ist unmöglich. Aber ich verstehe, was die Frau damit sagen will und verabrede mich mit ihr zu einem bestimmten Zeitpunkt.
Als ich in ihr Haus komme, empfinde ich einen penetranten Geruch, als hätte diese Frau heute Fisch zubereitet und vergessen zu lüften. Dies ist aber nicht der Fall, denn es stinkt in ihrem Haushalt immer so. Die ganze Wohnung sieht wie eine Räuberhöhle aus – Schuhe, Strümpfe, Unterwäsche, dazwischen schmutziges Geschirr, herumliegende Topflappen, Flaschen in jeder Ecke, Töpfe, hochgestapelte Zeitschriften, als wäre man beim Lumpenhändler. Unter allem Unrat liegt auch eine Bibel.
Der Mann sitzt inmitten eines »Müllhaufens«. Ich begrüße ihn und versuche, mit ihm ins Gespräch zu kommen. Zunächst ist er sehr wortkarg – doch dann taut er auf: »Wissen Sie, ich habe ja nichts gegen den Glauben und echtes Christentum – aber sehen Sie sich doch hier in diesem Saustall um! – Meinen Sie, daß das christlich ist? Meine Frau rennt auf die Straße und verteilt täglich ihre Traktate und hält fromme Reden, während ich hier im Dreck umkomme.«
Ob dieser Mann in einer solchen Umgebung überhaupt den Weg zum Glauben findet, möchte ich fast bezweifeln. Der gottesfürchtige David wußte sehr gut, daß die täglichen Pflichten eines

gläubigen Menschen mit dem innersten Wesen seiner Heiligkeit übereinstimmen müssen. Auch gewisse Äußerlichkeiten können uns ein Spiegelbild geben, an welchem man erkennen kann, ob das Herz des Menschen vom Geist der Ordnung und der Zucht erneuert ist: nämlich die häusliche Sauberkeit.
Die Kraft der Auferstehung soll sich auch im häuslichen Leben zeigen. Es ist billig, von Heiligkeit zu reden, wenn wir nicht unseren Mitmenschen auch ein Zeugnis von der Ordnung in unserem Hause vorweisen können. Wie traurig ist es doch, wenn wir dem Nächsten gegenüber, der uns am besten kennt und mit dem wir täglich Umgang haben, nach außen hin kein Zeugnis von der inneren Reinigung und Erneuerung geben, einfach weil wir zu liederlich und zu faul sind.

25. SEPTEMBER

Ihr Ende sehet an

»Denn den Unverständigen bringt ihre Abkehr den Tod, und die Toren bringt ihre Sorglosigkeit um. Wer aber mir gehorcht, wird sicher wohnen und ohne Sorge sein und kein Unglück fürchten.« (Sprüche 1/32-33)

Mit wehem Herzen erinnere ich mich an einen jungen Mann. Er war einen Kopf größer als andere Christen, die ihn begleiteten. Er hatte eine klare Bekehrung erfahren. Er wurde mein Mitarbeiter und ein streitbarer Bekenner des Evangeliums. Er stellte sich auf einen großen Platz in der Messestadt Frankfurt, schlug seine Bibel auf und predigte das Evangelium. Er stand ganz allein an vorderster Front. Im Zeugnisdienst war er mir damals stets einen Schritt voraus. Als ich einmal in seiner Begleitung ein Paar Schuhe kaufte, fragte er die Verkäuferin: »Wo bringen Sie eigentlich Ihre Ewigkeit zu? Haben Sie Ihr Leben schon dem Herrn Jesus Christus übergeben?« Ich habe ihn damals im gewissen Sinne beneidet; er war so unerschrocken, wenn er das Evangelium verbreitete.
Scheinbar geschah wohl vieles aus eigener Kraft. Er verweigerte den Militärdienst und mußte dafür in einem Krankenhaus arbeiten. Dort lernte er nette und bildhübsche Krankenschwestern kennen. Ich hatte ihn durch meinen Wohnungswechel eine Zeitlang aus den Augen verloren. Später hörte ich von seinem traurigen Rück-

gang: Er geriet in Sünde; er gewann die Welt wieder lieb; er landete in der Unterwelt und wurde Alkoholiker. Bald darauf starb er. Bei einem letzten Gespräch mit ihm weinte er bitterlich, er konnte sich aber nicht zu einem grundlegenden Neuanfang entschließen. Er war vom vorgeschriebenen Weg des Evangeliums abgewichen und hörte nicht mehr auf die Weisungen unseres Herrn.
Doch wer von Gott gelehrt wird, vergißt die Befehle des Herrn nicht. Wer auf die Stimme des guten Hirten hört, wird auf dem schmalen Weg der Gerechtigkeit bleiben und voranschreiten. Solche, die meinen, ohne göttliche Belehrung den Kampf des Glaubens bestreiten und gewinnen zu können, werden bald auf Abwege geraten und in manchem Sumpf der Sünde landen.
Keiner darf sich rühmen, daß er aus eigener Kraft auf dem rechten Weg bleiben werde; denn wir sind alle täglich, ja stündlich von unserem Herrn abhängig.
Wenn Gott uns führt, dann werden wir auch auf seinem Weg bleiben können. Es gilt also, sehr wachsam zu sein, um nicht vom vorgezeichneten Weg abzukommen.
Darum laßt uns den täglichen Anweisungen unseres Herrn gehorsam sein. Laßt uns im »Ruf seiner Marschbefehle« den rechten Weg suchen und bis zum letzten Augenblick auf dem schmalen Weg seiner Gerechtigkeit wandeln. Wer bis ans Ende auf dem Pfad bleibt, der wird teilnehmen am Hochzeitsmahl des Lammes. Immer wieder kommen mir die Worte Jesu in den Sinn: »Sei getreu bis an den Tod, so will ich dir die Krone des Lebens geben. – Siehe, ich komme bald; halte, was du hast, daß niemand deine Krone nehme!« (Offenbarung 2/10 und 3/11)

26. SEPTEMBER

Ich komme von den Menschenfreunden

»Das sollst du aber wissen, daß in den letzten Tagen werden greuliche Zeiten kommen. Denn es werden die Menschen viel von sich halten, geldgierig sein, ruhmredig, hoffärtig, Lästerer, den Eltern ungehorsam, undankbar, gottlos, lieblos, unversöhnlich, Verleumder, zuchtlos, wild, ungütig, Verräter, Frevler, aufgeblasen, die die Lüste mehr lieben als Gott, die da haben den Schein eines gottesfürchtigen Wesens, aber seine Kraft verleugnen sie; solche meide.« (2. Timotheus 3/1-5)

Sehr eindrucksvoll zeichnet uns Paulus durch die Vision des

Heiligen Geistes mit ganzer Nüchternheit und Wahrheit das Bild der Menschen in der Endzeit. Es sind Menschen, die nach außen hin viel von sich halten und darüber hinaus den Schein einer Frömmigkeit an den Tag legen, obwohl sie innerlich von Gott losgelöst leben. Solche Menschen gab es wohl zu allen Zeiten, sie werden aber in der Endzeit immer zahlreicher auftreten.
An unserer Wohnungstür hat es geklingelt; ich öffne die Tür. Vor mir steht ein freundlicher, junger Mann und sagt: »Ich komme von den Menschenfreunden und möchte mich gern mit Ihnen unterhalten.«
Er beginnt, von seiner Gemeinschaft zu reden, der er angehört und die sich »Gemeinschaft der Menschenfreunde« nennt. Ein verlokkender Name. Natürlich stellt er die Sekte im Verlauf des Gesprächs als die »alleinseligmachende« hin.
Der junge Mann erklärt mir, es ist sicher nicht Gottes Wille, daß die Christen so zersplittert sind und in soviel verschiedenen Kirchen, Freikirchen und christlichen Organisationen nebeneinanderher leben. Er will auch den Grund der Zerrissenheit gefunden haben und erklärt mir: »Die Schuld liegt bei der katholischen Kirche, die die Irrlehre von der Hölle erfunden hat. Es gibt keine Hölle, das ist nur ein Machtfaktor dieser Kirche, um die Menschen damit gefügig zu machen.«
Nachdem ich den jungen Mann längere Zeit habe reden lassen, schalte ich mich jetzt sehr höflich, aber auch bestimmt ein und beweise anhand der Heiligen Schrift, daß es sehr wohl eine Hölle, einen Ort größter Qual und der ewigen Gottesferne gibt. Ich zitiere Mose, Jesus Christus, Petrus und auch Johannes, der die Bilder der Hölle auf der Insel Patmos empfangen hat.
Sehr schnell ändern sich die fromm-fröhlichen Gesichtszüge des jungen Mannes. Erregt ruft er: »Das ist ja unerhört! Wollen Sie mich belehren? Dabei bin ich zu Ihnen gekommen, um Sie zu unterrichten. Geben Sie mir sofort meine Broschüren und Bücher zurück!« Er hatte mir im Laufe seiner Ansprache eine Broschüre nach der anderen übergeben.
»Aber, aber!« sage ich, »wer wird denn so heftig werden. Sie sagten, Sie kämen von den Menschenfreunden. Anfänglich machten Sie auch einen solchen Eindruck, aber jetzt sehen Sie wie ein Menschenfresser und nicht wie ein Menschenfreund aus!«
Wütend und fluchend ging er die Treppe hinunter. – Seine Menschenfreundlichkeit entpuppte sich als eine psychologisch einstudierte Pose ohne geistliche Kraft, die aber die Jünger Jesu haben sollten, um von dem einzigen Menschenfreund Jesus Christus berichten zu können.

Geben ist seliger als Nehmen

»Ich habe euch in allen Stücken gezeigt, daß man so arbeiten und sich der Schwachen annehmen müsse und gedenken an das Wort des Herrn Jesus, der gesagt hat: Geben ist seliger als Nehmen.« (Apostelgeschichte 20/35)

Wenn wir diese Worte richtig hören, bemerken wir, daß in diesem Satz eine zweite Wahrheit enthalten ist, nämlich, daß Nehmen selig ist. Mancher erschrickt, wenn er unvermittelt etwas geschenkt bekommt und hat Komplexe, das Angebotene anzunehmen. In einer sehr schwierigen Lage lehrte mich Gott, daß Nehmen auch selig sein kann.

Seit Monaten hatte ich starke Schmerzen im linken Bein. Ein Prediger, der immer hinter mir saß, während ich predigte, sagte mir: »Das sieht aber lustig aus, wenn du während der Predigt die meiste Zeit nur auf einem Bein stehst.« Ich bekannte ihm, daß ich oft unerträgliche Schmerzen im linken Bein hätte und deshalb nicht in der Lage sei, mehr als 40 Minuten auf beiden Füßen zu stehen. Bei der Rückreise predigte ich noch in einer anderen Stadt. Eines Morgens konnte ich mein linkes Bein nicht mehr richtig heben. Es war nicht gelähmt, aber ich mußte meine Hände zu Hilfe nehmen, um das Bein anziehen zu können. Folglich konnte ich auch nicht mehr Auto fahren, weil ich nicht mehr imstande war, das Kupplungspedal durchzutreten Mein Schwiegersohn mußte mich abholen. Der Arzt stellte eine Schädigung der Bandscheiben fest und verschrieb mir Massagen und sonstige Therapien. Als ich von einem mir unbekannten Masseur behandelt wurde, merkte ich sehr schnell, daß auch er ein Jünger Jesu war. Er fragte mich, wie ich zu diesem Bandscheibenschaden gekommen sei. Ich erzählte ihm, daß ich jährlich etwa 50.000 km mit dem Auto fahre.

Er fragte, welches Fahrzeug ich besitze. Nachdem ich ihm meine Automarke genannt hatte, meinte er: »Ja, das ist kein Wunder, die Sitze dieser Autos sind als Bandscheibenfresser bekannt.« Ich fragte, welche Marke er mir empfehlen könne. Er nannte mir ein Modell, das ich überhaupt nicht kannte. Dieser Wagen aber war dementsprechend teuer, so daß ich zu ihm sagte: »Das ist unmöglich, solchen Wagen kann ich mir nicht leisten.«

»So«, sagte der Masseur, »predigen Sie nicht den Gott, dem alle Dinge möglich sind?«

»Ja«, erwiderte ich, »aber ich sehe keine Möglichkeit.«
»Na gut«, meinte er, »ich sehe sie besser. Ich gebe Ihnen 10 000,-- DM (im Jahr 1974). Kommen Sie mit dieser Summe aus? Wenn Sie mehr brauchen, müssen Sie es mir sagen. Ich habe genügend Geld.« Ich war erschrocken: »Wie soll ich das verstehen?« stotterte ich.
»Nun, tun Sie bitte das, was Sie anderen Menschen predigen und nehmen Sie das Geld.«
Wohl hätte ich noch 5 000 DM gebraucht, aber ich wollte keinesfalls noch mehr von dem freigebigen Bruder in Christus annehmen. Also fragte ich anderswo an, ob ich vielleicht für kurze Zeit die genannte Summe als Darlehen haben könnte. Die Bitte war mir schnell gewährt und innerhalb von drei Wochen stand der Wagen mit den serienmäßig eingebauten anatomischen Sitzen vor meiner Haustür.
Innerhalb eines Monats hatte ich kaum noch Schmerzen, so daß ich meinen umfangreichen Reisedienst weiter versehen konnte.

28. SEPTEMBER

Wenn du schießt, bin ich im Paradies

»Und fürchtet euch nicht vor denen, die den Leib töten und die Seele nicht töten können; fürchtet euch aber vielmehr vor dem, der Leib und Seele verderben kann in der Hölle. Kauft man nicht zwei Sperlinge um einen Pfennig? Dennoch fällt deren keiner auf die Erde ohne euren Vater. Darum fürchtet euch nicht; ihr seid besser als viele Sperlinge.«

(Matthäus 10/28-31)

Man erlebt viele interessante Dinge, wenn man im Glauben erprobt wird.
Am Abend nach einem Zeltgottesdienst geschah es. Die Hauptlichter waren schon ausgeschaltet, der Gemeindeprediger und sein Organist warteten auf die Zeltwache.
Plötzlich erscheint ein maskierter junger Mann mit einer durchgeladenen Pistole und schreit: »Hände hoch! Geld her! Sonst kommt keiner von euch lebend aus dem Zelt!«
Der brutale Räuber wendet sich zuerst an den Gemeindeprediger, durchsucht ihn und will die Geldkassette. Als der ihn davon

überzeugt, daß er kein Geld hat, wendet er sich an den Organisten. Dieser ist ein Zivilangestellter bei der Bundeswehr. Er bemerkt, daß die Pistole keine Attrappe ist und sein Gegenüber zu allem bereit. Er selbst ist ein eher sanfter Mensch, der es niemals mit solchem Verbrecher aufnehmen könnte. Seit dem Auftauchen des Gangsters betete er zu seinem Herrn.
»Geld her oder ich schieße dich nieder!« brüllt der ihn an.
»Ich habe kein Geld«, versichert der Organist dem Maskierten »und wenn du mich totschießt, tust du mir noch einen Gefallen, dann bin ich gleich im Paradies bei meinem Herrn Jesus Christus, vor dem wir alle einst erscheinen müssen.«
Der Bandit schüttelt sich. Da steht einer vor ihm, der nicht um sein Leben fürchtet, oder vielleicht tut der nur so?
»Los! Leg dich ins Gras und die Hände auf den Rücken!«
»Ach nein«, sagt der Organist, »da mache ich mir bloß meine Hosen naß, das Gras ist noch nicht trocken.«
Der Verbrecher ist durch diesen Satz so entwaffnet, daß er seine Gesichtsmaske herunterreißt und seine Pistole sinken läßt. Jetzt kommen der Prediger und der Organist mit dem jungen Mann ins Gespräch. Sie versichern ihm, nicht die Polizei zu holen und beten mit ihm. Er verspricht ihnen dafür, den nächsten Gottesdienst zu besuchen.
»Fürchte dich nicht«, ruft dir der Heiland zu. Wie solltest du dich fürchten, dessen beraubt zu werden, was du bereits Jesus Christus übergeben hast? Nämlich Seele und Leib. Der Feind kommt zu spät: Du hast kein Leben mehr zu verlieren, weil du es bereits Jesus Christus ausgeliefert hast. Auch dieses zeitliche Leben kann dir niemand nehmen ohne Gottes Zulassung. Seine heiligen Heerscharen umgeben dich, und wenn es Gott zuläßt, so hat er mit dir gewiß einen unausdenklich herrlichen Plan.
Also brauchst du dich auch nicht zu fürchten. Erkenne doch, wie Jesus es uns im Tagestext dreimal befiehlt, uns nicht vor den Menschen zu fürchten. Wenn du dich schon vor den vergänglichen Sündern fürchtest, was wirst du machen, wenn du es mit Satan zu tun bekommst?
»Wir haben nicht mit Fleisch und Blut zu kämpfen, sondern mit den Mächtigen und Gewaltigen, nämlich mit den Herren der Welt, die in der Finsternis herrschen, mit den bösen Geistern unter dem Himmel. Deshalb ergreifet die ganze Waffenrüstung Gottes, auf daß ihr an dem bösen Tag Widerstand tun und alles wohl ausrichten und das Feld behalten möget.« (Epheser 6/12-13)

Diese Frau will eine Christin sein?

»So ist auch die Zunge ein Feuer, ja eine Welt von Bosheit. Gerade die Zunge ist es unter unseren Gliedern, die unser ganzes Wesen beschmutzt. Sie ist geradezu von der Hölle entzündet und setzt unser ganzes Leben in Brand.«

(Jakobus 3/6 Bruns)

In einer Großstadt lebte eine Frau in einer sehr vornehmen Gegend. Sie hatte einen guten Leumund, sie galt als zuverlässig und treu. Man wußte, daß sie eine überzeugte Christin war; deshalb vertrauten ihr die Reichen ihre Villen an, wenn sie in den Urlaub fuhren. Man konnte sich auf sie verlassen.

Eines Tages kam ein Besitzer einer dieser Villen aus dem Urlaub zurück und mußte mit Entsetzen feststellen, daß der wertvollste Schmuck gestohlen war. Die Kriminalpolizei konnte nicht die geringsten Anzeichen eines Einbruchs erkennen; deshalb fiel natürlich der Verdacht sofort auf die Frau. In der ganzen Gegend sprach es sich wie ein Lauffeuer herum: Die angeblich so zuverlässige Frau ist eine Diebin! – Sie beteuerte wiederholt ihre Unschuld. Da aber keine Einbruchsspuren zu entdecken waren, blieb der Verdacht an ihr haften. Es wurde zum Tagesgespräch unter den Nachbarn: »So sind die Christen. Nach außen den Schein der Frömmigkeit wahren und dann so etwas!«

Ein Kriminalbeamter aber war von der Unschuld dieser Frau überzeugt; deshalb besuchte er die ins Gerede gekommene Frau noch einmal: »Sagen Sie bitte, haben Sie während der Abwesenheit des Besitzers niemanden in die Villa gelassen?«

»Nein, niemand!«

»Aber es muß jemand gewesen sein, der ohne Gewalt in das Haus eindrang. Denken Sie doch noch einmal ganz ruhig nach. Sie haben also niemanden ins Haus gelassen?«

»Nein, niemanden«, versicherte sie erneut. »In der ersten Woche kam jedoch die Lieferung einer Doppelbettcouch, die der Hausbesitzer bestellt hatte. Es waren Männer, die ein Sofa brachten, aber ich blieb bei ihnen, bis sie das Haus verlassen hatten und habe danach alles wieder abgeschlossen. Sie kamen aber am nächsten Tag noch einmal, weil sie sich in der Farbe der Couch geirrt hätten und haben die Couch umgetauscht. Es waren dieselben Männer

und ich wartete, bis sie das Haus verlassen hatten, dann schloß ich alles ordnungsgemäß wieder ab.«
Der Kriminalbeamte wurde sofort hellhörig. Jetzt hatte er eine heiße Spur. Bald stellte sich der ganze Schwindel heraus. Im Bettkasten der Couch, die zuerst gebracht worden war, lag ein dritter Mann, der nun 24 Stunden Zeit hatte, um generalstabsmäßig die Wertsachen aufzustöbern und zu entwenden. Danach war er wieder in die angeblich »falsche Couch« gestiegen, die die Ganoven am anderen Tag abholten und dabei die richtige brachten.
David flehte: »Herr, errette meine Seele von den Lügenmäulern, von den falschen Zungen.«
Lügnerische Menschen saugen ihren Opfern den guten Ruf und das Leben fort, indem sie ihren guten Leumund zerstören. Es kann durch eine verleumderische Behauptung die Existenz eines Menschen zerstört werden. Es gibt Menschen, die lügen zum Zeitvertreib und aus Lust an der Sensation. Die falschen Zungen sind gefährlicher als offensichtliche Feinde.
Von der Verleumdung kann man wirklich nur dann befreit werden, wenn der Herr entweder die gottlosen Zungen zum Schweigen bringt oder ein Mensch durch die Kraft der Auferstehung ein geschärftes Gewissen bekommt, Buße tut und sich zum Herrn der Wahrheit, nämlich zu Jesus Christus bekehrt.

30. SEPTEMBER

Wir sind in Gott reich getröstet

»Ihr sagt: ›Es ist ganz vergeblich, daß man Gott dient; und was nützt es, daß wir seine Gebote halten und in Buße einhergehen vor dem Herrn Zebaoth?‹« (Maleachi 3/14)

Zu einer Evangelisation im Rahmen der Evangelischen Allianz war ich eingeladen. Dabei gibt es viele Vorgespräche mit den Vertretern der beteiligten Kirchen, Freikirchen und christlichen Vereinigungen.
Jahre zuvor hatte ich in einer freikirchlichen Gemeinde an diesem Ort schon einmal gepredigt; daher kannte ich ein gläubiges Ehepaar, das taub war. Die Frau war so geboren, der Mann erkrankte und wurde taub. Dieses Ehepaar hatte zwei prächtige Söhne, der ältere war seiner Mutter bei ihrer starken Behinderung eine große Hilfe; er begleitete sie beim Einkaufen im Einkaufszentrum und zeichnete ihr in die Hand hinein die günstigsten Angebote auf.

Dieser Sohn war ein treuer Zeuge Jesu Christi. Er freute sich auf die Evangelisation und lud dazu viele Menschen ein: seinen Studiendirektor, die Studienräte, die er kannte, seine Mitschüler und viele Menschen, denen er begegnet war. Er hatte sich einen Gebetsplan aufgestellt, ja, er betete und fastete. Es war sein innigster Wunsch, daß Menschen sich zu dem lebendigen Glauben an Jesus Christus bekehrten.

Zwei Wochen vor Beginn der Evangelisation kam er auf dem Fahrrad aus der Schule, einige Mitschüler begleiteten ihn. Plötzlich sank er tot vom Rad. Alle waren entsetzt, ihr fünfzehnjähriger Schulkamerad starb vor ihren Augen an einem Sekundenherztod, wie später festgestellt wurde.

Für den Polizisten, der die unangenehme Pflicht erfüllen mußte, die Eltern über den tragischen Tod ihres Sohnes zu informieren, war es ein schwerer Gang. Da die Mutter zu dieser Zeit gerade im Krankenhaus lag, nahm der Vater die traurige Nachricht entgegen. Jetzt hatte er die schwierige Aufgabe, seiner Frau durch Zeichensprache mitzuteilen, daß ihr ältester Sohn schon ins Himmelreich abberufen worden sei, sie ihn also auf Erden nicht mehr sehen würde.

Danach begab er sich zur Geschäftsstelle der Zeitung und ließ, statt der Todesanzeige, eine Einladung zu dieser Evangelisation unter die Traueranzeige setzen: »Im Sinne meines schon heimgegangenen Sohnes möchte ich Sie herzlich zu den Gottesdiensten einladen. Sie werden eine Antwort erhalten, weshalb Gott sein Kind so früh gerufen hat.« Unter die Einladung ließ der Vater die Worte setzen: »Wir sind in Gott getröstet.« – Die Angestellte in der Anzeigenabteilung blickt ihn mitleidig an. Während der Heimfahrt überkam den Vater der Gedanke, daß es wohl mit dem letzten Satz nicht so ganz ausreichend sei. Er fuhr zurück und fragte die Angestellte, ob man den letzten Satz noch ändern könne. »Aber selbstverständlich«, versicherte die Dame, die annahm, er wolle den Satz streichen lassen.

»Ach bitte, setzen sie doch unter die Anzeige den Satz: ›Wir sind in Gott r e i c h getröstet‹, auf dieses Wort reich kommt es mir besonders an.« Entgeistert blickte ihn die Angestellte an.

Als ich zwei Wochen später dem Ehepaar gegenübersitze, erkenne ich, sie sind wirklich in Gott reich getröstet. »Ich habe noch nicht einmal gefragt: ›Warum läßt du das zu, o Gott‹?« versichert mir der Vater. – Diese Evangelisation war sehr gut besucht und Gott hat sich gewiß eine besonders reiche Frucht aus dieser Begebenheit erwachsen lassen.

Frei von Selbstsucht

»Meister, was ist das wichtigste Gebot im Gesetz? Jesus antwortete ihm: ›Du sollst den Herrn, deinen Gott, lieben von ganzem Herzen, von ganzer Seele und von ganzem Gemüt.‹ Dies ist das höchste und größte Gebot. Das andere aber ist dem gleich: ›Du sollst deinen Nächsten lieben wie dich selbst.‹ In diesen beiden Geboten hängt das ganze Gesetz und die Propheten.« **(Matthäus 22/36-39)**

»Die Liebe ist frei von Selbstsucht« lesen wir im umfangreichsten Kapitel über die göttliche Liebe. Wir erkennen bei diesen Worten, daß die Liebe Gottes nicht mit dem Weltgeist zu vergleichen ist; sie gehört auch nicht zu unserem »natürlichen Wesen«. Sie entsteht nicht durch den Weltgeist und wir werden sie bei niemandem auf diesem bewohnten Erdkreis finden, nur bei den Kindern Gottes.
Bitte, lassen wir die herrlichen Worte aus dem Brief an die Korinther in unser Herz ein: »Die Liebe ist langmütig und freundlich. Die Liebe ist nicht neidisch und prahlt nicht. Sie tut nicht groß und ist nicht aufgeblasen. Sie verletzt nicht den Takt, sie ist frei von Selbstsucht. Sie kennt keine Bitterkeit, sie trägt nichts Böses nach, sie hat keinen Gefallen am Unrecht, sie freut sich aber der Wahrheit. Alles trägt sie, alles glaubt sie, alles hofft sie, alles duldet sie.« (1. Korinther 13/4-7 Bruns)
Der Apostel Paulus hat alle diese Eigenschaften vom Wesen Jesu abgelesen. Er will uns damit sagen, so lebte Jesus und so soll auch der geistliche Weg aller Christen sein.
Im Zusammenleben der Menschen und Völker hat die Selbstliebe das Regiment. Wir brauchen nur einmal unser Herz und unsere Gedankenwelt zu beobachten, und wir werden erschrecken, was noch alles in uns wohnt. Zumeist handeln wir aus der Eigenliebe, dem Geltungsbedürfnis und der Ehrsucht, der Ruhmsucht und aus Selbstherrlichkeit. – Im Grunde verdrehen wir durch unser Leben schon das erste Gebot: »Ich bin der Herr, dein Gott, du sollst keine anderen Götter haben neben mir.« Wenn wir unser Denken, Wollen und Fühlen kontrollieren, müssen wir zugeben, daß wir sehr oft nach dem Motto handeln: »Ich bin der Herr, *mein* Gott, – ich habe zu entscheiden, zu bestimmen, wie ich mein Leben gestalte, alles muß sich um mein ›Ich‹ drehen!«
Man spricht von »Selbstverwirklichung« und meint im Grunde

»Selbstbestätigung« vor Menschen und auch vor Gott. Diese Weltgesellschaft verdirbt an der krassen Selbstsucht, das heißt: an der Gottlosigkeit.
Entweder gleicht unser Leben einem Strudel, der sich immer um sich selbst dreht und bei dem sich viel Unrat ansammelt, oder es gleicht einer Quelle, aus der frisch und klar neues Leben sprudelt. Bist du diese Quelle oder gleicht dein Leben einem Strudel?

2. OKTOBER

Mein großer Bruder schafft mir Bahn

»Und er spricht: Machet Bahn, machet Bahn! Bereitet den Weg, räumt die Anstöße aus dem Weg meines Volks!«
(Jesaja 57/14)

Wie erfreut es einen Autofahrer, wenn er durch den Verkehrsfunk erfährt: »Wieder freie Fahrt!«
Während einer Evangelisation in Norddeutschland werde ich zu einem dringenden Seelsorgedienst nach Süddeutschland gerufen. Ich bekomme von der Gemeinde einen Tag Urlaub, um diesen wichtigen Dienst zu tun, d.h. ich muß am Abend nach dem Gottesdienst Deutschland von Norden nach Süden durchqueren und am nächsten Tag wieder zurückkehren. Auf der Autobahn komme ich schnell voran, sogar durch das verkehrsreiche Ruhrgebiet. Doch dann gibt es einen fürchterlichen Stau durch Lastkraftwagen.
Im Siebengebirge stockt der Verkehr. Es hat den Anschein, als hätte eine Gewerkschaft zu einer Demonstration von Lastkraftwagen aufgerufen. Der linke und der rechte Fahrstreifen der Autobahn sind durch die sogenannten »Brummis« heillos verstopft. Mir sinkt der Mut – wie soll ich rechtzeitig in Süddeutschland sein? Nach wie viel Stunden wird sich dieser ungeheuere Lkw-Stau wieder auflösen? Ich flehe zum Herrn, doch die Verkehrsnachricht lautet: »Mit zunehmender Tendenz!«
Auf der Überholspur kommt man, wie im Stadtverkehr, mit nur 50 km/Std. voran, die Kolonne zur Rechten schleicht noch langsamer. – Nach einiger Zeit nähert sich von hinten ein großer Mercedes mit starkem Licht und mächtigem Horn. Er blinkt und hupt einen Lastkraftwagen nach dem anderen zur Seite. Da ich

einen kleinen Wagen fahre, muß ich diese Luxuslimousine auch vorbeilassen. Ich ordne mich auf der rechten Fahrbahn ein; doch als mich der Wagen gerade erreicht, schießt es mir durch den Kopf: »Hänge dich an ihn!« Blitzschnell schere ich wieder nach links aus und bleibe dicht hinter dem »großen Bruder«.
Diese Luxuslimousine kann natürlich ihre sonstige Geschwindigkeit nicht erreichen, denn die schweren Lastzüge müssen erst nacheinander von der Überholspur fortgeblinkt werden; deshalb bin ich imstande, diesem sonst so schnellen Wagen im Windschatten zu folgen.
Der »große Bruder« schafft nun für mich freie Bahn. Erst, als sich der große Lkw-Stau auflöst, braust er davon. Jetzt, da alle Hindernisse fortgeschafft sind, habe auch ich freie Fahrt.
Diese nächtliche Begebenheit ist für mich zu einer großen Predigt geworden. Wie viel Hindernisse türmen sich oft vor uns auf? Wir meinen, nicht voranzukommen. Die Schwierigkeiten scheinen einfach zu groß. Man versucht auszuweichen, um eventuell über Nebenwege das Ziel zu erreichen; doch dann wird es meist noch komplizierter. Der gute Hirte geht der Herde voraus, und seine Schafe folgen ihm. Darum heißt es auch: »Er führet mich auf rechter Straße um seines Namens willen.« (Psalm 23/3)

3. OKTOBER

Sieben Jahre Finsternis

»Das Auge ist das Licht des Leibes. Wenn dein Auge lauter ist, so wird dein ganzer Leib licht sein. Wenn aber dein Auge böse ist, so wird dein ganzer Leib finster sein. Wenn nun das Licht, das in dir ist, Finsternis ist, wie groß wird dann die Finsternis sein!« (Matthäus 6/22–23)

Ein Pastor bittet mich, ihn zu einem Hausbesuch zu begleiten. Während der Fahrt gibt er mir eine umfangreiche Krankengeschichte eines Mannes, der seit über 7 Jahren in totaler Finsternis lebt. Die Beurteilungen der Professoren und behandelnden Ärzte sind erschütternd. Dieser Mann bekommt Ohnmachtsanfälle, sobald er ins Licht tritt; er sinkt wie tot um.
Die Luxusvilla dieses an sich hoch intelligenten Mannes kann man nur eingeschränkt sehen, weil das Gebäude von einem haushohen

Gerüst umgeben ist. An diesem hängen lichtundurchlässige Zeltwände. Der Mann haust praktisch in einer düsteren Höhle. Die Fensterläden sind geschlossen. Schwere Vorhänge dichten alle Fenster ab. Nur ein Raum wird von einer 25-Watt-Birne leicht erhellt. Meine Augen müssen sich erst an dieses diffuse Licht gewöhnen.
In einer Ecke hockt der Geplagte mit einem Hut auf dem Kopf, darunter hat er ein großes, dunkles Tuch über dem Kopf und seine Augen schützt er zusätzlich mit einer dunklen Sonnenbrille.
Seine Krankengeschichte kennt der Mann in- und auswendig. Er spricht ununterbrochen. Währenddessen bete ich im stillen.
Endlich finde ich eine Gelegenheit, den Mann zu fragen:
»Wie stellen Sie sich Ihre Zukunft in dieser bedrückenden Dunkelheit vor? Malen Sie es sich aus, diese Trostlosigkeit in den nächsten Tagen, Wochen, vielleicht sogar Monaten und Jahren, eventuell auch Jahrzehnten in diesem Zustand der Finsternis bleiben zu müssen!«
»Machen Sie bitte keinen Unsinn!« ruft er ganz aufgeregt. »Wenn ich ins Licht trete, falle ich sofort um und könnte tot sein! – Was wollen Sie tun?«
»Ich will überhaupt nichts unternehmen«, sage ich zu ihm, »aber denken Sie daran, Jesus Christus ist der Arzt des Leibes und der Seele!«
Nun wende ich mich an seine Frau, die in einem Hauskreis geistliche Fürsorge erhält und den Zustand ihres Mannes schon jahrelang tapfer ertragen hat.
»Was würden Sie sagen, wenn Ihr Mann heute ins Licht käme?«
Ihre Augen erhellen sich und sie antwortet hoffnungsvoll: »Oh, ich würde ja so froh sein und Gott loben und ihm dafür danken!«
Der Kranke beginnt, ziemlich heftig zu atmen.
»Wir wollen jetzt miteinander beten«, sage ich zu dem Mann und lege meine Hände auf ihn und bete.
Dann gebe ich dem Prediger ein Zeichen, daß er die Vorhänge und Rolläden öffnen möge.
Herrliches Sonnenlicht flutet ins Zimmer. Dann ergreife ich den linken Arm des Kranken und führe ihn dem Licht entgegen.
»Jesus Christus ist hier und hat Sie geheilt!« sage ich.
Am folgenden Sonntag ist dieser Mann tatsächlich in der Kirche und gibt ein Zeugnis ab über das Wunder, das Gott an ihm gewirkt hat und dankt dem Schöpfer vor der ganzen Gemeinde dafür.

Wenn du den Sünder warnst

»Wenn ich dem Gottlosen sage: ›Du mußt des Todes sterben‹, und du warnst ihn nicht und sagst es ihm nicht, um den Gottlosen vor seinem gottlosen Wege zu warnen, damit er am Leben bleibe, so wird der Gottlose um seiner Sünde willen sterben, aber sein Blut will ich von deiner Hand fordern.«

(Hesekiel 3/18)

Meine Frau arbeitete im Labor einer Universitätsklinik. Eines Tages kommt sie mit einer erschreckenden Meldung nach Hause: »Du, Frau L. ist unheilbar an Lungenkrebs erkrankt.« Erschrocken schaue ich sie an: »Ja, ist das eine Vermutung von den Ärzten, daß sie unheilbar krank ist?«

»Nein, nein! Wenn das dort im Krankenbericht so eindeutig steht, dann ist es auch so.«

Diese Geschäftsfrau kannte ich nun schon längere Zeit, aber ich hatte ihr nie das Wort Gottes gesagt. Sie wußte, daß ich Missionar war, aber das war auch alles. Was sollte ich tun? Ich kannte das Wort des Propheten Hesekiel, das wir heute als Tagestext lesen. Es brannte mir im Herzen; ich mußte ihr unbedingt die Botschaft des ewigen Lebens bringen.

»Ich habe gehört, wie krank Sie sind«, sagte ich bei meinem nächsten Besuch.

»Ja, ich bin auch bei Ihrer Frau zu einer Untersuchung gewesen, aber der Arzt hat mir versichert, es seien nur zwei Prozesse in der Lunge, die man heute schon sehr gut behandeln könne. Ich brauche mich nicht mal einer Chemotherapie zu unterziehen; die Ärzte haben schon so gute Mittel. Es dauert halt seine Zeit.«

Ich wußte, wie so oft war auch sie vom Arzt mit einer Notlüge getröstet worden. Wieder ging ich zu ihr ins Geschäft und nahm zwei meiner eigenen Bücher mit: »Auf dem Lamm ruht meine Seele!« und »Von ihm getröstet«.

»Sie sehen sehr angegriffen aus«, begann ich.

»Ach ja, ich komme hier auch nicht zur Ruhe. Nächste Woche fahre ich aber nach Spanien zur Erholung. Die Krankheit geht aber spürbar zurück; da ist keine Gefahr«, beteuerte sie mit Nachdruck. Im stillen betete ich: »O Herr, hilf, was soll ich nur tun?« Plötzlich kam es mir! Sie anschauen, einfach nur anschauen! Schweigend blickte ich sie sehr lange an, ohne auch nur ein Wort zu sagen. Ich

schaute sie ganz eindringlich an. Sichtlich betroffen sagte sie: »Ja, Herr Müller-Bohn, wenn Sie mich so anschauen – natürlich muß man doch mit allem rechnen, daß ist mir schon klar.«
»Nein«, sagte ich zu ihr, »das reicht nicht aus, Frau L. Man muß zu allem bereit sein, das ist das Wichtigste.« Jetzt hatte ich Gelegenheit, mit ihr zu sprechen, ohne ihr sagen zu müssen, daß ich ihre unwiderrufliche Diagnose schon kannte.
Zuletzt holte ich meine Bücher hervor. »Frau L.«, sagte ich, »bitte wollen Sie mir etwas ganz, ganz fest versprechen? Ich schenke Ihnen hier diese Bücher, die ich selbst geschrieben habe. Können Sie mir versprechen, daß Sie diese Bücher im Urlaub lesen?«
»Ja«, sagte sie, »ich verspreche es Ihnen ganz bestimmt.«
»Und wenn Sie spüren, daß Gott mit Ihnen reden will, wollen Sie dann beten?«
»Ja«, sagte sie und war dem Weinen nahe. Mehr konnte ich in diesem Fall wahrscheinlich nicht tun. Wochenlang habe ich für sie gebetet, nach zwei Monaten war sie bereits gestorben; ich habe sie nie wieder gesehen. Als ich von ihrem Heimgang erfuhr, war ich doch sehr dankbar, daß Gott mir noch diese Gelegenheit verschafft hatte, ihr den Ratschluß Gottes zu übermitteln.

5. OKTOBER

XT Ich will mich bekehren!

»Welcher unsere Sünden selbst hinaufgetragen hat an seinem Leibe auf das Holz, auf daß wir, der Sünde abgestorben, der Gerechtigkeit leben; durch dessen Wunden seid ihr heil geworden. Denn ihr waret wie die irrenden Schafe; aber ihr seid nun bekehrt zu dem Hirten und Bischof eurer Seelen.«

(1. Petrus 2/24-25)

Viele Menschen sind der Meinung, daß eine Bekehrung immer eine recht rührselige Angelegenheit sein muß. Natürlich fließen dabei oft Tränen wegen der Irrwege und Sünden in der Vergangenheit; aber, so wie Gott alle Menschen als originale Geschöpfe hervorgerufen hat, so hat er auch vieltausend Weisen zu retten aus der Not.
Während einer Zeltevangelisation in der Schweiz kommt ein gut gekleideter Mann nach der Predigt zu mir und sagt: »Ich möchte

mich bekehren . . .« Da ich kaum einen Satz mit ihm gesprochen hatte, sage ich: »Nun, dann wollen wir uns über Ihr vergangenes Leben unterhalten und dann miteinander beten.«
»Ja, das können wir«, entgegnete er, »aber ich möchte mich gleich bekehren.« Wir sprechen noch über sein Leben, er bekannte seine Sünden und bat den Herrn um Vergebung. Mir kam diese direkte Art etwas mechanisch vor, aber sein Gebet war klar und zielbewußt.
Am nächsten Tag stellt er mir seine Frau vor mit dem Satz: »Dies ist meine Frau, die möchte sich auch bekehren.« Wieder hatte ich ein ungutes Gefühl, aber auch ihr Bekenntnis der Sünde und Bitte um Vergebung war einwandfrei. Da dies in den letzten beiden Tagen der Evangelisation geschah, konnte ich sie nicht mehr sprechen. Unterschwellig beherrschte mich aber der Gedanke: ob diese Bekehrungen auch tiefgründig genug waren?
Im Jahr darauf predigte ich in der Bundeshauptstadt Bern wieder bei einer Zeltmission. Eines Abends kommen einige Gläubige zu mir und bitten mich, den Gottesdienst rechtzeitig zu beenden, denn sie wollen im Fernsehen eine Sendung über eine ihrer Gemeinden aus der Ostschweiz sehen.
»Jetzt ist aber genug!« sage ich. »Soweit kommt es noch, daß ich die Länge der Predigt nach den Fernsehwünschen der Zuhörer abstimme. Wenn Ihr wollt, setzt euch bitte in die letzte Reihe und geht dann etwas früher«, rate ich ihnen.
Am nächsten Tag aber war ich doch sehr neugierig und fragte diese Zeltbesucher, was sie denn so Wichtiges gesehen hätten und um welche Gemeinde es sich gehandelt habe. Sie nannten mir den Ort.
»Ach«, sagte ich, »haben Sie den Prediger der Ortsgemeinde interviewt?«
»O nein, ein neu bekehrter Christ hat 20 Minuten lang ein wunderbares Zeugnis über seine Wiedergeburt gegeben und von den herrlichen Führungen Gottes gesprochen.« Es war jener Mann, der sich vor einem Jahr mit seiner Frau so anders als üblich bekehrt hatte.
Die Apostel predigten den Menschen ihrer Zeit Buße und Bekehrung. Aus der Apostelgeschichte entnehmen wir, daß das Wort Bekehrung sehr bald zu einem festen Begriff in den ersten Christengemeinden wurde, der damals keiner weiteren Erläuterung bedurfte. Heute muß man oft in christlichen Kreisen große Diskussionen über Bekehrung und Wiedergeburt führen.

Die Kirche ist zusammengebrochen

»Ihr seid ja vernünftig – und laßt euch deshalb von jedem Verrückten alles gern gefallen! Ihr duldet es, wenn einer euch unterdrückt, euch einwickelt und ausbeutet, euch verachtet und ins Gesicht schlägt.« (2. Korinther 11/19-20 GN)

Oft stellen mir Christen die Frage: »Muß man sich als Christ denn alles gefallen lassen?«
Darauf sage ich: »Nein! Wenn man im Geist Jesu dem Unrecht widersteht, so ist das auch gottgewollt. Die Wahrheit muß aber stets in der Liebe weitergegeben werden.«
Nachdem die Mauer zur DDR etwas durchlässiger gemacht worden war und man auch als ehemaliger »Republikflüchtiger« seine Verwandten in Ostdeutschland besuchen durfte, reiste ich mit meiner Frau in das Dorf bei Berlin, wo ich meine Jugendzeit zum größten Teil verbracht hatte.
In diesem bin ich in die Schule gegangen und habe später den Krieg und den furchtbaren Zusammenbruch Deutschlands durchgemacht.
Aber ich habe dort auch Schönes erlebt. In einem Hauskreis erfuhr ich den entscheidendsten Augenblick meines Daseins, nämlich meine Bekehrung und Wiedergeburt. Gerade in diesem Monat wurde damals 1948 Israel zum Staat ausgerufen.
In einer großen Villa, in der wir in der Vorkriegszeit zur Miete gewohnt hatten, war jetzt der »Rat des Ortes«, sprich: das Bürgermeisteramt, untergebracht. Ich parkte meinen Wagen vor diesem Haus, nahm meinen Fotoapparat und fotografierte das Anwesen. Meine Frau war im »Westwagen« zurückgeblieben. Plötzlich stand vor mir ein Polizeioffizier der DDR und sagte: »Was fotografieren Sie hier, das ist strengstens verboten! Sie sind verhaftet. – Kommen Sie mit in das Büro!«
Es blieb mir zunächst nichts anderes übrig, als dem »Ordnungshüter« dieses Staates zu folgen. Nun saß ich unverhofft in den Räumen, in denen ich meine Kindheit verbrachte. Hier wuchs ich, behütet von Vater und Mutter, auf. Jetzt aber war ich ein Gefangener!
Der Offizier erklärte mir, daß es verboten sei, öffentliche Gebäude zu fotografieren und ich deshalb mit einer Bestrafung zu rechnen hätte. Ich verteidigte mich, indem ich ihm ein Merkblatt zeigte,

auf dem gedruckt stand, daß keine militärischen Anlagen, keine Brücken, keine Bahnanlagen oder Bahnhöfe fotografiert werden dürften; alles andere sei erlaubt. Der Offizier wurde zornig und ausfallend und wollte mich niederschreien. Da bat ich entschieden, mit seiner übergeordneten Dienststelle verbunden zu werden. Das machte ihn unsicher, aber dennoch rief er seine Dienststelle an.

Von seinem Vorgesetzten wurde er wahrscheinlich unterrichtet, daß ich nichts Unrechtmäßiges getan hätte. Bald gab er mir meine Papiere zurück. Ich fragte den Offizier, ob ich denn die Dorfkirche und meine Schule fotografieren dürfte.

»Nein!« schrie er gereizt. »Die können Sie nicht fotografieren, die sind zusammengebrochen!«

Ja, so war es. Diese Helfershelfer des diktatorischen Staates waren teilweise sehr arrogant und aufgrund ihrer Machtposition handelten sie überzogen; während die öffentlichen Gebäude und anderes zusammenfielen, waren sie trotzdem ziemlich hochmütig und schikanierten die Menschen.

Gott, der Herr, aber erhörte die Gebete der Heiligen und ließ Jahre danach diese Schandmauer, die Deutschland in zwei Staaten trennte, in wenigen Stunden öffnen und später zusammenbrechen. Der im Himmel sitzt, lachet ihrer. Er läßt sich von gottlosen Menschen auf Dauer nicht verhöhnen.

7. OKTOBER

Der allein große Wunder tut

»Danket dem Herrn aller Herren, denn seine Güte währet ewiglich. Der allein große Wunder tut, denn seine Güte währet ewiglich.« (Psalm 136/3-4)

Wie herrlich, daß wir dem Herrn aller Herren dienen dürfen und ihm für alle Wunder und Wohltaten danken können. Die Herren dieser Welt, die großen Tyrannen und Diktatoren, kamen, verkündigten ihren angeblich »ewigen Ruhm« und vergingen. Unser Gott ist und bleibt. Alle Herrschaft ruht in dem einzigen und ewigen Schöpfer. Er hat die gewaltigen Naturgesetze geschaffen. Er regiert das Weltall, aber auch die Millionen kleiner Welten auf der Erde. Die Hoheit seiner Macht ist unantastbar. Alle Herrscher,

Wissenschaftler, Philosophen und Weltverbesserer kommen nicht seiner erhabenen Schöpfergröße gleich. Seine Würde übertrifft die aller Kaiser und Könige, aller Götter und Götzen, die sich selbst zu Propheten des Heils und zu »Gurus« proklamiert haben.
Nach dem Gottesdienst in einer Kirche von Berlin spricht mich eine Frau an: »Kennst du mich noch?« – »Ja, ich erinnere mich, wir haben miteinander gesprochen; ja, ich habe mit dir für deinen Mann gebetet. Wenn ich mich recht erinnere, war es ein Alkoholproblem.«
Während ich mit ihr rede, kommen mir Erinnerungen ins Bewußtsein.
»Das ist erstaunlich, daß du davon noch weißt; das ist ja schon über 20 Jahre her. Ja, mein Mann wurde von seiner Suchtkrankheit völlig geheilt und hat den Weg des ewigen Lebens gefunden. Nun ist er schon in der Herrlichkeit.«
Dann stellt mir die Frau ihren großen Sohn vor: »Den kennst du auch«, sagt sie und lächelt verschmitzt. »Ich habe ein gutes Personengedächtnis, aber an ihn kann ich mich wirklich nicht erinnern. Er ist ja nun auch schon aus dem Kindesalter heraus.«
»Ja, aber du könntest dich wohl auch sonst nicht an ihn erinnern, denn er war ein mongoloides Kind. Wir haben damals zusammen gebetet und Gott hat ihn ganz geheilt.«
Fast erschrocken schaue ich in das schöne männliche Angesicht des jungen Mannes. Keine Spur von mongoloiden Anzeichen ist zu erkennen. Die Augen sind wohlgestaltet, Mund, Nase und Ohren, auch die Augenbrauen sind ganz normal.
Jetzt dämmert es in mir: »Ja, richtig!« – Das kleine mongoloide Kind kommt mir in Erinnerung. Mein Herz zittert vor Freude und Staunen.
»Der allein große Wunder tut«, hat seine große Schöpfermacht an dem Kind erwiesen.
Die große Mahnung Jesu wird von vielen übersehen: »Habet acht auf eure Frömmigkeit, daß ihr die nicht übt vor den Leuten, auf daß ihr von ihnen gesehen werdet; ihr habt sonst keinen Lohn bei eurem Vater im Himmel.« (Matthäus 6/1)
Jesus Christus sieht ins Herz und kennt die eigentlichen Beweggründe unserer Werke, die wir im Namen Gottes zu tun bereit sind.
»Der allein große Wunder tut.« Augustinus schrieb über dieses Wort: »Dreierlei wird hier über Gott bezeugt, daß er Wunder tut; daß die Wunder, die er wirkt, groß sind und daß er allein sie tut.« Er hat keinen, der ihm die Gedanken eingibt und keinen, der ihm bei der Ausführung hilft. Alles, was er wirkt, ist Gottes würdig und wahr!

Wer einsam ist, der hat es gut

»Ein Vater der Waisen und ein Helfer der Witwen ist Gott in seiner heiligen Wohnung, ein Gott, der die Einsamen nach Hause bringt, der die Gefangenen herausführt.«

(Psalm 68/6-7)

Der bekannte Maler Wilhelm Busch, der humorvolle und geistreiche Dichter und Philosoph, der andere Menschen durch Bilder und Verse erheitern konnte, war ein sehr vereinsamter Mensch. Er fand nie die richtige Frau oder Lebensgefährtin. In einem Gedicht offenbart sich sein grenzenloser Jammer:

»Wer einsam ist, der hat es gut,
weil niemand da, der ihm was tut . . .«

Die Einsamkeit breitet sich wie eine Epidemie über den Ländern des Wohlstands, über der großen Industrie- und Leistungsgesellschaft aus.
In einer Millionenstadt begegnete ich einer Witwe, die mir erklärte: »Ich bin so furchtbar einsam, ich könnte Tag und Nacht die Wände vor Einsamkeit anschreien.« Sie hatte einst bessere Tage erlebt. Ihr Mann, ein hochintelligenter Studienrat, wurde von den Russen nach dem Einmarsch in Berlin erschossen. Ihr Sohn fiel in den letzten Tagen des Endkampfes in Deutschland.
Jetzt war sie allein, von wenigen beachtet, fristete sie ihr Dasein in einem schönen Haus, das einst mit Lebensfreude erfüllt war. Sie kannte den Herrn Jesus Christus als ihren persönlichen Retter noch nicht und hatte keine kulturelle Möglichkeit, ihr Leben zu bereichern. Von früh bis spät führte sie deshalb intensive Selbstgespräche, um nicht völlig in Trostlosigkeit zu versinken. Ihre Verlassenheit machte sie immer menschenscheuer, sie fühlte sich von der Gesellschaft ausgeschlossen, sie lebte ganz isoliert.
Ehe die Schöpfung vollendet war, sprach der Herr: »Es ist nicht gut, daß der Mensch allein sei, ich will ihm eine Gehilfin machen, die zu ihm paßt, die um ihn sei, die mit ihm zieht.« Gott zeigt uns damit, worauf es ankommt: »Der Mensch ist erst dadurch Mensch, daß er geistige und körperliche Gemeinschaft pflegt.«
Wir alle haben im kollektiven Unterbewußtsein das Verlangen nach einer Echostimme, das heißt, wir wollen hören und reden, wir wollen Gedanken, Ansichten und Empfindungen den anderen

mitteilen und die Ansichten und Einschätzungen lieber und vertrauter Menschen hören und mit ihnen darüber sprechen.
Weshalb gelingt es vielen Menschen nicht, sich aus der Umklammerung der Einsamkeit zu befreien? Ist dies ein Mangel an geistiger Qualität? Wir kennen Beispiele aus der Geschichte, in der hochintelligente und einflußreiche Menschen innerlich vereinsamten, obwohl sie von vielen Menschen umgeben waren und auf jene großen Einfluß ausübten.
Wer sich von der Gemeinschaft Gottes und seinem Volk isoliert, wird früher oder später von bedrückender Einsamkeit belastet sein. In der Gemeinschaft mit der himmlischen Welt, dem Vater, dem Sohn und dem Heiligen Geist, können Menschen niemals einsam zugrunde gehen.

9. OKTOBER

Der Glanz seiner Herrlichkeit

»Wenn ich dich anrufe, so erhörst du mich und gibst meiner Seele große Kraft. Es danken dir, Herr, alle Könige auf Erden, daß sie hören das Wort deines Mundes; sie singen von den Wegen des Herrn, daß die Herrlichkeit des Herrn so groß ist.«
(Psalm 138/3-5)

Er hatte eine wunderbare, silberhelle Stimme. Er sang stets zu Gottes Ehre und predigte das herrliche Wort der Bibel. Von Beruf war er Bauer, ebenso sein Zwillingsbruder.
Als ich wieder zu einer Evangelisation dort eingeladen war, hatte dieser Jünger Jesu die Leitung des Gottesdienstes. Sein Gesicht strahlte an diesem Abend besonders.
»Geschwister, ich muß euch im Namen des Herrn etwas sagen und weiß nicht, wie ich es in Worte kleiden soll. Es ist so unbeschreiblich herrlich, aber vielleicht kann ich es später einmal erklären.
Letzte Nacht habe ich im Traum etwas von der Herrlichkeit Gottes gesehen. Gott ist der Hohe und Erhabene, der König aller Könige, der in der Höhe und im Heiligtum wohnt, in einem Licht, da niemand hinkommen kann. Wer kann seine Heiligkeit erfassen? Wer kann von dem Glanz Gottes in angemessener Weise reden? Es blendet die Augen des irdisch sterblichen Menschen, anzuschauen die Majestät Gottes. Ach, wie unendlich ist der Abstand

zwischen dem ewig Thronenden und uns! Er ist hoch über die Himmel erhaben; denn aller Himmel Himmel können ihn nicht fassen. Stärke und Pracht wohnt in seinem Heiligtum.«
Dieser Mann machte einen fast zur Entrückung fertigen Eindruck: »Wir haben nur noch wenig Zeit«, sagte er sehr eindrucksvoll, daß es einem unter die Haut ging. »Seid bereit, vor ihm zu steh'n, seine Herrlichkeit zu seh'n. Ich konnte sie nur hinter einem Schleier erblicken, aber es muß alles offenbar werden.«
Es blieb mir an diesem Abend nur noch wenig Zeit, eine evangelistische Botschaft zu bringen. Das einmalige Zeugnis hatte die Zuhörer so ergriffen, daß jeder Satz danach nur noch wenig Gewicht hatte.
Am nächsten Tag begleitete ich ihn zu einem Hausbesuch. Bei der Fahrt kam ich mit ihm kaum ins Gespräch; er war immer noch von dem Erlebnis so durchdrungen, daß ich den Eindruck hatte, er wäre noch immer mit dem Herrn im Gespräch.
Zuletzt wagte ich es dann doch, ihn wegen des Traumes anzusprechen und bat ihn, mir etwas davon zu erzählen. Wir hielten an einem Parkplatz an. Tief in Gedanken versunken starrte er vor sich hin. Nach geraumer Zeit sagte er: »Ich möchte es dir schon sagen, aber ich bin nicht fähig, es zu schildern. Vielleicht etwas später, heute geht es noch nicht.« Er war kein Sensationsmensch; ich spürte eine unsichtbare Sperre.
Vier Wochen später rief mich ein bekannter Prediger an und teilte mir mit, daß dieser Laienprediger im Sterben läge und es kaum noch Hoffnung für ihn gäbe. Alles war so unverhofft geschehen. Ich wollte ihn noch einmal besuchen, aber schon am nächsten Morgen empfing mich der Pastor, bei dem ich wohnte, mit den Worten: »Ich muß dir etwas Trauriges sagen: Er ist schon heimgegangen in die ewige Herrlichkeit.«
Ja, er hatte den Glanz seiner Heiligkeit gesehen und war unfähig, die Schönheit Gottes zu beschreiben. Er war noch keine 50 Jahre alt, als ihn der Herr zu höheren Aufgaben in die himmlische Heimat rief.

Der Engel des Herrn in seiner Macht

»Da erhob sich der Engel Gottes, der vor dem Heer Israels herzog, und stellte sich hinter sie. Und die Wolkensäule vor ihnen erhob sich und trat hinter sie und kam zwischen das Heer der Ägypter und das Heer Israels. Dort war die Wolke finster, und hier erleuchtete sie die Nacht.« (2. Mose 14/19-20)

Es war schon sensationell, ein ehemaliger englischer Kampfflieger berichtete in einer Berliner Gemeinde von der bewahrenden Vollmacht, die die Engel Gottes haben.
»Wir hatten schon manchen Feindflug erlebt. Stets begleitete mich das fürchterliche Gefühl der Angst, wenn wir von den deutschen Flugabwehrkanonen und dem gleißenden Licht Hunderter von Scheinwerfern empfangen wurden. Wieder flogen wir einen Angriff in der Gegend von Hannover. Wir sollten eine wichtige Fabrik angreifen, in der todbringende Waffen für die deutsche Wehrmacht hergestellt wurden. Unsere »Fliegenden Festungen«, wie wir die stark bewaffneten, viermotorigen Fernbomber nannten, näherten sich dem Ziel. Unser Navigator gab laufend die jeweilige Position an und mahnte uns zu größter Aufmerksamkeit, als wir uns dem festgesetzten Ziel näherten. Das Explodieren der gefährlichen Flakgranaten wurde immer heftiger.
Äußerste Konzentration war jetzt geboten. Der Beobachter hatte die Fabrik ausfindig gemacht. Ich zählte die Zeit ab und wollte gerade den Befehl zum Bombenabwurf geben, als sich vor dem Flugzeug urplötzlich eine hohe, helle Lichtgestalt erhob und mit einem mächtigen Schwert drohte. Vor Schreck konnte ich den Befehl zum Bombenabwurf nicht geben.
Es handelte sich zwar nur um wenige Sekunden, die aber reichten aus, daß wir bereits über das Ziel hinweggeflogen waren. Obwohl ich Sohn gläubiger Eltern war, wollte ich dem Spuk keinen Glauben schenken und befahl, wiederum das Ziel anzufliegen. Wieder ereignete sich das grandiose Lichtspiel vor uns. Meine Fliegerkameraden hatten wohl das helle, überirdische Licht gesehen, doch nicht die Gestalt und das flammende Schwert. Aber ich wollte nicht aufgeben.
Beim dritten Mal, als wir uns dem Ziel näherten, leuchtete die helle Gestalt turmhoch auf und das flammende Schwert fuhr auf

uns zu. Die Maschine stand sofort in Flammen. Ich gab Befehl, gleich mit dem Fallschirm abzuspringen.
Als ich selbst nun am Fallschirm hing und die Flakgranaten unaufhörlich detonierten, begann ich zu beten. Es war ein elendes Gefühl, über dem dunklen Feindesland dahinzusegeln, ohne zu wissen, wo und wie ich auf deutschem Boden landen würde. Vielleicht auf einer Kirchturmspitze oder in einem Sumpf?
Am Morgen wurde ich bewußtlos, in einem Apfelbaum hängend, von deutschen Sicherheitskräften entdeckt und in ein Lazarett gebracht. Als ich dort erwachte, kam mir sofort das unglaubliche Geschehen beim Nachtangriff in den Sinn. Es beunruhigte mich so sehr, daß ich eine deutsche Krankenschwester ansprach, die mir irgendwie fromm aussah.
Als diese die Geschichte hörte, weiteten sich ihre Augen zusehends. Dann erzählte sie mir, daß neben der Fabrik ein angeblich bombensicherer Bunker sei, und daß sich dort immer eine Anzahl von Christen zum Gebet zusammenfand, darunter auch ihre Familie.
»Was Sie gesehen haben, war der Engel des Herrn, der uns, aber auch Sie, bewahrt hat.« Dieses Erlebnis war dann der ausschlaggebende Anlaß, daß ich mich endlich bekehrte.

11. OKTOBER

Unter dem Schatten deiner Flügel

»Herr, deine Güte reicht, so weit der Himmel ist, und deine Wahrheit, so weit die Wolken gehen. Deine Gerechtigkeit steht wie die Berge Gottes und dein Recht wie die große Tiefe. Wie köstlich ist deine Güte, o Gott, daß Menschenkinder unter dem Schatten deiner Flügel Zuflucht haben!« (Psalm 36/6-8)

»Die Engel Gottes sorgen für unsere Sicherheit; sie übernehmen unsere Verteidigung, sie lenken unsere Schritte (Räder) und üben einen ständigen Schutz aus, damit nichts Böses uns befalle«, schrieb einst Johann Calvin.
Wenn sie in unserer Nähe sind, können wir unerschrocken und sicher den Weg des Herrn gehen. Engel sind eine große Realität aus der himmlischen Welt. – Es geht hier nicht um ein Glücksgefühl oder eine selige Empfindung, sondern um eine unverwech-

selbare Schutzmacht, die der Schöpfer den Menschen, die das Paradies ererben sollen, gegeben hat.
Wieder einmal bin ich in der herrlichen Schweizer Bergwelt. Ich wohne in einem Missionshaus auf dem Berg, die Evangelisation findet im Tal statt. Über Nacht bricht der Winter ein. Die Straßen werden spiegelglatt. Als wir am Abend nach dem letzten Gottesdienst den Berg aufwärts fahren wollen, bleibt vor uns ein Fahrzeug auf dem Eis »hängen«.
Der Gemeindeleiter eilt seinen Brüdern zu Hilfe, um den Wagen anzuschieben. Ich soll in seinem schweren Privatwagen bleiben, damit ich mich nicht erkälte, denn nach einer Predigt ist man meist etwas verschwitzt. Einige Minuten sitze ich in diesem Auto. Plötzlich merke ich, wie das Fahrzeug auf dem Eis erst sehr langsam, dann aber schneller werdend, rückwärts wegzurutschen beginnt.
»O Heiland, hilf!« bete ich sofort, dann ergreife ich das Steuer und lenke den Wagen vorsichtig in eine Schneewehe, damit ich nicht samt Auto in eine Schlucht hinabstürze. Durch Gottes Güte kommen wir alle wohlbehalten noch vor Mitternacht in unserem Quartier an.
Da ich am nächsten Tag nach Deutschland zurückfahren will, bin ich gewarnt. So fahre ich am Morgen sehr, sehr langsam den schmalen Weg, eine Naturstraße, auf der nur ein Fahrzeug Platz hat, ins Tal. Trotz größter Vorsicht beginnt das Auto, sich bei dieser geringen Geschwindigkeit auf der glatten Fläche bedrohlich zur Seite zu drehen. Dies geschieht gerade an einer Stelle, wo sich keine Bäume am steilen Abhang befinden, die mich eventuell noch aufhalten könnten. Die Situation ist lebensgefährlich. Obwohl ich mich äußerst still verhalte, schreie ich innerlich laut zu Gott: »Lieber Vater, hilf mir, hilf mir doch aus dieser tödlichen Gefahr!« Jetzt bleibt der schwere Wagen, der fast 30 Zentner Eigengewicht hat, stehen.
Angstschweiß steht mir auf der Stirn. Sehr vorsichtig öffne ich die Tür und steige aus. Die ganze Fläche ist fürchterlich glatt. Ich drücke das schrägstehende Fahrzeug zentimeterweise wieder in die Fahrtrichtung. Das rechte Hinterrad stand schon zur Hälfte über dem Abhang.
»Du treuer Gott, ich danke dir für den Schutz deiner Engel«, bete ich. Für eine Strecke von nur 200 Metern brauche ich mehr als 15 Minuten. Noch heute beginnt mir das Herz schneller zu klopfen, wenn ich an diese Situation denke.
»Herr, deine Güte reicht, so weit der Himmel ist . . .«

Die Füchse haben Gruben

X

»Es begab sich aber, da sie auf dem Wege waren, sprach einer zu ihm: Ich will dir folgen, wo du hingehst. Und Jesus sprach zu ihm: Die Füchse haben Gruben, und die Vögel unter dem Himmel haben Nester; aber des Menschen Sohn hat nichts, wo er sein Haupt hinlege.« (Lukas 9/57-58)

Unser Meister Jesus Christus ging den Weg der Armut, der völligen Entsagung, aber auch den der ganzen Entschiedenheit. Er steht mit seinem ganzen Leben hinter seinen Worten, er will keine schwärmerische Begeisterung, aber auch kein nutzloses Beiseitestehen; er will eine konsequente Nachfolge mit vollem Einsatz.

Auf einer meiner Reisen werde ich in meine Unterkunft geführt; es geht in den Keller, durch die Waschküche, den Heizungsraum in einen ausgebauten Luftschutzkeller. In dem Raum steht ein kleiner Tisch, ein Militärschrank und ein Feldbett. Das Bedrükkendste an diesem Raum ist, es gibt kein Fenster.

Hier soll ich also 14 Tage wohnen. Es ist kein geringer Schock, den ich empfinde. Schnell knie ich nieder und bete. Dann kommt mir der Satz in den Sinn: »Die Füchse haben Gruben . . .«

»Ja, Herr, das ist eine moderne Grube, aber du wußtest nicht einmal, wo du dein Haupt hinlegen solltest.« Also gebe ich mich zunächst zufrieden. Seit einer Mandeloperation leide ich unter chronischer Rachenschleimhautentzündung. Schon wieder beginne ich, innerlich zu murren und spüre ein ekelhaftes Kratzen im Hals; da werde ich an die Millionen Brüder hinter dem »Eisernen Vorhang« in Rußland und an andere Männer erinnert, die um Jesu willen in schrecklichsten Gefängnissen für Jahre eingesperrt waren und sind.

Also danke ich Gott für dieses armselige Quartier und schlafe, vom seelischen Druck überwältigt, ein. Nach einer gewissen Zeit erwache ich – meine Augenlider sind noch geschlossen; da bemerke ich: Gott hat mein Gebet erhört, der ganze Raum ist von einem unbeschreiblichen Duft erfüllt. Alle Wohlgerüche Arabiens scheinen sich ausgebreitet zu haben. Für dieses Wunder will ich Gott nun danken, als ich aber meine Augen öffne, entdecke ich, daß mein Rasierwasser vom Tisch gefallen ist und der kostbare Wohlgeruch sich im Raum verbreitet hat.

Gott lehrte mich dadurch, daß ich wohl wundergläubig aber nicht wundersüchtig sein sollte.
Später habe ich meine Gastgeber gebeten: »Bitte, laßt mich doch im Wohnzimmer auf dem Teppich schlafen, das habe ich in den USA wegen der allzu weichen Betten auch getan, aber seid so gut, damit ich den Sonnenschein oder zumindest das Tageslicht genießen darf.«
Jetzt bekam ich in einer vornehmen Villa ein Quartier. Ja, gewiß werden wir auch an den Worten Jesu gemessen und belohnt:
»Was ihr getan habt einem unter diesen meinen geringsten Brüdern, das habt ihr mir getan.«

13. OKTOBER

Wache auf, der du schläfst

»Ganz heimlich ist ein Wort zu mir gekommen, und von ihm hat mein Ohr ein Flüstern vernommen beim Nachsinnen über Gesichte in der Nacht, wenn tiefer Schlaf auf die Menschen fällt.« (Hiob 4/12-13)

Nach einer Israelstudienreise 1980 bin ich zu Gottesdiensten in die französische Schweiz eingeladen. In einem Glaubenszentrum auf den Bergen des Jura, umgeben von großen, dunkelgrünen Tannen, habe ich Muße und Stille, an einer Biographie des bekannten deutschen Malers Adrian Ludwig Richter zu schreiben.
Ludwig Richter war nicht nur Professor und Leiter der Dresdner Kunstakademie, nein, er war ein Mann Gottes, der ein herrliches, verborgenes Leben mit seinem Retter Jesus Christus führte, der Glaubensheilungen erlebte und selbst in einen Gebetskreis ging.
In der Künstlergemeinde der Nazarener hatte Richter 1825 seine Hinwendung zum Heiland der Welt erlebt.
In sein Tagebuch schreibt er: »Mein einziges Buch ist jetzt die Bibel, und ich glaube, sie zu verstehen.
Seitdem mir die heilige Schrift und ein feuriges Beten den Glauben erweckt haben, bin ich recht glücklich; ich lebe jetzt erst, da ich nun den festen, einzig wahren Weg des Lebens gefunden habe.«
Sehr oft ist er nach Bad Boll zum alten »Vater Blumhardt« gefahren und hat dort große, geistliche Impulse empfangen. Man

nennt ihn heute noch den »Maler der heilen Welt«, weil aus allen Bildern und Holzschnitten viel Licht und Sonnenschein strahlt.
Diese heile Welt gibt es natürlich hier nirgends, nur bei dem, den wir den Heiland der Welt nennen, nämlich bei Jesus Christus.
Es war mir eine Freude, zu seinem 100. Todestag eine Biographie schreiben zu dürfen. Ich meinte, es wäre das Hauptwerk über sein Leben; doch »der Mensch denkt, aber Gott lenkt durch seinen Geist.«
So wurde ich damals in einer Nacht aus dem Tiefschlaf geweckt, meine Augen waren noch geschlossen, von außen hörte ich nur das melodische Säuseln in den großen Tannen vorm Haus. Ich spürte aber, Gott hatte mich geweckt und begann sofort zu beten: »Herr, was willst du mir sagen, dein Knecht hört.«
In die eindrucksvolle Stille meines Herzens sprach die Stimme Gottes: »Nimm 365 Holzschnitte von den umfangreichen Arbeiten des Malers. Schreibe dazu Andachten für jeden Tag in der Form, daß es die Kinder verstehen, aber auch den Erwachsenen viel zu sagen hat.«
Nachdem das Reden Gottes beendet war, sprang ich aus dem Bett, nahm Papier und Bleistift zur Hand und schrieb die Anweisungen Gottes auf, damit nichts in Vergessenheit geriet. Dann legte ich mich wieder hin und schlief fest ein.
Als ich am Morgen erwachte, war ich erstaunt, was ich alles auf den großen Bogen Papier niedergeschrieben hatte. Ich bin davon überzeugt, daß Gott schon bei vielen seiner Kinder ein heimliches Reden und ein eindrucksvolles Flüstern in den Nachtstunden an ihr Ohr kommen ließ, was aber nach tiefem Schlaf am folgenden Morgen zum Teil vergessen war. Wenn Gott in der Nacht zu uns redet, sollen wir es uns sehr gut merken oder es am besten gleich niederschreiben.
»Der Herr weckt mir das Ohr, daß ich höre wie ein Jünger, und ich bin nicht ungehorsam.« Wir sollen nicht nur Hörer, sondern auch Täter seines Wortes sein.

14. OKTOBER

Wasche mich rein

»Wasche mich rein von meiner Missetat und reinige mich von meiner Sünde. Denn ich erkenne meine Missetat, und meine Sünde ist immer vor mir. An dir allein habe ich gesündigt und

übel vor dir getan, auf daß du recht behaltest in deinen Worten und rein dastehst, wenn du richtest.« (Psalm 51/4-6)

Den Schrei der Seele des schuldbeladenen Königs David erkennen wir erst recht, wenn wir das Wort des Propheten Jeremia zu Hilfe nehmen: »Und wenn du in deinem Herzen sagen wirst: ›Warum begegnet mir das?‹ Um der Menge deiner Sünden willen wird dir dein Gewand aufgehoben und wird dir Schande angetan. Kann etwa ein Mohr seine Haut wandeln oder ein Panther seine Flecken? So wenig könnt auch ihr Gutes tun, die ihr ans Böse gewöhnt seid.« (Jeremia 13/22-23)

Wasche mich rein! – Es ist nicht genug, daß die Schuld vergeben wird. David fühlt's tief in seiner Seele, wie verunreinigt sein ganzes Wesen ist. Er möchte wirklich ganz rein werden. Er weiß sehr wohl, daß dies der Schöpfer selbst mit aller Gründlichkeit zu tun imstande ist. Die Reinigung muß gründlich und umfassend sein; deshalb der immer wiederkehrende Ruf: »Wasche mich rein – reinige mich!«

»Und reinige mich von meiner Sünde.« – Das persönliche Fürwort »mein« zeigt die fürchterliche Gewissensnot über eine ganz bestimmte Sünde. Der Ehebruch mit der Frau seines hervorragendsten Eliteoffiziers Uria hatte ihm die ganze Tiefe seines verderblichen Wesens offenbart. Diese schlechte Tat war nur ein einzelner Stein, der von dem gewaltigen Berg seiner Sünde abgebrochen wurde. David wollte von seiner gesamten Sündhaftigkeit loskommen. Wie ein unauslöschliches Schreckgespenst stand die Vergangenheit vor ihm.

Meine Sünde ist immer vor mir. David sah auf das Ganze. Es hatte sich tief in seinem Gewissen eingenistet. Seine Schuld drückte Tag und Nacht auf sein Gemüt. Er fand keine Ruhe; deshalb ruft er:
»O Herr, schaffe diesen Schandfleck aus deinen und aus meinen Augen!«

Warum fand David immer wieder neue Worte über ein und dasselbe Anliegen? Weil er vom Heiligen Geist überführt wurde und erkennen mußte, wie blutrot seine Sünde war. Wir hören förmlich den Schrei seiner Stimme aus tiefster Seelenangst: »Gerechter Gott, mache mich endgültig rein von meiner Sünde, auf welche Weise du es auch willst. Wenn das Wasser nicht ausreicht, so entferne es mit scharfer Säure oder mit loderndem Feuer. Brenne hinweg die dunkle Vergangenheit. – Oder gebrauche ein anderes Mittel zur Tilgung der schwarzen Flecken in meiner Seele; nur reinige mich! Laß auch nicht die geringste Verunreinigung in meinem Herzen sein!«

Jeder betet für sich allein und still

»Da aber die Hohenpriester und Schriftgelehrten sahen die Wunder, die er tat, und die Kinder, die im Tempel schrien: Hosianna dem Sohn Davids! wurden sie entrüstet und sprachen zu ihm: Hörst du auch, was diese sagen? Jesus sprach zu ihnen: Ja! Habt ihr nie gelesen: ›Aus dem Munde der Unmündigen und Säuglinge hast du Lob zugerichtet‹?«

(Matthäus 21/15-16)

Hoch auf den Bergen der Schwäbischen Alb wohnt ein treuer Zeuge des Herrn. Er betreut als Laienprediger eine kleine Gemeinde, obwohl er seit Jahrzehnten als Geschäftsführer in einem großen Kaufhauskonzern beschäftigt ist. In diesem Betrieb kennt ihn jeder als überzeugten Christen. Unerschrocken bekennt er das Heil und die Gnade des Erlösers.

Eines Tages wurden alle Geschäftsführer von der Deutschlandzentrale zu einem Festbankett eingeladen. Manchmal könnte man meinen, daß das alltägliche Leben sich von einem Bankett unterscheidet. Seine Familie, insbesondere seinen Kindern, erteilte er die dringende Anweisung: »Also, heute bei dem feierlichen Abendessen betet jeder leise und für sich allein, habt ihr verstanden?« Die Kinder nickten, obwohl sie sonst gern zu Tisch eifrig beteten und sangen.

Im gepflegten Speiserestaurant ging es vornehm zu. Feierlich gekleidet erschienen die leitenden Mitarbeiter mit ihren Familien aus den verschiedenen Bundesländern. Die Tische waren festlich gedeckt und dekoriert; die Kerzen gaben einen feierlichen Schein. Das Essen wurde serviert und alle Augen warteten auf den Beginn der kurzen Tischrede.

Plötzlich, in die feierliche Stille hinein, rief der jüngste Sohn des Predigers: »Gelt, Papa – heute betet jeder für sich allein und still!?« Damit hatte unser lieber Bruder nicht gerechnet. Fröhlich entschied er jetzt: »Nein, wir falten alle die Hände und beten wie immer gemeinsam!«

Ja, Gott hat sich ein Lob aus dem Mund der Unmündigen bereitet. Wie oft erinnern Kinder die Erwachsenen an Gottes Güte und Gnade, wenn es die Großen vergessen haben.

Auch mit den erwachsenen Kindern kommt Gott zurecht.

Das Schwache tragen

»Wir aber, die wir stark sind, sollen der Schwachen Unvermögen tragen und nicht selbstgefällig nur an uns denken. Es lebe ein jeglicher unter uns so, daß er seinem Nächsten gefalle zum Guten, zur Auferbauung.« (Römer 15/1-2)

Was tun wir mit den Schwachen? Bestenfalls drücken wir ihnen die Hand und raten: »Der Herr wird dir schon helfen, gehe hin und sei zufrieden, zieh dich warm an und iß dich satt!«

Susi Spurgeon, die Frau des weltbekannten Evangelisten, wurde nach der Geburt ihrer Kinder schwer krank, so daß sie monatelang im Bett liegen mußte. Oft war sie dem Tode näher als dem Leben. Doch der Herr über Leben und Tod erhielt ihre schwache Kraft von Jahr zu Jahr und gab der Leidgeprüften so viel Lebensmut, wie sie gerade nötig hatte.

Die große Gemeinde in London betete unentwegt für sie, doch es blieb bei ihrem erbärmlichen Zustand.

Eines Nachts hatte ihr Mann ein Traumgesicht, er beschrieb es später so:

»Ich sah einen Mann im Traum erschöpft und müde beim Pumpen, aber es kam kein Wasser. Ganz in der Nähe des Brunnens war sein Garten; alle seine Blumen und Pflanzen lechzten nach Wasser, aber er konnte ihnen keines geben. Danach sah ich eine Frau mit einem Krug Wasser sich ihm nähern. Sie blieb stehen und schaute den Erschöpften freundlich an, während sie den Inhalt ihres Kruges in den Brunnen goß. Sofort begann die Pumpe zu arbeiten und brachte frisches Quellwasser herauf. Wie dankbar war der Arbeiter für die, die dazu geholfen! Ich denke, ich kenne diese Frau und bin überzeugt, daß der Herr sie in ihrer Schwachheit gebrauchen will.«

Als Spurgeon erwachte, wußte er, daß Gott seine Frau in ihrem schwachen Zustand erhalten würde, sie aber noch sehr fruchtbar gebrauchen könnte.

Eines Tages gab Frau Spurgeon das Buch, das ihr Mann ihr vor einer gewissen Zeit zum Lesen gelassen hatte, mit den Worten zurück:

»Nun, ich wollte, ich könnte es jedem Prediger in die Hand geben!«

»Warum willst du das nicht tun? Wie viel willst du dafür geben?« sagte ihr sehr praktisch denkender Mann.

Sie veräußerte eine kleine Münzsammlung, die sie als junges Mädchen einst angelegt hatte und kaufte die ersten hundert Bücher, um sie mittellosen Predigern gratis zu überlassen.
Später entstand ein umfangreicher Spendenfonds, denn es hatte sich herumgesprochen, was für eine segensreiche Tat durch diese schwache Frau vollbracht worden war. In den folgenden Jahrzehnten schenkte Susi Spurgeon über 200.000 Bücher an minderbemittelte Verkündiger des Evangeliums.
Wie segensreich die Kraft der Schwachen werden kann, sehen wir aus den Briefen, die aus aller Welt nach London kamen. Ein Prediger schrieb: »Durch die Krankheit meiner lieben Gattin war ich in den letzten Jahren nicht imstande, meinen sehr geringen Büchervorrat auch nur mit einem einzigen Buch zu vermehren. Daher habe ich jedes Buch mit großem Dank angenommen. Möge der Herr noch viele Freunde erwecken, um es Ihnen zu ermöglichen, immer mehr anderen, armen Predigern zu helfen!«

17. OKTOBER

Ein Pastor, eine Ratte und ein Lügner

»Wenn in einem Menschenherzen der Geist der Sünde zu Hause ist, kann man nichts anderes erwarten, als daß auch seine Zunge von der Hölle entzündet ist.« (Jakobus 3/6)

Wie regnet es doch sintflutartig überall, in allen Städten, Ländern und Kontinenten an böswilligen Unterstellungen, heimtückischen Gerüchten und haltlosen Verunglimpfungen. An jedem Tisch, in jeder Gesellschaft, ja überall, wo Menschen zusammenkommen, wird dies praktiziert.
Es wäre noch zu verstehen, wenn diese Sünden nur bei den gottlosen Leuten, die dem Evangelium feindlich oder gleichgültig gegenüberstehen, zu finden wären; denn so lautet das Sprichwort aus dem Munde Davids: »Von Gottlosen kommt Böses.« (1. Samuel 24/14)
Wie schrecklich aber, wenn diese »Zungenpest« von denen verbreitet wird, die sich zum Herrn bekennen, aber ihre Zunge als Schwerter gegen die Kinder Gottes wetzen und die Boten Gottes in gemeingefährlicher Weise verleumden.
Eine Begebenheit aus dem damaligen Ceylon soll uns verdeutli-

chen, was ein Verleumder und Ohrenbläser mit seinem Geschwätz anrichten kann.

Ein Pastor hatte auf dieser großen, fruchtbaren Insel eine gut besuchte Gemeinde, weil er ein kräftiges Wort austeilte. Jahr für Jahr waren seine Gottesdienste gut besucht. Doch eines Tages waren die Besucher von heute auf morgen ferngeblieben. Es kamen nur noch 5 bis 10 ältere Frauen zum Gottesdienst, aber sie schnitten seltsame Gesichter. Eine von ihnen vertraute sich dem bedrückten Pastor an.

»Weißt du eigentlich, weshalb kaum noch jemand zu deinen Predigten kommt? Weil man dich nämlich als Heuchler entlarvt hat. Am Sonntag predigst du von der Liebe, Herzlichkeit und Sanftmut und wochentags bedrohst du deine Frau, daß sie schreiend und kreischend vor dir davonläuft.«

Was war passiert? Ein Christ hatte von der Straße durch das Fenster des Pastors beobachtet, wie seine Frau schreiend durch das Zimmer rannte und der Pastor mit einem Knüppel in der Hand hinter ihr herlief.

Der Pastor begann zu lachen und forderte die ältere Schwester auf, gleich mit ihm zu seiner Frau zu kommen, damit nicht der Eindruck entstehen würde, er könnte seine Frau bitten, die Sache anders zu erzählen, als sie wirklich war.

Die Frau des Pastors lachte auch, als sie die Schilderung hörte und sagte: »Ja, ich bin kreischend davongerannt, als er mit dem Knüppel hinter mir herlief. Ich floh vor einer schrecklichen Ratte, die durch das Zimmer lief. Vor solchen Viechern habe ich panische Angst, deshalb wollte sie mein Mann vertreiben und rannte nicht mir, sondern dem gräßlichen Tier hinterher!«

Die Ratte konnte der Mann auf der Straße natürlich nicht sehen. Ohne sich über den Vorgang zu erkundigen, verbreitete er diese schreckliche Lüge in der Gemeinde. Dadurch war die Gemeinschaft der Heiligen zerrissen, eine ganze Gemeinde auseinandergefallen.

Wer von uns könnte sagen: »Ich bin rein von dieser Sünde«?

Das Alter ist eine schöne Krone

»Verwirf mich nicht in meinem Alter; verlaß mich nicht, wenn ich schwach werde.« (Psalm 71/9)

Wie tröstlich ist der Brief der alten Diakonisse Elise Averdieck, die dem Herrn ein Leben lang gedient hat.

»Vor 40 oder 50 Jahren, glaube ich, haben wir uns geduzt; darum will ich nun dabei bleiben. Wenn man so alt ist, lernt man schwer etwas Neues. Du fragst, ob diese Averdieck gar keine Altersgebrechen kennt?
Na, du solltest sie einmal sehen! Vor 70 Jahren war ich ein langes, dünnes, schlankes Mädchen wie eine junge Tanne oder Pappel; konnte mich beugen bis zur Erde und wieder emporschnellen wie ein Frosch; alle Gelenke gehorchten auf meinen Wink. Vor 60 Jahren war schon mehr Festigkeit in meine Knochen gekommen, der Baum hatte Mark und war mehr wie eine Buche oder Ulme. Vor 50 Jahren, da ging die Kraft immer noch aufwärts – wie konnte ich laufen, arbeiten, schleppen und mit welcher Leichtigkeit und Freude!
Vor 40 Jahren, da merkte ich noch keine Veränderung, da war ich 50 Jahre alt. Vor 30 Jahren war nicht mehr viel Schlankes zu sehen, da wurden Stamm und Äste eckig, knorrig, steif; man mußte sich anstrengen.
Ab 60 geht das Alter an! Erst fühlte ich nichts davon – aber nach und nach meldete es sich. Der ganze Baum war trocken; die Äste und Zweige brachen. Jetzt ist er ein kleines, krummes, schiefes Wacholdergestrüpp. Ja, was soll ich sagen? Es soll dankbar sein, daß es noch am Boden kriechen kann, und das ist es auch, ist ganz zufrieden und kann herzlich über sich lachen, wenn es sich unterwegs zufällig in einem Spiegelfenster zu sehen bekommt. Den Stab in der rechten Hand, dann denke ich: ›Ach, was ist das für eine kleine, krumme Frau?‹ Plötzlich erkenne ich: ›Das ist ja die lange, schlanke Tanne Elise, geboren 1808.‹
Ja, so vertrocknet man. Aber das ist der Grund aller Heiterkeit: Das Herz ist durch Jesus Christus rein geblieben! Es hat gewünscht, erwartet, gehofft fort und fort trotz aller Enttäuschungen, bis der Wohnung bei mir machte, der alles in allem erfüllt. Da hatten die Enttäuschungen ein Ende. Alles diente zu meiner Voll-

endung, zu meiner Seligkeit, und so wurden jeden Morgen neue Freuden, neuer Friede über mich geschüttet und ich konnte (wenn's auch ohne Tränen nicht abging) immer danken und fröhlich sein und beten.
›Bleibe bei mir, denn es will Abend werden, und der Tag hat sich geneiget.‹ Und er wird's tun, denn er hat mich lieb.

Will ich nun morgens mein Bett machen, hab ich kaum das Bettzeug abgenommen, da rufen gleich 3 oder 4 Finger: »Mag nicht, kann nicht mehr!« So muß ich es aufgeben und Kaffee trinken.
Vielleicht sind sie nachher so stark und gütig, es fertigzumachen. Dann will ich meine Andacht lesen; ein Kapitel schaffe ich, beim zweiten rufen die Augen: »Mag nicht mehr!«
Ich lege es weg und hole meine Nähmaschine; da jammern die Arme: »Es ist so schwer!« –
Nun will ich einen Gesang auswendig lernen. Anfangs geht's noch leidlich; später wird es schwierig, der Kopf ruft: »Kann nicht mehr, kann nicht mehr!« Die Gedanken verwirren sich – alles aufhören!
Ich muß die Herrlichkeit ansehen und stillschweigen. Schweigen könnte ich auch gern, die andern sprechen völlig genug, ich kann's nur nicht verstehen, denn die Ohren empören sich: ›Kann nicht, mag nicht, will nicht!‹ Also muß ich mich fügen und in mein Kämmerlein gehen und dennoch: ›Gott, du hast mich von Jugend auf gelehrt, und noch jetzt verkündige ich deine Wunder.‹«

19. OKTOBER

Zwischen Bad Rabka und Auschwitz

»Ich gedenke der alten Zeit, der vergangenen Jahre. Ich denke und sinne des Nachts und rede mit meinem Herzen. Und es forscht mein Geist: Wird denn der Herr auf ewig verstoßen und keine Gnade mehr erweisen? Ist's denn ganz und gar aus mit seiner Güte, und hat die Verheißung für immer ein Ende?«
(Psalm 77/6-9)

Immer wollte ich noch einmal an den Ort zurück, wo ich als 10-12jähriger Junge eine harte Zeit erlebt hatte. Endlich bekam

ich eine Einladung aus Polen, in einigen Gemeinden mit dem Evangelium zu dienen. Dadurch kam ich in die Nähe des Kurortes, wo ich eine lange Zeit vom Elternhaus getrennt leben mußte. Dort wurde ich vormilitärisch ausgebildet. Nach einer fast 10stündigen Autofahrt von Winnenden über Prag, Mährisch-Ostrau erreichen wir Südpolen. An einem Tag fahren wir nach Bad Rabka, dem kleinen Kurort, nördlich von Zakopane. Zum Glück habe ich drei polnisch sprechende Brüder in Christus bei mir.
Gleich am Ortseingang steht die ganz aus Holz und Schindeln gebaute orthodoxe Kirche. Seit 50 Jahren wurde hier kein Gottesdienst mehr abgehalten, die Kommunisten haben daraus ein Museum gemacht. Damals, vor 52 Jahren marschierten wir um dieses Gotteshaus und sangen schreckliche Lieder.
Dicht neben der Kirche sehe ich die große Wiese, den sogenannten »Schleifacker«, über den wir bis zur totalen Erschöpfung gejagt wurden.
Über den Hügel erreichen wir dann das Haus, in dem wir untergebracht waren. Heute befindet sich in diesem, nach außen etwas verwahrlost aussehenden Gebäude, eine Mädchenoberschule. Ich erinnere mich an fröhliche Tage, aber auch an viele Nächte, in denen ich meinen Kummer ins Kopfkissen geweint habe. Wie oft bin ich auf den kleinen Hügel »Tatrablick« gestiegen und habe vor Heimweh geschluchzt. Wie viele Bewahrungen und Führungen Gottes habe ich hier auch erlebt.
Noch einen anderen Ort besuchen wir, den Ort, den man nicht mehr vergißt: Auschwitz! Ungefähr 60 km von Bad Rabka entfernt liegt dieser Vorhof der Hölle. Gott sei Dank, der kleine deutsche Junge, der uns auf dieser Fahrt begleitet, ein sonniges Kind, darf nicht in das Konzentrationslager hinein. Er wartet mit einem polnischen Bekannten vor den Toren der Gedenkstätte.
Jetzt, nach 50 Jahren, verschlägt es einem immer noch den Atem beim Anblick des Krematoriums, der Folterstätten und der Zimmer, die bis an die Decken hoch mit Koffern, Prothesen, Menschenhaaren und Kinderschuhen angefüllt sind, die einst jüdischen Menschen gehört haben. Wer Auschwitz gesehen hat und behauptet, er könne nicht an eine Hölle glauben, der ist, gelinde gesagt, wahnwitzig.
Als ich mit meinen Begleitern aus dem Konzentrationslager herauskomme, sehe ich den kleinen, sonnigen deutschen Jungen und sehe seine Kinderschuhe. Augenblicklich stehen mir die jüdischen Kinder, deren Schuhe fast einen großen Raum füllen, vor Augen. Mein Herz wird von einer unsagbaren Traurigkeit und Betrübnis erfaßt. Die Vergangenheit ergreift meine Seele, das millionenfache

Elend der Opfer mit ihren Ängsten bedrücken mich zutiefst. Mein Herz schmerzt vor Scham und Leiden. Noch Tage nach dem Besuch dieses grauenhaften Ortes habe ich das Gefühl, als würde mir der Staub des Todes an den Kleidern haften.

20. OKTOBER

Der Baum der Anne Frank

»Ein guter Baum kann nicht arge Früchte bringen, und ein fauler Baum kann nicht gute Früchte bringen. Ein jeglicher Baum, der nicht gute Früchte bringt, wird abgehauen und ins Feuer geworfen. Darum: An ihren Früchten sollt ihr sie erkennen.« (Matthäus 7/18-20)

Der Ausdruck und die Gestaltung der Bäume begeistert mich immer wieder. Im gewissen Sinne haben die Bäume für mich eine eindrucksvolle Symbolik, sie wachsen festgewurzelt aus dem dunklen Erdreich, sie leben vom Saft des Bodens und bringen ihre Früchte in der Höhe. Ihre Äste und Zweige strecken sie im stummen Gebet aufwärts zum Himmel. Im Sommer spenden sie den Pflanzen, Tieren und Menschen Schatten; in ihren Blätteretagen finden die Vögel und andere Tiere Nahrung und Schutz.

In mancher Verästelung steht aller Sturm und Streit geschrieben. Die Baumkrone hat Hagel, Schnee und Eis widerstanden; ihre Äste haben die Jahre und die Jahrhunderte kommen und gehen sehen. Der Schmerz, die Verfolgung, die Kriege, das Glück und die Leiden der schon längst vergangenen Generationen haften in der wetterharten Rinde.

Ähnliche Empfindungen hatte ich, als ich im Anne-Frank-Haus in Amsterdam weilte. Heute lärmen zigtausend Besucher in den verzweigten Gängen des Fluchtasyls der acht jüdischen Menschen. Sie fotografieren und lachen dabei.

Als ich endlich ganz allein aus dem oberen Fenster zum Hof blicke, sehe ich einen stattlichen Kastanienbaum. Da ergreift es mich im Herzen: Hier stand Anne und sah diesen Baum im Frühling grünen, die herrlichen Kerzen aufblühen, die Blätter gelb werden und im Herbst zu Boden fallen, und damit ging wieder eine still gehegte Hoffnung auf Befreiung durch die Alliierten dahin. Nun wäre ich nicht Herr über meine Empfindungen und

Gefühle geworden, wenn ich nicht zum Höchsten hätte beten können: »Und dennoch bist du, Gott, von Ewigkeit zu Ewigkeit!« Wie hatte Anne Frank in ihr Tagebuch geschrieben: »Warum drehen sich meine Träume und Gedanken nur um alles Schwere, so daß ich es oft herausschreien möchte? Weil ich trotz allem nicht das rechte Gottvertrauen habe! Er hat mir so viel gegeben, ja, was ich gar nicht verdient habe und doch mache ich noch jeden Tag etwas falsch!« Und weiter: »Wenn man an seinen Nächsten denkt, müßte man weinen, so bleibt nur das Gebet und die Bitte zu Gott, daß er seine Wunder geschehen lasse und einige von ihnen am Leben erhalte! So bete ich aus tiefstem Herzen.«
Arme Anne, hast du umsonst gebetet und gehofft? Nein! Der Messias wird ihr erscheinen, und alle Trübsal und Tränen werden verschwinden.
»Wenn der Herr die Gefangenen erlösen wird, so werden wir sein wie die Träumenden. Dann wird unser Mund voll Lachens und unsere Zunge voll Rühmens sein. Dann wird man sagen unter den Heiden: Der Herr hat Großes an uns getan, darüber sind wir fröhlich. Die mit Tränen säen, werden mit Freuden ernten. Sie gehen hin und weinen und streuen ihren Samen und kommen mit Freuden und bringen ihre Garben.« (Psalm 126)

21. OKTOBER

Vergib deinem Vater

»Wovon wir aber reden, das ist dennoch Weisheit bei den geistlich Reifen; nicht eine Weisheit dieser Welt, auch nicht der Herrscher dieser Welt, welche vergehen. Sondern wir reden von der geheimnisvollen, verborgenen Weisheit Gottes, welche Gott verordnet hat vor der Zeit der Welt zu unsrer Herrlichkeit.« (1. Korinther 2/6-7)

Mein Vater war ein liebenswürdiger, ziemlich unauffälliger Mann mit einer großen Sehnsucht nach Frieden. Eine weitere schöne Charaktereigenschaft war seine Bescheidenheit. Er bekleidete während des Krieges einen hohen, angesehenen Verwaltungsposten. Er war ein überzeugter Gegner Hitlers und trat deshalb auch nie in die Partei ein.
Sein Vater, also mein Großvater, hatte in der Zeit um die Jahrhun-

dertwende einen bekannten Namen. Als Schriftsteller wohnte er zeitweise bei berühmten Persönlichkeiten, um deren Biographien zu schreiben. Bei Fürst Otto von Bismarck war er zu Gast, lebte monatelang bei Generalfeldmarschall Graf Helmut von Moltke auf dessen Gut in Kreisau in Schlesien. Seine historischen Werke über die Geschichte Preußens und seiner Monarchen waren begehrte Prachtbände. Er stand mit dem deutschen Kaiser in Verbindung und verfaßte einige Werke über das Königshaus der Hohenzollern.

So ist es verständlich, daß einer seiner Söhne auch den heimlichen Wunsch hegte, ein solch bekannter Schriftsteller zu werden. Die deutsche Sprache beherrschte mein Vater sehr gut, so daß ihn Regierungsräte und andere Mitarbeiter oft um Hilfe bei schwierigen Fragen der Orthographie, Grammatik oder Interpunktion um Hilfe baten.

Eines Tages, mein Vater war damals 88 Jahre alt, sagte er zu mir: »Jost, vergib mir! Ich möchte mich bei dir entschuldigen.«

Zunächst war ich überrascht, ja geradezu erschrocken, denn ich hatte nie mit ihm eine größere Auseinandersetzung gehabt; deshalb fragte ich erstaunt: »Was soll ich dir denn vergeben? Wir hatten doch nie Streit oder größere Meinungsverschiedenheiten?«

»Nun, das stimmt, aber das hast du ja auch gar nicht bemerkt, was in mir vorging. Weißt du, als Sohn eines so bekannten Schriftstellers hat man doch auch ein Verlangen, ebenso berühmt zu werden. Doch es hat nie dazu gereicht. Dann begannst du zu schreiben, und deine Bücher wurden sehr bekannt. Nun, stell dir vor, als deine Bücher damals erschienen, habe ich angefangen, dich zu beneiden. Das macht doch ein Vater seinem Sohn gegenüber nicht! Komm Jost, vergib mir«, dabei streckte er mir seine Hand entgegen.

Nun hätte mein Vater dies mit Gott abmachen können, denn ich hatte ja davon nichts bemerkt. Gottes Heiliger Geist aber machte sein Gewissen so sensibel, daß er diese verborgene Sache mit mir in Ordnung bringen wollte. Es zeigt, daß Gott nicht nur äußerliche Rechenschaft, sondern auch innere Reinheit und die Sündenerkenntnis eines bußfertigen Herzens erwartet.

Gott hat Lust an einem wahrhaftigen Wesen, das auch im tiefsten Innern der Seele rein wird. Die innere Wahrhaftigkeit und echte Gottesliebe, die völlige Treue begehrt unser Herr. Am äußeren, frommen Schein hat Gott keinen Gefallen. Er sieht auf das, was im Verborgenen eines Menschenherzens vorhanden ist. Er prüft das Motiv unseres Wesens, die Beweggründe unseres Handelns.

Lobe den Herrn auch in Gefahr

»Du bist mein Schirm, du wirst mich vor Angst behüten, daß ich errettet gar fröhlich rühmen kann.« (Psalm 32/7)

Nach wochenlanger Missionsarbeit in der Schweiz komme ich mit dem Auto zurück. Viele Gespräche haben stattgefunden; Belastete wurden frei, mit Kranken habe ich gebetet aber auch Menschen, die nie nach dem Willen Gottes gefragt hatten, haben Frieden für ihre belasteten Seelen gefunden.
Es herrscht ein starker Verkehr, die Wochenendurlauber kehren zurück. Auf der linken Fahrbahnseite geht es noch relativ flott voran; rechts aber schleichen die Wohnmobile und Busse dahin. Gott hat mir gute Augen geschenkt, d.h. ich bin »weitsichtig«.
Als Autofahrer habe ich den Vorteil, weit voraussehen zu können. Plötzlich erkenne ich ca. 500 Meter entfernt, wie zwei Wagen aufeinanderfahren. Zwei noch vor mir fahrende Autos haben zu große Geschwindigkeit, daß es für sie nicht mehr reicht, ihre Fahrzeuge rechtzeitig zum Stillstand zu bringen.
Alles geht sehr schnell, viel schneller, als man solche Situationen erzählen oder beschreiben kann. Für mich wird es wohl auch nicht mehr zum Bremsen reichen. Was tun? – Was ich immer tat, nämlich: »Jesus hilf!« rufen? Nein, diesmal tue ich etwas ganz Unnatürliches – deshalb bin ich es wohl auch nicht, der es tut, sondern der Heilige Geist beginnt in mir laut zu loben.
Hintereinander rufe ich: »Lobe den Herrn! – Lobe den Herrn! – Lobe den Herrn!«
Die Gefahr kommt immer näher – eigentlich kein Grund zum Loben, und dennoch tue ich es. Nach rechts kann ich nicht ausweichen, da alle Fahrzeuge dicht hintereinander fahren. Es scheint keine Rettung zu geben . . . Und doch! Neben mir fährt ein Wagen mit einem Pferdeanhänger. Kurz vor der Unfallstelle schert er nach rechts auf die Standspur, damit ich ausweichen kann. Gerade 50 Meter vor der Unfallstelle fahre ich in die Lücke nach rechts, so, als hätten mich die Engel auf die rechte Fahrbahn geleitet. – Als ob? – Nein! Sie waren mir Schirm und Schutz. Ich konnte in größter Gefahr fröhlich rühmen. An der Unfallstelle gab es ein fürchterliches Krachen. Acht Fahrzeuge waren in den Unfall verwickelt, das konnte man am nächsten Tag in der Zeitung lesen.

David sagte nicht nur: »Du bist ein Schirm,« sondern: »Du bist mein Schirm.« Darin liegt die Schönheit unserer Tageslosung. »Ich habe sein Heil ergriffen. Unter seinen Flügeln bin ich geborgen und sicher.« Welch ein himmelweiter Unterschied ist es doch zwischen dem Herzensglauben, der aus der Erfahrung geboren ist, und irgendeinem toten Glaubensbekenntnis, wo das Wort Gottes nur zum Gegenstand spekulativen Denkens wird.
Bei größter Gefahr sind wir doch durch die rettende Gnade von allen Seiten umgeben.

23. OKTOBER

Das Wunder von Lengede

»Ich will meinen Mund auftun zu einem Spruch und Geschichten verkünden aus alter Zeit. Was wir gehört haben und wissen und unsere Väter uns erzählt haben, das wollen wir nicht verschweigen ihren Kindern; wir verkündigen dem kommenden Geschlecht den Ruhm des Herrn und seine Macht und seine Wunder, die er getan hat.« (Psalm 78/2-4)

Wie schnell vergessen Menschen die Hilfe Gottes. Wie wenig verkündigen sie den Ruhm des Ewigen und bezeugen vor allem Volk, was er Großes getan hat.
Nie werde ich die ereignisreichen Tage vergessen, als man aus einem Bergwerk in Lengede um das Leben von verschütteten Bergleuten kämpfte. Nach 14tägiger Gefangenschaft wurden aus 70 Metern unter der Erde 11 Überlebende, die man schon für tot gehalten hatte, aus dem finsteren Gefängnis wieder ans Licht gebracht und dem Leben zurückgegeben. Diese Begebenheit hatte ein weltweites Echo hervorgerufen. Man sprach von dem »Wunder von Lengede«.
In den Zeitungen las man: *»Gott ist dabeigewesen!«*
Was war geschehen? – Am Donnerstag, dem 24. Oktober 1963, heulten plötzlich die Sirenen schrill über der Zeche »Mathilde«. – Für den Ort Lengede und Umgebung wurde Katastrophenalarm gegeben. Rettungswagen des Roten Kreuzes, Einsatzfahrzeuge des Technischen Hilfswerkes und Feuerwehren eilten zur Unglücksstätte. Der Damm eines Klärteiches, den man über dem Gelände der Grube angelegt hatte, war gebrochen. In Sekunden-

schnelle ergossen sich 500 000 Kubikmeter Wasser und Schlamm in die Schächte und Stollen des Bergwerkes.
Am Nachmittag waren 129 Bergleute zur Schicht eingefahren. Jetzt hielt die Erde ihre Opfer gefangen, bzw. begraben. Die Helfer des Arbeiter-Samariter-Bundes standen auf dem staubigen Fabrikgelände herum. Sie waren zunächst nicht imstande, irgend etwas zur Rettung der eingeschlossenen Kumpel zu tun. Inzwischen berieten Bergwerksingenieure, Spezialisten und Hauer mit der Zechenleitung, was zur Rettung von evtl. noch Überlebenden unternommen werden könnte.
Wohin sollte sich denn jemand bei diesem ungeheuren Wassereinbruch gerettet haben? Man wußte, daß die kilometerlangen unterirdischen Gänge, die dunklen Adern der Zeche mit ihren Verzweigungen in kurzer Zeit überflutet waren. Man wußte aber auch, daß sich durch den großen Druck der Wassermassen besonders am Ende eines Stollens Luft komprimieren ließ und somit eine Luftblase entstehen konnte. Ob es aber überhaupt einige geschafft hatten, bis an das Ende der Gänge zu gelangen, war fraglich. Bergwerksspezialisten aus den USA und Frankreich berieten mit ihren deutschen Kollegen. Der erste Rettungsversuch begann.
Nach 3 Tagen wurden bei einer Suchbohrung am Ende eines Stollens in 79 Meter Tiefe drei Bergleute gefunden. Das unheimlich dunkle Meer unter Tage hielt die noch lebenden Bergleute gefangen. Ein schmaler Schacht wurde heruntergetrieben, bis man aus der Höhle die Eingeschlossenen herausholen konnte.
Für die anderen bestand keine Hoffnung mehr. Die Bohrgeräte wurden abgebaut, die Rettungsmannschaften zogen ab oder reisten wieder in ihre Heimatländer. Die Bergwerksleitung gab den Tod von 126 Bergleuten bekannt. – Waren wirklich alle noch Lebenden gerettet? Wer konnte diese Frage genau beantworten?

24. OKTOBER

Ich weiß, mein Mann lebt!

»Und ihr werdet mich anrufen und hingehen und mich bitten, und ich will euch erhören.
Ihr werdet mich suchen und finden; wenn ihr mich von ganzem Herzen suchen werdet, so will ich mich von euch finden lassen.«
(Jeremia 29/12-14a)

Gott hat seinen Kindern zugesagt, sie in Notsituationen nicht allein zu lassen. Haben wir einen solchen Freund, der uns im Kerker besucht, so wird uns auch dort Trost zukommen. Wenn uns Schwäche überfallen will, so wird uns Gottes Geist einen klaren Kopf und eine unverbrüchliche Hoffnung schenken. Was macht es, ob wir mehr Trübsal haben als andere, wenn wir durch diese Not doch Gottes Nähe um so mehr erfahren. Er ist allezeit bei uns, deshalb wird er unseren Glauben stärken und uns ermutigen, doch auszuharren.
Die Frau eines Bergmannes war es, die oben stundenlang, tagelang und unverdrossen am Schacht und an den Bohrlöchern gewartet hatte. Diese Frau gab die Hoffnung nicht auf, sie betete unentwegt Tag für Tag.
Deshalb ruft uns der Heilige Geist heute erneut zu:
»Werfet euer Vertrauen nicht weg, welches eine große Belohnung hat. Geduld aber ist euch Not!« (Hebräer 10/35)
Oft hören wir diesen Satz, oft lesen wir ihn. Ob es sich lohnt, Vertrauen zu Gott und weiterhin Geduld zu haben? Diese Gedanken beschäftigen uns immer wieder.
Dann kamen einige Herren der Betriebsleitung in dunklen Anzügen. Sie überbrachten offiziell die traurige Nachricht: Es bestünde keine Hoffnung mehr, daß noch irgend jemand lebt und gerettet werden könnte. Sie wollten kondolieren und die erste Hilfe von einigen tausend Mark bringen.
»Nein«, sagte die Frau fest und bestimmt, »kondolieren Sie mir nicht, ich nehme auch kein Geld, denn ich weiß, daß mein Mann lebt. Er ist nicht tot! Er sitzt irgendwo, er lebt! Ich bitte, daß die Rettungsarbeiten sofort wieder aufgenommen werden. Bitte sehen Sie mich nicht so mitleidsvoll an. Ich weiß es, er lebt!«
Diese Frau ließ sich nicht irritieren. Sie hatte im Gebet die feste Gewißheit empfangen, daß ihr Mann lebt. Die Verantwortlichen hatten es im Beisein von Augenzeugen genau gehört. Und nach deutschem Recht muß, wenn auch nur die geringste Chance besteht, einem Verunglückten zu helfen, alles unternommen werden, um ihn zu retten. Ihre Mahnung durfte nicht übergangen werden.
Die Bergwerksleitung wurde gezwungen, die Spezialisten aus USA und Frankreich wieder heranzuholen, um weitere Rettungsversuche zu unternehmen.
Die Tochter des Bergmannes, dessen Frau so felsenfest an dessen Überleben glaubte, kam einige Tage später weinend aus der Schule. Man hatte sie beschimpft, weil sie noch immer keine Trauerkleidung trug.

»Dann bleibst du eben daheim und gehst nicht zur Schule. Dein Vater ist nicht tot; ich weiß es, daß er lebt«, sagte die Mutter.
Welch ein fester Glaube von dieser Frau. Sie rief in der Not zum Herrn und er erhörte sie. Aber sie blieb auch in der Gewißheit fest. Wir sollen Gott von ganzem Herzen anrufen, aber ihm auch ohne Zweifel glauben, wenn er uns, durch seinen Heiligen Geist, eine Antwort gibt.
Das Wunder von Lengede hat uns noch mehr zu sagen. Es ruft uns zur Buße!

25. OKTOBER

Glaube an eine Zuflucht

»Wer glaubt, der wird nicht zuschanden. Ich will das Recht zur Richtschnur (zum Senkblei) und die Gerechtigkeit zur Waage machen. So wird Hagel die falsche Zuflucht zerschlagen, und Wasser sollen den Schutz wegschwemmen, daß hinfalle euer Bund mit dem Tode und euer Vertrag mit dem Totenreich nicht bestehen bleibe.« (Jesaja 28/16-18)

Was war am 24. Oktober 1963 in 70 Metern »unter Tage« geschehen? Urplötzlich gab es einen gewaltigen Donner und ein mächtiges Rauschen; ein Gurgeln und Schäumen. Das Schlammwasser im Schacht stieg rasant. Die Bergleute rannten und schrien in panischer Furcht. Jeder wußte, da ist etwas unvorstellbar Schreckliches passiert. Sie kämpften gegen die gurgelnden Wasserfluten und einbrechenden Stollen. Mit letzter Kraft, schon bis zum Bauch im Wasser watend, versuchten die Bergleute in die äußersten Enden des Stollens zu gelangen, obwohl es dort kein Fortkommen mehr gab. Die meisten wurden schon vom Sog der urgewaltigen Wassermassen verschlungen.
Nur 34 Bergmännern gelang es, sich in den Abbruchhohlraum »Alter Mann«, so nannten sie diese Höhle, zu retten. Über Steinberge, durch Löcher in den schweren Geröllmassen, die durch die wilde Wasserflut entstanden waren, kämpften sich die vom Tode gejagten Männer hindurch.
Sie erreichten die rettende »Luftblase«. Dieser bereits totgelegte Abbruchraum wurde ihnen zum Zufluchtsort. Zerschunden und bis auf die Haut durchnäßt, waren sie froh, im »Alten Mann« noch einmal »davongekommen« zu sein.

Doch ihr Unterschlupf lag etwa 70 Meter unter der Erdoberfläche.
Was nun? Es herrschte Totenstille in dieser öden Einsamkeit. Die Nerven der Kumpel waren zum Zerreißen gespannt. Es war ihnen allen bewußt: Sie lagen lebendig begraben unter den Erdmassen. Es gab keine Möglichkeit zum Rückzug. Es herrschte gespenstische Friedhofsstille. Nur das monotone Tropfen des Wassers und manchmal ein leises Stöhnen oder Atmen war zu hören – sonst herrschte überall Totenstille.
Wieder ein Bild auf den von Gott getrennten Menschen; ein Bild seines ausweglosen Daseins im Hinblick auf die Ewigkeit.
Einst lebte der Mensch in engster Gemeinschaft mit Gott, seinem Schöpfer, der, wie wir in der Bibel lesen, Licht und Leben ist. So war der Mensch, als sein höchstes Geschöpf, umströmt von Licht und Leben – unsterblich! Er lebte im Paradies. Er war in seinem göttlichen Element überglücklich und vollkommen.
Dann kam der schwärzeste Tag der Menschheitsgeschichte; die Katastrophe ohnegleichen: Der Mensch fiel aus dem kindlichen Gehorsam seinem Schöpfer gegenüber heraus in die Hölle des Unglaubens und Zweifelns. Die Schlammflut der Sünde brach herein und trennte ihn von Gott, der Quelle des Lichtes und des Lebens.

26. OKTOBER

Dort unten war es fürchterlich

»Die Heiden sind versunken in der Grube, die sie gegraben; ihr Fuß ist gefangen im Netz, das sie gestellt hatten. Der Herr hat sich kundgetan und Gericht gehalten. Der Gottlose ist verstrickt in dem Werk seiner Hände.« (Psalm 9/16-17)

Menschen ohne Christus liegen im übertragenen Sinn wie die Bergleute von Lengede in einer finsteren Grube ihres Lebenswandels, getrennt von Gott. Nun hat sich allerdings der Mensch in der Tiefe seiner ausweglosen Lage ein wenig Erleichterung verschafft. Er hat sich die finstere Höhle ein wenig wohnlicher einzurichten gewußt. Gottes Mitgift aus den Paradiesestagen trägt für ihn bei aller geistlichen Blindheit noch gewisse Zinsen: Geschicklichkeit, Schönheitsgefühle u. a. wurden mobilisiert. Man-

ches scheint ganz nett in der trostlosen Öde: Kunst, Literatur, Technik und Wissenschaft, Reisen und Erholung, Radio und Fernsehen, Sport und Spiel, Tanz und Gesang, Alkohol und manches mehr. Aber es ist merkwürdig, dies alles erfüllt den Menschen nicht. Es bleibt in der menschlichen Existenz ein schreckliches Vakuum, ein weites, tiefes Loch im Innern der Seele. Man kann alles versuchen und auch ausprobieren, was Menschengeist auf Erden zu bieten hat, es erfüllt den Menschen nicht.
In der Menschheit lebt unauslöschlich die Erinnerung an das Glück einer schönen Zeit »über Tage«, da der Mensch in bester Gemeinschaft mit Gott lebte, als er vertrauensvoll mit seinem Vater umgehen durfte wie ein Kind und Licht und Leben ihn umgab, als der Schlammsee noch nicht eingebrochen und die Menschheit zum Leben »unter Tage« noch nicht gezwungen war, zu menschenunwürdigem Vegetieren in der Finsternis.
Vier Tage waren sie nun schon unter der Erde. Zwei Tage hatten sie kein Licht mehr. Ein Teil der Bergleute war erschlagen worden, als der Berg nachrutschte. In der verschlossenen Höhle breitete sich ein süßlicher Geruch aus. Apathisch, zeitweilig von Unruhe geplagt, lagen die Überlebenden in ihrer finsteren Grube.
Einer der Männer lag an einem Wasserloch. Er begann zu klopfen. Dumpf hallte es im Gestein. Dann schrie einer mit ganzer Kraft in eine Felsspalte hinein: »Hilfe! – Hilfe! – Hiiilfe!«
Die übrigen brüllten wie wahnsinnig mit; doch wurde das Schreien zunehmend kärglicher. Jeder spürte, daß ihr Rufen den Berg nicht durchdringen konnte.
»Gebt es doch auf! Warum wollt ihr nicht zugeben, daß alles vorbei ist?« lamentierte einer in der Dunkelheit. Bedrückendes Schweigen schien das zu bestätigen. Wer sollte und könnte auch jetzt noch helfen? – Wer?
Am »Tage« schliefen die Bergleute vorwiegend, doch zwischen Mitternacht und der dritten Stunde waren sie hellwach. In dieser Stunde begann der Berg zu arbeiten. Die Uhr konnte nach dem Phänomen gestellt werden, denn jede Nacht zur gleichen Zeit stellte sich ein undefinierbares Geräusch ein, das sich wie ein Kratzen und Beben anhörte. Von Nacht zu Nacht wurde der Lebensraum der Gefangenen kleiner. Zentnerschwere Felsbrokken, Gesteinsschalen oder auch »Sargdeckel«, wie sie die Bergleute nannten, fielen nieder.
Den Menschen kann es nicht verborgen geblieben sein, daß Gott der Herr durch seinen Sohn die Sünde gekreuzigt hat. Er hat Gericht gehalten, doch viele gehen an diesem »Gottesopfer« gleichgültig vorüber.

Die Toten loben nicht

»Die Toten loben dich nicht, und der Tod rühmt dich nicht, und die in die Grube fahren, warten nicht auf deine Treue; sondern allein, die da leben, loben dich so wie ich heute.«

(Jesaja 38/18-19)

Der fünfte Tag im dunklen Erdreich hatte begonnen. Wieder war der enge Lebensraum verkleinert, denn erneut waren Felsstücke runtergebrochen. Der süßliche Geruch und die lausige Kälte wurden unerträglich.

Die in der Grube Eingeschlossenen wurden immer wieder von bohrenden Gedanken befallen: Ist nach dem Tode wirklich alles aus? Geht unser Dasein dann doch irgendwo weiter? Vielleicht bedeutet der Tod doch nur Scheidung und nicht völliges Auslöschen des Lebens?

Die Bergleute konnten ihren Standort nicht verändern. Sie waren von der oberen Welt getrennt, gefangen in einem tödlichen Käfig – 70 Meter unter der Erdoberfläche.

Schreckliche Gedanken zermarterten ihre Gehirne. Die Stunden schienen ihnen wie Jahre dahinzukriechen. Die gefürchtete Mitternachtsstunde rückte näher. Das Gespenst des Todes lauerte in ihrer Nähe. Schrecklich, dieser Gedanke an die Tatsache, daß die Höhle erneut kleiner werden könnte. Mit jedem Atemzug dem Tode näher!

Vor etwa drei Tagen konnte man noch aufrecht stehen und sogar noch etwas gehen. Jetzt ist nur noch Platz zum Kriechen. Wie weit sind wir gekommen?

Sind dies nicht Gedanken, die uns lebende Menschen hier oben auch oft beschleichen? Werden wir nicht auch von solchen Wahnsinnsideen aufgeschreckt, wenn wir hören, der Nachbar hat Krebs. Über Nacht ist er ein Todeskandidat geworden? Ein anderer ist bei einem Autounfall verbrannt oder bei einer Gasexplosion in Sekundenschnelle aus dem Leben abgerufen worden. Ein Schlaganfall hat den Arbeitskollegen gelähmt und ihm die Möglichkeit zum Sprechen genommen.

Genauso verunsichert zählen die da unten die Minuten und warten auf die entscheidende Mitternachtsstunde. Plötzlich wie auf ein Kommando setzt der Luftzug wieder ein. Er schiebt und drückt die Gesteinsmassen wie eine gewaltige Presse zusammen. Der

Berg ächzt. Es fällt ein größerer Brocken nieder, dann noch eine Gesteinsplatte. Alle beginnen zu schreien. Sekundenlang hallt es an den nassen Wänden. Dann wird es wieder seltsam still. Entsetzliche Einsamkeit – verlassen von der Welt.
Doch in dieser quälenden Lautlosigkeit wird auf einmal eine Stimme vernehmbar. Einer beginnt zu beten: »Herr Jesus Christus, wende dich zu mir und sei mir gnädig, denn ich bin einsam und elend. Die Angst meines Herzens ist groß; führe mich und erlöse uns alle aus dieser schrecklichen Not.«
Ein zaghafter Beter, verschüttet in 70 Meter Tiefe, beginnt mit einem zu reden, der in allen Bereichen des Weltalls, der Erde, ja, des ganzen Kosmos gegenwärtig ist: mit Gott, dem Allmächtigen. Christen können der weitverbreiteten Lebens- und Todesangst etwas Durchschlagendes entgegensetzen: Christus ist hinabgefahren in die untersten Örter und hat Gefangene fortgeführt. Christus ist auferstanden. Er ist durch die Kraft seiner Auferstehung allgegenwärtig, allmächtig und allwissend. – Auch bei den lebendig Begrabenen, in der Grube von Lengede, offenbarte sich Christus.

28. OKTOBER

Christus erbarme dich unser!

»Aber ich will sie aus dem Totenreich erlösen und vom Tode erretten. Tod, ich will dir ein Gift sein. Totenreich, ich will dir eine Pest sein.« (Hosea 13/14)

Später berichteten die Kumpel von Lengede: »Wir konnten die Tage nicht mehr genau unterscheiden. Obwohl einer von uns die Uhr beobachtete, ging uns das rechte Zeitgefühl verloren.«
Menschen ohne Christus meinen einem undefinierbaren »Schicksal« erbarmungslos ausgeliefert zu sein. Dem Autofahrer kann jeder Baum zur Endstation seines Lebens werden; jeder Hase, jedes Reh, jedes freilaufende Pferd auf der Autobahn kann die Stunde seines Todes bedeuten!
Auch diese eingeschlossenen Bergleute wußten nicht, was ihnen das »Schicksal« in den nächsten Stunden und Tagen noch bringen würde.
»Wir müssen auf unsere Rettung hoffen«, mahnte einer der Berg-

leute. Hoffnung in dieser stinkenden Höhle – 70 Meter unter der Erdoberfläche? Einige hatten nur noch wenige Zentimeter Raum zum Atmen; wenn es gut ging, noch einige Tage zu leben und dann?

Sie befanden sich in dem Zustand, wie man sich vorstellt, daß ihn erwachte Scheintote wohl im Grab erleben könnten. Fast alle hatten Wasser in den Beinen, die in diesem geschwollenen Zustand sehr schmerzten.

Resignierten sie? – Die Bergleute von Lengede haben von der Hoffnung gelebt. Ohne sie hätten sie sich schon am zweiten oder dritten Tag an den Wänden ihres unterirdischen Gefängnisses voll Verzweiflung die Köpfe eingeschlagen.

Sie hatten es sich zur Regel gemacht, nach der gefährlichen Mitternachtsstunde, wenn sich die bedrohliche, kritische Bewegung des Berges wieder beruhigt hatte, ihre Namen wie bei einem Appell aufzurufen und laut zu antworten: »Hier!« – »Ich bin noch da.« – »Ich lebe noch«! Eine seltsame Volkszählung unter Tage.

Und doch brach die Angst immer wieder neu auf: Wen wird es jetzt erwischen? Wo wird das Steingewitter diesmal niedergehen? Schrecksekunden, denen Menschen auch über Tage nicht gewachsen sind. Nein, nicht alle resignierten. – Einer gab nicht auf. Er setzte seine ganze Hoffnung auf Christus. Immer wieder betete er laut und vernehmlich: »Herr Jesus Christus, erbarme dich unser! Vater, erbarme dich und rette uns! Herr Jesus, erhöre uns doch! Christus hilf uns aus dieser Höhle!«

Dieser eine Mann, der da unten für Ordnung sorgte, der »die Uhr« unter Tage war, den man zu jeder Zeit fragen konnte, wie spät es wäre oder welcher Tag angebrochen sei, dieser Eine kannte das Gotteswort: »Das Gebet des Gerechten vermag viel, wenn es ernstlich ist.« (Jakobus 5/16)

Dieser Bergmann lebte von der Hoffnung, Jesus würde einen Weg finden und sie nicht im Stich lassen.

Hat Gott je die Menschheit im Stich gelassen nach dem unseligen Tag, da die Schlammflut der Sünde den Menschen losriß und ihn in die Finsternis verbannte? Nein, Gott hat dem von der Sünde eingeschlossenen Menschen immer wieder neue Klopfzeichen gegeben. Eine Weissagung der Rettung auf die andere folgte. Ein Hoffnungsstern nach dem anderen leuchtete auf über den Eingeschlossenen: »Ich will dich nicht verlassen noch versäumen!«

»Es sollen wohl Berge weichen und Hügel hinfallen, aber meine Gnade soll nicht von dir weichen, und der Bund meines Friedens soll nicht hinfallen, spricht der Herr, dein Erbarmer!«

Der Durchbruch

»Er wird als ein Durchbrecher vor ihnen heraufziehen; sie werden durchbrechen und durchs Tor hinausziehen, denn ihr König wird vor ihnen hergehen und der Herr an ihrer Spitze.«
(Micha 2/13)

Es kam die zehnte, fürchterlichste Nacht. Körperlich und seelisch waren sie alle am Ende. Ständig stand ihnen das Gespenst des Todes vor Augen. Das Steingewitter der letzten Nacht hatte wieder zugeschlagen. In unmittelbarer Nähe lagen die Toten. Einer buddelte sich eine kleine Mulde, als wollte er sein Grab schaufeln.
Dann kam der Sonntag, der 3. November 1963. Immer, wenn man sich bei dem Kumpel mit der inneren Uhr erkundigte, gab er eine präzise Antwort, z.B.: »Heute ist Sonntag, 9.35 Uhr.« Er war nicht nur »Beter vom Dienst«, er war auch ein echter Helfer und Kamerad. Ansonsten war er der Schweigsamste. Jetzt wurde es wieder seltsam still. Mit matter Stimme stöhnte einer vor sich hin. In dumpfer Ergebenheit lagen die anderen da.
Doch was war das? Mitten in die trostlose Einöde des finsteren Grabes kam Leben! Zuerst hatte es nur einer wahrgenommen. Dann reckte sich ein anderer empor und rief: »Hört ihr? Was rauscht denn da?«
Alles kam in Bewegung. In den kraftlosen Körpern schlugen die Herzen höher. Sie alle hörten das Geräusch. Es klang wie das Rauschen eines fahrenden Schnellzuges. Das Geräusch nahm kein Ende. – Es kam näher und wurde immer deutlicher!
»Sie booohren!« schrie einer. »Ja, sie bohren!« schrie ein anderer. Die Schlafenden wurden geweckt mit dem Freudenschrei: »Sie bohren! Die Rettung ist unterwegs!« Wie im Chor riefen sie jetzt alle. Es hallte durch den Abbruchhohlraum »Alter Mann«, die enge »Lebensinsel« ihres trostlosen Daseins. Das surrende Geräusch kam näher und näher. Dann schoß plötzlich Wasser von oben herein.
»Wassereinbruch!« schrien einige. Jeder war auf dem Sprung, sich in irgendeine Ecke zu drücken. Aber es war kein Wassereinbruch wie am Tage des Unglücks, sondern man hörte das mechanische Surren eines Bohrers. Plötzlich brach das Geräusch ab. Niemand wußte, warum. Einer tastete sich auf allen vieren durch die dunkle Umgebung. »Mein Gott, mein Gott!« schrie er. »Hier ist etwas!

Ein Bohrer!« Mit beiden Händen ergriff er das feuchte Eisen. Schnell nahm er sein Messer und klopfte dreimal kurz und kräftig. – Ein metallischer Klang, der in allen neue Hoffnung weckte. Gespannt lauschten sie auf die Antwort von oben. – Sekunden können nicht spannungsgeladener sein als diese.
Da! – Ganz klar kam aus großer Entfernung schallend eine deutliche Antwort: »Eins – zwei – drei! Eins – zwei – drei!«
»Sie haben uns! Sie haben uns gefunden! Sie retten uns doch! Mein Gott, sie retten uns! Mein Gott, mein Gott!«
Welch ein Freudenausbruch bei diesen lebendig begrabenen Bergleuten. Sie lachten und weinten zugleich. Keiner schämte sich seiner Tränen. Von der lichten, oberen Welt war Rettung für sie unterwegs! Sie hatten das Gefühl, als würden sie von neuem geboren; als sollte das Leben von neuem und richtig beginnen!
»Ihr müsset von neuem geboren werden, sonst könnt ihr das Himmelreich (die lichte Welt) nicht sehn!« predigte Jesus einst.
»Rufe mich an, so will ich dir antworten und will dir kundtun große und unfaßbare Dinge, von denen du nichts weißt.« (Jeremia 33/3)

30. OKTOBER

Man hatte sie gefunden

»Ich, der Herr, habe dich gerufen in Gerechtigkeit und halte dich bei der Hand und behüte dich und mache dich zum Bund für das Volk, zum Licht der Heiden, daß du die Augen der Blinden öffnen sollst und die Gefangenen aus dem Gefängnis führen und, die da sitzen in Finsternis, aus dem Kerker.«

(Jesaja 42/6-7)

Man hatte sie gefunden, gespannt lauschten sie und warteten der Dinge, die nun kommen würden. Als erstes schickte man ihnen durch das Versorgungsrohr eine kleine Lampe, ein schwaches Licht. Nach tagelanger, völliger Finsternis war es den Männern endlich möglich, einander zu sehen. Schmutzig und eingefallen waren ihre Gesichter, von den Strapazen gezeichnet. Die Kleidung zerrissen, die Hände und Füße geschwollen. Jeder wurde angeleuchtet. Alle sahen elend und heruntergekommen aus. Bis zu diesem Augenblick war jeder nur mit sich selbst beschäftigt gewesen, nun sah man einander.

Als Jesus aus lichten Höhen der Herrlichkeit auf die fluchbeladene Erde kam, sah er die vielleicht äußerlich hübsch gekleideten Menschen dieser Welt in ihrer Verlorenheit. »Und da er das Volk sah, erfaßte ihn tiefes Mitleid, denn sie waren erschöpft und ermattet wie Schafe, die keinen Hirten haben.« (Matthäus 9/36)
Laut ertönte am oberen Ende des Versorgungsrohres eine Stimme, doch konnte man unten noch nichts verstehen. Dann folgte wieder Stille – lange war nichts zu hören. Aufmerksam lauschte jeder nach oben. Was würde jetzt passieren? Wie lange würden sie noch an diesem elenden Ort aushalten müssen?
Entfernt ließ sich etwas wie ein Kratzen vernehmen. Das Geräusch nahm an Stärke zu. Einer leuchtete in das Versorgungsrohr. Es war noch nichts zu erkennen. Das Kratzen aber hörte nicht auf, es kam immer näher. Jetzt sah man es – ein Mikrophon mit einem eingebauten Lautsprecher wurde zu ihnen heruntergelassen. Eine direkte Sprechverbindung war hergestellt.
»Wie geht es euch?« fragte man von oben. Alle schrien durcheinander: »Guuut!« – »Sehr gut!« – »Ausgezeichnet!« Obwohl sie doch noch in der Höhle 70 Meter unter der Erdoberfläche waren, ging es ihnen plötzlich innerlich gut. Hoffnung auf Rettung war da. Hoffnung auf ein neues Leben. Sie waren überglücklich. Die langen Stunden der Gefangenschaft vergaßen sie bei dem Gedanken, wieder in Verbindung mit der »oberen Welt« zu stehen.
Es würde allen besser gehen, wenn jeder in die Direktverbindung zu Gott käme, denn er hat zugesagt: »Rufe mich an in der Not, so will ich dich erretten!«
Millionen haben dieses leider schon vergessen, aber Millionen haben auch in der Not praktische Hilfe von Gott erlebt, ihm aber später vergessen zu danken und ihre Versprechen einzulösen.
Jesus brach zu den finsteren Gefängnissen der Menschheit vor, als er sterbend am Kreuz ausrief: »Es ist vollbracht!« – Das Rettungswerk nämlich, der Durchbruch war gelungen. Er hatte dem altbösen Feind, dem Kerkermeister unter Tage, der alten Schlange, den Kopf zertreten. Das Gefängnis war aufgebrochen.

Ein Retter muß hinunter

»Jesus aber sprach zum ihm: Heute ist diesem Hause Heil widerfahren, denn auch er ist Abrahams Sohn. Denn des Menschen Sohn ist gekommen, zu suchen und selig zu machen, was verloren ist.« (Lukas 19/9-10)

Die Worte aus dem Mund Jesu zeigen uns, wie ausweglos die Lage der Menschheit war und ist. Was ist der Inhalt des Evangeliums? Christus verließ die Herrlichkeit des Vaters und kam auf diese fluchbeladene Erde, um alle Menschen guten Willens für die Ewigkeit zu erretten und sie aus ihrer Finsternis und Grabestiefe herauszuziehen.

»Er stieg von dem himmlischen Throne,
verließ seine Heimat voll Pracht,
zu brechen die Fesseln der Knechtschaft,
zu bringen das Licht in die Nacht.«

In dicken Balken konnte man es am Mittwoch, dem 6. November 1963, in allen Zeitungen lesen:

»EIN RETTER MUSS HINUNTER, NIEMAND IST IMSTANDE, SICH SELBST ZU RETTEN! BETET FÜR DIE BERGLEUTE IN LENGEDE!«

Der Durchgang durch die »enge Pforte« zur Höhle »Alter Mann« war gelungen. Heute sollten die 11 Männer aus der Tiefe und der Finsternis in die lichte Welt hochgeholt werden. Das Leben sollte für sie von neuem beginnen.
Am Morgen des 14. Tages setzte um 6.07 Uhr das monotone Brummen des großen Bohrers aus. Die Rettungsmannschaften standen beratend im grellen Scheinwerferlicht. Ihre regennassen Helme glänzten.
»Wir sind durch«, sagte der Sprecher der Zeche. »Wir haben den ›Alten Mann‹ auf der Nordseite in 2 Meter Höhe angebohrt. Es ist alles wohlauf.«
Man hatte die Höhle mit dem großen Bohrer, der den »schmalen Weg« nach oben bahnen sollte, direkt getroffen. Die brüchige Decke hatte gehalten.
Die Frauen der Eingeschlossenen saßen am Bohrloch. Jetzt lach-

ten sie wieder. Das Schlimmste war überstanden. Sie fielen sich weinend und schluchzend in die Arme. Die angestauten Qualen, Schmerzen und Ängste fanden im tränenreichen Freudenausbruch ihre Erlösung.
»Das ist der schönste Tag, der allerschönste Tag meines Lebens. Mein Mann, mein Mann ist gerettet!«
Keiner schämte sich, laut und hemmungslos zu weinen.
Wie viel Tränen wurden schon von Frauen geweint über ihre unerretteten Männer, die nichts von der Errettung und Erlösung durch Jesus wissen wollten. Für welche Angehörigen wird heute wohl geweint und gebetet? Welcher Ehemann, welches unerrettete Kind sitzt heute gefangen in der finsteren Höhle der Gottesferne?
Ein schmaler Gang war für die Eingeschlossenen geschaffen. Diese »enge Pforte« wurde mit Rohren verkleidet. Lebensrettung ist oft sehr teuer. In den Zeitungen las man, Lengede sei die kostspieligste Rettungsaktion in der Geschichte des deutschen Bergbaus gewesen. Gottes Rettungsaktion für die Menschheit war unvergleichlich teurer. Sie kostete das Leben seines Sohnes!

1. NOVEMBER

Nur durch eine Fügung Gottes

»Als aber die Zeit erfüllet ward, sandte Gott seinen Sohn, geboren von einem Weibe und unter das Gesetz getan, auf daß er die, die unter dem Gesetz waren, erlöste, damit wir die Kindschaft empfingen. Weil ihr denn Kinder seid, hat Gott gesandt den Geist seines Sohnes in unsere Herzen, der da schreit: Abba, lieber Vater!« (Galater 4/4-6)

Mit einem Kranwagen wird die letzte 50 cm breite Stahlröhre gebracht. Sie wird vom Sattelschlepper heruntergeholt und senkrecht in das Loch hineingelassen. Schrill kreischend rutscht sie in die Erde. Dann nehmen die Männer die Rettungsglocke auf ihre Arme. Vorsichtig, als trügen sie ein großes Kind, bringen sie die Rettungsglocke an das Rohr und senken sie in den engen Schacht. Zwei Männer, mit blauen Stahlhelmen und einem weißen Stern darauf, klettern die Leiter zum Turm empor. Sie sollen zu den Männern in die finstere Höhle hinuntergelassen werden. Gespannt beobachten die Männer, wie sich der erste Retter in die Rettungs-

glocke hineinquetscht und sich dann das Rad des Flaschenzuges zu drehen beginnt.
Die Rettungsglocke verschwindet in der Erde. Nach wenigen Minuten bleibt das Rad stehen. Die Männer auf der Plattform nehmen die Helme ab und lauschen am Rohrloch. Dann beginnen sie zu lachen und fallen sich weinend in die Arme. Der Retter hat die finstere Grube erreicht. Er wird so lange in der Höhle bleiben, bis der letzte Mann sicher nach oben gebracht ist.
Jesus spricht zu uns: »Und siehe, ich bin bei euch alle Tage bis an der Welt Ende.« Ist Jesus Christus uns schon zur persönlichen Rettung geworden?
Für die Männer dort unten wurden die letzten Minuten zu einer Zerreißprobe. Als sie die Rettungsglocke herniederkommen hörten, wagten sie kaum zu atmen. – Dann war er da! Der Retter stieg aus. – Die wetterharten Männer fielen sich in die Arme: »Ich möchte euch so vieles fragen, aber das hat ja noch Zeit. Jetzt erst mal raus aus dieser Höhle«, sagte der Retter. Dann gab er kurze, präzise Anweisungen. Jeder mußte einzeln durch den engen Schacht.
»Erst der linke Fuß, dann der rechte, linke Schulter, etwas vorbeugen und dann aufrichten«, sagte er.
Dann geht es aufwärts, der Sonne entgegen. Der Augenblick, auf den die Menschen gewartet haben, ist gekommen. Bei der Rettungsmannschaft und den Zuschauern herrscht Hochspannung: »Wird diese Rettung gelingen?«
Das Rad am Bohrturm dreht sich wieder. Kurze Zeit nur, dann erscheint die Spitze der Rettungsglocke. Seitlich im Schlitz kann man einen Mann erkennen. Es ist der Älteste der Überlebenden, ein Vater von 10 Kindern.
Großer Jubel! – Ein fröhliches Aufatmen bei allen Wartenden in der sonnendurchfluteten Welt.
Wer wartet auf uns in der jenseitigen Welt, die unvergleichlich schöner ist als diese vergängliche? An welchem Ort treffen wir uns wieder?
»Gott wird abwischen alle Tränen von ihren Augen, und der Tod wird nicht mehr sein, noch Leid, noch Geschrei, noch Schmerz wird mehr sein; denn das Erste ist vergangen. Und der auf dem Thron saß, sprach: Siehe, ich mache alles neu!« (Offenbarung 21/4-5)

Alle Schätze dieser Welt

»Es gibt aber noch vieles andere, was Jesus getan hat. Wenn es im einzelnen aufgeschrieben würde, so könnte wohl die ganze Welt die Bücher nicht fassen, die dann geschrieben werden müßten.« (Johannes 21/25 Bruns)

Schade, möchte wohl mancher sagen, daß uns nicht noch mehr Einzelheiten, Tatsachen und Wunder bekannt sind von dem, was Jesus war und wirkte. Wir brauchen aber deshalb nicht betrübt zu sein, denn Jesus hat uns wissen lassen: »Wahrlich, wahrlich, ich sage euch: Wer an mich glaubt, der wird die Werke auch tun, die ich tue, und wird größere als diese tun, denn ich gehe zum Vater.« (Johannes 14/12)

Doch kann der verweltlichte Mensch vom Wirken Gottes nicht mehr erfahren, als wir bereit sind, ihm vom Wirken Gottes in unseren Tage zu berichten oder schriftlich niederzulegen. Der von Gott entfernte Mensch liest nicht mehr die Bibel, sondern aus dem Leben derer, die vorgeben, Christen zu sein.

In dem Maße, wie wir bereit sind, es anderen zu übermitteln, kann es der von Gott entfernte Mensch begreifen, daß Gott nicht tot ist, sondern sich an und durch Menschen in Zeichen und Wundern offenbart. Deshalb sind wir als Zeugen Jesu Christi aufgefordert, alle Mittel auszuschöpfen, um Gottes Wirken in unseren Tagen weiterzugeben.

In diesen Tagen erreichte mich ein bewegender Brief. Unter anderem heißt es dort:

»Meinem Mann habe ich die drei Bücher: ›Bleib du im ewgen Leben – Mein guter Kamerad – Die Flügel sind stark‹ (Über 600 Seiten – Anmerkung vom Verfasser) vorgelesen. Es ist auch seine Geschichte, die er in Rußland erlebt hat. Durch Fleckfieber ist er gerade noch (aus dem Kessel von Stalingrad) herausgekommen. Nur den ›Guten Kameraden‹ hat er dort leider nicht getroffen.

Wir haben 28 Jahre für ihn gebetet, daß Gott ihn von diesen Kriegsschrecken und der Verbitterung durch die grauenhaften Bilder erlösen möge. Gerade jetzt, mit 81 Jahren, als er mit einer zusammengebrochenen Herztätigkeit auf der Intensivstation lag, hat er den Herrn Jesus angenommen. Es geht ihm gesundheitlich nicht gut; aber das ›neue Leben‹ ist sichtbar.«

In diesem Sinne sind wahrhaftig »der Bücher nicht genug ge-

schrieben« von dem, was Jesus Christus in unseren Tagen weltweit tat und noch in ungeahntem Maße an Millionen von Menschen tut. Solche wunderbaren Zeugnisse motivieren mich immer wieder, sie in Broschüren und Büchern darzustellen und zu veröffentlichen.
Und wenn dadurch auch nur einem Menschen der Weg zum ewigen Leben gewiesen werden kann, ist das mehr wert als alle Schätze dieser Erde.
Eine andere Frau berichtete: »Als mein Mann Ihre Kinderandachtsbücher unsern Kindern Abend für Abend vorlesen mußte, (die Kinder bestanden darauf), konnte der Heilige Geist ihm das Herz öffnen, so daß er den Weg zum ewgen Lebens fand.«
Es demütigt mich immer wieder, wenn ich aus den entferntesten Winkeln der Welt Zuschriften erhalte, und lese, von dem, was der Herr durch diese Zeugnisse mit Wirkung des Heiligen Geistes tun konnte.
Der Name des Herrn sei hoch gelobt für jede Frucht, die er auch durch das geschriebene Wort sich schaffen konnte indem unzählige Schwestern und Brüder dem Auftrag Gottes gehorsam waren.

3. NOVEMBER

Seine Gedanken sind nicht unsere Gedanken

»Denn meine Gedanken sind nicht eure Gedanken, und eure Wege sind nicht meine Wege, spricht der Herr, sondern so viel der Himmel höher ist als die Erde, so sind auch meine Wege höher als eure Wege und meine Gedanken als eure Gedanken.«
(Jesaja 55/8-9)

Als junger Mann war ich von dem Gedanken beseelt, nie Autofahrer werden zu müssen. »Mitfahren schon, aber mich selbst an das Steuer eines ›stinkenden Benzinvehikels‹ zu setzen, das werde ich nie tun.« Ja, – leichtfertig ist die Jugend mit dem Wort. Eine Christin sagte damals zu mir: »Es kann doch sein, daß dich der Herr Jesus für Jahre auf die Straße schickt.« Wenn diese Frau noch gesagt hätte: »Du wirst einmal in New York, Chicago oder Jerusalem Auto fahren«, hätte ich zu ihr gesagt: »Du hast aber eine blühende Phantasie! Erst, wenn andere nicht mehr Auto fahren, dann fahre wahrscheinlich ich.«

Ich war und bin heute noch ein leidenschaftlicher Wanderer. Doch ich habe die Erfahrung gemacht, immer wenn ich gesagt habe: »Das werde ich nie tun oder das kann mir nicht passieren!« dann ist es geschehen.
Gott nimmt uns beim Wort. In den Wochen der Ölkrise 1973 gab es die verkehrsverbotenen Sonntage, nur Polizei, Ärzte und Seelsorger erhielten eine Fahrgenehmigung. Jetzt fuhr ich stundenlang über die Autobahn, kein Auto überholte mich und auch ich überholte keines; mir war dabei unheimlich zumute. Plötzlich ging es mir durch den Kopf wie ein Blitz! Hast du nicht einmal gesagt: Wenn die anderen nicht Auto fahren, dann fahre ich?
Obwohl ich von Natur aus kein leidenschaftlicher Autofahrer bin, hat mich Gott, der Herr, in seiner Güte schon über eine Million Kilometer fahren lassen und dabei vor Unfall und Gefahren bewahrt. Oft müssen wir gerade das tun, was uns unserer Natur nach nicht so liegt, aber der Herr führt uns dann in seiner einmaligen Gnade und Barmherzigkeit.
David hatte es ebenso durchlebt: »Herr, du erforschest mich und kennest mich, ich sitze oder stehe auf, so weißt du es; du verstehst meine Gedanken von ferne. Ich gehe oder liege (oder fahre Auto), so bist du um mich und siehst alle meine Wege.« (Psalm 139/1-3)

4. NOVEMBER

Durch Feuer und Wasser

»Gott, du hast uns auf die Probe gestellt. So wie man Silber ausschmilzt, hast du uns gereinigt. Du hast uns in die Falle laufen lassen, uns schwere Lasten aufgebürdet. Unseren Feinden hast du erlaubt, uns in den Staub zu treten. Durch Feuer und Wasser mußten wir gehen; doch du hast uns herausgeholt, so daß wir wieder frei atmen konnten.« (Psalm 66, 10-12 GN)

Man möchte meinen, es sei überflüssig, wenn Gott solche Situationen zuläßt, wo die Feinde des Evangeliums eine gewisse Zeit über die Kinder Gottes triumphieren können.
Zeltevangelisationen haben ihren besonderen Reiz. Zum einen kommen Menschen zu den Versammlungen, die sonst nie in eine Kirche gehen würden. Sie hören vielleicht zum ersten Mal das Wort Gottes.

Zum anderen prallen die geistlichen Mächte von Licht und Finsternis hier offenkundig aufeinander.
Eines Abends mußten wir kurz vor Beginn des Zeltgottesdienstes feststellen, daß man den Sicherungskasten des Zeltes mit dem Inhalt eines Feuerlöschers und anderen Chemikalien unbrauchbar gespritzt hatte. Die gesamte elektrische Anlage fiel dadurch aus. Anfänglich hatten wir noch ausreichend Tageslicht, doch dann begann es zu dämmern. Im Verlauf des Gottesdienstes wurde es dunkel, die Techniker konnten den Schaden an diesem Abend nicht beheben. Wir ließen uns nicht beirren, ein Zeltdiakon zündete eine Kerze an, die mir am Pult genug Licht gab.
Jetzt geschah etwas Wunderbares, die Fremden, die gekommen waren, blieben trotz der Dunkelheit im Zelt und viele andere kamen noch hinzu, die neugierig erkunden wollten, was wohl in einem so spärlich beleuchteten Zelt geschehen mochte. Selbst in den Seelsorgerraum des Zeltes, der auch von 2 Kerzen erhellt wurde, kamen Besucher zum Gebet.
So gab der Herr trotz des heimtückischen Anschlags doch noch einen Sieg.
Ein anderes Mal hielt ich evangelistische Predigten in einem Gemeindehaus, das leider ein wenig beengt war und nicht so viele Menschen aufnehmen konnte, wie es wünschenswert gewesen wäre.
Während meiner Predigt rief jemand: »Feuer! – Es brennt!«
Im Saal konnte man zunächst keine Anzeichen eines Brandes erkennen. Doch dann sah ich, wie aus dem Nebenraum dichte Rauchschwaden beim Öffnen der Tür in den Saal eindrangen.
Nach einem kurzen, öffentlichen Gebet sagte ich: »Wir wollen jetzt ganz diszipliniert den Saal verlassen, damit niemand zu Schaden kommt«, was dann auch alle befolgten.
Draußen rückten bereits Wagen der Feuerwehr an. Trotz des starken Feuers kam kein Mensch zu Schaden. Aber der Saal war durch die Brandeinwirkungen in den folgenden Tagen nicht mehr zu benutzen. Deshalb stellte uns die Ortsgemeinde einen viel größeren und repräsentativeren Saal zur Verfügung, so daß noch weit mehr Menschen zu unseren Veranstaltungen kamen.
Zunächst hatten die Feinde Gottes scheinbar ihr Ziel erreicht, doch der Herr weiß seine Kinder zu trösten und ihnen zu helfen. Aus der vermeintlichen Niederlage, die man uns zufügen wollte, half Gott heraus und führte alles zum Besten. Gott wirkt in zweifacher Weise, einmal in der zulassenden, dann aber auch in der helfenden Art, um seinen Namen vor allen Menschen kundzutun.

Das tue ich alles für Jesus

»Da trat eine Frau an ihn heran, die hatte ein Alabasterfläschchen mit wertvollem Myrrhen-Salböl und goß es auf sein Haupt, während er zu Tisch war. Als das seine Jünger sahen, wurden sie ärgerlich und sagten: ›Wozu solche Verschwendung? Dieses Salböl hätte man teuer verkaufen und das Geld den Armen geben können.‹ Jesus merkte das und sagte zu ihnen: ›Warum kränkt ihr diese Frau? Sie hat ein gutes Werk an mir getan. Arme Menschen habt ihr immer bei euch; mich aber habt ihr nicht immer.‹« (Matthäus 26/7-11 Bruns)

Der Apostel Paulus empfiehlt der Gemeinde in Rom: »Sorgt für die Brüder, die es nötig haben und wetteifert in der Gastfreundschaft.« Leider hat in unseren Tagen diese Tugend rapide abgenommen.
Andererseits gibt es, wie immer, rühmenswerte Ausnahmen. Manches Gotteskind ist deshalb schon reich gesegnet worden, denn so lesen wir: »Gastfrei zu sein, vergesset nicht; denn dadurch haben etliche ohne ihr Wissen Engel beherbergt.« (Hebräer 13/2)
In der schönen Schweiz wohnte ich bei einer älteren Witwe, die die Boten Gottes geradezu fürstlich versorgte. Schon auf dem Frühstückstisch servierte sie so viele Speisen, daß man gut und gern damit zehn Gäste hätte bewirten können. Während ich mich noch im Bad befand, hatte diese Witwe bereits die Anzüge auf dem Balkon zum Auslüften und Ausbürsten gehängt und die Schuhe geputzt.
»Du mußt mich doch nicht so übermäßig verwöhnen«, sagte ich zu ihr.
»O doch«, war ihre Antwort, »wenn ich die Boten Gottes beherberge, so tue ich es für den Herrn Jesus Christus. Gott hat mir diesen schönen Dienst aufs Herz gelegt, alle Bibellehrer, Missionare und Evangelisten gut zu versorgen, das ist eben meine Mission.«
Natürlich sollte man sich vor Übertreibungen hüten, so wurde meinetwegen einmal extra eine Köchin angestellt, um mir das ›Osterfestessen‹ zubereiten zu lassen. Wie es nun manchmal so zugeht, gerade nach dem Gottesdienst wurde ich zu einem dringenden Seelsorgedienst gerufen, der einige Zeit in Anspruch nahm.

Als ich dann später in mein Quartier zurückkehrte, war die Hausfrau überaus ungehalten:
»Nun wollen wir aber keine Zeit mehr verlieren, denn das Essen steht schon zu lange im Ofen.«
Die Köchin kam mit der Schüssel von der einen, die Hausfrau mit der Suppenterrine von der anderen Seite. In der Mitte des Zimmers gab es dann einen folgenschweren Zusammenstoß, wonach der Ehemann vollständig bekleckert am Tisch saß und der Teppich auch in Mitleidenschaft gezogen war.
Da ich die aufsteigende Mißstimmung erahnte, betete ich zur Sekunde: »Herr Jesus, laß uns bitte den Segen des Auferstehungsfestes nicht verlieren. Wir freuen uns, daß du gegenwärtig bist und uns auch am Tisch segnen wirst!« Der Ehemann sagte später zu mir: »Wie gut, daß du gleich gebetet hast, sonst wäre uns wirklich der Segen vergangen.«
In einer der dunkelsten Stunden im Leben Jesu ist es eine Frau, die ihrem Herrn und Meister hilft.
Sie bringt ihr teuerstes Alabasterfläschchen mit dem kostbaren Öl und salbt den Herrn als ihren himmlischen König. Der Duft dieses herrlichen Parfüms erfüllt den Raum, in dem sich der Meister mit seinen Jüngern aufhält. Ihre ganze Liebe zu Jesus drückt diese Frau mit der schönsten Geste aus, zu der sie fähig ist, nämlich im Liebesdienst der Dankbarkeit.

6. NOVEMBER

Übermut tut selten gut

»Die ihr nicht wisset, was morgen sein wird. Denn was ist euer Leben? Ein Dampf seid ihr, der eine kleine Zeit währt, danach verschwindet er. Dafür sollt ihr sagen: ›Wenn der Herr will und wir leben, wollen wir dies und das tun.‹ Nun aber rühmet ihr euch in eurem Übermut. All solches Rühmen ist böse.«

(Jakobus 4/14-16)

Unser Herr und Meister, Jesus Christus, hat uns angewiesen, so zu beten: ». . . und erlöse uns von dem Bösen.«
Jakobus nennt solches Rühmen böse. Wir sollen bei unseren Plänen und Vorhaben stets denken oder sagen: »Wenn Gott will und wir leben.«

Wer weiß schon, ob er morgen noch lebt. Kein Vater, keine Mutter weiß, ob das zu erwartende Kind ein Gottesmensch oder ein Massenmörder wird. Denken wir an Menschen wie Hitler, Stalin oder Mao. Keiner hat die Garantie, daß er morgen noch gesund ist und er nächste Woche noch arbeiten kann.
Sollten wir uns nicht entschließen, wenigstens in der Gesinnung so zu handeln: »So Gott will und wir leben.« Dann wüßten wir, daß wir nicht blinden Schicksalsschlägen und dubiosen Zufällen ausgeliefert sind, sondern alles nach dem Willen Gottes geschieht. Es käme mehr Klarheit in unser Denken und Tun, aber auch mehr Bescheidenheit und Zurückhaltung in unsere Ansprüche. Wir hätten auch weniger Angst vor der »schrecklichen Zukunft«.
Vor längerer Zeit wurde ich durch eine negative Beobachtung in meinem Herzen schwer erschüttert. Der Pastor einer Gemeinde litt stark unter einem Bildungs- und Kleinheitskomplex. Er meinte, das Wirken Gottes selbst steuern und durch eigene Leistung vorantreiben zu können.
Für eine Evangelisation ließ er Einladungszettel drucken, auf denen zwei Paßbilder zu sehen waren: sein Bild auf der einen und mein Bild auf der anderen Seite.
Unter seinem Bild war folgender Text zu lesen: »Pastor, Seelsorger, Distriktleiter, Gemeindehirte«. Unter meinem Bild stand schlicht und richtig: »Evangelist«.
Mich berührte das nur in geistlicher Weise, denn ich kannte sein Auftreten. Die Gemeindeglieder litten unter dieser Anmaßung und sie schämten sich deshalb, was sie mir mehrmals versicherten.
Für mich war diese Angelegenheit zunächst etwas belustigend.
Eines Tages besuchte er mich. Er sah, wie ich am Vormittag schriftstellerisch arbeitete und sagte zu mir: »Ich habe mir für ein paar tausend Franken einen Schriftstellerfernkurs bestellt. Nun werde ich dich bald überflügelt haben, dann kannst du deine Bücher vergessen. Ich habe mir nämlich vorgenommen, auch Schriftsteller zu werden.«
Jakobus schrieb in dem schon erwähnten Brief: »Nun aber rühmt ihr euch in eurem Übermut. Aber solcher Ruhm ist böse.«
Mit wehem Herzen muß ich sagen, daß der vorher genannte Pastor später seinen Dienst quittieren und wieder in seinen bürgerlichen Beruf zurückgehen mußte, obwohl ihm Jahre zuvor sein Direktor dort prophezeit hatte: »Sie werden sich als Pastor nicht wohl fühlen. Sie werden bestimmt zu uns zurückkommen.« Leider ist er auch in eine gefährliche Irrlehre geraten. Er suchte wieder Ehre und Anerkennung bei den Menschen der Welt und ist auffällig früh plötzlich gestorben.

Was haben Sie mit ihrer Lunge gemacht?

»Herr, mein Gott, groß sind deine Wunder und deine Gedanken, die du an uns beweisest; dir ist nichts gleich! Ich will sie verkündigen und davon sagen, wiewohl sie nicht zu zählen sind.« (Psalm 40,6)

Leider vergessen es heutzutage viele Christen, ihrem Herrn immer wieder zu danken und sich mit ihrem ganzen Leben Gott zu weihen, um Zeugnis über alle Wohltaten abzulegen.
In ihrer Not schreien viele zum Retter, aber in guten Tagen geraten die Gnadenerweisungen in Vergessenheit.
Vor 25 Jahren erkrankte meine Frau an einer schweren Lungenkrankheit. Zunächst wurde sie auffällig schnell matt und müde, später stellte sich starker Husten ein. Neben Übelkeiten und zunehmendem Gewichtsverlust verstärkten sich die Hustenanfälle, so daß sie bald einen Lungenfacharzt aufsuchen mußte. Nach der ersten Lungendurchleuchtung wollte er sie sofort in ein Lungensanatorium einweisen. Da ich aber noch evangelistische Dienste zugesagt hatte, verschoben wir den Termin um einige Wochen.
Die jetzt schon keuchhustenartigen Anfälle häuften sich von Tag zu Tag, so daß es höchste Zeit wurde.
In der Lungenklinik wurden umgehend Lungenschichtaufnahmen gemacht und eine Bronchoskopie vorgenommen. Es handelt sich dabei um eine Luftröhrenspiegelung, wobei man in die Luftröhre ein Bronchoskop mit Optik und Lichtquelle schiebt und dabei auch Gewebeproben entnehmen kann, um einen eventuellen Bronchialkrebs festzustellen.
Als die Aufnahmen entwickelt waren, bat der Oberarzt meine Frau in den Untersuchungsraum, wo alle Röntgenbilder an der Lichtwand hingen.
Dann bat der Arzt meine Frau, sich ihren erkrankten Lungenflügel anzusehen und selbst zu sagen, was sie bei diesen Aufnahmen diagnostizieren würde. Meine Frau war über den Zustand ihres mittleren rechten Lungenflügels entsetzt und dachte: »Das kann doch nicht deine Lunge sein!«
Als sich der Verdacht später bestätigte, wurde meine Frau mit Medikamenten behandelt.
Bei meinen umfangreichen Reisediensten bat ich in allen Gemeinden um Gebetshilfe, doch es hatte den Anschein, die Gebete der

unzähligen Christen fänden keine Erhörung. Als ich wieder einmal beim Morgengebet war, empfing ich die Zusage des Herrn: »Ich weiß, daß du dich im Tal des Todes befindest. Schatten der Finsternis sind über dich gefallen, aber am Ende des Weges stehe ich, der Herr, dein Retter.«
Diese Botschaft konnte Heilung oder Heimholung sein. Es war monatelang für mich eine große Belastung, am Tage versorgte ich meine schulpflichtigen Kinder, um abends über die Autobahn zu rasen und nach den Gottesdiensten dieselbe Strecke zurückzukehren.
Als ich wieder einmal zur Evangelisation in der Schweiz war und meine Not im Morgengebet vor Gott ausbreitete, sagte ich zum Schluß: »Vater, nicht mein Wille, sondern dein heiliger Wille geschehe!« Augenblicklich verspürte ich einen wunderbaren Frieden in meinem Herzen.
Es war am gleichen Tage, als eine Ärztin mit neuen Schichtaufnahmen zu meiner Frau kam und an sie die Frage stellte: »Frau Müller-Bohn, Sie sind uns eine Erklärung schuldig: Was haben Sie mit Ihrer Lunge gemacht? Wir sind alle erstaunt, wie schnell sich der Befund Ihrer Lunge gebessert hat.«
Das Wunder war offensichtlich, der Herr hatte Großes an ihr getan.

8. NOVEMBER

Gebet für die Obrigkeit

»So ermahne ich nun, daß man vor allen Dingen zuerst tue Bitte, Gebet, Fürbitte und Danksagung für alle Menschen, für Könige und alle Obrigkeit, damit wir ein ruhiges und stilles Leben führen können in aller Gottesfurcht und Ehrbarkeit.«
(1. Timotheus 2/1-2)

Während des Morgengebetes in einem Quartier in der Schweiz wurde ich innerlich gemahnt, für die Regierung in der Bundesrepublik Deutschland zu beten. Es war in der Zeit, als noch der sogenannte »Kalte Krieg« herrschte, das heißt, daß die Welt in zwei große Machtblöcke mit ungeheuren Waffenarsenalen geteilt war.
Deutschland hielt den Atem an, als die Bundesregierung 1967 eine gewisse Verständigung mit dem kommunistischen Teil Deutsch-

lands, der DDR, in den innerdeutschen Beziehungen anbot. Eine Woge der Zuversicht erfüllte viele Deutsche, weil man glaubte, daß nach Erleichterungen im Reiseverkehr zwischen West und Ost die Annäherung und Wiedervereinigung besser in Gang kommen könne.

Den kommunistischen Herrschern in Ostberlin war daran natürlich nicht gelegen. Sie verfolgten nur die staatliche Anerkennung ihres Regimes in der Völkergemeinschaft. Deshalb stimmte die Ostdeutsche Regierung tatsächlich einem Treffen beider Regierungschefs in Erfurt zu. Der Ablauf des Treffens beider Regierungsdelegationen war vom kommunistischen Deutschland so geplant, daß der damalige Bundeskanzler Willy Brandt überhaupt keine Gelegenheit haben sollte, mit der ostdeutschen Bevölkerung in Berührung zu kommen.

Als ich nun darüber betete, meinte ich, eine mahnende Stimme in mir zu vernehmen: »Schreib an deinen ehemaligen Hotelgast Willy Brandt!« Er hatte Jahre zuvor im Christlichen Hospiz in Frankfurt am Main übernachtet.

Meiner schweizerischen Gastgeberin erzählte ich am Frühstückstisch von dieser seltsamen Eingebung.

»Dann mußt du ihm schreiben«, sagte sie energisch. Kurz entschlossen schrieb ich. Ich stellte mich als einstigen Gastgeber des Bundeskanzlers vor und riet ihm, er solle doch, als ehemaliger Antifaschist, bei der DDR-Regierung darum bitten, das Konzentrationslager Buchenwald besuchen zu dürfen, um einen Kranz niederzulegen. Weiter schrieb ich, daß es in unserer Zeit auch wichtig wäre, eine geistlich-symbolische Geste der Hoffnung zu geben.

Als meine Gastgeberin und ich drei Tage später wieder am Frühstückstisch saßen, hörten wir den Nachrichtendienst. Dort wurde gesagt:

»In plötzlicher Abänderung des festgelegten Besuchsprogramms wird der Bundeskanzler die Gedenkstätte des KZ Buchenwalds besuchen und einen Kranz niederlegen.«

Damals las Willy Brandt dort einen Psalm. Wenige Monate danach kam der Kniefall des Bundeskanzlers vor dem Denkmal für die Opfer des Aufstandes im Warschauer Ghetto, und bei seinem Israelbesuch las er in der Gedenkstätte für die Opfer der Juden in Yad Vaschem in Jerusalem:

»Barmherzig und gnädig ist der Herr, geduldig und von großer Güte. Er wird nicht für immer hadern, noch ewig zornig sein. Er handelt nicht mit uns nach unseren Sünden und vergilt uns nicht nach unserer Missetat. Denn so hoch der Himmel über der Erde ist, läßt er seine Gnade walten über denen, die ihn fürchten.« Aus welchem Motiv er dies tat, weiß Gott allein. In Israel aber wurde diese Handlung sehr positiv bewertet.

9. NOVEMBER

Die Reichskristallnacht

»Sie verbrennen dein Heiligtum, bis auf den Grund entweihen sie die Wohnung deines Namens. Sie sprechen in ihrem Herzen: Laßt uns sie ganz unterdrücken! Sie verbrennen alle Gotteshäuser im Lande. Unsere Zeichen sehen wir nicht, kein Prophet ist mehr da, und keiner ist bei uns, der etwas weiß.«
(Psalm 74/7-9)

In der Nacht vom 9. auf den 10. November 1938 ist es in meiner Heimatstadt Berlin dunkel und kalt. Nur wenige Menschen bevölkern in später Stunde die Straßen.
Plötzlich klirren hier und da Fensterscheiben! Junge, brutale Männer in Ziviljacken laufen über die Straßen und verschwinden um die Ecke. Wieder poltern Steine, prasseln schwere Brocken in die Fensterscheiben, überall klirrt es. Passanten laufen zum nächsten Polizeirevier und melden den Vorfall, aber die Polizeibeamten stehen mit verschlossenen Gesichtern da. Sie blicken verlegen zu Boden, zucken mit den Schultern. Der Nachthimmel ist wie von einer riesengroßen Fackel rot beleuchtet. Die Feuerwehrzüge bahnen sich einen Weg durch die gaffende Menge, doch sie unternehmen nichts, um die Synagoge, in hellen Flammen stehend, zu löschen. Am Morgen lesen die aufgeschreckten Berliner: »In der Nacht vom 9. zum 10. November wurden in vielen deutschen Städten die Synagogen in Brand gesetzt und die Fensterscheiben zahlreicher jüdischer Geschäfte zertrümmert.«
Pfarrer Dietrich Bonhoeffer unterstreicht bei dieser Nachricht in seiner Bibel bei Psalm 74/8 den letzten Satz: »Sie verbrennen alle Häuser Gottes im Lande« und schreibt daneben: »9.11.38«. Einen dicken Strich setzt er neben die Worte des 9. Verses.
Wo waren die Propheten Gottes, die die Zeichen des antichristlichen Geistes erkannten? Wo predigen in unseren Tagen die echten Propheten Gottes in ihren Gemeinden? Wer weiß das Reden Gottes in der Geschichte zu deuten? Haben wir wirklich aus der Ge-

schichte gelernt? Am 9. November 1938 brannten die Synagogen und die jüdischen Geschäfte wurden geplündert. Es war eine einfache Handwerkersfrau, die angesichts dieser Ausschreitungen sagte: »Nun hat sich dieser Mann sein Genick gebrochen!«
Wen sie mit »dieser Mann« meinte, werden die meisten erraten: Adolf Hitler. Wie konnte diese hochbetagte, einfache Frau, die absolut nichts von der hohen Politik verstand, so etwas sagen? Hitler war zum damaligen Zeitpunkt nicht einmal auf dem Höhepunkt seiner Macht und dennoch wußte diese einfache Handwerkersfrau, daß er sich jetzt das Genick gebrochen hätte?
Sie kannte ihre Bibel und wußte, daß darin zu lesen stand:
»Denn so spricht der Herr Zebaoth, der mich gesandt hat, über die Völker, die euch beraubt haben: Wer euch antastet, der tastet meinen Augapfel an.« (Sacharja 2/12)
In solchen Zeiten sind oft einfache, ungebildete Menschen anderen überlegen, weil sie die Prophetie des Wortes Gottes kennen. Diese Frau war meine Großmutter, die Mutter meiner Mutter.
Dietrich Bonhoeffer hatte am Tage der Machtübernahme durch Adolf Hitler über den Rundfunk die Christen gewarnt: »Die Judenfrage ist nicht irgendeine Frage, sondern sie ist die Christenfrage überhaupt«, hatte er ihm entgegnet. Wissen wir heute die Zeichen der Zeit zu deuten? Sind wir bereit, Jesus Christus zu begegnen?

10. NOVEMBER

Die Wunder seiner Macht

»Ich danke dem Herrn von ganzem Herzen und erzähle alle deine Wunder. Ich freue mich und bin fröhlich in dir und lobe deinen Namen, du Allerhöchster, daß meine Feinde zurückweichen und umkommen vor dir.« (Psalm 9/2-4)

Wir danken Gott und rühmen seine Macht und Stärke. Wir wollen dem Allerhöchsten lobsingen, denn er erhört unsere Gebete, auch wenn die Feinde Gottes darüber höhnen. Deshalb wollen wir nie vergessen, daß wir geradezu in geistlicher Pflicht stehen, ihm von ganzem Herzen zu danken, sonst müssen wir fürchten, daß unser Gebet ein anderes Mal keine Erhörung finden wird.
Wir reden und singen nicht nur von einem verborgenen Gott, der seine Kinder dem Schicksal überläßt, sondern von dem starken

Helfer, der uns auch in den dunkelsten Stunden nahe ist und uns errettet aus aller Not.
Zum Gedenken an den 50. Jahrestag der sogenannten »Reichskristallnacht« versammelten sich über 3000 Menschen im Berliner Internationalen Congress Zentrum. In meiner Predigt erinnerte ich an alle Wunder, die der Herr während der Hitlerherrschaft an mir getan hat, indem er mich vor den politischen Schergen bewahrte, und wie er mich später in der Zeit des atheistischen Regimes der DDR in Berlin-Pankow bei den Spitzenfunktionären so gnädig geführt hat.
Von der Konferenzleitung wurden die vielen tausend Zuhörer immer wieder aufgefordert, an die furchtbare Schandmauer, die Berlin damals noch trennte, zu gehen, um dort zu beten. Aber oft ist es so: Wir beten und vergessen, dem Herrn zu vertrauen, daß sich sein Arm bald in Bewegung setzen könnte.
Am 9. November 1989 war es so weit: Die Berliner Mauer fiel, das Menetekel Gottes wurde in wenigen Stunden wie von unsichtbarer Hand hinweggenommen. Der sogenannte »Eiserne Vorhang« konnte ohne Blutvergießen und innerhalb kürzester Zeit geöffnet werden. Um 19.21 Uhr ging eine sensationelle Pressemeldung um die Welt. In den Nachrichtenagenturen aller Kontinente hörte oder las man den Satz: »Die Behörden der DDR haben beschlossen, für Reisen aus der DDR in die Bundesrepublik die Grenze zu öffnen!«
Alles stand auf Messers Schneide. Bei den Montagsdemonstrationen in Leipzig, wo Zigtausende, ja später Hunderttausende auf die Straße gingen, waren die Schützenpanzer und andere Waffen bereits in den Nebenstraßen postiert. Doch »die Bergpredigt« hatte gesiegt: »Selig sind die Sanftmütigen; denn sie werden das Erdreich besitzen.« (Matthäus 5/5)
So wurde es verkündigt, so ist es geschehen! Dies ist wahrhaftig ein großes Wunder in der blutrünstigen Weltgeschichte. Es hätte viele tausend Tote geben können, wie seinerzeit in China auf dem Platz des sogenannten »Himmlischen Friedens«. Ein Bürgerkrieg lag im Bereich des Möglichen.
»An alles haben wir gedacht: Die Pläne zur Niederschlagung der staatsfeindlichen Demonstrationen wurden so gut ausgearbeitet. Panzer, Hubschrauber, Flugzeuge und Waffen aller Art standen uns zur Verfügung. Wir haben wirklich an alles gedacht, nur nicht an Kerzen und Gebete«, sagte später ein hoher Stasi-General.
Gott hatte ein unvorstellbares Wunder seiner Macht vollbracht! Wir wollen es nicht vergessen und seinen Namen dafür allezeit loben.

Sie verstehen ja etwas davon!

»Deine Pracht und Hoheit sollen alle rühmen, und ich will stets an deine Wunder denken! Deine ehrfurchtgebietende Macht soll man verkünden, und ich will von deinen großen Taten erzählen! Deine reiche Güte soll man rühmen und deine Freundlichkeit laut besingen.« (Psalm 145/5-7 GN)

In Glarus stand ein Missionszelt, ich wohnte aber in Amden. Am Vormittag bat mich ein Schweizer, mit ihm im Kleinbus ins Tal zu fahren. An der Straße stand eine junge Anhalterin. Wir nahmen sie mit. Zunächst sprachen wir über das Wetter. Es war ein sonniger Hochsommertag.

»Es ist heute wirklich paradiesisch schön«, sage ich zu der jungen Frau, »da kann man Gott doch recht loben und preisen.«

»Ja«, sagt die Frau, »heute kann man Gott wirklich für das schöne Wetter danken.«

»Wissen Sie, ich möchte Sie herzlich zu einem Zeltgottesdienst einladen.«

»Danke«, antwortet sie sehr höflich, »aber ich bin gerade unterwegs nach Zürich. Ich gehe heute abend in die Oper.«

»Oh, dann will ich für Sie beten, daß Sie gesund dort ankommen und auch wieder bewahrt zurückkommen. Darf ich?« Die Frau nickt eifrig. Da fällt mir noch etwas ein: »Wissen Sie, ich bete auch noch dafür, daß Sie in der Oper irgendeinen geistlichen Gewinn haben.« So tue ich es auch. Dann verabschieden wir uns.

Am Abend, nach dem Gottesdienst, kommen wir sehr spät von der Versammlung zurück. Es ist inzwischen ganz dunkel geworden.

»Da!« ruft mir der Schweizer zu. »Du, da steht sie, die Lehrerin von heute vormittag!«

Der Wagen hält, ich öffne die Tür und sage zu der verdutzten Anhalterin: »Bitte, steigen Sie ein.«

»Ach, Sie sind das«, stellt sie erstaunt fest.

»Ja, ich bin das! – Sehen Sie, so ist es heute, mit Jesus haben wir den Tag begonnen und unter seinem Schutz wollen wir ihn beenden. Nun können Sie doch wirklich dem Herrn danken, denn er hat unser Gebet von heute früh erhört. Durch Gottes Güte werden wir jetzt bewahrt nach Hause kommen.«

»Ja«, sagte sie, »ich hatte schon erhebliches Herzklopfen, man weiß ja nicht, wer in der Nacht anhält.«

Danach erkundige ich mich: »Haben Sie denn ein geistliches Erlebnis in der Oper gehabt?« – »Nun, wie man's nimmt.« – »Welche Oper haben Sie denn gesehen?«
»Nabucco!« – »Aber bitte«, sage ich, »eine bessere Oper konnten Sie doch nicht hören.«
»Kennen Sie denn die Oper?« fragt sie.
»O ja«, bestätige ich ihre Frage. »Ich kenne Nabucco. Sie haben doch das Gebet des Hohenpriesters vom Volk Israel gehört:
›Warum klagt ihr und seid so verzweifelt? Euer Kleinmut beleidigt die Gottheit.‹«
»Sei uns gnädig, du Gott der Väter . . .«, beginne ich zu singen und fahre fort:
»Wie du einst am Roten Meer vernichtetest Ägyptens Heere, hilf uns heute, erfolgreich zu streiten.«
»Sie verstehen ja etwas davon!« ruft sie erstaunt.
»Ja, aber von dem geistlichen Inhalt verstehe ich noch mehr.«
Dann erkläre ich ihr sehr anschaulich, daß jeder Mensch, der nicht aus Gott geboren ist, sich in der babylonischen Gefangenschaft der Sünde befindet. Ich lege der Frau nahe, sich doch gleich zu Gott zu bekehren. Das Wunder geschieht, sie findet Frieden mit Gott und dadurch die große Sehnsucht, einst im himmlischen Jerusalem in die ewige Freiheit der Erlösung zu kommen. Noch heute befindet sie sich auf dem Weg dorthin.

12. NOVEMBER

Die Liebe prahlt nicht

»Die Liebe ist langmütig und freundlich, die Liebe eifert nicht, die Liebe treibt nicht Mutwillen.« (1. Korinther 13/4)

»Die Liebe prahlt nicht«, heißt es in der modernen Sprache. Sie strahlt Großmut und Hochherzigkeit aus, sie hat stets eine höfliche Art. Vier Dinge können die Liebe gefährden: Eifersucht, Hochmut, Prahlerei und Taktlosigkeit.
Was bedeutet eigentlich prahlen? Es geht um den äußerlichen Schein, wie man sagt: Mehr scheinen als sein. Aus der Ehrsucht und dem Verlangen nach Macht prahlt ein Mensch. Schon im Garten Eden mahnte die Stimme des Gewissens Eva, aber sie konnte die Lust der Augen und des Fleisches nicht unterdrücken. Sie nahm, sie aß und gab auch ihrem Mann davon.

In diesem Augenblick begann die ungeheuerliche, weltweite Geschichte der Äußerlichkeiten, die zu den Jahrmärkten der Eitelkeiten führte: die Putzsucht, die Selbstgefälligkeit, die Prunksucht, das Eigenlob, die Arroganz, der Hochmut und die Überheblichkeit. Die Menschheit geriet unter den Einfluß dieser verderblichen Geistesmacht, aber der Sohn Gottes ließ sein Leben, um uns aus diesem Teufelskreis herauszulösen.
Wir sind durch ihn zur Schönheit der Innerlichkeit erlöst, zu der Schönheit der göttlichen Liebe in uns.
Leider ist bei vielen Christen das Verlangen, sich mehr den Leidenschaften der Äußerlichkeiten hinzugeben, größer, als sich von der Schönheit der Verinnerlichung leiten zu lassen. Für viele Christen sind Mode, Schmuck, Ansehen und Besitz ein Ausdruck von dem sogenannten Segen Gottes. Viele kehren sich heute mehr und mehr von der Innerlichkeit des göttlichen Lebens ab, hin zur betrügerischen Äußerlichkeit der Weltlust.
Um keine Mißverständnisse aufkommen zu lassen, das heißt nicht, daß wir das Äußerliche vernachlässigen sollen, sonst müßten wir uns Johannes, den Täufer, zum Vorbild nehmen und im Schafsfell gekleidet herumlaufen. Es geht um den Stellenwert, den wir in unserem Herzen diesen Dingen beimessen, um das Motiv unseres Handelns.
Es gibt ja auch die Anti-Helden, die durch äußerliches Demutsgehabe auffallen wollen. Sie stellen oft ihre sogenannte »göttliche Armut und das große Leid« in den Mittelpunkt des Interesses, um sich in besonderer Weise geistlich hervorzuheben.
Wie wir sehen: Es geht ausdrücklich um die Bewertung der Äußerlichkeit in unserem Handeln. Ein innerlich hohler Mensch muß sich oft äußerlich durch Flitter und Tand aufwerten, um den Mangel innerer Werte zu überdecken.
In der Bibel lesen wir: »Euer Schmuck aber soll nicht äußerlich sein mit Haarputz, goldenen Ketten oder schönen Kleidern, sondern es kommt auf den verborgenen, inneren Menschen an mit seinem unabänderlichen, stillen und sanften Geist. Das ist in Gottes Augen der eigentlich wertvolle Schmuck.« (1. Petrus 3/4 Bruns)
Gott will, daß wir schön sind. Er will uns gerade durch die Wiedergeburt eine innere Schönheit verleihen, aber nicht durch äußerliches Übertünchen, sondern die Schönheit der Liebe Jesu Christi soll unser Glanz sein.

Gnade vor Recht

»Denn das Gesetz ist durch Mose gegeben; die Gnade und Wahrheit ist durch Jesus Christus geworden.«

(Johannes 1/17)

Nach einem Gottesdienst in der Schweiz möchte ich schnell zwischendurch einmal nach Hause fahren. Da es 150 km sind, mache ich mich gleich nach dem Gottesdienst auf den Weg. Ein Ältester der Gemeinde gibt mir noch den dringenden Rat: »Fahr nicht zu schnell, sie (die Polizei) haben die D-Mark so gern!«
So fahre ich durch alle Ortschaften vorschriftsmäßig. Nach Schaffhausen, der letzten Stadt in der Schweiz, kommt eine Strekke, die für längere Zeit eine Großbaustelle war. Jetzt ist die Straße gut ausgebaut. Die Gebotsschilder für die Geschwindigkeitsbeschränkung sind noch nicht entfernt worden. Da aber nun keine Ortschaft mehr kommt, fahre ich etwas schneller und dann noch etwas schneller. Es herrscht überhaupt kein Verkehr, nur ein Bauer kommt von einem Feldweg auf die Schnellstraße und fährt mit seinem Auto verdächtig hinter meinem Wagen her.
Mir kommt die Sache sonderbar vor; deshalb vermindere ich meine Geschwindigkeit immer mehr. Als die Baustelle zu Ende ist und die Geschwindigkeitbeschränkung aufgehoben, überholt mich das Fahrzeug und der rotleuchtende Stab eines Polizisten stoppt mich.
»Wissen Sie, weshalb ich Sie anhalte?« will der Polizist wissen.
»Ja, ich bin zu schnell gefahren!«
»Sie sind ziemlich schnell gefahren. Wissen Sie, wie schnell Sie gefahren sind?«
»Nein«, antworte ich wahrheitsgemäß.
»Sie sind 72 Kilometer gefahren, also 32 Stundenkilometer zu viel.«
Kein geringer Schreck durchfährt mich; denn nach der Straßenverkehrsordnung könnte mir der Polizist auf der Stelle den Führerschein abnehmen.
»Sie müssen bitte entschuldigen, aber ich bin Missionar und komme gerade aus einem Gottesdienst und wollte schnell die Familie besuchen.«
»Mit einer Entschuldigung ist das in Deutschland auch nicht abgetan, das kostet D-Mark«, versichert mir der Beamte. Das ist

mir bewußt, hier kann mir nur Gnade vor Recht helfen; deshalb appelliere ich an die Großmut des Polizisten.
»Ja, Sie haben vollkommen recht«, sage ich, »es steht ganz in Ihrem Ermessen, was Sie mit mir tun.«
Jetzt spüre ich, wie sich dieser Verkehrspolizist in seiner Rechtsposition anerkannt fühlt, denn ich habe ihm die Ermessensentscheidung überlassen. Er prüft meine Wagenpapiere und den Führerschein.
»Also gut!« sagt er. »Nehmen Sie Ihre Papiere und fahren Sie korrekt weiter, ich wünsche Ihnen eine gute Fahrt.«
»Und ich wünsche Ihnen Gottes reichsten Segen!« Damit verabschiede ich mich.
Wir alle erfahren jahraus, jahrein, jeden Tag und jede Stunde ein Übermaß der Gnade Gottes. Ob wir schlafen oder wachen, seine Gnade steht uns immer zur Verfügung, wenn wir bei der Wahrheit bleiben. Die Sonne mag aufhören zu scheinen; nie aber wird unser Gott aufhören, seine Kinder mit seiner Liebe zu erquicken.

14. NOVEMBER

Die Liebe ist nicht aufgeblasen

»Die Liebe ist langmütig und freundlich. Die Liebe ist nicht neidisch und prahlt nicht. Sie tut nicht groß und ist nicht aufgeblasen. (1. Korinther 13/4 Bruns)

In diesem Vers scheinen sich zwei Aussagen zu gleichen: »Die Liebe prahlt nicht, sie tut nicht groß und ist nicht aufgeblasen.« Trotzdem handelt es sich um zwei verschiedene Aussagen, erstens: man prahlt mit dem, was man hat, und zweitens: man tut sich groß mit dem, was man nicht hat, also ein Vortäuschen von falschen Tatsachen.
Aufblasen erinnert uns naturgemäß an das Aufblasen eines Luftballons. Er dehnt sich, wird groß und größer, dann rund, aber bei einem Stich mit einer Stecknadel fällt alles im Bruchteil einer Sekunde in sich zusammen. Vielleicht ist uns aufgefallen, die ersten Merkmale der göttlichen Liebe sind in unserem Textwort in Positivform dargestellt, während die folgenden in der Negativform erscheinen.
Weshalb spricht der Heilige Geist in dieser Art und Weise? Ist es

Zufall oder ein Übersetzungsfehler? Es wäre für uns doch entschieden leichter zu wissen, was die Liebe ist.
Nun, in dem uns gesagt wird, was die Liebe nicht ist, werden versteckte, geistliche Krankheiten offenbar, die wir nur zu gern als Charakterschwäche oder kleine Untugenden abtun wollen. Gerade die sogenannten angeblichen Schönheitsfehler wiegen bei Gott genauso schwer, wie die vermeintlichen »Todsünden«; denn die göttliche Liebe duldet keine Teilung oder Schwäche, sie ist vollkommen, wie Gott es auch ist.
Ein Mensch, der mit der Agape erfüllt ist, kann kein Aufschneider, kein Angeber oder Ruhmrediger sein. Wir müssen die Hintergründe erkennen, sonst wissen wir nicht, was wir ablegen sollen. Es geht um das Eigenlob und um die Selbstherrlichkeit, auch um die versteckte, religiöse Großmannssucht.
Immer wieder werden wir vom Satan mit dem alten Trick verführt: »Ihr werdet sein wie Gott«, also die Urversuchung, die im Garten Eden stattfand und seit dieser Zeit den Menschen immer wieder in die Überheblichkeit und in verheerende Hochmutssünden fallen ließ.
Ein treffliches Beispiel dafür ist folgende Geschichte:
Ein Kind erwacht im Bett der Mutter, die schon in der Küche ist, um das Frühstück vorzubereiten. Plötzlich ruft es: »Mutti! Mutti! Komm doch einmal schnell her, es ist heute ein großes Wunder geschehn! Ich bin so schnell gewachsen, ich bin schon größer als du!«
»Aber mein Kleines, was redest du da für einen Unsinn«, fragt die Mutter zurück.
»Doch, doch Mutti, ich stoße ja schon an die Bretter von Kopf- und Fußende gleichzeitig an!«
Die Mutter, die sofort ins Zimmer geeilt ist, ruft amüsiert: »Aber mein Schatz, mach doch erst einmal richtig deine Augen auf, du liegst ja quer im Bett.«
Wie oft täuschen wir uns, wenn es um unseren geistlichen Stand geht. Schon ein objektives Urteil unserer Nächsten öffnet uns manchmal die Augen darüber, daß wir mit unseren Ansichten quer liegen. Gottes Liebe bleibt stets bei dem, was echt und wahr ist. Ein mit der Liebe Gottes erfüllter Mensch kann es sich auch leisten, völlig unbedeutend zu sein.
Das eigentliche Glück, das Jesus Christus uns durch die Erlösung gebracht hat, besteht darin: Wir brauchen nichts mehr vorzutäuschen.

Über den Tod hinaus

»Des Gerechten Gebet vermag viel, wenn es ernstlich ist.«
(Jakobus 5/16b)

»Wer aus ganzer Seele fleht, dessen Gebet wird Gott erhören«, schrieb einst der Dichter Friedrich Gottlieb Klopstock. Ein anderer beschrieb es so: »Das Gebet ist die Himmelsleiter, auf der wir zu unserem Vater emporsteigen; beten heißt auch: im Geiste vor den Thron Gottes kommen.«
Ein Ältester in einer Gemeinde gab sein Zeugnis: »Meine Frau hat Jahrzehnte für mich gebetet und mich immer wieder zum Gottesdienst eingeladen. Mein Herz war aber härter als ein Banktresor. Ich ging am Sonntagmorgen immer zu meinem Skatklub. Eines Tages rief man mich, weil meine Frau offensichtlich im Sterben lag. Natürlich stand ich erschüttert an ihrem Bett. Matt blickte sie mich mit ihren gütigen Augen an und sagte leise: ›Ich habe 30 Jahre lang für dich gebetet, daß du dich bekehren solltest. Du hast mir nie den Gefallen getan, du bist nie mit in den Gottesdienst gekommen; aber ich weiß, daß meine Gebete nicht umsonst waren. Gott hat mich erhört und bitte hör mir doch zu: Ich weiß es ganz gewiß, es wird der Tag kommen, an dem du dich zum Retter deiner Seele, zu Jesus Christus bekehren wirst, auch wenn ich es hier auf Erden nicht mehr erleben werde.‹«
Kurz danach entschlief sie. Vorerst blieb bei dem Witwer noch alles beim alten. Nach einem Jahr jedoch besuchte er einen Gottesdienst und bekehrte sich zum Herrn. Seit vielen Jahren ist dieser Mann nun als Ältester der Gemeinde tätig.
Das Gebet des Gerechten vermag viel, auch wenn der Beter, ehe das Gebet in Erfüllung geht, in die Ewigkeit abberufen wird. Liebe Mutter, lieber Vater, liebe Ehefrau und lieber Ehemann, betet für eure Anverwandten anhaltend weiter. Gottes Verheißungen bleiben; sie wanken ewig nicht.
In der DDR wurde ein Jünger Jesu monatlich von einem Stasi-Offizier besucht und verhört.
Dieser Christ empfing den Offizier stets mit großer Freundlichkeit und betete für ihn: »Oh, Herr, bitte segne Herrn X und laß alle Gespräche im Frieden stattfinden. Gib unserem Gast Erkenntnis über deinen Willen und rette seine Seele, damit er dich auch loben und preisen kann.«

Vom Wort Gottes angerührt, verabschiedete sich der Stasi-Offizier immer nach seinen »Informationsgesprächen« und versprach: »Ich komme so bald wie nur möglich wieder zu Ihnen!«
Später bekehrte sich dieser eingefleischte Atheist und wurde natürlich von den staatlichen Organen versetzt.
»Das Gebet des Gerechten vermag viel, wenn es ernstlich ist.«
Darum heißt es: »Wir aber sind nicht von denen, die da weichen und verdammt werden, sondern von denen, die da glauben und die Seele erretten.«

16. NOVEMBER

Wenn der Herr nicht behütet

»Wenn der Herr nicht das Haus baut, so arbeiten umsonst, die daran bauen. Wenn der Herr nicht die Stadt behütet, so wacht der Wächter umsonst.« (Psalm 127/1)

Petrus nennt die Christen Fremdlinge und Pilger, denen diese Welt keine rechte Heimat mehr bieten kann. Deshalb hat es wenig Sinn, sein Glück nur im diesseitigen Leben zu suchen, weil uns Gott dazu berufen hat, Bürger des Himmels zu sein.
Darum ist es gut, unsere Wohnungen und Häuser nur als irdische Herbergen anzusehen, in denen wir wie in einem Wartesaal auf den Tag warten, an dem wir abgeholt werden, um die Wohnung des Himmels in Besitz nehmen zu können.
Was würde das für ein trostloser Zustand sein, wenn wir unsere irdische Wohnstätte als das Haus für alle Zeit ansehen müßten. Deshalb sei der Herr und Schöpfer gepriesen, daß unsere ewige Behausung droben im Himmel ist und die Wohnungen, die wir hier haben, nur Wanderherbergen sind. Selig sind, die da Heimweh haben, die sich hier stets als Fremde fühlen, auch in ihren guten oder luxuriösen Häusern und Villen.
Das Zeugnis einer jungen Mutter soll uns das veranschaulichen. Sie berichtete nach Kriegsschluß:
»Anfang April 1945 näherten sich die feindlichen Truppen unserer Kreisstadt Celle mit ihrem wunderschönen Schloß und der romantischen Innenstadt.
Eines Tages klingelte es an der Haustür. Meine Schwägerin war von außerhalb gekommen und überbrachte mir den Wunsch des

Vaters, ich sollte mit meinem Kind doch zu ihm kommen, da es jetzt in der Stadt viel zu gefährlich sei, wegen der ständigen Luftangriffe.
›Ja, bestelle dem Vater bitte einen recht lieben Gruß, ich habe sowieso vor, Anfang nächster Woche zu ihm zu fahren.‹ Nach einem kurzen Wortwechsel begab sich meine Schwägerin wieder auf den Heimweg.
Nur wenige Stunden danach klingelte es erneut an der Haustür. Ich hatte mein Kind gerade schlafen gelegt, weil es Mittagszeit war.
›Ach, du bist es? Hast du etwas vergessen?‹ fragte ich meine Schwägerin.
›Nein, aber Vater läßt dich bitten, doch schnell zu kommen. Deshalb hat er mich nochmals geschickt.‹
Ich versprach ihr, so bald wie möglich zu kommen. Die Schwägerin setzte sich auf ihr Fahrrad und fuhr davon. Nach einer längeren Zeit wurde wieder geläutet. Meine Schwägerin stand das dritte Mal vor der Haustür. Sie war voller Unruhe und sagte: ›Entschuldige bitte, daß ich noch mal störe, aber Vater hat gesagt, du möchtest doch unbedingt noch heute kommen.‹
Jetzt spürte ich auf einmal, daß der Herr mir eine besondere Warnung geben wollte. Ohne noch weiter zu überlegen, packte ich die nötigsten Sachen ein und erkundigte mich nach dem letzten Nachtzug, weil dieser noch nie von den Tieffliegern angegriffen worden war. Noch vor Mitternacht kam ich bei meinen Eltern an. Gott hatte Vater im Gebet zu verstehen gegeben, wie dringend notwendig es sei, die Stadt zu verlassen.
Tags darauf erfolgte ein schwerer Bombenangriff auf die schöne Stadt Celle. Das ganze Wohnviertel, in dem ich wohnte, wurde dabei total zerstört, auch unser Haus. Da wußte ich, wie eindrucksvoll unser Gott in unser Leben eingreifen und uns bewahren kann. Wir dankten alle unserem Schöpfer für sein wunderbares Walten. Diese kleine Kreisstadt wurde nicht verschont, aber einige seiner Kinder konnte er, wie einst Lot, vor dem Verderben retten.«

Erster Eindruck von New York

»Denn wenn ihr den Menschen ihre Übertretungen vergebt, so wird euch euer himmlischer Vater auch vergeben. Wenn ihr aber den Menschen nicht vergebt, so wird euch euer Vater eure Übertretungen auch nicht vergeben.« (Matthäus 6/14-15)

»Herzlich willkommen in den Vereinigten Staaten! Kommen Sie als Tourist oder sind Sie geschäftlich hier?« fragte mich der Zollbeamte.
»Nein, ich bin Pastor und habe Einladungen, in verschiedenen Städten zu predigen. Welche Gepäckstücke soll ich öffnen?«
»Keines, denn Sie brauchen als Pastor Ihr Gepäck nicht vorzuzeigen, bitte beten Sie für Amerika!« erklärt mir der Zöllner am großen Kennedy-Flughafen.
Eine Kontrolle fand also nicht statt, trotz des umfangreichen Gepäcks wie Koffer, Filmkopien und Vorführgerät. Ein deutscher Pastor nahm mich in Empfang. Er hatte einen kräftigen, jungen Bruder mitgebracht, der mir beim Tragen des schweren Gepäcks behilflich sein sollte.
Als wir aus der Empfangshalle auf den Vorplatz traten, warnte uns der Pastor vor dem rasanten Verkehr auf den Straßen. Wir nehmen das Gepäck, der junge Bruder schleppt zwei meiner schweren Koffer. Ein Personenwagen hält deshalb am Zebrastreifen an. Forsch überquert der junge Mann den Fußgängerüberweg, da schießt ein anderer Wagen hinter dem stehenden Fahrzeug hervor und erfaßt den jungen Mann. Dieser wird durch die Luft geschleudert, überschlägt sich zweimal und bleibt stöhnend am Wegrand liegen. Alles schreit! Die Verwirrung ist groß!
Bald kommt der Ambulanzwagen. Mit jaulendem Sirenengeheul werden wir durch die Stadt gefahren und zu einem Krankenhaus der Bronx gebracht. So bekomme ich einen nachhaltig realistischen Eindruck von New York: Armut, Schmutz, Rassendiskriminierung und unvorstellbares Elend. Ständig muß ich darauf achten, daß mir von meinen Gepäckstücken nichts gestohlen wird.
Dabei quäle ich mich mit dem Gedanken: Warum mußte das geschehen? Weshalb ist mein junger Bruder nicht bewahrt worden? Stehe ich im Willen Gottes?
Der deutsche Pastor ist zum Telefon gegangen, um die Eltern zu verständigen. Gott sei Lob und Dank, die Untersuchung ergibt,

daß keine Brüche oder innere Verletzungen diagnostiziert wurden. Als ich lange Zeit innerlich nicht zur Ruhe kommen kann und mich mit diesem belastenden Gedanken herumquäle, sagt mir der deutsche Pastor, der mich abgeholt hat, am Abend:
»Gott tut nichts Falsches. Denk dir, die Eltern hatten einen handfesten Streit, und zwar so heftig, daß sie seit über zwei Monaten kein Wort mehr miteinander gesprochen hatten. Heute sind beide aufeinander zugegangen und haben sich gegenseitig um Vergebung gebeten, nachdem sie erkannten, daß wohl ein Zusammenhang zwischen ihrer Unversöhnlichkeit und dem schweren Unfall ihres Sohnes bestand.«
Oh, wie glücklich der, dem die Übertretungen vergeben sind. Wer um Vergebung bittet und sie empfängt, wird selig sein! Auch wenn er noch so verletzt, arm, krank und betrübt ist, er kommt zu dem Bewußtsein: Ich bin selig, weil auch ich vergeben habe. Nun kann mir mein himmlischer Vater auch vergeben, wenn ich ihn darum bitte.
Die Gnade der Sündenvergebung ist über alles in der Welt zu stellen, denn sie ist der einzige und untrügliche Weg zur Glückseligkeit.

18. NOVEMBER

Geh von der Autobahn!

XX

»Lobet den Herrn, ihr seine Engel, ihr starken Helden, die ihr seinen Befehl ausrichtet, daß man höre auf die Stimme seines Wortes.« (Psalm 103/20)

Vom Himmel lacht heller Sonnenschein; die Luft ist frisch und rein. Ich komme von einer größeren Lagerversammlung aus Michigan. Bis zu 2000 Menschen kommen bei solchen Urlaubsfreizeiten an vielen Orten in den Vereinigten Staaten zusammen. Das Land ist groß und weit. Die Familien wohnen während einer solchen Lagerfreizeit dort in sehr einfachen Holzhäusern und erleben den Herrn in herrlichen Anbetungsgottesdiensten, beim Bibelstudium und bei Freizeitspielen.
Die Zeit der Lagergottesdienste waren für mich beendet und deshalb fuhr ich mit meinem Volkswagen über die Autobahn, die direkt am großen Eriesee entlangführt.

Etwas Außergewöhnliches bestaune ich, da ich zum ersten Mal (1967) in den Vereinigten Staaten bin. Ich begegne großen, rollenden Häusern. Die Amerikaner wohnen in solchen Häusern, die auf riesigen Flächen zu kleinen Städten zusammenwachsen. Diese rollenden Häuser sind nicht mit unseren Wohnmobilen zu vergleichen; denn Wohnzimmer, Küche, Kinderzimmer und Schlafzimmer findet man in diesen mobilen Wohnhäusern. Da man in den U.S.A. nur sehr langsam fahren darf, bestaune ich ein auf der rechten Fahrbahnseite rollendes Haus.

Plötzlich höre ich deutlich und scharf in deutscher Sprache eine Stimme:

»Geh von der Autobahn!« – eine seltsame Stimme.

Erschrocken blicke ich mich um. Ich bin allein im Wagen. Wer herrscht mich so klar und eindrücklich in deutscher Sprache an? Schnell nehme ich meinen Fuß vom Gaspedal, verlangsame das Tempo und reihe mich hinter dem rollenden Haus auf der rechten Fahrspur ein. Da erblicke ich auch schon ein Ausfahrtschild. Ich verlasse die Autobahn und fahre zu einer Tankstelle, die sich neben der großen Autostraße befindet.

Noch immer bin ich ganz verwirrt. Was war das für eine Stimme? Wer hat mich angesprochen, wer hat so genau artikuliert und alles so präzise ausgesprochen im fremden Land und dann noch in meiner Heimatsprache? Was soll ich tun? Außerdem habe ich noch genug Benzin, ich möchte doch nicht für wenige Cents tanken. Damals fuhr ich für 4,5 Dollar von Chicago nach New York, deshalb bestelle ich mir eine Coca-Cola und versuche, meine Gedanken zu sammeln. Habe ich eben etwas Überirdisches erlebt und was soll das bedeuten, wie soll ich mir das erklären?

Nachdem ich mein Getränk bezahlt habe, fahre ich nach etwa 15 Minuten wieder auf die Autobahn. Welch ein Entsetzen bietet sich meinen Augen! 200 Meter nach der Autobahnausfahrt liegen gewaltige Fahrzeugtrümmer. Das rollende Wohnhaus ist gräßlich zerfetzt. Andere Fahrzeuge sind offensichtlich von der gegenüberliegenden Autobahnseite herüber- und hineingestürzt. Verletzte werden behandelt; über einige hat man schon große Decken gebreitet.

Dieser schreckliche Unfall hat einigen Menschen das Leben gekostet; andere sind schwer verletzt. Mein Herz schlägt wild und erregt – als der Wagen im Stau zum Stehen gekommen ist, schließe ich meine Augen und beginne, Gott zu danken für seine große Bewahrung.

Er hatte seinen Engeln den Befehl erteilt, die rettende Stimme an mich ergehen zu lassen. Er hat mich vor Schrecklichem bewahrt.

Ich wäre mitten in die Katastrophe hineingefahren! Der Mörder von Anfang wollte den Diener Gottes schädigen oder gar umbringen.

19. NOVEMBER

Vom Gottesdienst in die Ewigkeit

»Wenn ich nun zu dem Gottlosen sage: Du Gottloser mußt des Todes sterben! und du sagst ihm das nicht, um den Gottlosen vor seinem Wege zu warnen, so wird er, der Gottlose, um seiner Sünde willen sterben, aber sein Blut will ich von deiner Hand fordern. Warnst du aber den Gottlosen vor seinem Wege, daß er von ihm umkehre, und er will von seinem Wege nicht umkehren, so wird er um seiner Sünde willen sterben, aber du hast dein Leben errettet.« (Hesekiel 33/8-9)

Es geht in diesem Text wohl um die ausgelassenen Gelegenheiten, bei denen wir den Sünder warnen sollen und haben es aus Menschenfurcht nicht getan. Wie der Herr Jesus Christus im Endgericht darüber entscheidet, wissen wir nicht; doch kann es nie zu unseren Gunsten ausfallen.
Eines Abends predigte ich in einer Jugendveranstaltung des CVJM. Es waren Hunderte von Jugendlichen in einem großen Saal versammelt. Frische, offene Gesichter, die sich auf mich richteten. Ich habe meine Freude, ihnen das Evangelium zu predigen und von den Führungen und Wundern Gottes zu berichten. »Wes das Herz voll ist, des geht der Mund über«, heißt es im Evangelium. Leider gehen mir 50 % von der Zeit für die Übersetzung verloren. Mein Übersetzer raunt mir zu, wir müssen bald Schluß machen, wir haben nur eine halbe Stunde für Predigt und Zeugnis zur Verfügung, d.h. alles in allem nur 15 Minuten Botschaft! Unmöglich! Außerdem mahnt mich der Heilige Geist: »Predige und rufe zur Entscheidung auf!« Also höre ich nicht auf die Mahnung meines Übersetzers, sondern predige munter weiter.
»Wir werden hier nie wieder eingeladen«, flüstert er mir zu. Das ist mir egal, denke ich und spreche weiter. Als ich den Eindruck habe, das Nötigste gesagt zu haben, rufe ich zu einer Entscheidung auf. Zu meinem Erstaunen sind es nicht so viele, die dem Aufruf Folge leisten. Der Feind will mich quälen. »Siehst du, es kommt doch nicht auf die Länge der Predigt an.«

Mit einem jungen Mann spreche ich längere Zeit, denn hier brauche ich keinen Übersetzer. Für ein Gespräch unter vier Augen reichen meine Englischkenntnisse.
Der junge Mann bekennt seine Sünden, seine Verfehlungen und seine finsteren Gedanken. Der Balsam der frohen und freimachenden Botschaft wirkt Wunder. Er betet inbrünstig und: »... danach zog er seine Straße fröhlich«.
Aber die Straßen unserer Zeit sind oft höchst gefährlich. Am nächsten Morgen werde ich von meinem Übersetzer aus dem Schlaf gerissen. »Weißt du, was hier in der Tageszeitung als Überschrift steht?« Er reicht sie mir herüber, dort lese ich: »Von einer CVJM-Versammlung in den Tod gefahren.«
Ein Autofahrer, der unter Alkohol stand, hatte diesen jungen Mann überfahren, mit dem ich am Abend ausgiebig gesprochen hatte. Ich war erschrocken und sehr traurig, aber anderseits froh darüber, daß dieser sein Leben dem Herrn Jesus Christus quasi in der letzten Stunde übergeben hatte. Erschüttert und doch getröstet beugten wir unsere Knie.
Wie gut, wenn man dem Mahnen des Heiligen Geistes gehorsam ist und nicht in erster Linie nach Menschenordnungen fragt. Dieser junge Mann hat sich warnen lassen und ist gerettet in die Ewigkeit eingegangen. Mein Leben aber hat der Herr Jesus Christus gerettet, als er am Kreuz ausrief: »Es ist vollbracht!«

20. NOVEMBER

Vertrauen ist gut, Kontrolle ist besser

»Ein guter Mensch bringt Gutes hervor aus dem guten Schatz seines Herzens; und ein böser Mensch bringt Böses hervor aus seinem bösen Schatz. Ich sage euch aber, daß die Menschen müssen Rechenschaft geben am Tage des Gerichts von einem jeglichen nichtsnutzigen Wort, das sie geredet haben.«

(Matthäus 12/35-36)

Eines Tages begegnete mir in den USA ein deutschsprechender Prediger, der aus der damaligen Sowjetunion ausgewandert und nach Amerika gegangen war. Er kannte die Verlogenheit des kommunistischen Regimes, hatte aber keine Erfahrungen mit der Boshaftigkeit in der sogenannten »freien Welt«. Eines Nachts kam er vom Gottesdienst und hielt mit seinem Auto an einer Ampel, die Rot anzeigte. Im rasanten Tempo näherte sich von hinten ein Fahrzeug, das ihn rammte. Aus dem Wagen stieg eine vornehm gekleidete Frau und bat den Prediger inständig, nicht die Polizei zu holen, ihr Mann sei ein reicher Fabrikant, der den Schaden schnell in Ordnung bringen würde. Die Frau machte auf den Geistlichen einen solch vertrauenswürdigen Eindruck, daß er sich nur ihre Autonummer und Anschrift notierte.

Wochenlang hörte der Prediger nichts von dem Unfallverursacher. Er schrieb und bat um die versprochene Behebung des entstandenen Schadens, doch niemand reagierte auf seine Anfrage.

Dann erreichte ihn ein Schreiben von einem Rechtsanwalt mit der Mitteilung, er hätte die Frau des reichen Mannes, die ordnungsgemäß an der Ampel gestanden hätte, angefahren. Dabei wäre ihr Rückgrat verletzt worden und sie wäre dadurch gelähmt. Der Prediger sollte jetzt dieser Frau ein Schmerzensgeld in Höhe von zwei Millionen Dollar zahlen. Die Frau, die den Unfall verursacht hatte, war in der Zwischenzeit bei einem Haushaltsunfall von einer Leiter gefallen. So wollte sich der geschäftstüchtige Fabrikant auf Kosten einer Versicherung unrechtmäßigerweise viel Geld verschaffen. Es war ihm egal, ob er dadurch einen unschuldigen Menschen ins Gefängnis brachte. Alle Beteuerungen des Predigers vor Gericht waren zunächst umsonst.

Es folgte eine kostspielige Reihe von Prozessen, aber die Gegenseite schien zu siegen. Der Mann betete und fastete. Nach Monaten wurde von einem Sachverständigen, der das Wrack des Wagens dieser Frau noch einmal untersucht hat, festgestellt, daß der Prediger schuldlos war, weil das Fahrzeug an der Vorderseite derart beschädigt war, daß nur sie aufgefahren sein konnte. Jetzt wurde der Prediger freigesprochen und der Fabrikant angeklagt.

Was wird Gott mit diesen lügnerischen Zungen tun?

Wir lesen davon in der Offenbarung: »Der feigen Verleugner aber und Ungläubigen und Frevler und Totschläger und Unzüchtigen, Zauberer und Götzendiener und aller Lügner, deren Teil wird sein in dem Pfuhl, der mit Feuer und Schwefel brennt; das ist der zweite Tod.« (Offenbarung 21/8)

Da wir alle einst Lügner waren, müssen wir erkennen, daß nur das Blut Jesu Christi die unauslöschlichen Brandmale der Lüge beseitigen kann; denn das Blut Jesu Christi reinigt uns von jeglicher Sünde, wenn wir sie dem Fürsten der Wahrheit, Jesus Christus, offen bekennen und ihn bitten, den Schaden wieder gutzumachen.

Eine Nacht mit den Engeln

»Siehe, ich sende einen Engel vor dir her, der dich behüte auf dem Wege und dich bringe an den Ort, den ich bestimmt habe.«
(2. Mose 23/20)

Nach einem segensreichen, ziemlich langen Gottesdienst blickt mein Übersetzer auf seine Uhr und mahnt mich: »Es ist gleich Mitternacht, laß uns jetzt abfahren, wir haben noch eine lange Fahrt vor uns!«
Draußen wütete ein mächtiger Sturm und es regnete sintflutartig. Wir verabschiedeten uns, stiegen ins Auto und fuhren ab. Wir mußten durch eine gebirgige Landschaft fahren. In einer Talsenke hob sich plötzlich der Wagen förmlich vom Boden ab. Wir beide konnten nur noch schreien: »Jesus, hilf uns!«
Nach einem kräftigen Satz bekamen wir wieder Boden unter unsere Räder, der Wagen rollte wie nach einer planmäßigen Landung auf der Straße voran. Was war geschehen? In einer sehr tiefen Bodensenke auf der abschüssigen Straße hatte sich eine beachtliche Menge Wasser angesammelt, so daß der Wagen bei dieser Geschwindigkeit durch die Bremswirkung des Wassers emporgehoben wurde. Wir hätten uns überschlagen können, aber Gott, unser Herr, hat seine Hand über uns gehalten und uns vor einem großen Unglück bewahrt
Offensichtlich war ich zu schnell gefahren und hatte die Gefahren bei diesem Unwetter unterschätzt. Ich nahm mir vor, langsamer zu fahren. Angestrengt starrte ich durch die Windschutzscheibe in die Nacht hinaus. Ich blickte so angestrengt hinaus, daß ich alles andere vergaß. Nach einiger Zeit schaute ich unvermittelt auf das Armaturenbrett und sah, daß das Benzin zu Ende ging. Ganz erschrocken sagte ich meinem Begleiter, daß wir in Kürze anhalten müßten.
»O nein«, sagte er beschwörend, »wir dürfen nicht anhalten. Das hier ist eine ganz verrufene Gegend, in der es schon viele Überfälle gegeben hat, bei denen so manche Autos ausgeraubt worden sind.«
»Ob wir nun wollen oder nicht«, gestand ich ihm, »ich habe kein Benzin mehr.«
»Dann sind wir verloren, denn hier hält niemand an, weil diese Gegend so berüchtigt ist!«
Nach nur wenigen Kilometern war es soweit. Zum Glück hatte es

aufgehört zu regnen. Wir winkten vorbeifahrenden Autos zu, in der Hoffnung, einer würde uns helfen. Sie fuhren zunächst wohl etwas langsamer, gaben dann aber alle Gas und brausten vorbei.
Endlich hielt ein Wagen an. Drei Studenten stiegen aus und wollten uns helfen. Nachdem mein Begleiter sie über unsere Situation aufgeklärt hatte, wurde er von ihnen aufgefordert, in ihren Wagen einzusteigen und mitzufahren. Mir war ganz elend zumute. Ich betete unaufhörlich zum Herrn
Nach geraumer Zeit kam ein Fahrzeug heran und hielt auf der Höhe meines Wagens. Ich stand versteckt hinter einem dicken Baumstamm. Die Person des fremden Wagens leuchtete mit einer Lampe in den Wald hinein.
Wie sich herausstellte, war meine Angst unberechtigt, denn es war der Sheriff persönlich. Er fragte mich, ob ich der Missionar aus Deutschland wäre. Als ich das bejahte, sagte er: »Ich bleibe so lange bei dir, bis die Studenten mit dem Pastor kommen.« Durch diesen Umstand bekam ich die Gelegenheit, dem Sheriff ausführlich vom Heil durch Jesus zu erzählen.
Nicht lange danach kamen die Studenten zurück. Schließlich beteten wir noch alle zusammen und verabschiedeten uns voneinander.
»Das war eine Nacht mit den Engeln Gottes! Sie haben uns geholfen und bewahrt«, sagte mein Begleiter.

22. NOVEMBER

Bleibe im Lande

»Hoffe auf den Herrn und tue Gutes, bleibe im Lande und nähre dich redlich.« (Psalm 37/3)

Im Grundtext lesen wir: »Vertraue auf den Herrn.« Dies ist eine sehr wichtige Voraussetzung, um im Segen des Herrn zu leben. Ein richtiges Gottvertrauen bewahrt uns auch vor Neid und Geiz. Blicken wir mit unseren natürlichen Augen auf die Güter der Erde, so beurteilen wir sie nur nach ihren materiellen Werten; dadurch kann sich in uns oft eine triebhafte Habsucht entwickeln. Der Glaube aber hat schärfere Augen und sieht die irdischen Güter mit anderer Wertschätzung. Er weiß, wie vergänglich alles ist, wie gefährlich es ist, wenn man sein Herz an die vergänglichen Dinge hängt und wie bald man vom Wege der Nachfolge des Herrn dadurch abkommen kann.

Bei meinem ersten Aufenthalt in den USA begegnete mir ein deutscher Kürschnermeister, der ins »Land der unbegrenzten Möglichkeiten« ausgewandert war, um dort schneller voranzukommen. Er hatte gehört, daß in den Staaten der Dollar schneller rollt, daß man in kürzester Zeit zu einem ansehnlichen Vermögen kommen kann. Eigentlich hatte er in Deutschland ein gutes Auskommen, so daß er neben seinem Beruf noch Zeit hatte, als Laienprediger das Wort Gottes zu verkündigen. In den USA bekam er leichter größere Darlehen und hatte sich bald eine moderne Kürschnerei eingerichtet. Die wirtschaftliche Entwicklung der USA ist aber bekanntlich der europäischen immer etwas voraus. Der Deutsche hatte nicht bedacht, daß in den Staaten nicht nur jede Familie ein Auto besitzt, sondern Vater, Mutter, Töchter und Söhne jeder einen eigenen Wagen fährt. Aus diesem Grunde trug man immer weniger Pelze; denn für die wenigen Schritte zum Auto brauchte man keinen teuren Pelzmantel. Also ging der Umsatz in den Pelzgeschäften gegenüber den vorigen Jahren rapide zurück.

Auf der anderen Seite mußte aber der Kürschner monatlich hohe Zinsen zahlen. Bald kam er in große finanzielle Schwierigkeiten, und da er bei der Bank seinen Paß hatte abgeben müssen, um diese Darlehen zu bekommen, konnte er auch nicht so schnell in die Heimat zurückkehren. Als ich diesen deutschen Bruder nun in Amerika traf, war seine Lage katastrophal. Auf der einen Seite eine Prachtvilla mit schöner Inneneinrichtung, große Autos in der Garage, aber andererseits forderten die Banken ihr Geld.

Die Ehefrau des Kürschners sagte mir in einer stillen Stunde: »Weißt du, was ich mir von Herzen wünsche? Bald wieder in Deutschland zu sein. Auch wenn ich nur von Brot und Salz leben müßte, wäre das noch besser, als in dieser fürchterlichen Unsicherheit vor der Zukunft leben zu müssen.«

»Hoffe auf den Herrn und tue Gutes, bleibe im Lande und nähre dich redlich.«

Der trauernde Zwillingsbruder

»Herr, Gott, mein Heiland, ich schreie Tag und Nacht vor dir. Laß mein Gebet vor dich kommen, neige deine Ohren zu meinem Schreien. Denn meine Seele ist übervoll an Leiden und mein Leben ist nahe dem Tode. Ich bin gerechnet zu denen, die ins Grab sinken, ich bin wie ein Mann, der keine Kraft mehr hat.« (Psalm 88/2-5)

Es gibt Zeiten, wo uns eine unsagbare Traurigkeit beschleicht, wo sich das entsetzliche Bewußtsein des Verlassenseins unserer Seele bemächtigen will, bei dem uns ein tiefes Sehnen nach irgendeinem freundlichen Menschen oder nach einer tröstenden Stimme überkommt.

Zwei Brüder, ein Zwillingspaar, wurden von Gott reich gesegnet. Sie wurden als einfache Bauern Hunderten Menschen zum Segen und waren im Geist ein Herz und eine Seele. Ein Erweckungszentrum entstand auf ihrem großen Bauernhof. Doch urplötzlich erkrankte einer der beiden an Blutkrebs und war innerhalb von kurzer Zeit vom Herrn abberufen, zum höheren Dienst in der Herrlichkeit. Wie ein Blitzschlag schlug diese Hiobsbotschaft bei ihren Familien und in der Gemeinde ein. Noch keine 50 Jahre alt, lag der Zwillingsbruder schon auf der Totenbahre. Zur Beerdigung kamen an die tausend Menschen – der zurückgebliebene Bruder verzweifelte fast. Er konnte es nicht fassen: »Weshalb straft Gott mich so furchtbar? – Wo habe ich so schwer gesündigt? – Weshalb schlägt mich der Herr so grausam?« klagte er täglich, wochenlang, ja monatelang. Seine Familie litt unter diesen depressiven Äußerungen. Kurze Zeit später starb auch seine Frau, Mutter von fünf Kindern.

Nun versank er in noch tiefere Traurigkeit. Diese beiden Schicksalsschläge beugten ihn zutiefst, seine Seele war entsetzlich müde und matt; zu groß erschien ihm die Last, die der Herr ihm auferlegt hatte.

Wenn ich in der Gegend unterwegs war, mahnte mich der Geist Gottes des öfteren: »Fahre zu ihm, er braucht deine Hilfe!« Immer wieder versuchte ich ihm klarzumachen, daß Gott ihn unvermindert liebt und alles zum Guten führen wird. Wiederholt betete ich mit ihm und versuchte, ihm geistliche Hilfe zu bringen. Hoffnungslos wie ein Kind, das sich im Dunkeln verirrt hat, schrie

seine Seele zum Vater und nach der tröstenden Stimme seines Heilandes.
Ich weiß nicht mehr, wie oft ich ihn besucht habe – doch auf einmal kam himmlischer Friede in sein Herz. Er begann, wieder Hoffnung zu schöpfen und Gott, den Herrn, von neuem zu loben und zu preisen.
Jahre später lernte er eine gläubige Frau kennen und heiratete sie. Seit dieser Zeit ist er ein glücklicher Diener Gottes. Da sein bäuerliches Anwesen und damit die Erweckungsgemeinde in der französischen Schweiz liegt, er aber als Gemeindeleiter kaum französisch sprechen kann, war es eine herrliche Führung des Herrn, daß seine zweite Frau als Kapitänin der Heilsarmee ausgezeichnet die französische Sprache beherrschte. Bei Predigten und seelsorgerlichen Gesprächen ist sie ihm eine große Hilfe.
»Was Gott tut, das ist wohlgetan.«

24. NOVEMBER

Ach, ich bin des Treibens müde

»Darum richtet wieder auf die lässigen Hände und die müden Knie und tut gewisse Tritte mit euren Füßen, daß nicht jemand strauchle wie ein Lahmer, sondern vielmehr gesund werde.«
(Hebräer 12/12-13)

Wenn wir es recht bedenken, kommt es zuweilen vor, daß auch gesegnete Diener des Herrn ins Straucheln geraten, weil sie zu viele Anfechtungen, Kämpfe und Verfolgungen zu ertragen haben und der Feind ihnen zuflüstert: »Gib doch auf! Seit du im Dienst für den Herrn stehst, hast du nichts als Not und Last gehabt!«
Es scheint geradezu, als würden die Wölfe der Hölle dir mehr nach den Beinen schnappen, seit du den Namen des Herrn predigst und dich zu Gottes Wort bekennst.
Hast du es nötig, dich mit den Launen und schlechten Charaktereigenschaften anderer herumzuschlagen?
So geht es dir vielmals durch den Kopf. Welch eine giftige Einflüsterung Satans, die uns zu Fall bringen will. Der Feind möchte dich anstiften zu Aufruhr gegen den Herrn und die Gemeinde.
Willst du seiner teuflischen Flüsterpropaganda nachgeben?
Jesus sah einst auch die Schar derer, die ihm wirklich folgen

wollten, kleiner und kleiner werden, und stellte den Jüngern deshalb die Frage: »Wollt ihr auch weggehen?«
Können wir dann dem Meister ebenso überzeugend wie Petrus antworten: »Herr, wohin sollen wir gehen? Du hast Worte des ewigen Lebens« (Johannes 6/68)?
Es gibt auch heute Jünger Jesu, die in der weltweiten Schar seiner Nachfolger matt und müde geworden sind. Wir haben unter uns Kämpfer für den Herrn, deren Glaube einst hervorragend und deren Liebe brennend war, die aber trotzdem kraftlos, schwach und niedergeschlagen sind.
Ich kenne viele Christen, die sehr müde werden unter den außergewöhnlichen Veränderungen und ihre Waffen des Glaubens einfach niederlegen, um sich ganz zurückzuziehen, die der jüngeren Generation zurufen wollen: »Macht ihr doch weiter, wir haben genug gekämpft!«
Wenn wir nicht sorgfältig in der Spur des Lammes wandeln, können wir leicht in Verwirrung geraten.
Wenn Christen ihrem Herrn und Meister treu nachfolgen, können sie auf dem schmalen Weg auch in der Endzeit siegreich vorangehen. Natürlich dürfen wir uns nicht verführen lassen, auf zweifelhafte Nebenpfade der »modernen Art« geleitet zu werden, sonst gelangen wir in gefährliche Sümpfe und letztendlich in eine menschliche Sackgasse. Das ist der Zustand, in dem unser Herz dann wirklich krank werden kann.

25. NOVEMBER

Ein Storch unter dem Himmel

»Der Storch unter dem Himmel kennt seine Zeit; Turteltaube, Kranich und Schwalbe halten ihre Zeit ein, in der sie wiederkommen sollen; aber mein Volk will das Recht des Herrn nicht wissen.« (Jeremia 8/7)

Während eines Besuches in Kanada zur Herbstzeit sagte man mir, daß der Prediger, zu dem ich demnächst ins Quartier kommen würde, ein sehr schweigsamer Mann sei. Er wäre gastfrei, spräche aber kaum.
Die Brüder hatten mir nicht zu viel versprochen; dieser Pastor war freundlich, sonst aber sehr schweigsam.

Eines Tages sagte er zu mir: »Ich würde dir ja gern etwas zeigen, aber das interessiert ja doch keinen.«
»Weshalb denn nicht?« fragte ich ihn. »Ich bin ja auch Schriftsteller, und die haben bekanntlich viele Interessen.« Nach mehrmaligem Drängen sagte er: »Ich würde dir gern den Zug der Wildgänse und anderer Zugvögel zeigen, aber wer will das schon sehen?«
»Hör gut zu«, sagte ich mit feierlichem Nachdruck, »ich bin diesmal extra im Herbst nach Kanada gekommen, weil ich vorhabe, ein Buch über den Vogelzug in Israel zu schreiben. Deshalb möchte ich gern in eurem Land die gigantischen Scharen von Wildgänsen beobachten. Ich war schon ziemlich traurig, weil ich dachte, dieses herrliche Naturschauspiel hier nicht sehen zu können. Andere Prediger konnten mir nämlich nicht sagen, wo man dieses Naturwunder anschauen und erleben kann.«
Von diesem Augenblick an erfuhr ich ein zweites »Naturwunder«, denn der Prediger wurde überaus redselig. Er hielt mir wundervolle Vorträge über die Tierwelt, die er als Missionar oft beobachtet hatte. Jetzt erkannte ich, daß dieser Mann von den anderen Menschen einfach nicht verstanden worden war und er jetzt voller Freude entdeckte, daß er es mit einem großen Naturfreund zu tun bekommen hatte.
Wir fuhren sofort zum Landeplatz Tausender Wildgänse. Es war für mich ein einzigartiges Erlebnis zu sehen, wie der Himmel sich von ankommenden und wieder abfliegenden Wildgänsen verdunkelte. Von einer geheimnisvollen Unruhe ergriffen watschelten die Gänse auf dem riesengroßen Platz umher. Sie schnatterten unentwegt, so, als wollte es eine der anderen zurufen: »Wir sind auf dem Weg! Wir müssen unser sicheres Ziel erreichen! Laßt uns keine Zeit verlieren!«
Diese Zugvögel kennen ihre Zeit, ihren Weg und auch ihr Ziel; aber die hochintelligenten Menschen, die als Ebenbild Gottes über der Schöpfung walten sollten, kennen nicht die Zeit, den Weg und das Ziel zu ihrem Schöpfer. Sie forschen nicht danach und wollen auch nicht gehorsam sein.
Es war mir, als seien diese Vögel von Heimweh getrieben und zu einem sicheren Ort der Ruhe unterwegs. Ich dachte, wenn alle Christen solch ein Heimweh hätten und von einer heiligen Unruhe erfaßt würden, daß sie sich auf dem Weg zum himmlischen Jerusalem zuriefen: »Wir wollen das Ziel erreichen, darum laßt uns nicht säumen«, so könnten sicher noch mehr abseitsstehende Menschen zum Glauben kommen.

Wohin soll ich fliehen?

»Wohin soll ich gehen vor deinem Geist, und wohin soll ich fliehen vor deinem Angesicht? Führe ich gen Himmel, so bist du da; bettete ich mich bei den Toten (im Totenreich), siehe, so bist du auch da. Nähme ich Flügel der Morgenröte und bliebe am äußersten Meer, so würde auch dort deine Hand mich führen und deine Rechte mich halten.« (Psalm 139/7-10)

Alle Fluchtversuche der Menschen vor Gott sind vergeblich. Vor ihm gibt es kein Entrinnen. Jeder läuft seinem Schöpfer wieder in die Arme.

Wir können dies an der dramatischen Begebenheit des Propheten Jona verfolgen: Gott tritt ihm mit einem klaren Auftrag entgegen. Er bestand darin, der Großstadt Ninive ihre Sünde und das kommende Gericht zu verkündigen. Jona aber versuchte auszuweichen, indem er in eine entgegengesetzte Richtung flieht. Wohl hatte er den Ruf Gottes ganz deutlich vernommen, aber er wollte seine eigenen Wege gehen. Statt zu gehorchen, nimmt er dafür lieber große Kosten und eine abenteuerliche Schiffsreise in Kauf.

Doch Gott tritt ihm mit ganzer Entschlossenheit in den Weg.

So gibt es auch heute Anweisungen Gottes für uns, wenn wir sie nur recht hören und ihnen gehorchen wollten.

Ein Pastor aus Kanada hat es mir einmal in ergreifender Weise geschildert. Vor Jahren war er aus seinem gläubigen Elternhaus in Süddeutschland geflohen. Niemand wußte, wo er sich aufhielt.

Die Eltern beteten unablässig für ihren verlorenen Sohn: »Herr, wo er sich auch befindet, du kannst ihn überall erreichen.«

Dieser wollte sein junges Leben genießen. Er wollte sich frei ausleben. In der Großstadt Toronto trieb er sich mit anderen Jugendlichen herum.

Eines Abends durchstreifte er eine berüchtigte Straße, als ihn ein altes Mütterchen am Arm packte und ihn festhielt mit den Worten: »Halt, junger Mann, ich muß mit dir sprechen! Der Herr hat mir im Gebet dein Gesicht gezeigt und läßt dir sagen: ›Du sollst dich augenblicklich zu ihm bekehren!‹«

Wie einen Blitz traf es den verlorenen Sohn. Seine Kameraden, die bereits vorbeigestürmt waren, kamen zurück: »He, wo bleibst du? Was willst du bei der Alten?«

»Geht mal weiter«, sagte der Deutsche, »wir reden später darüber. Ich habe mit dieser Frau etwas zu besprechen.«
Er bekehrte sich noch am selben Abend und wurde später ein Verkündiger des Evangeliums.
Was wir auch tun, wohin wir auch gehen; ob wir stehen oder liegen, ob wir ruhen oder laufen, der Herr umgibt uns immer und überall. Wie die Luft uns umgibt, so umgibt uns der Herr mit seinem Heiligen Geist. Gott kennt und weiß alles. In weniger als einem Augenblick kann der Herr in unser Leben eingreifen. Auch den flüchtenden Menschen ist der Herr immer nahe und weiß um ihre Lage.
Überall ist Gott gegenwärtig: In der Höhe und in der Tiefe; im Osten wie im Westen, soweit das Weltall reicht; vor seinem Angesicht gibt es kein Entfliehen. Gott ist vertraut mit allen unseren Wegen. Er kennt unser Handeln, nichts bleibt ihm verborgen. Ob wir auf der Straße der alten Sünde wandeln oder ob wir uns auf einen neuen Pfad der Menschentäuschung zubewegen; auch wenn wir meinen, unsere Wege seien noch so geheim, der Ewige durchschaut alle Verstecke.

27. NOVEMBER

Glaubensgehorsam und Heiligung

»So hat er, obwohl er Gottes Sohn war, doch an dem, was er litt, Gehorsam gelernt. Und da er vollendet war, ist er geworden allen, die ihm gehorsam sind, der Urheber ihres ewigen Heils, und ist von Gott genannt ein Hoherpriester nach der Ordnung Melchisedeks.« (Hebräer 5/8-10)

»Er war gehorsam«, in diesen drei Worten schildert der Heilige Geist den Hauptinhalt des Lebens Jesu. Der Glanzpunkt seines Lebens bestand im Gehorsam. Wie groß auch seine Wunder, wie lebensvoll und herrlich seine Worte waren, viel größer als alles zusammen war sein Gehorsam. Seine Speise war, allezeit den Willen des Vaters im Himmel zu tun. Es war die überzeugendste Predigt auf dem Wege nach Golgatha.
Unsere überzeugendste Predigt in dieser von Gott abgefallenen Welt ist und bleibt auch der Liebesgehorsam, den wir in der Familie, im Beruf und in der Schule bekunden können, indem wir

treu dem Lamm nachfolgen und seine Tugenden ausleben. Nur so können wir das wirksamste Zeugnis in dieser gottfernen Gesellschaft geben. Wir fragen oft: »Was bedeutet Heiligung?« Die Antwort ist einfach und überzeugend: »Er war gehorsam!«
Heiligung bedeutet nichts weiter als Glaubensgehorsam. Wenn sich Jesus Christus mit seiner wunderbaren Lebens- und Auferstehungskraft in unserem Herzen ausbreiten kann, wenn sein herrliches Wesen unsere Seele vereinnahmt, so bewirkt dies Heil für unsere Seele. Aus dem Gesetzesgehorsam sind wir durch ihn in den Glaubensgehorsam versetzt, um einst im Liebesgehorsam als Braut den Bräutigam zu ehren, ihn zu verherrlichen und ihm zu dienen.

Heutzutage empfinden viele im Innern einen Widerwillen, wenn sie etwas von Gehorsam hören. Sie meinen, dies habe nur etwas mit Unterwürfigkeit auf der einen und Willkür auf der anderen Seite zu tun, aber im Reich Gottes gibt es keinen Kadavergehorsam, sondern man freut sich im Liebesgehorsam, das heißt, ich liebe Jesus so, daß ich nicht anders kann, als ihm in Liebe und Gehorsam nachzufolgen. Gehorsam heißt hören, was der Herr sagt und danach handeln. Wenn wir die Stimme des guten Hirten vernehmen, folgen wir ihm gern freiwillig und aus Liebe.

Warum haben so viele Gotteskinder keine ruhende, gleichbleibende Heilsgewißheit? Warum ist die Seele dieser Menschen nicht gesättigt mit dem Frieden Gottes?

Es fehlt am kindlichen Liebesgehorsam dem Bräutigam gegenüber. Jesus predigte: »Ich bin gekommen, daß sie das Leben und volles Genüge haben sollen.« Weshalb müssen Gotteskinder noch so vieles nebenher haben, um zur vollen Befriedigung in ihrem Leben zu kommen? Sie erhalten nie die volle Erfüllung der himmlischen Liebe, weil sie mit geteiltem Herzen hin- und herwanken. Viele klagen: »Es fehlt mir eben am Glauben!« Nein, es fehlt am Gehorsam. Wir können goldene Gaben aus dem Reichtum des Himmels erflehen, wenn wir keinen Gehorsam üben, können wir nie zum himmlischen Frieden gelangen. Du klagst: »Herr, nimm mir, was mich noch hindert, solchen Frieden zu haben!« Es wird nichts geschehen, er nimmt nur das, was du freiwillig und im Gehorsam herausgibst. Dann wirst du erleben, was Jesus verheißt: »Wer mich liebt, der wird mein Wort halten und mein Vater wird ihn lieben, und wir werden zu ihm kommen und Wohnung bei ihm machen.« (Johannes 14/23)

Du hast uns auf eine gute Weide geführt

»Gott, deine Bäche sind immer voll Wasser; du feuchtest die Furchen und ebnest die Schollen, du tränkst die Felder mit Regengüssen und segnest, was auf ihnen sprießt. Mit guten Gaben krönst du das Jahr, in deinen Spuren läßt du Überfluß zurück.« (Psalm 65/10b-12 GN)

Jede Ernte ist ein Geschenk Gottes. Wir wollen dem Schöpfer immer wieder danken. Gott füllt die Bäche seines Segens immer neu. Wir können täglich aus der »Kornkammer Gottes« im Überfluß schöpfen.

Der Herr sendet seinen Geistesregen ohne aufzuhören. Es gilt also nur, die Gefäße zu öffnen und die Spuren Gottes zu erkennen.

Die weltweite »Bewässerungsanlage Gottes« ist eines der größten Wunder der Natur. Der Regen hat eine erweichende Kraft. Wenn der Boden durch lange Trockenheit oder starken Frost steinhart geworden ist, genügen einige Regengüsse, ihn so weich zu machen, daß er wieder bearbeitet werden kann. Wie wunderbar ist die Einrichtung Gottes; bedenken wir nur, wenn wir selber den Regen machen müßten. Falls solche Maschinen überhaupt so etwas zustande brächten, würden sie einen solchen Lärm erzeugen, daß wir davon sterben müßten. Gottes »Bewässerungsanlage« transportiert lautlos auf einer Fläche von einem Quadratkilometer Millionen Liter Wasser in die Höhe.

So ist es auch mit der Beschaffenheit der Gemeinde. Wie verhärtet sind manchmal die Menschenherzen durch den Betrug der Sünde und die verderblichen Untugenden. Unser Herr und Heiland kann aber den Herzensboden bei einem erstarrten Christen durch ergiebige Regengüsse seines Geistes erneut befruchten.

Wenn Christus nicht seinen Gnadenregen fallen ließe, gäbe es überhaupt keine Frucht.

Das Naturbeispiel der Ernte kann uns als Bild der Wirkung des Heiligen Geistes dienen. Dabei sind die Hirten in der Gemeinde angehalten: »Weidet die Herde Gottes, wie euch befohlen ist, nach Gottes Willen« (1. Petrus 5/2). Der Gemeinde aber ist geboten, den gesalbten Mitarbeitern Gottes Freude zu bereiten, damit sie ihr Amt nicht mit Seufzen ausführen müssen.

»Gehorchet euren Lehrern und folget ihnen, denn sie wachen über eure Seelen, als die da Rechenschaft dafür geben sollen; damit sie

das mit Freuden tun und nicht mit Seufzen, denn das ist euch nicht gut.« (Hebräer 13/17)
Dabei kommt es sehr auf unseren Umgangston und den geistlichen Herzenstakt an. Wir können alles sagen, wenn es in der helfenden Liebe Christi geschieht.
Ein Bote Gottes aus Kanada erzählte uns, daß er einen Ältesten in der Gemeinde habe, der ihm des öfteren seine Meinung über die gehaltene Predigt sagt, und zwar so, daß es immer tröstend und aufbauend wirkt. Nach einer guten Predigt sagte er: »Du hast uns heute auf eine fette Weide geführt!«
Der Pastor wußte, daß aus dieser Predigt Frucht entstehen wird.
War die Predigt nach der Ansicht des Ältesten auch nur mittelmäßig, bedankte er sich mit den Worten: »Der Herr hat Gnade geschenkt, er segne dich und rüste dich neu aus.«
Es kam aber auch vor, daß seine Botschaft weniger gut ankam. Daraufhin äußerte der Gemeindeälteste: »Du hattest heute einen schwierigen Text.«
Der Pastor konnte sich auf sein Urteil verlassen, und in jedem Fall spornte es ihn an, noch mehr um den Segen des Herrn zu flehen und sich mit großem Fleiß auf die Predigt vorzubereiten.

29. NOVEMBER

Der kommende Tag

»Und das tut, weil ihr ja wisset, in welcher Zeit wir leben, daß die Stunde da ist, aufzustehen vom Schlaf, denn unser Heil ist jetzt näher, zu der Zeit, als wir gläubig wurden. Die Nacht ist vorgerückt, der Tag aber nahe herbeigekommen. So lasset uns ablegen die Werke der Finsternis und anlegen die Waffen des Lichtes.« (Römer 13/11-12)

Beim Rückflug von meinem letzten Kanadaaufenthalt bekam ich ein eindrucksvolles Naturschauspiel, das mir den eben gelesenen Text verdeutlichte.
Mein Flug begann in Detroit, in der Stadt der großen Autowerke. Ich hatte bei der Fluglinie einen Platz im Nichtraucherabteil gebucht. Leider befand sich der Platz in der letzten Reihe des Abteils, so daß die nächste Reihe schon für Raucher bestimmt war. Deshalb fragte ich den vorbeikommenden Steward, ob ich mich

nicht etwas weiter nach vorn setzen dürfte, denn dort sah ich einige freie Plätze.
Der Steward erklärte mir, daß wir noch eine Zwischenlandung in Washington hätten und dort viele ausstiegen, aber nur wenige hinzukämen. Nach dem Start in Washington könnte ich mir gern dort einen Sitzplatz aussuchen.
Gesagt, getan – ich fand eine Sitzgruppe mit drei Plätzen, die nicht besetzt war. Also klappte ich nach dem Start die Armlehnen hoch und legte mich auf die drei freien Plätze. Das gleichmäßige Summen der Düsentriebwerke machte mich schnell schläfrig. Ich hörte nur noch die Stimme des Flugkapitäns, der in Englisch sagte: »Wir überqueren den Atlantik!«
Nach einer geraumen Zeit erwachte ich und hatte den Eindruck, mindestens eine Stunde geschlafen zu haben. Als ich das Rollo des kleinen Fensters öffnete, begann gerade in 12 000 m Höhe die Sonne aufzugehen, während unter uns Irland im tiefsten Dunkel lag. – Ich hatte also 4 Stunden fest geschlafen.
Gerade dieser überraschende und noch nicht erwartete Anblick war für mich so überwältigend. Hier in der Höhe glänzten die Tragflügel im Sonnenlicht, und auf Erden war es noch finstere Nacht. Wie weit ist wohl der herrliche, kommende Tag der Wiederkunft Jesu Christi herangerückt? Sind wir bereit, ihm zu begegnen?
Schlaf heißt im Griechischen: »hypnos«. Es erinnert uns an das Wort Hypnose. In der Tat, wir versinken allabendlich in eine gewisse Art von Hypnose. Wir liegen Stunden ohne Bewußtsein, von denen wir nicht wissen, was in der Zwischenzeit vor sich ging. Im gewissen Sinne könnte man sagen: »Wie gefährlich ist doch der Schlaf. Diebe, Räuber, Brandstifter können ihr Unwesen treiben; wir vernehmen nichts.«
Paulus gibt den Christen in Thessalonich das zu bedenken:
»Denn ihr selbst wisset genau, daß der Tag des Herrn wird kommen wie ein Dieb in der Nacht.« – »Ihr aber, liebe Brüder, seid nicht in der Finsternis, daß der Tag wie ein Dieb über euch komme, denn ihr alle seid Kinder des Lichtes und Kinder des Tages. Wir sind nicht von der Nacht noch von der Finsternis. So lasset uns nun nicht schlafen wie die anderen, sondern lasset uns wachen und nüchtern sein.« (1. Thessalonicher 5/2 und 4-6)
Jesus Christus kommt nicht als Dieb, sondern wie ein Dieb in der Nacht. Diebe sind nur an Perlen, an Schmucksachen aus Gold und Edelsteinen interessiert. Der himmlische Vater hat uns Zeichen und Merkmale gegeben, die uns immer neu auf die Wiederkunft Jesu Christi für seine Gemeinde hinweisen sollen.

Schlangen und Skorpione in der Wüste

»Hüte dich, daß dein Herz sich nicht überhebt und du den Herrn, deinen Gott, vergißt, der dich aus Ägyptenland geführt hat, aus der Knechtschaft, und dich geleitet hat durch die große und furchtbare Wüste, wo feurige Schlangen und Skorpione und lauter Dürre und kein Wasser war.«

(5. Mose 8/14-15)

Das Leben ohne Gott ist mit einer Wüstenwanderung voller Unsicherheitsfaktoren zu vergleichen: Sengende Gluten der sündhaften Triebe; depressive Einöde und Fruchtlosigkeit; ein unerfülltes Dasein soweit das Auge reicht; extreme Schwankungen der Temperaturen, – des Tages über 50 Grad im Schatten und des Nachts nahe dem Gefrierpunkt, ein stetes Auf und Ab der Stimmungen: himmelhoch jauchzend, zu Tode betrübt. Wer kennt diese enormen Extreme nicht?

Während der Filmarbeiten in Israel bekamen wir je nach unseren Interessengebieten einen Fachmann zugeteilt. Da wir die Naturereignisse des Landes mit der Kamera aufnehmen wollten, begleitete uns ein erfahrener Biologe. Er zeigte uns die samtschwarzen Lilien in der Gegend von Arrad, aber er führte uns auch in die endlos scheinende Wüste Zin, in der das Volk Israel seine 40jährige Wanderung zum verheißenen Land durchlebte. Dabei lernten wir die Israeliten verstehen, wenn sie sich oftmals gegen die Anweisungen ihres Führers auflehnten und zu murren begannen. Bald wurden wir bei den extremen Tagestemperaturen müde und rasteten. Der Kameramann setzte sich auf einen größeren Stein. Doch schnell zog ihn der Biologe von diesem hohen Platz herunter und sagte energisch: »Erst wollen wir den Ort genauestens untersuchen; denn im Schatten unter dem Stein könnten sich Schlangen und Skorpione befinden!« Im Nu hatte er auch zwei Schlangen und einige Skorpione gefangen. Er fragte uns Deutsche, wer wohl die Schlange in die Hand nehmen würde. Niemand war dazu bereit.

»Habt ihr Angst, ich habe doch Serum bei mir, falls einer gebissen wird«, versicherte er uns. Da faßte ich Mut und nahm die Schlange in die Hand, für mich ein ungewohnt scheußliches Gefühl.

Der Kameramann begann zu filmen. Später sah ich mich, wie ich alle Kräfte bemühte, um den Leib der giftigen Schlange festzuhal-

ten, dabei verkrampfte selbst mein Mund und die Kinnlade zum großen Vergnügen der anderen.
Jesus Christus hat die alte Schlange, den Teufel, selbst besiegt, darum brauchen sich die Kinder Gottes vor ihrem Fauchen und den drohenden Gebärden, die uns Angst einflößen sollen, nicht zu fürchten.
Jesus gab den Jüngern große Vollmachten: »Die Siebzig aber kamen wieder mit Freuden und sprachen: Herr, es sind uns auch die bösen Geister untertan in deinem Namen. Er sprach aber zu ihnen: Ich sah den Satan vom Himmel fallen wie einen Blitz. Sehet, ich habe euch Vollmacht gegeben, zu treten auf Schlangen und Skorpione, und über alle Gewalt des Feindes; und nichts wird euch schaden. Doch darüber freut euch nicht, daß euch die Geister untertan sind. Freut euch aber, daß eure Namen im Himmel eingetragen sind.« (Lukas 10/17–20)

1. DEZEMBER

Gehe eine Meile mit ihm

»Wenn einer eine Meile mit dir gehen möchte, so gehe mit ihm zwei! Gib dem, der dich bittet, und wende dich nicht von dem, der von dir borgen will.« (Matthäus 5/41-42)

Beim Helfen soll man auf Gott sehen und auf des Nächsten Not. Zu Jesus kam ein Schriftgelehrter, der fragte: »Was muß ich tun, um selig zu werden?«
»Du sollst Gott, deinen Herrn, lieben von ganzem Herzen, von ganzer Seele, mit allen Kräften und mit deinem ganzen Verstand und deinen Nächsten wie dich selbst.«
Es war ein sehr schneereicher und kalter Winter, als ich in einer Großstadt evangelisierte. Ich wohnte beim Pastor der Gemeinde. An einem Morgen sprang sein großer Wagen nicht an und er bat mich, ihn mit meinem kleinen Volkswagen abzuschleppen. Damals gab es beim Volkswagen aber noch keinen Abschlepphaken; ich mußte seinen Wagen also an die sogenannte Stoßstange anbinden. Jetzt geriet ich in eine fürchterliche innere Auseinandersetzung: Ich dachte, er könne doch wahrhaftig leicht einen Abschleppwagen in der Werkstatt bestellen. Wenn ich ihn abschleppe und er vielleicht falsch reagiert, d.h., wenn er womöglich noch

einen falschen Gang einlegt, könnte der Strick reißen und meine Stoßstange verbogen werden. Da fällt mir aber unser heutiges Textwort ein. Mir wurde klar, wenn man beim Gehen seinen Nächsten zwei Meilen begleiten soll, so müßte es mit dem Auto doch weitaus mehr sein.
Aber es kam, wie ich es schon geahnt, oder wie ich es so negativ geglaubt hatte, – der Strick riß und wir beide standen mitten auf einem verkehrsreichen Platz. Ich sprang aus dem Auto und sah die verbogene Stoßstange an meinem Volkswagen. Nun holte der Pastor endlich den Abschleppwagen. Ich stand auf der Verkehrsinsel in der Kälte. Bösartige Gedanken kreisten in meinem Kopf: »Siehst du, jetzt muß er doch einen Abschleppwagen holen, hätte er das gleich gemacht, dann wäre meine Stoßstange noch heil.« Ich haderte und murrte in mich hinein. Um mich brauste der Verkehr.
Da wurde es plötzlich ganz still in meinem Innern. Sehr sanft hörte ich die Stimme des Heiligen Geistes: »Habe ich dich nicht über eine Million Fahrkilometer in vielen Ländern der Welt so gnädig, ohne große Unfälle und Pannen begleitet? Haben meine Engel dich nicht in tausend Gefahren bewahrt, daß du keine Schramme bekamst? Weshalb haderst du, weil dein Bruder dich um eine kleine Hilfe bat und du jetzt einen kleinen Schaden hast?«
Ich wurde von der Wirkung der Stimme Gottes mächtig erfaßt und begann mich zu schämen. Dann flehte ich zu Gott um Vergebung und erkannte: Samariterdienst bedeutet Dank gegenüber Jesus Christus, dem ich durch den Dienst am anderen meine Liebe bezeuge.
Wir spüren es: Nicht das Wissen, nicht die Lehre oder die Erkenntnis, sondern das Tun entscheidet.

2. DEZEMBER

Herrlichkeitsfreude im Pferdestall

»Denn gleichwie wir des Leidens Christi viel haben, so werden wir auch reichlich getröstet durch Christus. Haben wir aber Trübsal, so geschieht es euch zu Trost und Heil. Haben wir Trost, so geschieht es zu eurem Trost, welcher sich wirksam erweist, wenn ihr leidet mit Geduld dieselben Leiden, die auch wir leiden. Und unsere Hoffnung steht fest für euch, weil wir

wissen, daß, wie ihr des Leidens teilhaftig seid, so werdet ihr auch des Trostes teilhaftig sein.« **(2. Korinther 1/5-7)**

Ein rauher Winter mit großen Schneeverwehungen und eisigen Temperaturen hielt die Menschen und die Natur im Griff. Während dieser Zeit fand im Schwarzwald eine Bibelwoche statt. Der Ortsprediger bittet mich, ihn bei einem Hausbesuch zu begleiten.
»Heute siehst du den leibhaftigen Lazarus«, verkündete er mir. Wir fuhren durch den hohen Schnee zu einem einsamen, kleinen Bauerngehöft. Es war ein echtes Schwarzwaldhaus:
Im unteren Geschoß der ehemalige Pferdestall und darüber eine Wohnung. Die Wände des Stalles waren wohl geweißt, aber der Raum konnte nicht geheizt werden. In einer Ecke stand ein Bett, ein Nachttisch und an der Wand ein Kleiderschrank. Ein von Krankheit gezeichneter Mann lag unter seiner Bettdecke. Als er uns hereinkommen sah, richtete er sich auf und begrüßte uns mit freudevollem Gesicht.
»O wie herrlich, jetzt kommen die Boten Gottes, nun kommt der Heiland selbst zu mir! Ach, wie freue ich mich, euch beide hier zu sehen. Jetzt wird die Gemeinschaft mit Christus noch schöner«, mit großer Herzlichkeit schüttelte der Schwerkranke uns die Hand.
Während des Sprechens bildeten sich immer wieder Atemwölkchen vor seinem Mund – wir behielten unsere Mäntel an. Später erfuhr ich vom Pastor, daß seine Ehefrau oben in der Wohnung mit einem fremden Mann herumjubelte, während ihr todkranker Mann unten in einem eiskalten Stall dahinvegetierte. Kein Wort der Klage, keine böse Äußerung, nur Lobpreis und Dank, Freude und Segenssprüche kamen über seine Lippen. Andere Christen versorgten ihn mit Lebensmitteln, warmen Speisen und Getränken. Oft hatte er für die Besucher Trost und göttlichen Zuspruch. So konnte dieser Jünger Jesu, obwohl er von einem Krebsleiden sehr geschwächt war, noch anderen zum Segen werden. Er berichtete uns von vielen Erfahrungen mit seinem Herrn und Meister. Seine Zeugnisse erquickten und stärkten uns. Wir lasen noch Worte aus der Heiligen Schrift vor und beteten mit ihm, ehe wir uns verabschiedeten. In der Heiligen Schrift finden wir eine wunderbare Verheißung: »Der Gerechte muß viel erleiden, aber aus alledem hilft ihm der Herr.« Das Wort Gottes täuscht den Menschen nicht. Es handelt sich nicht um ein Märchenbuch mit vielen erdichteten Erzählungen, wobei der Jünger Jesu stets allem Leid enthoben ist. Im Gegenteil, wir werden immer wieder darauf hingewiesen, daß

wir, solange wir hier auf Erden leben, mit allerlei Trübsal und Leid konfrontiert werden.
Es ist das Los der Auserwählten, daß auf dem Weg zum Paradies hier auch noch Unkraut und schmerzende Dornen wachsen. Wir müssen uns mit manchem Kummer, Schmerz und Leid abquälen. Herzeleid, Kram und viele Beschwerden werden uns zum »Pfahl im Fleisch«.
Aber wir werden auch reichlich getröstet.

3. DEZEMBER

Wer liebt, ist nicht nachtragend

»Gebt acht auf euch selbst! Wenn dein Bruder Unrecht getan hat, dann weise ihn zurecht, und wenn er es bereut, dann vergib ihm. Selbst wenn er siebenmal am Tag an dir schuldig wird, sollst du ihm verzeihen, wenn er kommt und sagt: ›Es tut mir leid!‹« (Lukas 17/3-4 GN)

Wir sind leicht geneigt, der Vergebung eine Grenze zu setzen. Jesus weiß, wie schnell wir aneinander schuldig werden und in Gefahr kommen, unversöhnlich zu bleiben. Deshalb mahnt er uns zu neuer Vergebungsbereitschaft. Es gilt also, unbegrenzt und immer wieder zu vergeben.
Während einer Evangelisation in Ahrensburg wollte mir der Gemeindehirte die Umgebung zeigen.
»Was könnte ich dir zeigen?« fragte mich der Pastor. »Was würde dich hier interessieren?« Da wir in der Nähe von Schloß Friedrichsruh waren, bat ich ihn, mich dorthin zu begleiten; denn mein Großvater hatte über den ersten deutschen Reichskanzler, Otto Fürst von Bismarck, viel geschrieben. So freute ich mich, den Ort einmal zu sehen, wohin er einst eingeladen worden war.
Als wir das Schloß betraten, sahen wir neben den umfangreichen Geschichtswerken meines Großvaters auch die Herrnhuter Losungsbücher des großen Staatsmannes, der sich als junger Mann zum Herrn bekehrt hatte. Eines der Losungsbücher stand aufgeschlagen in einer Vitrine. Man konnte seine handschriftlichen Eintragungen, die sich auf den Bibeltext bezogen, gut entziffern.
Dem Fürsten Otto von Bismarck wurde bei einem Staatsempfang das Gästebuch des Hauses vorgelegt. Vor ihm hatten schon zwei Staatsmänner etwas in dieses Buch geschrieben.

Der eine vermerkte. »In meinem Leben brauche ich zwei Regeln von Weisheit, erstens: viel zu vergeben und zweitens: nie zu vergessen.«
Der andere schrieb darunter: »Ein wenig Vergeßlichkeit schadet der Aufrichtigkeit des Vergebens nicht.«
Bismarck aber schrieb: »Ich habe in meinem Leben gelernt: viel zu vergessen und mir selbst viel vergeben zu lassen.«
Diese demütige Haltung des bekannten Staatsmannes zeigt, daß er ein aufrichtiger Mann und ein Jünger Jesu war.
Vergeben ohne zu vergessen ist im Grunde überhaupt kein Vergeben. Wir bleiben dabei fromme Heuchler, weil wir vorgeben, dem anderen vergeben zu haben, aber wir denken immer daran. Diese Gedanken arbeiten oft Tag und Nacht in uns. Was ist göttlicher, als wirklich vergeben und vergessen zu können? Jesus will uns helfen. Von der eisernen Umklammerung der Unversöhnlichkeit frei zu werden.

4. DEZEMBER

Sorget nichts

»Darum sorgt euch in keiner Weise! Ihr dürft alle Anliegen im Gebet und Flehen mit herzlichem Danken vor Gott ausbreiten.« (Philipper 4/6 Bruns)

Über fünfundzwanzig Jahre wohnten wir schon in einer Mietwohnung und sollten sie nach dem Willen des neuen Hausbesitzers räumen, weil sie als Eigentumswohnung zum Verkauf angeboten werden sollte.
Mit dieser Hiobsbotschaft waren wir vom Hausbesitzer in einer persönlichen Unterredung konfrontiert worden, doch konnte er uns keine gleichwertige Wohnung zum gleichen Mietpreis vermitteln. Deshalb brachte ich höflich, aber sehr entschieden zum Ausdruck, daß er uns zu einem Wohnungswechsel nicht zwingen könne, zumal wir nach dem Gesetz nicht kündbar waren.
Zum Schluß des Gesprächs versicherte ich dem Hausbesitzer: »Sie können mir glauben, daß ich für Sie intensiv beten werde, denn das Gebet des Gerechten vermag viel. Auch für die Hausgemeinschaft ist es immer gut, wenn ein Beter im Hause wohnt.« Damit verabschiedeten wir uns. Was ich versprochen hatte, hielt ich auch und brachte immer wieder unser Anliegen vor Gott.

Einige Zeit später wurde ich gerade in der Adventszeit zum Hausbesitzer gebeten. Es war mir zunächst nicht ganz wohl, denn ich dachte an eine erneute Aufforderung zum Wohnungswechsel. Deshalb machte ich mich mit ziemlich gemischten Gefühlen auf den Weg. Zu meinem großen Erstaunen war die Atmosphäre von Anbeginn der Unterredung sehr gelöst und freundlich. Seine Frau und er schmunzelten geheimnisvoll und eröffneten mir dann: »Wir wollen Ihnen etwas sehr Schönes mitteilen, denn wir haben uns beide zu Jesus Christus bekehrt und sind recht froh, Ihnen sagen zu können, daß wir Sie weiterhin in der Wohnung als Mieter behalten wollen.«
Das war für mich wirklich eine frohmachende Adventsbotschaft, Gott hatte über Bitten und Verstehen meine Gebete erhört. Mit allem anderen hatte ich gerechnet, nur damit nicht. Nun waren wir durch die Liebe Christi miteinander verbunden und konnten zusammen beten. Gott schenkt uns oft mehr, als wir erwarten. Wohl hatte ich darum gebeten, daß wir in der Wohnung bleiben könnten, aber Gott hat darüber hinaus für das Seelenheil dieser Leute gesorgt.
Der Apostel Petrus fordert uns auf: »Alle eure Sorgen werfet auf ihn; denn er sorgt für euch!« (1. Petrus 5/7)
Wir sollen also immer Menschen sein, die Jesu Verheißungen trauen, denn er hat uns wissen lassen »Euer Vater weiß, was ihr nötig habt, ehe ihr ihn bittet.« (Matthäus 6/8 Bruns)

5. DEZEMBER

Zum Frieden untereinander

»So laßt uns denn dem nachstreben, was dem Frieden und der gegenseitigen Förderung dient!« (Römer 14/19 Bruns)

Zum Hauswirt hatte ich gesagt: »Auch für die Hausgemeinschaft ist es immer gut, wenn ein Beter im Hause wohnt.« Zu derselben Zeit hatten wir einen neuen Hausbewohner, der sich in dem Dreifamilienwohnhaus eine Wohnung gekauft hatte. Er war ein Mensch, an dem man für sich selbst viel göttliche Liebe und Geduld erproben lernte. Man mußte sich täglich die Kraft erbitten, ihm im Geiste Jesu begegnen und ihn begrüßen zu können. Deshalb betete ich inständig, immer ein fröhliches und liebendes Herz auch für ihn zu haben.
Eines Tages gab er uns die Geburt einer Tochter bekannt. Mit

einem Geschenk und einer Segenswunschkarte ging ich zu ihm und gratulierte ihm und seiner Frau. Ich wünschte ihnen Gottes reichen Segen sowie Gesundheit für Mutter und Kind.
Da antwortete er mir traurig: »Ja, das können wir sehr gebrauchen . . .«
Als ich fragte, ob ihn etwas bedrücke, erwiderte er: »Das Kind hat leider einen schweren Herzfehler und wird irgendwann operiert werden müssen. Die Überlebenschancen stehen bei 50 Prozent. Ich weiß also nicht, wie es ausgehen wird.«
»Das tut mir aber sehr leid«, antwortete ich, »aber ich werde für Ihr Kind beten. Gott hat in dieser Beziehung schon viele Wunder gewirkt.«
Er bedankte sich und ich betete in den folgenden Wochen täglich für die kleine Tochter.
Nach einer gewissen Zeit konnten die Eltern ihr Kind aus der Klinik nach Hause holen. Es machte wohl einen kranken Eindruck, aber es blieb am Leben.
Nach längerer Zeit hatte ich etwas mit diesem Nachbarn zu besprechen. Bei dieser Gelegenheit fragte ich dann, wie es der Kleinen ginge, weil wir sie gar nicht mehr weinen hörten. Wir nahmen deshalb an, daß sie vielleicht schon zu der Herzoperation ins Krankenhaus gebracht worden sei.
Nach kurzem Zögern bekannte er mir: »Nun, ich will Ihnen nichts vormachen, aber meine Frau hat mich mit dem Kind verlassen.«
Offenbar hatte seine Frau sein aggressives und oftmals autoritäres Verhalten nicht ertragen.
Selbst die Nachbarschaft hatte ihn darin erfahren und beobachten können.
»Bitte glauben Sie mir, ich werde auch dafür beten, daß Gott Ihnen hilft. Gott zwingt keinen Menschen, etwas Bestimmtes zu tun, aber er erhört Gebet.«
»Ja«, sagte er mir, »beim ersten Mal hat es ja auch geholfen, unsere Tochter brauchte nicht operiert zu werden.«
»Oh, wie gut, das hätten Sie mir eigentlich schon früher sagen können, dann hätte ich mich auch darüber freuen können.«
Nach einem Vierteljahr kam seine Frau mit der Tochter zurück. Ich war sehr froh darüber, denn der Herr hatte meine Gebete erhört.
Doch einige Monate später gab es in der Wohnung des jungen Ehepaares einen fürchterlichen Krach mit wüsten Beschimpfungen. Leider ging danach die Ehe für immer in die Brüche. Das Verhalten des Mannes hat sich dann aber uns gegenüber positiv verändert. Durch die endgültige Trennung ist er leider sehr einsam geworden.

Das Gebet des Gerechten hatte seine Wirkung, doch der Eigensinn des anderen brachte ihm keinen Frieden.
Gott erhört unsere Gebete, er löst viele Probleme, die uns bedrükken, doch des Menschen Wille ist entweder sein Himmelreich oder seine Hölle, heißt es in einem Sprichwort.

6. DEZEMBER

Der Sperling hat ein Haus gefunden

»Der Sperling hat ein Haus gefunden und die Schwalbe ein Nest für ihre Jungen. Deine Altäre, Herr Zebaoth, mein König und mein Gott. Wohl denen, die in deinem Hause wohnen; die loben dich immerdar.« (Psalm 84/4-5)

»Du hast uns zu dir geschaffen und unser Herz ist unruhig, bis es ruht in dir!« sprach der bekannte Kirchenvater Augustin. Deshalb sehnt sich unser Herz nach den Gottesbegegnungen. Hat unsere Seele ein Haus gefunden oder irren wir heimatlos umher? Hier wird uns ein Haus oder ein Nest angeboten: den Flüchtlingen, Enttäuschten, Verfolgten, Ruhelosen und Lebensmüden, die eine Geborgenheit suchen. Das ist der Raum, den Gott offenhält, wohin man fliehen kann. Dieses Haus ist mehr als erdbebensicher, es bleibt unerschütterlich bis in alle Ewigkeit.
Während einer Israelreise riefen plötzlich einige aus unserer Gruppe: »Schaut mal zum Himmel! Jetzt kommen die Störche. Der ganze Himmel ist voller Störche.« Zu Hunderten kreisten sie in übereinanderliegenden Flugräumen. Der jüdische Reisebegleiter erklärte allen den Vogelflug über Israel: »Israel ist in der Zeit des Vogelflugs wie eine überlastete Autobahn in Europa. Von den uns bekannten zirka 8800 Vogelarten überqueren jährlich allein 280 Arten unser Land.
Der Weg aus ihren Brutgebieten in Europa und Asien führt durch diesen engen Luftkorridor in Richtung Afrika. Die Thermik der Jordanebene ist für den Vogelflug so wunderbar geeignet, daß sich hier schwarze Milane, Seemöwen, Kraniche, Adler, Bussarde, Mauersegler, Bachstelzen, Finken, Grasmücken, Dohlen, Kiebitze und viele andere Vogelarten über dieser Himmelsschneise einen Weg bahnen. Jährlich passieren mehr als 15 Millionen Vögel

zweimal dieses enge Nadelöhr, unseren Luftraum; davon allein 450 000 Störche, die nach Afrika weiterfliegen«, erklärte der jüdische Reiseführer seiner Studiengruppe.
»Ihr Weg nach Süden führt dann über die karge Sinai-Halbinsel. Deshalb halten die meisten von ihnen hier kurze Rast. Aus Sicherheitsgründen herrscht dann für den militärischen Bereich absolutes Flugverbot.«
»Aber es gibt doch in Israel kaum Frösche, um solche Invasion zu sättigen«, meinte eine kleine Bäuerin aus dem Schwarzwald.
»Störche fressen doch nicht nur Frösche, sondern leben hier vor allem von Echsen und Schlangen. Die Fischteiche sind für sie, natürlich zum Leidwesen der Farmer, auch eine willkommene Gelegenheit, um sich satt zu fressen. Hier über diesem Land hat man über 35 000 Schreiadler an einem Tag registriert. Insgesamt überqueren 140 000 dieser herrlichen Tiere jährlich zweimal unser Land.
Deshalb finden Sie in der Heiligen Schrift diese vielen Naturschilderungen, so wie es Jesaja formuliert:
›Schaut hinauf zum Himmel, wer hat dies alles geschaffen? Der Herr, unser Gott, hat die Erde geschaffen, und er regiert sie für alle Zeiten. Er wird nicht müde, seine Kraft läßt nicht nach; seine Weisheit ist tief und unerschöpflich. Er gibt den Müden Kraft und den Schwachen macht er stark. Selbst junge Leute werden kraftlos, die Stärksten erlahmen.
Aber alle, die auf den Herrn vertrauen, bekommen immer wieder neue Kraft, es wachsen ihnen Flügel wie dem Adler . . .‹«, erklärte uns der israelische Reiseleiter.

7. DEZEMBER

Lebendiger Name – toter Glaube

»Und dem Engel der Gemeinde in Sardes schreibe: Das sagt, der die sieben Geister Gottes hat und die sieben Sterne: Ich weiß deine Werke: Du hast den Namen, daß du lebest, und du bist tot. Werde wach und stärke das andere, das sterben will, denn ich habe deine Werke nicht als völlig erfunden vor meinem Gott.« **(Offenbarung 3/1-2)**

Eines Tages ging ein älterer Herr in das Berliner Wachsfigurenkabinett am Kurfürstendamm. Durch das lange Herumlaufen in dem großen Haus wurde er bald müde, denn man muß von einem Stockwerk zum anderen laufen, um durch die verschiedenen Jahrhunderte zu kommen. Als der ältere Herr einen leeren Stuhl erblickte, setzte er sich dort nieder und schlief kurz ein.
Zwei Frauen, die aus dem oberen Stockwerk kamen und an ihm vorübergingen, dachten, er wäre auch eine Wachsfigur und suchten vergeblich in ihrem Katalog, um welche Persönlichkeit es sich bei ihm handeln könnte. Plötzlich öffnete der ältere Herr seine Augen und begann sich zu bewegen.
Erschrocken schrien die beiden Damen: »Huch! Huch! Hilfe! Hilfe! Der lebt ja! Der lebt ja!« und entgeistert rannten sie davon.
In der Regel werden schlafende Christen unbehelligt gelassen, denn sie können sich dem allgemeinen Treiben der Gesellschaft anpassen. Sie geben viel auf die christliche Tradition, sie singen am Sonntag Choräle in der Kirche, können sich aber genauso an gottlosen Schlagern ergötzen. Sie hören sonntags Predigten, können aber auch die unmoralischen Zoten, brutalen Krimis und unzählige Sündengeschichten im Fernsehen ansehen.
Sie bekleiden ein Amt in der Kirche und singen im Chor, fühlen sich aber auch bei Karnevalsveranstaltungen und Tanzvergnügen »pudelwohl«.
Wenn in ihrer Gegenwart zweideutige Witze erzählt werden, bieten sie der Sünde keinen Einhalt. Sie sind für den Herrn solche, die wohl »Christen« heißen, doch kaum einer bemerkte etwas von einem geheiligten Leben.
Ihnen ruft der Herr heute zu:
»Werde wach!« und »Tue Buße!« – d.h. halte Umkehr, laß dich in diesem Gewohnheitsschlaf deines toten Christentums erschrecken und daraus erwecken.
Tu Werke der innigsten Liebe für das Reich Gottes, sonst könnten dich die Worte Jesu treffen, die wir im folgenden Vers lesen:
»Wenn du aber nicht wachen wirst, werde ich kommen wie ein Dieb, und du wirst nicht wissen, zu welcher Stunde ich über dich kommen werde.« (Offenbarung 3/3)

Der kommende Morgenstern

»Halleluja! Lobet im Himmel den Herrn, lobet ihn in der Höhe! Lobet ihn, alle seine Engel, lobet ihn, all sein Heer! Lobet ihn, Sonne und Mond! Lobet ihn, all ihr leuchtenden Sterne! Lobet ihn, ihr Himmel aller Himmel und ihr Wasser über dem Himmel! Sie sollen loben den Namen des Herrn; denn er gebot, da wurden sie geschaffen!« (Psalm 148/1-5)

Schon an diesem Morgen hatte ich im Andachtsbuch gelesen: »Lobet vom Himmel her den Herrn. Lobet, die ihr den Hohen und Erhabenen am nächsten seid, seid auch die Ersten im Anstimmen des Lobgesanges! Ihr heiligen Engel, ihr Cherubim und Seraphim, und alle anderen, die ihr am Thronhimmel des Königs aller Könige wohnt, rühmt den Herrn!«

»Behaltet eure Lieder der Anbetung nicht für euch, sondern laßt eure Lobgesänge, gleich einem herrlichen Regen vom Himmel, auf die Menschheit niederträufeln.«

In einem Bus waren wir mit einer kleinen Gruppe unterwegs in der Wüste Sinai. Wir wollten auf den Berg Horeb steigen, um den Sonnenuntergang zu erleben. Nun ging es zu Fuß über einen steinigen, steilen Pfad, $4^1/_2$ km bis auf 2.300 m Höhe aufwärts. Links und rechts begleiteten uns Kameltreiber in ihren orientalischen Gewändern mit ihren großen Tieren.

Bei der ungewohnten Anstrengung des Aufstiegs wurden mir die Worte Gottes lebendig: »Und der Herr sprach zu Mose: Komm herauf zu mir auf den Berg und bleibe daselbst, daß ich dir gebe die steinernen Tafeln, das Gesetz und das Gebot, das ich geschrieben habe, um sie zu unterweisen.« (2. Mose 24/12)

Nach über 4 Stunden hatten wir bei eisigem Wind, der uns fast vom Pfad wegwehte, die Höhe des Horeb erklommen. Die Berge verhüllten sich nicht, wie es geschah, als sich die Herrlichkeit Gottes auf Mose niedersenkte, aber die Gipfel des Gebirges erglühten im prächtigen Abendrot. Da begannen wir aus voller Kehle und tiefstem Herzen einen Choral anzustimmen.

Der Abstieg aber wurde überraschenderweise zu einem noch größeren Erlebnis. Das funkelnde Sternenmeer über dem Sinai lobte mit uns den Allerhöchsten. Große Dunkelheit breitete sich über uns aus. Neben, vor und hinter uns trabten Kamele und trugen manchen zum Tal. Man fühlte sich in die Zeit der Patriarchen

versetzt. Und da, mitten unter dem funkelnden, unzählbaren Sternenmeer, erblickten wir den leuchtenden Kometen, den wir schon in der Heimat gesehen hatten. Hier war sein Himmelsschweif noch ausgeprägter und leuchtender.
Er predigte uns den heiligen Weg vom Stern aus Jakob, der kommen sollte und vom Stern über Bethlehems Feldern, dem Bringer der Gnaden Gottes über alle Menschen guten Willens, dem hellen Morgenstern, Jesus Christus, der da kam, der da ist, und der da kommen wird in Pracht und Herrlichkeit.
»Lobet ihn, Sonne und Mond; lobet ihn, alle leuchtenden Sterne!«
Wie alle Sterne miteinander, so muß auch jedes einzelne Glied im Chor aller Geschöpfe Gott den Herrn loben und preisen. Die Sonne und der Mond, die zusammen Tag und Nacht regieren, werden auch im Lob einander zugeordnet; ein Lichtspender ist die Ergänzung des anderen! So sollen auch wir in der Anbetung des Höchsten einander Gehilfen sein.

9. DEZEMBER

Das Wort wurde Fleisch

»Und das Wort wurde Fleisch und wohnte unter uns, und wir sahen seine Herrlichkeit als des eingeborenen Sohnes vom Vater, voller Gnade und Wahrheit.« (Johannes 1/14)

Der Evangelist Johannes ist der große Seher, der uns das Wesenhafte in aller Kürze und gestrafft sagt. Das Johannesevangelium kennt keine ausführliche Weihnachtsgeschichte. Jesus wurde ein Menschenkind, damit wir Gottes Kinder werden können; er wurde Fleisch und Blut, damit wir Miterben des Paradieses sein können, er kam aus der Höhe, um in der Tiefe dem Widersacher Gottes, dem Satan, eine vernichtende Niederlage zu bereiten und uns aus dem Sog der Sünde zu befreien. Johannes führt uns zu dem Geheimnis der Menschwerdung Gottes.
Man kann Weihnachten sehr verschieden feiern. Mit dem Bild des alttestamentlichen Tempels in Jerusalem möchte ich es illustrieren. Die einen begnügen sich damit, in den Vorhof des Tempels zu kommen. Sie erfreuen sich an den Geschenken, am Festessen und anderen schönen Sachen. Es ist Feiertag, sie haben Ruhe und können sich an Gesellschaftsspielen und anderem Zeitvertreib amüsieren. Was wirklich Weihnachten ist, wissen sie nicht.

Die anderen gehen ins Heiligtum des Tempels, sie wissen, was in der Bibel geschrieben steht: von den Hirten und den Herden, von den himmlischen Heerscharen, von Maria, Joseph und dem Kind in der Krippe. Mit Ehrfurcht hören sie die Geschichte der Geburt Jesu, aber kommen sie wirklich zu dem Eigentlichen?
Jesus will uns durch den Heiligen Geist in das Allerheiligste des Tempels führen, nämlich an den Ort, wo wir vor der Heiligkeit Gottes verstummen, wo das Licht seiner Herrlichkeit leuchtet und wir im Geist in seine direkte Berührung kommen. Er will uns teilnehmen lassen an der Lichtherrlichkeit der Majestät des ewigen Schöpfers, er will als König in unsere Herzen einziehen und mit uns heilige Gemeinschaft pflegen, so daß wir auch Licht werden.

Kann unser Herz in dieser bewegten Zeit noch so still werden, daß wir seine Stimme durch den Heiligen Geist in uns vernehmen? Ist der Friede Gottes, der höher ist als alle Vernunft, schon in unser Innerstes eingezogen?
Heute fragen die Menschen, wo bleibt der geniale, starke Mann, der die Geschicke der Welt in die Hand nehmen und die großen politischen und wirtschaftlichen Probleme lösen kann?
Wie furchtbar, daß wir so von der Grundwahrheit der Heiligen Schrift abgewichen sind und keine Fähigkeit und kein Verlangen mehr besitzen, ins Allerheiligste zu gehen, um dort Licht vom ewigen Licht, und somit die Erleuchtung unserer inneren Augen zu erhalten, die Herrlichkeit Gottes zu erkennen. Erbbiologisch ist Jesus nicht zu ergründen.
Gottes Geist verkündet uns: »Das Wort wurde Fleisch!« Damit vernehmen wir: Gott, der ohne Anfang und ohne Ende ist, wurde ein Mensch aus Fleisch und Blut. Jesus nimmt unsere Lebensform an, um uns in unserer Verlorenheit zu begegnen, um uns wirklicher Helfer und Erretter zu werden.

10. DEZEMBER

Bethlehems Gnade und Gericht

»Als nun Herodes merkte, daß er von den Sternkundigen getäuscht worden war, wurde er sehr zornig, schickte hin und ließ alle Knaben bis zu zwei Jahren in Bethlehem und in der

ganzen Umgebung töten. Diese Zeit hatte er sich von den Sternkundigen genau sagen lassen.«

(Matthäus 2/16 Bruns)

Wir vergessen zu leicht, daß diese grausame Begebenheit auch zur Geburtsgeschichte Jesu gehört.
Innige Freunde und grimmige Feinde machen sich auf den Weg zu Jesus.
Damit ist der Lebensweg unseres Heilandes von vornherein gezeichnet – von der Krippe zum Kreuz!
Die einen kommen und scheuen keine Mühen, keine Strapazen auf dem weiten Weg, keine Unkosten und Gefahren. Sie kommen, um anzubeten. Ihre Herzen glühen vor Erwartung, denn sie haben einen außergewöhnlichen Stern am Firmament gesehen.
Gott hat ihnen ein Zeichen an den Himmel gesetzt. Die Sterndeuter sind es, die die religiösen Gelehrten Israels herausfordern, um die Schriftrollen des Propheten öffentlich vor dem König und seinem Hofstaat zu verlesen: »Nach der Schrift müßte der neugeborene Herrscher in Bethlehem geboren sein!«
Die heidnischen Sterndeuter finden den Weg nach Bethlehem, sie beten an, sie huldigen dem Neugeborenen und gehorchen Gottes Anweisungen, einen anderen Weg in ihre Heimat zurück einzuschlagen.
Zur gleichen Zeit arbeitet der Geist des Widersachers. Herodes, der Tyrann, tritt auf den Plan und scheut sich nicht, an unschuldigen, wehrlosen Geschöpfen schuldig zu werden. Wir wollen am liebsten an der Grausamkeit dieser Mordtat von Bethlehem vorübergehen oder sie aus unserem Bewußtsein verdrängen. Dieser schreckliche Kindermord paßt überhaupt nicht in die freudevolle Botschaft der Engel vom Retter und der Herrlichkeit seiner Geburt.
Täglich hören wir heute von Kindesmördern, die sich an kleinen Kindern vergangen haben und sie danach grausam töteten. Andere scheuen sich nicht, das ungeborene Leben im Mutterleib zu vernichten.
Aber auch etwas anderes wird hierbei deutlich: Der Herr bewahrt die Seinen!
Wie gütig kann unser Gott die Wege ebnen, um dem Unheil zu entfliehen, um zur rechten Stunde auch die rechte Hilfe zu erhalten. So wie er damals die Seinen gelenkt und geleitet hat, so tut er es auch heute noch.
Gott läßt das Kind Jesus nach Ägypten bringen, gerade dorthin, wo schon einmal alle hebräischen Knaben ermordet werden soll-

ten. Auch hier bewahrte er damals den späteren Retter seines Volkes, nämlich Mose.
Natürlich melden viele Bedenken an: »Jesus hat er bewahrt, aber die übrigen Kinder in Bethlehem mußten sterben. War es denn nicht möglich, alle Kinder vor den Schwertstreichen der Mörder zu behüten?«
Das ist ein anderes Kapitel, was sich vor uns auftut. Gnade und Gericht liegen sehr oft beieinander.
Diese unschuldigen Kinder waren ausersehen, die ersten Märtyrer unseres Heilandes zu sein.
In ihrer hilflosen Art mußten sie auch Zeugnis darüber geben, daß der Satan der boshafte Verführer aller Menschen ist. Ohne es zu wissen, zeugten sie für den Heiland der Welt und starben für ihn. Nach dem Schwertstreich wurden sie gewiß ins Paradies erhoben, um später als Gerettete den Auferstandenen mit Palmen zu empfangen. Gott schenkt uns auch mit solch düsteren Bildern manches, was uns zur Lehre dienen soll.

11. DEZEMBER

Liebe ohne Eifersucht

»Die Liebe ist langmütig und freundlich, die Liebe eifert nicht.« (1. Korinther 13/4)

Eine solch schlichte Aussage, doch so inhaltsvoll. Ein Wort, das sofort unser praktisches Leben beleuchtet. Die Liebe ist nicht eifersüchtig, oder, wie es anders übersetzt heißt: Die Liebe ist nicht neidisch.
Es gibt auch einen Eifer im guten Sinne. Wir lesen im gleichen Brief an die Korinther: »Strebet nach der Liebe! Befleißigt euch der geistlichen Gaben . . .« Also auch ein Eifern in göttlicher Liebe.
Wenn wir das Leben des Herrn Jesu beobachten, so müssen wir feststellen, daß er ergriffen war von heiligem Eifer um die Ehre Gottes.
Es gibt aber auch viele Warnungen vor falschem Eifer:
»Woher kommen denn die Streitigkeiten und Zänkereien unter euch? Stammen sie nicht aus eurer Begehrlichkeit, die in euren Gliedern liegt, so daß ihr mit euch selbst in Streit kommt?

Ihr wollt immer etwas haben und bekommt es doch nicht, ihr bringt euch fast um vor Eifersucht, und eure Wünsche bleiben unerfüllt. Ihr lebt in Kampf und Streit und erreicht doch nichts.« (Jakobus 4/1-2 Bruns)
Durch die finstere Kraft des Neides oder der Eifersucht werden wir auch im Herzen bitter, wenn wir z.B. einen anderen beneiden, weil dieser sehr bewundert wird. Wir fühlen uns zurückgesetzt, übergangen und vernachlässigt. Jesus Christus will uns von der schrecklichen Sünde des Neides befreien. Er will uns von der häßlichen Eifersucht reinigen, weil beides den Menschen krank und häßlich macht. Eifersucht und Neid gönnen dem anderen nicht, was er nicht selber besitzt.
Die Liebe zürnt nicht, wenn ein anderer im Mittelpunkt des allgemeinen Interesses steht. Die Liebe eifert nicht! In der Stunde der Versuchung läßt sie den Herrn wirken. Das heißt, diese göttliche Liebe bewirkt ein Überwinderleben.
Gerade in der Stille reift die langmütige und freundliche Liebe Gottes heran.
Tersteegen beschreibt es so: »Ich kann es nicht aussprechen, wie vergnügt ich da gewesen, als ich allein wohnte. Ich dachte oft, kein König in der Welt könnte noch zufriedener leben als ich damals.« Er hatte sich oft in die Stille zurückgezogen, um zu beten und sein Herz vor allem Eifern und Neiden zu bewahren, ehe er wieder zum Dienst für Gott die rechte Salbung des Geistes erhielt.
Gott will uns in sein Bild gestalten, indem wir auf seinen Sohn schauen und durch die Kraft seines Geistes leben und danach handeln.
Wir wollen uns in das Licht des Wortes Gottes stellen. Vielleicht bemerken wir dann, daß wir mehr von Neid und Eifersucht befallen sind, als wir denken. Frage sich doch jeder, auf welchem Gebiet er noch eifersüchtig ist.
Manches berührt uns nicht, deshalb meinen wir, wir seien davon frei. Wir werden wohl keinen Spitzensportler beneiden, wenn er eine Goldmedaille gewonnen hat. Unsere Eifersucht liegt wahrscheinlich auf einem anderen Gebiet: im Ruhm, in der Ehre, dem Besitz, in dem Verlangen nach Schönheit, Talenten und anderem mehr.
Wenn der Herr Jesus mit der Erneuerung des inwendigen Menschen beginnt, hilft er uns, daß wir frei werden, nämlich von dem egozentrischen Wesen unseres Herzens. Er führt uns einzeln in seine wunderbare Schule des »Sterbens«. – Wer nicht täglich sterben will, wird das Himmelreich nicht erreichen.

Jerusalem, du hochgebaute Stadt

»Ein Lied Davids. Ich war froh, als sie zu mir sagten: ›Wir wollen zum Hause des Herrn gehen.‹ Nun stehen wir in deinen Toren, Jerusalem.
Jerusalem, du bist wie eine hochgebaute Stadt, wo all die Deinen sich zusammenfinden. Zu dir ziehen die Stämme hinauf, die Stämme des Herrn.« (Psalm 122/1-4 Bruns)

Wir können König David nachempfinden, mit welcher Freude er daran dachte, nach Jerusalem, in die Heilige Stadt zu ziehen. Es war für ihn keine bedeutungslose Gewohnheit oder der Zwang einer falschen Tradition, sondern der Aufbruch zu einer neuen Begegnung mit dem lebendigen Gott. Die Begeisterung fand seinen Höhepunkt in der Zusammenkunft mit seinen Brüdern und Freunden, die mit ihm gemeinsam in heiliger Anbetung vor dem Altar des Herrn ihren Lobpreis gaben.
Gerade jetzt in der Adventszeit kommt mir erneut mein Eindruck von Jerusalem in den Sinn, als ich das Heilige Land zum ersten Mal besuchte. Obwohl wir erst um Mitternacht mit dem Bus vor unserem Hotel auf dem Ölberg angekommen waren, erwachte ich schon um 5 Uhr in der Frühe. Ich ging sofort auf den Balkon, um die Stadt anzuschauen. Es war ein erregender Augenblick, diese einmalige Stadt so ausgebreitet vor mir liegen zu sehen. Dabei wurde ich von einer unbeschreiblichen Sehnsucht ergriffen, diese Stadt zu erleben. Noch lagen der Tempelberg und die Altstadt im grauen Dunst. Die Hähne begannen zu krähen und Esel schrien schrill. Vor mir lag der Garten Gethsemane. Als die ersten Sonnenstrahlen hinter dem Ölberg hervorkamen und sie sich bald über die Dächer von Jerusalem ausbreiteten, erglänzte das Gold vom Felsendom in großer Pracht. Dabei kamen mir die Worte der Heiligen Schrift in den Sinn:
»Denn Gott, der da sprach: ›Licht soll aus der Finsternis hervorleuchten‹, der hat einen hellen Schein in unsere Herzen gegeben, daß durch uns entstünde die Erleuchtung zur Erkenntnis der Herrlichkeit Gottes in dem Angesicht Jesu Christi.« (2. Korinther 4/6)
Ja, Gott ist Licht. Gott schuf das Licht. Licht war das erste Schöpfungswunder. Diesem ersten Schöpfungswort des lebendigen Gottes mußte alle Finsternis weichen. Das Licht des ewigen Gottes bricht hervor und wird zur Grundlage neuen Lebens auf

dem ganzen Erdenkreis. Aber nun hat Gott noch ein ganz anderes Licht als Grundlage für ein neues Leben geschaffen durch ein zweites Schöpferwort: »Es ist vollbracht!«

13. DEZEMBER

Was murrst du?

»Er ist es, der Weisheit gibt, von ihm kommen Wissen und Verständnis. Alle, die ihm mit redlichem Herzen folgen, finden bei ihm Schutz und Hilfe.« (Sprüche 2/6-7 GN)

Im vorweihnachtlichen Treiben besuchte ich ein Antiquariat in Tübingen, um Biographien bekannter Gottesmänner zu suchen. Schon bald wurde ich fündig und eilte ins Parkhaus, damit ich rechtzeitig zum Mittagessen daheim sein konnte.

»Zwischen halb zwölf und zwölf werde ich zurück sein«, hatte ich zu meiner Frau gesagt, ehe ich mich auf den Weg machte. Nun ist es kurz nach elf; ich werde es also noch zur verabredeten Zeit schaffen.

Rechtzeitig verlasse ich das Parkhaus. Da ich selten die Universitätsstadt besuche, reihe ich mich versehentlich in eine falsche Spur ein und bemerke es erst, als ich dicht vor der Ampel stehe. Ich denke, daß ich vielleicht auf einem anderen Weg Reutlingen erreiche. Als ich immer höher auf den Österberg hinauffahre, komme ich doch in Zweifel. Ich ahne, daß ich mich verfahren habe und werde ärgerlich, ja, ich beginne mit mir selbst zu schimpfen. Die Straße windet sich unentwegt aufwärts. Bei einem Paketwagen der Post frage ich den Beamten: »Komme ich hier auch nach Reutlingen?«

Der Postbeamte schüttelt den Kopf: »Nein, da müssen Sie den ganzen Weg wieder zurück bis zum großen Platz. – Aber dort können Sie auch nur rechts abbiegen, nach Reutlingen müssen Sie eigentlich nach links . . .«

Also bin ich gezwungen, wieder durch das Gewirr der Straßen in der Altstadt herumzukurven. Ich werde immer gereizter und aufgebrachter gegen mich selbst.

»Hättest du nur besser aufgepaßt!« Laufend schimpfe ich mit mir. Da! – Wie ich es schon öfter erlebt habe, spricht eine Stimme in meinem Innern: »Warum murrst du denn? Ich will dich doch nur bewahren!« Erschrocken sage ich: »Ja, Jesus, – danke!«

Dann bin ich aber gezwungen, mich schnell wieder auf den starken Verkehr zu konzentrieren. Nachdem ich relativ schnell durch die Innenstadt komme, verlasse ich Tübingen kurz vor zwölf und fahre mit rasanter Geschwindigkeit über die vierspurige Schnellstraße nach Reutlingen.
Kurz vor Reutlingen steht ein Polizist mit einer rotblinkenden Polizeikelle und winkt alle Fahrzeuge an einer Ausfahrt vor der Stadt herunter.
»Auch das noch!« denke ich. In der Ferne stehen Feuerwehrwagen und Polizeifahrzeuge mit blinkendem Blaulicht. Erst nach zwölf komme ich zu Hause an: »Da war irgendein Unfall am Verkehrsknotenpunkt nach Betzingen«, entschuldige ich mich.
Am nächsten Tag sehe ich in der Tageszeitung die Überschrift: »Schwerer Verkehrsunfall auf der Schnellstraße nach Tübingen!« Kurz wird darüber berichtet, daß eine 81jährige Frau die falsche Auffahrt zur Schnellstraße genommen hatte und dadurch zur Geisterfahrerin geworden war. Es kam zu einer Massenkarambolage. Vier Wagen hatten Totalschaden, mehrere Wagen waren ineinander gerast. Ein Schwerverletzter mußte mit einem Rettungshubschrauber ins Krankenhaus geflogen werden.
Jetzt erinnerte ich mich an die Stimme vom Tage zuvor: »Warum murrst du? Ich will dich doch nur bewahren!«

14. DEZEMBER

Die Liebe freut sich nicht über die Ungerechtigkeit

»Die Liebe freut sich nicht über die Ungerechtigkeit, sie freut sich aber an der Wahrheit; sie erträgt alles, sie glaubt alles, sie hofft alles, sie erduldet alles. Die Liebe höret nimmer auf.«

(1. Korinther 13/6-8)

»Die Liebe freut sich nicht über die Ungerechtigkeit ...« Wie würden wir wohl weiterschreiben? Wahrscheinlich würden wir schreiben: »Sie freut sich der Gerechtigkeit.«
Der Geist Gottes hat es uns durch die Hand des Apostels Paulus anders übermittelt: »Sie freut sich aber der Wahrheit!« Die Liebe, die von Gott ausgeht und unser Herz erfüllen will, kennt keine Freude am Unrecht, über die Gemeinheit der Sünde, aber auch nicht über die Verfehlung eines Christen.

Jeder Mensch hat von Natur aus geheimnisvolle Tiefen, oft unerklärbare Abgründe in seinem Herzen.
Wir sind erschrocken über das, was da plötzlich in uns aufsteigen kann und fragen uns: Wie sind wir nur fähig, noch solche Gedanken, Bilder und Phantasien zu haben?
Das menschliche Herz ist entweiht worden durch die Geistesmacht der Sünde; deshalb steigen aus unergründlicher Tiefe noch sündhafte Neigungen auf, die auch nach unserer Bekehrung nicht völlig ausgemerzt sind, weil wir noch im Fleische leben.
Paulus schreibt: »Die Liebe freut sich nicht der Ungerechtigkeit«, das heißt, nicht der Sünde und allem Bösen.
Freude am Entgleisen der anderen, sei es im Ungehorsam oder Vergehen gegenüber Gott und den Menschen, ist auch Sünde. Solche Freude ist satanisch, es ist das höllische Grinsen über die Verwüstung im Leben meines Nächsten. Gefallen an der Sünde des anderen zu haben, ist im Grunde die eigene Sünde in Fortsetzung.
Darüber hinaus gibt es einen Zustand, in dem Menschen von der Ungerechtigkeit so durchdrungen sind, daß sie andere immer wieder zum Sündigen anstiften.
Die Liebe aber freut sich der Wahrheit.
Jesus kennt das Motiv unseres Handelns, er kennt auch die Hintergründe. Wir legen zumeist unsere Maßstäbe an, auch wenn wir meinen, ständig in der rechten Liebe Gottes zu leben. Wir messen Gerechtigkeit und Ungerechtigkeit, aber wer hat schon das rechte Maß?
Wahrheit und Liebe stehen nebeneinander auf dem Prüfstand. An welchem Zeichen erkennen wir, wenn wir uns an der Ungerechtigkeit eines anderen freuen? – Nun, wenn wir über die Schuld und Verfehlung des anderen hinter seinem Rücken reden! Was beabsichtige ich, wenn ich die bösen Taten des anderen in seiner Abwesenheit aufzähle? Es ist meist die versteckte Freude an der Verfehlung unseres Bruders. Wir rauben dabei dem Nächsten mehr als Geld und Gut. Wir zerstören dabei seinen guten Ruf, sein Ansehen und Vertrauen.
Wem helfen wir eigentlich damit? Nur dem Satan und seinem Reich; denn er ist der Verkläger der Brüder, und wir werden dabei automatisch seine Gehilfen.
Jesus Christus aber ist der Weg, die Wahrheit und das Leben. Das Licht auf diesem Weg aber ist die Liebe Gottes. Wohin Jesus kommt, wird alles licht.

Mir geschehe, wie du gesagt hast

»Denn bei Gott ist kein Ding unmöglich. Maria aber sprach: Siehe, ich bin des Herrn Magd; mir geschehe, wie du gesagt hast.« (Lukas 1/37-38)

Die Ankündigung der Geburt Christi ist eine der erregendsten Begebenheiten im neuen Testament; deshalb ist es ratsam, die gesamte Schilderung zu lesen: Lukas 1/26-38.

Sehr viel Zeugniskraft liegt in diesen Versen, zum einen, um Licht zu bekommen über die persönliche Stellung von Maria zu ihrem Herrn und Schöpfer; zum anderen, damit wir es begreifen: Bei Gott ist überhaupt kein Ding unmöglich. Bedenken wir, Maria konnte zu der Zeit noch nicht sagen: »Abba, lieber Vater!«, denn sie stand an der Schwelle des Alten Bundes zum Neuen.

Maria zeigt ein sehr demütiges Verhalten: »Ich bin des Herrn Magd (Leibeigene, Sklavin), mir geschehe, wie du gesagt hast.«

Wir bekennen oft: Wir sind Kinder Gottes, und dies tun wir mit Recht, nämlich dann, wenn wir durch den Heiligen Geist wiedergeboren sind. Manchmal wäre es vielleicht besser zu sagen: Ich bin ein Knecht Gottes. Ich bin ein Leibeigener des Allerhöchsten. Sind wir wirklich sein Eigentum?

Wir freuen uns über die Menschwerdung Gottes. Nicht die Geburt, sondern die Zeugung ist das Wunder. Über diesem Ereignis ruht ein Schleier der Schöpfermöglichkeit. Von der Geburt Jesu zu predigen, fällt einem Christen nicht schwer, aber von der Jungfrauengeburt zu sprechen, ist manchem ein Unding. Die Eingebung der Worte des Engels war bei Maria so stark, daß sie sich selbst vergaß. Sie respektierte den Willen Gottes ohne Zweifel, auch ohne sich mit ihrem Verlobten besprochen zu haben. Sie hätte Zweifel anmelden können, sie hätte die Botschaft mit Skepsis aufnehmen können. Nein, sie nahm alle Vernunft gefangen unter den Gehorsam des Heiligen Geistes.

Auch wir können das Wort des lebendigen Gottes nur dann erleben, wenn es durch die Mitwirkung des Heiligen Geistes geschieht. Gottes Wort will uns durch das Vorbild der Maria anhalten, zu hören, zu glauben und dann zu folgen.

»Mir geschehe, wie du gesagt hast!« – Maria wird nicht zum Glauben gezwungen. – Gott tut auch bei uns nichts ohne unser Einverständnis. Gott hat zwar unsere Willensanlage geschaffen,

aber einwilligen müssen wir, wenn uns geboten wird, das Unmögliche zu glauben. Maria hat nicht gezweifelt, sie bat demütig um Verständnis dieser Worte. Der Engel Gottes gibt Maria eine klare Antwort, ohne viel zu »erklären« und »auseinanderzusetzen«, was mit dem Verstand sowieso nicht faßbar ist. Deshalb appelliert Jesus Christus auch stets an unsere Einwilligung: »Will mir jemand nachfolgen . . .« – »Wer da will, der nehme das Wasser des Lebens umsonst . . .«
Zwar gibt der Engel der Maria einen geistlichen Hinweis, nämlich, daß Johannes schon im Mutterleib mit dem Heiligen Geist erfüllt werden würde.
»Mir geschehe, wie du gesagt hast.« Das sind Worte der Leidensbereitschaft, der Demut und der Selbstaufgabe; nicht der Selbstverwirklichung! Dem Demütigen gibt Gott Gnade, aber auch nur dem Demütigen!
Können wir zu allen Worten Jesu »Ja« sagen? Können wir alle Führungen und Zulassungen Gottes annehmen mit dem Bekenntnis: »Mir geschehe, wie du gesagt hast«?

16. DEZEMBER

Die Ankunft des Königs

»Macht die Tore weit und die Türen in der Welt hoch, daß der König der Ehre einziehe! Wer ist der König der Ehre? Es ist der Herr, stark und mächtig, der Herr, mächtig im Streit.«
(Psalm 24/7-8)

Kurz nach der Jahrhundertwende hatte der Glanz des kaiserlichen Zeitalters in Deutschland seinen Höhepunkt erreicht. Berlin war der Mittelpunkt der deutschen Politik; hierher kamen Kaiser, Könige, Fürsten und einflußreiche Herrscher zu Staatsbesuchen. Für die Bevölkerung der Reichshauptstadt waren es ereignisreiche Tage. Ein großer Teil der Bevölkerung geriet in Hochstimmung.
Für die Garderegimenter waren solche Staatsempfänge sehr anstrengend. Zum Empfang eines Staatsoberhauptes wurde aus den Garderegimentern eine Kompanie aus dem allgemeinen, sehr strengen Dienst herausgenommen. Ihr Exerzierdienst wurde noch gründlicher und strenger durchgeführt, denn sie sollten die Ehrenkompanie zum Empfang des Staatsoberhauptes bilden.

In drei Punkten wurde ihr Dienst verschärft: 1. im Kleiderappell, 2. im Waffendienst und 3. im Exerzierdienst.
Erstens mußten die farbenprächtigen Galauniformen im besten Zustand sein. Man konnte nicht mit einem verschmutzten Uniformrock zum Empfang eines Königs erscheinen.
Als der Vater den verlorenen Sohn heimkommen sah, rief er als erstes: »Bringt schnell das beste Kleid hervor und zieht es ihm an!« Die Schmutzflecken der Sünde mußten beseitigt werden.
Für die erste Gardekompanie war es ähnlich. Die Galauniform wurde bis ins Kleinste inspiziert; kein Fleck durfte vorhanden sein, kein Knopf fehlen.
Bei der Ehrenkompanie des ersten Garderegiments wurden zweitens die Waffen geprüft.
Beim Waffenappell mußten die Gewehrläufe durchgesehen werden, ob auch keine Verschmutzungen vorhanden waren. Den Lauf nennen die Unteroffiziere die Seele des Gewehres. Alle Waffen mußten gereinigt und geölt sein. Das Öl versinnbildlicht in der Bibel den Heiligen Geist.
Der Apostel Paulus nimmt dieses militärische Beispiel zum Vorbild und schildert uns die tadellose Waffenrüstung, die ein jeder Nachfolger Christi tragen sollte, um damit allem Bösen widerstehen zu können.
»Ziehet an die Waffenrüstung Gottes, daß ihr bestehen könnt gegen die listigen Angriffe des Teufels. Denn wir haben nicht mit Fleisch und Blut zu kämpfen, sondern mit den Mächtigen und Gewaltigen, nämlich mit den Herren der Welt, die in der Finsternis dieser Welt herrschen, mit den bösen Geistern unter dem Himmel.« (Epheser 6/11-12)
Als dritter und wichtigster Punkt galt der Exerzierdienst, nämlich der Umgang mit den Waffen, das Antreten, das Ausrichten und das Marschieren in der Gemeinschaft. Die einzelnen Kommandos wurden immer wieder durchexerziert; keiner durfte aus der Reihe tanzen, niemand zu langsam oder zu schnell sein.
Christen, die in naher Zukunft zum Empfang des Königs aller Könige erscheinen, sollten sich in allen Einzelheiten auf die Ankunft ihres Friedenskönigs vorbereiten. Ihre Kleider sollten gewaschen sein im Blute des Lammes, die Waffen des Geistes in bester Übung und die Gemeinschaft des Heiligen Geistes tadellos. Der Dienst in der großen Ehrenkompanie Jesu Christi ist mit manchen Anstrengungen verbunden, doch das Ziel ist es wert, in der gottseligen Übung zu stehen.

Der König ist da

»Denn das sagen wir euch als ein Wort des Herrn, daß wir, die wir leben und übrig bleiben bis zur Ankunft des Herrn, werden denen nicht zuvorkommen, die entschlafen sind. Denn er selbst, der Herr, wird mit dem befehlenden Wort, mit der Posaune Gottes herniederkommen vom Himmel, und die Toten in Christus werden zuerst auferstehen. Danach wir, die wir leben und übrig bleiben, werden sogleich mit ihnen hingerückt werden in den Wolken, dem Herrn entgegen in die Luft und werden so bei dem Herrn sein allezeit. So tröstet euch nun mit diesen Worten untereinander.« (1. Thessalonicher 4/15-18)

Diese Prophezeiung bezieht sich auf die Wiederkunft Jesu Christi. Sie wurde dem Apostel Paulus vor fast 2000 Jahren durch den Heiligen Geist geoffenbart.
Am Tag der Ankunft des Königs in Berlin, dem es zu huldigen galt, wurde die Mannschaft der Ehrenkompanie kurz nach Mitternacht geweckt. Im Schein der Laternen wurde auf dem Kasernenhof noch einmal alles durchexerziert. Während die Millionenstadt noch im tiefen Schlaf lag, gab es auf dem Exerzierplatz ein reges Treiben. Kommandos hallten über den Platz, obwohl der König erst am Vormittag gegen 10.00 Uhr erwartet wurde.
Bereits um 7.00 Uhr waren am Anhalter Bahnhof schon tausende Menschen versammelt. Mit jeder Minute kamen neue hinzu. In Fenstern, auf Dächern, auf Laternen und Balkons drängten sich die Leute. Das Stimmengewirr schwoll an, die Zeit eilte dahin. Die Polizei hatte ihre liebe Not, die von ihr vorgesehenen Absperrungen aufrechtzuerhalten.
Zum Ankunftsplatz am Portal der Bahnhofspforte, wo die Begrüßung stattfinden sollte, konnten nur »Auserwählte« gelangen. Doch plötzlich bildete sich eine Gasse durch die kaum überblickbare Menschenansammlung. Die Ehrenkompanie marschierte durch die staunende und gaffende Menge. Sie brauchte sich nicht erst ihren Platz zu erkämpfen und drücken zu lassen. Geordnet in Schritt und Tritt marschierten sie in ihren glänzenden Uniformen durch die Masse von Menschen. Jetzt standen sie auf dem festgelegten Platz.
Plötzlich erscholl im Kommandoton der Befehl: »Kompanie stillgestanden! Präsentiert das Gewehr! – Augen rechts!«

In diesem Augenblick setzte der Spielmannszug ein und intonierte die Hymne des Landes, aus dem der Gast kam. Im Nu wußte jedermann, daß in dieser Minute der erwartete König die Stufen des Portals aus der Ankunftshalle herabschreiten würde.
Der Kompaniechef, der kleine, unbekannte Hauptmann der Ehrenkompanie, meldete dem Kaiser und seinem hohen Gast: »Ehrenkompanie des ersten Garderegiments zur Ankunft des Königs von Italien angetreten!«
Jetzt war der große Augenblick da, denn es ist das Vorrecht eines jeden Soldaten in einer Ehrenkompanie, den erwarteten Gast, König oder Kaiser, von Angesicht zu Angesicht sehen zu dürfen. Wenn es um die Ankunft des Königs aller Könige gehen wird, möchte ich einst nicht abseits in der breiten Masse stehen, sondern in der »Ehrenkompanie Jesu Christi«, meines Königs, und wenn diese Einheit auch aus Zigmillionen Erretteten bestehen wird. Ich möchte meinen Herrn und Heiland, der blutend für mich am Kreuz von Golgatha gestorben ist, in die Augen sehen können als Erlöster, Befreiter, dessen Kleider im Blut des Lammes gewaschen sind.

18. DEZEMBER

Der Lohn des Himmels

»Darum setzen wir auch alles daran, ihm wohlgefällig zu sein, ganz gleich, ob wir daheim oder noch unterwegs sind. Wir müssen ja alle offenbar werden vor dem Richterstuhl des Christus. Dort wird ein jeder empfangen, was er bei Lebzeiten getan hat, es sei Gutes oder Schlechtes.«

(2. Korinther 5/9-10 Bruns)

Als überzeugte Christen bleiben wir in der Weihnachtszeit nicht an den äußeren Dingen der Festtage stehen, obwohl uns vieles erfreuen kann. Unsere wichtigste Botschaft in diesen Tagen lautet: Jesus kommt wieder, um seine Gemeinde zu verwandeln und zu entrücken. Das bedeutet, daß wir in den Auferstehungsleib umgewandelt werden. Dadurch sind wir dann auch zubereitet für die Wohnstätte im Himmel.
Jünger Jesu sind Menschen der Zukunft und Hoffnung. Sie freuen sich auf die bevorstehenden schöpferischen Aufgaben, die der

Herr für sie bereithält, das heißt im eigentlichen Sinne: »Advent!« In ihrem Herzen klingt es immer wieder: »Komme bald, Herr Jesus, komme bald!«

Jesus Christus will uns heute und jetzt umformen zum Dienst in der Vollkommenheit, bei dem nichts Selbstsüchtiges mehr zu finden sein wird. Einzig und allein wird uns die Kraft unseres Herrn erfüllen und durchdringen, so daß wir in gleichbleibender und unermüdlicher Weise Gott dienen können, und zwar in himmlischer Freude.

Wir müssen aber zunächst alle vor dem Richterstuhl Christi offenbar werden, wie wir gelesen haben.

Hier geht es nun nicht mehr darum, ob wir unsere Ewigkeit im Himmel oder in der Hölle zubringen, sondern darum, was wir mit den uns gegebenen Talenten erbracht haben. Der Herr hatte in uns das gute Werk der Erlösung begonnen, dadurch waren wir gerufen, in seiner Kraft darauf aufzubauen.

Alles, was wir im Glauben taten, wird beurteilt werden, nicht unsere sündhaften Fehler, die schon durch das Blut Jesu getilgt sind. Es geht einzig und allein um die Werke des Glaubens, nicht um irdische Werke, sie mögen noch so hervorragend und gut gewesen sein. Hier wird beurteilt werden, was wir aus der Gesinnung Jesu Christi vollbracht haben, denn nur, was wir aus der Vollmacht des Heiligen Geistes gemacht haben, wird von Bestand sein.

In dieser stillen Adventszeit haben wir die Gelegenheit, darüber nachzusinnen, mit welchen wunderbaren Gaben uns unser Heiland beschenkt hat. Der Wohnsitz des Heiligen Geistes ist die neue Kreatur. Er ist in das Zentrum unseres Daseins hineingerückt, also in unsere Herzen.

Wir sind als Jünger Jesu »Adventsmenschen« und gehen gewaltigen Ereignissen des Himmels entgegen.

Bei unserer Wanderung zwischen unserem Dasein auf Erden und dem Himmel sollen wir uns die Bedeutung des Preisgerichtes immer wieder ins Bewußtsein rücken.

Die Entrückung der Gemeinde ist das nächste große Heilsereignis, auf das wir warten dürfen und sollen.

Die Botschaft vom Kreuz ist deshalb nur ein Teil des Evangeliums. Wenn wir nicht die Entrückung seiner Gemeinde bezeugen, werden wir schuldig. Die Entrückung und Auferstehung ist sozusagen der Schlußakt für unser Christenleben hier auf Erden. Es kommt damit etwas Abschließendes auf uns zu.

Seine Herrlichkeit erscheint über dir

»Denn siehe, Finsternis bedeckt das Erdreich und Dunkel die Völker; aber über dir geht der Herr auf (wie eine Sonne), und seine Herrlichkeit wird sichtbar über dir.«

(Jesaja 60/2 Bruns)

Licht ist die Quelle all dessen, was uns nährt und erhält. Ohne Licht kein Wachstum. Übersehen wir es nicht: Licht und Luft ermöglichen das Wachstum der Pflanzen, die uns zur Nahrung dienen. Im Sonnenglanz reifen Korn, Gemüse, Obst und alles, was als Futter für die Tiere nötig ist, die uns zur Erhaltung des Lebens gegeben sind. Licht weckt das Leben. Und alles, was echtes Leben bedeutet, hat etwas Leuchtendes an sich, auch die kleinen Glühwürmchen, die in einer lauen Sommernacht umherschwirren.

Wir hatten vor Jahren das erschütternde Beispiel von jungen Eltern, die ihr eigenes Kind nicht annehmen, aber auch nicht mit dem Gesetz in Konflikt kommen wollten. Sie ernährten das Baby wie vorgeschrieben, aber sie ließen es in einem dämmrigen Zimmer und redeten es nie an. Das Kind verkrüppelte geistig, seelisch und körperlich. Die Eltern wurden wegen seelischer Grausamkeit zu langen Haftstrafen verurteilt.

Wer Jesus Christus in dieser Welt durch den Glauben aufnimmt, der wird zum Licht in dieser Welt.

Licht ist auch Kraft! Wir wissen von den großen Anstrengungen, mehr Kraft aus der Sonnenenergie zu gewinnen. Bei der Begegnung mit Gott und seinem Sohn wurden Menschen durch seine Lichtfülle zum Glanz für ihre Umwelt: Mose am Berg Horeb, Paulus vor Damaskus und Johannes auf der Insel Patmos.

Von diesem geheimnisvollen Vorgang schreibt der Apostel Paulus: »Nun aber spiegelt sich bei uns allen die Herrlichkeit des Herrn in unserem aufgedeckten Angesicht, und wir werden verklärt in sein Bild von einer Herrlichkeit zur anderen von dem Herrn, der der Geist ist.« (2. Korinther 3/18)

Licht ist auch Erkenntnis, deshalb sagt man: »Jetzt geht mir ein Licht auf!«

David jubelt: »Denn bei dir ist die Quelle des Lebens, und in deinem Licht sehen wir das Licht. Breite deine Güte über die, die dich kennen, und deine Gerechtigkeit über die Frommen.« (Psalm 36/10-11)

Licht und Reinheit gehören zusammen: »Selig sind, die reinen Herzens sind; denn sie werden Gott schauen.« (Matthäus 5/8)
Wir können nur in der Lichtreinheit Jesu das heilige Angesicht Gottes schauen. Licht ist auch Liebe, weil diese fehlt, ist soviel Finsternis bei den Menschen, denn Jesus predigte den Jüngern von der Zukunft: ». . . weil die Liebe in vielen erkaltet, wird die Ungerechtigkeit überhandnehmen.«

20. DEZEMBER

Mache dich auf, werde Licht!

»Mache dich auf, werde licht; denn dein Licht kommt, und die Herrlichkeit des Herrn geht auf über dir! Denn siehe, Finsternis bedeckt das Erdreich und Dunkel die Völker; aber über dir geht auf der Herr, und seine Herrlichkeit erscheint über dir.« (Jesaja 60/1-2)

Zunächst eine Aufforderung, die kein Mensch aus eigener Kraft erfüllen kann, nämlich sich zum Licht zu machen. Wie kann so etwas geschehen? Gott sprach: »Es werde Licht!« und es ward Licht, das geplante Schöpfungswunder! Aber wie soll ich zum Licht werden, o Herr?
Jesus gibt uns die Antwort: »Ich bin das Licht der Welt. Wer mir nachfolgt, der wird nicht wandeln in der Finsternis, sondern wird das Licht des Lebens haben.« (Johannes 8/12)
Mit der Geburt Christi sandte Gott, der Herr, seinen Geist, der seitdem das göttliche Licht in unsere Finsternis hineinträgt und uns verwandelt. Das Licht seiner herrlichen Wiederkunft zur Vollendung seiner Gemeinde kommt aus der Höhe.
Licht und Finsternis sind die Urkräfte in dieser Welt. Eines der herrlichsten Wunderwerke ist das Licht; dagegen ein vernichtendes Werk ist die Finsternis. Gott schuf die Nacht, um der Schöpfung auch die nötige Ruhe zu verschaffen, die Finsternis aber ist ein geistlicher Zustand.
Jesus Christus brachte das Licht in diese Finsternis und, indem von diesem Licht aus alle Zentren unseres inneren Daseins durchleuchtet werden, beginnt der wunderbare, schöpferische Vorgang in uns!
Durch dieses Licht quillt neue Ewigkeitskraft in die ganze Welt, um allen Menschen guten Willens die himmlische Erneuerung zu bringen.

»In ihm war das Leben, und das Leben war das Licht der Menschen. Und das Licht scheint in der Finsternis, und die Finsternis hat's nicht ergriffen.« (Johannes 1/4-5)
»Es scheint in der Finsternis« zeigt uns den Kampf; es bedeutet das Vordringen, das Eindringen, das Durchdringen und das Durchleuchten der zerstörerischen Widerstandskräfte, die in der Atmosphäre herrschen. Wir können den Satz nicht umkehren und sagen: »Die Finsternis scheint in das Licht.« Wir wissen, das ist absurd! Finsternis kann nur verdunkeln, verschleiern, blindmachen, aber nicht scheinen.
Wir sind eigentlich alle zum Licht geboren!
Unsere Augen sind lichtempfänglich oder lichtempfindlich, je nach der Beschaffenheit. So auch im Geistlichen: Wir sind nicht nur zum Sehen geboren, sondern auch zum Leuchten für andere. Licht wird zum großen Mittelpunkt zwischen Gott und dem Menschen.
Jesus Christus ist auch deshalb Mensch geworden, um am Ende sagen zu können: »Ihr seid das Licht der Welt.«

21. DEZEMBER

Weihnachtsgespräch mit Unterbrechung

»Denn siehe, es ist kein Wort auf meiner Zunge, das du, Herr, nicht schon wüßtest.« (Psalm 139/4)

Das christliche Hotel war auch in der Zeit zwischen Weihnachten und Neujahr geöffnet. An einem Feiertag übernahm ich den Empfangsdienst. Nun saß ich etwas gelangweilt hinter meinem Schreibtisch. Da kommt es mir in den Sinn, jemandem ein gesegnetes Weihnachtsfest zu wünschen. Ich wählte seine Nummer, aber die Telefonleitungen waren überlastet. Das Telefonnetz war schon veraltet und während ich die bestimmte Nummer wähle, »rutsche« ich in ein anderes Gespräch hinein und höre: »Hallo – hörst du mich –? Ich bin ganz außer Atem. Ich bin gerade die Treppe heraufgekommen. Ich war eben in der Kirche. Weihnachten und Ostern gehe ich manchmal in die Kirche . . .«, ruft eine mir völlig unbekannte Frau in die Sprechmuschel.
Eine Männerstimme lacht lautstark und antwortet: »So ein Blödsinn! Ich gehe überhaupt nicht in die Kirche, das ist doch alles Quatsch!«

»So solltest du nicht reden«, mahnt die Frauenstimme, »ich glaube an Gott. Es muß doch irgendeinen Schöpfer geben!« Das Gespräch ist so interessant; deshalb tu ich etwas, was ich sonst nicht machen würde, ich höre eine Weile zu. Der Mann lästert weiter: »Solch ein heller Wahnsinn! Gott ist tot! Das ist doch alles Schwindel. Wer heute noch an Gott glaubt, der gehört ins Irrenhaus. Ich glaube nicht an Gott, ich bete auch nicht . . .«
In diesem Augenblick schalte ich mich ins Gespräch ein: »Sie sollten aber zum Gottesdienst gehen und beten. Gott hört Ihre Stimme, er ist allgegenwärtig. Wenn Sie sich nicht zu ihm bekehren, gehen Sie für alle Zeit verloren . . .«, sage ich in die Sprechmuschel.
Der Mann kommt ins Stottern: »Wawawas ist denn das? Wie kommt denn das? Da ist doch, da ist doch jemand in der Leitung . . .?« Seine Stimme klingt blechern. Die Frau ruft wiederholt: »Hallo, hallo! Bist du noch da? Hörst du mich noch . . .?« dann gehe ich aus der Leitung und bete für den Mann, der sehr erschrocken war, weil er mitten in seiner lästerlichen Rede plötzlich unterbrochen und so eindrücklich ermahnt worden war.

22. DEZEMBER

Die weltgeschichtliche Zeitenwende

»Denn uns ist ein Kind geboren, ein Sohn ist uns gegeben, und die Herrschaft ruht auf seiner Schulter; und er heißt Wunder-Rat, Gott-Held, Ewig-Vater, Friede-Fürst.« (Jesaja 9/5)

Der Grund unserer herrlichen Freude besteht darin, daß Jesus Christus, der Sohn des lebendigen Gottes, Mensch geworden ist, daß er geboren wurde, um uns das ewige Heil des Himmels zu bringen und uns das Herz des himmlischen Vaters zu offenbaren. Die Geburt Jesu ist aber auch ein weltgeschichtliches Ereignis von unvergleichlicher Größe. Es ist nicht von ungefähr, daß sich unsere Zeitrechnung nach dem Zeitpunkt der Geburt des Welterlösers richtet.
Die Weltgeschichte wurde von da an in die Zeit vor und nach Christi Geburt eingeteilt. Gott der Herr hat es so gefügt, und wir preisen unseren Schöpfer, daß noch heute jede Zeitepoche uns

indirekt daran erinnert, daß Jesus Christus die Mitte der Weltgeschichte und unseres Lebens ist. Er ist der Mittelpunkt der gesamten Menschheitsgeschichte, auch wenn dies auf den ersten Blick nicht so zu erkennen ist.
Der Prophet Jesaja entschlüsselt uns in dem gelesenen Text das gottselige Geheimnis des Namens Jesu.
Alle aufgeführten Eigenschaften seines Namens erklären uns zugleich die Grundzüge seines Wesens, seiner göttlichen Größe, Macht und Majestät!
»Uns ist ein Kind geboren!« Bitte, beachten wir, Jesaja schrieb nicht: »Es wird ein Kind geboren werden«, sondern er spricht als Prophet des Allerhöchsten in der Gegenwartsform. Gottes Propheten redeten oft, vom Heiligen Geist inspiriert, in dieser Art, obwohl ihre Ankündigungen erst Jahrhunderte später in Erfüllung gingen.
Jesaja spricht aus der heiligen Gegenwart Gottes heraus. Nicht er ist es, der da spricht, als einer, der nun lange genug darüber nachgedacht hat, um eine Erklärung für das Kommen des Messias zu finden, sondern er ist der Mund des heiligen Gottes, der durch ihn aus seiner ewigen Gegenwart heraus redet.
Gottes Dasein untersteht nicht unserem Zeitverständnis von Vergangenheit, Gegenwart und Zukunft, nein, für ihn, den ewigen Schöpfer, ist alles ständige Gegenwart. »Ich bin, der ich bin!« oder: »Ehe Abraham war, bin ich!« so bezeugen der Vater und der Sohn das beständige Dasein ihrer Majestäten. Begreifen können wir diese Formulierungen nicht, sie übersteigen unser Denkvermögen.
Durch unser irdisch-vergängliches Dasein sind wir in unserem geschichtlichen Verständnis an Vergangenheit, Gegenwart und Zukunft gebunden.
Gott aber ist ewig, ohne Anfang und ohne Ende. Wer kann das fassen?
Es ist und bleibt das einmalige Geheimnis, das wir bei der Geburt Jesu feiern, bestaunen und anbeten dürfen.
Der Ewige hat sich in das vergängliche Leben der gefallenen Schöpfung begeben. Nur der Glaube kann es fassen!

Das Geheimnis der Geburt Jesu

»Denn Gott hat uns wissen lassen das Geheimnis seines Willens nach seinem Ratschluß, den er sich vorgesetzt hatte in Christus, damit er ausgeführt würde, wenn die Zeit erfüllt wäre: daß alle Dinge zusammengefaßt würden in Christus, beides, was im Himmel und auf der Erde ist.« (Epheser 1/9-10)

Jesus hat verbindliche Namen von seinem Vater bekommen, er heißt Wunder-Rat, Gott-Held, Ewig-Vater, Friede-Fürst. Wir kennen die Aufzählung dieser Namen, wir haben uns durch die jährliche Wiederholung zur Advents- und Weihnachtszeit daran gewöhnt.

Wenn wir einmal betend diese Namen nennen und betrachten, spüren wir, es sind die Herzenseigenschaften und Wesensmerkmale unseres Heilandes.

Er heißt: Wunderbar, wie es in einer anderen Übersetzung heißt! Wir sind heute vielfach schnell dabei, dieses Wort für allerlei anderes zu gebrauchen. Wenn uns irgend etwas gefällt, sagen wir: Oh, das ist wunderbar! Obwohl es sich oftmals nur um eine ganz alltägliche, banale Sache handelt. Wir haben viele Worte weitgehend abgewertet. Aber Gott spricht nicht in abwertender Weise, er spricht immer in aufwertender Art, vor allen Dingen, wenn es um seinen Sohn geht.

Wenn wir im Psalm lesen: »Du bist der Schönste unter den Menschenkindern«, dann deshalb, weil er uns durch sein Vorbild und Opfer das Wesen Gottes in die Finsternis der Gottlosigkeit hineingetragen hat.

Er heißt: Rat! Bei diesem Wort klingt etwas in uns auf, was in unserer Zeit weltweit vorhanden ist, nämlich die Ratlosigkeit. Beobachten wir die Weltgeschichte: wie viele Verwirrungen, Probleme und Hilflosigkeiten bei den Konflikten mit Welthunger, Kriminalität, Religionsterror, Willkür, Folterungen, Drangsalierungen und militärischen Bedrohungen.

Jesus Christus will unmittelbar in unser Leben, in unsere Gemeinde und auch in die Weltgeschichte eingreifen. Er sagt: »Ich rate dir, daß du Gold von mir kaufest, das mit Feuer durchläutert ist . . .«, also Ewigkeitswerte in Anspruch nimmst.

Der Gesandte Gottes hat Rat die Fülle, er will dir helfen und dich leiten. Würden die Regierungen und die Mächtigen dieser Welt bei

ihm Rat holen, schlagartig würde es Frieden geben auf der ganzen Welt: keine Kriege, kein Leid, keine Nöte und keine sozialen Ungerechtigkeiten mehr.
Sein Name heißt Kraft! Hier steht nicht, daß er Kraft hat, sondern er ist die personifizierte Kraft.
Seine ganze himmlische Autorität, seine Schöpferstärke, seine machtvolle Hoheit und Herrschaft ist konzentrierte Kraft Gottes. Mit ihr will er uns täglich neu ausrüsten.
Er ist der Held! Ohne Schwert und ohne irdische Waffen. Nach menschlichen Vorstellungen ist ein Held ein Kämpfer, ausgerüstet mit gefährlichen Waffen.
Seine Macht aber ist Liebe, die alle Menschen guten Willens überwältigt und zum Frieden führt.
Er heißt Ewigvater! Wir brauchen in unseren Tagen die väterliche Geborgenheit mehr denn je.
Es gibt wohl nichts Schöneres, als Gott zum Vater zu haben und in diesem Bewußtsein zu leben und unter seiner Obhut zu stehen.
Sein Name heißt Friedefürst! Einen solchen Friedensbringer sucht die ganze Menschheit. In keiner Zeit der Menschheitsgeschichte ist die Frage so brennend heiß gewesen wie heute! Alle fragen: Wann kommt der große Friedensmacher?

24. DEZEMBER

Dies ist die Nacht, da mir erschienen

»Und der Engel sprach zu ihnen: Fürchtet euch nicht! Siehe, ich verkündige euch große Freude, die allem Volk widerfahren wird: Denn euch ist heute der Heiland (Retter) geboren, welcher ist Christus, der Herr, in der Stadt Davids.«

(Lukas 2/10-11)

Viele scheitern an dem Gedanken: Wie kann es möglich sein, daß Gott ein Mensch wird? Alle Weisheit und Erkenntnis, ja auch alle angehäufte Wissenschaft des 20. Jahrhunderts kann dieses Geheimnis nicht ergründen. Es bleibt den Menschen, ohne die Erleuchtung durch den Heiligen Geist, eine Torheit, die ihrer Vernunft widerspricht.
Es gibt nur eine Antwort: Die Geheimnisse des allmächtigen

Gottes sind groß und unser beschränktes Denkvermögen viel zu klein, um diese göttliche Weisheit durch Erkenntnis aufzuschlüsseln.
Deshalb konnte uns Gott das nächtliche Geschehen in Bethlehem nur als Botschaft übermitteln und er erwartet von uns, daß wir es in kindlichem Glauben in unser Herz aufnehmen.
»Wenn ihr nicht werdet wie die Kinder, so werdet ihr nicht ins Reich Gottes kommen«, predigte der Herr Jesus. Welch ein Wunder der Gnade ist es, wenn wir durch die Erleuchtung des Heiligen Geistes dieser Botschaft ohne Zweifel glauben können. Es ist Gnade, Gnade und nochmals Gnade.
Es ist wohl die kürzeste Rettungsbotschaft, die je die Welt erreichte: »Fürchtet euch nicht, siehe ich verkündige euch große Freude, die allem Volk widerfahren wird.« Es ist Gottes Art, in aller Kürze Machtvolles zu sagen, keine stundenlangen Regierungserklärungen mit vielen Halbwahrheiten gewürzt.
Der Inhalt der Freudenbotschaft ist so umfassend und gewaltig, daß kein Verstand fähig ist, gleich alles zu begreifen. Dem kindlich vertrauensvollen Glauben erklingt die Echostimme des Heiligen Geistes und öffnet den Menschen guten Willens die inneren Augen, um das Geheimnis Gottes als Wahrheit und geistliche Wirklichkeit zu erkennen.
Wollen wir in diesen Tagen einmal darüber nachdenken: »Wohnt Christus als völliger Erlöser mit seiner herrlichen Freude in unseren Herzen?« Wenn unser Herz nicht die Krippe wird, in die Gott sein Heil legen kann, wird Christus auch nicht bei uns wohnen mit seinem Licht, seiner Freude, seiner Fruchtbarkeit. Und wenn wir 100 Jahre alt werden und immer wieder schöne Weihnachtslieder singen und Weihnachtsgeschenke austauschen, wird dadurch doch keine Gottesfreude geboren und unsere Werke bleiben eine klingende Schelle, ein tönend Erz.

25. DEZEMBER

Hirten in Bethlehem

»Es waren Hirten in derselben Gegend auf dem Felde bei den Herden, die hüteten des Nachts ihre Herde. Und siehe, des Herrn Engel trat zu ihnen und die Klarheit des Herrn umleuchtete sie, und sie fürchteten sich sehr.« (Lukas 2/8-9)

Wer einmal in einer sternklaren Nacht mit Beduinen im Orient zusammen war, der weiß etwas von der Atmosphäre, die auch auf Bethlehems Feldern herrschte. Hirten waren im allgemeinen von den strenggläubigen Menschen damaliger Zeit verachtet. Sie waren auch nicht imstande, die Einzelheiten des Gesetzes einzuhalten, weil sie weder lesen noch schreiben konnten.
In Bethlehem lebten besondere Hirten; sie waren Besitzer großer Herden. Wahrscheinlich lieferten sie jeden Morgen und jeden Abend ein unbeflecktes Lamm als Opfertier im Tempel ab. Ihnen war es auch von Gott her vergönnt, als erste das »kleine Lamm« zu sehen, das einst der Welt Sünde tragen wird.
Über ihrem Heimat- und Wohnort gab es seit Jahrhunderten schon eine herrliche Verheißung:
»Du aber, Bethlehem Ephratha, kleinste unter den Städten Judas, aus dir wird der künftige Herrscher Israels hervorgehen, dessen Ursprung weit zurückliegt in uralten Tagen.« (Micha 5/1 Bruns)
So ist Bethlehem zum Zeichen geworden dafür, daß Gott das Kleine groß macht und das Verachtete reinigt und heiligt durch seine unaussprechliche Liebe.
Der Zeitpunkt der Geburt Jesu war kein Zufall; denn es war Gottes Absicht, seinen eingeborenen Sohn des Nachts in die Welt kommen zu lassen. Die meisten Menschen schliefen, aber die Hirten waren wach. Da sie die Botschaft des Engels sofort verstanden, müssen wir annehmen, daß es Israeliten waren, die auf den Messias warteten. Sie waren Menschen der Hoffnung und Erwartung.
Sie mußten immer wachsam wegen der feindlichen Tiere sein. Es gab Wölfe, Löwen, Leoparden, Hyänen, Schlangen und Skorpione. Auf den Bergen Judas herrschte eine empfindliche Kälte.
Diese Kälte überfällt uns heute bei den zwischenmenschlichen Beziehungen durch Mißtrauen, Bosheit, Lieblosigkeit, Ungerechtigkeit, Hinterlist, Ausbeutung, Unterdrückung, Terror und Mord. In der Herde Christi aber sollten Vertrauen, Glaube, Hoffnung, Gottesliebe und Gnadengerechtigkeit herrschen.
Ohne Hirten wird aus den Schafen niemals eine Herde. Hier wird der Erzhirte der Gemeinde in schwärzester Nacht mit überirdischem Licht in die Welt hineingeboren. Die Finsternis der Sünde wurde durch das helle Licht Gottes vertrieben; die Nacht in unseren Herzen mußte der Herrlichkeit seiner Gnade und Liebe weichen. Es waren furchtsame, aber lauschende Hirten. Furcht aus der Erkenntnis der Unwürdigkeit, weil sie von Natur aus in Sündennacht ihr Dasein fristeten. Die Hirten werden aber sofort

ermuntert; die bisher geschwiegen, beginnen erregt zu beraten und zu debattieren. Plötzlich kommt Leben unter sie!
Die Zeit der geistlichen Dürre ist vorüber. Frohe Gespräche werden geführt: Der Retter ist da! Friede auf Erden, göttliches Wohlgefallen breitet sich über die Furchtsamen aus, auch über dich, du kleines Menschlein, das so verzagt, ängstlich und verbittert ist: »Lasset uns gehen und sehen.« Die ewige Gnade Gottes hat uns erreicht. Der Retter ist zu uns gekommen, der göttliche Brückenschlag ist gelungen.

26. DEZEMBER

Und Friede auf Erden

»Und alsbald war da bei dem Engel die Menge der himmlischen Heerscharen, die lobten Gott und sprachen: Ehre sei Gott in der Höhe und Friede auf Erden bei den Menschen seines Wohlgefallens.« (Lukas 2/13-14)

Mit Bedacht habe ich diesen bekannten Text durch eine bessere Übersetzung ersetzt: »bei den Menschen seines Wohlgefallens.«
Es ist auffallend, daß man gerade zu oder zwischen den Festtagen von Katastrophen, Unglücksfällen, Naturereignissen, von Krieg und Kriegsgeschrei hört und liest, obwohl die Friedensbotschaft Gottes in aller Welt verkündigt wird. Bei allen Friedensbemühungen, Friedensbewegungen, Kundgebungen, Konferenzen, Aufrufen und Demonstrationen gilt das Prophetenwort: ». . . indem sie sagen: Friede! Friede! und ist doch kein Friede.« (Jeremia 6/14)
Weshalb ist das eigentlich so? Weil es zwei Friedensfeinde in dieser Welt gibt: Einmal den Friedensfeind in uns und zum andern den großen Widersacher Gottes, den Diabolos, den Durcheinanderbringer, den Teufel selbst, der versucht, uns von außen her in die falsche Richtung zu lenken. Es ist kein Friede in uns, weil unser Stolz und unsere Selbstbehauptung vor Gott die Friedensverheißungen verhindern. Dazu kommen noch die Mißstände in uns, die wir nicht beseitigen lassen wollen. Jesus und Paulus nennen die Dinge beim Namen: »Denn wo euer Schatz ist, da ist auch euer Herz.«
Wie sieht der Schatz unseres Herzens aus? »Denn aus dem Herzen kommen arge Gedanken, Mord, Ehebruch, Unzucht, Diebstahl, falsches Zeugnis, Lästerung.« Jesus kennt das Leben der Men-

schen ohne Gott mit allen furchtbaren und unabsehbaren Folgen der Sünde.
Ein erschütterndes Bild unserer verdorbenen Herzen. Wer einigermaßen bei Verstand ist, muß Gott recht geben und auch zugeben, daß dies die Wurzeln des Unfriedens sind. Noch vor Ende dieses Jahrtausends müssen wir feststellen, daß es durch die Greuel schon Milliarden von Toten und Krüppeln gegeben hat, ganz abgesehen vom hundertmillionenfachen Mord an ungeborenem Leben.
Ein Blutsumpf, der nicht zu beschreiben ist. Wenn dann noch der Erzfeind Gottes, der Teufel selbst, in diesen Veranlagungen des Menschen sein Unwesen ausbreitet, kann es keinen weltumfassenden Frieden geben.
Pfarrer Bergmann schrieb vor Jahren: »Über den Frieden wird nicht nur an den Konferenztischen der großen Politiker entschieden, sondern auch zu Hause an unseren Familientischen, in den Betrieben, an unseren Arbeitsplätzen. Lassen sie mich offen sagen: Der Friede geht an unseren Kleinigkeiten kaputt, an unseren dummen Eitelkeiten, an unseren Egoismen, an unseren Empfindlichkeiten. Wieviel Friede geht da kaputt, wo wir zu stolz sind, nachzugeben und zu verzeihen.«
Und doch gilt die Botschaft Gottes, die die Engel uns heute gegeben: »Ehre sei Gott in der Höhe und Friede auf Erden bei den Menschen seines Wohlgefallens.«
Mit meinem Bruder Paulus möchte ich vor allen Menschen bekennen: »Da ich nun gerettet worden bin durch den Glauben, habe ich Frieden mit Gott erhalten, weil mir durch Christus der Zugang zum Gnadenstuhl Gottes geöffnet wurde und ich die Rettungsbotschaft im Vertrauen angenommen habe, wird durch sie jetzt mein Leben bestimmt.«

27. DEZEMBER

Da das der König hörte

»Da das der König Herodes hörte, erschrak er und mit ihm das ganze Jerusalem und ließ versammeln alle Hohenpriester und Schriftgelehrten unter dem Volk und erforschte von ihnen, wo der Christus sollte geboren werden. Und sie sagten ihm: Zu Bethlehem im jüdischen Lande; denn also steht geschrieben

durch den Propheten: ›Und du, Bethlehem im jüdischen Lande, du bist keineswegs die kleinste unter den Städten in Juda; denn aus dir soll mir kommen der Herzog, der über mein Volk Israel ein Herr sei.‹« (Matthäus 2/3-6)

Herodes weiß sofort, was die Stunde geschlagen hat. Er weiß, daß es sich nicht um einen irdischen Rivalen handelt. Er zweifelt nicht eine Sekunde, sondern forscht bei den Ratgebern: »Wo soll Christus geboren werden?« Weshalb erschrickt der König Herodes, der starke Tyrann? Sein Erschrecken hat einen tiefen Grund: Der König war ein schrecklicher Mann, voller Ungerechtigkeit, voller Bosheit und Brutalität gegen alle, auch gegen seine Familie.
Auf der anderen Seite war Herodes ein genialer Mensch. Unter seiner Herrschaft entstanden herrliche Bauwerke, Bewässerungsanlagen, der große Tempel wurde prachtvoll ausgebaut. Er besaß Mut und Gewandtheit. Die Prachtentfaltung der hellenistischen Kunst war enorm. Herodes ließ Theater und Sportstadien bauen. Er ließ die Burg am Tempelplatz verstärken und gab dem Hafen am Mittelmeer den Namen Cäsarea.
Doch er war auch ein blutrünstiger Mörder, ein ekelhafter Ehebrecher, der es auf bis zu zehn Ehefrauen gebracht hatte. Deshalb weiß er, was er von dem angekündigten König zu erwarten hat; denn seine Verstrickung in viele Sünden und angehäufte Schuld macht sein Gewissen unruhig. Herodes spürte es, diesen König der Gerechtigkeit kann man nicht täuschen. Der Messias steht bereits vor seiner Herzenstür und klopft an. Wenn Jesus klopft, erschrekken die meisten: »Kann ich öffnen? Soll ich ihn einlassen oder nicht?« Die Frommen zu Jerusalem reagieren dementsprechend. Im prunkvollen Palast des Herodes sind alle Hohenpriester und Schriftgelehrten versammelt, also die geistliche Elite. Sie haben längst alles von den Magiern gehört. Nun fragt der König: »Ihr seid meine geistlichen Staatssekretäre. Kann man erfahren, wo der Messias geboren werden soll? Das muß sich doch feststellen lassen.« Sie wissen es! Sie kannten die Schrift und waren doch blind. Die meisten Menschen unserer Tage wissen, worum es geht, aber sie wollen in dieser Beziehung blind bleiben.
Welch eine geschichtsträchtige Stunde im Palast des Herodes. Jahrtausendelang hatten sie gewartet. Nun ist die Stunde gekommen; sie alle wissen, worum es geht; aber sie suchen ihn nicht. Herodes hätte anspannen lassen können. In kurzer Zeit wären sie in Bethlehem gewesen. Auch sie hätten anbeten können; und Herodes wäre in rühmlicher Weise in die Weltgeschichte eingegangen.

Diesen Triumph hat Herodes sich entgehen lassen.
Auch heute wollen Christen und Nichtchristen in althergebrachten Traditionen verharren, aber so ist es mit Gottes Ratschluß. Die Menschen können denken, was sie wollen. Das Wort der Heiligen Schrift führt immer zu Jesus Christus hin, zur Gnade Gottes, zur Freude und zur Erlösung, zum tiefen Herzensfrieden, der nicht von dieser Welt ist.

28. DEZEMBER

Die Weisheit der Weisen

»Da berief Herodes die Weisen heimlich und mit Fleiß von ihnen, wann der Stern erschienen wäre erkundete und wies sie nach Bethlehem und sprach: Gehet hin und forschet fleißig nach dem Kindlein und wenn ihr's findet, so sagt mir's wieder, daß ich auch komme und anbete.« (Matthäus 2/7-8)

Die wahre Weisheit ist in Gott. Sie kommt von Gott, sie führt zu Gott und ruht in Gott.
Die Weisen aus dem Morgenland waren als Magier und Sterndeuter Menschen mit weltlicher Weisheit. Sie sahen einen Kometen in ihrem Heimatland. Als Gelehrte und Sterndeuter wollten sie der Sache auf den Grund gehen; deshalb scheuten sie keine Mühe, sich auf den weiten Weg nach Israel zu machen. Eine freudige Bereitschaft heidnischer Menschen fällt uns auf, die willens sind, weite Wege zurückzulegen, um der Wahrheit auf den Grund zu gehen. Die Weisen kamen nicht nur, um ihr Wissen zu vergrößern, sondern um niederzuknien und um anzubeten und sich ihm zu weihen.
Es gibt leider auch eine verstockte Weisheit. Herodes hörte die Weisen, er hörte die Schriftgelehrten; es liegt aber nicht nur am Hören, sondern auch an der Bereitschaft, sich von der göttlichen Weisheit erfassen und leiten zu lassen. Der reiche Jüngling hörte Worte aus dem Munde Jesu und ging traurig davon. Judas hörte mahnende Worte. Ananias und Saphira sowie Felix und Drusilla vernahmen die Botschaften und Warnungen Gottes. Sie alle scheiterten, weil sie nicht folgen wollten.
Die Weisen entdeckten im Stern den Weg nach Jerusalem, der sie später nach Bethlehem zur Herrlichkeit Jesu leitete. Sie folgten

dem Stern, einem äußeren Zeichen am Himmel, und folgten den direkten Anweisungen Gottes, indem sie auf seinem verordneten Weg zurück in die Heimat gingen.
Heute folgen die Menschen manchem Stern, auch auf religiösem Gebiet: Buddha – Mohammed – Krishna – Baghwan und anderen mehr, sie werden zutiefst enttäuscht, weil die wahre Erfüllung und die einzige Erlösung nur durch den Heiland der Welt, Jesus Christus, erfolgt.
Die Weisen aber gingen in das Haus und fanden den neugeborenen König. Sie fielen nieder und beteten an. Sie überreichten ihm Geschenke: Gold, Weihrauch und Myrrhe.
Man kann die Geschenke der Weisen aus dem Morgenland auch folgendermaßen deuten: das Gold für den König Jesus, den Weihrauch für den Hohenpriester Jesus und die Myrrhe für den großen Propheten Jesus. Alle Propheten des alten Bundes mußten viel Bitternis erfahren.
Die Weisen aus dem Morgenland brachten dem neugeborenen König, was auch heute den Menschen als sehr wertvoll erscheint: Ihr Leben, ihre Zeit, ihre Kraft und ihr Kapital. Doch alles ist ja befleckt durch die Sünde. Welch ein wunderbarer Trost, daß Jesus als weltweites »Anstattopfer« uns mit dem Vater versöhnt hat und uns dadurch annimmt, reinigt und heiligt.
Erkennen wir die Zeichen des Herrn? Folgen wir der Stimme Gottes im alltäglichen Leben? Vernehmen wir das Reden des Heiligen Geistes in unserem Herzen?

29. DEZEMBER

Wir haben seinen Stern gesehen

»Da Jesus geboren war zu Bethlehem im jüdischen Lande, zur Zeit des Königs Herodes, siehe, da kamen Weise vom Morgenland nach Jerusalem und sprachen: Wo ist der neugeborene König der Juden? Wir haben seinen Stern gesehen im Morgenland und sind gekommen, ihn anzubeten!« (Matthäus 2/1-2)

Wir waren als ungeübte Flachlandmenschen den beschwerlichen Weg auf den Berg Horeb gestiegen. Der Abstieg in die Finsternis der Nacht wurde für mich, wegen meines Bandscheibenschadens, beschwerlicher als der Aufstieg. Dann hatten wir Zeit, in der

pechschwarzen Nachteinsamkeit die Gebirgswüste und die funkelnden Sterne am Himmel zu beobachten.
Sofort entdeckten wir den helleuchtenden Kometen »Hale-Bopp« mit seinem dreigeteilten Schweif in der Unendlichkeit des Universums. Wir hatten ihn schon Wochen vorher in Deutschland gesehen.
Das Geschehen von Bethlehem kam mir dabei in den Sinn. Anfänglich, als ich meine Bibel zu lesen begann, meinte ich, daß ein Komet wie eine »Sternschnuppe« in rasanter Geschwindigkeit niederfallen würde. Wie konnten die Weisen aus dem Morgenland auf ihren wochenlangen Reisen noch immer den Kometen sehen? Obwohl der Komet »Hale-Bopp« mit einer Geschwindigkeit von mehreren Millionen Kilometern pro Stunde durch das All saust, hatte man immer den Eindruck, wo man ihn auch sieht, er stünde ganz still am Firmament. Jetzt verstand ich, wie es mit dem Stern von Bethlehem gewesen sein mußte.
Wir lesen, daß eine fremdländische Karawane in die Tore von Jerusalem einzieht und nach dem neugeborenen König der Juden fragt. Was für eine seltsame Frage? Das ist doch sonnenklar, solch eine adlige Persönlichkeit wird in einem Palast geboren, wo Könige residieren. Deshalb werden sie sofort zum Palast des Herodes geschickt. Der Hofstaat erschrickt. Sie kennen die grausamen Launen des blutrünstigen Königs Herodes. Unfaßbar – die Elite des Staates wußte nicht, wo ein neuer König, der offensichtlich hier durch einen besonderen Stern angekündigt wird, zu finden ist. Und ausgerechnet durch solche fragwürdigen Leute wird die Botschaft verkündigt.
Paulus hat die Botschaft besser erkannt: »Sehet an, liebe Brüder, eure Berufung: Nicht viele Weise nach dem Fleisch, nicht viele Gewaltige, nicht viele Edle sind berufen. Sondern was töricht ist vor der Welt, das hat Gott erwählt, damit er die Weisen zuschanden mache; und was schwach ist vor der Welt, das hat Gott erwählt, damit er zuschanden mache, was stark ist; und das Unedle vor der Welt und das Verachtete hat Gott erwählt und das, was nichts ist, damit er zunichte mache, was etwas ist, auf daß sich vor Gott kein Fleisch rühme.« (1. Korinther 1/26-29)

Ein Besuch aus fremdem Land

»Und der Engel sprach zu ihr: Fürchte dich nicht, Maria, denn du hast Gnade bei Gott gefunden. Siehe, du wirst schwanger werden und einen Sohn gebären, und du sollst ihm den Namen Jesus geben.« (Lukas 1/30-31)

Ein ausländischer Arzt besuchte zu Pfingsten die Stadt Jerusalem. Der Mann hatte eine weite Schiffsreise hinter sich, denn wochenlang war das Boot gesegelt, bis es im Hafen von Cäsarea anlegen konnte. Er mußte einige Besuche erledigen und manche schriftlichen Quellen beurteilen. Zuletzt kam er zu einer hochbetagten Witwe, die bei jemand zur Untermiete wohnte. Sie hatte den Arzt nicht gerufen, aber sie konnte ihm viel erzählen.

Gute Ärzte erkennt man beim ersten Besuch an der Bereitschaft, lange zuhören zu können. Der Arzt machte sich hin und wieder Notizen. Die Frau hatte ein bewegtes Leben hinter sich. Es war ihre Art, sich sehr weitschweifig auszudrücken. Sie bemühte sich, auch die kleinsten Details, selbst die intimen Angelegenheiten, wahrheitsgetreu mitzuteilen. Sie sprach von ihren Verwandten, die sehr religiöse Menschen waren. Ihren ältesten Sohn wollte ihr die Behörde wegnehmen, so daß sie gezwungen war, mit ihrem Mann und Sohn ins Ausland zu fliehen. Das Land wurde damals von einem grausamen Diktator regiert.
Im Ausland fand ihr Mann keine Arbeit in seinem erlernten Beruf, so daß die Familie nach dem Tod des Diktators wieder nach Israel zurückkehrte. Ihr ältester Sohn war ein ausgesprochener Außenseiter der Gesellschaft, aber ein gehorsames Kind. Im Unterricht zeigte er sich als sehr begabt, so daß sich seine Lehrer lobend über ihn äußerten.
Aber wie das so ist, Außenseiter der Gesellschaft werden oft mißverstanden. Selbst die Vorsteher der Gotteshäuser konnten ihn nicht verstehen, obwohl er von der Gnade des ewigen Gottes nur das Allerschönste zu berichten wußte.
Sicher möchten Sie mich fragen, wann sich diese Begebenheit zugetragen hat? Nun, im Jahre 55 nach Christi Geburt. Der Umstand der weiten Seereise war der Besuch des Apostels Paulus in Jerusalem, und der ausländische Arzt, der die Witwe besuchte, war Lukas. Später schrieb der Arzt: »Es begab sich aber zu der Zeit,

daß ein Gebot von dem Kaiser Augustus ausging, daß alle Welt geschätzet würde . . .«
Die intimen Kenntnisse über den Engelbesuch, die Art und Weise, wie diese Schwangerschaft begann und die Geburt Jesu lassen darauf schließen, daß sich Lukas bei dem besagten Besuch des Apostels Paulus in Jerusalem mit Maria getroffen hat. Alles deutet darauf hin, daß Maria dem Schreiber des dritten Evangeliums alle Einzelheiten so wortwörtlich mitteilen konnte, weil sie eine Frau war, die das Gesagte innerlich verarbeitete. »Maria aber behielt alle diese Worte und bewegte sie in ihrem Herzen.« (Lukas 2/19)
Das Eingeständnis ihres anfänglichen Zweifels bei der Botschaft, die der Engel Gabriel überbrachte, zeigt uns, wie genau sie sich an alle Worte erinnerte: »Da sprach Maria zu dem Engel: Wie soll das zugehen, da ich doch von keinem Mann weiß? Der Engel antwortete und sprach zu ihr: Der Heilige Geist wird über dich kommen, und die Kraft des Höchsten wird dich überschatten; darum wird auch das Heilige, das von dir geboren wird, Gottes Sohn genannt werden.« (Lukas 1/34-35)
Woher konnte Lukas solche tiefen Geheimnisse wissen?

31. DEZEMBER

Die Zeit ist kurz

»So spricht der Herr, der König Israels, und sein Erlöser, der Herr Zebaoth: Ich bin der Erste, und ich bin der Letzte, und außer mir ist kein Gott.« (Jesaja 44/6)

In der Heiligen Schrift finden wir einen kleinen Satz: »Die Zeit ist kurz.« (1. Korinther 7/29) Es sind die letzten Stunden des vergangenen Jahres, wie schnell werden auch sie vergangen sein.
Wieder ist ein Jahr mit 365 Tagen vorbei und nichts ist davon zurückzuholen. Wir sagen ein ums andere Mal: »Wie schnell geht doch die Zeit vorbei, wie schnell ist ein Jahr verrauscht. Kaum hat es begonnen, so müssen wir schon wieder Abschied nehmen von ihm.«
Doch wenn wir auf die Zeit des vergangenen Jahres zurückblicken, müssen wir wiederum sagen: Welch eine Fülle von Erlebnissen und Ereignissen in der Weltgeschichte, aber auch in unserem kleinen, persönlichen Leben. Wie vieles hat sich doch da zusam-

mengedrängt. Wie kommt es denn, daß man den Eindruck gewinnt, die Zeit würde immer schneller verrinnen und die Jahre nur so dahineilen? Es liegt nicht an dem göttlichen Zeitmaß, es liegt wohl an unseren Herzen, an unserem Erleben und an unseren Gottesbegegnungen.
Das Leben ist keine zufällige Folge von Ereignissen. Wir sind als Menschen in das große Maß der Schöpfung von Zeit und Raum eingefügt und die Uhr unseres Gottes geht nun einmal anders als unsere Uhren.
Aber der Satz gilt: Die Zeit ist kurz! Weil wir dieses wissen, sind wir der Meinung: Wir müßten noch sehr viel tun und zu Ende bringen. Wir sind aber kaum imstande, die vielen Aufgaben und Pflichten, die noch vor uns stehen, zu erledigen. Bedenken wir jedoch, unser Gott geht nach seinem Zeitmaß mit uns um.
Wir wollen heute in erster Linie dem Herrn danken, daß er uns geführt und bewahrt hat. Er gab uns, was wir brauchten, mehr sollte es nicht sein. Wir leben täglich von den Geschenken seiner Güte und seines Erbarmens.
Wir versammeln uns heute vor unserem großen Schöpfer, wir kommen zu dem, der uns seine Hilfe anbietet.
Dabei hören wir die Stimme des Geistes: »So sehet nun genau zu, wie ihr wandelt, nicht als Unweise, sondern als Weise, und kaufet die Zeit aus; denn es ist böse Zeit.« (Epheser 5/15-16)
Liegt hierin die Lösung unserer Schwierigkeiten, indem wir unsere Kräfte dazu benutzen, in rechter Weise vor Gott zu leben? Können wir heute sagen, daß wir im Sinne unseres Gottes die Zeit ausgekauft haben? Der Strom der Zeit ist dahingeflossen, das ist wohl wahr, aber der Strom der Gnade Gottes fließt unablässig auf uns zu, denn Zeit ist Gnade. Wir spüren, daß die Zeit der Gnade bald ausgelaufen sein wird. Gott redet sehr deutlich darüber.
Die Zeit ist kurz! Gott hat in unser Leben einen großen, tiefen Ewigkeitssinn hineingelegt. Wir leben aus dem Sichtbaren und aus dem Unsichtbaren. Beide Kräfte sind eng miteinander verknüpft. Wir leben täglich durch die Güte unseres Gottes. Viele können es nämlich darum nicht, weil sie die herrlichen Segenskräfte, die uns Gott aus der unsichtbaren Welt zufließen läßt, nicht in Anspruch nehmen.
Uns wird bewußt, was es bedeutet: Die Zeit ist kurz! Gott gibt uns eine wichtige Zeitspanne, in der wir uns ausrichten lassen können auf die Ewigkeit. Ergreifen wir also die Möglichkeit und stellen uns bewußt unter Gottes gnädige Führung auch für das kommende Jahr!